세 움
클래식
1 2

기독교강요
핵심 강독 설교

세움북스는 기독교 가치관으로 교회와 성도를 건강하게 세우는 바른 책을 만들어 갑니다.

세 움
클래식
1 2

기독교강요 핵심 강독 설교

십계명 · 사도신경 · 주기도문, 기독교강요로 설교하기

초판 1쇄 인쇄 2023년 8월 25일
초판 1쇄 발행 2023년 8월 30일

지은이 | 임종구
펴낸이 | 강인구

펴낸곳 | 세움북스
등 록 | 제2014-000144호
주 소 | 서울시 종로구 대학로 19 한국기독교회관 1010호
전 화 | 02-3144-3500
이메일 | cdgn@daum.net

교 정 | 이영철
디자인 | 참디자인

ISBN 979-11-91715-88-0 (03230)

Institutio Christianae Religionis

Lord's Prayer

Ten Commandments

Apostles' Creed

세움
클래식
1 2

임종구 지음

기독교강요
핵심 강독 설교

십계명 · 사도신경 · 주기도문, 기독교강요로 설교하기

세움북스

추천사

목회자와 교수로서 맡은 사역을 성실하게 감당하고 계신 임종구 목사님의 저서를 추천하게 되어서 매우 기쁘다. 임 목사님은 칼뱅의 『기독교강요』 프랑스어 초판(1541년)을 기초로 하여 십계명과 사도신경 및 주기도문 해설과 더불어 아름답고 유익한 설교를 만들어 내었다. 종교개혁자 칼뱅의 『기독교강요』 프랑스어 초판(1541년)을 대본으로 선택한 저자의 안목이 돋보인다.

칼뱅의 『기독교강요』는 라틴어 초판(1536년)과 제2판(1539년), 그리고 최종판(1559년)이 특히 유명하다. 칼뱅은 여행 중, 1536년에 스위스의 제네바에서 파렐의 간곡한 요청으로 시의회의 부름을 받고 1차 개혁을 시도했으나, 시의회가 받아들이지 못하자 망명길에 올랐고, 1538년 프랑스의 북동부 꽃이 많은 도시요 독일과 맞닿아 있는 스트라스부르에서 프랑스인 난민 교회를 목회하던 중 제2판을 내었다. 초판은 6장이지만, 제2판은 17장으로 구성되어 있고, 최종판은 전부 80장이다. 라틴어 제2판을 대본으로 프랑스어 초판(1541년)이 출간된 것이다.

첫 사역지에서 실패한 개혁자가 난민 공동체에서 눈물과 기도로 쓴 책이기도 한 이 책은, 당시 로마 가톨릭에 대항하여 개신교 목회를 열어 가는 한 목회자가 당시 학계의 언어인 라틴어를 모르는 고국의 성도들을 배려하여 프랑스어 초판을 출간하게 되었다. 이제 읽고 즐거워하는 것은 독자 여러분의 몫이다. 이 책을 읽는 독자들의 가정에 성삼위 하나님의 은혜와 평강과 긍휼이 넘치기를 기원한다.

‖ 김길성 (총신대학교 신학대학원 조직신학 명예교수)

지난번 『설교자의 인생』(다함)이라는 책을 내어서 한국 목회자들과 성도들에게 신선한 충격을 주었던 임 목사님이, 이번에는 『기독교강요 핵심 강독 설교』라는 책을 써서 또 한 번 큰 도전을 주고 있다. 임 목사님은 이 책에서 종교개혁자 칼뱅의 『기독교강요』에 나오는 십계명, 사도신경, 주기도문 부분을 발췌하여, 이 본문들을 독자들이 직접 읽도록 하고, 이 본문들이 그 시대의 언어들로 되어 있음으로 우리 시대의 언어들로 이해하기 쉽게 설명한 다음에, 본격적으로 이 본문들에 대한 설교를 시작한다.

저자는 먼저 『기독교강요』의 해당 본문을 이해시키기 위해서 개혁주의 신앙고백서들 중에서, 특히 「웨스터민스터 대소요리문답」을 자주 인용하고, 동시에 마르틴 루터를 비롯한 종교개혁자들의 문헌도 다각도로 인용한다. 이렇게 한 다음에 설교를 통해서 『기독교강요』에서 칼뱅이 말한 내용을 우리 시대에 적용시킨다. 저자는 우리 현대의 교회들이 교회의 전통의 도움을 받아 성경을 해석하지 않고 계몽주의 이후의 이성을 진리의 척도로 보는 시대의 영향을 받아 성경을 해석하여, 성경의 중요한 진리들을 허물거나 왜곡시키고 있음을 예리하게 지적하고 있다. 이 점은 저자가 현대 사상에 대한 폭넓고 깊은 이해가 있기 때문에 가능한 일이고, 독자들이 큰 도움을 받을 수 있는 부분이다.

이 책은 우선적으로 교회의 목회자들에게 큰 도움이 될 것이고, 또한 현대 사상의 홍수 속에서 바른 신앙을 추구하기 위하여 고민하고 있는 독자들에게도 큰 도움이 될 것이다. 독자들은 이 책을 통하여 기독교의 진리의 핵심들을 뚫을 수 있고 현대 교회의 고민 점들에 대한 답도 찾을 수 있고 코로나 이후의 삶에 대한 이정표도 세울 수 있을 것이다. 한 책이 이 정도로 많은 도움을 줄 수 있는 책은 드물 것이다. 반드시 소장하고 활용해야 할 책으로서 강력하게 추천한다.

‖ 김용주 (성경신학대학원대학교 강사, 분당두레교회 목사)

개혁 교회의 신앙과 신학의 골격을 형성한 「하이델베르크 요리문답」과 「웨스트민스터 대소요리문답」은 칼뱅의 『기독교강요』에 기초한다고 해도 과언이 아닐 것이다. 그러나 교인들이 그런 요리문답에는 익숙하지만, 그 신조들을 탄생케 한 종교개혁 신학의 원전이라고 할 수 있는 칼뱅의 『기독교강요』에는 매우 낯설다. 교인들이 읽고 소화하기가 쉽지 않아서이겠지만 그 원문을 직접 읽어 본 이는 희소하다. 저자는 개혁 교회의 대표적인 요리문답을 교회에서 다 강독 설교한 후, 이제 『기독교강요』를 통해 화룡점정이라고 할 만한 강론을 했다. 그 신조들의 원천이라고 할 수 있는 칼뱅의 가르침에서 진리의 샘물을 직접 길어 교인들에게 공급하였다.

요리문답의 주축을 이루는 3대 주제, 십계명과 사도신경과 주기도에 관한 『기독교강요』의 내용을 교인들이 아주 이해하기 쉽게 풀어 주었다. 그래서 주님이 교회에 주신 탁월한 선생의 빛나는 지혜와 가르침의 선물을 교인들도 누릴 수 있게 해 준다. 그중 한 가지만 소개한다면 "안식일의 의미는 하나님이 신자들 가운데 활동하시도록 그들 자신의 일을 쉬는 것"이라는 칼뱅의 통찰이다. 이 책은 『기독교강요』 강독 설교를 시도하려는 이들에게 좋은 가이드가 될 것이다.

‖ 박영돈(고려신학대학원 교의학 명예교수, 작은목자들교회 담임 목사)

나그네 인생을 살아가는 우리 모두는 삶의 길라잡이가 필요하다. 올바른 방향과 목적으로 나아가기 위한 필요한 조건이다. 본서는 은혜를 갈망하는 성도들의 품에 안겨 주신 거룩한 길라잡이, 곧 로드 맵이다. 말씀의 깊은 뜻을 추구하고 은혜를 사모하는 모든 성도에게 왜 본서가 중요한가?

첫째, 저자이신 임종구 목사님은 신실한 목회자일 뿐 아니라 탁월한 학자이시다. 어느 섯 하나라도 비게 되면 균형이 깨어선다. 그런데 목사님은 학자로서의 치열함과 목회자로서의 열정을 송두리째 본서에 쏟아부었다. 둘째, 목회적 임상을 거쳤다. 성도들의 신앙과 삶의 기본으로서, '어떻게 살 것인가?'의 지침이 되는 십계명, '무엇을 믿을 것인가?'에 대한 기본이 되는 사도신경, '어떻게 기도할 것인가?'에 대한 틀을 잡아 주는 주기도를 『기독교강요 핵심 강독 설교』라는 제목 아래 친절하고도 강력하게 강단에서 전하셨다. 본서는 목회적 임상을 거친 책이라고 소개한다. 셋째, 코로나 이후 진리의 말씀으로 교회와 성도들을 다시 세우는 데 매우 유용하다. 성도들은 대개 일관성, 체계성, 적시성, 감동성을 선호한다. 단편적 지식을 퍼즐화시켜 제 소견에 옳은 대로 살아가는 때에 장로교회의 핵심인 『기독교강요』를 접할 수 있는 기회는 천금과 같다.

뿌리 깊은 신앙, 실천하는 용기가 필요한 때에 본서는 목회자와 성도의 본질로 강력하게 이끌어 줄 것이다. 또한 역사학자로서 번뜩이는 지혜와 통찰력으로 써 내려간 본서를 기쁜 마음으로 추천한다.

‖ **오정호** (새로남교회 담임 목사, 제자훈련목회자 네트워크(Cal-Net) 이사장)

장 칼뱅의 『기독교강요』 초판(1536년)은 파렐로 하여금 칼뱅을 제네바의 종교개혁의 동역자가 되도록 강권하게 하는 촉매제가 되었고, 최종판(1559년)은 칼뱅에 의해 제네바에서뿐만 아니라 개혁주의 신앙과 신학을 받아들인 유럽

의 여러 나라 대학교에서나 교회에서 순수한 복음의 진리를 위한 교재로 사용되곤 했다. 그리고 다양한 언어로 번역되어 사용해 왔을 뿐만 아니라, 거듭해서 개역본이 나오기도 했다. 우리 한국의 상황도 다르지 않다. 21세기에 들어 『기독교강요』 초판과 최종판이 라틴어 원문으로부터 직역되는 쾌거를 이루었고, 박건택 교수에 의해 『기독교강요』 제2판의 프랑스어 번역본(1539/1541)도 한국어로 번역되어 소개되었다. 초판이 총 6장으로 간단하다면, 최종판은 무려 80장에 이르는 많은 분량인 데 반해, 이 프랑스어판은 총 17장으로 되어 있어 기독교 신앙의 기초를 배우고자 하는 신학생들과 열심 있는 신자들에게는 더할 나위 없는 좋은 교재가 될 것이다.

'칼뱅과 제네바 목사회'에 관한 논문으로 교회사 분야의 박사 학위를 취득한 바 있고, 1996년에 대구 푸른초장교회를 개척하여 27년간 목회한 임종구 목사님의 『기독교강요 핵심 강독 설교』는 칼뱅의 『기독교강요』 프랑스어 초판에 담긴 기독교의 세 가지 핵심 조항들인 십계명, 사도신경, 주기도문 해설에 집중하여 강독 설교했던 내용을 담고 있다. 2021년 코로나 시국에 1년간 강단에서 전해진 내용들이어서 일반 신자들이 칼뱅 해설의 정수를 이해할 수 있도록 도와주고 있을 뿐 아니라, 영혼의 목자로서 심혈을 기울여 준비하고 선포한 내용들이기에 독자들의 가슴을 뜨겁게 해 줄 것이라고 생각된다.

종교적인 엔터테인먼트, 심리적인 치료, 마케팅 전략 등이 횡행하고 있는 한국 교회의 목회 현장에 성경과 종교개혁 신학에 기초한 건전한 목회를 추구해 온 임 목사님의 목회 사역의 결정체가 이 책에 담겨 있다고 해도 과언이 아닐 것이다. 성경적 목회와 설교를 추구하는 목회자들과 신학도들뿐 아니라, 기독교의 근간이 되는 세 가지 조항에 대한 바른 이해를 원하는 모든 그리스도인들에게 본서의 일독을 권하는 바이다.

‖ 이상웅 (총신대학교 신학대학원 조직신학 교수, 『칼빈과 화란 개혁주의』 저자)

저자는 30년이 넘게 성경을 연구하고 가르치셨으며, 오랫동안 신학교의 강단에서 목회자를 세워 왔다. 주해와 교리와 신학과 교육과 목회의 종합적인 경험은 목회자로 하여금 균형을 유지하게 만드는 유익이 있다. 본서 『기독교강요 핵심 강독 설교』는 그런 종합적인 균형의 유익이 설교의 옷을 입은 책이다. 지금까지 기독교의 다양한 표준 문서들을 강단에서 다루며 쌓은 내공의 정점을 찍은 책이다. 그런데 내용이 쉽다.

사실 『기독교강요』는 신학의 단순한 교본이 아니라 성경의 요지를 잘 가르치기 위해 성경을 정확하게 해석하고 해석된 의미를 단단하게 압축하고 의미가 압축된 교리를 정교하게 배열한 체계적인 책이다. 기독교의 진리가 이런 방식으로 농축된 칼뱅의 어려운 교의학을, 저자는 친절한 설명과 깔끔한 도식과 명료한 비교와 따뜻한 어투로 모든 성도에게 친구처럼 소개하고 있다. 진리는 복잡하지 않고 어렵지도 않다는 진실도 이 책에서 만난다. 기독교의 교리적 유산을 지금 세대와 다음 세대에도 물려주는 일에 이 책이 크게 기여하리라 기대하며 일독을 권한다.

‖ **한병수** (전주대학교 교의학 교수, 『거인들의 예정』 저자)

저자 서문

코로나 팬데믹(Corona Pandemic)은 그동안 인류가 쌓아 올린 문명의 기초를 흔들어 놓았습니다. 그야말로 현대 문명에 불어닥친 가장 강력한 문명사적 지진이었습니다. 가정, 학교, 교회, 사회, 국가의 근간이 흔들렸습니다. 이 강독 설교는 바로 2021년 코로나와 함께 시작되었습니다. 가장 힘든 격동의 시대를 붙들어 줄 수 있는 것은 역시 말씀뿐이었습니다. 저는 그동안 표준 문서들을 강론해 왔습니다. 종교개혁 500주년을 기점으로 개혁 교회의 표준 문서들을 다루었습니다. 「하이델베르크 요리문답」, 「벨직 신앙고백서」, 「웨스트민스터 대요리문답」, 「소요리문답」, 「웨스트민스터 신앙고백서(신도게요서)」, 『기독교강요 프랑스어 초판』을 살펴보았습니다. 이런 기초 작업 위에서 "기독교 강요 핵심 강독 설교", 즉 십계명, 사도신경, 주기도 부분을 강독하게 된 것입니다.

『기독교강요』 본문은 1541년 프랑스어 초판(박건택 역, 부흥과개혁사)을 사용하였습니다. 청년 칼뱅의 변증법적인 구성과 전개가 돋보이고 설명과 논지가 간결합니다. 라틴어판 제2판(1539)을 칼뱅이 자신의 모국어로 출간했고, 칼뱅 학자들로부터 『기독교강요』 책 중 높은 평가를 받는 판본입니다. 이 판본이 한국에 소개된 것은 최근(2015년)의 일로, 박건택 교수가 프랑스어판에서 한

글로 직역하였습니다. 그동안 초판(1536)과 최종판(1559)의 번역본만 읽던 독자들에게는 더할 수 없는 좋은 선물이 되었습니다.

왜 핵심 강독입니까? 십계명과 사도신경, 주기도는 요리문답에서도 대부분의 분량을 차지할 정도로 중요하게 취급되어 왔습니다. 이것을 요약한 문답 형태가 아닌 칼뱅의 원전 번역본 텍스트 전체를 읽어 나가는 것은 제가 늘 소망해 왔던 일이었습니다. 그리고 그 작업을 코로나가 가장 극심했던 2021년에 진행하게 되었습니다. 그리고 조금 시간이 지나 이 작업을 강독 설교집으로 출간하게 된 것은 말할 수 없는 큰 기쁨입니다.

이 책을 출간하게 된 이유는 제가 회중들과 누렸던 기쁨을 공유하고 싶었기 때문입니다. 백문이 불여일견이라는 말처럼 이 "기독교강요 핵심 강독"은 다른 말이 필요 없습니다. 본문을 읽어 내려가면 왜 핵심 강독 설교인지 그 진가를 발견하는 데 오랜 시간이 걸리지 않을 것입니다. 문답 형태의 단편적인 요리문답에서는 느끼지 못한 또 다른 묘미를 발견하시게 될 것입니다. 저는 종교개혁 시대의 글을 읽는 것이 기쁩니다. 그 이유는 오늘 우리는 계몽주의에 둘러싸여 있고, 우리가 출생으로부터 지금까지 접하는 모든 문화적, 문명적 요소들이 인간 중심의 사고로 넘쳐나기 때문입니다. 그래서 성경 해석이나 적용을 할 때 계몽주의 이전의 창으로 읽기가 쉽지 않습니다.

일단 진지하게 칼뱅의 작품들을 읽어 나가면 모든 것이 하나님의 관점에서 시작하고 하나님의 관점으로 돌아간다는 사실을 깨닫게 될 것입니다. 그러면 이내 우리는 내가 얼마나 계몽주의 사고에 젖어 있는가를 발견하고 화들짝 놀라게 됩니다. 이것은 아마도 여러분이 십계명 부분을 읽어 나가다 보면 느끼게 될 것입니다. 현대 주석이나 성경신학, 그리고 다양한 주제의 신학 논문들을 읽어 보면, 자신이 채택한 해석론이나 자기 진영의 신학적 입장, 그리고 현대 윤리가 권위의 중요한 기둥이 되어 있습니다. 게다가 슐라이어마허 이

후로 인간의 경험과 감정이 중시되고, 현대 윤리학에서는 개인의 결정이 최종 권위가 되어 구약 분열왕국 시대의 혼합 종교로 귀결되고 있습니다. 거기에다 근대 국가가 채택한 법률, 인간의 가치와 존엄성, 개인의 권리가 더해져서 하나님의 텍스트를 인간의 독법으로 읽는 시대가 되었습니다.

저는 그동안 대신대학교 신학대학원과 일반대학원에서 이 텍스트를 같이 읽었습니다. 또 나로도 중앙교회와 새로남교회 청년부, 대구 남부교회 청년부에서 이 텍스트를 주제로 부흥회와 수련회 강의로 섬길 기회가 있었습니다. 그리고 제가 봉직하는 강단에서 설교했습니다. 칼뱅의 수사처럼 오늘날 계몽주의로 물든 현대 기독교인들에게 해독제로서 "기독교강요 핵심 강독"을 소개하고 싶습니다. 저는 단지 이 아름다운 칼뱅의 텍스트를 회중들과 함께 읽는다는 것만으로도 너무 행복했습니다. 그래서 텍스트를 지나치게 벗어나지 않으려고 노력했습니다. 너무 잡다한 설명이나 예화는 거의 사용하지 않았습니다.

강독 설교를 하면서 후회도 많았습니다. 그것은 힘든 주제를 다루는 것 때문이 아니라 지금까지 제대로 가르치고 설교하지 못했다는 자책 때문이었습니다. 십계명 강해를 할 때 이런 생각이 들었습니다. "십계명의 제1계명만이라도 제대로 안다면 인생이 바뀌고 교회와 세상이 바뀌겠구나." 그래서 처음 제1계명을 한 번만 다루려던 계획을 변경해서, 「웨스트민스터 대요리문답」을 가져와 제1계명의 의무와 금령을 다루면서 제1계명만 세 번에 걸쳐 살펴보았습니다. 주기도 강해를 할 때 어떤 분이 이렇게 말씀하셨습니다. "이제 주님이 듣기 원하시는 기도가 무엇인지 알았습니다"라고. 또 주님의 기도에서 "우리 공동의 빵을 달라"라는 의미를 알고, 나 자신밖에 모르는 초라한 기도를 발견할 수 있었다고 고백했습니다.

설교학에서 강독 설교라는 장르를 말할 수 있는지는 모르겠지만 저는 저의 강론을 '강독 설교'라 이름 붙였습니다. 칼뱅의 『기독교강요 프랑스어 초판』(1541)의 제3장 율법에 나오는 십계명 해설과, 제4장 믿음에 나오는 사도신경 해설, 제9장 기도에 나오는 주기도 해설의 본문을 가능하면 전문을 읽되, 설명을 붙여 가며 매 주일 강단에서 강독 형태로 진행했습니다. 설교 본문은 『기독교강요』 본문 가운데서 선정하려고 했습니다. 추가적인 설명을 위해 「웨스트민스터 신앙고백서」와 「웨스트민스터 대요리문답」 등을 가져오기도 했습니다. 2021년 한 해를 강독 설교로만 진행했습니다. 십계명, 사도신경, 주기도를 각각 네 달씩 설교하되, 전도 집회와 절기와 교회기념일에는 다른 본문을 설교했습니다. 이 강독 설교를 위해 「기독교강요 핵심 강독」 교재를 만들어 회중들에게 나누어 주고, 각 강독 설교마다 노트할 수 있는 공간도 별도로 두었습니다.

강독 설교를 하는 동안 피드백은 다양한 경로를 통해서 들어왔습니다. 교회 소그룹과 제자훈련, 주일 설교 요약 나눔을 통해서 설교의 난이도와 이해, 궁금한 점, 좋았던 점, 이해되지 않는 점들이 무엇인지 파악할 수 있었습니다. 어떤 의미에서 특수한 설교이기 때문에 긴장을 늦추지 말고 회중들과 소통할 필요가 있습니다. 저는 이런 일들을 통해 효과적인 "기독교강요 핵심 강독 설교"를 위해서는 먼저 표준 문서를 살펴보는 것이 좋다는 판단을 하게 되었습니다. 사전에 표준 문서를 통해 기독교 신앙에 대한 이해와 듣는 힘이 길러지면 강독 설교는 탄력을 받을 수 있습니다. 그런 점은 강독 설교를 준비하시는 분들에게 도움이 되는 충고일 것입니다. 또한 강독 설교를 진행할 때 교리 설교나 강의, 세미나 같은 느낌을 주어서는 안 됩니다. 그렇게 하면 듣기를 포기하는 회중들이 나오게 될 것입니다.

또한 강독 설교는 설교자에게 많은 준비를 요구합니다. 일단 『기독교강요』에 나오는 인물, 신학 용어, 교리 등이 간단하지 않습니다. 강독은 『기독교강요』 본문을 읽어 나가면서 진행되기 때문에 적어도 본문에 나오는 내용을 건너뛸 수는 없습니다. 본문을 보면 아리우스, 사벨리우스, 펠라기우스로부터 힐라리우스, 키프리우스가 빈번하게 등장합니다. 또 '실체'(Substance)와 '본질'(Essence), '위'(Personnes)와 '위격'(Hypotases)이 등장합니다. 이렇게 강독 설교를 준비하다 보면 자연스럽게 조직신학 서적들을 늘 책상 위에 올려 놓을 수밖에 없을 것입니다. 저는 알리스터 맥그래스의 『신학의 역사』(지와 사랑)와 헤럴드 브라운의 『교회사 안에 나타난 이단과 정통』(그리심), 헤르만 바빙크의 『개혁교의학 개요』(크리스천 다이제스트)와 『개혁파교의학 축약본』(새물결플러스), 하인리히 헤페의 『개혁파 정통교의학』(크리스천 다이제스트)에서 도움을 받았습니다.

설교자들은 모두 경험해 보셨겠지만, 교리나 신학의 개념, 신학 논쟁, 신학자들의 주장을 설교자의 언어로 녹여 내기는 결코 쉽지 않습니다. 그리고 아무런 준비 없이 편안한 설교에 익숙한 회중들에게 딱딱한 신학과 논쟁을 설명해 나간다는 것은 정말 머리끝이 쭈뼛하고 서는 기분이 들 것입니다. 마치 우리가 운전하다가 길을 잘못 들어섰을 때와 같은 느낌입니다. 그러므로 강독 설교를 마음먹으셨다면 먼저 잘 정리된 설교 전문과 함께 수없이 리허설을 해 볼 필요가 있습니다. 가장 좋은 것은 아내에게 먼저 설교하고 피드백을 나누는 것입니다. 그리고 어떤 신학 개념, 가령 '삼위일체'라면 이 개념에 대한 좋은 표현과 쉬운 설명을 찾고 찾아야 합니다.

설교자는 강독 설교를 할 때 늘 이런 질문을 하나 가지고 있어야 합니다. "현대를 살아가는 회중들에게 이 설교가 어떤 적용점으로 만날 것인가?"라는 질문입니다. 마치 요한을 통하여 에베소 교회에 말씀하실 때 "그러므로 어디서 떨어졌는지를 생각하고 회개하여 처음 행위를 가지라"(계 2:5)라고 하시던 주님의 적용이 주어져야 합니다. 예수님은 율법에 대한 최고 권위의 해석자로서 바리새인들의 경직된 십계명을 바르게 해석해 주셨습니다. 저는 강독 설교가 가지는 위치와 의미가 그 지점쯤에 있다고 생각합니다. 강독 설교는 인간 중심의 사고에 빠져 버린 현대 회중들을 하나님 중심의 성경 해석으로 돌아오게 하는 해독제로서의 독보적 가치를 지녔다고 믿습니다.

강독 설교에서 소위 은혜가 되는 지점이 있습니다. 저에게는 첫째, '하나님의
시각에서 보기'입니다. 예를 들어, 십계명이 윤리 설교로 흐를 가능성이 있는
데, 칼뱅의 십계명 해설에서 돋보이는 것이 '계명의 목적'입니다. 십계명을
단순히 '훔치지 말라', '살인하지 말라'로만 다루면 결국 윤리적 차원에 머물
고 맙니다. 이런 접근이 바로 계몽주의적 사고 체계입니다. 그러나 하나님 중
심의 접근은 왜 이 계명을 주셨는가를 먼저 다룹니다. 계명의 본질과 성격을
먼저 규명합니다. 예를 들어, 제8계명은 '하나님의 분배를 훼손하지 말라'는
것입니다. 왜냐하면 각 사람의 소유는 하나님의 분배이기 때문입니다. 그러
므로 이웃의 재산을 옮기는 것은 하나님의 분배를 훼손하는 것이라고 접근합
니다. 윤리 설교는 이것을 빼버리고 '훔치지 말라'만 말합니다. 거기에는 하
나님이 없고 사람만 있는 것입니다.

둘째는, 최종 권위가 성경에 있다는 것입니다. 이것이 칼뱅의 전개 방식입니
다. 칼뱅은 로마 가톨릭의 잘못된 해석, 바리새인들의 잘못된 해석, 아리우스
의 잘못된 해석, 아우구스티누스의 잘못된 해석을 나열하다가 그 해독제로
꼭 예수님의 해석을 가져옵니다. "가라사대!" 성경의 '가라사대'를 가져와서
진압을 합니다. 저는 이 부분이 너무도 통쾌했습니다. 가령 십계명 해설에서
계명의 수를 설명하면서 로마 가톨릭이 첫 번째 돌판을 3개로, 둘째 돌판을 7
개로 계명의 수를 조정하는 것의 잘못을 오리게네스와 아우구스티누스, 요세
푸스의 잘못된 해석을 논한 후에 조금도 주저하지 않고 주님의 권위를 가져
와서 말합니다. "그러나 이것이 하나님의 영광과 이웃 사랑 사이의 구별이 혼
동되기 때문에 이치에 어긋난다는 점 외에도, 부모 공경의 계명을 둘째 돌판
의 목록에 두시는 예수 그리스도의 권위가 그것을 반박한다"(마 19:19).

셋째는, 하나님 나라의 원리를 개인에게만 적용하려고 하는 현대 회중들에게

해독제를 주고 있습니다. 이것은 주로 주기도에서 두드러집니다. 주기도를 가르칠 때 이 사실이 분명히 드러나게 설명해야 합니다. 나의 일용할 양식과, 내가 시험에 들지 않는 것과, 내 죄가 용서를 받는 것은 예수님이 가르쳐주신 기도가 아닙니다. 예수님의 기도에는 실상 개인의 기도는 없습니다. 주기도의 여섯 간구에서 '당신' 청원은 하나님 없는 기도를 방지해 줍니다. 또한 '우리' 청원은 이웃이 없는 기도, 공동체가 없는 기도를 방지해 줍니다. 앞에서도 말씀드린 것처럼, 주님이 기도에서 가르치시는 것은 단지 나 자신만을 위한 빵이 아닌 우리 공동의 빵을 간구하라고 교훈하시는 것입니다.

넷째는, 내세를 소망하게 하는 것입니다. 이것은 칼뱅의 경건 사상의 하나이기도 합니다. 예컨대, 제4계명을 설명하면서 칼뱅은 "우리의 전 생애 동안 하나님이 성령을 통해 우리 안에 일하시기까지 우리의 행위로부터 영원한 안식을 묵상한다는 것이다"라고 말합니다. 즉 신자들의 안식일이 마지막 날에 이르기 전에는 결코 완전하게 성취되지 않으므로, 일곱째 날을 통해 자기 백성이 이생을 사는 동안 지속적인 근면으로 최후에 도래할 안식일의 완성을 열망하게 하기 위함이라고 설명합니다. 그러므로 제4계명의 목적을, 우리가 우리 자신의 감정과 행위를 멈추고 하나님 나라를 묵상하는 것이라고 말합니다. 또한 이날 우리가 멈추는 것은 하나님이 우리 안에서 일하시도록 하기 위한 것인데, 우리의 의지를 멈추고, 마음을 버리며, 육신의 모든 탐심을 거부하고 떠나 그분이 우리 안에 활동하시도록 전적으로 안식하는 것이라고 설명합니다.

다섯째는, 성령의 직무입니다. 우리는 『기독교강요』 곳곳에서 칼뱅이 성령의 직무라고 말하는 것에 주목해야 합니다. 그는 1장 '신지식'에서 우리가 성령의 능력으로 조명될 때 성경을 하나님의 말씀으로 받게 된다고 말하고, "성령의 직무란 이전에 몰랐던 새로운 계시를 생각해 낸다거나 새로운 종류의 이론을 만들어 내어 한 번 받아들인 복음의 교훈에서 우리를 멀어지게 하는 일이 아니라 복음이 우리에게 준 교훈을 우리 마음에 새기고 확증하는 일이다"라고 말합니다. 칼뱅은 아예 설교를 성령의 사역이라고 말하는데, 심지어 기도에 관해서 말할 때도 성령의 기도하는 직무라고 말하면서 "이는 그가 실제로 기도하거나 탄식한다는 것이 아니라, 우리 안에서 활동하여 우리 본성의 힘이 품을 수 없는 신뢰와 바람과 갈망을 부추긴다는 말이다"라고 설명합니다.

다소 외람되지만, "기독교강요 핵심 강독 설교"를 시도하시는 분들은 『기독교강요』 전체를 읽기를 바랍니다. 왜냐하면 이것이 설교자에게 자신감과 실질적 도움을 주기 때문입니다. 저는 1539년 제2판을 칼뱅이 모국어인 프랑스어로 출판한 1541년 프랑스어 초판(박건택 역, 부흥과개혁사)을 추천합니다. 이 판본의 강점은 간결하면서 변증법적 구조로 되어 있다는 것입니다. 17장으로 이루어져 있고, 1장에서 신지식을, 2장에서 인간 지식을 다룬 다음에 인간적인 요소로 율법, 회개, 구약, 기도, 거짓 성례, 지상 생활을 배치하고, 신적인 요소로는 믿음, 이신칭의, 신약, 예정, 참 성례, 그리스도인의 자유를 배치하고 있습니다. 초판 6장, 최종판 80장의 극단에서 제2판은 17장으로 구성되어, "한 권으로 읽는 기독교강요"로서는 가장 적절하다고 평가할 수 있습니다.

이 책의 출간을 위해 애써 주신 분들에게 감사를 드립니다. 세움북스의 강인구 대표님과 직원들에게 고마움의 인사를 전합니다. 또 지역에서 함께 목회하면서 늘 용기를 주고 격려해 주신 여러 동료 목사님과 대신대학교의 동료 교수님들에게도 감사드립니다. 아울러 추천의 글을 써 주신 새로남교회 오정호 목사님, 김길성, 이상웅, 박영돈, 김용주, 한병수 교수님께 깊은 감사를 올립니다. 끝으로 코로나 기간에 『기독교강요 핵심 강독 설교』의 회중이 되어 준 푸른초장교회 장로님들과 성도님들께 고마운 인사를 전합니다.

저는 지난 몇 년여의 시간 속에서 다산이 말했던 옥중 오고의 고통을 통과했습니다. 클레르보의 베르나르의 찬송(찬 143장)에서, 시편 37편에서 빛과 소망을 보았습니다. 요셉의 하나님을 생각하라시던 선배님의 짧은 문자에서, 벗이 사준 어느 오후의 차 한잔에서 하늘을 바라볼 힘을 얻었습니다. 이 고통의 순간을 통과하면서 이 책이 출간되었다는 사실을 서문에 둠으로써 평생을 감사로 살아가는 채찍으로 삼고자 합니다. 모든 영광을 심히 부족한 자를 사용해 주시는 하나님께 올립니다.

‖ 2023년 7월, 궁산 자락에서 임종구

활용 방법 및 일러두기

『기독교강요 핵심 강독 설교』는 크게 세 가지 정도로 활용될 수 있습니다. 첫째는 주일 강단에서 십계명, 사도신경, 주기도를 1년 동안 설교하는 것입니다. 이 책의 경우 십계명 15회, 사도신경 19회, 주기도 10회로, 총 44회를 설교했습니다. 동일하게 주일 오후 예배나 수요 예배에서 진행할 수도 있겠습니다. 둘째는 구역장, 순장, 리더 교육에 활용하는 방법인데, 이 경우 한 번에 다 할 수도 있겠고, 십계명, 사도신경, 주기도를 따로 떼어서 별도로 진행할 수도 있을 것입니다. 셋째는 수련회나 특강에 활용하는 방법입니다.

효과적인 강독 설교를 위해서는 「하이델베르크 요리문답」과 같은 기본적인 표준 문서를 먼저 살펴보는 것을 추천합니다. 핵심 강독 설교를 위해서는 『기독교강요 프랑스어 초판』(박건택 역, 부흥과개혁사)을 교재로 구입하여 진행하시면 좋겠습니다. 저는 설교 시 스크린을 통해 PPT로도 함께 읽을 수 있게 했습니다. 본서에서도 PPT로 활용된 본문이나 문장이 함께 실려 있기 때문에, 본서를 교재로 해서 함께 읽어 내려가며 설명을 덧붙이는 것도 하나의 방법이 될 수 있습니다. 또한 이 책에서 인용된 '예배 모범'은 예장 합동 교단 헌법에서 가져왔음을 말씀드립니다.

십계명 해설은 기독교강요 제3장 '율법'에 나옵니다. 할 수 있다면 율법 부분을 모두 읽는 것이 가장 좋습니다. 3장에는 1) 도덕법으로서의 율법, 2) 율법의 보편적 지식이 나오고, 이어서 3) 십계명 해설이 나옵니다. 이후에 4) 율법의 목적 5) 율법의 직무와 용도가 나옵니다. 그러므로 율법과 십계명을 깊이 다루기를 원할 경우, 세미나나 특강으로 진행할 경우에는 이 전부를 다룰 것을 추천합니다.

사도신경 해설은 기독교강요 제4장 '믿음'에 나옵니다. 믿음 역시 1) 믿음의 기초와 정의, 2) 믿음의 확신, 3) 믿음의 목표, 4) 믿음의 본질과 속성이 나오고 이어서 5) 사도신경 해설이 나옵니다. 특별히 사도신경을 본격적으로 다루기 전에 성자와 성령의 신성, 삼위의 구분이 먼저 나옵니다. 사도신경은 제1부 성령, 제2부 성자, 제3부 성령으로 구성되어 있습니다.

주기도문 해설은 기독교강요 제9장 '기도'에 나옵니다. 기도 역시 1) 기도의 필요성과 법칙, 2) 기도: 명령과 약속, 3) 중보 기도, 4) 기도: 간구와 감사, 공공 기도가 나오고 이어서 5) 주기도문 해설이 나옵니다. 기도에 대해 전부를 깊이 있게 가르치기를 원한다면 제9장 전부를 다루는 것이 가장 좋습니다.

난이도를 본다면 사도신경이 가장 어렵습니다. 그러므로 전부를 강독할 경우 『기독교강요』의 순서를 따라 십계명, 사도신경, 주기도로 하는 것을 추천합니다. 십계명과 주기도는 기존의 접근과 이해를 바꾸는 효과가 있습니다. 가치관과 세계관에 많은 변화를 기대할 수 있습니다. 사도신경은 정통 교리를 확인하면서 이단들의 잘못된 주장에 관한 지식을 얻을 수 있습니다.

목차

제1부 기독교강요 십계명 해설 강독 설교

제2부 기독교강요 사도신경 해설 강독 설교

제3부 기독교강요 주기도문 해설 강독 설교

Institutio Christianae Religionis

Lord's Prayer

Ten Commandments

Apostles' Creed

제1부

기독교강요
십계명 해설
강독 설교

기독교강요 제3장. 율법

도덕법으로서의 율법

하나님에 대한 참된 지식에 요구되는 것들을 설명하면서, 우리는 그분만이 최고
의 영예가 속하는 존엄 가운데 계신다는 이 사상이 즉시 이해되어야만 그의 위대
함에 따라 그를 생각해 낼 수 있다는 것을 보여 주었다. 우리 자신에 관한 지식에
서는, 우리는 중요한 점이 우리 자신의 능력에 대한 모든 망상을 버리고 자신의
의에 대한 모든 신뢰를 벗어 버리며, 또한 우리의 가난함을 고려해서 낙심함으로
써 완전한 겸손을 배워서 자신을 낮추고 모든 영광을 포기하는 데 있다고 말했다.
그 두 종류의 지식은 하나님의 율법 안에서 우리에게 제시되는데, 거기서 최초로
명령하는 권세를 부여받은 주님이 우리에게 그의 신성을 공경하기를 가르쳐 주고
그 공경이 무엇으로 이뤄지며 어디에 위치하는지를 보여 준다. 그다음에, 의의 규
칙을 명했으므로 주님은 불의 같은 우리의 많은 약점들을 힐책하는데, 왜냐하면
우리의 본성은 타락하고 전도되었으므로 그 의에 대해서 완전하게 반대되고 혐오
스럽기 때문이며, 또한 그 본성이 선을 행하기에는 무능하고 무익함으로써 우리
의 능력은 본성의 완전함에 부응할 수 없기 때문이다. 아무튼 당장 우리는 이 책
의 처음에 정한 순서에 따라 하나님의 율법을 다루도록 하겠다.

그런데 이[하나님의 율법]에 대해 우리가 배워야 하는 모든 것은 우리에게 내면
의 법에 의해서 어느 정도는 가르쳐지는데, 이것은 우리가 위에서 말했듯이 각 사
람의 마음에 기록되고 거의 새겨져 있다. 그래서 우리의 양심은 우리를 오랜 잠에
무감각하게 빠져 있지 않게 함으로써 우리의 마음에서 증언해 주며, 우리에게 우
리가 하나님에게 빚지고 있는 것이 무엇인지를 훈계해 주며, 선과 악의 차이를 보
여 주기도 하며, 그래서 양심은 우리가 의무를 이행하지 않을 때 우리를 비난한
다. 그럼에도 불구하고 인간은 무지의 암흑 속에서 너무나 혼미하기 때문에, 이
자연법으로써는 간신히 어떤 섬김이 하나님을 기쁘게 하는지에 대해 아주 작은
맛을 볼 수 있을 뿐이다. 최소한 인간은 그것의 올바른 지식으로부터는 너무나 멀
리 떨어져 있다. 더군다나 그는 자만과 야망으로 너무나 부풀어 오르고 자기애로

너무나 눈이 멀어서, 여전히 자신을 들여다보거나 자신 안으로 들어가서 자신을 낮추며 자신의 비참을 고백하기를 배우지 못한다. 그래서 우리 정신의 저속함과 우리의 거만함에 그것이 필요했던 까닭에, 주님은 그의 기록된 율법을 우리에게 제공해 줌으로써 자연법에서는 너무나 모호했던 것을 우리에게 더 명백하게 증거했으며, 또한 무관심을 몰아냄으로써 우리의 정신과 기억을 더 생생하게 일깨워 주셨다.

이제 율법에서 배워야 하는 것이 무엇인지를 이해하기가 쉬워졌다. 그것은 우리의 창조주로서 하나님이 우리에게 올바르게 주님과 성부의 자리를 잡으셔야 한다는 것이요, 그 이유에서 우리가 그분에게 영광과 공경과 사랑과 경외를 돌려야 한다는 것이며, 그렇게 해서 우리는 우리 정신의 탐욕이 우리를 자극한다고 해서 어디든 그 탐욕을 함부로 따르지 않고 오히려 전적으로 우리의 하나님에게 의지하며 오직 그가 기뻐하시는 것에 머물러야 한다는 것이며, 더 나아가서 하나님은 정의와 정직을 기뻐하시고 반대로 불공정은 가증스럽게 여기신다는 것이다. 따라서 만일 우리가 우리의 창조주로부터 등을 돌리는 사악한 배은망덕을 원하지 않는다면, 우리의 모든 삶은 마땅히 정의를 사랑하고 우리의 모든 노력을 그것에 기울여야 한다. 우리가 우리의 뜻보다 그분의 뜻을 더 좋아할 때만 그분에게 마땅한 공경을 돌리기 때문에, 우리가 정의와 거룩함과 순수성을 지키는 것 외에는 그분에게 다른 적법한 명예를 드릴 수 없다는 결과가 뒤따른다. 인간은 자신이 능력을 가지고 있지 않다는 이유로, 또한 가난한 채무자처럼 지불하기에 충분하지 않다는 이유로 자신을 변명할 수 없다. 사실 우리의 역량(faculté)에 따라서는 하나님의 영광을 측정하는 것이 적당하지 않은바, 이는 우리가 어떻든지 간에 그는 언제나 자신과 동일하시며, 정의의 친구요, 불의의 적이기 때문이다. 또한 우리는 그가 우리에게 무엇을 요구하건 자연적 의무로서 복종해야 하는바, 이는 그가 우리에게 정당한 것 외에는 아무것도 요구할 수 없기 때문이다. 우리가 할 수 없는 이유는 우리의 악 때문이다. 우리가 죄가 지배하는 탐욕에 묶여 있는 것처럼 억류되어서 우리 성부에게 자유롭게 순종하지 못할 경우, 우리는 자신을 방어하기 위해 악이 우리 내부에 있고 우리에게 전가되었다는 이 필연을 내세워서는 안 된다.

율법의 교리를 통해 그와 같은 유익을 얻고 나면, 우리는 율법 자체의 인도를 받음으로써 우리 안으로 내려와야 하며, 그로부터 두 가지 점이 제시된다. 첫째로,

율법의 의를 우리의 삶과 비교하면서 우리가 하나님의 뜻을 만족시키지 못한다는 것, 따라서 그의 피조물들 사이에 우리의 자리와 서열을 정하기에 부당하여, 그의 자녀들이라고 불리기에 합당하기는커녕 그 반대라는 것에 대해 할 말이 많다는 것이다. 이어서 [둘째로], 우리의 능력들을 고려할 때, 그것들이 율법의 완수에 충분하다고 생각할 수 없을 뿐만 아니라 전혀 무력하다는 것이다. 거기로부터 필연적으로 우리 자신의 능력에 대한 불신과 정신의 동요와 불안이 뒤따르게 된다. 왜냐하면 양심은 하나님의 심판이 즉시 먼저 오지 않고서는 죄의 짐을 견딜 수 없으며, 하나님의 심판은 그것이 죽음의 공포를 가져오지 않고서는 느껴질 수 없기 때문이다. 마찬가지로 양심은 그것의 약함이 경험으로써 입증되기 때문에 그 능력들에 대해서는 절망적일 수밖에 없다. 이 두 감정은 굴욕과 겸비를 낳는다. 이처럼 결국 인간은 자신의 불의의 대가로서 자신에게 다가오는 영원한 죽음을 느끼고 겁을 먹어서 오직 하나님의 자비를 구원의 유일한 항구인 것처럼 의지하게 되며, 그가 율법에 빚진 것을 갚을 능력이 없다는 것을 느끼고 자신에 대해 절망함으로써 다른 곳으로부터 도움을 기다리고 요구하기를 열망하게 된다.

그러나 주님은 우리가 그의 정의를 어떤 존경심으로 가져야 하는지를 제시한 것으로 만족하지 않고, 우리의 마음을 정의에 대한 사랑과 불의에 대한 미움에 전념하게 하기 위하여 약속과 위협을 첨가하신다. 우리의 이해의 눈은 너무나 혼란스러워서 덕(vertu)의 미와 대상만으로는 감동될 수 없기 때문에, 주님은 그의 인자하심에 따라 그가 우리에게 제시하신 달콤한 보상을 통해 그를 사랑하고 열망하도록 우리를 이끌어 가기 원하셨다. 그러므로 그는 덕을 보상하기 원하신다는 것과 그의 계명에 순종하는 자의 수고가 헛되지 않을 것을 통보하신다. 반대로, 주님은 불의가 자신에게 혐오스러울 뿐만 아니라 처벌을 모면할 수 없다는 것을 알게 하시는데, 이는 그가 자신의 존엄을 경멸하는 데 대해 복수하기로 결정했기 때문이다. 그리고 그는 온갖 방식으로 우리를 격려하기 위해서 자신의 계명을 지키는 자들에게 현생의 축복과 영원한 지복을 약속하는 한편, 위반자들에게는 영원한 죽음의 고통 못지않게 육체적인 재난들로써 위협하신다. "이것을 행하는 자는 그것으로써 살리라"(레 18:5)라는 약속과 또한 그에 상응하는 "죄를 짓는 영혼은 죽으리라"(겔 18:4)는 위협은 의심의 여지없이 결코 끝나지 않는 미래의 불멸성이나 죽음에 속한다. 물론 주님의 관대함이나 진노에 대해 언급되는 곳은 어디에나 첫 번째 것에는 영생이 포함되고 두 번째 것에는 영벌이 들어 있다. 그런데 율법 안에는 현생에서의 복과 저주의 엄청난 목록이 나열된다(레 26:3; 신 28:1). 그가 선언하는 고통 안에는 그가 불의를 참을 수 없다는 이유로 말미암아 그의 지대한 순수함이 드러난다. 한편 약속 안에서는 그가 보상이 없이 내버려 두기를 원치 않기 때문에 그가 정의를 얼마나 사랑하는지 입증된다. 마찬가지로 놀라운 자비가 입증된다. 사실 우리와 우리에게 속하는 모든 것이 그의 존엄에 묶여 있기 때문에, 그가 우리에게 요구하는 모든 것을 자신에게 빚진 것처럼 요구하시는 것은 정당하다. 그런데 그런 채무의 지불은 어떤 보상을 받아 마땅한 것이 아니다. 따라서 그는 우리의 순종—우리가 마치 그에게 합당하지 않은 것인 양 자진해서 드리지 않는—에 대한 어떤 대가를 제시하면서 자신의 권리를 포기하신다. 그런데 이것은 약속이 그 자체로 우리에게 유익을 줄 수 있다는 말인데, 그것은 곧 드러날 것이다. 당장에는 우리가 다음 사항을 생각하고 이해하는 것으로 충분한바, 즉 정의의 준수가 하나님을 얼마나 기쁘게 하는지를 더욱 확실하게 보여 주기 위해서, 율법의 약속에는 정의에 대한 특별한 천거가 있다는 것과 한편으로 죄인이 하나님의 심판이 자기에게 준비되고 있다는 것을 잊어버릴 정도로 자기 죄의 단맛에 취해 있지 못하도록 불의에 대한 더 큰 증오에는 형벌이 언급된다는 것이다.

그런데 주님이 완전한 정의의 규칙을 주고자 하시면서 정의의 모든 부분을 자신의 의지로 귀착시켰다는 사실에서, 그가 순종보다 좋아하는 것은 아무것도 없다는 사실이 입증된다. 이것은 인간 이성의 무모함과 과도함이 주님께 올려드리는 새로운 예배와 영예를 지나치게 상상함으로써 주님의 은혜를 얻어 내려는 경향이 있기 때문에 그만큼 더 부지런히 주목해야 한다. 이 종교[경건]의 비종교[경건]적 감정은 모든 시대에 걸쳐 본성적으로 우리의 정신에 뿌리내리고 있기 때문에 모든 인류에게 언제나 나타났으며 또 현재도 나타나고 있다. 그것은 사람들이 항상 하나님의 말씀 없이 의를 얻는 어떤 방식을 만들어 내기를 좋아한다는 것이다. 이로부터 발생하는 결과는 일반적으로 존중되고 있는 선행들 중에 율법의 계명들이 가장 작은 위치를 차지하는 반면, 무수히 많은 인간의 규율들은 맨 윗자리와 가장 큰 자리를 차지한다는 것이다. 그러나 모세가 율법을 공포하고 나서, "네가 네 하나님 앞에서 유쾌하고 선한 것을 행함으로써 너와 네 후손들이 번영하도록 내가 네게 명하는 것을 주목하고 들어라 … 더하지도 말고 감하지도 말고 오직 내가 네게 명한 것만 하라"(신 12:28; 13:1)라고 백성에게 말했을 때, 그가 더 억제하려고 했던 것이 이 욕망이 아니고 무엇이던가? 앞서 그는, 이스라엘 백성이 주님으로부터 판단과 의로움과 예법을 받음으로 말미암아 지상의 모든 나라들 앞에서 지혜와 명철이 되었다고 선언한 뒤 동시에 이렇게 말했다. "너와 네 영혼을 조심스럽게 지키고, 네 눈이 본 말씀들을 잊지 말며, 결코 그 말씀들을 네 마음에서 떼어놓지 말라"(신 4:9). 확실히 주님은 이스라엘 사람들이 율법을 받은 후에도 바로 서지 못하고 그분이 그들에게 단단한 굴레를 채우지 않으면 그분을 예배하는 새로운 방식들을 발명하고자 한다는 것을 예견했기 때문에, 주님은 자신의 말씀 안에 의의 완전함—그들을 아주 잘 억제할 것이 분명한—이 내포되어 있다고 진술하신다. 그럼에도 불구하고 그들은 자신들에게 그렇게 금지되었던 그 번번스러움을 단념하지 않았다.

그러면 우리는 어떤가? 확실히 우리도 동일한 말씀으로 속박되어 있다. 왜냐하면 주님이 자신의 율법에 정의의 완전한 가르침을 부여하고자 하셨다는 사실은 의심의 여지없이 언제나 효력을 갖기 때문이다. 그럼에도 불구하고 우리는 이 가르침에 만족하지 않고 이런저런 선행을 날조하고 고안해 내는 일에 놀랍도록 애쓰고 있다. 이 악을 교정하기 위한 최선의 처방은 다음과 같은 생각을 우리의 마음에 심어 두는 것이다. 즉 주님은 우리에게 완전한 정의를 가르쳐 주기 위해서 율법을 주셨으며, 이 율법 안에서 가르침 받는 정의란 우리를 하나님의 의지에 따라 억제시키고 순응하게 하는 정의 외에 다른 것이 아니라는 것이다. 마찬가지로, 우리가 하나님에 대한 적법한 예배가 오직 그분께 순종하는 것에 있기 때문에, 하나님의 은혜를 얻기 위해서 새로운 형태의 행위를 상상하는 것이 헛되다는 것과 오히려 반대로 하나님의 율법을 벗어나는 선행의 추구는 하나님의 참된 정의를 오염시키는 일로서 참을 수 없는 일이라는 것이다.

율법의 보편적 지식 (1)

아무튼 주님의 율법이 우리에게 설명될 때, 그때 가장 적절하게 그리고 가장 큰 열매와 함께 율법의 직무와 용도가 논의될 것이다. 그런데 각각의 주제를 개별적으로 다루기에 앞서, 먼저 율법에 대한 보편적 지식에 속하는 것이 무엇인지를 아는 것이 좋다.

[1] 첫째로, 확고부동한 사실은 율법이 인간의 삶을 외적인 예절에 부합시킬 뿐만

아니라 내적이고 영적인 의에도 부합시킨다는 것이다. 이런 사실은 비록 부정되지는 않지만, 그럼에도 불구하고 거의 고려되지 않는다. 이런 일이 발생하는 것은 율법의 성격이 입법자의 성격에 따라 평가되어야 함에도 입법자가 전혀 주목받지 못하기 때문이다. 내가 인정하거니와, 만일 어떤 왕이 칙령으로써 음행하는 것과 살인하는 것과 훔치는 것을 금지했다면, 마음속에 음행하거나 훔치거나 또는 살인하려는 욕망을 품기만 하고 실행하거나 시도하지 않은 사람은 결코 정해진 처벌을 받지 않을 것이다. 유한한 인간 입법자의 뜻은 오직 외적인 예절에만 국한되기 때문에, 만일 악이 실행되지 않는다면 그의 명령은 전혀 위반되지 않는다. 그러나 하나님은 그의 눈앞에 아무것도 숨겨지지 않으며 선에 대한 외적 모양보다는 마음의 순수함을 유념하시기 때문에, 음행과 살인과 절도를 금함으로써 모든 육적인 욕망, 미움, 타인의 재물에 대한 탐욕, 사기, 그리고 그와 유사한 모든 것을 금하신다. 그는 영적인 입법자이기에 몸에 말하는 것 못지않게 영혼에도 말씀하신다. 그런데 영혼에 관한 한 분노와 증오는 살인이며, 탐심은 절도이며, 무절제한 사랑은 음행이다.

그러나 어떤 이는 인간의 법도 역시 발생한 사건들이 아니라 사람들의 의도와 의지를 고려한다고 말할 수 있을 것이다. 나도 그것을 인정한다. 하지만 그것은 사전에 있었던 의도들을 의미한다. 왜냐하면 인간의 법은 각 행위가 어떤 의도에서 이뤄졌는지를 고려하지만 숨겨진 생각을 조사하지는 않기 때문이다. 따라서 외적으로 범법하는 것을 삼가는 자는 정치법을 이행할 것이다. 반대로 하나님의 법은 우리의 영혼에 주어지기 때문에, 만일 우리가 그 법을 준수하려 한다면 주로 우리의 영혼이 처벌받아야 한다. 그런데 대부분의 사람들은, 심지어 하나님의 법에 대한 경멸자임을 감추고자 하면서, 자신들의 눈과 발과 손, 그리고 몸의 다른 부분들로 하여금 그 법이 명하는 것을 지키도록 한다. 그러면서 그들의 마음은 이 법에 대한 순종에서 완전히 멀리 떨어져 있다. 이처럼 그들은 하나님 앞에서 명백한 것을 사람들 앞에서 숨길 경우, 자신들이 의무를 잘 이행했다고 여기는 것이다. 그들은 "살인하지 말라, 간음하지 말라, 도둑질하지 말라"라는 말씀을 듣고 따라서, 살인하기 위해 칼을 빼어 들지 않으며 음행에 섞이지 않으며 타인의 재물에 손을 대지는 않는다. 이 모든 것은 좋다. 그러나 그들의 마음은 살인으로 가득 차 있고, 육적인 정욕으로 불타오른다. 그들은 이웃의 재물을 은근히 바라보고 그것을 탐심으로 삼킬 수 있을 뿐이다. 이 점에서 그들에게는 율법의 중점이 결여되어 있다. 과연 그들이 입법자를 무시하면서 정의를 그들의 이성에 맞춰 버리지 않고서야 그런 어리석음이 어디서 오겠는가? 바울은 율법이 영적이라고 말하면서 (롬 7:14) 이런 견해에 반대하여 크고 강경하게 외친다. 이 말로 그가 의미하는 바는 율법이 영혼과 이성과 의지의 순종뿐만 아니라, 모든 육적인 오점으로부터 정화되어 영적인 것 말고는 다른 어떤 것도 느낄 수 없는 천사와 같은 순결을 요구한다는 것이다.

율법의 의미가 이렇다는 것을 말하면서, 우리는 우리 자신의 어떤 새로운 설명을 가져오는 것이 아니라 다만 그것의 매우 훌륭한 해설자이신 그리스도를 따르고 있다. 바리새인들이 백성 사이에 사악한 견해—즉 율법에 대해 외적인 행위로써 어떤 것을 범하지 않은 사람은 율법을 잘 지킨 자라는—를 심어 놓았기 때문에, 그리스도는 이 오류를 이렇게 반박한다. 즉 한 여인에 대한 음란한 시선도 간음이고, 자기 형제를 미워하는 사람들도 모두 살인자들이라는 것이다(마 5:21, 27). 왜냐하면 단지 마음에 어떤 분노를 품는 자들은 모두 심판받을 죄를 지은 것이며, 불평함으로써 마음의 화를 보여 주는 자들은 모두 공회 앞에서 유죄이고, 욕설로써 자신들의 적의를 공개적으로 표명한 자들은 모두 불지옥에 들어갈 죄를 지은 것이다. 이 점을 이해하지 못한 사람들은, 그리스도가 두 번째 모세로서 모세의 율법의 결함을 보충하기 위해서 복음적인 율법을 가져왔다고 상상했다. 여기서부터 복음적 율법의 완전함은 옛 율법의 그것보다 훨씬 더 크다는 일반 견해가 유래한다. 이것은 매우 사악한 오류이다. 우리가 차후 모세의 계명들을 요약할 때, 그렇게 말하는 것이 하나님의 율법에 대해 얼마나 큰 모욕을 가하는지가 그의 말씀 자체로써 명백하게 될 것이다. 더군다나 이 견해로는 옛 조상들의 거룩함이 위선과 거의 다르지 않다는 결과에 이른다. 결국 그것은 우리로 하여금 하나님이 당시에 주셨던 정의의 유일하고도 영원한 규칙으로부터 등을 돌리게 하는 일일 것이다. 그런데 그 오류는 배격하기 쉽다. 왜냐하면 그런 종류의 사람들은 그리스도가 율법에 [무언가를] 덧붙이셨다고 생각하지만, 사실 그는 바리새인들의 거짓들과 누룩(마 6:11)—이로부터 율법이 흐려지고 더럽혀진—을 정화하심으로써 율법을 통째로 복구하셨기 때문이다.

[2] 둘째로, 우리가 주목해야 할 것은, 하나님의 계명에는 거기서 말로 표현된 것 이상의 어떤 것이 포함되어 있다는 사실이다. 그럼에도 불구하고 절제해야 할 것

은 우리가 우리 마음대로 이렇게 저렇게 해석함으로써 우리에게 보기 좋은 의미를 부여해서는 안 된다는 것이다. 왜냐하면 그런 방종으로, 마치 율법이 모호하다는 듯이 율법의 권위를 조롱받게 하거나, 그렇지 않으면 율법의 건전한 이해를 가지는 일에 절망하게 하는 사람들이 있기 때문이다. 그러므로 가능한 한 우리를 확실하고 분명하게 하나님의 의지로 인도하는 어떤 길을 찾아야 한다. 다시 말해서, 해설이 얼마나 말씀을 넘어서서 확대되어야 하는지가 고려될 필요가 있다는 것이다. 그래서 명백히 그것이 하나님의 율법에 인간적인 주해들이 덧붙여진 부가물이 아니라 오히려 신실하게 선포된, 입법자의 순수한 본래적인 의미가 될 정도로 말이다. 확실히 모든 계명에서는 부분이 전체로 간주되는 것이 너무나 분명하므로, 지성을 말로 제한하려는 사람은 조롱을 받아 마땅하다. 그러므로 율법에 대해서 이뤄질 수 있는 가장 신중한 해설은 언어를 넘어선다는 것이 분명하다. 하지만 그 범위가 정해지지 않는다면 어디까지 갈지 모호하다. 나는 계명이 주어진 이유를 생각하는 것이 매우 좋으리라 생각한다. 즉 각각의 계명에서 하나님이 그것을 어떤 목적에서 우리에게 주셨는지를 고려한다는 것이다. 예를 들어, 모든 계명은 [하도록] 명하는 것이거나 또는 [하지 말라고] 금하는 것이므로, 우리는 그것이 지향하는 이유나 목적에 주목함으로써 명령과 금지에 대해 참되게 이해할 것이다. 제5계명의 목적이 하나님께서 공경받게 하고자 한 사람들을 공경해야 한다는 것이기 때문에, 따라서 [이 계명의] 요점은 우리가 하나님께서 무슨 탁월함을 주신 사람들을 공경하는 것이 그의 기쁜 뜻이라는 것과 그런 사람들에 대한 무시나 거역을 하나님이 싫어하신다는 것이다. 제1계명의 기반은 하나님만이 영광 받아야 한다는 것이며, 그러므로 그 요점은 다음과 같다. 즉 참된 경건—다시 말해서 우리가 그분의 존엄에 돌리는 영광—은 하나님을 기쁘게 한다는 것이요, 반대로 불경은 하나님의 미움을 받는다는 것이다.

이와 같이 모든 계명에서 무엇이 다뤄지고 있는지를 고려해야 하며, 이어서 그 목적을 찾되 하나님께서 보여 주시는 대로 그가 무엇을 기뻐하시고 무엇을 미워하시는지를 발견하기까지 해야 한다. 다음으로, 계명에 기록된 것에 관해서는 다음과 같이 반대의 논지를 펴야 한다. 즉 "만일 이것이 하나님을 기쁘게 하는 것이라면 그 반대는 그분을 불쾌하게 하는 것이며, 만일 이것이 하나님을 불쾌하게 하는 것이라면 그 반대는 그분을 기쁘게 하는 것이다. 만일 하나님이 이것을 명하신다면 그분은 그 반대의 것은 금하시며, 만일 그분이 이것을 금하신다면 그 반대를 명하신다"라는 식이다.

이것이 간략하게 다뤄져서 지금은 불분명하나, 우리가 계명들을 설명하게 될 때 경험을 통해 더 친밀하게 밝혀질 것이다. 따라서 [당장은] 이것을 다룬 것으로 충분할 것이다. 다만 우리가 말한 마지막 것을 확인할 필요가 있다. 그렇지 않으면 그것이 결코 이해되지 않거나 또는 부당하게 보일 것이다. 우리가 말한 것, 즉 선이 명령된 곳에서는 그 반대인 악이 금지된다는 것은 증명할 필요가 없는바, 그이유는 그것을 수긍하지 않는 사람은 없기 때문이다. 마찬가지로 대중의 판단은 악이 금지될 때 그 반대인 선이 명령된다는 것을 기꺼이 받아들일 것이다. 왜냐하면 악덕이 정죄될 때 미덕이 권장된다는 것은 흔한 일이기 때문이다. 그러나 우리는 사람들이 이렇게 고백하면서 일반적으로 의미하는 것 이상의 무언가를 묻는다. 왜냐하면 그들은 악덕에 반대되는 미덕이란 말로 오직 악을 삼가는 것으로 이해하기 때문이다. 하지만 우리는 악의 정반대를 행하는 것이 무엇인지를 설명하면서 그 이상으로 나아간다. 이것은 사례를 통해 더 잘 이해될 것이다. "살인하지 말라"라는 계명에서, 사람들의 상식은 모든 능욕과 해치려는 욕망을 삼가야 한다는 것 외의 다른 것을 생각하지 않는다. 그러나 나는 그 이상을 의미해야 한다고 말하는데, 즉 우리가 할 수 있는 모든 수단을 통해 우리 이웃의 생명을 보존하는 일을 도와야 한다는 것이다. 그리고 내가 이유 없이 말하는 듯 보이지 않도록 내 말을 입증하고자 한다. 주님은 우리에게 우리 이웃을 상하게 하고 모욕하는 것을 금한다. 왜냐하면 주님은 이웃의 생명이 우리에게 소중하고 귀하게 여겨지기를 원하기 때문이다. 마찬가지로 그분은 그 생명을 보존시킬 수 있는 사랑의 의무들을 요구한다. 이와 같이 우리는 계명의 목적이 행위에 대한 명령이나 금지를 어떻게 우리에게 가르쳐 주는지를 알 수 있게 된다.

누군가가 왜 주님이 자신의 뜻을 명백하게 알리지 않고 단지 절반만 알려주었는지를 묻는다면, 이에 대한 답으로 여러 가지 이유가 주장될 수 있지만, 가장 뛰어나게 나를 만족시키는 이유가 하나 있다. 그것은 육이란 자기 죄의 파렴치함이 명백하게 지적되지 않을 경우 언제나 헛된 변명으로 그것을 미화하거나 감추려고 애쓰기 때문에, 주님께서 모든 종류의 죄 가운데서 가장 비열하고 타락한 것을 사례로 제시하길 원하셨다는 것이다. 이는 우리가 그것을 듣는 것 자체가 두려워서 매우 큰 용기로 죄를 미워하게 하도록 하기 위함이다. 이것은 종종 우리로 악덕을 평가하는 일에 실수하게 하는바, 우리는 악덕이 조금이라도 감춰질 수 있다면 그 것들을 축소시키기 때문이다. 그러므로 주님은 우리로 한 가지 잘못을 한 가지 범주에 한정시키는 습관을 갖게 함으로써 이 속임수에서 우리를 끌어내신다. 그래야 우리가 그것이 우리에게 얼마나 혐오스러운지를 더욱 잘 알 수 있기 때문이다. 예를 들어 보자. 미움이나 분노가 그런 명칭들로 불릴 때, 우리는 그것을 아주 끔찍한 악이라고 여기지 않는다. 하지만 주님이 그것을 살인이라는 이름으로 금하실 때, 우리는 주님이 그것을 얼마나 혐오하시는지 더 잘 알게 되는데, 이는 그분이 그런 것에 그토록 끔찍한 범죄의 이름을 부여하기 때문이다. 이와 같이 우리는 하나님의 판단으로 경고를 받고 나서, 전에 우리가 가볍게 여겼던 잘못들의 중대함을 더 잘 평가하기를 배우게 된다.

[3] 셋째로, 우리는 율법을 두 돌판으로 구분하는 것이 무슨 의미인지 고려해야 한다. 올바른 정신을 가진 사람이면 판단할 수 있듯이, 두 돌판에 대한 언급이 성경에 그토록 자주 등장하는 데는 이유가 없지 않다. 그 이유는 이해하기가 매우 쉬워서 의심할 필요가 전혀 없을 정도다. 율법에서 온전한 정의를 가르치고자 하신 주님은 그것을 [둘로] 나누어서 첫 번째 판에는 우리가 그의 존엄의 영광을 위해 진 의무들을, 두 번째 판에는 우리가 사랑으로 우리 이웃에게 해야 할 것을 할 당했다. 확실히 정의의 첫 번째 기초는 하나님의 영광인바, 그것이 전복되면 나머지 모든 부분은 무너진 건물 잔해들처럼 흩어져 버린다. 우리가 절도와 약탈로 우리 이웃을 해치지는 않지만 신성 모독으로 하나님의 존엄에서 그분의 영광을 빼앗는다면, 이게 무슨 정의가 될 것인가? 우리가 음행으로 우리의 몸을 더럽히지는 않지만 모독적인 말로 하나님의 이름을 오염시킨다면, 그게 무슨 정의가 될 것인가? 우리가 사람들을 죽이지는 않지만 하나님에 대한 기억을 지워 버리고자 애쓴다면, 그게 무슨 정의일까? 그러므로 우리가 종교 없는 정의를 주장하는 것은 헛된 일일 것이며, 그것은 마치 머리 없이 몸만 있는 묘한 괴물을 만들어 내려고 하는 것과 같다. 사실을 말하자면 종교는 정의와 미덕의 머리일 뿐만 아니라, 그것에 활기를 주는 영혼이나 다름없다. 왜냐하면 인간들은 하나님에 대한 경외심이 없으면 그들 사이에 공평과 사랑을 결코 간직하지 못하기 때문이다.

그러므로 우리는 하나님 예배를 정의의 원리이자 기초라고 부르는데, 그것이 없을 경우 사람들이 정직과 절제와 절도 가운데서 살기 위해 궁리할 수 있는 모든 것은 하나님 앞에서 헛되고 하찮기 때문이다. 마찬가지로 우리는 그것을 정의의 정신이자 근원이라고 부르는데, 이는 사람들이 하나님을 선과 악의 판관으로 두려워함으로써 순수하고 정직하게 사는 법을 배우기 때문이다. 따라서 주님은 첫째 돌판에서 자신의 존엄의 영광을 위하여 우리에게 경건과 종교를 가르치신다. 둘째 돌판에서 그는 우리가 그에 대해 가지는 경외심에 근거하여 서로를 다스려야 하는 방법을 규정하신다. 이런 이유에서 우리 주 예수께서는, 복음서 기자들이 전해 주듯이 율법 전체를 간략하게 두 가지로 요약했다. 즉 우리의 마음과 영혼과 힘을 다하여 하나님을 사랑해야 한다는 것과 우리 이웃을 우리 자신처럼 사랑해야 한다는 것이다(마 22:37; 눅 10:27). 우리는 어떻게 그가 율법 전체를 포함하는 이 두 부분 가운데서 하나는 하나님에게로, 다른 하나는 사람들에게로 향하게 하시는지를 본다.

비록 율법이 두 가지 사항에 온전히 담겨 있지만, 그럼에도 불구하고 우리 주님 [하나님]은 모든 변명의 소지를 없애기 위해서 그의 신성을 경외하고 사랑하며 공경하는 일에 속하는 것과 또한 그가 그 자신에 대한 사랑을 위해 우리 이웃에 대해 가지라고 명하는 사랑과 관련된 것을 열 가지 계명으로 보다 풍부하고 용이하게 밝혀 주고자 하셨다. 따라서 계명이 어떻게 구분되는지를 알아보는 것은 무익한 연구가 아니다. 다만 우리가 기억해야 할 것은 이것이 각자가 자신의 자유로운 판단을 가질 수 있는 일이며, 따라서 우리 견해에 전혀 동의하지 않는 사람에 대해 결코 분쟁을 일으키지 말아야 한다는 것이다. 내가 이것을 말하는 것은, 내가 따를 구분에 대해서 누구도 마치 그것이 새롭게 만들어진 것처럼 경탄하지 않도록 하기 위함이다.

가난한 채무자

무릇 율법 없이 범죄한 자는 또한 율법 없이 망하고 무릇 율법이 있고 범죄한 자는 율법으로 말미암아 심판을 받으리라 하나님 앞에서는 율법을 듣는 자가 의인이 아니요 오직 율법을 행하는 자라야 의롭다 하심을 얻으리니 율법 없는 이방인이 본성으로 율법의 일을 행할 때에는 이 사람은 율법이 없어도 자기가 자기에게 율법이 되나니 이런 이들은 그 양심이 증거가 되어 그 생각들이 서로 혹은 고발하며 혹은 변명하여 그 마음에 새긴 율법의 행위를 나타내느니라 곧 나의 복음에 이른 바와 같이 하나님이 예수 그리스도로 말미암아 사람들의 은밀한 것을 심판하시는 그 날이라 _ 롬 2:12-16

저는 설교자로서는 매우 의미 있는 시작을 하게 되었습니다. 그동안 저는 우리 교회에서 표준 문서들을 가르쳐 왔습니다. 이 작업이 시작된 2017년부터 최근까지는 정말 제 사역에서 가장 눈부신 기간이었습니다. 「하이델베르크 요리문답」과 「웨스트민스터 대요리문답」, 「웨스트민스터 소요리문답」, 「웨스트민스터 신앙고백서」, 「벨직 신앙고백서」, 1541년 『기독교강요 프랑스어 초판』을 강단에서 설교한 것은 저의 설교자로서의 여정에서 가장 의미 있는 일이었습니다. 그리고 이제 "기독교강요 핵심 강독 설교"를 하게 되었습니다. 저는 이 강독 설교를 고대하여 왔습니다. 이 강독 설교는 지금까지 강론의 화룡점정이 될 것입니다. 감히 최상의 강론이라 말하고 싶습니다. 더 이상의 강론이란 없을 것입니다. 그러므로 저는 목회자로서, 설교자로서 가장 빛나는 순간에 있다고 느낍니다.

아무쪼록 진리의 성령께서 강론하는 저와 독자 여러분들을 복되게 하시기를 바랍니다. 이 강론을 듣는 동안 우리의 심령을 들어 올려 주시고, 우리의 시선이 거룩하신 분을 향하게 되고, 비록 우리가 고단한 이 지상의 삶을 살지만, 진리와 그분의 나라에 참여하도록 성령께서 조명하시고 감동하시기를 소망합니다. 우리가 지상에서의 일들과 나그네로서의 여정에서 고통스러운 상황에 둘러싸여 있고, 우리의 몸은 늙고 병들어 있다 할지라도 이 생명의 말씀이 위로와 힘이 되기를 바랍니다. 또 우리가 진리 되신 그분에게 속해 있으며 우리의 존재가 그분의 소유되었다는 점이 우리에게 참된 위로가 되기를 바랍니다.

초대 교회로부터 세례받기를 원하는 사람들에게 가장 먼저 가르친 내용이 사도신경, 십계명, 주기도였습니다. 이런 교회사의 흐름은 종교개혁 시대에 교리문답으로 반영되었습니다. 루터와 칼뱅은 일반 신자들에게 효과적으로 성경의 요점과 기독교 교리의 핵심을 가르치려고 생각했습니다. 그러나 당시 대부분의 신자가 문맹의 상태에 있었으므로 요리문답이라는 가장 효율적인 방법을 사용하게 된 것입니다. 이것이 오늘날 현대 예배에서는 교독문의 형태로 남아 있습니다.

여러분! 왜 핵심 강독일까요? 십계명, 사도신경, 주기도문은 바로 기독교 신앙생활의 3대 지침서이자, 세 가지의 보물과도 같기 때문입니다.

> 십계명 - 우리가 실천할 사랑의 요약
>
> 사도신경 - 우리가 믿는 믿음의 요약
>
> 주기도문 - 우리가 바라는 소망의 요약

십계명은 우리가 실천할 사랑의 요약입니다. 사도신경은 우리가 믿는 믿음의 요약입니다. 또한 주기도는 우리가 바라는 소망의 요약입니다. 그러므로 이 세 가지 보물은

십계명 - 기독교 철학(사랑)

사도신경 - 기독교 신학(믿음)

주기도문 - 기독교 비전(소망)

각각 기독교 철학, 신학, 비전과도 같습니다. 십계명이 기독교 철학이라면, 사도신경은 기독교 신학, 주기도는 기독교의 비전이라 할 수 있습니다.

우리는 이것을 올 한 해 동안 살펴보게 될 것입니다. 우리는 먼저 십계명을 살펴보게 될 것입니다. 성경에는 613개의 율법이 있다고 합니다. 그것을 10개로 요약했다고 생각하면 되겠습니다. 우리가 흔히 율법이라고 읽을 때 그것은 크게는 구약, 그리고 모세오경, 그리고 더 좁혀서는 십계명을 일컫는 것입니다.

또한 율법은 복음과 구분해서 언급되곤 합니다. 우리는 복음으로 구원받지만 율법이 쓸데없는 것은 아닙니다. 이런 오해를 가진 사람들을 율법 폐기론자라고 부릅니다. 율법과 복음은 조화를 이룹니다. 복음은 율법의 요구를 이루는 것입니다. 또한 율법은 복음의 예표로서의 역할을 하고 있습니다. 그러므로 예수님은 율법의 요구를 이루심으로 복음으로써 율법을 완성하시고 완전케 하셨습니다.

이제 십계명의 제1계명으로 바로 가지 않고, 십계명을 본격적으로 강론하기에 앞서 십계명의 배경과 기초를 살펴볼 텐데, 이번에는 시민법과 도덕법, 그리고 십계명의 의미, 두 돌판의 의미를 먼저 살펴보겠습니다. 바로 제1계명부터 다루면 좋겠지만, 좋은 것을 가지기 위해서 우리는 다소 인내를 가지고 그 배경을 충분히 살펴야겠습니다.

저와 여러분은 로마서 2장을 읽었습니다. 로마서에서 바울은 인간이 직면한 심판의 리얼리티를 전개하고 있습니다. 바울은 1장 18절 이후부터 하나님의 진노 아래 놓인 인간의 실존을 소개하는데, 먼저 하나님을 알지 못하는 사람들도 이 심판에서 예외가 아니라고 말합니다. 그 이유로 바울은 하나님을 알지 못하는 사람들에게도 신성의 씨앗이 심겨 있다고 말합니다.

> 이는 하나님을 알 만한 것이 그들 속에 보임이라 하나님께서 이를 그들에게
> 보이셨느니라 _ 롬 1:19

로마서 1장 19절에서 하나님을 알 만한 것이 그들 속에 보였다고 하십니다. 20절에서는 하나님이 만드신 만물에 보이셨다고 하십니다.

> 이런 이들은 그 양심이 증거가 되어 그 생각들이 서로 혹은 고발하며 혹은 변
> 명하여 그 마음에 새긴 율법의 행위를 나타내느니라 _ 롬 2:15

특히 로마서 2장 15절에서는 '양심', 그리고 '마음에 새긴'이라고 말하는데, 이것이 불신자들에게는 핑계할 수 없는 심판의 근거가 된다고 말합니다. 그리고 로마서 3장에 가면 9절에서 "그러면 어떠하냐 우리는 나으냐 결코 아니라 유대인이나 헬라인이나 다 죄 아래에 있다고 우리가 이미 선언하였느니라"라고 말합니다. 그리고 하나님을 알지 못하고, 율법을 알지 못하는 자들과 하나님을 알고, 율법을 아는 자들도 동일하게 심판의 실존 아래 있다고 말하면서 그 유명한 구절을 언급하기를 "의인은 없나니 하나도 없으며" 라고 말합니다. 그런데 우리가 읽었던 로마서 2장 15절의 양심, 마음에 새긴 율법을 무엇이라고 하느냐면 바로 '자연법'이라고 합니다.

❚ 자연법 - 창조주가 인간의 마음에 새겨 주신 법

자연법은 창조주가 인간의 마음에 새겨 주신 법입니다. 혹은 양심이라고 합니다. 이것은 출생 이후에 교육과 경험을 통하여 가지게 되는 것이 아닌, 생득적인 것입니다. 자연법에 대해서 칼뱅은 이렇게 설명하고 있습니다.

자연법
그런데 이[하나님의 율법]에 대해 우리가 배워야 하는 모든 것은 우리에게 내면의

법에 의해서 어느 정도는 가르쳐지는데, 이것은 우리가 위에서 말했듯이 각 사람의 마음에 기록되고 거의 새겨져 있다. 그래서 우리의 양심은 우리를 오랜 잠에 무감각하게 빠져 있지 않게 함으로써 우리의 마음에서 증언해 주며, 우리에게 우리가 하나님에게 빚지고 있는 것이 무엇인지를 훈계해 주며, 선과 악의 차이를 보여 주기도 하며, 그래서 양심은 우리가 의무를 이행하지 않을 때 우리를 비난한다. 그럼에도 불구하고 인간은 무지의 암흑 속에서 너무나 혼미하기 때문에, **이 자연법으로써는 간신히 어떤 섬김이 하나님을 기쁘게 하는지에 대해 아주 작은 맛을 볼 수 있을 뿐이다.** 최소한 인간은 그것의 올바른 지식으로부터는 너무나 멀리 떨어져 있다. 더군다나 그는 자만과 야망으로 너무나 부풀어 오르고 자기애로 너무나 눈이 멀어서, 여전히 자신을 들여다보거나 자신 안으로 들어가서 자신을 낮추며 자신의 비참을 고백하기를 배우지 못한다. 그래서 우리 정신의 저속함과 우리의 거만함에 그것이 필요했던 까닭에, **주님은 그의 기록된 율법을 우리에게 제공해 줌으로써 자연법에서는 너무나 모호했던 것을 우리에게 더 명백하게 증거했으며, 또한 무관심을 몰아냄으로써 우리의 정신과 기억을 더 생생하게 일깨워 주셨다.**

자연법의 한계와 왜 우리에게 구체적으로 율법을 주셨는지가 설명되고 있습니다. 그것은 자연법이 모호하고 하나님에 대해 아주 작은 맛을 볼 수 있을 뿐이기 때문입니다. 그리고 인간이 문명 속에서 만든 법, 이 땅의 세속 군주들이 만든 국가의 법률을 우리가 소위 '시민법'이라고 부릅니다. 그런데 세상에는 악법도 많지만, 통상적인 시민법은 자유법, 양심의 기초 위에 제정되었습니다. 그래서 세상의 법, 시민법에는 양심에 기초한 법들이 있습니다. 예를 들어, 살인을 금하고, 남의 것을 훔치는 것을 금하며, 상거래에서의 신용과 계약을 지키는 것 등입니다.

그런데 동일하게 양심에 기초하고 있는 법이 또 있습니다. 예를 들자면 이번에 우리가 다루려고 하는 십계명과 같은 것인데, 여기에서도 살인과 간음을 금하고 있고, 부모를 공경할 것과 법정에서 거짓 증거를 하지 말 것을 말하고 있습니다. 이런 십계명을 일컬어 우리는 '도덕법'이라고 부릅니다.

이렇게 모든 인간에게는 창조주가 마음에 새겨 주신 양심과 자연법이 있고, 국가가 제정한 시민법과 하나님께서 부여하신 도덕법, 십계명에도 이 양심과 자연법이 주어져 있는 것입니다.

그런데 우리는 이 땅에서 두 통치 가운데서 살아갑니다. 우리는 이중적 통치를 받습니다. 우리는 하늘에 속하였고, 또한 땅에 속하였습니다. 그래서 우리는 하나님 나라의 백성으로서 하나님의 영적 통치를 받고, 또한 이 땅의 시민으로서 국가의 통치를 받는 것입니다.

❙ 시민 - 시민법
  신자 - 율법

그래서 예수님께서도 이 두 통치의 실존을 아주 잘 말씀하셨는데, 그것이 바로 "가이사의 것은 가이사에게, 하나님의 것은 하나님에게"입니다. 우리는 하늘에 속하였고 또한 땅에 속하였기 때문입니다. 성경은 비록 시민법이 하나님의 법인 율법은 아니지만, 하나님께서 위정자에게 권세를 주셨다는 것을 받아들인다면 기꺼이 그 법을 준수해야 하며 또한 위정자를 위해서 기도해야 한다고 가르칩니다. 또한 우리는 이 세상의 군주와 법 위에 하나님의 통치가 있다는 것을 믿으며 시민법과 하나님의 법을 다 함께 지켜야 하는 것입니다.

이제 신자들에게 주어진 하나님의 법인 율법에 대해서 살펴봅시다. 제가 앞에서 십계명을 도덕법이라고 이미 말씀을 드렸습니다만, 율법에는 세 가지 종류가 있습니다.

❙ 의식법 - 제사법
  시민법 - 재판법
  도덕법 - 십계명

율법에는 성전에 들어갈 때 손을 씻으라는 것과 돼지고기를 먹을 수 없는 것과 같은 제사법, 즉 의식법이 있습니다. 의식법에는 정결법과 제사법, 희년, 안식년 제도가 있습니다. 그리고 시민법이 있는데 "눈에는 눈, 이에는 이"와 같은 재판법이 있습니다. 배상에 관한 규정과 재판에 관련된 이스라엘의 시민법입니다. 그리고 십계명이 도덕법입니다. 그런데 이 율법들은 예수 그리스도가 오심으로 그 지위에 변화가 오게 되었습니다. 갈라디아서 3장을 읽어 봅시다.

> 믿음이 오기 전에 우리는 율법 아래에 매인 바 되고 계시될 믿음의 때까지 갇혔느니라 이같이 율법이 우리를 그리스도께로 인도하는 초등교사가 되어 우리로 하여금 믿음으로 말미암아 의롭다 함을 얻게 하려 함이라 믿음이 온 후로는 우리가 초등교사 아래에 있지 아니하도다. 너희가 다 믿음으로 말미암아 그리스도 예수 안에서 하나님의 아들이 되었으니 누구든지 그리스도와 합하기 위하여 세례를 받은 자는 그리스도로 옷 입었느니라 _ 갈 3:23-27

갈라디아 3장에서 '믿음이 오기 전에'라는 것은 구원자 예수 그리스도가 오시기 전을 말합니다. 그때 우리가 율법 아래 매인 바 되었다는 것은 앞에서 배운 구약 성경의 의식법, 시민법, 도덕법에 매여 있었음을 말합니다. 그리고 바울은 이런 율법을 몽학 선생이라고 표현하고 있습니다. 그러나 믿음이 온 후로는 우리가 하나님의 아들이 되고, 세례를 받고 그리스도로 옷 입었다고 말합니다. 이 말은 더 이상 우리가 율법 아래 있지 않고 은혜 아래, 믿음 아래에 있다는 것인데, 그렇다면 구약의 율법, 즉 의식법, 시민법, 도덕법은 더 이상 우리와 상관이 없느냐? 그렇지 않습니다. 예수 그리스도가 오심으로 그리스도인들은 의식법과 시민법 아래 있지 않지만, 도덕법은 영원합니다.

> 영원한 법 - 도덕법
> 폐기 가능한 법 - 의식법, 시민법

왜냐하면 도덕법은 불변의 법이기 때문입니다. 도덕법은 순결한 믿음과 경건으로 하나님을 예배하고 순전한 사랑으로 사람들을 포용하라는 명령입니다. 도덕법은 영원한 의의 법으로 모든 시대의 하나님의 백성들에게 주어진 불변의 법칙입니다. 의식법은 이스라엘의 몽학 선생 역할을 했던 법입니다. 그리스도가 오시기까지 어린아이들과 같은 하나님의 백성들을 훈련하기 위한 법이었습니다. 시민법은 유대인들이 국가의 통치를 받도록 하나님이 공평과 정의를 담아서 주신 규정이었습니다. 의식법과 시민법은 폐지되었어도 하나님의 백성에게 주어진 경건의 삶과 사랑의 의무가 여전히 남아 있습니다. 그러나 종교개혁 당시 과격한 주장을 펼치던 재세례파들은 구약 성경 자체를 부정했습니다. 즉 율법은 더 이상 필요치 않다고 주장했습니다.

▌ 율법 폐기론은 잘못된 주장이다.

이런 주장을 율법 폐기론이라고 하는데, 이는 잘못된 주장입니다. 이 문제는 좀 더 깊이 있게 살펴볼 필요가 있습니다. 어떤 이단은 지금도 유월절을 지킨다고 합니다. 유월절은 의식법입니다. 그리스도가 오심으로 더 이상 짐승 제사 제도는 폐지되었습니다. 유월절은 장차 오실 그리스도를 예표했고, 그리스도가 오셔서 십자가의 구속 사역을 완성하심으로써 폐지되었습니다. 그러므로 이 부분은 다음 주일에 십계명의 의미를 다루면서 좀 더 깊이 있게 살펴보도록 하겠습니다.

이번 장은 십계명 강해의 첫 시간으로, 시민법과 도덕법에 대해서 살펴보았습니다. 구약의 율법은 그리스도에게로 인도하는 몽학 선생의 역할을 합니다. 그러나 우리는 율법의 관심에서 육신의 관심으로 옮겨 갑니다. 그래서 우리에게 율법을 지킬 힘이 없다는 핑계를 대면서 하나님께서 우리에게 명령하신 일들에 대해서 무관심하고 무책임한 것을 지적하고 있습니다.

인간은 자신이 능력을 가지고 있지 않다는 이유로, 또한 가난한 채무자처럼 지불하기에 충분하지 않다는 이유로 자신을 변명할 수 없다.

칼뱅은 표현하기를, 우리가 마치 가난한 채무자인 것처럼 핑계를 댄다고 합니다. 우리 내면의 솔직한 소리에 귀를 기울여 봅시다. 오히려 하나님을 사랑하는 사람들은 그분이 우리에게 주신 계명을 즐거워합니다.

나의 계명을 지키는 자라야 나를 사랑하는 자니 나를 사랑하는 자는 내 아버지께 사랑을 받을 것이요 나도 그를 사랑하여 그에게 나를 나타내리라 _ 요 14:21

올해 핵심 강독을 통해 저와 여러분의 신앙이 일대 전환기를 맞게 되기를 바랍니다. 하나님을 사랑한다면 그분의 말씀도 사랑하게 됩니다. 말씀을 사모하는 마음과 함께 배운 말씀을 매일의 삶에서 실천한다면 우리가 다음 주일에 또다시 말씀을 들을 때 우리는 점점 아름답게 변화될 것입니다. 이 은혜가 저와 여러분, 그리고 이웃 여러분에게 있기를 바랍니다.

제19장 하나님의 율법

1. 하나님께서는 아담에게 행위 언약으로 율법을 주셨다. 이 율법은 하나님은 아담과 그의 모든 후손들에게 인격적이고, 완전하고, 엄밀하고, 영구한 순종의 의무를 지워주셨다. 하나님은 사람이 그 법을 완수하면 생명을 주시기로 약속하셨고, 그것을 위반하면 사망을 내리시기로 경고하셨으며, 그리고 이 법을 지킬 수 있는 힘과 능력을 그에게 주셨다.

2. 하나님께서는 이 율법을 아담이 타락한 후에도 계속하여 의에 관한 완전한 법칙이 되게 하셨다. 마찬가지로 하나님은 이 율법을 시내 산에서 십계명으로 주시고 두 돌판에 새겨 주셨다. 첫 네 계명들은 하나님께 대한 우리의 의무를, 나머지 여섯 계명들은 사람에 대한 우리의 의무를 담고 있다.

3. 보통 도덕법이라고 하는 이 율법 외에도 하나님께서는 아직 미성숙한 교회인 이스라엘 백성에게 여러 예표적 규례를 담고 있는 의식법들을 주기를 기뻐하셨다. 이 의식법은 부분적으로는 그리스도와 그의 은혜들, 행위들, 고난들, 은택들을 예표하는 예배에 관한 것이며, 또한 부분적으로는 도덕적 의무들에 관한 다양한 지침들을 제시하고 있다. 이 모든 의식법들은 이제 새로운 약속 아래에서 폐지되었다.

4. 하나님께서는 정치 조직체인 이스라엘 백성에게 여러 가지 재판법들도 주셨다. 이 법들은 그 백성의 국가와 함께 폐지되었으며, 지금은 그것의 일반적 원칙 외에는 더 이상 지킬 의무가 없다.

5. 도덕법은 의롭다함을 받은 사람들뿐만 아니라, 불신자들에게도 영원히 순종해야 할 의무를 요구한다. 그것은 도덕법에 포함된 내용뿐만 아니라, 그 법을 주신 창조주 하나님의 권위의 관점에서 보더라도 그러하다. 그리스도께서도 복음 안에서 이 의무를 조금도 폐지하지 아니하시고 오히려 더욱 강화시켰다.

제21장 종교적 예배와 안식일

7. 일반적으로 하나님께 예배하기 위해 적당한 분량의 시간을 구별해 두는 것이 자연의 법칙에 속하는 것처럼, 그의 말씀 안에서도 모든 시대, 모든 사람들에게

구속력 있는 적극적이고, 도덕적이며, 영구적인 명령으로 하나님은 칠일 중에 하루를 안식일로 특별히 정하여 하나님께 거룩하게 지키도록 하셨다. 이 안식일은 창세로부터 그리스도의 부활까지는 일주일 중 마지막 날이었으나, 그리스도의 부활 이후부터는 일주일 중 첫날로 바뀌어 성경에서 주의 날이라고 부른다. 이 주일은 세상 끝날까지 그리스도인의 안식일로 계속 지켜져야 한다.

예배 모범

제7장 헌금
3. 헌금은 성경이 가르치는 원리를 따라 십일조와 기타 헌금으로 구분하되 십일조는 당연한 의무이며 그 외 기타 헌금 등은 자유롭게 헌납되어야 한다.
4. 모든 입교인은 성경에 가르친 대로 소득의 십일조를 반드시 드려야 하며 이 십일조는 본 교회에 드려야 한다.

벨직 신앙고백서

제25장 그리스도, 율법을 성취하신 분
우리는 율법의 의식들과 상징들이 그리스도의 오심과 함께 끝났고, 그 모든 그림자들이 성취되었으므로, 그리스도인들 가운데서는 그 율법을 사용하는 것이 폐지되어야 한다는 것을 믿습니다. 그러나 율법의 진리와 본질은 율법을 성취하신 그리스도 안에서 우리를 위하여 여전히 남아 있습니다. 동시에 우리는 복음의 교리로 우리를 확고하게 하고, 하나님의 뜻과 하나님의 영광에 따라 모든 영예 가운데서 우리의 삶을 살아가기 위해서 율법과 선지자로부터 취해진 증거들을 여전히 사용합니다.

율법은 폐기되었는가?

내가 율법이나 선지자를 폐하러 온 줄로 생각하지 말라 폐하러 온 것이 아니요 완전하게 하려 함이라 진실로 너희에게 이르노니 천지가 없어지기 전에는 율법의 일점일획도 결코 없어지지 아니하고 다 이루리라 그러므로 누구든지 이 계명 중에 지극히 작은 것 하나라도 버리고 또 그같이 사람을 가르치는 자는 천국에서 지극히 작다 일컬음을 받을 것이요 누구든지 이를 행하며 가르치는 자는 천국에서 크다 일컬음을 받으리라 내가 너희에게 이르노니 너희 의가 서기관과 바리새인보다 더 낫지 못하면 결코 천국에 들어가지 못하리라 _ 마 5:17-20

핵심 강독 설교 십계명 두 번째 설교입니다. 교회의 역사를 보면 초대 교회와 중세 교회는 비교적 단순했습니다. 그 시대의 모습은 도시냐, 광야냐의 정도였습니다. 종교의 장소는 도시의 대성당과 광야의 수도원 정도였습니다. 오늘날처럼 많은 교파와 교단들이 생겨나고 신학적으로도 다양성을 띠게 된 것은 종교개혁 이후라고 할 수 있습니다.

교파(Denomination) - 장로교회, 감리교회, 침례교회 등

교단(Order) - 예장 합동, 예장 통합, 예장 고신, 예장 합신, 예장 백석 등

그래서 흔히 "종교개혁은 독일에서 시작되었고, 교파는 영국에서, 교단은 미국에서 시작되었다"라고 말하기도 합니다. 이렇게 다양한 교파와 교단이 생겨난 것은 성경에 대한 태도와 반응이 각 교파의 색채에 영향을 미친 결과

라고 할 수 있습니다.

종교개혁은 다름 아닌 성경에 대한 재발견이라고 할 수 있습니다. 그래서 잊혔던 성경을 다시 받아 든 교회는 성경에 대한 다양한 생각을 가지게 되었습니다. 성경을 어떻게 받아들이느냐에 따라 엄청난 결과가 나타나게 됩니다. 율법과 복음이라는 프레임에서 율법만을 받아들이고 복음은 거부한 사례가 바로 유대교입니다. 그리고 율법은 거부하고 복음만 받아들인 경우가 재세례파입니다. 개혁 교회는 성경을 최고의 기준으로 받아들인 경우입니다.

> 유대교 - 율법(O), 복음(×)
>
> 재세례파 - 율법(×), 복음(O)
>
> 개혁 교회 - 율법(O), 복음(O)

지금 우리가 읽었던 마태복음 5장 17절을 보면 예수님은 이런 극단의 생각들에 대해서 매우 분명하게 자기 뜻을 표명하셨습니다. 유대인들은 예수님께서 유대 종교와는 다른 새로운 종교를 전파하고 있다고 생각했습니다. 여기에 대해서 예수님은 "내가 율법이나 선지자를 폐하러 온 것이 아니라 완전하게 하려 함이라"라고 말씀하셨습니다. 따라서 유대인들은 율법의 완성인 복음을 받아들여야 하고 재세례파는 복음과 함께 율법의 용도를 받아들여야 하는 것입니다.

저는 지난 시간에 율법에는 의식법, 시민법, 도덕법이 있는데 그리스도가 오심으로 의식법과 시민법은 더 이상의 지위를 가질 수 없게 되었다고 말씀드렸습니다. 그리고 도덕법은 불변의 법으로 폐기될 수 없는 규범이라고 말씀드렸습니다. 그렇다면 의식법과 시민법은 오늘날 우리에게는 어떤 의미가 있을까요? 그리고 구약 성경과 신약 성경의 연속성과 불연속성에 대해서도 살펴보겠습니다. 우리가 다루려고 하는 이 주제를 잘 정리해 놓은 것이 「웨스트민스터 신앙고백서」에 나옵니다.

웨스트민스터 신앙고백서 제19장 하나님의 율법

1. 하나님께서는 아담에게 행위 언약으로 율법을 주셨다. 이 율법은 하나님은 아담과 그의 모든 후손들에게 인격적이고, 완전하고, 엄밀하고, 영구한 순종의 의무를 지워주셨다. 하나님은 사람이 그 법을 완수하면 생명을 주시기로 약속하셨고, 그것을 위반하면 사망을 내리시기로 경고하셨으며, 그리고 이 법을 지킬 수 있는 힘과 능력을 그에게 주셨다.

언약에는 행위 언약과 은혜 언약이 있습니다. 제19장 하나님의 율법 1항을 보면 하나님은 행위 언약을 주셨습니다. 그러나 행위 언약으로는 의로울 수 있는 인생이 없습니다.

2. 하나님께서는 이 율법을 아담이 타락한 후에도 계속하여 의에 관한 완전한 법칙이 되게 하셨다. 마찬가지로 하나님은 이 율법을 시내 산에서 십계명으로 주시고 두 돌판에 새겨 주셨다. 첫 네 계명들은 하나님께 대한 우리의 의무를, 나머지 여섯 계명들은 사람에 대한 우리의 의무를 담고 있다.

2항을 보면 타락 후에도 율법은 의에 관한 완전한 법칙이라고 말하고 있습니다. 이어서 십계명에 관해서 설명하고 있습니다. 이제 3항을 보면 의식법이 나옵니다.

3. 보통 **도덕법**이라고 하는 이 율법 외에도 하나님께서는 아직 미성숙한 교회인 이스라엘 백성에게 여러 예표적 규례를 담고 있는 **의식법**들을 주기를 기뻐하셨다. 이 의식법은 부분적으로는 그리스도와 그의 은혜들, 행위들, 고난들, 은택들을 예표하는 예배에 관한 것이며, 또한 부분적으로는 도덕적 의무들에 관한 다양한 지침들을 제시하고 있다. 이 모든 의식법들은 이제 새로운 약속 아래에서 폐지되었다.

의식법은 예표적 규례라고 밝히고 있습니다. 그리고 의식법은 새로운 약속 아래서 폐지되었다고 말합니다. 이어서 제4항에는 재판법이 나옵니다. 재판법을 제가 시민법이라고 말씀드렸습니다.

> 4. 하나님께서는 정치 조직체인 이스라엘 백성에게 여러 가지 **재판법**들도 주셨다. 이 법들은 그 백성의 국가와 함께 폐지되었으며, 지금은 그것의 일반적 원칙 외에는 더 이상 지킬 의무가 없다.

시민법도 일반적 원칙 외에는 지킬 의무가 없다고 말합니다. 그리고 제5항에서는 도덕법, 즉 십계명은 영원히 순종해야 할 의무를 지닌 것이라고 말하고 있습니다.

> 5. **도덕법**은 의롭다함을 받은 사람들뿐만 아니라, 불신자들에게도 영원히 순종해야 할 의무를 요구한다. 그것은 도덕법에 포함된 내용뿐만 아니라, 그 법을 주신 창조주 하나님의 권위의 관점에서 보더라도 그러하다. 그리스도께서도 복음 안에서 이 의무를 조금도 폐지하지 아니하시고 오히려 더욱 강화시켰다.

그렇다면 그리스도가 오심으로 폐지된 의식법과 시민법을 우리가 어떻게 받아들여야 할까요? 일단 의식법과 시민법은 폐기가 가능한 법이라고 말씀드렸고, 도덕법은 폐기될 수 없는 영원한 법이라고 말씀드렸습니다. 그러나 이런 총론을 바탕으로 자세하게 살펴볼 부분도 있습니다. 이 문제는 결코 간단하지 않습니다. 그렇다면 의식법인 안식년과 희년을 오늘날에도 지켜야 할까요? 십일조를 드려야 할까요? 안식일을 지켜야 할까요? 이런 질문을 다루어 봅시다.

> 1. 현대에도 안식일, 안식년과 희년을 지켜야 합니까?
> 2. 현대에도 십일조를 드려야 합니까?

이제 우리가 이 문제에 대해서 목사님께서 가르치시니까 순종하자는 차원보다는, 명쾌하게 성경이 가르치는 부분과 이 부분에 대한 교회사 속에서의 가르침을 자세히 살펴보도록 합시다. 과연 구약의 모든 율법은 폐지되었는가? 먼저 우리는 잘못된 유대인들의 율법 이해, 즉 유대인의 전통과 하나님의 율법을 구분할 필요가 있습니다.

> 예수님은 **율법**을 비판하신 것이 아니라
> **율법**을 잘못 해석하는 유대인들을 비판하신 것이다.

이 부분은 복음서에서 계속하여 예수님께서 말씀하신 부분이기도 합니다. 복음서를 보면 예수님은 율법을 계속하여 해석하시는데, 율법을 비판하시는 것이 아니라 율법을 잘못 해석하는 유대인들을 비판하셨습니다. 가령 마태복음 5장 38절에서 "눈은 눈으로 이는 이로"를 유대인들은 보복과 복수를 정당화하는 것으로 이해했습니다. 그러나 예수님은 개인적인 복수를 금하시면서, 사랑과 인내의 원칙으로 원수도 사랑하라고 가르치셨습니다. 그래서 칼뱅은 아래와 같이 말합니다.

> "옛날 율법에 아무것도 더한 것이 없고 단지 바리새인들의 거짓말에 의해 모호해지고 그들의 누룩에 의해 더럽혀진 율법을 정화시키고 재천명하신 것이다."

아더 핑크도 다음과 같이 말합니다.

> "그리스도는 율법을 본래 그 율법의 순수한 목적에 맞게 회복시키셨다."

그러므로 예수 그리스도는 유대인들의 잘못된 율법 해석을 바로잡으시고 율법에 사랑이라는 정신을 불어 넣으셨습니다. 그래서 우리가 읽었던 마태복음 5장 17절에서 율법을 폐하러 오신 것이 아니라 완전하게 하려 함이라고 하셨습니다. 오히려 율법의 일점일획도 없어지지 않는다고 하셨고, 심지어 서기관과 바리새인들의 의보다 낫지 못하면 천국에 들어갈 수 없다고 하셨습니다. 그러므로 개혁신학에서는 이 부분을 이렇게 정리할 수 있습니다.

▌ 의식법, 시민법 → 문자가 아니라 정신(의도)을 적용해야 한다.

의식법과 시민법은 그리스도가 오심으로 완성되었으므로 문자적으로 적용하기보다는 정신을 적용해야 합니다. 칼뱅은 이것을 이렇게 설명합니다.

> "의식법이 그 효과에 있어서는 폐지된 것이 아니며, 단지 사용에 있어서 폐지된 것이다. 의식법은 더 이상 신자들의 삶 속에 문자적으로 사용되지 않지만, 그리스도를 가리키는 모형으로서의 의미를 가지므로 그리스도를 가리키는 효과가 폐지되지 않았다."

예를 들어, 유월절을 절기로서 더 이상 지킬 필요는 없습니다. 그것은 예수 그리스도께서 유월절의 어린양으로 오셔서 우리의 희생양이 되셔서 영원한 속죄를 이루셨기 때문입니다.

또한 시민법도 동일합니다. 예를 들어, 희년법을 우리가 지킬 수는 없습니다. 그러나 희년법을 문자적으로 적용할 수는 없지만 희년의 제도를 주신 하나님의 정신을 그리스도인들은 현대에도 적용해야 합니다. 토지가 없이는 자유가 없는 상황은 오늘날에도 동일하므로 희년법은 가난한 자를 보호하는 정신으로서 여전히 적용되어야 할 율법의 정신이며 교훈입니다.

이제 율법 폐기론을 정리하면, 율법 폐기론은 마니교와 말시온, 종교개혁 당시의 방종파(The Libertines), 재세례파, 17세기 미국의 앤 헛치슨(Anne Hutchinson) 등에 의해서 주장되었습니다. 그런데 이 율법 폐기론은 20세기 이후에 실존주의, 상황윤리, 도덕상대주의를 통해서 다시금 주장되고 있습니다. "오늘날 구약의 율법은 더 이상 필요 없다. 믿음만 있으면 된다"라고 주장한다면 이것이 바로 현대의 율법 폐기론입니다. 이들은 구약을 혐오하고, 구약을 부정하고, 구약의 가르침을 문자뿐만 아니라 그 정신까지도 무시하는 자들입니다.

> **현대의 율법 폐기론**
> 1. 동성애, 간통, 낙태 합법화
> 2. 주일 성수와 십일조 부정, 무교회주의

이런 율법 폐기론은 현대에 들어와 동성애를 용인하고, 간통을 죄로 인정하지 않고, 낙태를 합법화하는 것으로 발전하였습니다. 또한 율법 폐기론자들은 주일 성수와 십일조를 부정하는 특징을 가지고 있습니다. 이들은 십일조는 의식법이므로 더 이상 지킬 필요가 없다고 말합니다.

그런가 하면 제칠일 안식교 같은 경우에는 안식일이 제4계명에 있기 때문에 오늘날에도 여전히 안식일을 지켜야 한다고 주장합니다. 그러므로 안식교는 율법 폐기론자들이 아니라 율법주의자들입니다. 또한 무교회주의도 나타났습니다. 마음으로 믿으면 되지 교회가 꼭 필요하지는 않다고 주장하는 것입니다. 이제 앞에서 살펴보기로 한 이 두 가지 문제에 대한 성경의 올바른 가르침을 알아봅시다.

> 1. 현대에도 안식일, 안식년과 희년을 지켜야 합니까?
> 2. 현대에도 십일조를 드려야 합니까?

일단 율법의 분류로 본다면 안식일은 십계명에 있으므로 도덕법이고, 십일조는 의식법에 해당합니다. 그러나 안식일과 십일조는 율법 이전의 율법입니다. 두 가지는 율법이 주어지기 이전부터 부여된 것입니다.

> 안식일 - 창조 시 "모든 일을 마치시고 그날에 안식하셨음이니라"(창 2:3)

| 십일조 - "아브람이 그 얻은 것에서 십분 일을 멜기세덱에게 주었더라"(창 14:20)

그리고 구약과 신약에서 동일하게 강조되고 있습니다. 먼저 안식일과 주일의 문제를 살펴보겠습니다.

| **안식일**
| 구약 - "안식일을 기억하여 거룩하게 지키라"(출 20:8)
| 신약 - "그 주간의 첫날에 우리가 떡을 떼려 하여 모였더니"(행 20:7)

구약의 안식일은 신약에 와서 예수 그리스도께서 자신을 가리켜 인자는 안식일의 주인이라고 말씀하심으로 참된 안식이란 율법의 규정을 지킴으로 얻을 수 있는 것이 아니라 예수 그리스도를 통해서만 얻을 수 있다는 것을 말씀하셨습니다. 그래서 신약 교회는 안식 후 첫날, 즉 예수님께서 부활하신 날을 주의 날, 주일로 정하여 회집하게 된 것입니다. 이것을 「웨스트민스터 신앙고백서」는 이렇게 정리하고 있습니다.

제21장 종교적 예배와 안식일

7. 일반적으로 하나님께 예배하기 위해 적당한 분량의 시간을 구별해 두는 것이 자연의 법칙에 속하는 것처럼, 그의 말씀 안에서도 모든 시대, 모든 사람들에게 구속력 있는 적극적이고, 도덕적이며, 영구적인 명령으로 하나님은 칠일 중에 하루를 안식일로 특별히 정하여 하나님께 거룩하게 지키도록 하셨다. **이 안식일은 창세로부터 그리스도의 부활까지는 일주일 중 마지막 날이었으나, 그리스도의 부활 이후부터는 일주일 중 첫날로 바뀌어 성경에서 주의 날이라고 부른다. 이 주일은 세상 끝 날까지 그리스도인의 안식일로 계속 지켜져야 한다.**

제7항을 보면 안식일은 그리스도의 부활 이후에는 안식 후 첫날, 즉 주일로 지키게 되었다고 정리하고 있습니다. 그러나 안식교는 그리스도를 부정함

으로, 여전히 구약의 율법에 머물고 있습니다. 안식교도 예수 그리스도를 가르칩니다. 그런데 교리를 보면 구약 율법에 머물고 있습니다. 대표적으로 육식을 금합니다. 그리고 그들의 교리에는 '조사심판'이 있습니다. 이것은 신자들이 율법을 제대로 지켰는지를 조사하여 심판한다는 교리입니다. 그러므로 이들은 집총거부를 하고, 안식일을 목숨처럼 지키려고 하는 행위 구원론자들입니다. 안식교는 율법 폐기론자가 아니라 율법주의자들입니다. 또 율법 폐기론자들의 주장 가운데 대표적인 것이 십일조를 부정하는 것입니다. 그러나 십일조 역시 안식일과 함께 율법 이전의 율법이요, 도덕법의 지위를 가지고 있습니다.

> **십일조**
> 구약 – "너희가 온전한 십일조를 창고에 들여…"(말 3:10)
> 신약 – "매주 첫날에 너희 **각 사람이 수입에 따라 모아 두어서** 내가 갈 때에 연보를 하지 않게 하라"(고전 16:2)

바울은 고린도 성도들에게 분명히 수입에 따라 모아 두라고 말합니다. 수입에 따라 드리는 연보는 바로 십일조를 말하는 것입니다. 또한 고린도전서 9장 13-14절을 보면,

> 너희는 성물을 돌보는 자들이 성전의 것으로 먹고사는 것을 알지 못하느냐 제단을 맡은 자들은 제단에서 나오는 것을 먹는다는 것을 알지 못하느냐 바로 **그와 같이 주님께서도** 복음을 전하는 사람은 복음으로 먹고 살도록 명하셨느니라 _ 고전 9:13-14

예수님은 구약의 제사장들을 위한 십일조 제도를 말한 다음에 그와 같이 동일하게 신약에서도 사역자들에게 적용된다고 말씀하셨습니다.

화 있을 진저 회식하는 서기관과 바리새인들이여 너희가 박하와 회향과 근채의 십일조는 드리되 율법의 더 중한 바 정의와 긍휼과 믿음은 버렸도다 그러나 **이것도 행하고 저것도 버리지 말아야 할지니라** _ 마 23:23

또한 마태복음의 8화를 설명하시면서 한 번 더 십일조 제도를 언급하시는데, "이것도 행하고 저것도 버리지 말아야 한다"고 말씀하셨습니다. 십일조는 시내산에서 율법을 받기 전부터 아브라함과 야곱과 같은 족장들에 의해서 지켜지고 있었고, 시내산에서 율법이 주어졌을 때 십계명과 함께 율법에 포함되었습니다. 십일조는 어느 한 시대에 국한된 것이 아니라 모든 시대를 사는 하나님의 백성들의 신앙의 고백이며 표현입니다. 그러므로 십일조는 의식법의 형태로 주어졌지만 분명히 도덕법의 지위를 가지고 있다고 할 수 있습니다. 그래서 종교개혁 이후에 영국의 웨스트민스터 사원에서 웨스트민스터 신앙고백서와 대소요리문답을 만들고 예배 모범을 만들 때 이것이 분명하게 정리되어 오늘날까지 이르고 있습니다.

예배 모범 제7장 헌금

제3항 **헌금은 성경이 가르치는 원리를 따라** 십일조와 기타 헌금으로 구분하되 십일조는 당연한 의무이며 그 외 기타 헌금 등은 자유롭게 헌납되어야 한다.

제4항 모든 입교인은 **성경에 가르친 대로 소득의 십일조를** 반드시 드려야 하며 이 십일조는 본 교회에 드려야 한다.

장로교회는 말할 것도 없고, 감리교회와 침례교회, 회중 교회가 모두 이것을 받아들였습니다. 독일과 같은 국가 교회의 경우 신자가 국가에 세금으로 내야 하는 의무금으로 정착하였습니다.

우리가 성경을 이해하고 율법을 이해하고 교회의 가르침과 성도의 생활을 이야기할 때 늘 기준이 되고 중심이 되어야 하는 것은 바로 주 예수 그리스도십니다. 정통이냐 이단이냐 하는 것도 예수 그리스도에 대한 태도와 교리에서 찾을 수 있습니다. 이단들은 구원자 예수님의 자리에 교주를 앉히려고 합니다. 자유주의 신학은 예수님을 말하기는 하지만, 유일한 구원자로 말하지 않습니다. 「벨직 신앙고백서」 제25장은 이렇게 요약하고 있습니다.

제25장. 그리스도, 율법을 성취하신 분

우리는 율법의 의식들과 상징들이 그리스도의 오심과 함께 끝났고, 그 모든 그림자들이 성취되었으므로, 그리스도인들 가운데서는 그 율법을 사용하는 것이 폐지되어야 한다는 것을 믿습니다. 그러나 율법의 진리와 본질은 율법을 성취하신 그리스도 안에서 우리를 위하여 여전히 남아 있습니다. 동시에 우리는 복음의 교리로 우리를 확고하게 하고, 하나님의 뜻과 하나님의 영광에 따라 모든 영예 가운데서 우리의 삶을 살아가기 위해서 율법과 선지자로부터 취해진 증거들을 여전히 사용합니다.

바울은 디도데후서 3장 15절에서 이렇게 가르칩니다.

모든 성경은 하나님의 감동으로 된 것으로 교훈과 책망과 바르게 함과 의로 교육하기에 유익하니 이는 하나님의 사람으로 온전하게 하며 모든 선한 일을 행할 능력을 갖추게 하려 함이라 _ 딤후 3:15

안식교는 구약에 머물고, 율법에 머물고 있습니다. 그들은 창조 후 안식하신 안식일에서 벗어나지 못하고, 그리스도께서 오셔서 우리의 죄를 대신하여 죽으시고, 모든 죽음의 권세와 싸워 승리하신 안식 후 첫날의 부활로 나아오지 못하고 있습니다. 그런가 하면 현대의 율법 폐기론자들은 구약을 아예 무시해 버리고, 그 교훈과 정신마저 부정하고 있습니다. 이들은 십일조도 율법이요, 폐지되어야 할 의식법이라고 부정하고 있습니다. 재세례파들은 심지어 교회의 교직 제도마저도 부정하고, 무교회주의자들은 아예 교회가 필요 없다고 주장하고 있습니다. 이런 주장들은 모두 율법과 복음을 균형있게 이해하지 못하고 극단적으로 받아들인 경우입니다. 또 구약 성경과 신약 성경의 연속성과 불연속성을 제대로 이해하지 못한 경우입니다.

모든 성경은 하나님의 감동으로 된 것입니다. 모든 성경은 하나님의 말씀이며, 조화를 이루고 일치합니다. 이것을 성경의 완전성, 충족성이라고 합니다. 하나님께서 완전하신 것처럼 그분의 말씀도 완전합니다. 지금은 시대적으로 매우 혼란합니다. 앞으로는 더할 것입니다. 특히 이단들도 성경으로 미혹합니다. 그들은 성경 구절을 인위적으로 사용합니다. 그러므로 우리는 종교개혁자들의 구호와도 같이 '오직 성경'과 함께 '전체 성경'도 외쳐야 합니다.

> 오직 성경 (*Sola Scriptura*)
> 전체 성경 (*Tota Scriptura*)

지금까지 살펴본 것처럼 율법은 예수 그리스도께서 오시기 전 예표론적인 역할을 감당하였습니다. 그러나 율법의 해석자이신 예수님이 오심으로 율법은 새로운 지위를 가지게 되었습니다. 이 율법과 복음을 오해해서 많은 이단과 극단적 기독교가 생겨나게 된 것입니다. 올해 "기독교강요 핵심 강독 설교"를 통해 우리의 신앙이 성경 위에 분명히 서기를 간절히 바랍니다.

기독교강요 제3장. 율법

율법의 보편적 지식 (2)

계명의 수에 관해서는 주님이 자신의 말씀으로 모든 반론을 제거했기 때문에 의심의 여지가 없다. 논쟁은 단지 그것을 나누는 방식에 있다. 첫째 판에 세 가지 계명이 있고, 둘째 판에 일곱 가지 계명이 있다는 식으로 나누는 사람들은 형상에 관한 계명을 계명의 수에서 지워 버리거나, 아니면 주님이 그것을 특별한 명령으로 말씀하셨기 때문에 그것을 제1계명 밑에 둔다. 게다가 그들은 무분별하게, 이웃의 재물을 탐내지 말라는 열 번째 계명을 두 부분으로 나눈다. 그들을 논박할 또 다른 이유가 있는바, 그들의 구분이, 우리가 이후 곧 보게 되겠지만, 초대 교회에서는 알려져 있지 않았다는 것이다.

다른 이들은 우리와 마찬가지로 제대로 첫째 돌판에 네 개의 계명을 두지만, 제1계명이 명령 없는 단순한 약속이라고 생각한다. 그런데 내 편에서 볼 때, 내가 명백한 근거에 의해서 반대 의견에 설복되지 않는 한, 모세가 언급했던 열 가지 말씀들을 열 가지 계명 말고는 다르게 취할 수 없기 때문에, 게다가 우리가 그것들을 순서에 따라 분명하게 지적할 수 있는 듯 보이기 때문에, 나는 저들이 원하는 대로 생각할 자유를 용인하면서 내게 가장 개연성 있게 보이는 것을 따를 것이다. 그것은 그들이 제1계명으로 간주하는 문장이 마치 율법 전체에 대한 서문의 자리를 차지한다는 것이다. 그리고 다음으로 열 개의 계명들이 이어지는바, 우리가 배열한 순서에 따라 네 개는 첫째 돌판에 속하고 여섯 개는 둘째 돌판에 속한다는 것이다.

이런 구분은 틀림없이 오리게네스로부터 온 것으로, 그 시대에 일반적으로 받아들여지던 것이다. 아우구스티누스 역시 그의 『보니파키우스에게 보낸 편지』 제3권에서 그것을 인정했다. 그가 다른 곳에서 첫 번째 구분을 더 좋아했다는 것은 사실이다. 하지만 그것은 너무나 가벼운 이유 때문이다. 즉 첫째 돌판에 세 개의 계명만을 둔다면, 그것이 삼위일체를 표상할 것이기 때문이라는 것이다. 물론 그는 동일한 장소에서, 그 외의 것에 관해서는 우리의 입장이 더 마음에 든다는 것을 숨기지 않는다. 우리의 견해에 동의하는 다른 고대 교부가 있는바, 그는 마태에 관한 미완성 주석을 쓴 사람이다. 요세푸스는 각 돌판에 다섯 계명을 두었으며, 추측할 수 있듯이 그런 구분은 당대에 공통적인 것이었다. 그러나 이것이 하나님의 영광과 이웃 사랑 사이의 구별이 혼동되기 때문에 이치에 어긋난다는 점 외에도, 부모 공경의 계명을 둘째 돌판의 목록에 두시는 예수 그리스도의 권위가 그것을 반박한다(마 19:19).

십계명 해설

이제 주님이 말씀하시는 것을 들어 보자.

제1계명

나는 너를 이집트의 땅, 종 되었던 집에서 인도하여 낸 네 하나님 여호와라.
너는 이방 신들을 내 면전에 두지 말라. …

우리가 첫째 문장을 율법 전체의 서문으로 이해하는 한, 그것을 제1계명의 일부로 여기든 별개로 여기든 그것은 중요하지 않다. 우선, 어떤 법이 만들어질 때 그것이 멸시나 경멸로 말미암아 폐기되지 않도록 명을 내릴 필요가 있다. 이런 이유에서 주님은 그의 율법의 존엄이 멸시당하지 않도록 처음부터 그 위험을 대비하신다. 그는 세 가지 근거 위에 율법의 토대를 세움으로써 그렇게 하신다.

[먼저] 그는 명령할 권리와 힘을 자신에게로 돌리는바, 이로써 우리를 순종해야 할 필연으로 묶어 두신다. 그다음에, 그는 우리를 부드럽게 이끌어 우리로 그의 뜻을 따르도록 우리에게 그의 은혜를 약속하신다. 끝으로 그는 우리가 그의 명령을 멸시할 경우 우리의 배은망덕을 질책하기 위해서 그가 우리에게 베푼 축복을 상기시킨다.

여호와라는 이름은 그가 우리에 대해 가지는 그의 제국과 그의 정당한 통치권을 의미한다. 왜냐하면 바울이 말하듯이(롬 11:36) 만물이 그에게서 나오고 그 안에서 이루어진다면, 만물이 그에게 귀속한다는 것은 당연하기 때문이다. 그러므로 이 말이 입증하는 바는 우리가 주님의 멍에에 굴복해야 한다는 것이다. 우리가 주님 밖에서 존재할 수 없는데도 그의 통치를 벗어나려는 것은 앞뒤가 맞지 않는 일이기 때문이다.

그가 명령할 권리를 갖고 있다는 것과 모든 순종이 그에게 합당하다는 것을 가르친 뒤, 단지 필연에 의해서만 우리를 강제하고자 하는 듯 보이지 않도록, 그는 또한 스스로를 우리의 아버지라고 선언하면서 우리를 부드럽게 이끄신다. 왜냐하면 이런 화법에는 "나는 그들의 하나님이 되고 그들은 나의 백성이 되리라"(렘 31:33) 는 약속에 표현된 상호 관계가 있기 때문이다. 예수 그리스도는 하나님이 아브라함과 이삭과 야곱에게 자신이 그들의 하나님이라고 약속했기 때문에 그들이 구원과 영생을 얻었음을 인정한다(마 22:32). 따라서 이 말은 다음과 같이 말한 것과 같다. 즉 "내가 너희를 내 백성으로 택한 것은 현생에서 잘 대해 주기 위해서 뿐만이 아니라 내 왕국의 영원한 복으로 이끌어 가기 위함이다"라는 것이다. 그런데 이런 은혜가 어떤 목적을 지향하는지에 대해서는 여러 구절들에 기록된다. 우리 주님은 그가 우리를 그의 백성의 회중 안으로 부르시면서 모세가 말한 것처럼(신 7:6; 14:2, 26:17) 우리를 그의 영광에 따라 거룩하게 하기 위해서, 그리고 우리가 그의 계명들을 지키도록 하기 위해서 우리를 선택하셨다. 이로부터 주님이 그의 백성에게 하시는 "내가 거룩하니 너희도 거룩하라"(레 19:2)는 권면이 나온다. 그런데 이 두 가지로부터 하나님이 그의 예언자를 통해서 하시는 애원이 나온다. "아들은 아버지를, 종은 자기 주인을 공경한다. 내가 너희의 주인일진대 경외가 어디 있느냐? 내가 너희 아비일진대 사랑이 어디 있느냐?"(말 1:6).

계속해서 그는 그의 종들에게 베풀었던 축복을 이야기한다. 이 사실은 배은망덕이 다른 모든 것들보다 더 혐오스러운 범죄이기에 더욱 그들을 감동시켜야 한다. 그런데 그는 그가 당시 이스라엘 백성에게 베푼 축복을 그들에게 제시했는바, 그것은 영원히 기억해야 옳을 만큼 그렇게 크고 놀라운 것이었다. 나아가 그것에 대한 언급은 율법이 공표되어야 했던 시대와 잘 어울렸다. 왜냐하면 주님은 그가 바로 그런 이유에서 그들을 해방하여 그들이 그를 그들 자유의 창시자로 인정하게 하고 그에게 영광과 복종을 돌리게 했음을 의미하기 때문이다. 그러나 그것이 우리와는 전혀 무관한 것이라고 보이지 않도록 이스라엘 백성이 처했던 이집트에서의 노예 상태가, 주님이 그의 강한 손으로 우리를 해방함으로써 우리를 자유의 나라로 옮겨놓기까지 우리 모두가 억류되었던 영적 포로 상태의 상징이었다고 여길 필요가 있다. 그러므로 그는 옛적에 이스라엘 안에서 자신의 교회를 세우고자 하면서 그의 백성을 억압받던 바로의 잔인한 지배로부터 해방하셨던 것처럼, 그런 방식으로 오늘날에도 자신을 하나님으로 아는 모든 사람을 마귀의 불행한 노예 상태—이스라엘의 육체적인 포로로 상징된—로부터 해방하신다. 따라서 율법이 지고하신 주님에게서 유래하는 한, 마음이 그 율법을 청종하기 위해 불타오르지 않아도 되는 피조물은 하나도 없다. 만물이 그 기원을 주님에게 두는 것처럼, 또한 만물의 목적이 그에게로 이끌리는 것이 마땅하다. 나아가 이 입법자를 받아들이도록 특별하게 자극받지 않아도 될 사람은 아무도 없다. 자신이 선택된 것이 그의 명령을 지키기 위함이며, 지상의 모든 재물뿐만 아니라 영생의 영광을 기다리는 것도 그의 은혜로 말미암기 때문이다. 마지막으로, 우리가 그의 자비와 능력으로 지옥의 구덩이에서 건져졌다는 것을 안다면, 이 사실은 또한 우리를 감동시켜 우리 하나님에게 복종하게 해야 한다.

웨스트민스터 대요리문답

제100문: 십계명에서 어떤 특별한 것들을 고찰해야 하는가?
답: 우리는 십계명에서 서문과 십계명 자체의 내용과 계명을 보다 더 강화하기 위하여 그중 어떤 것에 첨부된 몇 가지 이유를 고찰해야만 한다.

제101문: 십계명 서문은 무엇인가?
답: 십계명 서문은 이 말에 포함되어 있으니, "나는 너를 애굽 땅 종 되었던 집에서 인도하여 낸 너희 하나님 여호와로라" 하신 것이다. 여기서 하나님께서는 자기의 주권을 영원불변하시며 전능하신 하나님으로 나타내셨다. 또 자기의 존재를 스스로 자존하시고 그의 모든 말씀과 하시는 일에 존재를 부여하시는 이로 나타냈다. 또 옛날에 이스라엘과 맺으신 것과 같이 자기의 모든 백성과 언약을 맺으신 하나님이시며, 이스라엘을 애굽의 종살이에서 인도하여 내신 것과 같이 우리를 영적 노예의 속박에서 구출하신 것을 나타내셨으니, 이 하나님만을 우리의 하나님으로 삼고 그의 모든 계명을 지켜야 한다.

십계명 서문

> 하나님이 이 모든 말씀으로 말씀하여 이르시되 나는 너를 애굽 땅, 종되었던 집에서 인도하여 낸 네 하나님 여호와니라 _ 출 20:1-2

지금까지 우리는 십계명을 살펴보기 위해 사전에 우리가 알아야 할 몇 가지를 다소 깊이 있게 살펴보았습니다. 이 시간에도 십계명과 관련된 몇 가지 사항들을 간략히 살펴본 다음에 십계명 서문을 살피고 다음 시간부터는 제1계명부터 시작하도록 하겠습니다. 성경에는 십계명 전문이 두 곳에 나옵니다.

십계명 전문

출애굽기 20:2-17

신명기 5:6-21

출애굽기 20장과 신명기 5장에 십계명의 전문이 있습니다. 그러나 루터와 로마 가톨릭은 성경에 나오는 십계명을 따르지 않습니다. 그들은 예수님께서 지적하신 율법을 더하거나 빼는 것을 쉽게 생각합니다. 마르틴 루터의 대요리문답을 보면 다음과 같습니다.

마르틴 루터 대요리문답 - 하나님의 십계명

1. 너는 나 외에는 다른 신들을 네게 두지 말라.

2. 너는 네 하나님 여호와의 이름을 망령되게 부르지 말라.

3. 안식일을 기억하여 거룩하게 지키라.

4. 네 부모를 공경하라.

5. 살인하지 말라.

6. 간음하지 말라.

7. 도둑질하지 말라.

8. 네 이웃에 대하여 거짓 증거하지 말라.

9. 네 이웃의 집을 탐내지 말라.

10. 네 이웃의 아내나, 그의 남종이나 그이 여종이나, 그의 소나 그의 나귀나, 무릇 네 이웃의 소유를 탐내지 말라.

로마 가톨릭은 제2계명을 빼버리고 첫째 돌판을 4개의 계명에서 3개의 계명으로 만듭니다. 그리고 둘째 돌판을 6개에서 7개로 만드는데, 제10계명을 둘로 나누었습니다.

이런 구분은 틀림없이 오리게네스로부터 온 것으로, 그 시대에 일반적으로 받아들여지던 것이다. 아우구스티누스 역시 그의 『보니파키우스에게 보낸 편지』 제3권에서 그것을 인정했다. 그가 다른 곳에서 첫 번째 구분을 더 좋아했다는 것은 사실이다. 하지만 그것은 너무나 가벼운 이유 때문이다. 즉 첫째 돌판에 세 개의 계명만을 둔다면, 그것이 삼위일체를 표상할 것이기 때문이라는 것이다. 물론 그는 동일한 장소에서, 그 외의 것에 관해서는 우리의 입장이 더 마음에 든다는 것을 숨기지 않는다. 우리의 견해에 동의하는 다른 고대 교부가 있는바, 그는 마태에 관한 미완성 주석을 쓴 사람이다. 요세푸스는 각 돌판에 다섯 계명을 두었으며, 추측할 수 있듯이 그런 구분은 당대에 공통적인 것이었다. 그러나 이것이 하나님의 영광과 이웃 사랑 사이의 구별이 혼동되기 때문에 이치에 어긋난다는 점 외에도, 부모 공경의 계명을 둘째 돌판의 목록에 두시는 예수 그리스도의 권위가 그것을 반박한다(마 19:19).

칼뱅은 십계명의 수를 다루면서 이것을 지적하고 있습니다. 첫째 돌판을 3개로 맞추는 것은 오리네게스나 아우구스티누스, 마르틴 루터에게서도 발견됩니다. 이렇게 로마 가톨릭은 정경관이 느슨합니다. 유대교 역시 제2계명을 빼버리고 오히려 서문을 제1계명의 자리에 놓습니다. 정통 기독교와 이단의 차이, 개혁신학과 자유주의 신학의 차이는 바로 성경을 대하는 태도에서 찾을 수 있습니다.

> 정통 기독교 - 성경을 전체적으로 본다.
> 사이비, 이단 - 성경의 일부 구절만 강조.
> 개혁주의 신학 - 성경의 완전성, 영감성, 충족성을 인정.
> 자유주의 신학 - 성경을 오류가 있는 책으로 본다.

이단은 성경의 일부 구절만을 가지고 자신들의 교리를 주장합니다. 또한 자유주의 신학은 성경의 권위를 부분적으로만 받아들이고, 성경을 오류와 흠이 있는 책으로 봅니다. 또한 로마 가톨릭은 정경관에서 개신교회와 현격한 차이를 보입니다. 이들은 정경을 세 가지라고 말합니다. 기록된 성경, 전해져 오는 성경, 사목적 교도권으로 나누고 있습니다. 이런 정경관이 로마 가톨릭을 설명하고 있습니다. 그래서 이들은 2계명을 없애고, 우상에게 절하는 것을 쉽게 생각합니다. 또한 성경에 없는 내용도 교황에 의해 종교적 권위로 받아들입니다. 율법 폐기론자들과 현대의 포스트모더니즘의 입장에 있는 사람들도 마찬가지입니다. 자유주의 신학을 가진 사람들도 마찬가지입니다. 그래서 조금만 한눈을 팔면 그야말로 천 길 낭떠러지가 기다리고 있는 것입니다.

이제 우리가 십계명을 본격적으로 다루기 전에 주목해야 할 것은 십계명이 두 돌판으로 이루어졌다는 사실입니다.

십계명 두 돌판

여호와께서 시내 산 위에서 모세에게 이르시기를 마치신 때에 증거판 둘을 모세에 이 십계명의 두 돌판은 하나님에 대한 계명으로 첫째 돌판이, 사람들에 대한 계명으로 둘째 돌판이 주어졌다는 것에는 이견이 없습니다. 마태복음 22장을 보면 예수님께서도 십계명을 두 가지로 분류하셨습니다.

예수께서 이르시되 네 마음을 다하고 목숨을 다하고 뜻을 다하여 주 너의 하나님을 사랑하라 하셨으니 이것이 크고 첫째 되는 계명이요, 둘째도 그와 같으니 네 이웃을 네 자신같이 사랑하라 하셨으니 이 두 계명이 온 율법과 선지자의 강령이니라 _ 마 22:37-40

첫 번째 돌판은 하나님에 대한 계명으로, 네 가지가 나옵니다. 두 번째 돌판은 이웃에 대한 계명으로, 여섯 가지가 나옵니다.

┃ 첫째 돌판 - 하나님을 사랑하라(*Pietas*): 수직적 신앙
┃ 둘째 돌판 - 이웃을 사랑하라(*Caritas*): 수평적 신앙

앞에서 살펴본 마태복음 22장의 말씀처럼 십계명은 성경의 요약입니다. 그래서 온 율법과 선지자의 강령이라고 말씀하십니다. 그리고 십계명의 요약은 사랑입니다. 이 두 가지는 별도의 문제가 아니라 한 몸과 같습니다. 서로 분리될 수 없습니다. 하나님의 사랑은 경건, '피에타스'라 불리고, 이웃 사랑은 자선, '카리타스'로 불립니다. 이 두 가지가 균형을 이루어야 합니다.
이제 십계명의 서문으로 들어갑시다. 출애굽기 20장 2절을 읽어 봅시다.

나는 너를 애굽 땅, 종 되었던 집에서 인도하여 낸 네 하나님 여호와니라 _ 출 20:2

십계명의 서문은 십계명 전체 열 개의 계명만큼이나 중요합니다. 십계명의 서문은 십계명의 명(命)을 내린 존재가 누구인지? 그리고 명을 받아야 할 자신들은 명을 내린 존재와 어떤 관계에 있는지? 그리고 명을 내리시는 존재가 어떤 방식으로 명을 내리는지를 알려 주고 있습니다.

> **십계명(十誡命) 서문**
> ❶ 명령할 권리와 힘이 그분에게 있다.
> ❷ 우리를 부드럽게 이끌어 순종하도록 은혜를 약속하신다.
> ❸ 그의 명령을 멸시하지 않도록 그가 베푸셨던 축복을 상기시킨다.

이제 기독교강요 본문을 읽으면서 설명을 듣도록 하겠습니다.

우리가 첫째 문장을 율법 전체의 서문으로 이해하는 한, 그것을 제1계명의 일부로 여기든 별개로 여기든 그것은 중요하지 않다. 우선, 어떤 법이 만들어질 때 그것이 멸시나 경멸로 말미암아 폐기되지 않도록 명을 내릴 필요가 있다. 이런 이유에서 주님은 그의 율법의 존엄이 멸시당하지 않도록 처음부터 그 위험을 대비하신다. 그는 **세 가지 근거 위에 율법의 토대를 세움으로써 그렇게 하신다.**

십계명의 중요성을 세 가지로 요약하고 있습니다.

먼저 ❶ 그는 명령할 권리와 힘을 자신에게로 돌리는바, 이로써 우리를 순종해야 할 필연으로 묶어 두신다. 그다음에 ❷ 그는 우리를 부드럽게 이끌어 우리로 그의 뜻을 따르도록 우리에게 그의 은혜를 약속하신다. 끝으로 ❸ 그는 우리가 그의 명령을 멸시할 경우 우리의 배은망덕을 질책하기 위해서 그가 우리에게 베푼 축복을 상기시킨다.

그 근거는, 하나님께서는 십계명을 명령할 권리와 힘이 있으시다는 것과 그것을 부드러운 방법으로 가르치시기를 원하셨다는 것, 그리고 그의 명령에 대한 반응에는 질책과 축복이 뒤따른다는 것이라고 가르칩니다. 이어서 부연 설명을 덧붙이고 있습니다.

❶ 여호와라는 이름은 그가 우리에 대해 가지는 그의 제국과 그의 정당한 통치권을 의미한다. 왜냐하면 바울이 말하듯이(롬 11:36) 만물이 그에게서 나오고 그 안에서 이루어진다면, 만물이 그에게 귀속한다는 것은 당연하기 때문이다. 그러므로 이 말이 입증하는 바는 우리가 주님의 멍에에 굴복해야 한다는 것이다. 우리가 주님 밖에서 존재할 수 없는데도 그의 통치를 벗어나려는 것은 앞뒤가 맞지 않는 일이기 때문이다.

'여호와'는 출애굽기 3장에서 하나님께서 모세에게 자신을 알리실 때 주신 하나님의 이름입니다. '스스로 있는 자'라는 뜻입니다. 여호와라는 이름은 그분이 하나님이시고, 모든 능력과 권세가 그분에게 있다는 것입니다. 그런데 그 여호와는 "네 하나님 여호와"라고 말씀하십니다. 하나님은 계명의 수여자로서 계명의 담지자인 이스라엘을 향해서 그 권리를 주장하고 계시는 것입니다. 이렇게 하나님은 자신이 우리에게 명을 내릴 권리와 능력이 있다는 것을 말씀하신 다음에 우리를 부드럽게 이끄십니다.

❷ 그가 명령할 권리를 갖고 있다는 것과 모든 순종이 그에게 합당하다는 것을 가르친 뒤, 단지 필연에 의해서만 우리를 강제하고자 하는 듯 보이지 않도록, 그는 또한 스스로를 우리의 아버지라고 선언하면서 우리를 부드럽게 이끄신다. 왜냐하면 이런 화법에는 "나는 그들의 하나님이 되고 그들은 나의 백성이 되리라"(렘 31:33)라는 약속에 표현된 상호관계가 있기 때문이다.

예수 그리스도는 하나님이 아브라함과 이삭과 야곱에게 자신이 그들의 하나님이라고 약속했기 때문에 그들이 구원과 영생을 얻었음을 인정한다(마 22:32). 따라서 이 말은 다음과 같이 말한 것과 같다. 즉 "내가 너희를 내 백성으로 택한 것은 현생에서 잘 대해 주기 위해서뿐만이 아니라 내 왕국의 영원한 복으로 이끌어 가기 위함이다"라는 것이다. 그런데 이런 은혜가 어떤 목적을 지향하는지에 대해서는 여러 구절들에 기록된다. 우리 주님은 그가 우리를 그의 백성의 회중 안으로 부르시면서 모세가 말한 것처럼 (신 7:6; 14:2; 26:17) **우리를 그의 영광에 따라 거룩하게 하기 위해서, 그리고 우리가 그의 계명들을 지키도록 하기 위해서 우리를 선택하셨다. 이로부터 주님이 그의 백성에게 하시는 "내가 거룩하니 너희도 거룩하라"(레 19:2)는 권면이 나온다.** 그런데 이 두 가지로부터 하나님이 그의 예언자를 통해서 하시는 애원이 나온다 "아들은 아버지를, 종은 자기 주인을 공경한다. 내가 너희의 주인일진대 경외가 어디 있느냐? 내가 너희 아비일진대 사랑이 어디 있느냐?"(말 1:6).

세상에 자신이 신앙하는 절대자를 아버지라고 부르는 종교는 없습니다. 또한 그 종교의 신이 자기 백성들에게 아버지라고 부르도록 교훈하는 종교도 없습니다. 이것을 칼뱅은 계명에 순종하도록 '부드럽게 이끄신다'라고 설명하고 있습니다. 그래서 하나님은 "내가 거룩하니 너희도 거룩하라"라고 말씀하시는 것입니다.

❸ 계속해서 그는 **그의 종들에게 베풀었던 축복을 이야기한다.** 이 사실은 배은망덕이 다른 모든 것들보다 더 혐오스러운 범죄이기에 더욱 그들을 감동시켜야 한다. 그런데 그는 그가 당시 이스라엘 백성에게 베푼 축복을 그들에게 제시했는바, 그것은 영원히 기억해야 옳을 만큼 그렇게 크고 놀라운 것이었다. 나아가 그것에 대한 언급은 율법이 공표되어야 했던 시대와 잘 어울렸다. 왜냐하면 주님은 그가 바로 그런 이유에서 그들을 해방하여 그들이 그를 그들 자유의 창시자로 인정하게 하고 그에게 영광과 복종을 돌리게 했음을 의미하기 때문이다. 그러나 그것이 우리와는 전혀 무관한 것이라고 보이지 않도록 이스라엘 백성이 처했던 이집트에서의 노예 상태가, 주님이 그의 강한 손으로 우리를 해방함으로써 우리를 자유의 나라로 옮겨

놓기까지 우리 모두가 억류되었던 영적 포로 상태의 상징이었다고 여길 필요가 있다. 그러므로 그는 옛적에 이스라엘 안에서 자신의 교회를 세우고자 하면서 그의 백성을 억압받던 바로의 잔인한 지배로부터 해방하셨던 것처럼, 그런 방식으로 **오늘날에도 자신을 하나님을 아는 모든 사람을 마귀의 불행한 노예 상태—이스라엘의 육체적인 포로로 상징된—로부터 해방하신다.** 따라서 율법이 지고하신 주님에게서 유래하는 한, 마음이 그 율법을 청종하기 위해 불타오르지 않아도 되는 피조물은 하나도 없다. 만물이 그 기원을 주님에게 두는 것처럼, 또한 만물의 목적이 그에게로 이끌리는 것이 마땅하다. 나아가 이 입법자를 받아들이도록 특별하게 자극받지 않아도 될 사람은 아무도 없다. 자신이 선택된 것이 그의 명령을 지키기 위함이며, 지상의 모든 재물뿐만 아니라 영생의 영광을 기다리는 것도 그의 은혜로 말미암기 때문이다. 마지막으로 우리가 그의 자비와 능력으로 지옥의 구덩이에서 건져졌다는 것을 안다면, 이 사실은 또한 우리를 감동시켜 우리 하나님에게 복종하게 해야 한다.

그러고 나서 이 명령으로 이끄시기 위해 매우 자상하게 과거의 노예 상태를 설명하고 난 후 십계명을 주신 축복의 의도를 설명하고 있습니다.

이제 웨스트민스터 대요리문답 제100문과 제101문을 살펴보겠습니다. 여기에 십계명의 서문에 대한 정리가 나오기 때문입니다.

제100문: 십계명에서 어떤 특별한 것들을 고찰해야 하는가?
답: 우리는 십계명에서 서문과 십계명 자체의 내용과 계명을 보다 더 강화하기 위하여 그중 어떤 것에 첨부된 몇 가지 이유를 고찰해야만 한다.

제101문: 십계명 서문은 무엇인가?
답: 십계명 서문은 이 말에 포함되어 있으니, "나는 너를 애굽 땅 종 되었던 집에서 인도하여 낸 너희 하나님 여호와로라" 하신 것이다. 여기서 하나님께서는 자기의

주권을 영원불변하시며 전능하신 하나님으로 나타내셨다. 또 자기의 존재를 스스로 자존하시고 그의 모든 말씀과 하시는 일에 존재를 부여하시는 이로 나타냈다. 또 옛날에 이스라엘과 맺으신 것과 같이 자기의 모든 백성과 언약을 맺으신 하나님이시며, 이스라엘을 애굽의 종살이에서 인도하여 내신 것과 같이 우리를 영적 노예의 속박에서 구출하신 것을 나타내셨으니. 이 하나님만을 우리의 하나님으로 삼고 그의 모든 계명을 지켜야 한다.

웨스트민스터 대요리문답 100, 101문답 역시 십계명을 주신 목적을 설명하면서 십계명을 주신 분과 받는 사람들과의 관계를 분명히 밝히는 것을 볼 수 있습니다.

이렇게 십계명의 서문은 하나님은 누구시며, 우리는 누구인지를 말해 주고 있습니다.

> 하나님 – 여호와 '스스로 있는 자'
> 우리 – 애굽 땅에서 종 되었던 우리

하나님은 자신을 여호와라고 소개하십니다. 그분에게 모든 권세와 능력이 있는 것입니다. 그러나 우리는 애굽에서 종 되었던 신세였습니다. 칼뱅은 이것을 우리가 포로 되었던 영적인 상태를 말하는 것이라고 설명합니다.

"나는 너를 애굽 땅 종 되었던 집에서 인도하여 낸 **네 하나님 여호와니라"**

그런데 우리는 소망 없는 상태로 버려진 것이 아니었습니다. 우리는 스스로를 구원할 수 있는 내재된 능력을 소유하지 못했지만, 하나님은 이런 우리를 찾아오셔서 그의 강한 팔과 펴신 손으로 인도하여 내시고 우리를 그의 백성으로 삼아 주셨습니다. 이처럼 십계명 서문에서 하나님은 자신을 설명하시고, 왜 우리가 그분의 십계명에 순종해야 하는지를 설명하시기 위해 부드럽게 우리를 은혜로 이끄시고, 축복을 상기시켜 주셨습니다. 이것은 구약 이스라엘뿐만 아니라 이 책을 읽는 저와 여러분에게도 해당되는 말씀입니다. 우리를 노예가 아닌 자유자로 삼으시고 자유민의 위상에 걸맞는 새로운 신앙과 생활의 규범을 주시는 것입니다. 그러므로 이 열 가지의 명령을 받은 우리는 이제 사랑해야 할 일만 남았습니다. 하나님과 이웃을 사랑하는 것이 바로 그것입니다. 이 은혜를 기쁨과 순종으로 받는 저와 여러분 되시기를 바랍니다.

기독교강요 제3장. 율법

십계명 해설

제1계명
… 너는 이방 신들을 내 면전에 두지 말라.

하나님은 그의 율법의 권위의 터를 닦아 세운 후, 그의 면전에 이방 신들을 갖지 말라는 제1계명을 주신다. 계명의 목적은 하나님이 자신의 백성 가운데서 유일한 최고의 지위를 갖고 찬양받기를 원하신다는 것이다. 이를 위해, 그는 자신의 신성의 영광을 축소하거나 흐리는 모든 불경건과 미신들이 우리에게서 멀어지기를 원하신다. 동일한 이유로 그는 우리에게서 참된 경건의 감정에 의해 영광 받기를 원하신다. 바로 이것이 매우 단순한 말로 전달되고 있다. 우리는 하나님의 고유의 것들을 그에게 돌려드리지 않고서 그를 우리의 하나님으로 소유할 수 없다. 따라서 그는 이방 신들을 갖지 말라고 금함으로써 우리가 그에게 속하는 것을 다른 곳으로 옮기지 말 것을 말씀하신다. 그런데 비록 우리가 하나님에게 드려야 할 것들이 무수히 많다 하더라도 그것들은 다음 네 가지 사항들과 관계될 수 있다. 즉 경배, 신뢰, 기도, 감사이다. 나는 피조물이 그의 위대함에 순복하면서 표하는 존경심을 **경배**라 일컫는다. 나는 우리가 그에게 모든 지혜와 정의와 선함과 능력과 진리를 돌려드리고 우리의 지복이 그와 소통하는 것이라고 여기면서, 그를 잘 인식함으로 말미암아 그분 안에서 갖는 마음의 확신을 **신뢰**라 일컫는다. **기도**(invocation)란 우리의 영혼이 어떤 필요로 다급해질 때, 유일한 희망인 그에게로 향하는 의뢰이다. **감사**란 모든 축복에 대한 찬양을 그에게 돌려 마땅하다는 것에 대한 인정이다. 하나님은 이것들 중 어느 것도 [이방 신들에게로] 옮겨지는 것을 용납하실 수 없으며, 또한 모든 것이 그에게 온전하게 돌려지기를 원하신다. 사실 우리가 그에게 우리를 맡기지 않은 채 [단지] 모든 이방 신을 삼가는 것만으로는 충분하지 않다. 모든 종교들을 조롱하는 것으로 불충분하게 생각하는 어떤 악인들이 있기 때문이다. 반대로, 만일 우리가 이 계명을 잘 지키기를 원한다면, [먼저] 참된 종교가 우리 안에 선행되어야 하는바, 그것이 우리의 영혼을 하나님에게로 인도하며, 그것을 앎으로써 우리의 영혼이 그의 존엄에 영광 돌리게 되고, 그를 신뢰하게 되며, 그의 도움을 청하며, 그의 모든 은혜를 인정하며, 그의 모든 업적을 드높이며, 결국 유일한 목적인 그의 말을 듣게 된다. 다음으로 우리는 우리의 영혼이 여기저기서 많은 신들에게 휩쓸리는 일이 없도록 모든 악한 미신을 경계해야 한다.

그런데 우리는 여기서 숨겨진 불경건의 본성—그것이 위장막으로 우리를 기만하기에—을 부지런하게 살펴봐야 한다. 왜냐하면 불경함은 우리로 하여금 살아 계신 하나님을 완전히 저버리는 것 같을 정도로 이방 신들에게 기울게 하지는 않기 때문이다. 그러나 그것은 하나님에게 최고의 영예를 남겨 두면서도 많은 작은 신들을 추가해서 그것들에게 그[하나님]의 능력을 분배한다. 이와 같이 그의 신성의 영광은 여기저기 흩어져서 결국 완전히 사라지게 된다. 이런 식으로 옛날의 우상 숭배자들—이방인들처럼 유대인들도—은 모든 것 위에 있는 주이자 성부이신 최고의 한 분 하나님을 상상했으며, 그에게 수많은 다른 신들을 종속시켰고, 그들에게 그와 공동으로 세상에 대한 통치권을 부여했다. 바로 이것이 앞선 시대에 죽은 성자들이 만들어진 이유다. 왜냐하면 그들은 성자들을 하나님처럼 공경하고 기도하며 그들에게 모든 축복에 대해 감사함으로써 그들을 하나님의 동료들로 만들어 놓기까지 찬미했기 때문이다. 우리에게는 하나님의 영광이 그런 가증함으로 조금도 희미해지는 것으로 보이지 않는다. 물론 그가 다른 신들보다 뛰어난 최고의 능력을 가지고 있다는 생각이 우리에게 없다면, 그의 영광이 대부분 제거되고 사라지겠지만 말이다.

따라서 만일 우리에게 유일하신 한 분 하나님이 계시길 원한다면, 그의 영광이 조금도 줄어들어서는 안 되고, 오히려 그의 고유의 모든 것이 그에게 간직되어야 한다는 것을 기억해야 한다. 본문에서 다음으로 이어지는 것은 우리가 그의 면전에서 이방 신들을 가져서는 안 된다는 것이다. 이 말로 그가 우리에게 경고하는 바는, 그가 우리의 신성 모독에 대한 증인이자 목격자가 아니라는 불경함에 우리가 반발할 수 없다는 것이다. 왜냐하면 불경함은 그것이 자신을 깊이 은닉함으로써 하나님을 속일 수 있다고 생각하므로 더 뻔뻔하기 때문이다.

그러나 반대로 주님은 우리가 획책하고 궁리하는 모든 것이 그에게 알려진다고 선언하신다. 따라서 만일 우리가 우리의 종교를 하나님에게 승인받기를 원한다면, 우리의 양심이 모든 악한 생각들로부터 순수해야 하며, 미신과 우상 숭배로 기울어가는 어떤 생각도 수용해서는 안 된다. 왜냐하면 주님은 자신의 영광이 단지 외적인 고백으로써뿐만 아니라, 그의 면전—보이거나 드러나지 않는 것이 하나도 없는—에서도 보존되어야 할 것을 요구하시기 때문이다.

제1계명(1) - 왜, 제1계명인가?

> 너는 나 외에는 다른 신들을 네게 두지 말라 _ 출 20:3

이제 제1계명을 살펴봅시다. 십계명에서 제1계명은 사도신경과 주기도의 첫 문장과도 같이 매우 중요합니다. 제1계명은 단순히 순서적으로만 제1계명이 아니라, 이 계명 없이는 다른 계명들이 설 수 없는 특별한 지위를 가집니다.

> 십계명 **제1계명** - 너는 나 외에는 다른 신들을 네게 두지 말라.
> 사도신경의 **첫 문장** - 전능하신 창조주 하나님을 내가 믿습니다.
> 주기도의 **첫 문장** - 하늘에 계신 우리 아버지.

그것은 마치 사도신경에서 전능하신 창조주 하나님을 고백하지 않고서 다른 신조들의 고백이 설 수 없는 것과 같고, 주기도에서 하늘에 계신 아버지를 부르지 않고서는 진실한 기도가 될 수 없는 것과 같습니다. 2004년에 『웨스트민스터 대요리문답 강해』(*A Commentary of WLC*)를 쓴 J. G. 보스와 G. I. 윌리암슨은 이 부분을 해설하면서 "왜 이 첫째 계명이 제일 먼저 오는가?"라고 묻고, 답으로 "제1계명은 모든 다른 모든 계명의 기초이기 때문이다"라고 말하고 있습니다.

저는 제1계명을 여러분과 네 번에 걸쳐서 살펴보려고 합니다. 우리가 모두

기억력에는 자신이 없다고 할지라도 교회를 어느 정도 다닌 사람이라면 십계명의 제1계명을 말하는 데 어려움이 없을 것입니다. 그러나 설령 제1계명을 아주 자신 있게 암송할 수 있다고 할지라도 끝난 것은 아닙니다. 제1계명은 그리 간단하지 않을뿐더러 그냥 다 안다는 식으로 넘어가서도 안 될 매우 중요한 계명입니다. 먼저 출애굽기의 본문 속에서 제1계명을 살펴본 후에 칼뱅의 십계명 해설 부분을 강독하겠습니다. 그 뒤를 이어 표준 문서들과 대요리문답에서 말하는 제1계명을 살펴볼 것입니다.

우리 모두가 이미 제1계명에 대해서 어느 정도는 알고 있지만 마치 알파벳을 처음 배우던 때와 같이 지적인 호기심을 가져봅시다. 그리고 제1계명을 다시금 배움으로써 우리의 신앙생활에 새로운 장이 열리고 신앙생활이 신선한 정서로 채워지도록, 칼뱅이 좋아하는 표현을 빌린다면, 즉시 우리의 눈을 하나님을 향하여 들어 올려서 제1계명을 한번 읽어 봅시다.

너는 **나 외에는** 다른 신들을 네게 두지 말지니라 _ 출 20:3

우리 번역의 '나 외에는'이라는 부분은 '나의 앞에', '나의 면전에'로 읽어도 훌륭한 번역입니다. 특별히 성경에서 얼굴이라는 이미지는 하나님과의 관계, 예배와 관련하여 늘 사용되었습니다. 이제 기독교강요 십계명 해설 부분을 읽어 봅시다.

> 하나님은 그의 율법의 권위의 터를 닦아 세운 후, **그의 면전에 이방신들을 갖지 말라**는 제1계명을 주신다. 계명의 목적은 하나님이 자신의 백성 가운데서 유일한 최고의 지위를 갖고 찬양받기를 원하신다는 것이다. 이를 위해, 그는 자신의 신성의 영광을 축소하거나 흐리는 모든 불경건과 미신들이 우리에게서 멀어지기를 원하신다. 동일한 이유로 그는 우리에게서 참된 경건의 감정에 의해 영광 받기를 원하신다.

칼뱅은 제1계명의 목적을 먼저 정리하고 있는데, 그것은 '하나님의 하나님 되심'(Gottes Gottheit)이라고 표현할 수 있습니다. 성경이 계시하는 하나님은 피조된 인간이 경배를 드릴 수 있는 유일한 존재라고 가르칩니다. 그러므로 그분에게로 드려져야 할 경배가 조금도 다른 신들에게 드려져서는 안 된다는 것이 제1계명의 핵심입니다.

> **제1계명의 목적**
>
> 하나님이 자신의 백성에게서 유일한 최고의 지위에 맞는 예배를 받기 원하신다.
> - 모든 불경건한 미신을 멀리하라.
> - 참된 경건의 감정으로 예배하라.

제1계명의 목적은 하나님이 자기 백성에게서 유일한 최고의 지위에 맞는 예배를 받기 원하신다는 것입니다. 그래서 자칫 그분의 신성, 즉 하나님 되심의 영광을 흐리거나 축소할 여지가 있는 어떤 형태의 불경건과 미신들이 우리에게 있어서는 안 되며, 또한 그 하나님을 경배할 때 우리의 마음이 결여되어서는 안 됩니다. 계속되는 해석을 봅시다.

> 바로 이것이 매우 단순한 말로 전달되고 있다. 우리는 하나님의 고유한 것들을 그에게 돌려드리지 않고서 그를 우리의 하나님으로 소유할 수 없다. 따라서 그는 이방 신들을 갖지 말라고 금함으로써 우리가 그에게 속하는 것을 다른 곳으로 옮기지 말 것을 의미한다.

우리가 살펴본 것처럼 모든 만물이 그분의 것이므로 하나님의 고유한 것들을 그분에게 정당하게 돌려드리는 것이 마땅합니다. 그것도 참된 경건의 마음으로 드리는 인격적인 예배를 요구하시는 것입니다. 이어서 칼뱅은 그분에게 돌려드려야 할 것을 설명하고 있습니다.

그런데 비록 우리가 하나님에게 드려야 할 것들이 무수히 많다 하더라도 그것들은 다음 네가지 사항들과 관계될 수 있다. 즉 경배, 신뢰, 기도, 감사이다.

칼뱅은 네 가지를 그분에게 드려야 한다고 말합니다.

> 그분에게 드려야 할 것
> ❶ 경배 ❷ 신뢰 ❸ 기도 ❹ 감사

그것은 경배와 신뢰와 기도와 감사입니다. 그 각각의 설명을 살펴봅시다.

> ❶ 나는 피조물이 그의 위대함에 순복하면서 표하는 존경심을 **경배**라 일컫는다. ❷ 나는 우리가 그에게 모든 지혜와 정의와 선함과 능력과 진리를 돌려드리고 우리의 지복이 그와 소통하는 것이라고 여기면서, 그를 잘 인식함으로 말미암아 그분 안에서 갖는 마음의 확신을 **신뢰**라 일컫는다. ❸ **기도**란 우리의 영혼이 어떤 필요로 다급해질 때, 유일한 희망인 그에게로 향하는 의뢰이다. ❹ **감사**란 모든 축복에 대한 찬양을 그에게 돌려 마땅하다는 것에 대한 인정이다. 하나님은 이것들 중 어느 것도 이방 신들에게로 옮겨지는 것을 용납하실 수 없으며, 또한 모든 것이 그에게 온전히 돌려지기를 원하신다.

이것을 한 번 정리해 봅시다.

> ❶ 경배 - 피조물로서 그의 위대함에 순복하면서 표하는 존경심
> ❷ 신뢰 - 그분을 잘 인식하고 소통함으로 그분 안에서 가지는 마음의 확신
> ❸ 기도 - 우리가 어떤 필요로 다급할 때 유일한 희망인 그에게로 향하는 의뢰
> ❹ 감사 - 모든 축복에 대한 찬양을 그에게 돌려 마땅하다는 것에 대한 인정

경배는 피조된 실존을 인정하고 그분의 위대함에 순복하여 표하는 존경심

입니다. 신뢰는 그를 알고 그분과 소통할 때 그분 안에서 가지는 마음의 확신입니다. 이것은 믿음의 사람들만이 아는 것입니다. 그 마음의 평안과 위로는 땅의 것과는 차원이 다르기 때문입니다. 기도는 그분의 약속을 신뢰하고 다급할 때 유일한 희망인 그에게로 향하는 의뢰입니다. 그래서 기도는 하나님의 하나님 되심에 대한 가장 분명한 태도입니다. 또한 우리가 지상 생활에서 받은 그 어떤 축복도 그분의 은혜임을 안다면 마땅히 찬양을 그분에게 올려드리는 것이 감사입니다.

이렇게 우리는 경배와 신뢰와 기도와 감사를 그분에게 올려드려야 하는데, 칼뱅은 부연하여 두 가지의 주의할 점에 관해서 설명을 이어 가고 있습니다.

1. 단지 이방신을 삼가는 것만으로는 충분하지 않다.
2. 우리에게 숨겨진 불경건의 본성을 주의해야 한다.

우리가 제1계명을 다루면서 이제 깊이 생각해 볼 부분입니다. 제1계명은 단지 다른 이방신들을 섬기지 않는 것만으로는 제1계명을 다 지켰다고 할 수 없다는 것입니다. 칼뱅의 설명을 읽어 봅시다.

> 사실 **우리가 그에게 우리를 맡기지 않은 채** 단지 모든 이방 신을 삼가는 것만으로는 충분하지 않다.

우리는 그분의 은혜 없이는 도무지 살아갈 수 없는 존재이므로 우리는 그분에게 우리를 온전히 맡겨야 합니다. 내가 하나님이 되어 스스로를 구원할 것처럼 내 인생의 주인 노릇하면서, 내 인생은 내 것이라고 주장하면서 살아간다면 그것은 제1계명에서 이탈된 상태입니다. 또한 칼뱅은 우리의 죄악 된 본성은 위장막으로 하나님을 속이면서 마치 제1계명을 잘 지키는 것처럼 기만할 수 있다고 지적합니다.

그런데 우리는 여기서 숨겨진 불경건의 본성을 부지런히 살펴야 한다. 왜냐하면 불경함은 우리로 하여금 살아 계신 하나님을 완전히 저버리는 것 같을 정도로 이방 신들에게 기울게 하지는 않기 때문이다. 그러나 그것은 하나님에게 최고의 영예를 남겨 두면서도 많은 작은 신들을 추가해서 그것들에게 그 하나님의 능력을 분배한다. 이와 같이 그의 신성의 영광은 여기저기 흩어져서 결국 완전히 사라지게 된다.

칼뱅은 이어서 유대인이 우상 숭배로 제1계명을 어겼다고 말합니다. 이스라엘은 표면적으로는 여호와 종교를 믿었지만, 실제의 생활에서는 오히려 바알과 아스다롯에게 절했습니다. 중세 시대에도 마찬가지였습니다. 칼뱅은 죽은 성자들을 공경함으로써 제1계명을 위반했다고 지적하고 있습니다. 이제 칼뱅은 제1계명의 결론을 이렇게 맺고 있습니다.

따라서 **만일 우리에게 유일하신 한 분 하나님이 계시길 원한다면, 그의 영광이 조금도 줄어들어서는 안 되고, 오히려 그의 고유한 모든 것이 그에게 간직되어야 한다는 것을 기억해야 한다.** 본문에서 다음으로 이어지는 것은 우리가 그의 면전에서 이방 신들을 가져서는 안 된다는 것이다. 이 말로 그가 우리에게 경고하는 바는 그가 우리의 신성 모독에 대한 증인이자 목격자가 아니라는 불경함에 우리가 반발할 수 없다는 것이다. 왜냐하면 불경함은 그것이 자신을 깊이 은닉함으로써 하나님을 속일 수 있다고 생각하므로 더 뻔뻔하기 때문이다.

그러므로 1계명은 대충 해치우는 식으로 지켜지는 것이 아닙니다. 그것은 1계명을 은닉하는 것입니다. 1계명은 그분에게 돌려드려야 할 영광이 조금도 줄어들어서는 안 된다고 말합니다.

그러나 반대로 주님은 우리가 획책하고 궁리하는 모든 것이 그에게 알려진다고 선언하신다. 따라서 만일 우리가 우리의 종교를 하나님에게 승인받기를 원한다면, 우리의 양심이 모든 악한 생각들로부터 순수해야 하며, 미신과 우상으로 기울어가는 어떤 생각도 수용해서는 안 된다. **왜냐하면 주님은 자신의 영광이 단지 외적인 고백으로써 뿐만 아니라, 그의 면전에서도 보존되어야 할 것을 요구하시기 때문이다.**

칼뱅의 설명은 명료합니다. 그분의 것을 조금도 훼손하지 말고 그분에게 돌려드려야 하는데, 그것이 경배, 신뢰, 기도, 감사라는 것입니다. 이것은 단지 외형적인 고백으로는 안 된다는 것입니다. 하나님은 나의 면전에서 참된 경건의 마음으로 온전하고 흠 없게 드려져야 한다고 설명합니다. 저는 칼뱅의 설명과 함께, 익살스러우면서도 직설적으로 가르쳤던 마르틴 루터의 「대요리문답」의 제1계명 해설을 같이 읽어 보려고 합니다.

루터의 대요리문답
제1계명은 너의 마음을 오직 하나님께만 두라는 뜻이다. 맘몬에게 네 마음을 두지 말고, 참 신이신 하나님께 두라.

나는 이것에 대해 구체적인 예를 들어가며 좀 더 명확히 설명해야겠습니다. 이 계명을 엉뚱하게 이해하고 받아들이는 사람들이 있기 때문입니다. 돈과 재물이 불어나고 모든 것이 충족하게 되면, 그것이 신을 잘 섬긴 결과라고 생각하는 자들이 있습니다. 이들은 너무도 이것을 신뢰하고 자랑하면서도, 자기 소유를 이웃에게 나누어 주지 않습니다. 그런 사람들이 섬기는 신의 이름은 맘몬입니다. 맘몬은 돈과 재물의 신입니다. 맘몬을 섬기는 이들은 모든 마음을 돈과 재물에 두고 있는 사람들입니다. 맘몬을 신뢰하는 것과 마찬가지로 위대한 지식, 현명한 처세술, 권력, 호의, 우정, 명예를 신뢰하는 자들도 똑같습니다. 이들 역시 일종의 신을 섬깁니다.

루터는 매우 현실적인 예를 들면서 설명하기를, 돈을 많이 버는 것을 복으로 생각해서는 안 되고, 이것은 오히려 맘몬을 섬기는 것이라고 지적하고 있습니다.

성자나 악마에게 마음을 두는 자도 참하나님을 믿는 것이 아니다. 마찬가지로, 잘 보십시오, 우리는 이제껏 교권주의자 밑에서 시키는 대로 우매하게 움직였습니다. 이가 아프면 금식하고 성 아폴로니아를 찾아 숭배했습니다. 집에 불이 날까 무서우면 불의 수호성인 성 로렌스를 찾아갔습니다. 역병이 무서우면 성 세바스찬이나 성 로크를 찾아가 서원기도를 했습니다. 돌아보면 셀 수 없을 정도로 많은 흉한 일들이 우리 주변에서 일어났습니다. 그때마다 거기에 걸맞은 성자를 골라서 빌었고, 이 흉측한 일에서 구해달라고 기도했습니다.

또한 루터는 당시 만연한 미신을 지적하고 있습니다. 하나님을 믿는다고 하면서 정작에 다른 것들을 의지하고 있다고 말하고 있습니다.

우리가 칼뱅의 『기독교강요』나, 루터의 「대요리문답」을 종합해 보면, 제1계명은 먼저 우리의 마음이 하나님을 전적으로 모시지 않는다면 애당초 제1계명은 불가능한 것이라는 것을 알 수 있습니다. 우리가 하나님을 알고, 또 우리 자신의 비참함을 아는 지식에서 그분만이 우리의 유일한 소망이라는 사실을 깨달아 그분께 나아갈 때 제1계명이 가능해지는 것입니다. 그래서 우리는 이런 해석을 복음서에서 발견합니다.

그 청년이 재물이 많으므로 이 말씀을 듣고 근심하며 가니라 _ 마 19:21

어떤 청년이 예수님께 "선생님이여 내가 무슨 선한 일을 하여야 영생을 얻으리이까"라고 묻습니다. 예수님은 "계명을 지키라"고 대답하셨습니다. 그러자 그 청년은 "내가 계명을 다 지켰다"고 자신 있게 말합니다. 그때 예수님은 "네 소유를 팔아 가난한 자들에게 주라, 그리고 와서 나를 따르라"고 하셨습니다. 마태복음19장 21절에서 "그 부자 청년은 재물이 많으므로 근심하며 갔다"고 말합니다. 또 마가복음 10장 23절을 보면 "재물이 있는 자는 하나님의 나라에 들어가기가 심히 어렵도다"라고 하십니다. 왜 그렇습니까? 그것은 돈에 무슨 잘못이 있다는 것이 아니라 재물을 하나님처럼 의지하기 때문입니다. 그런 사람에게 맘몬은 그 사람의 신이 되는 것입니다.

여기서 핵심은 부자이냐 가난하냐에 있지 않습니다. 앞에서 루터가 설명한 것처럼 이 사람에게는 돈이 지금 하나님입니다. 재물이 있어도 재물을 신으로 경배하고, 재물에 자신의 인생을 결코 의지하지 않는 사람에게는 하나님이 그의 신이 되는 것입니다. 부자 청년은 한편으로는 예수님의 제자가 되고자 하는 마음이 있었을지라도 여전히 그를 지배하는 것은 맘몬이었습니다. 이것은 부자냐 가난하냐의 문제가 아니라, 지금 내 마음이 어디에 있느냐의 문제인 것입니다.

마가복음12장 28절에서 31절을 보면 어떤 서기관이 예수님에게 "모든 계명 중에 첫째가 무엇이니이까?"라고 묻습니다.

> 예수께서 대답하시되, 첫째는 이것이니 이스라엘에 들으라 주 곧 우리 하나님은 유일한 주시라 **네 마음을 다하고 목숨을 다하고 뜻을 다하고 힘을 다하여 주 너의 하나님을 사랑하라 하신 것이요,** 둘째는 이것이니 네 이웃을 네 자신과 같이 사랑하라 하신 것이라 이보다 더 큰 계명이 없느니라 _ 막 12:29-31

그러므로 우리가 아무리 외형적으로는 다른 신을 섬기거나 우상에게 절하지 않는다고 할지라도 마음을 다하고 목숨을 다하고 힘을 다하여 우리 하나님을 사랑하지 않는다면 우리는 제1계명을 지키지도 않을뿐더러 우리의 예배도 참된 예배가 아닙니다. 우리도 부자 청년과 같이 "주여 내가 이 모든 것을 지키었나이다"라고 말할지도 모릅니다. "주여, 나는 십일조를 드리고, 주일마다 예배를 빼먹지 않고, 술과 담배도 하지 않고, 더군다나 저는 찬양대에서도 봉사하고 있습니다." "또 저는 거짓말을 하지 않고 양심적으로 살아왔습니다."

그때 예수님께서는 "내가 너에게 원하는 것은 네가 전심으로 나를 사랑하는 것이다. 나를 위해 무엇을 하는 것이 아니라, 이 세상의 그 무엇보다 네가 나를 전심으로 사랑하는 것이다. 나는 그런 예배를 받고 싶구나, 나를 너를 위해서 나의 모든 피를 흘려 너를 구원했단다. 그리고 너를 위해 영원한 천국의 집을 준비하고서 너를 기다리고 있단다"라고 하실 것입니다.

하나님은 진정한 경배를 받기를 원하십니다. 전심으로 올려드리는 신자의 예배는 하나님의 보좌에 도달할 것입니다. 사람들은 눈치채지 못할지라도 하나님은 아십니다. 왜냐하면 그런 예배를 하나님은 너무나도 기다리시기 때문입니다. 그래서 요한복음 4장에서 예수님은 사마리아 여인에게 이렇게 말씀하셨습니다.

> 아버지께 참되게 예배하는 자들은 영과 진리로 예배할 때가 오나니 곧 이때라 **아버지께서는 자기에게 이렇게 예배하는 자들을 찾으시느니라**, 하나님은 영이시니 예배하는 자가 영과 진리로 예배할지니라 _ 요 4:23-24

하나님은 예배하는 자들을 찾으십니다. 또한 참된 예배가 무너지고 사람들의 마음이 세상의 것에 빼앗긴 시대에 이사야를 통해서 이렇게 말씀하셨습니다.

> 나는 여호와이니 이는 내 이름이라 나는 내 영광을 다른 자에게, 내 찬송을 우상에게 주지 아니하리라 _ 사 42:8
>
> 곧 나는 여호와라 나 외에 구원자가 없느니라 _ 사 43:11
>
> 이 백성은 내가 나를 위하여 지었나니 나를 찬송하게 하려 함이니라 _ 사 43:21

우리는 너무도 사랑스러운 이 제1계명 앞에서 잠시 멈춥시다. 지금 우리에게 신앙생활은 너무도 익숙한 것이지만 잠시만 제1계명의 거울 앞에 섭시다. 그리고 우리의 화장기 없는 민얼굴을 들여다봅시다. 나는 무엇을 사랑했는가? 나는 교회의 직분이나 교회의 어떤 역할을 사랑하지는 않았는가? 나는 교회가 주는 안정감, 그리고 형제자매들과의 만남에 매료되었던 것은 아닌

가? 물론 저도 그렇습니다. 이 담임 목사라는 자리를 사랑하지는 않았는가? 제1계명은 우리에게 묻고 있습니다. "당신은 마음을 다하여 하나님을 진정 사랑하셨습니까?" 우리는 부자 청년처럼 우리에게 당혹스러운 질문을 던지시는 예수님 앞에서 내가 사랑했던 것들의 항목을 고백해야 합니다. 그리고 다시 어린아이처럼 제1계명을 받아들여야 합니다.

"하나님, 저의 전심을 다하여 당신을 사랑하겠습니다. 하나님, 당신과 비교할 수 있는 것은 내게 없습니다. 주여, 하나님을 섬긴다고 하고 사랑한다고 하면서도 세상의 다른 많은 것에게 절하고 마음을 빼앗겼습니다. 이제 제가 이 지상의 생활을 끝내고 영원히 빛나는 저의 본향에 도달할 때 주님께서 저를 위해 예비해 놓으신 처소에 들어가기까지 저의 남은 생애는 오직 당신만을 사랑하는 인생으로 살아가겠습니다." 제1계명을 통해 비틀리고 흔들리는 우리의 신앙생활이 다시 제자리를 찾게 되는 은혜가 우리 모두에게 있기를 바랍니다.

웨스트민스터 대요리문답

제103문: 제1계명은 무엇인가?

답: 제1계명은 "나 외에는 다른 신을 네게 있게 말지니라" 하신 것이다.

제104문: 제1계명이 요구하는 의무는 무엇인가?

답: 제1계명에 요구된 의무는 하나님께서 홀로 참되신 하나님이시며, 우리의 하나님이심을 알고 인정하며, 따라서 그분만을 생각하고 묵상하고 기억하고 높이고 공경하고 경배하고 좋아하고 사랑하고 사모하고 경외함으로 그에게만 예배하고 영화롭게 하는 것이다. 또 그를 믿고 의지하고 바라고 기뻐하고 즐거워하고 그에 대한 열심을 가지고 그를 불러 모든 찬송과 감사를 드리고 전인격적으로 그에게 모두 순종하고 복종하며 그를 기쁘시게 하기 위하여 범사에 조심하고, 만일 무슨 일에든지 그를 노엽게 하면 슬퍼하며 그와 겸손히 동행하는 것이다.

제105문: 제1계명이 금한 죄는 무엇인가?

답: 제1계명이 금한 죄들은 다음과 같다. 하나님을 부인하거나 모시지 않는 ❶ 무신론과 참하나님 대신 다른 신을 모시거나 유일신보다 여러 신을 섬기거나 예배하는 ❷ 우상 숭배와 이 계명이 요구하는바 ❸ 하나님께 당연히 드릴 것을 무엇이든지 생략하거나 태만히 하는 것과 ❹ 그분을 모르고 잊어버리고 오해하고 그릇된 의견을 가지며 하나님께 합당치 않은 악의로 그를 생각하는 것과 그의 비밀을 감히 그릇된 호기심을 가지고 파고들려 하는 것이다. 또 모든 ❺ 신성 모독과 ❻ 하나님을 미워하고 자기를 사랑하여 자기중심으로 지정의를 과도하고 무절제하게 다른 모든 일에 쏟는 것과 전적으로 또는 부분적으로 우리의 지정의를 하나님에게서 떠나게 하는 것과 ❼ 공연한 경신, 불신, 이단, 그릇된 신앙, 의혹, 절망, ❽ 완고함, 심판을 받으면서도 무감각하여 돌같이 굳은 마음, ❾ 교만, 주제넘음, ❿ 육신의 방심이다.

제1계명(2) - 실천적 무신론자

너는 나 외에는 다른 신들을 네게 두지 말라 _ 출 20:3

제1계명이 차지하는 중요성과 지위에 대해서는 앞 장에서 충분히 말씀을 드렸습니다. 또 십계명을 시작하면서 우리가 마치 새신자처럼 호기심을 가지고 살펴보자고 말씀드렸습니다. 마르틴 루터는 「대요리문답」의 서문에서 이렇게 호소하고 있습니다.

제가 진심으로 당부합니다. 저는 박사이자 설교자입니다. 배울 만큼 배웠고 산전수전 다 겪었습니다. 그러나 여전히 교리를 배울 때는 어린아이처럼 배웁니다. 매일 아침, 그리고 시간 날 때마다 십계명, 신조, 주기도, 시편을 또박또박 입으로 소리내어 읽습니다. 그럼에도 불구하고 여전히 매일 조금씩 더 읽고 연구해야 할 필요를 느낍니다. 왜냐하면 저는 만족할 만큼 배우지도 못했거니와 또 그렇게 될 수도 없다는 것을 알기 때문입니다. 교리문답 앞에서 저는 여전히 어린아이고 학생입니다. 그러나 저는 이런 제 모습을 기꺼이 즐거워합니다. 그러나 저 까다롭고 독특한 군상들을 보십시오. 한 번 대충 훑어보고는 어떤 박사보다 더 잘난 박사인 줄 착각하고 있습니다. 모르는 것도 없고, 못할 것도 없으니 더 배울 것이 없다고 말합니다. 그러나 실은 걸음마 단계인 알파벳부터 아이처럼 다시 배워 나가야 합니다.

루터의 호소와 같이 우리는 십계명을 제대로 배워야 합니다. 기초이기 때문입니다. 출애굽기 20장 3절의 제1계명은 "나 외에는 다른 신들을 네게 두지 말라"입니다. 그렇다면 다른 신을 섬기지 않으면 제1계명을 지킨 것이냐? 그렇지 않습니다. 제1계명은 훨씬 더 많은 것을 담고 있습니다. 이제부터 살펴보게 될 것입니다.

이렇게 올해는 조금 내용이 힘들고 딱딱해도 제대로 배워서 더 깊고 성숙한 신자로 세워져 가게 되기를 바랍니다. 자! 힘을 냅시다. 이번에는 제1계명을 다른 표준 문서 중심으로 살펴보려고 합니다. 나 외에는 다른 신을 네게 두지 말라는 것은 무신론과 우상 숭배에 대해 금지하는 계명이라고 할 수 있습니다. 먼저 「웨스트민스터 대요리문답」(WLC)이 교훈하는 제1계명을 살펴봅시다.

웨스트민스터 대요리문답

제103문: 제1계명은 무엇인가?

답: 제1계명은 "나 외에는 다른 신을 네게 있게 말지니라" 하신 것이다.

제104문: 제1계명이 요구하는 의무는 무엇인가?

답: 제1계명에 요구된 의무는 하나님께서 홀로 참되신 하나님이시며, 우리의 하나님이심을 알고 인정하며, 따라서 그분만을 생각하고 묵상하고 기억하고 높이고 공경하고 경배하고 좋아하고 사랑하고 사모하고 경외함으로 그에게만 예배하고 영화롭게 하는 것이다. 또 그를 믿고 의지하고 바라고 기뻐하고 즐거워하고 그에 대한 열심을 가지고 그를 불러 모든 찬송과 감사를 드리고 전인격적으로 그에게 모두 순종하고 복종하며 그를 기쁘시게 하기 위하여 범사에 조심하고, 만일 무슨 일에든지 그를 노엽게 하면 슬퍼하며 그와 겸손히 동행하는 것이다.

「웨스트민스터 대요리문답」은 설명하기를, 제1계명은 단순히 하나님을 향한 감정적인 태도가 아니라 우리의 삶에서의 매우 실제적인 헌신을 요구한다고 말합니다. "그분만을 생각하고 묵상하고 기억하고 높이고 공경하고 경배하고 좋아하고 사랑하고 사모하고 경외함으로 그에게만 예배하고 영화롭게 하는 것이다"라고 합니다. 그러므로 우리의 삶에서 제1계명은 가장 중요하게 영향을 미칩니다. 제1계명과 우리의 삶이 분리되어서는 안 됩니다. 우리의 삶의 어떤 영역에서도 제1계명이 상관없다고 말해서는 안 됩니다. 따라서 우리는 매일의 일상에서 그분을 향한 올바른 태도를 통해, 그분을 향한 올바른 생각을 통해, 또한 그분의 말씀인 성경에 대한 올바른 순종을 통해 제1계명을 증명해 나가야 합니다. 여기에 대해 대요리 해설은 이렇게 말하고 있습니다.

> **제1계명**
> 하나님에 대한 올바른 태도
> 하나님에 대한 올바른 생각
> 하나님에 대한 올바른 반응

「웨스트민스터 대요리문답」 제104문에서는 제1계명에 대해 적극적이고 긍정적인 접근, 즉 포지티브한 접근을 하고 제105문에서는 소극적이고 부정적인 접근, 즉 네거티브한 접근을 합니다. 그래서 제104문은 오미션(omission)에 해당되고, 제105문은 커미션(commission)에 해당됩니다.

제104문: 제1계명이 요구하는 의무는 무엇인가? (~ 하라! 명령)
Positive 不作爲, omission - 하라는 것을 하지 않고 생략하거나 대충하는 것

제105문: 제1계명이 **금한 죄**는 무엇인가? (~ 하지 말라! 금령)
Negative 作爲, commission - 하지 말라는 것을 범하고 어기는 것

제104문답은 제1계명에 대한 올바른 태도, 올바른 생각, 올바른 반응을 말하고 있습니다. 그 각각을 살펴봅시다.

하나님에 대한 올바른 태도

창조주와 피조물의 관계를 인정하고 깨닫고 경외하는 자세이다. 이 둘 사이에는 무한한 차이가 있으며, 엄청난 거리가 있다. 따라서 하나님은 우리가 전혀 파악할 수 없는 우리에게 항상 신비하고 놀라운 분으로 남아 있는 무한하신 존재이심을 깨닫는 태도를 견지해야 한다.

하나님에 대한 올바른 태도는 그분이 창조주이시고, 나는 피조물이라는 것을 인정하는 것에서 시작됩니다. 그러므로 유한한 존재인 인간이 전능자를 완전히 파악할 수 없으므로 피조된 인생은 하나님을 경외해야 합니다.

하나님에 대한 올바른 생각

하나님에 대한 생각은 계시된 성경 안에서 생각하는 것이다. 우리 자신의 상상이나 욕망이 아니라 하나님 자신의 계시를 통한 생각을 의미한다. 사람의 견해나 사색이나 사람들의 마음을 어둡게 하는 철학들에 기인한 하나님에 관한 생각은 하나님에 관한 올바른 생각이 될 수 없다. 하나님에 대한 유일하게 올바른 생각은 오직 성경으로부터 나온 생각뿐이다.

하나님에 대한 올바른 생각은 하나님께서 자신을 나타내신 성경 안에서의 생각입니다. 인간의 사색이나 상상으로 하나님을 이해해서는 안 됩니다.

하나님에 대한 올바른 반응

하나님께서 명하신 모든 것에 대한 의식적이면서도 진심 어린 순종과, 그가 말씀을 통해 금하신 모든 것을 피하려는 것을 의미한다. 따라서 성경은 우리 삶에 진정한 안내자가 된다.

또 하나님에 대한 올바른 반응, 하나님에 대한 우리의 행동은 하나님의 말씀에 순종하는 것입니다. 이제 제105문답을 살펴봅시다. 제105문답은 중요하면서 내용도 많습니다.

> **제105문**: 제1계명이 **금한 죄**는 무엇인가?
>
> **답**: 제1계명이 금한 죄들은 다음과 같다. **하나님을 부인하거나 모시지 않는 ❶ 무신론과 참하나님 대신 다른 신을 모시거나 유일신보다 여러 신을 섬기거나 예배하는 ❷ 우상 숭배**와 이 계명이 요구하는바 **❸ 하나님께 당연히 드릴 것을 무엇이든지 생략하거나 태만히 하는 것**과 **❹** 그분을 **모르고 잊어버리고 오해하고 그릇된 의견을 가지며** 하나님께 **합당치 않은 악의로 그를 생각하는 것**과 그의 비밀을 감히 **그릇된 호기심**을 가지고 파고들려 하는 것이다.

제105문에서 다루는 제1계명의 금령은 매우 많습니다. 미세하게 분류하면 40가지입니다. 그러면 1계명만 다루어도 1년 정도 다루어야 할 것 같습니다. 그래서 20가지로 다시 분류하였습니다. 그래서 이번에는 그중에 열 가지만 다루고 나머지 열 가지는 다음에 다루도록 하겠습니다. 우리가 단순히 많다고만 생각하지 말고 제1계명을 이번에 제대로 배우겠다는 마음으로 전부를 살펴봅시다. 먼저 무신론입니다. 무신론이라는 것은 문자적으로는 하나님이 없다는 것, 하나님의 존재를 부정하는 것인데 무신론에는 세 가지가 있습니다.

> **❶ 무신론**
>
> 이론적 무신론 - 하나님의 존재에 대해서 절대적으로 부정하는 것
>
> 실질적 무신론 - 신은 믿지만, 성경이 말하는 하나님을 부정하는 것
>
> 실천적 무신론 - 하나님의 존재를 인정하면서도 마치 하나님이 없는 것처럼 살아가는 것

이론적 무신론은 사실 그렇게 많지 않다고 합니다. 로마서 1장의 말씀처럼 하나님께서 천하 만물에 하나님을 알 만한 것을 보여 주셨고, 사람의 마음에

새긴 율법이 있으므로 대개 사람들은 신성에 대한 의식을 가지고 있기 때문입니다. 실질적 무신론은 신의 존재는 인정하지만, 성경이 말하고 있는 하나님을 부정하는 것입니다. 그래서 이것을 명목적 무신론이라고도 합니다. 매우 교묘한 무신론입니다. 실질적 무신론자는 매우 종교적인 사람일 수도 있기 때문입니다. 마지막으로 실천적 무신론은 성경의 하나님을 인정은 하면서도 삶 가운데서 마치 하나님이 없는 것처럼 살아가는 것입니다. 이것은 어쩌면 저와 여러분의 모습일 수도 있습니다. 교회에 출석은 하면서도 하나님과는 상관없는 삶을 살아간다면 이것이 바로 실천적 무신론입니다. 우리 신자들이 매우 조심해야 할 부분입니다. 다음은 우상 숭배입니다.

> **❷ 우상 숭배**
> - 어떤 형상을 통해 신들을 숭배하는 것(금송아지)
> - 다신론(바알, 아스다롯)

우상 숭배란 제1계명의 실질적 금령입니다. 즉 어떤 형상을 숭배하는 것입니다. 구약 성경에 나오는 대부분의 죄악이 바로 우상 숭배입니다. 다음은 오미션, 즉 당연히 하나님께 드려야 할 것을, 생략하거나, 축소하거나, 태만히 하는 것입니다.

> **❸-① Omission - 오미션, 행동하지 않는 죄**
> - 당연히 드려야 할 것: 영광, 예배, 경배, 찬양, 감사, 기도, 십일조, 첫 열매, 충성
> - 마음을 다하고, 성품을 다하고, 힘을 다하여 하나님을 사랑하지 않는 것
> - 직분, 사명, 은사와 관련하여 태만한 것

오미션은 행동하지 않는 죄입니다. 불분명하고, 눈에 띄지 않고, 진실을 가리기 어렵기 때문에 가장 광범위하게 일어나지만, 하나님은 중심을 감찰하셔서 정확하게 보시고, 은밀한 중에 보십니다. 특히 직무를 게을리하는 것도

1계명을 위반한 것입니다.

❸-② Omission - 오미션, 행동하지 않는 죄

- 헤롯이 하나님께 영광을 돌리지 않음으로 충이 먹어 죽음
- 사울이 전리품을 챙김으로 하나님이 그를 버림
- 아나니아, 삽비라가 성령을 속임으로 곧 죽게 됨
- 엘리의 두 아들이 예물에 손을 댐으로 불이 나와 죽게 됨

그래서 오미션의 죄는 성경에서 가장 많이 나오는 죄 가운데 하나입니다. 사울과 아나니아와 삽비라, 엘리의 아들들이 여기에 해당됩니다. 오미션의 죄는 사람을 속일 수 있는 죄입니다. 그래서 하나님에게 더 가증한 죄가 됩니다. 참된 신자가 되고 하나님의 마음에 합하기 위해서는 오미션을 넘어서야 합니다. 오미션의 유혹과 싸워 이겨야 합니다. 다음은 신지식에 대한 무지와 교만의 성향입니다. 그분을 모르고 잊어버리고, 오해하고, 그릇된 의견을 가지며 하나님께 합당치 않은 악의로 그를 생각하는 것과 그의 비밀을 감히 그릇된 호기심을 가지고 파고들려 하는 것이다.

❹ 신지식에 대한 무지와 교만의 성향

- 하나님에 대해 무지함
- 하나님을 잊어버림
- 하나님을 오해, 하나님에 대해 잘못된 신념을 가짐
- 순수하지 못한 고집과 악의적인 호기심, 세속적 상상
- 하나님을 다 알 수 있는 것처럼 꼬치꼬치 파고들려 하는 것
- 신성의 영역에 대해 침범하려는 교만

제1계명이 금하는 네 번째는 하나님에 대한 무지와 교만의 성향입니다. 하나님에 대해서 알고 싶어 하는 것은 좋은 일입니다. 그러나 성경을 배척하고

자신의 그릇된 신념과 헛된 호기심으로 꼬치꼬치 하나님의 영역을 마치 자신의 지성으로 다 파악할 수 있는 것처럼 따지고 파고들려는 것은 악한 것입니다. 이것은 진정으로 그분을 알고 예배하려는 생각은 없고 단지 자신의 지성을 믿고 마치 하나님의 수준에서 신앙을 논하려는 태도입니다. 이런 사람들은 의지적으로 성경과 설교를 받아들이지 않습니다. 그래서 복음서를 보면 종종 서기관과 바리새인들이 그렇게 예수님을 떠보려고 접근할 때 예수님께서 그 중심을 보셨던 것과 같습니다.

제105문: 제1계명에서 금한 죄들은 무엇인가?

답: 또 모든 ❺ 신성 모독과 ❻ 하나님을 미워하고 자기를 사랑하여 자기중심으로 지정의를 과도하고 무절제하게 다른 모든 일에 쏟는 것과 전적으로 또는 부분적으로 우리의 지정의를 하나님에게서 떠나게 하는 것과 ❼ 공연한 경신, 불신, 이단, 그릇된 신앙, 의혹, 절망, ❽ 완고함, 심판을 받으면서도 무감각하여 돌같이 굳은 마음, ❾ 교만, 주제넘음, ❿ 육신의 방심이다.

다섯 번째는 신성 모독입니다.

❺ 신성 모독

신성 모독 - 성품의 죄

불경함 - 말의 죄

우리는 여기서 신성 모독과 불경죄를 구분해야 합니다. 불경죄가 말로 하나님에 대하여 짓는 죄라면 신성 모독은 성품과 태도의 죄입니다. 신성 모독자는 하나님의 거룩한 것을 평범하고 보잘것없는 것으로 취급하는 자를 말합니다. 가령, 에서는 신성 모독자입니다. 장자권을 팥죽 한 그릇에 바꾸었기 때문입니다. 가령 악한 자들이 성경책을 찢어서 담배를 만드는 것과 같습니다.

여섯 번째는 하나님을 미워하고 자기를 사랑하는 것입니다.

❻ 하나님을 미워하고 자기를 사랑함

- 하나님을 미워하고 자기를 사랑하여

- 자기중심으로 지정의를 과도하고 무절제하게 다른 모든 일에 쏟는 것과

- 전적으로 또는 부분적으로 우리의 지정의를 하나님에게서 떠나게 하는 것

여기서 주의할 것은, 자신을 사랑하는 것 자체가 죄는 아니라는 것입니다. 어떤 의미에서 참된 신앙은 자신을 사랑하는 것입니다. "네 이웃을 네 몸과 같이 사랑하라"라는 말에는 자신을 사랑하는 것도 포함되어 있습니다. 여기서 자기 사랑이라는 것은 무절제하고 과도한 에고이즘(egoism)을 말합니다. 또한 하나님은 사랑하지 않고 미워하면서 자기 사랑에는 지나쳐서 자신에게 주어진 지정의를 온통 자기 자신에게만 쏟아부어 넣는 것입니다. 이것은 마음을 다하고 성품을 다하고 힘을 다하여 하나님을 사랑하라고 하신 계명을 어긴 것입니다. 이 말씀은 자신의 관심이 하나님을 떠나 온통 세속적인 것에 빠져 버린 것도 해당이 됩니다. 몸도 마음도 열정도 사랑도 주님을 떠난 것입니다. 이것이 모두 1계명의 위반입니다.

일곱 번째는 공연한 경신입니다. 다른 말로는 정상적이지 않은 믿음입니다.

❼ 비정상적인 믿음

공연한 경신 - 너무 쉽게 넘어가는 신앙, 경솔한 신앙

불신앙 - 신앙의 반대 상태, *신자도 약간의 불신앙이 있다.

이단 - 그릇된 교리를 믿거나 전파하는 것

그릇된 신앙 - 잘못된 신앙에 대한 넘치는 확신을 가진 것 - 바울

의혹 - 하나님의 약속을 의심하는 것

절망 - 하나님에 대한 완전한 불신 - 가인, 가룟 유다

정상적이지 않은 믿음에는 경신, 불신, 이단, 그릇된 신앙, 의혹과 절망이 있습니다. 참 신자라고 할지라도 약간의 불신앙이 있을 수 있습니다. 신자는

결코 완벽하지 않습니다. 거듭나고, 직분을 가져도 인간은 여전히 불완전합니다. 그러므로 늘 깨어 있어야 합니다.

여덟 번째는 완고함과 돌같이 굳은 마음입니다.

> ❽ **완고함**
> 완고함 – 교정받을 수 없는 상태, 불가항력적 은총이 필요
> 심판을 받으면서도 **무감각**하여 – 롯의 처
> 돌같이 **굳은 마음** – 영적 민감성을 잃은 자 – 애굽왕 바로

여덟 번째는 심령의 상태를 말합니다. 완고함은 도저히 고쳐질 수 없을 정도로 목이 곧고 하나님께 반항적인 심령의 상태입니다. 불가항력적 은총만이 소망입니다. 또 심판에 직면해서도 무감각하고 굳은 마음은 롯의 처와 완악한 바로 왕을 떠올리게 합니다. 그리스도 예수의 사람들은 온유와 겸손의 사람들입니다. 아홉 번째는 교만입니다.

> ❾ 교만
> 교만 – 자신을 높이고 하나님을 무서워하지 않는 것 – 사울, 하만
> 주제넘음 – 자신의 지위와 위치를 잊어버린 태도 – 사울

하나님을 높이지 않고 자신을 높이는 것이 교만입니다. 그리고 주제넘음은 자신의 지위와 위치를 잊어버리고 행동하는 것입니다. 가령 사울왕이 사무엘이 해야 할 일을 자신이 한 것과 같습니다. 열 번째는 육신의 방심입니다.

> ❿ 육신의 방심 – 자기만족과 착각에 빠져 태평가를 부르는 것

육신의 방심이라는 것은 죄에 대하여, 인생에 대하여, 심판에 대하여 느슨한 태도를 가지고서 살아가는 태도입니다. "별일 있겠는가? 다 잘될 거다!"

하면서 평강만을 외치는 것입니다. 신자는 전신갑주로 무장하고 늘 깨어 있어야 합니다. 육체는 아주 거만합니다. 앉으면 눕고 싶은 것이 인간의 마음이고 육체입니다. 이기기를 다투는 자마다 자신을 쳐서 복종시켜야 합니다. 지금까지 웨스트민스터 대요리문답 제105문답에 나오는 제1계명의 열 가지 금령을 살펴보았습니다. 다음 번에 나머지 열 가지를 살펴봅시다.

십계명에는 하라는 두 가지의 오미션과 하지 말라는 여덟 개의 커미션이 있습니다.

> **하라! Omission** - 4, 5계명 :
>
> '마땅히 하라'는 계명에는 성실하고 충성스러운 순종으로!
>
> **하지 말라! Commission** - 1, 2, 3, 6, 7, 8, 9, 10계명 :
>
> '하지 말라'는 계명에는 자신을 쳐 복종함으로!

하라는 오미션에는 성실하고 충성스럽게 순종합니다. 생략, 누락이 아닌 온전한 순종을 드립시다. 하지 말라는 커미션에는 우리의 본성이 늘 거스르고 거역하는 것이 있지만 이런 본성을 쳐서 복종할 때 하나님께서 그 진실한 신앙을 받으십니다. 이것이 진짜 싸움입니다. 원수를 미워하지 말라! 이것은 우리의 본성으로는 불가능입니다. 그러나 이것이 진짜 용기입니다. 이것이 진짜 생생한 신앙의 현장입니다. 제1계명에서 신앙의 기초를 다시 세웁시다. 실천적 무신론자에서 참된 믿음의 사람, 하나님이 찾으시는 그 한 사람이 됩시다.

제105문: 제1계명에서 금한 죄들은 무엇인가?

답: 또 ⓫ 하나님을 시험하는 것, ⓬ 불법적인 수단을 사용하는 것과 합법적인 수단을 의뢰하는 것이다. ⓭ 육에 속하는 기쁨과 향락에 빠지는 것과 ⓮ 부패하고 맹목적이며 무분별한 열심을 가지는 것과 ⓯ 미지근하여 하나님의 일에 대하여 죽음과 하나님에게서 멀어짐과 배교하는 것과 ⓰ 성도들이나 천사들 혹은 다른 어떤 피조물에게 기도하든지 종교적 예배를 드리는 것과 마귀와 의논하며 그의 암시에 귀를 기울이는 것과 ⓱ 사람들을 우리의 신앙과 양심의 주로 삼는 것과 ⓲ 하나님과 그의 명령을 경시하고 경멸하는 것과 ⓳ 하나님의 영을 대항하고 슬프게 하고 그의 경륜에 대해 불만스러워하고 참지 못하며 우리에게 주신 재난에 대하여 어리석게 하나님을 원망하는 것과 ⓴ 우리들의 됨됨이나 소유나 능히 할 수 있는 어떤 선에 대한 칭송을 행운, 우상, 우리 자신, 또는 어떤 피조물에게 돌리는 것이다.

제1계명(3) -
사람을 신앙과 양심의 주로 삼는 것

너는 나 외에는 다른 신들을 네게 두지 말라 _ 출 20:3

앞 장에 이어서 제1계명을 살펴보겠습니다. 제1계명의 금령이 크게는 40 가지라고 말씀드렸습니다. 저는 이번에 우리가 제1계명의 금령을 모두 살펴 보게 된 것을 매우 기쁘고 의미 있게 생각합니다. 우리가 이것 중에서 대충 살펴봐도 되는 것은 없습니다. 이제 대요리문답이 설명하는 제1계명의 금령 나머지 10가지를 살펴봅시다.

제105문: 제1계명에서 금한 죄들은 무엇인가?

답: 또 ⓫ 하나님을 시험하는 것, ⓬ 불법적인 수단을 사용하는 것과 합법적인 수단을 의뢰하는 것이다. ⓭ 육에 속하는 기쁨과 향락에 빠지는 것과 ⓮ 부패하고 맹목적이며 무분별한 열심을 가지는 것과 ⓯ 미지근하여 하나님의 일에 대하여 죽음과 하나님에게서 멀어짐과 배교하는 것과 ⓰ 성도들이나 천사들 혹은 다른 어떤 피조물에게 기도하든지 종교적 예배를 드리는 것과 마귀와 의논하며 그의 암시에 귀를 기울이는 것과 ⓱ 사람들을 우리의 신앙과 양심의 주로 삼는 것과 ⓲ 하나님과 그의 명령을 경시하고 경멸하는 것과 ⓳ 하나님의 영을 대항하고 슬프게 하고 그의 경륜에 대해 불만스러워하고 참지 못하며 우리에게 주신 재난에 대하여 어리석게

하나님을 원망하는 것과 ❷ **우리들의 됨됨이나 소유나 능히 할 수 있는 어떤 선에 대한 칭송을 행운, 우상, 우리들 자신, 또는 어떤 피조물에게 돌리는 것**이다.

제1계명의 금령 11번째는 하나님을 시험하는 것입니다. 우리가 하나님을 시험하는 것이 죄라는 것은 잘 알지만, 이것이 제1계명을 위반하는 것은 잘 알지 못했을 것입니다.

> **⓫ 하나님을 시험하는 것**
>
> 우리에게 다가올 고통을 지켜 주실 하나님의 선하심과 능력을 시험하는 행위
>
> 마귀: 성전에서 뛰어내려라
>
> 예수님: 주 너의 하나님을 시험하지 말라
>
> * 통상적인 주의와 예방을 통하여 병드는 것이나 사고를 미리 막는 일을 게을리하면서도 하나님께서 그를 건강하게 지켜 주실 것이라고 믿는 것은 하나님을 시험하는 것이며 사악한 것이다.

마귀는 예수님에게 성전 꼭대기에서 뛰어내리라고 하면서 시편 91편 12절을 인용하여 하나님이 지켜 주실 것이라고 유혹합니다. 이것이 전형적인 유혹입니다. 얼마나 강렬한 유혹입니까? 성경 구절을 들먹이면서 유혹했습니다. 그러나 예수님은 마귀에게 주 너의 하나님을 시험하지 말라는 신명기의 말씀으로 응수하셨습니다. 우리는 사고와 질병을 막기 예방하기 위한 노력을 해야 합니다. 이것이 믿음입니다. 예방을 게을리하면서 막연히 하나님이 다 지켜주실 것이라고 하는 것은 하나님을 시험하는 것입니다. 그래서 고의적으로 부주의하고 악하고 어리석은 방법으로 사업을 하고, 일을 벌이는 것은 하나님을 제대로 대우해 드리는 것이 아닙니다. 12번째 금령은 매우 심각한 것입니다. 바로 불법적인 수단이나 불합리한 수단을 사용하는 것입니다.

⓬ 불법적인 수단

- 불법적인 수단을 사용하는 것: 악한 방법을 사용하여 선을 이루려는 것
- 합법적인 수단을 의뢰하는 것: 합법적이며 옳은 수단을 사용할 때도 우리의 믿음과 확신을 오직 하나님에게만 두어야 함

* 우리의 믿음을 인간적인 방법에 두어서는 안 된다.

우리가 살아가면서 어떤 수단이나 방법을 사용할 때 제1계명과 관련될 수 있습니다. 신자는 불법을 사용해서는 안 됩니다. 불법을 사용하는 것 자체가 하나님의 율법과 맞지 않을뿐더러 악한 방법을 사용하여 선을 이루려는 것도 제1계명을 위반하는 것입니다. 가령 도박을 해서 돈을 벌어 선교사업을 하겠다는 것이나, 법을 위반하면서 하나님의 영광을 들먹이는 것은 잘못입니다. 또한 합법적이고 옳은 수단을 사용할 때도 여전히 우리가 신뢰하는 대상은 하나님이어야 합니다. 결코 우리가 사용하는 수단을 믿어서는 안 됩니다. 어떤 경우에도 우리의 믿음의 대상, 신뢰의 대상은 유일하게 하나님이어야 합니다. 가령 최고의 명의에게서 치료받아도 우리를 치료하시는 분은 여전히 하나님이십니다. 하나님께서 의사의 손을 통해서 역사하시는 것입니다. 13번째 금령을 살펴봅시다.

⓭ 육에 속하는 기쁨과 향락에 빠지는 것

제1계명은 신앙의 기초이자 출발점입니다. 나 외에는 다른 신을 네게 두지 말라는 것을 진정으로 받아들인 신자는 그분에게서 인생의 존재가치와 최상의 기쁨을 발견하게 됩니다. 그러므로 이전에 그분을 알지 못하던 때에 즐기던 것, 추구하던 것들은 사도의 고백과도 같이 배설물처럼 여기게 되는 것입니다. 그런데 소위 신자가 되어서도 여전히 구습을 청산하지 못하고 육신적인 것에 인생의 목표를 두고 살아간다면 그것은 제1계명에서 이탈한 것입니다. 거듭난 신자는 이제 세상에서 재미를 찾는 것이 아니라 하나님과의 참된

교제에서 행복을 느끼고, 그분의 진리로 기뻐하게 됩니다. 그래서 디모데후서 3장은 말세의 모습을 이렇게 묘사하고 있습니다.

> 너는 이것을 알라 말세에 고통 하는 때가 이르러 사람들이 **자기를 사랑하며, 돈을 자랑하며,** 교만하여 비방하며 부모를 거역하며 감사하지 아니하며 거룩하지 아니하며 무정하며 원통함을 풀지 아니하며 모함하며 절제하지 못하며 사나우며 **선한 것을 좋아하지 아니하며** 배신하며 조급하며 자만하며 **쾌락을 사랑하기를 하나님 사랑하는 것보다 더하며** 경건의 모양은 있으나 경건의 능력은 부인하니 이 같은 자들에게서 네가 돌아서라 _ 딤후 3:1-5

현대인들의 모습을 그대로 보여 주고 있습니다. 이 말씀의 거울 앞에 우리 자신을 비추어야 합니다. 14번째 금령을 봅시다.

❶ 부패하고 맹목적이며 무분별한 열심을 가지는 것
- 그릇된 열심
- 참된 지식에 기초하지 않은 열심
- 지혜와 상식이 결핍된 열심
- 타락한 본성에서 나오는 욕정과 충동

12번째 금령과 마찬가지로 참된 신자는 자신이 아닌 하나님과 그분의 말씀이 신앙의 중심이 되고 기초가 되어야 합니다. 우리가 신앙이 있다고 하면서 부패하고 비뚤어진 우리의 본성대로 행한다면 선한 결과를 가져올 수 없습니다. 그러므로 열심을 품더라도 성령께 이끌리며 성경의 진리 안에서 행하여야 합니다. 마음만 앞서서 상식이 결핍된 열심을 낸다면 심각한 문제를 만들어내기 때문입니다. 또한 목적이 우상이 되어서는 안 됩니다. 이렇게 되면 그 과정에서 무분별한 방법들이 사용될 수 있기 때문입니다. 15번째 금령은…

⓯ 미지근하여 하나님의 일에 대하여 죽음과 하나님에게서 멀어짐과 배교하는 것

- 영적으로 미지근함: 우리의 구원에 관한 게으른 무관심이나, 자기만족의 상태

- 하나님의 일에 대하여 죽은 것: 영적 생명의 결핍 상태

- 하나님에게서 멀어짐: 하나님에 대해 흥미를 잃고, 은혜의 방편을 포기

- 배교하는 것: 신앙의 고백과 공동체를 떠나는 것

미지근하여 하나님의 일에 대하여 죽음과 하나님에게서 멀어짐과 배교하는 것입니다. 15번 금령은 하나님에게서 멀어지기 시작하여 마침내는 하나님을 떠나게 되는 일련의 상태를 말하고 있습니다. 영적으로 미지근하다는 것은 하나님에게서 흥미를 잃고 영적인 일에 무관심하고 태만한 것입니다. 이 빈자리를 세상적인 것으로 채워나갈 것입니다. 하나님을 경배하던 이 사람은 이제 하나님이 아닌 다른 것에 머리를 숙이고 경배하며 자신의 인생을 맡기고 있는 것입니다. 이것은 제1계명의 금령에서 가장 뚜렷한 현상입니다. 16번째 금령은…

⓰ 성도들이나 천사들 혹은 다른 어떤 피조물에게 기도하든지 종교적 예배를 드리는 것과 마귀와 의논하며 그의 암시에 귀를 기울이는 것

제1계명의 금령을 보면 점점 더 하나님에게 멀어져 가는 상태를 보여 주고 있습니다. 16번째 금령은 미지근한 신앙에서 이제 아예 예배의 대상이 바뀌어져 있다는 것을 알 수 있습니다. 그래서 기도의 대상, 예배의 대상이 바뀌고, 하나님의 음성을 듣는 것이 아니라 마귀의 음성에 귀를 기울이는 상태로 바뀌었습니다. 그런 사람들에 대하여 하이델베르크 요리문답에서는 구체적으로 마술과 점술, 주술을 포함시키고 있습니다. 하나님을 붙들던 이 사람은 이제 헛된 것들을 붙들고 있는 것입니다. 17번째 금령은…

⓱ 사람들을 신앙의 양심과 주로 삼는 것

어떤 사람을 하나님처럼 떠받들고 우리 신앙의 권위로 삼는 것입니다. 그래서 하나님의 말씀을 제쳐두고 사람의 말을 따르고 신뢰하는 것입니다. 특히 종교 지도자나 정치 지도자를 우상처럼 떠받드는 것은 제1계명의 위반입니다. 18번째 금령은…

❶❽ 하나님과 그의 명령을 경시하고 경멸하는 것

제1계명은 우리 신앙의 바로미터와 같습니다. 이것은 하나님을 인정하지 않기 때문입니다. 이것은 하나님에 대한 모욕이 됩니다. 제1계명이 무너지면 신앙은 무너지고, 신앙은 존재하지 않습니다. 18번째 금령은 제1계명이 무너진 현장입니다. 하나님도, 그분의 말씀도 경시하고 경멸하는 것입니다. 여기에는 소망이 없습니다. 곧 우리 시대의 모습이기도 합니다. 그러므로 우리는 탄식해야 합니다. 만일 우리의 자녀나 가족의 모습이 이와 같다면 우리는 탄식이 아니라 가슴을 치며 애통해야 합니다. 그리고 이 끔찍한 불신앙에서 구해 주시도록 기도해야 합니다. 19번째 금령을 살펴봅시다.

❶❾ 하나님의 영을 대항하고 슬프게 하고 그의 경륜에 대해 불만스러워하고 참지
　　못하며 우리에게 주신 재난에 대하여 어리석게 하나님을 원망하는 것
　- 하나님의 영을 대항: 하나님에게 정면으로 반기를 드는 것
　- 하나님의 영을 슬프게 함: 성령의 인도하심을 거부하는 것
　- 하나님의 경륜에 불만: 하나님의 역사하시는 방식을 싫어함
　- 우리에게 주신 재난을 원망함: 합력하여 선을 이루시는 것을 믿지 못함

성령을 근심하게 하는 것입니다. 그리고 하나님의 경륜을 불만스러워하고, 재난 앞에서 원망하는 것입니다. 마지막 20번째 금령을 살펴봅시다.

❷⓪ 우리의 됨됨이나 소유나 능히 할 수 있는 어떤 선에 대한 칭송을 행운, 우상, 우

20번째 금령 역시 제1계명에서 이탈한 자의 상태를 설명해 줍니다. 이런 사람은 자신의 인생에서 무엇을 성취하여도 결단코 영광을 하나님에게 돌리지 않습니다. 그는 영광을 자신이나 어떤 우상에게나, 행운으로 돌리고 맙니다. 어쩌면 당연할 결과일 수도 있습니다. 이미 하나님을 떠났고 하나님에게서 멀어진 사람에게서 무엇을 기대할 수 있겠습니까?

또한 역설적으로는 여기서 참 신앙을 보게 됩니다. 믿음의 사람들은 아주 작은 일에도 감사할 뿐 아니라 영광이나 칭송, 칭찬이 있다면 그것은 당연히 하나님의 몫이라고 여기기 때문입니다. 그래서 믿음의 사람은 하나님의 이름이 높아지고 그분께 영광이 될 때 최상의 행복을 느끼는 것입니다. 또한 하나님께서 영광을 드높이 받으실 때 자신의 영도 형용할 수 없는 기쁨으로 충만한 것을 체험으로 아는 것입니다.

우리는 웨스트민스터 대요리문답 제105문에서 제1계명의 금령을 20가지로 나누어 살펴보았습니다. 우리가 한 번씩 이것을 꺼내서 살펴보면 좋겠습니다. 제1계명만 바르게 지켜도 우리의 신앙은 바로 설 것입니다. 왜냐하면 제1계명은 출발이자 기초이기 때문입니다. 첫 단추를 바로 끼우는 것과 같기 때문입니다. 제1계명을 바르게 세움으로 우리의 신앙을 정초 위에 세우기를 바랍니다.

기독교강요 제3장. 율법

십계명 해설

제2계명

너는 새긴 우상을 만들지 말고 또 위로 하늘에 있는 것이나
아래로 땅에 있는 것이나 땅 아래 물속에 있는 것의 어떤 형상도 만들지 말라.
너는 그것들을 숭배하지도 공경하지도 말라.

앞의 계명에서 그가 자신이 유일한 하나님이며 자신 외에 다른 신을 소유하거나
상상해서는 안 된다고 선언한 것과 마찬가지로, 또한 그는 자신이 누구이며 어떻
게 공경되어야 하는지를 보다 명백하게 보여 주는바, 이는 우리로 그에 관한 어떤
육적인 사색도 만들어 내지 못하게 하기 위함이다. 계명의 목적은 하나님께서 우
리가 그에게 드려야 하는 올바른 영예가 미신적인 관습들에 의해 더럽혀지는 것을
원치 않는다는 것이다. 따라서 요점을 말하자면, 그는 우리의 모든 육적인 행동 방
식들—우리의 이성이 그 무지함에 따라 하나님을 그려낸 뒤 날조하는—을 폐지하
고 우리를 거기서 끌어내기를 원하시며, 결과적으로 그에게 드려야 하는 올바른
예배—즉 그가 제정한 그대로의 영적 예배—로 우리를 이끄신다. 그런데 그는 이
문제에서 가장 현저했던 악을 지적한다. 그것은 바로 외적인 우상 숭배이다.

아무튼 이 계명은 두 부분으로 이뤄진다. 첫째 부분은 우리의 경솔함을 억제해서
우리가 이해할 수 없는 하나님을 우리의 감각에 예속시키거나 그를 어떤 형상으
로 표현할 수 있다고 과신하지 못하게 한다. 둘째 부분은 종교의 이유로 무슨 형
상을 숭배하는 것을 금한다.

[1] 첫째 부분의 이유는 모세에게서 강조되는바 기록되기를, "주께서 호렙 계곡에
서 네게 말했던 것을 기억하라. 너는 그의 소리를 들었으나 그의 몸은 보지 못했
다. 그러므로 그에 대한 어떤 형상도 만들지 않도록 조심하라"(신 4:10-19)라고 되
어 있다. 이사야 역시 이런 논법을 종종 사용한다. 즉 영적이고 불가시적이며 모

든 피조물을 움직이게 하시는 하나님을 육체적인 재료나 가시적 내지는 무감각적인 형상으로 표현하고자 하는 것은 하나님의 존엄을 훼손하는 일이라는 것이다. 그의 무한한 본질을 나무나 돌이나 은 조각에 비교하는 것도 마찬가지이다(사 40:18, 41:5, 45:16, 46:5). 바울이 아테네 사람들에게 했던 설교에서 주장한 것도 같은 이유이다. 그는 "우리는 하나님의 후손이기 때문에, 우리가 그의 신성이 금이나 은이나 다듬어진 돌이나 인간의 기술로 만들어질 수 있는 그 어떤 것과도 닮았다고 생각해서는 안 된다"(행 17:29)라고 말한다. 이로부터 명백해지는 것은 하나님을 표상하기 위해 만들어진 모든 조각상들이 그의 존엄의 치욕과도 같아서 그를 완전히 불쾌하게 한다는 것이다. 물론 하나님이 이따금 자신의 임재를 어떤 표징으로 드러내신 것은 사실이다. 얼굴을 마주 본다고 말해질 정도로 분명하게 말이다. 그러나 이 모든 표징의 방식은 마찬가지로 그의 본질이 이해될 수 없음을 입증했다. 왜냐하면 그는 거의 언제나 구름 가운데서, 불꽃 가운데서, 그리고 연기 가운데서 나타났기 때문이다. 이것이 의도하는 바는 인간의 시선이란 그를 명쾌하게 응시할 정도까지 이를 수 없다는 것이다(신 4:11). 또한 하나님이 다른 모든 사람보다 더 친밀하게 자신과 소통한 모세도 그의 얼굴을 볼 [권리를] 결코 얻지 못했다. 오히려 그 반대로 인간은 그렇게 큰 빛을 볼 수 없다는 답을 들었다(출 33:20). (주님이 자신의 임재의 능력을 보여 주었던) 제단조차도 우리가 그의 신성에 대해 가질 수 있는 최상의 시선이 그것에 대해 놀라는 것임을 드러내는 방식으로 꾸며졌다. 마치 우리가 우리의 감각을 초월하는 것에 놀라듯이 말이다. 왜냐하면 케루빔은 그 날개로 제단을 가리기 위해 있었고, 그것을 감추는 장막이 있었으며, 장소는 그 자체로 충분히 은밀할 정도로 후미지고 모호했기 때문이다(출 25:17). 따라서 명백한 것은 하나님과 상자들의 형상을 수호하기 위해서 하나님이 케루빔을 만들도록 명했다고 주장하는 사람들의 지각이 올바르지 않다는 것이다. 사실 이런 형상들은 그들이 그들의 날개로 모든 것을 가림으로써 하나님을 보려는 인간의 눈의 호기심을 억제할 목적으로 만들어졌을진대, 이 형상들이 의미하는 바가 하나님의 신비를 표상하기에 적합한 어떤 형상도 없다는 것 외에 달리 무엇을 의미하겠는가? 나아가 모든 미술상(semblance)은 조각상과 마찬가지로 금지되고 있음이 강조되어야 하는데, 이로써 그리스인들[정교도]이 하는 어리석은 구별은 논박된다. 왜냐하면 그들은 그들이 하나님을 망치로 다듬지 않는 한 그들의 의무를 잘 이행했다고 생각하기 때문이다. 그러나 그들은 그려진 형상들에 관해서 다른 어떤 민족보다 더 많은 미신을 갖고 있다. 반면에 주님은 어떤 장인도 그의 상을 조각하는 것을 금하실 뿐만 아니라, 그의 이미지를 그려 만드는 것 역시 철저히 금하신다. 이는 그렇게 함으로써 주님의 모조품이 만들어지고 그의 존엄이 훼손되기 때문이다.

게다가 이 본문에는 이방인들이 하나님을 습관적으로 형상화하던 형태들이 표현되어 있다. 하늘에 있는 것들이 해와 달과 별을 의미하고 또한 새들을 의미할 수도 있는바, 이는 신명기 4장에서 주님이 자신의 의도를 설명하면서 새들을 별들로 명명하기 때문이다(신 4:17, 19). 나는 어떤 이들이 본문을 천사들과 관련시키지 않았다면 이것을 강조하지 않았을 것이다. 따라서 나는 다른 부분들은 충분히 알려진 것으로 남겨 두겠다.

[2] 계명의 두 번째 부분인 숭배에 속한 내용이 이어진다. 모든 하나님의 형상들에 대한 숭배는 사악하며, 성자나 성녀들과 같은 다른 형상들에 대한 숭배는 두 배로 가증스럽다. 이 점에서 우상 숭배의 등급이 있다. 첫째로, 인간의 이성은 교만과 무모함으로 팽배해 있으므로 그것은 자신의 이해에 따라 감히 하나님을 상상한다. 또한 그것은 무지와 조잡함으로 가득 차 있기 때문에, 하나님 대신 허영과 환상을 생각해 낼 뿐이다. 이어서 다른 대담함이 이어진다. 즉 인간은 그가 하나님을 내부에서 생각해 낸 그대로 외부에 재현하기를 시도한다는 것이다. 따라서 이성은 우상을 잉태하고, 손은 우상을 낳는다. 우상 숭배의 기원은 사람들이 하나님의 육적인 임재가 있지 않는 한 그가 그들 가까이에 있음을 믿지 못한다는 데 있으며, 이는 이스라엘 백성이 아론에게 "우리는 이 모세에게 일어난 일이 무엇인지를 알지 못하므로 우리를 인도할 신들을 만들자"(출 32:1)라고 말했던 사례로 명백해진다. 확실히 그들은 자신들이 많은 기적을 통해서 능력을 체험했던 그분이 바로 하나님이셨음을 잘 알고 있었다. 그러나 그들은 그들에게 하나님이 그들을 인도하셨다는 증거로서 어떤 육체적인 모습을 눈으로 보지 않는 한 그가 자신들과 가까이 계신다고 생각할 수 없었다. 따라서 그들은 어떤 형상을 앞세움으로써 하나님이 그들의 길을 인도하셨음을 믿고 싶었다. 우리 역시 이런 것을 날마다 경험으로 보고 있다. 육은 자신의 본성과 닮은 어떤 망상을 찾아내기까지는 결코 평온하지 않으며 그 안에서 육은 마치 자신이 하나님의 형상 안에 있는 듯이 즐거워한다.

이와 같이 세상이 창조된 이래로 거의 모든 시대에 사람들은 이런 욕망을 좇아 스스로 이미지들을 만들고는, 그들의 눈에 무슨 표징이 있게 될 때 하나님이 자신들 가까이에 있다고 확신했던 것이다. 그런데 그들은 그런 형상들을 통해서 하나님을 본다고 생각했기 때문에 그것을 숭배했다. 마침내 그들은 거기에 자신들의 모든 시선과 생각을 고정시킴으로써 더욱 어리석어졌다. 즉 그들은 돌이나 나무 안에 무슨 신성이 있기나 한 양 존경과 숭배의 마음을 갖게 되었다는 것이다. 이제 명백해진 것은 인간이 육적이고 사악한 무슨 망상을 품지 않는다면 결코 이미지 숭배를 시작하지 않는다는 것이다. 인간이 그것들을 신들로 여기기 때문이 아니라, 거기에 무슨 신성의 능력이 포함되어 있다고 상상하기 때문이다. 따라서 누군가가 하나님을 어떤 우상으로 형상화하건 또는 어떤 피조물로 형상화하고자 하건 간에, 그 앞에서 그것을 영예롭게 하려는 성향을 갖는다면 그때 이미 그는 어떤 미신에 젖어 든 것이다. 이런 이유에서 주님은 자신을 형상화하기 위해 조각상을 빚어내는 일뿐만 아니라 사람들이 존경심을 표하기 위한 기념물이나 석상을 봉헌하는 일도 금하신 것이다. 그러므로 앞서 오랫동안 종교를 붕괴시키고 파괴시켰던 끔찍한 우상 숭배를 변명하기 위해 헛된 핑계를 찾는 사람들은 여기에 귀를 기울이고 정신을 차려야 한다. 그들은 "우리는 형상들을 신으로 여기지 않는다"고 말한다. 또한 유대인들도 그들을 이집트의 노예 상태로부터 구원했던 한 분 하나님이 계셨다는 것을 기억하지 못할 정도로 그렇게 몰지각하지는 않았다(레 26:45). 그들이 [금]송아지를 만들기 전까지 말이다! 실제로 아론이 송아지를 만든 후에 그들에게 이집트 땅에서 구원하신 신들을 경배하러 오라고 선포하자, 그들은 기꺼이 아론의 말을 따랐다. 이것으로 그들이 의미하는 바는 그들이 그들을 구원하신 살아 계신 하나님에게 머물기를 원하지만 다만 송아지를 기념물로 가진다는 조건하에서 그렇다는 것이다. 마찬가지로 이방인들이 나무나 돌로 된 것과 다른 신이 있다는 것을 잘 모를 정도로 그렇게 무지했었다고 생각해서는 안 된다. 이런 이유에서 그들은 마음에 언제나 같은 신들을 간직하면서 그들에게 좋다고 여겨질 때마다 그들의 우상들을 교체해 왔다. 나아가 그들은 동일한 신도 여러 개의 우상으로 만들었다. 그렇다고 그들이 그것이 여러 신들이었다고 생각한 것은 아니다. 끝으로 그들은 매일 새로운 신상들을 봉헌했으며, 그것이 새로운 신들이라고 생각하지 않았다. 그러므로 무슨 말인가? 확실히 유대인이나 이방인이나 모든 우상 숭배자들은 우리가 말한 망상을 가지고 있었다. 즉 그들은 하나님에 관한 영적인 지식으로 만족하지 않았기 때문에 우상들을 만듦으로써 더 확실한 지식을 가지리라고 생각했다는 것이다. 그런데 하나님에 대한 이 거짓되고 타락한 기념물이 들어온 이래 그들이 오류에 오류를 더하면서, 결국 그들이 하나님이 자신의 능력을 그 형상들 가운데서 드러내신다고 생각하기까지 도무지 끝이 없었다. 그럼에도 불구하고 유대인들은 형상들을 섬기면서도 하늘과 땅의 창조주이신 여호와 하나님을 경배한다고 생각했으며, 이방인들은 그들이 하늘에 거한다고 상상했던 그들의 신들을 경배한다고 생각했다.

같은 일이 옛 시대에 행해졌고, 교황제에서 행해지고 있음을 부정하는 사람들은 잘못된 거짓말을 하고 있다. 그들이 형상들 앞에서 무릎을 꿇는 이유는 무엇인가? 그들이 그 앞으로 기도하러—그럼으로써 마치 하나님의 귀에 다가가기나 하는 듯이—가는 이유는 무엇인가? 같은 한 하나님의 형상들 사이에 그렇게 큰 차이가 있어서, 어떤 것은 완전히 무시되거나 가볍게 경배되는 반면 다른 것은 그렇게 중요하게 평가되고 경배되는 이유는 무엇인가? 그들이 그들 집에도 비슷한 것들을 가지고 있으면서 우상들을 방문하기 위해 그렇게 애를 쓰며 순례하는 이유는 무엇인가? 그들이 오늘날 마치 부인과 자녀와 자기 자신의 목숨을 위해서 하는 투쟁이라도 되는 듯이, 우상 때문에 그토록 전투를 치르는 이유는 무엇인가? 그들은 그들에게서 형상들보다 하나님을 빼앗아 가는 것을 더 쉽게 용납할 정도다! 그렇지만 나는 아직 민중의 심각한 미신들을 이야기하지 않는다. 그것들은 거의 무한하며, 대부분의 사람들의 마음에 뿌리내려져 있다. 다만 나는, 지나가는 식으로, 그들이 우상 숭배로부터 자신들을 지키고 정화하고자 하면서 무엇을 주장하는지를 지적하겠다. 그들은 "그렇다고 우리가 형상들을 우리의 신들이라고 부르지는 않는다"라고 말한다. 옛날에 유대인들이나 이방인들도 그렇게 부르지 않았다! 그럼에도 불구하고 예언자들은, 심지어는 성경 전체가, 그들이 나무나 돌과 행음을 했다고 지속적으로 비난했다. 이것은 오늘날 그리스도인들이라고 자랑하는 자들이 행하고 있는 이유와 다르지 않다. 즉 그들은 돌과 나무로 만든 기념물을 가지고 하나님을 육신적으로 경배하기 때문이다.

그들의 마지막 피난처는 그것[이미지]이 "무지한 자들의 책"이라고 말하는 데 있다. 비록 이 말이 거짓—모든 교황제 안에서 이미지가 오직 경배되기 위해서만 있기 때문에—이기는 하지만, 설령 우리가 그들에게 동의한다고 하더라도, 나는 무지한 자들이 이미지들에서 무슨 열매를 얻을 수 있을지 모르겠다. 이미지들에서 하나님은 신인동형론으로 만들지 않고서는, 다시 말해 그들이 육체적인 하나님을 받아들이지 않고서는 형상화되지 않기 때문이다. 락틴티우스와 에우세비오스가 이것에 대해서 썼던 것을 읽어 보아도, 그들은 우상들로 재현될 수 있는 사람들이 모두 사멸할 인간들이었다고 주저 없이 결론을 내린다. 아우구스티누스도 별로 다르지 않은데, 그는 이미지들을 경외하는 것뿐만 아니라 하나님을 어떤 식으로든 만들어 세워 놓는 것 또한 사악한 일이라고 말한다. 성자들을 형상화하기 위해 만들어진 이미지들이 허영과 뻔뻔함의 사례들이 아니라면 무슨 쓸모가 있을까? 그것은 누군가가 그런 것들을 따르고자 할 경우 채찍을 맞아 마땅할 사례들이다. 이렇게 말하는 것은 큰 수치이지만, 교회 안에 있는 동정녀 이미지들이 보여 주는 것보다 보르도 같은 곳의 창녀들이 더 정숙하고 간소하게 치장하고 있다는 것은 사실이다. 순교자들에 대한 장식도 더 이상 적합한 것은 아무것도 없다. 그러므로 그들이 이것들을 성결의 책들이라고 주장하려 한다면, 그들의 거짓말이 너무나 파렴치하지는 않도록 그들의 이미지들에게 얼마간의 예절이라도 있어야 하리라! 그러나 우리는 여전히 그것이 교회에서 기독교 백성을 가르치는 방식이 전혀 아니라고 답할 것이다. 하나님은 그런 잡동사니들과는 아주 다른 교리로써 백성이 교육받기를 원하셨다. 그는 말씀의 설교와 성례의 교제가 하나의 공통의 교리로서 모든 사람에게 주어지기를 원하셨다. 하지만 이미지들을 바라보기 위해서 자유롭게 여기저기 눈길을 주는 사람들은 모두 이 교리에 대해 전혀 좋은 감정을 가지고 있지 않다.

그러므로 그 많은 나무와 돌과 은과 금으로 된 십자가들이 세워지는 것이, 그리스도께서 우리의 죄를 위해 십자가에 못 박히심으로 우리의 저주를 십자가에서 멸하고(갈 3:13) 우리의 잘못들을 지워 주셨다는 것을 백성에게 잘 새겨지도록 하기 위함이 아니라면 무슨 소용이 있겠는가? 소박한 사람들은 나무나 돌로 된 수많은 십자가보다 그런 단순한 말씀에서 더 큰 유익을 얻었을 것이다. 금이나 은으로 된 십자가에 관해서는, 나는 인색한 자들이 하나님의 어떤 말씀보다도 그것을 더 선호한다고 고백한다!

마지막으로 나는 그들에게 그들이 호칭하는 무지한 자들, 즉 그들의 무식함은 이미지에 의해서만 가르쳐질 수 있다고 하는 자들이 누구인지를 묻는다. 분명 우리 주님은 그분의 교회의 모든 지체가 그의 영과 말씀으로 가르침 받아서 하나님의 제자들로 임명된다고 말씀하셨다(요 6:45). 바로 이것이 이미지로부터 나오는 유일한 축복으로서, 누구도 그 대가를 결코 치를 수 없다!

그런데 주님에게는 우상 숭배 자체가 얼마나 혐오스러운 것인지를 보다 분명하게 선언하기 위하여, 이 계명에 계속해서 다음과 같은 말이 첨가된다. **그는 여호와요, 강하고 질투하는 우리 하나님…**(신 20:5).

이것은 마치 우리가 오직 그분만을 유념해야 한다고 말한 것과 같다. 주님은 우리를 이것으로 이끌기 위해서 우리에게 그의 능력을 보여 주는바, 이 능력이 무시되는 것을 참지 못한다. 이어서 주님은 자신이 질투한다고 말함으로써 동반자를 용납하지 않는다는 것을 분명히 한다.

셋째로, 주님은 만일 누군가가 그의 존엄이나 영광을 피조물이나 우상에게 돌리면 보복하리라는 것과 또한 이것은 단순한 보복이 아니라 선조들의 불경을 추종하는 자녀들과 손주들과 후손들에게까지 확대되는 보복이라는 것을 선포하면서, 한편으로 그분을 사랑하고 율법을 지키는 이들에게는 천 대에 이르기까지 그의 자비와 복을 약속하신다. 주님이 우리를 향해 남편의 인격을 취하는 것은 새로운 일이 아니다. 왜냐하면 그가 우리를 교회의 품 안에 받아들이심으로써 자신에게로 연합시키는 그 결합은 상호 충성을 요구하는 영적인 결혼과 같기 때문이다. 따라서 주님은 그가 어디서나 모든 면에서 신실한 남편의 직무를 이행하는 것처럼, 우리 편에서도 사랑과 결혼의 정절을 지키도록 요구하신다. 다시 말해서 우리의 영혼이 마귀에게와 육체의 탐욕에게로 넘어가는 일—이것은 일종의 음행이다—이 없도록 요구하신다. 이런 이유에서 그는 유대인들의 불신앙에 대해 나무라면서, 그들이 결혼의 법을 깨뜨린 간음한 자들이라고 한탄하신다(렘 3장, 호 2장). 그러므로 한 선한 남편이, [남들]보다 신실하고 충직하기 때문에 자기 아내가 어떤 음행에 빠져드는 것을 볼 때 더 크게 격노하는 것처럼, 진리 안에서 우리와 혼인한 주님은 우리가 결혼의 정절을 경멸함으로써 악한 탐욕으로 오염될 때마다, 그리고 주로, 매사에 오직 그분에게만 온전히 보존되어야 할 그의 영광을 다른 곳으로 돌리거나 우리가 그 영광을 어떤 미신으로 부패시킬 때마다, 놀라운 질투를 품는다고 증언하신다. 왜냐하면 그렇게 함으로써 우리는 결혼에 주어진 믿음을 깨뜨릴 뿐만 아니라 우리의 영혼을 음행으로 더럽히기 때문이다.

바로 이것이 그가 부모들의 죄를 삼사 대 후손들에게까지 묻겠다고 말씀할 때 그 위협으로 의미하는 것임을 보아야 한다. 왜냐하면 타인의 잘못 때문에 죄 없는 자를 처벌하는 것이 하나님의 정의의 공평에 맞지 않는다는 것 외에도, 심지어 주님은 아들이 아비의 죄악을 담당하는 것을 용납하지 않는다고 선포하시기 때문이다(겔18:20). 그럼에도 불구하고, 아비들의 죄가 그들의 자녀들에게서 처벌된다는 이 말씀은 종종 반복된다. 모세는 종종 이런 식으로 말한다. "주여, 주는 아비들의 죄악의 대가를 자녀들에게 치르게 하십니다"(출 34:7; 민 14:18). 마찬가지로 예레미야는 "주는 자비를 천 대까지 베푸시며, 아비들의 죄악을 자녀들의 품에서 갚으신다"(렘 32:18)라고 말한다. 이 어려움을 해결할 수 없어서 어떤 이들은 그것을 지상의 형벌로 이해한다. 종종 형벌이 자녀들의 구원을 가져다줄진대, 그들이 그들의 아비 때문에 받는 형벌이 부당하지 않다는 것이다. 그것은 물론 사실이다. 이사야는 히스기아 왕에게 그가 저지른 죄 때문에 그의 자손들이 왕국을 빼앗기고 외국 땅에 이송되리라고 선포했다(사 39:6). 마찬가지로 바로와 아비멜렉 집안은 주인이 아브라함에게 가한 모욕 때문에 고난을 당했으며(창 12:17; 20:3), 그와 비슷한 다른 사례들이 많다. 그러나 이것은 이 문제에 대한 참된 설명이기보다는 차라리 술책이다. 왜냐하면 주님은 여기서 현생에만 국한될 수 없을 정도로 심각한 보복을 선포하시기 때문이다. 그러므로 이 말씀을 다음과 같이 해석해야 한다. 즉 하나님의 저주는 죄인의 머리 위에 떨어질 뿐만 아니라 또한 그의 가문 전체에까지 확대된다고 말이다. 일이 이럴진대, 하나님의 영에서 내버려진 아비가 악하게 살아가는 것 외에 무엇을 기대하며, 아비의 죄 때문에 하나님에게서 내버려진 아들 역시 같은 파멸의 전철을 밟는 것 외에 무엇을 기대하며, 혐오스러운 악인의 후손으로서 손주들이나 다른 자손들도 같은 나락으로 떨어지는 것 외에 무엇을 기대할 수 있겠는가?

첫째로 이런 보복이 하나님의 정의에 모순되는지를 보자. 사람들의 본성 전체가 저주받았으므로, 주님이 그의 은혜를 베풀지 않는 모든 사람에게 파멸이 준비되어 있다는 것은 확실하다. 그럼에도 불구하고 그들이 멸망하는 것은 그들 자신의 죄악 때문이지 하나님의 부당한 미움 때문이 아니다. 그들은 하나님이 그들을 다른 사람들처럼 그의 구원의 은혜로 돕지 않는 것에 대해서 불평할 수 없다. 그러므로 그들의 죄 때문에 악인들에게 그런 형벌이 닥친다고 해서, 그리고 그들의 집에 오랫동안 하나님의 은혜가 없다 해서, 그것 때문에 누가 하나님을 격렬히 비난할 수 있을까? 누군가는 [선지자를 인용하면서] "하지만 반대로 주님은 자식이 자기 아비의 죄 때문에 형벌을 당하지 않을 것으로 선포하신다"(겔 18:20)라고 말할 것이다. 우리는 거기서 무엇이 다뤄지는지를 주목해야 한다. 오랫동안 여러 가지 재난으로 고통당한 이스라엘 사람들에게는 아비들이 신 포도를 먹으면 아이들의 이가 시큰거린다는 흔한 속담이 있었다(겔 18:2). 이 말로 그들은 그들의 부모가 죄를 저질렀고 그것 때문에—받을 만해서가 아니라—자신들이 그렇게 많은 재앙을 당했고, 그것도 절제된 엄격함으로라기보다는 너무도 가혹한 하나님의 진노에 의해서라는 것을 분명히 했다. 예언자는 그들에게 그게 그렇지 않고, 오히려 그들이 그들 자신의 잘못 때문에 벌을 받는다는 것과 또한 의롭고 죄 없는 자식이 자기 아비의 잘못 때문에 처벌된다는 것이 하나님의 정의에 적합하지 않다는 것을 선포하고 있다. 이것이 본문 구절에 기록된 것은 아니다. 만일 본문에서 언급되는 형벌이 주님이 죄인들의 집에서 그의 은혜와 그의 진리의 빛 그리고 구원의 모든 다른 수단을 거두어들일 때 하나님으로부터 맹목적으로 버려졌던 자녀들이 그들의 선조들의 전철을 밟는 것으로 끝난다면, 이 점에서 그들은 하나님의 저주를 유지하는 것이다. 다음으로, 하나님이 일시적인 재난뿐만 아니라 영원한 죽음으로 그들을 처벌하신다는 것은 타인의 죄 때문이 아니라 자신들의 죄 때문이다.

한편, 하나님은 그분을 사랑하는 사람들에게 천 대에 걸쳐서 자신의 긍휼을 베푸신다고 약속하는데(출 20:6), 그것은 성경에 자주 기록되어 있으며 하나님이 그의 교회와 맺은 장엄한 언약 안에 들어 있다. "나는 너의 하나님, 그리고 네 뒤에 올 네 후손의 하나님이 될 것이다"(창 17:7). 솔로몬도 이것을 바라보았고 "의인들이 죽고 나면 그들의 자녀들이 매우 복될 것이라"(잠 20:7)라고 말하는데, 이는 좋은 양식과 교육—이것도 한 사람의 행복에 많은 도움이 된다—때문만이 아니라 또한 하나님이 자신의 종들에게 약속했던 축복—그의 은혜가 그들의 가문에 영원히 거하리라는—때문이다. 바로 이것이 신자들에게 특별한 위로를 가져오며, 죄인들을 두렵게 하는 것이다. 만일 인간의 죽음 후에도 죄악의 기억과 마찬가지로 정의의 기억이 정의의 축복이나 죄의 저주가 후손에게까지 미칠 정도로 하나님을 향해 효력을 갖는다면, 잘 살았던 사람이 하나님으로부터 무한한 축복을 받고 잘못 살았던 사람이 저주를 받는다는 것은 더할 나위 없이 타당하다. 그런데 악인들의 종족에서 때로 선인들이 나오고 그 반대로 신자들의 종족에서 악인들이 나오는 것은 이것에 결코 상반되지 않는다. 왜냐하면 주님은 여기서 자신의 선택을 위반하는 영원한 규칙을 세우려는 것이 아니기 때문이다. 비록 이런 선포가 항상 일어나는 것은 아닐지라도, 그것이 의인을 위로하고 죄인을 두렵게 하기에 하찮지도 무익하지도 않은 것으로 충분하다. 비록 현생에서 벌 받지 않은 채 살아가는 많은 사람이 있다고 해도, 하나님이 어떤 사람들에게 주시는 일시적인 형벌이 죄에 대한 그의 진노의 증거이고, 모든 죄인들에게 임할 미래의 심판의 표징인 것처럼, 마찬가지로 주님은 축복의 사례—아비들 때문에 신자들의 자녀들에게 그의 은혜와 선하심을 계속 주시는 것—를 제시함으로써, 어떻게 그의 자비가 그의 종들에게 영원히 확고하게 남아 있게 되는지를 증거하신다. 반면에 그는 아비의 죄악을 아들에게까지 물으면서, 얼마나 엄격한 심판이 죄인들 자신의 죄로 인해서 그들에게 준비되고 있는지를 보여 준다. 바로 이것이 주로 그가 이 구절에서 주목한 내용이다. 나아가 그는 자비를 천 대에 이르기까지 베풂으로써 그의 자비의 위대함을 우리에게 [지나가는 식으로] 알리고자 하셨는데, 이는 보복에는 사 대에까지만 할당했기 때문이다.

제2계명 - 외적 우상 숭배

> 너를 위하여 새긴 우상을 만들지 말고 또 위로 하늘에 있는 것이나 아래로 땅에 있
> 는 것이나 땅 아래 물속에 있는 것의 어떤 형상도 만들지 말며 그들에게 절하지 말
> 며 그것들을 섬기지 말라 나 네 하나님 여호와는 질투하는 하나님인즉 나를 미워
> 하는 자의 죄를 갚되 아버지로부터 아들에게로 삼사 대까지 이르게 하거니와 나를
> 사랑하고 내 계명을 지키는 자에게는 천 대까지 은혜를 베푸느니라 _ 출 20:4-6

이번에는 제2계명을 살펴보겠습니다. 첫 번째 돌판의 제1계명에서 제4계
명은 하나님과의 관계를 설명하는데 구체적으로는 올바른 예배에 대해서 교
훈하고 있고, 넓게는 올바른 신앙생활의 기초적 지식을 제공하고 있습니다.
거의 한 달간 제1계명을 살펴보았습니다만 제1계명의 기둥이 올바르게 서지
않는다면 신앙의 집은 세워질 수 없습니다. 제2계명도 제1계명의 바탕 위에
있습니다.

우리가 읽은 출애굽기 20장 4절에서 6절을 보면 우상 숭배를 금하는 내용
임을 알 수 있습니다. 제1계명이 한 절인 데 반해서 제2계명은 세 절로 이루
어져 있습니다. 우리는 즉시 칼뱅의 해설로 돌아가 봅시다.

❶ 앞의 계명에서 그가 자신이 유일한 하나님이며 자신 외에 다른 신을 소유하거
나 상상해서는 안 된다고 선언한 것과 마찬가지로, 또한 그는 ❷ 자신이 누구이며
어떻게 공경되어야 하는지를 보다 명백하게 보여 주는 바, 이는 우리로 그에 관한

어떤 육적인 사색도 만들어 내지 못하게 하기 위함이다.

칼뱅은 한 번 더 1계명과 2계명을 요약하고 있습니다.

> 1계명 - 하나님은 유일하시므로 다른 신을 소유하거나 상상해서는 안 된다
> 2계명 - 하나님은 어떤 분이며 어떻게 공경(예배)되어야 하는지를 가르친다
>   - 하나님에 관한 어떤 육적인 사색도 만들어 내지 못하게 하신다

하나님은 유일하신 하나님이시므로 다른 신은 없습니다. 그러므로 다른 신을 소유하거나 상상하는 것은 어리석은 일입니다. 만일 인간이 어리석게 다른 신을 믿거나, 엉뚱한 상상력으로 우상을 만들어 그것에 절한다면 하나님은 질투의 하나님이시므로 자녀를 3, 4대까지 벌하신다고 말씀합니다. 좀 더 읽어 봅시다.

계명의 목적은 하나님께서 우리가 그에게 드려야 하는 올바른 영예가 미신적인 관습에 의해 더럽혀지는 것을 원치 않는다는 것이다. 따라서 요점을 말하자면, 그는 우리의 모든 육적인 행동 방식들, 가령 우리의 이성이 그 무지함에 따라 하나님을 그려낸 뒤 날조하는 것을 폐지하고 우리를 거기서 끌어내기를 원하시며, 결과적으로 그에게 드려야 하는 올바른 예배, 즉 그가 제정한 그대로의 영적 예배로 우리를 이끄신다. 그런데 그는 이 문제에서 가장 현저했던 악을 지적한다. 그것은 바로 **외적인 우상 숭배**이다.

칼뱅은 여기서 제2계명의 목적을 말하기를, 하나님은 유일하신 하나님이시므로 그분에게 올바른 영예를 올려드려야 하는데 그 영예, 즉 예배가 미신적인 관습에 의해 더럽혀지기를 원하지 않는다는 것이라고 설명하면서 이것을 외적인 우상 숭배라고 말하고 있습니다. 기독교강요의 십계명 해설, 제2계명에서 우리는 크게 세 가지를 살펴보게 됩니다.

아무튼 이 계명은 두 부분으로 이뤄진다. 첫째 부분은 우리의 경솔함을 억제해서 우리가 이해할 수 없는 하나님을 우리의 감각에 예속시키거나 그를 어떤 형상으로 표현할 수 있다고 과신하지 못하게 한다. 둘째 부분은 종교의 이유로 무슨 형상을 숭배하는 것을 금한다.

이제 체크를 해 봅시다. 이번에는 이 세 가지를 살펴보는 것으로 제2계명을 정리하도록 하겠습니다.

> 1. 우리가 이해할 수 없는 하나님을 우리의 감각에 예속하거나 어떤 형상으로 표현하는 것을 금한다.
> 2. 종교의 이유로 무슨 형상을 숭배하는 것을 금한다.
> 3. 만일 존엄과 영광을 피조물이나 우상에게 돌리면 보복하신다.

1과 2는 제2계명에 대한 설명인데 표현과 숭배를 각각 금하는 것이고, 3은 보칙인데 이것이 얼마나 엄중한 문제인지에 대해서 보충 설명을 하시는 것입니다.

> 1. 어떤 형상으로 **표현**하는 것
> 2. 어떤 우상에게 **숭배**하는 것
> 3. 보칙

하나님을 형상으로 표현하지 말라

이제 첫째 부분을 살펴봅시다.

첫째 부분의 이유는 **모세에게서** 강조되는바 기록되기를, "주께서 호렙 계곡에서 네게 말했던 것을 기억하라. 너는 그의 소리를 들었으나, 그의 몸은 보지 못했다. 그러므로 그에 대한 어떤 형상도 만들지 않도록 조심하라"(신 4:10-19)라고 되어 있다. **이사야 역시** 이런 논법을 종종 사용한다. 즉 영적이고, 불가시적이며 모든 피조물을 움직이게 하시는 하나님을 육체적인 재료나 가시적 내지는 무감각적인 형상으로 표현하고자 하는 것은 하나님의 존엄을 훼손하는 일이라는 것이다. 그의 무한한 본질을 나무나 돌이나 은 조각에 비교하는 것도 마찬가지이다.

제2계명을 설명하면서 어떤 형상으로 표현하는 것에 대해서 자세하게 설명하고 있습니다. 모세가 소리는 들었으나 몸은 보지 못했다는 것입니다. 그러므로 하나님에 대한 어떤 형상을 만들지 않아야 한다는 것입니다. 이렇게 구약의 예증을 든 다음 신약의 예증을 사용하고 있습니다.

> **바울이** 아테네 사람들에게 했던 설교에서 주장한 것도 같은 이유이다. 그는 "우리는 하나님의 후손이기 때문에 우리가 그의 신성이 금이나 은이나 다듬어진 돌이나 인간의 기술로 만들어질 수 있는 그 어떤 것과도 닮았다고 생각해서는 안 된다"(행 17:29)라고 말한다. 이로부터 명백해지는 것은 하나님을 표상하기 위해 만들어진 모든 조각상들이 그의 존엄의 치욕과도 같아서 그를 완전히 불쾌하게 한다는 것이다. 물론 하나님이 이따금 자신의 임재를 어떤 표징으로 드러내신 것은 사실이다. 얼굴을 마주 본다고 말해질 정도로 분명하게 말이다. 그러나 이 모든 표징의 방식은 마찬가지로 그의 본질이 이해될 수 없음을 입증했다.

사도행전에서 바울은 우상의 허무를 일갈하고 있습니다. 칼뱅의 논증은 인간의 시선에 초점을 맞추면서 이것의 불완전함을 지적하고 있습니다. 그러므로 인간의 보려는 욕구에 대해서 하나님은 철저하게 차단하고 있는 것입니다.

> 왜냐하면 그는 거의 언제나 구름 가운데서, 불꽃 가운데서, 그리고 연기 가운데서 나타났기 때문이다. **이것이 의도하는 바는 인간의 시선이란 그를 명쾌하게 응시할 정도까지 이를 수 없다는 것이다**(신 4:11). 또한 하나님이 모든 사람보다 더 친밀하

게 자신과 소통한 모세도 그의 얼굴을 볼 권리를 결코 얻지 못했다. 오히려 그 반대로 인간은 그렇게 큰 빛을 볼 수 없다는 대답을 들었다(출 33:20). 주님이 자신의 임재의 능력을 보여 주었던 제단조차도 우리가 그의 신성에 대해 가질 수 있는 최상의 시선이 그것에 대해 놀라는 것임을 드러내는 방식으로 꾸며졌다.

모든 사람보다 더 친밀하게 소통했던 모세에게조차 하나님의 얼굴을 볼 권리를 허락하지 않았다고 설명하고 있습니다. 인간의 시선에 관해서 설명하면서, 보는 호기심을 억제하려고 하신 의도를 설명하고 있습니다.

마치 우리가 우리의 감각을 초월하는 것에 놀라듯이 말이다. 왜냐하면 케루빔은 그 날개로 제단을 가리기 위해 있었고, 그것을 감추는 장막이 있었으며, 장소는 그 자체로 충분히 은밀할 정도로 후미지고 모호했기 때문이다(출 25:17). 따라서 명백한 것은 하나님과 상자들의 형상을 수호하기 위해서 하나님이 케루빔을 만들도록 명했다고 주장하는 사람들의 지각이 올바르지 않다는 것이다. 사실 이런 형상들은 그들이 **그들의 날개로 모든 것을 가림으로써 하나님을 보려는 인간의 눈의 호기심을 억제할 목적으로 만들어졌을진대**, 이 형상들이 의미하는 바가 하나님의 신비를 표상하기에 적합한 어떤 형상도 없다는 것 외에 달리 무엇을 의미하겠는가?

이어서 법궤를 예로 들어 설명하면서, 하나님께서 인간의 눈의 호기심을 억제하고 있다고 설명합니다. 칼뱅은 이런 논지를 확장하여, 어떤 형태로든지 눈으로 보는 호기심이 우상 숭배로 이어지지 않도록 조각과 같은 모조품을 만드는 것을 금하신 의도를 설명하고 있습니다.

나아가 모든 미술상은 조각상과 마찬가지로 금지되고 있음이 강조되어야 하는데, 이로써 그리스인들이 하는 어리석은 구별은 논박된다. 왜냐하면 그들은 그들이 하나님을 망치로 다듬지 않는 한 그들의 의무를 잘 이행했다고 생각하기 때문이다. 그러나 그들은 그려진 형상들에 관해서 다른 어떤 민족보다 더 많은 미신을 갖고 있다. 반면에 주님은 어떤 장인도 그의 상을 조각하는 것을 금하실 뿐만 아니라, 그의 이미지를 그려 만드는 것 역시 철저히 금하신다. 이는 그렇게 함으로써 주님의 모조품이 만들어지고 그의 존엄이 훼손되기 때문이다.

칼뱅은 또한 눈의 호기심과 아울러 눈으로 보는 것을 형상으로 만들고 이것이 우상으로 이어지는 것에 대한 항목으로 해와 달과 별이 형상과 우상이 되는 것의 위험을 지적하고 있습니다.

게다가 이 본문에는 이방인들이 하나님을 습관적으로 형상화하던 형태들이 표현되어 있다. 하늘에 있는 것들이 해와 달과 별을 의미하고 또한 새들을 의미할 수도 있는바, 이는 신명기 4장에서 주님이 자신의 의도를 설명하면서 새들을 별들로 명명하기 때문이다(신 4:17, 19). 나는 어떤 이들이 본문을 천사들과 관련시키지 않았다면 이것을 강조하지 않았을 것이다. 따라서 나는 다른 부분들을 충분히 알려진 것으로 남겨 두겠다.

이상으로 제2계명의 첫 번째 설명 부분은 하나님은 자신이 어떤 형상으로 표현되는 것을 원하지 않으신다는 것입니다. 그러므로 모든 인생은 그분이 원하시고 그분이 제정하신 방법으로 그분께 적합한 영예를 올려드려야 할 것입니다.

형상을 숭배하지 말라

제2계명의 첫 번째 부분이 하나님을 형상으로 표현하지 말라는 것이었다면, 두 번째 부분은 형상을 숭배하지 말라는 것입니다. 읽어 봅시다.

계명의 두 번째 부분인 **숭배**에 속한 내용이 이어진다. 모든 하나님의 형상들에 대한 숭배는 사악하며, 성자나 성녀들과 같은 다른 형상들에 대한 숭배는 두 배로 가증스럽다. 이 점에서 우상 숭배의 등급이 있다. 첫째로 인간의 이성은 교만과 무모함으로 팽배해 있으므로 그것은 자신의 이해에 따라 감히 하나님을 상상한다. 또한 그것은 무지와 조잡함으로 가득 차 있기 때문에, 하나님 대신 허영과 환상을 생각해 낼 뿐이다. 이어서 다른 대담함이 이어진다. 즉 인간은 그가 하나님을 내부에서 생각해 낸 그대로 외부에 재현하기를 시도한다는 것이다. 따라서 이성은 우상을 잉태하고, 손은 우상을 낳는다.

이어서 보는 것과 형상화하는 것의 위험에 이어 마침내 그것을 숭배하는 문제를 다루고 있습니다. 인간의 이성은 끊임없이 하나님을 상상하며 우상을 잉태하고, 손은 우상을 낳는다고 설명합니다.

> **우상 숭배의 기원**은 사람들이 하나님의 육적인 임재가 있지 않는 한 그가 그들 가까이에 있음을 믿지 못한다는 데 있으며, 이는 이스라엘 백성이 아론에게 "우리는 이 모세에게 일어난 일이 무엇인지를 알지 못하므로 우리를 인도할 신들을 만들자"(출 32:1)라고 말했던 사례로 명백해진다. 확실히 그들은 자신들이 많은 기적을 통해서 능력을 체험했던 그분이 바로 하나님이셨음을 잘 알고 있었다. 그러나 그들은 그들에게 하나님이 그들을 인도하셨다는 증거로서 어떤 육체적인 모습을 눈으로 보지 않는 한 그가 자신들과 가까이 계신다고 생각할 수 없었다.

이어서 우상 숭배의 정서적, 심리적 측면을 설명하고 있습니다. 인간은 나약해서 어떤 신적인 존재가 어떤 형태로든지, 눈으로 볼 수 있는 모습으로 자신 곁에 있기를 원한다는 설명입니다. 그 한 예로 금송아지 사건을 설명하고 있습니다.

> 따라서 그들은 **어떤 형상을 앞세움으로써** 하나님이 그들의 길을 인도하셨음을 믿고 싶었다. 우리 역시 이런 것을 날마다 경험으로 보고 있다. 육은 자신의 본성을 닮은 어떤 망상을 찾아내기까지는 결코 평온하지 않으며, 그 안에서 육은 마치 자신이 하나님의 형상 안에 있는 듯이 즐거워한다. 이와 같이 세상이 창조된 이래로 거

의 모든 시대에 사람들은 이런 욕망을 좇아 스스로 이미지를 만들고는, 그들의 눈에 무슨 표징이 있게 될 때에 하나님이 자신들 가까이에 있다고 확신했던 것이다.

인간의 우상 숭배는 모든 시대에 걸쳐 있었습니다. 인간은 스스로에게 위안을 가져다줄 어떤 형상을 만들고 그들을 자신 가까이에 두기까지 우상 숭배의 열정을 멈추지 않는다는 것입니다.

그런데 그들은 그런 형상들을 통해서 하나님을 본다고 생각했기 때문에 그것을 숭배했다. 마침내 그들은 거기서 자신들의 모든 시선과 생각을 고정시킴으로써 더욱 어리석어졌다. 즉 그들은 돌이나 나무 안에 무슨 신성이 있기나 한 양 존경과 숭배의 마음을 갖게 되었다는 것이다. 이제 명백해진 것은 인간이 육적이고 사악한 무슨 망상을 품지 않는다면 결코 **이미지 숭배**를 시작하지 않는다는 것이다. 인간이 그것들을 신들로 여기기 때문이 아니라, 그것에 무슨 신성의 능력이 포함되어 있다고 상상하기 때문이다. **따라서 누군가가 하나님을 어떤 우상으로 형상화하건 또는 피조물로 형상화하고자 하건, 그 앞에서 그것을 영예롭게 하려는 성향을 갖는다면 그때 이미 그는 어떤 미신에 젖어 든 것이다.**

제2계명의 둘째 부분을 다 읽지는 않았지만, 정리하면 어떤 형상을 숭배하는 것을 금하고 있습니다. 이어지는 부분은 중세 시대와 로마 가톨릭의 우상, 가령 마리아상과 같은 것에 대해서 말하고 성화를 그리는 것이나 교육상 사용하는 문제에 대해서 다루고 있습니다. 한마디로 권장할 방법은 아니라는 것입니다.

보칙

이제 하나님은 제2계명이 너무도 중요하기 때문에 보칙을 천명하고 계십니다. 왜냐하면 제2계명이 무너지면 기독교는 완전 엉뚱한 미신의 종교, 금송아지의 종교가 될 것이며, 아수라장이 될 것이기 때문입니다.

셋째로, 주님은 만일 누군가가 그의 존엄이나 영광을 피조물이나 우상에게 돌리면 보복하리라는 것과 또한 이것은 단순한 보복이 아니라 신조들의 불경을 추종하는 자녀들과 손주들과 후손들에게까지 확대되는 보복이라는 것을 선포하면서, 한편으로 그분을 사랑하고 율법을 지키는 이들에게는 천 대에 이르기까지 그의 자비와 축복을 약속한다. 주님이 우리를 향해서 남편의 인격을 취하는 것은 새로운 일이 아니다. 왜냐하면 그가 우리를 교회의 품 안으로 받아들임으로써 자신에게로 연합시키는 그 결합은 상호 충성을 요구하는 영적인 결혼과 같기 때문이다. 따라서 주님은 그가 어디서나 모든 면에서 신실한 남편의 직무를 이행하는 것처럼, 우리 편에서도 사랑과 결혼의 정절을 지키도록 요구하신다. 다시 말해서 우리의 영혼이 마귀에게와 육체의 탐욕에게로 넘어가는 일—이것은 일종의 음행이다—이 없도록 요구하신다. 이런 이유에서 그는 유대인들의 불신앙에 대해 나무라면서 그들이 결혼의 법을 깨트린 간음한 자들이라고 한탄하신다(렘 3장, 호 2장).

제2계명에 보칙이 뒤따른다는 것은 이 계명의 중요성을 잘 알려 주고 있습니다. 우상을 만들고 절하는 것이 용인된다면 참된 신앙의 길은 요원하기 때문입니다. 그래서 보칙은 저주와 축복의 매우 강한 어조로 주어지고 있습니다. 그러므로 성경은 일관되게 이스라엘의 우상 숭배를 행음 사건으로 규정합니다. 칼뱅도 이것을 일종의 음행이라고 설명하고 있습니다.

그러므로 이 말씀을 다음과 같이 해석해야 한다. 즉 하나님의 저주는 죄인의 머리 위에 떨어질 뿐만 아니라 또한 그의 가문 전체에까지 확대된다고 말이다. 일이 이럴진대, 하나님의 영에서 내버려진 아비가 악하게 살아가는 것 외에 무엇을 기대하며, 아비의 죄 때문에 하나님에게서 내버려진 아들 역시 같은 파멸의 전철을 밟는 것 외에 무엇을 기대하며, 혐오스러운 악인의 후손으로서 손주들이나 다른 자손들도 같은 나락으로 떨어지는 것 외에 무엇을 기대할 수 있겠는가? 첫째로 이런 보복이 하나님의 정의에 모순되는지를 보자, 사람들의 본성 전체가 저주받았으므로, 주님이 그의 은혜를 베풀지 않는 모든 사람에게 파멸이 준비되어 있다는 것이 확실하다. 그럼에도 불구하고 **그들이 멸망하는 것은 그들 자신의 죄악 때문이지 하나님의 부당한 미움 때문이 아니다.**

여기서 소위 말하는 "가계에 흐르는 저주를 끊어라"는 잘못된 교리라는 것을 분명히 하고 있습니다. 우리는 제2계명에서 자손 3, 4대까지 보복하신다는 말씀만 보고 집에 돌아가서는 안 됩니다. 하나님은 이어서 그분을 사랑하는 사람들에게는 천 대까지 축복하신다고 말씀하셨습니다. 앞에서도 다루었지만, 하나님은 이 계명의 중요성을 효과적으로 전달하시기 위해 보칙을 주신 것입니다. 그러므로 이 보칙은 오히려 하나님의 인자와 자비가 얼마나 크신가를 말해주고 있고, 또한 제2계명에서 이탈하는 끔찍한 배반으로부터 자기 백성들을 보호하시려는 하나님의 마음을 발견하게 됩니다. 그러므로 경건한 믿음의 사람들은 하나님께서 주신 은혜의 방편들을 통해 하나님을 아는 지식에 이르고, 그분이 제정하신 방식으로 하나님을 예배함으로써 그분이 보장하신 복에 참여하게 되는 것입니다.

제1계명과 함께 제2계명의 중요성은 아무리 강조해도 지나침이 없습니다. 저와 여러분, 그리고 우리의 자식들이 우상 숭배에서 벗어나 참된 예배자로서 살아가기를 바랍니다. 이를 위해서 필요한 조치를 취합시다. 지금 바로 결단하고 실행에 옮깁시다. 단 하루도 우상 숭배자로 살아가지 맙시다.

십계명 해설

제3계명
너는 너의 하나님 여호와의 이름을 망령되이 일컫지 말라.

이 계명의 목적은 주님이 그의 이름의 존엄이 우리에게 거룩하고 신성하게 되기를 원하신다는 것에 있다. 그러므로 요점은 그의 존엄이 우리의 경멸이나 불경으로 더럽혀지지 않아야 한다는 것이리라. 한편 그 존엄이 우리에게서 특별한 존경과 명예로써 지켜져야 한다는 명령이 이런 금지 [명령]과 짝을 이룬다. 따라서 우리는 입으로나 마음으로, 존경과 큰 절제 없이는 하나님이나 그의 신비들에 대해서 아무것도 생각하거나 말하지 않는 법을 배워야 하며, 우리가 그의 작품들을 평가하면서 그의 명예에 속하지 않는 어떤 것도 생각해 내서는 안 된다. 다음 세 가지 사항이 부지런히 준수되어야 한다. 첫째로, 우리의 정신이 하나님에 대해 품는 모든 것, 또는 우리의 혀가 그에 대해 말하는 모든 것이 그의 탁월함과 그의 이름의 거룩함에 적합해야 한다는 것이다. 둘째로, 우리는 그의 거룩한 말씀을 경솔하게 남용해서는 안 되며, 우리가 그의 신비들을 우리의 탐욕이나 야망이나 광기에 사용하기 위해 뒤엎어서는 안 된다는 것이다. 오히려 그의 이름의 위엄이 그의 말씀과 신비에 새겨져 있듯이, 우리는 그것들을 언제나 명예와 존중으로 간직해야 한다. 마지막으로, 우리는 그의 업적에 대해서 마치 어떤 악인들이 습관적으로 모욕적인 말을 하듯이 악담하거나 모함하지 않아야 하며, 오히려 그가 행한 것으로 인정되는 모든 것에 대해 지혜와 정의와 능력을 찬양해야 한다. 바로 이것이 하나님의 이름을 거룩하게 하는 것이다. 이것과 달리 행해질 때, 그 이름은 사악하게 더럽혀진다. 왜냐하면 성별된 그 이름이 그 적법한 사용에서 벗어나기 때문이다. 또한 설령 다른 악이 없다 할지라도 그것의 위엄은 약화되고 멸시받게 된다. 그런데 하나님의 이름을 무모하게도 너무 경솔하게 찬탈하는 것이 악을 행하는 것일진대, 모든 악인이 그 이름을 들어 사용하는 것은 훨씬 더 큰 죄일 것이다. 마술, 강신술, 불법 주술, 그리고 유사 행동 방식들에서 그 이름이 사용될 때처럼 말이다.

아무튼 여기서는 특별히 맹세에 관해 언급되는바, 여기서 하나님의 이름의 남용은 무엇보다도 가증스럽다. 이것은 그 이름을 남용하는 모든 다른 종류들보다 우리에게 더 큰 공포를 잉태시키기 위해서 언급된 것이다.

첫째로 맹세가 무엇인지를 이해해야 한다. 맹세는 우리의 말의 진실성을 확인하기 위한 하나님의 증명서다. 마치 하나님을 화나게 하기 위해서 행해지는 것 같은 분명한 신성 모독들은 맹세라고 불릴 가치가 없다. 그런데 성경의 많은 구절들 속에는 그런 증명서—그것이 합당하게 이루어질 때—가 하나님께 영광 돌리는 한 방편이라고 제시된다. 이는 이사야가 아시리아 사람들과 이집트 사람들이 하나님의 교회에 받아들여지리라고 말할 때와 같다. (그는 말한다.) "그들은 가나안의 언어를 말하게 될 것이며, 주님의 이름으로 맹세할 것이라"(사 19:18). 다시 말해서 그들은 주님의 이름으로 맹세함으로써 그를 그들의 하나님으로 삼겠다고 천명하리라는 것이다. 또한 이사야가 하나님의 왕국이 번성하게 될 것으로 말할 때도 마찬가지이다. 그는 "번영을 구하는 자는 하나님 안에서 구하고, 맹세하는 자는 진실한 하나님의 이름으로 맹세하라"(사 65:16)라고 말한다. 마찬가지로 예레미야도 말한다. "만일 박사들이, 마치 그들이 바알을 통해 맹세하는 법을 가르쳤던 것처럼, 내 백성에게 내 이름으로 맹세하는 법을 가르친다면, 나는 그들을 나의 집에서 번성하게 하리라"(렘 12:16). 우리가 하나님의 이름을 증거로 부름으로써 그를 향해 우리의 종교[신앙]를 증명한다고 기록되는 것은 정당하다. 이런 식으로 우리는 그를 영원하고 불변하는 진리라고 고백하는바, 이는 우리가 그를 적합한 진리의 증인으로 부를 뿐만 아니라, 유일하게 진리를 유지하고 숨겨진 것들을 빛으로 드러나게 할 수 있는 증인으로, 더 나아가서 유일하게 [우리의] 마음을 아시는 증인으로 부르기 때문이다. 인간의 증언들이 우리에게 없을 때, 심지어 양심의 내부에 숨겨진 것을 확인하는 문제일 때도, 우리는 하나님을 증인으로 삼는다. 따라서 주님은 이방 신들의 이름으로 맹세하는 자들에 대해서는 맹렬하게 진노하며, 그런 식의 맹세를 자신의 이름에 대한 거부의 표시로 간주하신다. 이는 그가 "네 자녀들이 나를 버렸고, 신도 아닌 것들로 맹세한다"(렘 5:7)라고 말할 때와 같다. 나아가 주님은 "하나님의 이름으로 그리고 [동시에] 그들의 우상의 이름으로 맹세하는 자들을 모두 파멸시키리라"(습 1:5)라고 말하면서 그런 죄가 얼마나 끔찍한지 형벌의 크기로써 드러내신다.

그런데 우리는 주님이 그의 이름의 명예가 우리의 맹세를 통해서 높여지기를 원한다는 것을 깨닫기 때문에, 그만큼 더 그 이름을 영화롭게 하지 못한 채 경시하고 축소하지 않도록 주의해야 한다. 그의 이름으로 거짓 맹세를 하는 것은 너무나 큰 모욕이며, 따라서 그것은 율법에서 신성 모독이라고 불린다(레 19:12). 만일 하나님에게서 그의 진실성이 제거된다면 그에게 무엇이 남겠는가? 그는 더 이상 하나님이 아닐 것이다. 그런데 사람들은 그를 거짓의 증인과 승인자로 만듦으로써 그에게서 진실성을 제거한다. 그러므로 여호수아는 아간에게 강제로 진실을 고백하게 하면서 "내 아들아, 이스라엘의 하나님에게 영광을 돌리라"(수 7:19)라고 말한다. 이 말로 그는 만일 하나님의 이름으로 거짓 증거가 이뤄진다면 하나님의 영광이 심하게 손상된다는 것을 지적한다. 이것은 결코 놀랄 만한 일이 아니다. 왜냐하면 이렇게 [거짓 증거를] 함으로써, 하나님의 이름이 거짓에 의해 더럽혀지는 일이 우리와 상관없게 되기 때문이다. 사실 요한복음서(9:6)에서 바리새인들이 하는 유사한 요구를 통해, 유대인들 사이에서 누군가의 맹세를 듣고자 할 때 일반적으로 이런 화법이 사용되었다는 것이 명백해진다. 또한 성경의 표현들은 우리가 거짓 증언에 대해 얼마나 큰 두려움을 가져야 하는지를 가르쳐 준다. 다음의 기록들처럼 말이다. "주님은 살아 계시다"(삼상 14:39), "주님이 내게 벌 위에 벌을 보내시리라"(삼하 3:9), "내 목숨을 걸고 하나님이 증인이 되시기를"(고후 1:24). 이 표현들은 우리가 하나님을 우리의 말의 증인으로 불러올 수 있다는 것과 만일 우리가 거짓으로 맹세할 경우, 그가 우리의 거짓 맹세를 보복하신다는 것을 암시한다.

우리가 하나님의 이름을 가지고 진실하지만 불필요한 맹세를 한다면, 비록 그 이름이 완전히 더럽혀지지는 않는다 해도 그의 명예가 땅에 떨어져 멸시받게 된다. 이것이 그의 이름을 망령되이 부르는 둘째 종류의 맹세다. 그러므로 우리가 거짓 맹세를 삼가는 것으로 충분하지 않고 오히려 맹세가 사람들의 무분별한 쾌락을 위해서가 아니라 필요 때문에 제정되었다는 것과 그 외에 다른 것 때문에 허용되지 않는다는 것을 기억해야 한다. 이로부터 그것을 아무것도 아닌 것으로 여기는 사람들은 그것의 바르고 합법적인 사용을 넘어서는 결과가 뒤따른다. 그런데 종교나 자애에 도움이 되는 것 외에 다른 필요성이 주장될 수 없다. 이 점에서 오늘날 사람들은 너무 무분별하게 죄를 짓는다. 이것이 하나님의 심판에서 적지 않은 무게를 차지함에도 불구하고, 너무도 큰 관습에 의해 아무렇지 않게 여겨지기 때문에 더욱 그렇다. 사람들은 무차별적으로 하나님의 이름을 광기와 허영을 위해 남용하고 있으면서도 이것은 전혀 악행이 아니라고 생각한다. 그들이 자기들 마음대로 그렇게 행할 권리에 도달했기 때문이다. 그럼에도 불구하고 하나님의 명령은 여전히 남아 있고 거기에 부가된 위협도 훼손되지 않은 채 남아 있어서, 하나님의 이름을 망령되이 일컫는 모든 자들에게 특별한 보복이 선포되는 결과를 가지게 될 것이다.

한편 사람들이 야고보나 안토니우스로 맹세하면서, 그들의 맹세 가운데 하나님의 이름 대신 성자들의 이름을 부르는 못된 잘못이 있다. 이것은 하나님의 영광이 이처럼 그들에게 전이되는 까닭에 명백한 불경이다. 하나님이 특히 자신의 이름으로 맹세하라고 명한 것(신 6:13; 10:20)과 별도의 명령을 내려 우리에게 이방 신으로 맹세하는 것을 금한 것(출 23:13)은 이유가 없지 않다. 바로 이것이 사도가 말하는 것으로, 그는 사람들은 서약할 때 상급자로 하나님을 부르지만, 하나님은 그보다 더 크신 이가 없기 때문에 스스로 맹세한다고 쓴다(히 6:13, 16).

재세례파는 이런 절제로 만족하지 않고 모든 맹세를 예외 없이 정죄하는데, 이는 **"나는 너희에게 맹세하는 것을 도무지 금하며, 다만 너희의 말이 예면 예, 아니면 아니라고 하라. 이를 넘어서는 것은 악하다"**(마 5:34-37)라는 그리스도의 금지를 일반적인 것으로 보기 때문이다. 그러나 그렇게 함으로써 그들은 그리스도를 모욕하는데, 마치 그가 성부의 계명을 폐하러 세상에 온 것인 양 그를 성부의 적대자로 만들기 때문이다. 왜냐하면 주님은 그의 율법에서 맹세를 적법한 것으로 허용하는 것—이것으로도 매우 충분하지만—뿐만 아니라, 필요한 경우 그것을 사용하라고 명하시기 때문이다(출 22:10). 그런데 그리스도는 자신이 성부와 하나라는 것, 성부가 명하지 않은 것은 아무것도 가져오지 않았다는 것, 자신의 교리는 그 자신으로부터 온 것이 아니라는 것 등등을 증언한다. 그렇다면 그들이 말하는 것은 무엇인가? 그들은 하나님이 한때 계명에서 승인한 것을 금지하고 정죄하게 함으로써 그가 그 자신과 모순되게 만들 것인가? 그러므로 그들의 견해는 받아들여질 수 없다. 그러나 그리스도의 말씀들에는 모종의 어려움이 있기 때문에, 우리는 그것들을 더 가까이서 살펴야 한다. 우리가 그의 목적에 주목하지 않고 그가 그 구절에서 주장하는 것으로 우리의 생각을 이끌어 가지 않는다면, 확실히 우리는 그의 말씀을 깨달을 수 없을 것이다. 그리스도는 율법을 부풀리거나 제한하려하지 않고, 단지 서기관과 바리새인의 잘못된 주해에 의해 크게 왜곡된 율법을 그 본래적 의미로 되돌리고자 한다. 이 점을 고려한다면 우리는 그리스도가 일반적으로 모든 맹세가 아니라, 다만 율법의 규칙을 위반하는 맹세만을 정죄하려 했다고 생각하게 될 것이다. 그의 말씀들로부터 분명해지는 것은, 율법이 거짓 맹세뿐 아니라 쓸데없는 맹세도 금했음에도 불구하고, 당시 백성들이 거짓 맹세하는 것만을 경계했다는 사실이다. 따라서 율법의 참된 해석자인 주 예수는 거짓 맹세하는 것뿐 아니라 [그냥] 맹세하는 것도 악행이라고 훈계한다. 어떤 맹세를 말하는가? 헛되이 하는 맹세이다. 그러나 그는 율법이 인정하는 맹세들은 온전히 자유롭게 남겨둔다. 그러나 그들은 **도무지**라는 표현을 강조하는데, 그것은 동사가 아니라 뒤이어 나오는 맹세들의 형태와 관련된다. 그들이 하늘과 땅으로 맹세하면서도 하나님의 이름을 훼손한다고 생각하지 않았던 것이 오류의 일부였다. 그러므로 주님은 주된 잘못을 교정한 뒤 이어서 그들의 모든 핑계를 제거하시는데, 이는 그들이 하나님의 이름을 거론하지 않고 하늘과 땅으로 맹세하는 것은 괜찮다고 생각하지 못하게 하기 위함이다.

그러므로 주님이 이 구절에서 율법이 금한 것들 외에 다른 맹세들을 배척하지 않는다는 것은 건강한 정신을 가진 사람들에게는 의심스러운 일일 수 없다. 왜냐하면 그가 명한 완전함을 평생 재현했던 그 자신이, 사안이 요구되는 경우 맹세하는 것을 전혀 두려워하지 않았으며, 또한 의심의 여지없이 그의 규칙을 지켰던 그의 제자들도 같은 모범을 따랐기 때문이다. 바울이 맹세가 도무지 금지되었었는데도 맹세하기를 원했다고 누가 감히 말할 것인가? 그런데 사태가 요구할 때, 그는 아무런 양심의 가책 없이 심지어 때로 저주를 덧붙이면서까지(롬 1:9; 고후 1:23) 맹세한다.

그럼에도 불구하고 아직 문제가 해결된 것은 아니다. 왜냐하면 이런 금지에서 제외되는 것은 오직 공적 맹세뿐이라고 생각하는 사람들이 있기 때문이다. 예를 들어 위정자가 우리에게 요구하는 것이나 백성이 그들의 상급자에게 하는 것 내지는 상급자가 백성에게 하는 것, 또는 군인이 자신의 지휘관에게 하는 것, 그리고 어떤 동맹을 맺으면서 군주들 사이에서 이루어지는 것처럼 말이다. 이들 숫자에 그들은 바울에게 있는 모든 맹세들을 (정당하게) 포함시키는데, 이는 사도들이 그들의 직무 가운데서는 사적인 인물이 아니고 하나님의 공적인 관리들이었기 때문이라는 것이다. 사실 나는 공적인 맹세가 가장 확실하다는 것을 부인하지는 않는다. 왜냐하면 그것은 성경의 가장 확고한 증거로 인정되기 때문이다. 위정자에게는 의심스러운 일에 대해 맹세하는 증인을 세우도록 명령되며, 그리고 증인은 거기에 응할 의무가 있다. 마찬가지로 사도는 사람들의 논쟁들은 이 처방(히 6:16)으로 결정된다고 말하고 있다. 따라서 양쪽 모두[사적 맹세와 공적 맹세] 맹세 행위에 대한 올바른 동의가 있다. 실제로 관찰될 수 있는 것은 옛날 이방인들의 위대한 종교에서도 공적이고 장엄한 맹세가 있었으며, 반대로 그들이 사적으로 행한 맹세들은 마치 하나님이 그것들은 고려하지 않았다는 듯이 크게 존중되지 않았다는 것이다. 그럼에도 불구하고 존중심을 가지고 필요한 일에서 간소하게 이루어지는 개인적인 맹세들은 선한 동기와 성경의 사례들을 따라서 이뤄지기 때문에 그것들을 정죄하는 것은 너무 위험한 일이다. 만일 사적인 인물들이 자신들의 문제로 인해 하나님을 재판관으로 간청하는 일이 적법할진대(삼상 24:15), 더 강력한 이유에서 그들이 그를 증인으로 간청하는 것도 허용될 것이다. 일례를 들자. "네 이웃이 너의 어떤 배신 때문에 너를 고소한다고 하자. 너는 사랑으로 무죄 입증하려 애쓸 것이다. 그런데 그가 해결책으로 어떤 이유도 받아들이지 않는다고 하자. 만일 그가 자신의 나쁜 환상으로 갖고 있는 고집 때문에 너의 명성이 위태롭게 된다면, 네가 하나님의 판단에 호소해서 그가 너의 무죄를 밝히도록 하는 것이 죄가 아닐 것이다." 우리가 말씀을 살펴볼 때, 하나님을 재판관으로 청하는 것보다 그를 증인으로 청하는 것이 더 대단한 일이 아니다.

그러므로 나는 하나님이 증인으로서 청해지는 맹세의 형태를 우리가 왜 배척해야 하는지 모르겠다. 이 점에 대해서 우리에게는 많은 사례가 있다. 아브라함과 이삭은 아비멜렉에게 맹세를 했다(창 21:24, 26:31). 만일 누군가가 이것은 공적인 맹세이었다고 주장한다면, 적어도 야곱과 라반은 사적인 인물들이었지만 그럼에도 불구하고 맹세로 그들의 동맹을 맺었다(창 31:53). 보아스는 사적인 인물이었지만 룻과 약속한 혼인을 맹세로 승인했다(룻 3:13). 마찬가지로 (성경이 말하는 대로) 의인이며 하나님을 경외한 오바댜는 그가 엘리야를 설득하고자 하는 것을 맹세로 확증했다(왕상 18:10). 그러므로 나는 우리가 다음과 같은 방식으로 우리의 맹세를 절제하는 것 외에 더 나은 규칙을 보지 못한다. 즉 맹세가 무모하거나 경솔하게, 또한 하찮은 일이나 무분별한 감정으로 행해지지 않고, 오히려 필요한 경우—계명이 지향하는 바인 하나님의 영광을 유지하거나 또는 사람들에 대한 사랑을 보존하는 문제일 때—에 소용이 되는 식이다.

제112문: 제3계명에 요구된 것은 무엇인가?

답: 제3계명이 요구하는 것은 하나님의 이름, 그의 칭호, 속성, 규례, 말씀, 성례, 기도, 맹세, 서약, 추첨, 그 역사와 그 외에 자기 자신을 나타내시는 것은 무엇이든지 거룩하고 존경하는 마음으로 사용하여야 한다. 또 하나님의 영광과 우리 자신을 위하여 자신과 남들의 선을 위하여 거룩한 고백과 책임 있는 담화로써 거룩하게 또는 경외함으로 생각하고 묵상하고 말하며 글을 써야 한다.

제113문: 제3계명에서 금지된 죄는 무엇인가?

답: 하나님의 이름을 명한 대로 사용하지 않음과 무지하게, 헛되게, 불경하게, 모독적으로, 미신적으로, 혹은 사악하게 언급하든지 그의 칭호, 속성, 규례, 혹은 사역을 모독하여 위증하는 것이다. 또 모든 죄악된 저주, 맹세, 서원과 추첨으로 하나님의 이름을 남용함이다. 또 합법적인 경우에 우리 맹세와 서원을 위반함과 불법적인 경우에 그것을 지킴이며 하나님의 작정과 섭리에 대하여 불평함과 시비를 거는 것이며 이를 호기심으로 파고들거나 오용함이며 잘못 해석하거나 잘못 적용하는 것이며, 하나님의 말씀이나 어느 부분을 잘못 해석하거나 잘못 적용하거나 어떤 방식으로 곡해하여 신성을 모독하는 농담, 호기심에 넘친 무익한 질문, 헛된 말다툼 혹은 그릇된 교리를 지지하는 데 쓰이는 것이다. 또 하나님의 이름을 피조물 혹은 하나님의 이름 밑에 내포되어 있는 무엇이든지 마술이나 죄악된 정욕과 행사에 악용함이며, 하나님의 진리와 은혜 및 방법을 훼방하고 경멸하며 욕하고 혹은 어떻게든지 반항함이며, 외식과 사악한 목적으로 신앙을 고백하는 것이며, 하나님의 이름을 부끄러워하거나 불안하고 지혜 없는 해로운 행위에 의해서 그 이름에 수치를 돌리거나 그 이름을 배반함이다.

제3계명 – 내적 우상 숭배

> 너는 네 하나님 여호와의 이름을 망령되게 부르지 말라 여호와는 그의 이름을 망
> 령되게 부르는 자를 죄 없다 하지 아니하리라 _ 출 20:7

우리는 계속해서 십계명을 살펴보고 있습니다. 앞 장에서 살펴본 제2계명이 외적 우상 숭배의 문제였다면 이번에 다루게 될 제3계명은 내적 우상 숭배의 문제라고 할 수 있습니다. 지금 우리가 읽은 출애굽기 20장 7절은 바로 우상 숭배의 한 측면으로서 하나님 이름의 사용에 관해 말씀하기를, 그분의 이름은 예배를 받으실 이름이므로 망령되게 사용해서는 안 된다고 합니다.

이 계명의 목적은 주님이 그의 이름의 존엄이 우리에게 거룩하고 신성하게 되기를 원하신다는 것에 있다. 그러므로 요점은 그의 존엄이 우리의 경멸이나 불경으로 더럽혀지지 않아야 한다는 것이다. 한편 그 존엄이 우리에게서 특별한 존경과 명예로써 지켜져야 한다는 명령이 그런 금지 명령과 짝을 이룬다. 따라서 ❶ 우리는 입으로나 마음으로 존경과 큰 절제 없이는 하나님이나 그의 신비들에 대해서 아무것도 생각하거나 말하지 않는 법을 배워야 하며, 우리가 ❷ 그의 작품들을 평가하면서 그의 명예에 속하지 않는 어떤 것도 생각해 내서는 안 된다.

『기독교강요』 십계명 해설에서 제3계명은 분량이 많지 않습니다. 뒷부분

의 맹세에 관한 부분을 제외한다면 한 페이지 정도의 분량입니다. 먼저 제3계명의 목적입니다.

> ### 제3계명의 목적
>
> 목적 - 그의 이름의 존엄이 거룩하고 신성하게 되기를 원하신다는 것.
>
> 요점 - 그의 존엄이 인간의 경멸이나 불경으로 더럽혀지지 않아야 함.
>
> 적용 - ❶ 입으로나 마음으로 존경과 큰 절제로 말하거나 생각해야 함.
>
> ❷ 하나님의 작품을 함부로 평가하지 않는 것.

제3계명의 목적은 그의 이름에 관한 것입니다. 제2계명이 그분의 형상을 만드는 것을 금했다면, 제3계명은 그분의 이름을 함부로 하는 것을 금하고 있습니다. 금송아지를 조각해 놓고 하나님이라고 하는 것이 외적인 우상 숭배라면 그분의 이름을 제멋대로 말하거나 생각하는 것은 내적인 우상 숭배가 됩니다. 그분의 이름뿐만 아니라 그분의 사역과 섭리와 작품들에 대해서도 말과 생각으로 죄를 짓지 말아야 합니다.

그렇다면 "하나님 여호와의 이름을 망령되게 부르지 말라"를 구체적으로 어떻게 적용해야 할까요?

다음 세 가지 사항이 부지런히 준수되어야 한다. ❶ 첫째로, 우리의 정신이 하나님에 대해 품는 모든 것, 또는 우리의 혀가 그에 대해 말하는 모든 것이 그의 탁월함과 **그의 이름의 거룩함에 적합해야 한다**는 것이다. ❷ 둘째로, 우리는 **그의 거룩한 말씀을 경솔하게 남용해서는 안 되며**, 우리가 그의 신비들을 우리의 탐욕이나 야망이나 광기에 사용하기 위해 뒤엎어서는 안 된다는 것이다. 오히려 그의 이름의 위엄이 그의 말씀과 신비에 새겨져 있듯이, 우리는 그것들을 언제나 명예와 존중으로 간직해야 한다. ❸ 마지막으로, 우리는 **그의 업적에 대해서** 마치 어떤 악인들이 습관적으로 모욕적인 말을 하듯이 **악담하거나 모함하지 않아야 하며**, 오히려 그가 행한 것으로 인정되는 모든 것에 대해 지혜와 정의와 능력을 찬양해야 한다. 바로 이것이 하나님의 이름을 거룩하게 하는 것이다.

이는 다음과 같이 세 가지로 요약됩니다.

> ❶ 우리의 정신과 혀가 그의 거룩함과 탁월함에 **적합하게 말해야 한다.**
> ❷ 그의 거룩한 말씀을 **경솔하게 남용해서는 안 된다.**
> ❸ 그의 작품과 업적에 대해서 **악담하거나 모함해서는 안 된다.**

바로 우리의 정신과 혀가 그의 거룩함과 탁월함에 적합하게 말해야 하는 것, 거룩한 말씀을 경솔하게 남용해서는 안 되는 것, 그리고 그의 작품과 업적에 대해서 악담과 모함을 해서는 안 된다는 것입니다. 하나씩 좀 더 생각해 봅시다.

> ❶ 우리의 정신과 혀가 그의 거룩함과 탁월함에 **적합하게 말해야 한다.**

첫째는, 하나님의 거룩함과 탁월하심에 대해서 그분 이름의 존엄이 거룩함과 신성함으로 지켜져야 하는데, 이를 위해서 우리의 정신으로 품는 모든 사상과 사색, 성찰, 마음이 거룩함에 적합해야 합니다. 내면을 강조하는 부분입니다. 그리고 말도 그분에 대해서나 그분과 관련된 것들에 대해서 말할 때 거룩함에 적합해야 합니다. 이것은 어쩌면 말에 대한 기술이라기보다는 그분에 대해 가지는 존경심이 배경이 되는 것입니다. 아무리 말을 매끄럽게 하고 말의 실수가 없는 사람이라고 할지라도 하나님에 대한 경외심이 결여되어 있다면 그는 제3계명을 어길 가능성이 높습니다. 말은 마음에서 나옵니다. 그러므로 말은 그 사람의 마음과 정신, 신앙, 사상을 반영합니다. 제3계명을 우리가 구체적으로 적용하려고 할 때, 첫 번째는 그분의 영광에 적합한 말을 사용하는 것입니다. 우리가 부주의하면 나도 모르는 사이에 나의 심령의 생각과 혀의 말로써 제3계명을 위반하는 어리석음에 빠질 수 있습니다. 그러므로 그분의 존엄에 적합하게 말하는 것을 잊지 맙시다.

| ❷ 그의 거룩한 말씀을 **경솔하게 남용해서는 안 된다**.

두 번째는 그분의 거룩한 말씀을 경솔하게 남용해서는 안 된다는 것입니다. 하나님의 말씀에 대한 두려운 마음을 가져야 합니다. 말씀을 그분의 영광을 위해, 복음이 전해지고 영혼이 구원받는 생명 사역을 위해 사용해야 합니다. 또한 말씀을 전하는 일을 위해 세운 직분의 권위에 대해서도 존중의 마음을 가져야 합니다. 늘 하나님의 말씀 앞에 겸손해야 합니다. 다윗이 그랬습니다. 나단 선지자의 책망에 대해서 다윗은 두려운 마음으로 받아들였습니다.

| ❸ 그분의 작품과 업적에 대해서 **악담하거나 모함해서는 안 된다**.

세 번째는 그분의 것에 대해서 조심해서 말해야 한다는 것입니다. 그분의 작품, 그분의 섭리, 그분의 역사, 그분의 업적에 대해서 악담하거나 모함해서는 안 됩니다. 올바른 언어의 사용 없이는 참된 예배란 없습니다. 그래서 우리는 교회의 사역에 대해서도 조심해서 말해야 합니다. 교회와 성도들에 대해서도, 지도자들에 대해서도 조심해서 말해야 합니다. 특별히, 악담해서는 안 됩니다. 왜냐하면 우리는 그분이 하시는 일의 시종을 다 알지 못하기 때문입니다. 나의 인간적인 생각으로 말하다 보면 나도 모르는 사이에 제3계명을 범하게 됩니다. 부연 설명이 계속됩니다. 조금 더 읽어 봅시다.

> 이것과 달리 행해질 때, 그 이름은 사악하게 더럽혀진다. 왜냐하면 성별된 그 이름이 그 적법한 사용에서 벗어나기 때문이다. 또한 설령 다른 악이 없다고 할지라도 그것의 위엄은 약화되고 멸시받게 된다. 그런데 하나님의 이름을 무모하게도 너무 경솔하게 찬탈하는 것이 악을 행하는 것일진대, 모든 악인이 그 이름을 들어 사용하는 것은 훨씬 더 큰 죄일 것이다. 마술, 강신술, 불법 주술, 그리고 유사 행동 방식

들에서 그 이름이 사용될 때처럼 말이다.

부연 설명은, 악의가 없이 말해도 적법하게 그분의 이름이 사용되지 않는다면 제3계명을 범하는 것이라고 말하면서, 마술 강신술 등에서 하나님의 이름이나 그분의 말씀을 부주의하게 사용하는 것을 경고하고 있습니다. 이후에 나오는 것은 맹세에 관한 내용인데, 내용이 조금 어렵습니다. 성경이 허용하는 정당한 맹세가 있고, 하나님의 이름을 농락하는 거짓 맹세, 불필요한 맹세가 있다고 말합니다. 여러분들이 읽어 보면 이해하는 데 어렵지는 않을 것입니다.

> **맹세를 통한 제3계명의 위반**
>
> 맹세의 정의 - 우리의 말의 진실성을 확인하기 위한 하나님의 증명서이다.
>
> 합당한 맹세 - 합당하게 주님의 이름으로 맹세하는 것.
>
> 불필요한 맹세 - 하나님의 이름으로 거짓 맹세하는 것은 신성 모독이다.

칼뱅은 맹세에 대한 잘못된 이해들을 바로잡고 있습니다. 재세례파는 맹세 자체를 부정하는데, 성경에는 올바른 맹세도 있기 때문에 재세례파의 주장은 균형을 잃은 것입니다. 또한 로마 가톨릭교회는 성인들의 이름으로 맹세하는데 그것도 잘못된 맹세입니다. 또한 맹세에는 공적 맹세와 사적 맹세가 있는데, 칼뱅은 그 예를 들어 설명하고 있습니다. 종합적으로 본다면 하나님의 이름을 남용하는 것이 바로 잘못된 맹세이고, 이것은 제3계명의 가장 나쁜 사례라 할 수 있습니다. 「웨스트민스터 대요리문답」도 제3계명의 위반 사례를 말하고 있습니다.

제112문: 제3계명에 요구된 것은 무엇인가?

답: 제3계명이 요구하는 것은 하나님의 이름, 그의 칭호, 속성, 규례, 말씀, 성례, 기도, 맹세, 서약, 추첨, 그 역사와 그 외에 **자기 자신을 나타내시는 것은 무엇이든지**

거룩하고 존경하는 마음으로 사용하여야 한다. 또 하나님의 영광과 우리 자신을 위하여 자신과 남들의 선을 위하여 거룩한 고백과 책임 있는 담화로써 거룩하게 또는 **경외함으로 생각하고 묵상하고 말하며 글을 써야 한다.**

인간은 사악해서 자신의 목적과 이익을 위해 하나님의 이름을 끌어들인다는 것입니다. 그런 유사한 모든 형태의 시도가 모두 제3계명의 위반이라는 점을 매우 잘 설명해 주고 있습니다. 하나님의 이름을 사용하는 서약과 맹세, 심지어 추첨까지도 이 위반에 해당되는 것입니다.

또 제3계명에서 금지된 죄는 **하나님의 이름을 명한 대로 사용하지 않음과 무지하게, 헛되게, 불경하게, 모독적으로, 미신적으로, 혹은 사악하게 언급하든지 그의 칭호, 속성, 규례, 혹은 사역을 모독하여 위증하는 것이다.** 또 모든 **죄악된 저주, 맹세, 서원과 추첨으로 하나님의 이름을 남용함이다.** 또 합법적인 경우에 우리 맹세와 서원을 위반함과 불법적인 경우에 그것을 지킴이며 하나님의 작정과 섭리에 대하여 불평함과 시비를 거는 것이며 이를 호기심으로 파고들거나 오용함이며 잘못 해석하거나 잘못 적용하는 것이며, 하나님의 말씀이나 어느 부분을 잘못 해석하거나 잘못 적용하거나 어떤 방식으로 곡해하여 **신성을 모독하는 농담, 호기심에 넘친 무익한 질문, 헛된 말다툼** 혹은 그릇된 교리를 지지하는 데 쓰이는 것이다.

우리가 얼마나 흔하고 경솔하게 하나님의 이름을 가져오는지를 설명해 주고 있습니다. 제3계명에 대해서 느슨하게 생각하는 태도를 바로잡아 줍니다.

또 하나님의 이름을 피조물 혹은 하나님의 이름 밑에 내포되어 있는 무엇이든지 마술이나 죄악된 정욕과 행사에 악용함이며, 하나님의 진리와 은혜 및 방법을 훼방하고 경멸하며 욕하고 혹은 어떻게든지 반항함이며, 외식과 사악한 목적으로 신앙을 고백하는 것이며, 하나님의 이름을 부끄러워하거나 불안하고 지혜 없는 해로운 행위에 의해서 그 이름에 수치를 돌리거나 그 이름을 배반함이다.

이렇게 제3계명의 위반사례들을 보면 우리의 생활 가운데서 얼마나 무분별하게 제3계명의 위반이 이루어지고 있는지를 알 수 있습니다. 그러므로 부지중에 신성 모독에 빠지지 않기 위해서는 하나님을 경외하는 태도가 일상 가운데서 우리의 대화와 모든 행동에서 작동되어야 합니다.

제3계명이 이렇게 자세하고 구체적으로 제시되고 있습니다. 그러므로 만일 우리가 부주의하게 말하는 습관이 있다면 우리도 제3계명을 위반할 수 있다는 경각심을 가져야 할 것입니다. 이것은 어릴 때부터 배워야 할 매우 중요한 메시지입니다. 대화를 통해서 제3계명의 위반이 드러나면 우리는 부드러운 말로 교훈해야 할 것입니다.

기독교강요 제3장. 율법

십계명 해설

제4계명

안식일을 거룩하게 할 것을 기억하라.
너는 엿새 동안 활동하고 네 모든 일을 행하라.
일곱째 날은 주 너의 하나님의 안식일이다.
너나 네 아들이나 네 딸이나 네 남종이나 네 여종이나
네 가축이나 네 문안에 머무는 객이라도 아무 일도 하지 말라.
이는 엿새 동안에…

이 계명의 목적은 우리가 우리 자신의 감정과 행위를 멈추고 하나님의 나라를 묵상하는 것과 또한 그가 명하신 방식으로 이 묵상을 수행하는 것이다. 그렇지만 이 계명에는 다른 계명들과 구분되는 특별한 고려 사항이 있기 때문에 약간 다른 설명이 요구된다. 고대의 박사들은 이 계명을 예표라고 부르곤 했다. 왜냐하면 이 계명이 포함하고 있는 날의 외적 준수가 다른 상징들과 마찬가지로 그리스도께서 도래함으로써 폐지되었기 때문이다. 그것은 매우 맞는 말이기는 하지만 그들은 문제의 절반만을 다룰 뿐이다. 따라서 더 고상한 설명을 취해야 하는바, 이 계명 안에 포함된 세 가지 원리를 주목해야 한다. [1] 첫째, 주님은 일곱째 날의 안식으로 이스라엘 백성에게 영적인 안식을 상징하고자 했다. 그것은 신자들이 그들 자신의 일을 쉼으로써 하나님이 그들 가운데서 활동하시도록 하기 위함이다. [2] 둘째, 주님은 율법을 듣고 그의 의식들을 거행하기에 적합한 한 날이 고정되어 있기를 원했다. [3] 셋째, 주님은 타인의 권세 아래 있는 종들과 일꾼들에게 그들의 노동으로부터 얼마간 휴식을 취할 수 있도록 안식하는 날을 주고자 했다는 것이다.

[1] 아무튼 여러 구절에서 우리에게 입증되는 것은 이 계명에서 영적 안식에 대한 상징이라는 면이 중요한 위치를 차지했다는 것이다. 왜냐하면 하나님은 어떤 계명도 이 계명보다 더 엄격한 순종을 요구하지는 않으셨기 때문이다(민 15:32; 출

31:13; 35:2).

그가 그의 예언자들을 통해서 모든 종교가 파괴되었음을 보여 주고자 하실 때도, 그의 안식일이 더럽혀지고 훼손되었음을, 또는 그날이 거룩하게 잘 지켜지지 않았음을 한탄하셨다(렘 17:21; 겔 20:12, 19, 사 56:2). 마치 이 점을 저버림으로써 그가 공경을 받을 수 있는 것이 더 이상 아무것도 남아 있지 않게 되거나 한 것처럼 말이다. 한편 그는 안식일 준수를 크게 칭송하는바, 이런 이유에서 신자들은 그가 그들에게 베푼 모든 축복보다 그들에게 안식일을 계시하면서 베푼 축복을 특별하게 존중했다. 느헤미야에서 레위인들은 "당신의 거룩한 안식일과 당신의 계명들과 의식들을 우리의 선조들에게 제시하시고 또한 모세의 손을 통해 그들에게 율법을 주셨다"(느 9:14)라고 말한다. 우리는 그들이 이 계명을 모든 다른 계명들보다 얼마나 특별하게 존중하는지를 본다. 이것은 우리에게 안식일의 위엄과 탁월함을 보여 줄 수 있는 것으로, 모세와 에스겔 역시 이 점을 명백하게 설명한다. 우리는 출애굽기에서 이렇게 읽는다. "내 안식일을 지키라. 이는 이것이 내가 너희를 성별한 하나님임을 알게 하기 위해 너희에게 주는, 나와 너희 사이에 대대에 맺은 표징이기 때문이며, 내 안식일을 지키라. 이것이 너희를 거룩하게 할 것이기 때문이다. 이스라엘의 자녀들은 대대에 걸쳐 그것을 지키며 기념해야 한다. 이것이 항구적인 언약이며 영원한 표징이기 때문이다"(출 31:13-14). 이것은 또한 에스겔에서 더 풍부하게 표현되는바, 아무튼 그의 말의 요점은 결국 이것이다. "그것[안식일]은 하나님께서 이스라엘을 거룩하게 하시는 분이심을 이스라엘이 알아야 하는 표징"(겔 20:12)이라는 것이다. 그런데 만일 우리의 성결이 우리 자신의 의지의 부정에 있다면, 거기로부터 이미 외적 표징(signe)과 내적 사실(chose) 사이의 유사성이 나타난다.

우리는 하나님이 우리 안에서 활동하시도록 전적으로 안식해야 한다. 우리는 우리의 의지를 멈추고, 우리의 마음을 버리며, 우리 육신의 모든 탐심을 거부하고 떠나야 한다. 간단히 말해서 하나님이 우리 안에서 활동하시게 함으로써 우리가 그를 따르도록 우리의 정신으로부터 나오는 모든 것을 멈춰야 한다는 것이다. 이는 사도가 우리에게 가르쳐 주는바 그대로이다(히 3:11, 4:9).

일곱째 날의 안식이 이스라엘에게 상징한 것이 이것이었다. 그리고 이것을 행할 더 큰 신심이 있게 하기 위해서, 우리 주님은 자신의 모범을 통해 이 질서를 확고히 하셨다. 왜냐하면 인간을 그의 창조주를 따르도록 가르치는 일은 인간을 적지 않게 자극하는 일이기 때문이다.

만일 누군가가 일곱이라는 숫자에 숨어 있는 의미를 묻는다면(히 3:11; 4:9), 성경에서 이 숫자는 완전을 의미하기 때문에 여기서는 영구성을 드러내기 위해 선택되었다는 답이 그럴듯하다. 우리가 모세에게서 보는 것도 그것과 어울린다. 그는 우리에게 주님이 일곱째 날에 안식하셨다고 말한 뒤에 그의 목적을 결정하기 위해 더 이상 다른 것을 말하지 않는다. 이것에 관해 다른 그럴듯한 추측이 있을 수 있다. 그것은 주님이 이 숫자를 통해 신자들의 안식일이 마지막 날에 이르기 전에는 결코 완전하게 이행되지 않으리라는 것을 의미하고자 하셨다는 것이다. 왜냐하면 우리가 그날을 여기서 시작하고 날마다 계속해 나가지만, 여전히 우리의 육과 부지런히 싸워야 하므로, 하나님의 왕국에는 영원히 계속되는 안식일이 있으리라—즉 하나님이 만유 안에 만유가 되실 때(고전 15:28)—는 이사야의 말(이사야 마지막 장 [66:23])이 확인되기 전에는 안식일이 결코 완성되지 않을 것이기 때문이다. 그러므로 일곱째 날을 통해 주님이 자기 백성에게 마지막 날에 있을 안식일의 완성을 상징하고자 했다는 것은 생각 가능한 일이리라. 이는 자기 백성이 이생을 사는 동안 지속적인 근면으로 안식일의 완성을 열망하게 하기 위함이다.

만일 이 설명이 너무 미묘한 것 같아 누군가가 그것을 받아들이고자 하지 않는다면, 나는 그들이 더 단순한 설명으로 만족하는 것을 막지 않는다. 그것은 주님이 한 날을 정하고 그날을 통해 백성이 율법이라는 몽학 선생 아래서 끝이 없는 영적인 안식을 묵상하도록 훈련하게 하셨다는 것이요, 또한 그가 일곱째 날을 지정하신 것은, 그가 그것으로 충분하다고 생각하셨든지, 아니면 백성으로 하여금 이 의식을 더 잘 지키게 하기 위해서 자신의 모범을 보이신 것이었든지, 아니면 그보다는 안식일이 그것의 창조주에 합당하게 하는 것 외에 다른 목적을 가지지 않았음을 백성에게 보여 주기 위해서였다는 것이다. 사실 백성이 자신의 행위[업적]를 포기하는 법을 배운다는 이런 신비의 의미가 남아 있는 한 어떤 것이건 상관없다. 예언자들은 유대인들로 하여금 부지런히 그런 명상을 하게 함으로써 그들이 손의 수고를 삼가는 것만으로 의무를 이행했다고 생각하지 못하게 했다. 우리가 인용한 구절들 말고도 이사야서에는 이렇게 기록된다. 만일 네가 나의 거룩한 날에 너의 뜻을 행하지 않으려고 안식일에 손을 놓고, 거룩하고 고결한 안식일을 영광의 주님에게 찬양하며, 너의 일을 하지 않으면서 그에게 영광을 돌리며, 네 자신의 뜻을 구하지 않는다면, 그때 너는 하나님 안에서 번영하리라(사 58:13). 그런데 이 계명에서 의식이었던 것이 그리스도가 도래한 이후 폐기되었다는 것은 의심의 여지가 없다. 왜냐하면 그는 자신의 임재를 통해 모든 상징을 사라지게 한 진리이시기 때문이다.

그는 몸이며, 그를 바라봄으로써 그림자는 버려진다. 내 말은 그가 안식일의 참된 완성이라는 것이다. 세례를 통해 그와 함께 장사된 우리는 그의 죽음과 합하여 접붙여졌는바, 이는 우리가 그의 부활에 참여함으로써 새로운 삶을 살아가기 위함이다(롬 6:4). 따라서 사도는 안식일은 장차 올 것의 그림자였으며, 그 몸은 그리스도 안에 있다고 말한다(골 2:17). 다시 말해서, [그리스도는] 사도가 이 구절에서 잘 설명하고 있는 진리의 참되고 확고한 실체라는 것이다. 그런데 이것[실체]은 하루로 만족되지 않고, 우리 생의 전 과정을 요구하는데, 우리가 우리 자신에 대해서 완전히 죽은 후 하나님의 생명으로 채워질 때까지이다. 이로부터 날들에 대한 모든 미신적인 준수는 그리스도인들과 상관이 없어야 한다는 결과가 뒤따른다.

그렇지만, 나머지 두 가지 원리는 고대의 그림자들로 여겨져서는 안 되고, 오히려 모든 시대에 동등하게 부합한다. 비록 안식일이 폐지되기는 했지만, 그래도 그것은 [2] 우리가 설교를 듣고 공적 기도를 드리며 성례전을 거행하기 위해 모이는 일정한 날들과 [3] 두 번째로 종과 일꾼을 쉬게 하기 위한 일정한 날들을 갖게 한다. 주님이 안식일을 명하시면서 이 두 가지를 고려하셨음에 의심의 여지가 없다. [2] 첫 번째에 관해서는, 유대인의 용도 자체로써 충분히 인정된다. 두 번째는 신명기에서 모세가 다음의 말로 강조한 바 있다. "너의 종들과 하녀들이 너와 같이 쉬게 하기 위해서, 네가 이집트에서 종이었음을 기억하라"(신 5:14). 또한 출애굽기에서는 "너의 황소와 나귀와 식구가 쉬게 하기 위해서"(출 23:12)라고 말한다. 이 두 가지가 유대인에게와 마찬가지로 우리에게도 적합하다는 것을 누가 부인할 수 있을까? 하나님의 말씀은 우리에게 교회 모임들을 명하고 있고, 경험도 그것이 얼마나 필요한지 우리에게 보여 준다. 그런데 지정된 날들이 없다면 사람들이 언제 모일 수 있겠는가? 사도는 모든 것들이 우리 사이에서 질서에 따라 알맞게 이루어져야 한다고 가르친다(고전 14:40). 그런데 이날들에 대한 정책이 없다면 예절과 질서가 지켜질 수 있기는커녕 그 반대다. 만일 그것이 없다면, 우리는 교회 안에서 즉시 엄청난 소요와 혼란을 보게 될 것이다. 그런데 주님이 안식일을 유대인들에게 명하심으로써 치유하고자 하셨던 것과 같은 필요가 우리 사이에 있을진대, 누구도 이 법이 우리와 전혀 상관이 없다고 주장해서는 안 된다. 왜냐하면 우리의 선하신 성부께서 유대인의 필요에 공급해 준 것 못지않게 우리의 필요에 공급하고자 하셨다는 것이 확실하기 때문이다. 누군가는 "[둘의] 차이를 제거하기 위해서 우리는 매일 모여야 하지 않는가?"라고 말할 것이다. 나는 매우 그러고 싶다. 그리고 사실상 영적인 지혜는 그것을 위해 지정된 날과 시간을 가져야 마땅하다. 하지만 만일 사람들이 매일 모이는 것이 많은 이들의 약함 때문에 이루어질 수 없다면, 그리고 사랑 때문에 그들을 더 이상 강제할 수 없다면, 하나님이 우리에게 제시한 원리를 우리가 따르지 못할 이유가 무엇인가?

우리는 이 문제에 대해 조금 더 길게 다루어야 하는데, 이는 어떤 경박한 정신의 소유자들이 오늘날 주일을 이유로 풍파를 일으키기 때문이다. 그들은 그리스도인들이 아직도 날들을 지킴으로써 유대교식으로 살아가고 있다고 불평한다. 이에 대해 나는 우리와 유대인 사이에 큰 차이점이 있기 때문에 우리는 유대교와 상관없이 주일을 지킨다고 대답한다. 우리는 주일을 엄격한 종교로—마치 그 안에 영적인 신비가 포함되어 있다고 생각되는 의식처럼—지키지 않고, 다만 그것을 교회 안에서 선한 질서를 간직하기 위한 필요한 대책으로 사용한다. 그러나 그들은 "바울은 그리스도인이 날에 대한 준수로 판단받는 것을 거부하는바, 이는 그것이 장차 올 것들의 그림자이기 때문이고, 이런 이유에서 그는 갈라디아 교인들이 여전히 날들을 지킴으로 말미암아 그가 그들 사이에서 일한 것이 헛될까 염려했다"(골 2:16; 갈 4:10-11)라고 말한다. 그리고 로마서에서 바울은 "누구든 날들 사이를 구별한다면, 그것은 미신이다"(롬 14:6)라고 단언한다. 하지만 냉철한 정신을 소유한 사람치고 사도가 어떤 준수에 관해서 말하는지를 잘 보지 못하는 사람이 누구인가? 실로 그들[로마교인]은 우리가 말하고 있는 이 목적—즉 교회 안에서 정체와 질서를 지킨다는 것—을 살피지 못하고, 오히려 영적인 것들의 그림자들인 축일들을 준수함으로써 그들은 그리스도의 영광과 복음의 명료함을 흐리게 했다. 그들이 육체노동을 삼간 것도, 그 노동이 그들로 하여금 하나님의 말씀을 전념하여 묵상하는 것을 방해했기 때문이 아니라 다만 어리석은 헌신 때문인바, 그들은 쉼으로써 하나님을 섬긴다고 상상했던 것이다. 그러므로 바울이 비난하는 것은 그런 잘못된 교리에 대해서이지 그리스도인들의 모임에서 평화를 유지하기 위해 주어진 합법적인 법령에 대해서가 아니다. 그가 세운 교회들은 이런 용도로 안식일을 지켰다. 그는 그날[안식일]을 지정하여 고린도 교인들이 교회에 자신들의 연보를 가져오도록 함으로써 이를 입증한다(고전 16:2). [그래도] 우리가 미신이 두렵긴 해도, 지금 주일에 관한 미신보다 유대인의 축일에 관한 미신이 더 두려워할 만했다. 미신을 없애는 일이 적절했기에 유대인이 지키던 날이 폐기되었으며, 교회 안에서 질서와 정체와 평화를 지키는 일이 필요했기에 그 대신 다른 날이 정해진 것이다.

나는 교회를 어떤 예속 상태에 굴복시키기 위해 일곱째라는 숫자에 멈추지 않을 것이다. 나는 다른 공적인 날들을 정해 모이는 교회들을, 그들에게 아무런 미신이 없는 한, 정죄하지 않을 것이다. 오직 권징을 유지하는 것에만 관심을 갖는다면 아무런 미신도 없기 때문이다.

그러므로 계명의 요점은 이렇다. 진리가 유대인에게 상징으로 제시되었던 것처럼, 이제 진리는 우리에게 상징 없이 선포되는바, 그것은 [첫째] 우리가 우리의 전 생애 동안 하나님이 성령을 통해 우리 안에 일하시기까지 우리의 행위로부터의 영원한 안식을 묵상한다는 것이다. 둘째로, 우리는 말씀을 듣고 성례전을 거행하며 공적인 기도를 하기 위해서 교회의 합법적인 질서를 준수해야 한다는 것이다. 셋째로, 우리는 우리의 권한에 속한 사람들을 지나치게 부담 지워서는 안 된다는 것이다. 이리하여 과거에 불쌍한 민중을 유대교적 견해로 물들였던 거짓 박사들의 거짓말들은 뒤집어질 것이다. 그들은 그때까지 지켜졌던 제칠 일이 폐지되었으나 둘[주일과 안식일] 중 하나를 지켜야 한다는 것 외에 달리 주일과 안식일 사이를 구분하지 않는다. 그러나 이것은 유대인들을 무시하고 날짜를 바꾸기는 했으나 바울이 정죄한 미신 가운데 남아 있다고 말하는 것 외에 다른 것이 아니다. 즉 구약 아래서처럼 어떤 은밀한 의미를 갖는다는 것이다. 사실 우리는 그들의 교리가 무슨 이득을 얻었는지를 알고 있다. 왜냐하면 그 교리를 따르던 사람들은 안식일의 육적인 견해에 있어 유대인을 능가하기 때문이다. 그래서 이사야서에 있는 질책들(사 1:13; 58:13)은 예언자가 자신의 시대에 책망했던 사람들보다 이 사람들에게 더 적합할 정도이다.

제4계명 - 주일의 참 의미

> 안식일을 기억하여 거룩하여 지키라 엿새 동안은 힘써 네 모든 일을 행할 것이나 일곱째 날은 네 하나님 여호와의 안식일인즉 너나 네 아들이나 네 딸이나 네 남종이나 네 여종이나 네 가축이라 네 문안에 머무는 객이라도 아무 일도 하지 말라 이는 엿새 동안에 나 여호와가 하늘과 땅과 바다와 그 가운데 모든 것을 만들고 일곱째 날에 쉬었음이라 그러므로 나 여호와가 안식일을 복되게 하여 그날을 거룩하게 하였느니라 _ 출 20:8—11

이번에는 제4계명을 다루겠습니다. 지금 우리가 읽은 출애굽기 20장 8절에서 11절은 바로 안식일에 대해서 말씀하고 있는 구절입니다. 오늘날은 우리가 주일로 지키고 있습니다. 흔히 주일에 대해서는 많은 오해도 있고, 올바른 교훈을 갖지 못한 경우가 많습니다.

이 **계명의 목적**은 우리가 우리 자신의 감정과 행위를 멈추고 하나님의 나라를 묵상하는 것과 또한 그가 명하신 방식으로 이 묵상을 수행하는 것이다.

기독교강요 십계명 해설에서 칼뱅은 제4계명의 목적을 우리가 자신의 감정과 행위를 멈추고 하나님께서 명령하신 방식으로 하나님의 나라를 묵상하는 것을 수행하는 것이라고 말합니다. 좀 쉽게 와닿지 않는 내용입니다. 설명을 더 살펴봅시다.

그렇지만 이 계명에는 다른 계명들과 구분되는 특별한 고려 사항이 있기 때문에 약간 다른 설명이 요구된다. 고대의 박사들은 이 계명을 **예표라**고 부르곤 했다. 왜냐하면 이 계명이 포함하고 있는 날의 외적 준수가 다른 상징들과 마찬가지로 **그리스도께서 도래함으로써 폐지**되었기 때문이다. **그것은 매우 맞는 말이기는 하지만 그들은 문제의 절반만을 다룰 뿐이다.** 따라서 더 고상한 설명을 취해야 하는바, 이 계명 안에 포함된 세 가지의 원리를 주목해야 한다.

안식일에 관한 법은 분류상 의식법에 해당하기 때문에 그리스도가 오심으로 의식법은 폐지되었다고 말할 수 있지만, 안식일은 의식법 안에서 십일조와 함께 도덕법적인 성격을 가지고 있기 때문에 더 이상 지킬 필요가 없다고 단순히 말할 수 없다는 것입니다.

> 의식법 - 제사법
> 시민법 - 재판법
> 도덕법 - 십계명

그래서 그것은 매우 맞는 말이기는 하지만 절반만을 말하는 것이라고 설명하고 있습니다. 그래서 칼뱅은 제4계명을 제대로 알기 위해서 세 가지를 살펴볼 것을 제안하고 있습니다. 이어집니다.

❶ 주님은 일곱째 날의 안식으로 이스라엘 백성에게 **영적인 안식**을 상징하고자 했다. 그것은 신자들이 그들 자신의 일을 쉼으로써 하나님이 그들 가운데서 활동하시도록 하기 위함이다.

❷ 주님은 **율법을 듣고 그의 의식들을 거행하기에 적합한 한 날이 고정**되어 있기를 원했다.

❸ 주님은 **타인의 권세 아래 있는 종들과 일꾼들**에게 그들의 노동으로부터 얼마간 휴식을 취할 수 있도록 **안식하는 날**을 주고자 했다는 것이다.

이것을 정리해 보면 다음과 같습니다. 먼저 하나님께서 신자들 가운데서 활동하시도록 그들 자신의 일을 쉬는 것, 하나님의 말씀을 듣고 예배를 드리기에 적합한 한 날을 고정하는 것, 타인의 권세 아래 있는 사람들에게 노동으로부터 안식하는 날을 주고자 하는 것입니다.

> ❶ 하나님께서 신자들 가운데서 활동하시도록 그들 자신의 일을 쉬는 것.
> ❷ 주님의 말씀을 듣고 예배를 드리기에 적합한 한 날을 고정하는 것.
> ❸ 타인의 권세 아래 있는 사람들에게 노동으로부터 안식하는 날을 주고자 하는 것.

그래서 『기독교 강요』 십계명 해설에서는 이 세 가지를 다시 풀어 설명하고 있습니다. 이제 하나씩 살펴봅시다.

> 아무튼 여러 구절에서 우리에게 입증되는 것은 이 계명에서 영적 안식에 대한 상징이라는 면이 중요한 위치를 차지했다는 것이다. 왜냐하면 하나님은 어떤 계명도 이 계명보다 더 엄격한 순종을 요구하지 않았기 때문이다(민 15:32; 출 31:13; 35:2).

칼뱅은 제4계명을 영적 안식이라는 측면을 강조하면서 동시에 이 계명이 다른 계명에 비하여 엄격한 순종을 요구했다고 설명합니다. 왜냐하면 하나님의 창조의 원리가 제대로 적용될 때 하나님의 뜻이 작동되고 하나님께 영광이 돌려질 수 있기 때문입니다. 그렇다면 하나님께서 왜 다른 어떤 계명보다 제4계명에 대해서 엄격한 순종을 요구했을까요?

> 이스라엘 자손이 광야에 거류할 때에 안식일에 어떤 사람이 나무하는 것을 발견한지라 그 나무하는 자를 발견한 자들이 그를 모세와 아론과 온 회중 앞으로 끌어왔으나 어떻게 처치할는지 지시하심을 받지 못한 고로 가두었더니 여호와께서 모세에게 이르시되 그 사람을 반드시 죽일지니 온 회중이 진영 밖에서 돌로 그를 칠지니라 온 회중이 곧 그를 진영 밖으로 끌어내고 돌로 그를 쳐

죽여서 여호와께서 모세에게 명령하신 대로 하니라 _ 민 15:32-36

민수기 15장을 보면 제4계명의 위반자에 대하여 돌로 치는 엄격한 보칙을 제시하고 있습니다. 또한 출애굽기 31장 역시 이 위반자에 대해서는 그 백성 중에서 끊어지게 된다고 말합니다.

> 너는 이스라엘 자손에게 말하여 이르기를 너희는 나의 안식일을 지키라 이는 나와 너희 사이에 너희 대대의 표징이니 나는 너희를 거룩하게 하는 여호와인 줄 너희가 알게 함이라 너희는 안식일을 지킬지니 이는 너희에게 거룩한 날이 됨이니라 그 날을 더럽히는 자는 모두 죽일지며 그 날에 일하는 자는 모두 그 백성 중에서 그 생명이 끊어지리라 _ 출 31:13-14

이렇게 이 계명을 어길 경우 돌로 친다는 것, 백성 중에서 끊어진다는 것은 가장 강도가 높은 형벌을 의미하는 것입니다.

안식일이 무너질 때
- 종교가 파괴되었음을 의미했다.
- 거룩한 날이 더럽혀졌음을 한탄하셨다.
- 안식일이 무너지면 예배를 받을 것이 남지 않았다는 것이다.

안식일이 지켜질 때
- 안식일의 축복을 특별히 존중하셨다.
- 다른 모든 계명보다 안식일을 특별히 존중하셨다.
- 안식일은 구별된 백성들의 징표였다.
- 항구적 언약이며 영원한 표징이었다.

정리를 해 보면, 제4계명이 어떤 식으로 인간에게 받아들여지고 지켜지느냐가 하나님이 세우신 영적 원리에서 결정적인 역할을 한다는 것입니다. 안식일이 무너질 때 종교가 파괴되고, 예배도 무너졌습니다. 그러나 안식일이 굳건할 때 하나님의 말씀도 살아나게 되었습니다.

이제 더 깊은 의미의 설명으로 들어가고 있습니다.

> 우리는 **하나님이 우리 안에서 활동하시도록 전적으로 안식해야 한다.** 우리는 **우리의 의지를 멈추고, 우리의 마음을 버리며, 우리 육신의 모든 탐심을 거부하고 떠나야 한다.**

저는 이 부분을 읽으면서 그동안 주일에 대한 이해가 너무도 가볍고 피상적이었다는 사실을 깨달았습니다. 이날은 단순히 노동을 쉬는 날이 아니었습니다. 더 깊은 의미가 있었습니다. 그것은 그분이 우리 안에서 활동하시도록 우리의 모든 것을 멈추어야 한다는 것입니다. 칼뱅의 탁월한 제4계명 해설이라 생각합니다.

> 간단히 말해서 하나님이 우리 안에서 활동하시게 함으로써 우리가 그를 따르도록 **우리의 정신으로부터 나오는 모든 것을 멈춰야 한다는 것이다.** 이는 사도가 우리에게 가르쳐 주는 바 그대로이다(히 3:11; 4:9).

칼뱅의 이 설명은 그냥 말로만 안식이 아닌 진정한 영적인 안식을 말하고 있습니다. 시늉만 내는 안식이 아닌, 땅의 일을 멈추고, 하나님께서 내 안에서 활동하시도록 나 자신의 의지마저도 멈추고 그분이 주시는 안식을 바라보는 것, 이것은 예배를 통해서 정점을 이루게 됩니다. 우리는 바로 이 부분에서 우리의 주일 개념을 돌아보아야 합니다.

이제 부가적인 설명 몇 가지를 드리겠습니다.

일곱째 날이라는 의미

- 7 완전수, 영구성.
- 신자의 안식일이 마지막 날이 이르기 전에는 결코 완전한 안식은 없다.
- 천국에 이를 때 안식은 비로소 완성된다.

일곱째 날이라는 의미는 신자가 참된 안식에 마침내 들어가게 될 것을 소망하게 합니다. 그러므로 매 주일마다 맞이하는 안식은 장차 도래할 완전한 안식을 연습하는 것입니다. 그래서 이렇게 결론짓고 있습니다.

> 그러므로 일곱째 날을 통해 주님이 자기 백성에게 마지막 날에 있을 안식일의 완성을 상징하고자 했다는 것은 생각 가능한 일이리라. 이는 자기 백성이 이생을 사는 동안 지속적인 근면으로 안식일의 완성을 열망하게 하기 위함이다.

그러므로 우리는 세상에서 6일을 살고, 주일은 이 땅에서 언젠가는 멈추어야 할 노동과 의지와 생각을 멈춤으로써 우리에게 장차 임할 인생의 마지막 날과 그 후에 주어질 영원한 안식, 영화를 열망하는 것이 안식일, 주일을 주신 목적이라고 설명하고 있습니다.

이에서 칼뱅은 또 다른 설명을 시도하고 있습니다.

> 그것은 주님이 한 날을 정하고 그날을 통해 백성이 율법이라는 몽학 선생 아래서 끝이 없는 영적인 안식을 묵상하도록 훈련하게 하셨다는 것이요. 그는 몸이며, 그를 바라봄으로써 그림자는 버려진다. 내 말은 그가 안식일의 참된 완성이라는 것이다. 세례를 통해 그와 함께 장사된 우리는 그의 죽음과 합하여 접붙여졌는바, 이는 우리가 그의 부활에 참여함으로써 새로운 삶을 살아가기 위함이다. 그런데 이것은 하루로 만족되지 않고, 우리 생의 전 과정을 요구하는데, 우리가 우리 자신에 대해서 완전히 죽은 후 하나님의 생명으로 채워질 때까지이다.

그러므로 영원한 안식에 들어가는 훈련은 비단 일주일에 하루만으로는 부족하고, 우리 인생의 전 과정이 영원한 안식으로 들어가기 위한 준비라고 설명하고 있습니다.

이제 ❷,❸을 함께 살펴봅시다.

> 그렇지만, 나머지 두가지 ❷,❸ 원리는 고대의 그림자들로 여겨져서는 안 되고, 오히려 모든 시대에 동등하게 부합합니다.

칼뱅은 설명하기를 안식일의 원리는 모든 시대에도 유효하게 적용된다고 말합니다. 그 설명을 들어 봅시다.

> 비록 안식일이 폐지되기는 했지만, 그래도 그것은 ❷ 우리가 설교를 듣고 공적 기도를 드리며 성례전을 거행하기 위해 모이는 일정한 날들과 ❸ 두번째로 종과 일꾼을 쉬게 하기 위한 일정한 날들을 갖게 한다. 주님이 안식일을 명하시면서 이 두 가지를 고려하셨음에 의심의 여지가 없다.

이 말은 우리가 앞에서 말한 것처럼 십일조와 안식일은 의식법의 형태로는 폐지되었다고 할 수 있지만, 도덕법적인 성격을 동시에 가지고 있기 때문에 여전히 도덕법의 지위를 가지고 있다는 것입니다. 이것이 ❶,❷와 ❸을 통해서 설명되고 있습니다.

이제 칼뱅의 설명을 읽어 봅시다.

> 첫 번째에 관해서는, 유대인의 용도 자체로써 충분히 인정된다. 두 번째는 신명기에서 모세가 다음의 말로 강조한 바 있다. "너희 종들과 하녀들이 너와 같이 쉬게 하기 위해서, 네가 이집트에서 종이었음을 기억하라" 또한 출애굽기에서는 "너의 황소와 나귀와 식구가 쉬게 하기 위해서"라고 말한다. 이 두 가지가 유대인에게와 마찬가지로 우리에게 교회 모임들을 명하고 있고, 경험도 그것이 얼마나 필요한지

우리에게 보여 준다. **그런데 지정된 날들이 없다면 사람들이 언제 모일 수 있겠는가?** 사도는 모든 것들이 우리 사이에서 질서에 따라 알맞게 이루어져야 한다고 가르친다. 그런데 이날들에 대한 정책이 없다면 예절과 질서가 지켜질 수 있기기는커녕 그 반대다. **만일 그것이 없다면 우리는 교회 안에서 즉시 엄청난 소요와 혼란을 보게 될 것이다.** 그런데 주님이 안식일을 유대인들에게 명하심으로써 치유하고자 하셨던 것과 같은 필요가 우리 사이에 있을진대 누구도 이 법이 우리와 전혀 상관이 없다고 주장해서는 안 된다. **왜냐하면 우리의 선하신 성부께서 유대인의 필요에 공급해 준 것 못지않게 우리의 필요에 공급하고자 하셨다는 것이 확실하기 때문이다.** 누군가가 "둘의 차이를 제거하기 위해서 우리가 매일 모여야 하지 않는가?"라고 말할 것이다. 나는 매우 그러고 싶다. 그리고 사실상 영적인 지혜는 그것을 위해 지정된 날과 시간을 가져야 마땅하다. 하지만 만일 사람들이 매일 모이는 것이 많은 이들의 약함 때문에 이루어질 수 없다면, 그리고 사랑 때문에 그들이 더 이상 강제할 수 없다면 하나님이 우리에게 제시한 원리를 우리가 따르지 못할 이유가 무엇인가?

칼뱅의 설명은 구약에 유대인들에게 안식제도를 통해서 쉼과 평화를 공급하셨던 하나님은 신약시대를 살아가는 우리에게도 지정된 날에 모이는 질서를 통해서 동일하게 하나님의 은혜를 공급하신다고 말합니다. 그러므로 그리스도인들은 주님께서 부활하신 날 아침에 모임으로써 의식법을 넘어서고 도덕법의 지위 아래서 주일을 성수하게 되는 것입니다. 칼뱅은 몇 가지 주의할 점을 부가하고 있습니다.

주일에 대한 극단적인 생각

1. 재세례파: 어떤 지정된 날을 지키는 것 자체를 부정

 → 유대교와 상관없이 주일을 지키는 것이다.

2. 주일날 자체가 어떤 신비를 가진 것처럼 의식적으로 지키는 것

 → 교회 안에서 선한 질서를 위해 필요한 대책이다.

3. 로마 가톨릭: 율법적인 축일을 지키는 것

　　→ 행위 공로의 개념으로 잘못 생각함.

4. 유대인의 축일에 관한 미신

　　→ 신을 없애는 일이 적절했기에 유대인이 지키던 날이 폐기되었고, 교
　　　회 안에서의 질서를 지키는 일이 필요했기에 그 대신 다른 날이 정해
　　　진 것이다.

주일에 대한 극단적인 생각에 대한 치유책을 설명하고 있습니다. 제세례파는 주일을 마치 유대인처럼 안식일을 지키는 것이라고 했습니다. 또 주일을 어떤 신비로운 날처럼 의식적으로 지켰습니다. 로마 가톨릭은 행위 공로의 개념으로 주일을 지켰습니다. 그래서 미신처럼 지켜지던 유대인의 날은 폐기되고 그 대신 다른 날이 정해진 것인데, 그것이 안식 후 첫날 주님께서 부활하신 날로 오늘에 이르게 되었습니다. 이제 칼뱅은 다시 이 세 가지를 정리하고 있습니다.

> 그러므로 계명의 요점은 이렇다. 진리가 유대인에게 상징으로 제시되었던 것처럼, 이제 진리는 우리에게 상징 없이 선포되는바, 그것은 ❶ 첫째로, 우리가 우리의 전 생애 동안 하나님이 성령을 통해 우리 안에 일하시기까지 우리의 행위로부터의 영원한 안식을 묵상해야 한다는 것이다. ❷ 둘째로, 우리는 말씀을 듣고 성례전을 거행하며 공적인 기도를 하기 위해서 교회의 합법적인 질서를 준수해야 한다는 것이다. ❸ 셋째로, 우리는 우리의 권한에 속한 사람들을 지나치게 부담 지워서는 안 된다는 것이다.

특히 ❸은 오늘날 현대 사회 속에서 더욱 중요한 원리가 되고 있습니다. 나 자신의 안식만을 추구하는 것이 아니라 다른 사람들의 안식을 챙겨 주어야 하는 것이며, 심지어 짐승들까지도 쉬게 해야 한다는 것으로 확장되고 있습니다.

이번에 우리가 살펴본 내용은 우리가 기존에 보편적으로 알고 이해했던 제4계명의 이해가 너무도 협소한 이해였다는 것을 알게 해줍니다. 그러나 지금 배운 내용대로 우리는 우리가 장차 들어갈 영원한 안식을 바라보면서, 지상에서 지정된 하루를 영화에 들어가기 위한 묵상의 시간으로 사용하여야 할 것입니다. 이 은혜가 우리 모두에게 있기를 바랍니다.

기독교강요 제3장. 율법

십계명 해설

제5계명
네 부모를 공경하라.
그리하면 주 너의 하나님이 네게 준 땅에서 네 날이 길어지리라.

이 계명의 목적은, 하나님께서 그가 세우신 질서가 유지되기를 원하시기 때문에, 우리는 우월함의 신분을 그가 세우신 그대로 지켜야 한다는 것이다. 따라서 요점은 우리가 주님이 우리에게 윗사람으로 정하신 이들을 존경하고, 또한 우리가 그들에게, 그들이 우리에게 베푼 선에 대해 감사하면서 공경하고 순종해야 한다는 것이다. 이를 통해 우리가 경멸이나 부재 상황에서나 배은망덕으로 그들의 위엄을 훼손해서는 안 된다는 금지사항이 뒤따른다. 공경이라는 명사는 성경에서 이처럼 폭넓게 확대된다. 이는 사도가 잘 다스리는 장로들에게는 두 배의 공경을 돌릴 만하다고 말할 때(딤전 5:17), 그는 그들에게 돌려야 하는 존경에 대해서 뿐만 아니라 그들의 수고에 합당한 보답에 대해 말하는 것과 같다. 그런데 우리가 우리의 윗사람들에게 순종해야 한다는 이 계명은 우리의 타락한 본성과는 정반대이다. 이 본성은 야망과 교만으로 터질 듯하여 자발적으로 순종하지 않는다. 이런 이유에서 모든 윗사람들 중에 가장 덜 가증스럽고 가장 사랑할 만한 윗사람[부모]이 우리에게 사례로 제시되었다. 왜냐하면 이 윗사람이 우리의 마음을 더 잘 굽히게 하고 부드럽게 해서 순종으로 굴복할 수 있게 하기 때문이다. 이렇게 주님은 감당하기에 가장 부드럽고 가장 쉬운 복종으로 우리를 조금씩 모든 복종에 익숙하게 하셨는데, 모두가 동일한 이유에서이다. 그러므로 주님이 누군가에게 우월함을 주실 때는, 그것을 보존할 필요가 있기 때문에, 자신의 이름을 그에게 부여하신다. 아버지, 하나님, 주라는 칭호들은 그에게 고유한 것으로서 그것이 언급될 때 우리 마음은 그의 존엄에 대한 인식으로 인해 감동되어 마땅하다. 따라서 그가 사람들을 그 칭호에 참여자로 만드실 때, 그들에게 자신의 광명의 모종의 불씨 같은 것을 주심으로 그들의 신분에 따라 그들을 고상하게 하고 명예롭게 하신다. 그래서 아버지라고 명명된 이에게는, 그가 이유 없이 하나님의 칭호를 가지고 있는 것이 아니므로 어떤 신적인 명예를 인정해야 한다. 마찬가지로 군주나 주라는 칭호를 갖는 자도 얼마간 하나님의 명예를 갖는다.

이렇게 주님이 여기서 보편적 규칙을 제정하신다는 것을 의심해서는 안 된다. 즉 우리가 하나님이 누군가를 윗사람으로 명했음을 인식한다면, 우리는 그에게 공경과 존경과 사랑을 돌려야 하며 우리가 할 수 있는 대로 그를 섬겨야 한다는 것이다. 그리고 우리의 윗사람들이 그런 공경에 합당한지 아닌지는 살펴서는 안 된다. 그들은 그들이 어떠하든지 간에 하나님의 뜻이 없이 그 지위에 올라간 것이 아니며, 그런 이유에서 우리 주님은 우리에게 그들을 공경하라고 명하신다. 아무튼 주님은 우리에게 특히, 우리를 이 세상에 낳아 주신 우리의 부모를 존경하라고 명하신다. 이것은 본성조차도 우리에게 가르쳐 주는 것이다. 왜냐하면 부모의 권위를 경멸이나 반항으로 손상시키는 자들은 모두 괴물이지 인간이 아니기 때문이다. 따라서 우리 주님은 아버지와 어머니에게 불복종하는 자들을 모두 사형에 처하라고 명하시며, 이것에는 정당한 이유가 있다. 그들은 자기들을 이 세상에 태어나게 한 사람들을 인정하지 않기 때문에 분명 살 자격이 없다.

그런데 우리가 말한 것이 사실이라는 것은 율법의 여러 구절에서 명백히 드러난다. 즉 여기에 언급된 공경에는 세 가지 부분이 있다는 것이다. 존경과 순종, 그리고 은혜에 대한 감사로부터 오는 사랑이다. 첫 번째 것은 하나님이 부모를 헐뜯는 자는 죽이라고 명하시면서 하신 명령이다(출 21:15; 레 20:9; 잠 20:20). 이것으로 그는 모든 경멸과 멸시를 처벌하신다. 두 번째 것도 하나님이 반항하고 불순종하는 자식 역시 사형에 처하도록 명했기(신 20:18) 때문에 [하나님의 명령이다]. 세 번째 것은 마태복음 15장에서 예수 그리스도가 하신 말씀에서 인정된다(마 15:4). 즉 우리의 부모들을 섬기고 그들에게 잘하는 것이 하나님의 계명에 속한다는 것이다. 바울은 이 계명에 대해 언급할 때마다 우리에게 순종을 권고하는데(엡 6:1-3; 골 3:20), 이것은 둘째 부분에 속하는 것이다.

동시에 더 크게 권면할 의도로 약속이 첨가되는데, 이는 이 복종이 얼마나 하나님을 기쁘게 하는지를 우리에게 훈계하기 위함이다. 바울은 이 계명이 약속 있는 첫 계명이라고 말함으로써(엡 6:2) 이 자극제로 우리를 부추기고 있다. 위의 첫째 돌판에 있었던 약속은 단지 어느 하나의 계명에만 특별한 것이 아니라 율법 전체에까지 확장되었다. 약속을 이해하는 방식은 이렇다. 즉 주님이 그가 이스라엘 사람들에게 기업으로 약속했던 땅에 관해 여기서 적절하게 말씀하셨다는 것이다. 그러므로 만일 이 땅을 소유하는 것이 하나님의 관대함의 보증이라면, 그가 그들에게 장수를 허락함으로써 그의 축복을 더욱 오랫동안 향유할 수 있도록 그의 은혜를 입증하셨다 해서 우리가 놀랄 이유가 없다. 그러므로 이것은 그가 다음과 같이 말씀하신 셈이다. "부모를 공경하라. 그리하면 네가 장수하면서 내 은혜의 증거가 될 땅을 더 오랫동안 누릴 수 있으리라." 게다가 모든 땅이 신자들에게 축복이므로, 우리가 현재의 삶을 하나님의 축복 가운데 두는 것이 마땅하다. 따라서 장수가 우리에 대한 하나님의 친절하심의 논거이기 때문에 이 약속은 또한 우리의 것이기도 하다. 사실 장수 [자체가] 우리에게 약속된 것이 아니다. 장수가 유대인에게 약속된 것은 그것이 그 자체로 행복이기 때문이 아니라, 그것이 의인들에게 하나님의 선하심의 표시이었기 때문이다. 그러므로 설령 부모에게 순종을 잘하는 어떤 자녀가 어린 나이에 세상을 뜨는 일이 일어난다 해도 (그런 일이 종종 일어나듯이), 하나님은 자신의 약속 가운데 신실하게 거하신다. 심지어 그는 그가 두 아르팡의 땅을 주겠다고 약속했던 자에게 백 아르팡을 주는 경우 못지않게 그 약속을 성취하신다. 모든 것이 다음 사실에 있다. 즉 장수가 여기서 우리에게 축복으로서 약속된다는 것이며, 나아가 장수는 그것이 우리에게 그의 은혜를 입증한다는 점에서 하나님의 축복이라는 것이다. 그런데 하나님은 그의 종들에게 죽음에 대해서는 십만 번 이상 더 그의 은혜를 선포하신다.

반대로, 주님이 부모에게 순종하는 자들에게 이생에서 그의 축복을 약속한다는 것은, 마찬가지로 불순종하는 모든 자들에게 그의 저주가 임하리라는 것을 의미한다. 그는 그의 심판이 수행되게 하기 위해서 의를 행하라고 율법에 명하신다. 그리고 그들이 어떤 방식으로건 사람들의 손을 벗어난다면 그가 보복할 것이다. 우리는 이런 식으로 얼마나 많은 사람이 전쟁에서나 싸움에서 또는 다른 방식으로 죽는지를 알고 있다. 하나님이 그들을 불행하게 죽게 함으로써 그가 거기서도 활동하고 계심을 깨닫게 될 정도로 말이다. 혹 어떤 이들이 죽지 않고 늙을 때까지 살아 있다고 해도, 그들은 이생에서 하나님의 축복을 받지 못함으로써 단지 고생스러울 뿐이고, 미래에도 훨씬 더 큰 고통이 예약되어 있기 때문에, 그들이 이 약속에 참여한다는 것은 어림 반 푼어치도 없는 일이다.

마무리하기 위해, 오직 하나님 안에서 부모에게 순종하라고 우리에게 명령되었음을 간략히 강조할 필요가 있다(엡 6:1). 이것은 우리가 제시한 근거가 있으므로 전혀 모호하지 않다. 하나님이 그들에게 자신의 영예의 일부를 나눠 주시고 그들을 높여 주셨기 때문에 그들이 우리를 다스리는 것이다. 따라서 그들에게 돌리는 복종은 마치 우리를 최고의 아버지이신 하나님에 대한 존경으로 이끌어 가는 단계와도 같아야 한다. 만일 그들이 우리로 하여금 그의 율법을 위반하게 하려 한다면, 우리는 그들을 아버지로 여길 이유가 없고 오히려 우리를 우리의 진정한 아버지에 대한 순종으로부터 멀어지게 만드는 타인으로 간주해야 한다. 우리의 군주들이나 영주들이나 윗사람들에 대해서도 같은 판단을 해야 한다. 그들의 우월함이 하나님의 고귀함을 낮추기 위해 무언가를 가져오는 것은 너무도 부당한 일이다. 왜냐하면 그의 우월함은 하나님의 고귀함에 의존하기 때문이요, 또한 그것을 감소시키기보다는 증대시켜야 하며, 훼손하기보다는 확고히 해야 하기 때문이다.

제5계명 - 권위에 대한 태도

> 네 부모를 공경하라 그리하면 네 하나님 여호와가 네게 준 땅에서 네 생명이 길리
> 라 _ 출 20:12

십계명 강해도 이제 중반을 넘어갑니다. 이제부터는 십계명의 두 번째 돌판을 살펴보겠습니다. 우리가 십계명을 다 아는 것처럼 생각하지만, 십계명은 단순히 주일학교 때 배우는 쉬운 내용이 아니라 기독교의 핵심을 말하고 있다고 말씀드릴 수 있을 것 같습니다. 특히 지금 우리가 읽은 출애굽기 20장 12절의 제5계명은 오해하기 쉬운 계명입니다. 왜냐하면 우리는 이 계명을 효도 정도로 생각하기 때문입니다. 그러나 제5계명은 그보다 훨씬 더 많은 것을 말하고 있습니다. 이제부터 살펴볼 두 번째 돌판의 내용은 특별히 인간 중심이 아닌 하나님 중심의 사고와 접근이라는 측면에서 우리가 이해해야 합니다. 우리는 지금까지 나 자신을 중심으로, 또는 단순히 윤리적 측면에서만 두 번째 돌판을 이해하는 경향이 있기 때문입니다.

이 계명의 목적은, 하나님께서 그가 세우신 질서가 유지되기를 원하시기 때문에, 우리는 우월함의 신분을 그가 세우신 그대로 지켜야 한다는 것이다. 따라서 요점은 우리가 주님이 우리에게 윗사람으로 정하신 이들을 존경하고, 또한 우리가 그들에게, 그들이 우리에게 베푼 선에 대해 감사하면서 공경하고 순종해야 한다는 것이다. 이를 통해 우리가 경멸이나 부재 상황에서나 배은망덕으로 그들의 위엄을 훼

손해서는 안 된다는 금지사항이 뒤따른다.

제5계명의 목적을 설명하고 있습니다. 그런데 공경이나 효도의 문제가 아니라 질서의 문제를 언급하고 있습니다. 그러므로 제5계명은 단순히 자식이 부모에게 어떻게 하라는 차원의 문제가 아닙니다. 우리가 제5계명을 살펴볼 때 주의할 것이 두 가지 정도 있습니다.

> **제5계명**
>
> ❶ 제5계명은 권위라는 질서의 문제를 다루고 있다.
>
> ❷ 권위의 질서는 부모로부터 시작해서 위정자와 목회자, 스승, 노인들까지 포함한다.

우리가 앞에서 제4계명을 다룰 때 하나님께서는 이 세상을 만드시고 자신의 창조물에게 안식이라는 질서를 부여하셨습니다. 이 안식은 사람은 말할 것도 없고, 심지어 짐승들과 땅에까지 적용되었습니다. 하나님께서는 이 안식, 즉 창조의 원리와 질서가 인간의 탐욕에 의해서 파괴되기를 원하지 않으셨습니다. 마찬가지로 하나님께서는 사람들에게 각기 권위를 부여하셨는데, 이 권위라는 질서가 올바르게 작동되기를 원하셨다는 것입니다.

그러므로 제5계명에 대한 가장 큰 오해 가운데 하나는 제5계명을 단순히 부모님께 효도하라는 정도로 이해하는 것입니다. 제5계명의 권위라는 질서는 가장 기초적인 질서라고 할 수 있는 부모를 비롯한 스승, 성직자, 위정자, 상사, 노인들에게까지 확장되고, 제5계명은 바로 이 모든 권위의 질서를 포함하여 말하고 있습니다.

그래서 제5계명의 목적을 밝히기를, 하나님께서 세우신 질서, 즉 우월함의 신분이 지켜져야 함이라고 설명하고 있습니다. 그리고 요약하기를, 하나님의 권위와 질서에 대한 태도를 존경, 공경, 순종이라고 말하고, 배은망덕과 경멸, 하나님께서 그들에게 부여하신 위엄을 훼손해서는 안 된다고 말하고 있습니다. 또한 「웨스트민스터 대요리문답」 131문답은 제5계명이 동등자에게도 해당된다고 가르치고 있습니다. 그러므로 제5계명은 모든 인간관계에 대한 지침을 주는 것이라고 할 수 있습니다. 이 부분은 마지막에 살펴보겠습니다. 조금 더 읽겠습니다.

공경이라는 명사는 성경에서 이처럼 폭넓게 확대된다. 이는 사도가 잘 다스리는 장로들에게는 두 배의 공경을 돌릴 만하다고 말할 때(딤전 5:17), 그는 그들에게 돌려야 하는 존경에 대해서 뿐만 아니라 그들의 수고에 합당한 보답에 대해 말하는 것과 같다. 그런데 우리가 윗사람들에게 순종해야 한다는 이 계명은 우리의 타락한 본성과는 정반대이다. 이 본성은 야망과 교만으로 터질듯하여 자발적으로 순종하지 않는다. 이런 이유에서 모든 윗사람들 중에 가장 덜 가증스럽고 가장 사랑할 만한 윗사람(부모)이 우리에게 사례로 제시되었다.

제5계명에 대한 칼뱅의 해석은 단순히 이렇게 하라, 저렇게 하라를 다루기 앞서 인간의 문제, 즉 권위의 질서에 대해 반항적인 인간의 본성을 언급하고 있습니다. 그래서 이런 인간의 부패한 심성을 아시는 하나님께서 부드러운 방법으로 이 복된 계명으로 이끌기를 원하시는 하나님의 의도를 잘 설명해 주고 있습니다.

왜냐하면 이 윗사람이 우리의 마음을 더 잘 굽히게 하고 부드럽게 해서 순종으로 굴복할 수 있게 하기 때문이다. 이렇게 주님은 감당하기에 가장 부드럽고 가장 쉬운 복종으로 우리를 조금씩 모든 복종에 익숙하게 하셨는데, 모두가 동일한 이유에서이다. 그러므로 주님이 누군가에게 우월함을 주실 때는, 그것을 보존할 필요가 있기 때문에, 자신의 이름을 그에게 부여하신다. 아버지, 하나님, 주라는 칭호들은 그에게 고유한 것으로서 그것이 언급될 때 우리 마음은 그의 존엄에 대한 인식으로 인해 감동되어 마땅하다.

그래서 하나님은 자신이 부여한 모든 권위가 제대로 존중받기를 원하시는

데, 이를 위해서 가장 쉽고 자연스럽고 기초적인 관계에서부터 이것을 훈련시키기를 원하셨다는 것입니다.

> 따라서 그가 사람들을 그 칭호에 참여자로 만드실 때, 그들에게 자신의 광명의 모종의 불씨 같은 것을 주심으로 그들의 신분에 따라 그들을 고상하게 하고 명예롭게 하신다. 그래서 아버지라고 명명된 이에게는, 그가 이유 없이 하나님의 칭호를 가지고 있는 것이 아니므로 어떤 신적인 명예를 인정해야 한다. 마찬가지로 군주나 주라는 칭호를 갖는 자도 얼마간 하나님의 명예를 갖는다.

제가 앞에서 말씀드린 대로 하나님께서 그들에게 하나님의 칭호를 주셨고, 신적인 명예를 주셨다고 말씀합니다. 그런데 문제는 우리의 타락한 본성은 권위에 대해 항상 도전적이고 부정적이라는 것입니다. 그래서 가장 자연스러운 권위, 즉 부모에게서부터 권위의 질서에 대해 배워가도록 했다고 설명하고 있습니다. 그러므로 가정은 최고의 학교이고, 부모는 최고의 교사인 것입니다.

이제 우리는 왜 제5계명이 하나님께서 세우신 권위의 질서에 대한 계명으로서 '네 부모를 공경하라'고 말씀했는지에 대해서 알게 되었습니다. 그러므로 우리는 부모님은 너무도 당연하고 나아가 하나님께서 부여하신 모든 권위에 대해서 하나님의 관점에서 받아들이고, 존경과 공경, 순종을 마땅히 행함으로 하나님의 질서를 인정하는 사람이 되어야 할 것입니다. 그런데 이것이 사람들과의 관계를 설명하는 첫 번째 계명으로 주어졌다는 것은 사람들과의 관계에 있어서 이것이 기본이며, 출발이라는 것입니다. 이것이 인정되고 수용되지 않는다면 다른 제6계명에서부터 제10계명도 제대로 수용될 수 없습니다. 이어지는 설명을 봅시다.

> 이렇게 주님이 여기서 보편적 규칙을 제정하신다는 것을 의심해서는 안 된다. 즉 우리가 하나님이 누군가를 윗사람으로 명했음을 인식한다면 우리는 그에게 공경

과 존경과 사랑을 돌려야 하며 우리가 할 수 있는 대로 그를 섬겨야 한다는 것이다. 그리고 우리의 윗사람들이 그런 공경에 합당한지 아닌지를 살펴서는 안 된다. 그들은 그들이 어떠하든지 간에 하나님의 뜻이 없이 그 지위에 올라간 것이 아니며, 그런 이유에서 우리 주님은 우리에게 그들을 공경하라고 명하신다.

제5계명을 지킴에 있어서 권위의 대상자들에 대한 평가가 권위에 대한 태도를 결정해서는 안 된다는 규칙을 제시하고 있습니다. 오히려 권위를 부여하신 하나님에게서 권위의 질서에 순종해야 할 이유를 찾아야 한다는 것입니다. 제가 앞에서 말씀드린 인간 중심의 수용이 아닌 하나님의 차원에서 계명에 접근해야 한다는 것입니다. 그렇지 않으면 십계명은 단순한 공중도덕에 지나지 않게 됩니다.

그런 이유에서 우리 주님은 우리에게 그들을 공경하라고 명하신다. 아무튼 주님은 우리에게 특히 우리를 이 세상에 낳아 주신 우리의 부모를 존경하라고 명하신다. 이것은 본성조차도 우리에게 가르쳐 주는 것이다. 왜냐하면 부모의 권위를 경멸이나 반항으로 손상시키는 자들은 모두 괴물이지 인간이 아니기 때문이다. 따라서 우리 주님은 아버지와 어머니에게 불복종하는 자들은 모두 사형에 처하라고 명하시며, 이것에는 정당한 이유가 있다. 그들은 자기들을 이 세상에 태어나게 한 사람들을 인정하지 않기 때문에 분명 살 자격이 없다.

우리는 권위에 대해서 부정적인 경험이 더 많습니다. 부정적인 부모님, 아버지의 모습과 직장에서 갑질을 하는 상사, 폭력적인 위정자들을 보아 왔기 때문입니다. 그래서 우리의 타락한 본성과 권위에 대한 부정적인 경험이 아우러져서 대부분의 사람이 권위를 수용하려는 마음이 부족한 것이 사실입니다. 그래서 우리가 권위에 대해서 공경에 합당한지를 평가하려고 해서는 안 된다고 말합니다. 권위를 하나님이 부여하신 것이라면 받아들여야 한다고 말합니다. 저는 이런 부분에서 우리가 이성을 굴복시켜야 계명에 도달할 수 있다고 생각합니다. 그래서 신앙은 지정의가 다 적용될 때 비로소 신앙이라고 할 수 있는 것입니다. 조금 더 읽어 봅시다.

> 동시에 더 크게 권면할 의도로 약속이 첨가되는데, 이는 이 복종이 얼마나 하나님을 기쁘게 하는지를 우리에게 훈계하기 위함이다. 바울은 이 계명이 약속 있는 첫 계명이라고 말함으로써(엡 6:2) 이 자극제로 우리를 부추기고 있다.

다른 계명에서와 같이 하나님은 이 복된 계명이 잘 지켜지기를 원하셨기 때문에 특별히 이 계명의 준수자들에게 풍성한 복을 약속하고 있습니다. 하나님이 단순히 계명을 부여하시는 데서 이것이 매우 적극적으로 받아들여지도록 연약한 인간들을 배려하고 있다는 것을 알 수 있습니다.

> 반대로, 주님은 부모에게 순종하는 자들에게 이생에서 그의 축복을 약속한다는 것은 마찬가지로 불순종하는 모든 자들에게 그의 저주가 임하리라는 것을 의미한다. 그는 그의 심판이 수행되게 하기 위해서 의를 행하라고 율법에 명하신다.

제5계명의 독특한 지위를 말하고 있습니다. 이처럼 제5계명은 축복이 약속된 계명입니다. 주님께서 이 질서가 인간 세계 안에서 얼마나 지켜지기를 간절히 원하셨는지를 잘 보여 주는 대목입니다. 그리고 역시 이 권위의 질서가 파괴되는 것을 원하지 않으신다는 것을 보여 주고 있습니다. 이제 마무리입니다.

> 하나님께서 그들에게 자신의 영예의 일부를 나눠 주시고 그들을 높여 주셨기 때문에 그들이 우리를 다스리는 것이다. 따라서 그들에게 돌리는 복종은 마치 우리를 최고의 어버지이신 하나님에 대한 존경으로 이끌어가는 단계와도 같아야 한다. 만일 그들이 우리로 하여금 그의 율법을 위반하게 하려 한다면, 우리는 그들을 아버지로 여길 이유가 없고 오히려 우리를 우리의 진정한 아버지에 대한 순종으로부터

멀어지게 만드는 타인으로 간주해야 한다.

제5계명은 하나님의 권위를 인간들에게 일정 부분 나누어 주신 것이며, 본래 권위란 하나님의 것이라는 점을 분명히 하고 있습니다. 또한 이렇게 하심으로 이 순종은 결국 하나님에 대한 순종으로까지 연결되고 있습니다.

> 우리의 군주들이나 영주들이나 윗사람들에 대해서도 같은 판단을 해야 한다. 그들의 우월함이 하나님의 고귀함을 낮추기 위해 무언가를 가져오는 것은 너무도 부당한 일이다. 왜냐하면 그의 우월함은 하나님의 고귀함에 의존하기 때문이요, 또한 그것을 감소시키기보다는 증대시켜야 하며, 훼손하기보다는 확고히 해야 하기 때문이다.

또한 이렇게 하나님의 권위를 수여받은 사람들의 권위를 인정하는 것은 사람을 높이는 것이 목적이 아니며, 결코 이런 불순한 의도로 하나님의 권위가 낮추어지는 일이 일어나서는 안 된다고 설명합니다. 참된 권위의 출처를 분명히 안다면 오히려 하나님의 영광이 증대되어야 마땅한 것입니다. 우리가 기독교강요를 읽으면서 얻는 유익 가운데 하나가 왜 그렇게 마땅히 계명에 순종해야 하는지에 대한 이해를 설명해 주고 있다는 것입니다. 여기에서도 권위는 하나님께서 자기 영예의 일부를 나눠 주셔서 그들을 높여 주셨다고 말합니다.

「웨스트민스터 대요리문답」제129문답은 권위의 사람들이 아랫사람들을 어떻게 대해야 하는지에 대해서, 아랫사람들을 사랑하고 축복하며, 격려하고 공급하며 보호해 주어야 한다는 의무를 가르칩니다. 또한 130문은 윗사람들의 죄에 대해서 말하기를, 악한 일을 하거나, 선한 일을 못 하도록 말리거나 부당하게 징계하는 것과 위험에 내버려 두는 것과 불공평, 가혹하거나 태만한 행동을 꼽고 있습니다. 또한 131문답은 동등자들에 대해서 피차 존엄과 가치를 존중하며 서로 경의를 표하며, 서로의 은사와 진급을 자기 일처럼 기뻐하는 것이라 가르치고 있습니다. 또 제132문답은 동등자들끼리의 죄를 말하면서 피차 깎아내리고, 과소평가하고, 질투하고 서로의 번영을 기뻐하지 않고 서로 높아지려고 횡포를 부리는 것이라고 가르칩니다.

아울러 「도르트 교회 질서」(Church Order of Dort, 1619)에서는 교회의 직분에 대해서도 직분 간의 동등성을 가르치고 있습니다.

이상의 내용을 종합할 때, 제5계명은 단순히 부모 공경의 내용처럼 보이지만 모든 인간관계에 대한 질서와 존중의 방법을 제공해 주고 있습니다. 이 세상을 하나님께서 창조하심을 믿는 것처럼, 하나님께서 이 세상에 질서를 주시고 각 사람들 사이의 관계에서 권위를 부여하시고, 그 권위를 하나님께서 주셨으므로 존엄의 태도를 가져야 한다는 것입니다. 제1계명이 하나님과의 관계에 대한 첫 단추라면, 제5계명은 사람들과의 관계에 대한 첫 단추입니다. 그 출발은 각 사람에게 하나님께서 부여하신 권위를 인정하는 것입니다. 모두들 두 번째 돌판의 첫 단추를 잘 끼워서 이웃을 내 몸처럼 사랑하는 하나님의 사람들로 세워져 가고, 교회는 직분에 대한 잘못된 이해를 뛰어넘어 아름답고 건강한 교회로 세워져 가기를 바랍니다.

기독교강요 제3장. 율법

십계명 해설

제6계명
살인하지 말라.

이 계명의 목적은 하나님이 모든 인류를 단일체로 결속시켰기 때문에 모든 사람들의 구원과 보전이 각 사람에게 위탁된다는 것이다. 따라서 요컨대 우리 이웃의 몸에 부상을 입히는 모든 폭력과 가해와 상해가 금지된다. 이로부터 우리는 계명으로 들어갈 필요가 있다. 즉 만일 우리가 우리 이웃의 생명을 보존하기 위해 무언가를 할 수 있다면, 그것에 적합한 것을 제공함으로써, 그리고 그것에 반대되는 모든 것을 예방함으로써 그 일을 신실하게 수행해야 한다는 것이다. 마찬가지로 이웃이 어떤 위험이나 난관에 처해 있다면 그들을 돕고 비용을 치러야 한다. 그런데 만일 우리가 하나님이 이 점에 대해 말씀하는 입법자라는 것을 기억한다면, 그가 우리 영혼에 이런 규칙을 주신다는 것을 생각해야 한다. 왜냐하면 마음의 생각들을 뚫어 보시고 주로 그것에 집중하시는 분이 우리의 몸에만 참된 정의를 가르치신다는 것은 우스꽝스러운 일이기 때문이다. 따라서 여기서 마음의 살인이 금지되며, 우리 이웃의 생명을 보존하려는 내적인 성향이 우리에게 명령된다. 왜냐하면 비록 손이 살인을 낳지만 그럼에도 불구하고 마음이 분노와 미움으로 얼룩지게 될 때 살인을 품게 되기 때문이다. 만일 네가 너의 형제에게 그를 해치고자 하는 욕구를 가지지 않고서도 격노할 수 있는지를 생각해 보라. 만일 네가 격노할 수 없다면 너는 그 같은 욕구를 가지고 있지 않으므로 또한 너는 그를 미워하지 않는 것이다. 미움은 뿌리를 내린 분노일 뿐이기 때문이다. 네가 정직하지 못한 구실로써 위장하고 모면하려고 한다고 해도 미움이나 분노는 악행을 하려는 욕구가 없이 존재할 수 없다는 것이 분명하다. 네가 아직도 핑계를 대고자 한다면 이미 성령은 마음으로 자기 형제를 미워하는 자는 살인을 한 것이라고 말씀했다(요일 3:15). 그리스도의 입을 통해서 선포되는바, 자기 형제를 미워하는 자는 심판받을 죄가 있고, 화가 난 징후를 보이는 자는 공회(Consistoire)에서 정죄되며, 누구든지 욕하는 자는 지옥의 불에 들어갈 죄가 있다는 것이다(마 5:22).

성경은 이 계명의 기초가 되는 두 가지 이유를 제시한다. 그것은 인간이 하나님의 형상이요, 또한 우리의 육신이라는 것이다. 따라서 만일 우리가 하나님의 형상을 손상시키기를 원치 않는다면 우리는 우리 이웃에게 어떤 해도 가해서는 안 된다. 그리고 만일 우리가 모든 인간성을 포기하기를 원치 않는다면 우리는 우리 이웃을 자기 자신의 육신과 같이 품어야 한다. 이를 위해 그리스도의 구속의 은혜로부터 가져올 수 있는 권면은 다른 곳에서 다루어질 것이다. 아무튼 주님은 우리가 인간에 대해 앞에서 언급된 두 가지 것—우리를 이끌어 인간에게 선을 행하게 하는—을 당연히 주목하기를 원했다. 즉 우리가 각 사람에게서 거기에 새겨진 하나님의 형상을 본다는 것과 우리가 우리 자신의 육신을 사랑한다는 것이다. 따라서 피 흘리는 일을 하지 않은 사람이라고 해도 살인죄로부터 깨끗한 것은 아니다. 왜냐하면 누구든지 행위로 범하건 노력하고 시도하건 또는 마음속으로 자기 이웃의 선과 반대되는 어떤 것을 품건 하나님은 그를 살인자로 간주하시기 때문이다. 한편, 우리가 우리 이웃에게 선을 행하도록 우리에게 주어진 능력과 기회를 사용하지 않는다면 그런 잔인함으로 말미암아 우리는 이 계명을 범하게 된다. 그런데 주님이 각 사람의 육체적인 구원에 이토록 많은 염려를 할진대, 이로부터 우리는 얼마나 우리가 주님 앞에서 비교할 수 없이 소중한 영혼들의 구원을 돌봐야 하는지를 잘 알 수 있다.

웨스트민스터 대요리문답

제135문: 제6계명에 요구된 의무는 무엇인가?

답: 제6계명에 요구된 의무는 우리 자신과 다른 사람의 생명을 보존하기 위해 주의 깊은 연구와 합법적인 노력을 아끼지 않는 것이다. 누구의 생명이든지 불법하게 빼앗아 가려는 모든 사상과 목적에 대항하고 모든 격분을 억제하고 모든 기회와 시험과 습관을 피하는 것이다. 폭력에 대한 정당방위, 하나님의 징계를 조용한 마음과 즐거운 마음으로 참고 견디며, 육류와 술과 약과 수면과 노동 및 오락을 절제 있게 하며, 자비로운 생각과 사랑과 인애와 온유와 우아함과 친절과 화평과 부드럽고 예의 있는 언행과 관용과 화해되기 쉬움과 상해의 관용 및 용서 또는 악

을 선으로 갚음과 곤궁에 빠진 자들을 위로하고 구제함과 죄 없는 자를 보호하고 옹호하는 것이다.

제136문: 제6계명에서 금지된 죄는 무엇인가?

답: 제6계명에서 금지된 죄는 공적 재판이나 합법적인 전쟁, 혹은 정당방위 외에 우리 자신이나 다른 사람들의 생명을 빼앗는 모든 행동이다. 합법적이며 필요한 생명 보존의 방편을 소홀히 하거나 철회하는 것, 죄악 된 분노, 증오심, 질투, 복수하려는 욕망을 가지는 것, 모든 과도한 격분, 산란하게 하는 염려와 육류, 술과 노동 및 오락을 무절제하게 사용함과 격동시키는 말과 압박, 다툼, 구타, 상해, 다른 무엇이든지 사람의 생명을 파멸하기 쉬운 것이다.

제6계명 – 생명에 대한 책임

> 살인하지 말라 _ 출 20:13

이번에 살펴볼 제6계명은 전체 분량이 좀 적습니다. 그러나 어쩌면 제6계명은 저와 여러분의 십계명에 관한 생각을 송두리째 바꾸어 놓을 수도 있는 교훈을 가지고 있습니다. 지금 우리가 읽은 출애굽기 20장 13절은 제6계명으로, "살인하지 말라"라고 말합니다. 그러나 이 말씀은 단순히 사람을 죽이지 말라는 것 이상의 교훈을 담고 있습니다. 이제 살펴봅시다.

이 계명의 목적은 **하나님이 모든 인류를 단일체로 결속시켰기 때문에 모든 사람들의 구원과 보전이 각 사람에게 위탁된다는 것이다.** 따라서 요컨대 우리 이웃의 몸에 부상을 입히는 모든 폭력과 가해와 상해가 금지된다. 이로부터 우리는 계명으로 들어갈 필요가 있다.

제6계명의 목적은 아주 분명합니다. "살인하지 말라." 이렇게 매우 간결하고 단순한 이 계명은 어떤 전제나 조건이나 부연 설명이나 부칙이 없습니다. 그러나 이 계명이 가지는 무게감은 어떤 계명에 못지않습니다. 기독교강요 십계명 해설은 제6계명의 목적을 이렇게 설명합니다.

제6계명

목적 - 모든 사람들의 구원과 보전이 각 사람에게 위탁되었다.

이유 - 하나님이 모든 인류를 단일체로 결속시켰기 때문이다.

적용 - 우리 이웃의 몸에 부상을 입히는 모든 폭력, 가해, 상해가 금지된다.

모든 사람들의 구원과 보전이 각 사람에게 위탁되며, 그 이유는 하나님이 모든 인류를 단일체로 결속시켰기 때문이라고 설명합니다. 제6계명의 적용을 이웃의 몸에 부상을 입히는 모든 폭력과 가해, 상해가 금지된다고 설명하고 있습니다. 여기서 모든 폭력이라는 것은 단지 신체에 가하는 것만 말하는 것이 아니라, 정신과 감정과 영혼에 가하는 폭력까지도 포함하고 있습니다. 조금 더 읽어 봅시다.

즉 만일 우리가 우리 이웃을 생명을 보존하기 위해 무언가를 할 수 있다면, 그것에 **적합한 것을 제공**함으로써 그리고 그것에 **반대되는 모든 것을 예방**함으로써 그 일을 신실하게 수행해야 한다는 것이다. 마찬가지로 이웃이 **어떤 위험이나 난관에 처해 있다면 그들을 돕고 비용을 치러야 한다**.

칼뱅은 제6계명을 확장시켜서 우리가 이웃을 생명을 보존하기 위해 적합한 것을 제공하는 것, 반대되는 모든 것을 예방하는 것, 그리고 위험에 처한 이웃을 돕고 그 비용을 지불하는 것으로 확장시키고 있습니다.

확장된 6계명 - 이웃의 생명을 보존하기 위해

❶ 적합한 것을 **제공**

❷ 반대되는 모든 것을 **예방**

❸ 위험에 처한 이웃을 돕고 비용을 **지급**

이렇게 6계명을 단순히 살인을 금하는 단순한 명령에서 확장시킨 다음에 이 계명을 또 한 단계 격상시키고 있는데, 이것은 예수님의 방식입니다.

> 그런데 만일 우리가 하나님이 이 점에 대해 말씀하시는 입법자라는 것을 기억한다면, 그가 **우리 영혼에 이런 규칙을 주신다는 것**을 생각해야 한다. 왜냐하면 마음의 생각들을 뚫어 보시고 주로 그것에 집중하시는 분이 우리의 몸에만 참된 정의를 가르치신다는 것은 우스꽝스러운 일이기 때문이다. 따라서 여기서 **마음의 살인이 금지되며**, 우리 이웃의 생명을 보존하려는 내적인 성향이 우리에게 명령된다. 왜냐하면 **비록 손이 살인을 낳지만 그럼에도 불구하고 마음이 분노와 미움으로 얼룩지게 될 때 살인을 품게 되기 때문이다.**

칼뱅은 마음의 살인을 언급하고 있습니다. 비록 손이 살인을 낳지만, 마음이 분노와 미움으로 얼룩지게 될 때 살인을 품게 된다고 말합니다.

> 만일 네가 너희 형제에게 그를 해치고자 하는 욕구를 가지지 않고서도 격노할 수 있는지를 생각해 보라, 만일 네가 격노할 수 없다면 너는 그 같은 욕구를 가지고 있지 않으므로 또한 너는 그를 미워하지 않는 것이다. 미움은 뿌리를 내린 분노일 뿐이기 때문이다. 네가 정직하지 못한 구실로써 위장하고 모면하려고 한다고 해도 미움이나 분노는 악행을 하려는 욕구가 없이 존재할 수 없다는 것이 분명하다. 네가 아직도 핑계를 대고자 한다면 **이미 성령은 마음으로 자기 형제를 미워하는 자는 살인을 한 것이라고 말씀했다**(요일 3:15).

이제 예수님의 복음서 이야기를 가져와서 형제를 미워하는 자는 마음으로 살인한 것이라고 설명합니다. 또한 화내는 자, 욕하는 자도 마음의 살인자로 규정하고 있습니다.

> 그리스도의 입을 통해 선포되는바, **자기 형제를 미워하는 자**는 심판을 받을 죄가 있고, **화가 난 징후를 보이는 자**는 공회에서 정죄되며, 누구든지 **욕하는 자**는 지옥

의 불에 들어갈 죄가 있다는 것이다(마 5:22).

칼뱅은 6계명의 기초를 두 가지로 제시하고 있습니다. 하나는 인간은 하나님의 형상이므로 손상시켜서는 안 된다는 것이요, 또 하나는 이웃은 우리의 육신과 같다는 것입니다. 즉 이웃을 자기 자신의 육신과 같이 여겨야 한다는 것입니다. 이것은 네 이웃을 네 몸처럼 사랑하라는 설명과 같습니다.

> 성경은 이 **계명의 기초가 되는 두 가지 이유**를 제시한다. 그것은 ❶ 인간이 하나님의 형상이요, 또한 ❷ 우리의 육신이라는 것이다. 따라서 **만일 우리가 하나님의 형상을 손상시키기를 원치 않는다면** 우리는 우리 이웃에게 어떤 해도 가해서는 안 된다. 그리고 만일 우리가 모든 인간성을 포기하기를 원치 않는다면 우리는 **우리 이웃을 자기 자신의 육신과 같이 품어야 한다.** 이를 위해 그리스도의 구속의 은혜로부터 가져올 수 있는 권면은 다른 곳에서 다루어질 것이다. 아무튼 주님은 우리가 인간에 대해 앞에서 언급된 두 가지 것—우리를 이끌어 인간에게 선을 행하는—을 당연히 주목하기를 원했다.

그러므로 꼭 손으로 피를 흘리는 살인을 하지 않았다고 해도 살인죄로부터 깨끗한 것은 아니라고 말합니다. 마음의 상태에서도 살인자로 간주될 수 있다고 말합니다. 이제 마지막 대목이 중요합니다.

> 즉 우리가 각 사람에게서 거기에 새겨진 하나님의 형상을 본다는 것과 우리가 우리 이웃의 육신을 사랑한다는 것이다. **따라서 피 흘리는 일을 하지 않은 사람이라고 해도 살인죄로부터 깨끗한 것은 아니다. 왜냐하면 누구든지 행위로 범하건 노력하고 시도하건, 또는 마음속으로 자기 이웃의 선과 반대되는 어떤 것을 품건 하나님은 그를 살인자로 간주하시기 때문이다.**

우리는 오늘날 만연한 인명 경시 풍조를 봅니다. 그리고 인간의 존엄성이 말살되어 깡마른 현대의 비정한 사회를 봅니다. 지금이야말로 제대로 제6계명이 가르쳐져야 합니다. 사람은 소중합니다. 왜냐하면 하나님의 형상으로 지음받았기 때문입니다. 그리고 하나님은 살인 행위뿐만 아니라 인간을 가볍게 여기는 어떤 형태의 말과 행동도 살인으로 보십니다.

> 한편 우리가 우리 이웃에게 선을 행하도록 우리에게 주어진 능력과 기회를 사용하지 않는다면 그런 잔인함으로 말미암아 우리는 이 계명을 범하게 된다. 그런데 **주님이 각 사람의 육체적인 구원에 이토록 많은 염려를 할진대**, 이로부터 **우리는 얼마나 우리가 주님 앞에서 비교할 수 없이 소중한 영혼들의 구원을 돌봐야 하는지를 잘 알 수 있다**.

하나님께서 인간의 육체도 이렇게 보호되고 보존되기를 원하셨다면 그보다 더 소중한 영혼의 문제는 얼마나 중요하겠느냐고 말합니다. 한 영혼을 헛된 교리와 잘못된 교훈으로 인도하는 것은 가장 잔혹한 살인입니다. 그러므로 교회는 무엇보다 진리의 기둥과 터가 되어야 합니다. 그 터 위에 만민의 기도하는 집이 되어야 합니다. 그리고 구원의 방주가 되어야 합니다. 이제 저는 「웨스트민스터 대요리문답」을 조금 더 살펴보려고 합니다.

웨스트민스터 대요리문답

제135문: 제6계명에 요구된 의무는 무엇인가?

답: 제6계명에 요구된 의무는 **우리 자신과 다른 사람의 생명을 보존하기 위해** 주의 깊은 연구와 합법적인 노력을 아끼지 않는 것이다. 누구의 생명이든지 불법하게 빼앗아 가려는 모든 사상과 목적에 대항하고 모든 격분을 억제하고 모든 기회와 시험과 습관을 피하는 것이다. 폭력에 대한 정당방위, 하나님의 징계를 조용한 마음과 즐거운 마음으로 참고 견디며, **육류와 술과 약과 수면과 노동 및 오락을 절제 있게 하며**, 자비로운 생각과 사랑과 인애와 온유와 우아함과 친절과 화평과 부드럽고 예의 있는 언행과 관용과 화해되기 쉬움과 상해의 관용 및 용서 또는 악을 선으로

갚음과 곤궁에 빠진 자들을 위로하고 구제함과 죄 없는 자를 보호하고 옹호하는 것이다.

135문답은 우리의 전인적인 모든 부분에서 나 자신과 이웃의 생명을 보존하기 위한 노력을 기울여야 한다고 말합니다. 제6계명에 대한 대요리의 설명은 매우 구체적이어서 그동안 우리가 제6계명을 제대로 알고자 있었는가 하는 의문이 들 정도입니다. 단순히 살인의 행위만을 언급하는 것이 아니라 생명의 보존과 관련된 모든 예방 활동과 자기 몸을 위험에 빠뜨리는 행동들까지 제6계명의 금령으로 제시하고 있습니다. 제136문답은 금령을 말하고 있습니다.

제136문: 제6계명에서 금지된 죄는 무엇인가?
답: 제6계명에서 금지된 죄는 **공적 재판이나 합법적인 전쟁, 혹은 정당방위** 외에 우리 자신이나 다른 사람들의 생명을 빼앗는 모든 행동이다. 합법적이며 필요한 **생명 보존의 방편을 소홀히 하거나 철회하는 것**, 죄악된 분노, 증오심, 질투, 복수하려는 욕망을 가지는 것, 모든 과도한 격분, 산란하게 하는 염려와 육류, 술과 노동 및 오락을 무절제하게 사용함과 격동시키는 말과 압박, 다툼, 구타, 상해, 다른 무엇이든지 사람의 생명을 파멸하기 쉬운 것이다.

그래서 사형 제도와 정당한 전쟁이나 정당방위를 옹호하고 있습니다. 그리고 생명 보존의 방편을 소홀히 하거나 철회해서는 안 된다고 말하고, 무절제한 과식과 과음, 오락을 금하고 있습니다. 우리는 일상과 노동의 현장에서도 생명을 보존하기 위한 활동을 게을리해서는 안 됩니다. 가령, 안전하게 차량을 운행하는 것과 공사 현장에서 안전을 위한 시설물을 규격에 맞게 설치하는 것, 사람들의 건강을 해치지 않도록 음식을 만들고, 안전한 제품을 생산하는 것 등 모든 것이 제6계명에 해당됩니다.

우리는 생활의 현장에서 늘 제6계명을 만납니다. 우리의 작은 배려와 용기 있는 행동이 나 자신과 이웃을 생명을 지킵니다. 방관자나 구경꾼이 되어서는 안 됩니다. 예방하고, 돕고, 비용도 지불해야 합니다. 그러므로 제6계명은 진정한 사랑의 계명입니다. 만일 제6계명이 없다면 사랑도 없는 것입니다. 거짓 신앙입니다. 망상이며, 맹목적인 신앙입니다. 기독교 신앙이 아닙니다. 제6계명을 실천합시다. 생명에 대한 책임을 집시다.

십계명 해설

제7계명
간음하지 말라.

이 계명의 목적은 하나님이 순수함과 정절을 사랑하므로 우리가 모든 불결함을 멀리해야 한다는 것이다. 그러므로 요점은 우리가 육신의 어떤 추악함이나 무절제로 더럽혀져서는 안 된다는 것이다. 긍정적인 명령이 이에 상응한다. 즉 우리의 삶이 모든 행동에서 정절과 절제를 따라야 한다는 것이다. 그런데 계명은 특히 모든 무절제가 지향하고 있는 음행을 금지하는바, 이는 음행에서 더욱 잘 드러나고 명백한—그것이 우리의 몸을 더럽히므로—파렴치함과 추잡함을 통해서 우리에게 모든 무절제를 가증스럽게 느끼도록 하기 위함이다. 남자가 자기 혼자서는 살 수 없고 자기와 닮은 한 배필을 가진다는 조건에서 창조되었기 때문에, 나아가 그가 죄의 저주로 말미암아 그 필연에 더 굴복하게 되었기 때문에, 주님은 여기서 혼인을 제도화함—이것이 적합했기에—으로써 우리에게 처방을 내려 주셨다. 주님은 혼인을 그의 권위로써 명한 후 그의 축복으로 거룩하게 하셨다. 이로부터 혼인 이외의 남녀의 모든 결합은 그 앞에서 저주를 받는다는 것과 혼인의 결합이 우리의 필연에 대한 해결책으로 우리에게 주어졌다는 것이 명백해진다. 이는 우리가 우리의 탐욕의 고삐를 느슨하게 하지 않도록 하기 위함이다. 그러므로 우리는 하나님의 저주를 받지 않고서는 남자가 결혼하지 않고 여자와 동거할 수 없다는 말을 들을 때 헛된 환상을 품어서는 안 된다.

그런데 우리에게 이 해결책이 이중적으로 필요하기 때문에, 즉 우리의 처음 본성의 조건과 거기에 들이닥친 악 때문에, 하나님에게서 특별한 은혜를 받은 사람이 아니라면 어느 누구도 거기로부터 예외가 되지 않으며, 각 사람은 무엇이 자신에게 주어졌는지를 잘 생각해야 한다. 금욕이라는 특별한 은사를 받지 않은 사람들이 자신들에게 허용되고 제공된 그 해결책을 사용하지 않을 경우, 그들은 하나님에게 대항해 싸우며 그의 명령에 반항하게 된다. 누군가가 여기서, 많은 사람이 습관적으로 그렇게 했거니와 하나님의 도움으로 말미암아 자신은 모든 것을 할 수 있다고 반박해서는 안 된다. 왜냐하면 이 도움은 자신들의 길로 행하는 사람들(시 91:11), 다시 말해서 자신들의 소명을 따르는 사람들 이외에는 주어지지 않기 때문이다. 하나님이 그들에게 준 모든 수단들을 저버리고 어리석은 무모함으로 자신들의 필연을 극복하려는 자들은 모두 그 소명으로부터 벗어나 있는 것이다. 주님은 금욕이 특별한 은사라고 강조하신다. 금욕은 그의 교회에 아무렇게나 주어진 것이 아니라 오직 아주 소수의 지체들에게만 주어진다. 그는 우리에게 어떤 종류의 인간을 제시하는바, 이는 천국을 위해, 다시 말해 하나님의 영광을 위하는 일에 더 자유롭게 종사하기 위해 스스로 고자가 된 사람이다(마 19:11). 그리고 아무도 그것이 우리의 능력으로 된다고 생각하지 못하도록, 그는 미리 그것이 모든 사람에게 가능한 것이 아니라 오직 하늘로부터 주어진 자들만 가능하다고 말씀했다. 그로부터 그는 그것을 쓸 수 있는 사람은 쓰라고 결론짓는다. 바울은 동일한 것에 대해 더 명백하게 가르친다. 그는 "각 사람은 하나님으로부터 각자의 고유한 은사를 받았으니, 이 사람은 이렇게 저 사람은 저렇게 받았다"(고전 7:7)라고 말한다.

그런데 우리의 사제와 수사와 수녀는 그런 고려의 말씀은 뒷전에다 놓고 자신들이 자제할 수 있다고 자만한다. 그들이 영원히 의무를 져야 하는 정절을 평생 지킬 수 있다고 그들에게 계시한 이는 누구인가? 그들은 사람들에 관한 보편적 조건과 관계된 하나님의 말씀을 듣는다. 그것은 남자가 혼자 있는 것이 좋지 못하다는 것이다(창 2:18). 그들은 무절제의 자극제들이 그들의 몸에서 얼마나 가혹한지 알고 있다(그들이 그것을 느끼지 않으면 좋으련만). 절제의 은사란 대부분의 경우 어떤 일정 시기에 그것이 요구되는 상황에 따라서 주어지기 때문에, 그들이 평생 이 일반적인 소명을 무슨 단호함으로 감히 물리치겠는가? 그들은 그런 고집 속에서 하나님이 그들을 도우리라고 기대해서는 안 되고, 오히려 "주 너의 하나님을 시험하지 말라"(신 6:16)라고 기록된 말씀을 기억해야 한다. 그런데 하나님이 우리에게 주신 천성에 대항하고자 애쓰고, 그가 우리에게 제시한 수단들을 마치 그것들이 우리에게는 하나도 해당되지 않는다는 듯이 멸시하는 것은 하나님을 시험하는 것이다. 그들은 그렇게 할 뿐만 아니라 또한 결혼을 "오염"이라고 부르기를 부끄러워하지 않는다. 우리 주님은 혼인 제도가 그의 존엄에 합당치 않은 제도라고 결코 생각하지 않았고, 그것이 모든 사람에게 영예롭다고 강조했으며, 예수 그리스도는 직접 참석함으로써 결혼을 거룩하게 하셨고, 자신의 첫 번째 기적을 통해 그것을 영예롭게 하셨다(히 13:4; 요 2:1-11). 그들이 그렇게 하는 것은 그들이 결혼을 하지 않고 취하는 신분 상태를 높이기 위해서이다. 마치 혼인의 절제와 동정을 지키는 것이 매우 다른 것임이 그들의 삶 자체로부터는 분명하게 나타나지 않았다는 듯이 말이다! 그럼에도 불구하고 그들은 자신들의 삶이 천사와 같다고 말할 정도로 뻔뻔하다. 이 점에서 확실히 그들은 하나님의 천사들에게 너무나 큰 모욕을 가하고 있는바, 그들은 음행한 자와 간음한 자와 그보다 더 나쁜 자들을 천사들과 비교한다. 사실 여기서는 대단한 논증이 필요 없다. 왜냐하면 그들[의 잘못]이 진실에 의해 입증되기 때문이다. 우리는 우리 주님이 자신의 은사들에 대한 그런 오만과 경멸을 얼마나 무서운 형벌로써 벌하시는지를 목도한다. 사람들이 절반밖에 모르는데도 공기가 악취를 풍길 정도지만, 나는 보다 은밀한 것을 드러내는 일이 부끄럽다.

그들은 한 가지 구실을 내세워 사제들이 결혼을 해서는 안 된다는 것을 입증한다. 그것은 레위인 제사장들이 제단에 나아갈 때 그들의 제사를 더 성결하게 드리기 위해 자신의 부인과 동침해서는 안 되었을진대, 더 고상하고 더 뛰어난 기독교의 성례전을 결혼한 사람들이 거행하는 것은 가당치 않다는 것이다. 마치 복음적인 목회 사역과 레위인 제사직의 직무가 같다는 듯이 말이다! 반대로 레위인 제사장들은 예수 그리스도를 상징하는바, 그리스도는 하나님과 사람들 사이의 중보자로서 매우 완성된 순수함으로 우리를 성부와 화해시켜야 했다. 그런데 제사장들은 죄인이기에 그[하나님]의 거룩함에 어떤 방식으로든 부응할 수 없으므로, 그 거룩함을 얼마간 상징으로 표현하기 위해서 그들이 성소에 나아갈 때 인간의 관습을 떠나 자신을 깨끗하게 하도록 명령된 것이다. 왜냐하면 중재자로서 그들이 [때론] 하나님 앞에, [때론] 백성의 이름으로, [때론] 하늘 보좌의 형상과도 같았던 성전에 몸을 드러냈다는 점에서 당시 그들이 그리스도의 모습을 간직하는 것은 적절했기 때문이다. 그런데 교회의 목사들에게는 그런 직무와 인격이 없기 때문에 비교가 적합하지 않다. 따라서 사도는 어떤 예외도 없이 혼인이 모든 사람에게 명예로운 일이며, 하나님이 음행한 자들과 간음한 자들을 벌하시리라고 단정한다.

더 나아가서, 그들이 그런 정절을 필수적인 것으로 강요한 것은 엄청난 파렴치였다. 이 점에서 그들은 순수 교리에 있어서 탁월했을 뿐 아니라 성결에서도 매우 비옥했던 고대 교회에 큰 수치를 주었다. 그렇다면 주교들 사이에서 결혼이 용납되었을 뿐만 아니라 또한 그것을 승인하기까지 했던 고대교회의 모든 교부들에 대해 그들은 과연 뭐라고 말을 할까? 그들은 하나님의 신비를 모독하려는 마음을 품었다는 결과가 뒤따르는바, 이는 [혼인을 거부하는] 이 사람들의 의견에 따르면 그들이 그 신비를 순수하게 다루지 않았기 때문이다. 이 주제는 니케아 공의회에서 토론되었으며, 물론 (스스로 놀라운 존재가 되기 위해 무슨 새로운 몽상을 꿈꾸는 어떤 미신적 인물들이 언제나 있었기 때문에) 혼인을 사제들에게 금지하기 원했던 자들이 있었던 것은 사실이다. 하지만 거기서 결정된 것이 무엇이던가? 파프누티우스(Paphnutius)의 견해가 받아들여졌는바, 그는 정절이란 남자가 여자와 동거하는 것이라고 선언했다. 이로 인해 거룩한 결혼은 온전하게 남아 있게 되었고, 결혼한 주교들에게 수치스럽게 여겨지지 않았으며, 결혼이 성직에 어떤 오점이 된다고 판단하지 않게 되었다. 마찬가지로 그 이후의 교부들도 히에로니무스를 제외하고 결혼의 예절에 대해서 그렇게 강하게 험담하지 않았다. 우리는 크리소스토무스의 증언으로 만족할 것이다. 왜냐하면 그는 결혼을 매우 두둔했다는 데 의심이 없지만, 반대로 동정 상태를 매우 존중하고 높이는 성향이 있었기 때문이다. 그는 이런 식으로 말한다. "정절의 첫째 지위는 흠 없는 동정이다. 둘째는 신실하게 지켜진 혼인이다." 그러므로 남편과 아내가 혼인 상태로 잘 살면서 갖는 그들의 사랑이 두 번째 종류의 동정이다.

이제 결혼한 사람들이 그들의 결합이 하나님의 축복임을 인정한다면, 그들은 문란한 방탕으로써 이 결합을 더럽히지 말아야 한다는 훈계를 들어 마땅하다. 왜냐하면 결혼의 예절이 무절제의 파렴치함을 덮어 주기는 하지만 그렇다고 그 파렴치함을 독려한다는 의미는 아니기 때문이다. 따라서 그들은 모든 것이 그들에게 합법적이라고 생각해서는 안 되며, 오히려 각 사람은 자기 아내와 함께 검소하게 자제해야 하며, 아내도 상호적으로 자기 남편과 함께 그리해야 한다. 그들이 결혼의 거룩함에 반대되는 것은 아무것도 하지 않도록 자신을 다스리면서 말이다. 하나님의 명령은 이처럼 지켜져야 하며, 그런 절제로 귀결되어야 하며, 문란한 상태로 내버려 두어져서는 안 된다.

끝으로 음행을 정죄하는 이가 어떤 입법자인지를 바라보아야 하는바, 하나님은 우리를 온전히 소유하는 분이다. 따라서 그가 우리에게서 몸과 혼과 영의 온전함을 요구하는 것은 타당하다. 그러므로 그는 음행을 금하면서, 또한 단정치 못한 의복으로나 정숙하지 못한 행동과 몸가짐으로나 또는 더러운 말로 다른 사람을 악으로 끌어들이는 것을 금하신다. 아르켈라우스라는 이름의 철학자가 아주 묘하게 옷을 입은 한 청년에게 자신의 음란을 보여 주는 것은 몸의 어떤 부분으로건 모두 마찬가지다"라고 말한 것은 이유가 없지 않다. 나는 이 말이, 영혼이건 육체건 어떤 부분에서건 모든 더러운 것을 혐오스럽게 여기는 하나님 앞에서도 옳다고 말한다. 아무도 이것에 대해 의심하지 않도록 하나님이 여기서 우리에게 성설을 권면하신다는 것을 주목하자. 만일 그가 그것을 명한다면, 그는 그것에 반대되는 모든 것을 정죄하신다. 따라서 만일 우리가 이 명령에 순종하기를 원한다면, 우리 마음이 속에서 악한 정욕으로 타올라서는 안 되며, 시선이 음탕해서도 안 되며, 얼굴을 뚜쟁이 짓을 위해서처럼 치장해서도 안 되며, 혀가 더러운 말로 음행에 이끌려서도 안 되며, 또는 입이 방탕의 빌미를 주어서도 안 된다. 왜냐하면 이 모든 악은 정절과 절제를 얼룩지게 하고 정결함을 더럽히는 오점과 같기 때문이다.

제7계명 - 결혼 제도를 통한 성결

간음하지 말라 _ 출 20:14

지금 우리는 출애굽기 20장 14절의 제7계명을 읽었습니다. "간음하지 말라"는 매우 짧은 구절이지만, 이 말씀이 제대로 지켜지지 못해 우리 사회는 불행하고 또 건강하지 못합니다. 짧지만 결코 경시되어서는 안 될 말씀입니다. 특히 오늘날 국가의 법률과 제7계명은 충돌하고 있습니다. 우리나라에서는 간통을 더 이상 죄의 범주에 넣지 않기 때문입니다.

하나님은 이 세상을 창조하셨고, 그 창조하실 때의 창조원리와 질서가 지켜지기를 원하셨습니다. 안식이라는 질서, 권위라는 질서가 지켜지기를 원하셨던 하나님은 남자와 여자를 창조하시면서 가정이라는 제도를 만드셔서 성적인 것과 관련하여 하나님의 질서가 지켜지기를 원하셨습니다. 특별히 이 성적인 정절이 지켜지기를 원하셨던 하나님은 이 문제를 결혼이라는 질서를 통하여 지켜지도록 하셨습니다. 우리가 주목해야 할 부분은, 이 질서는 인간의 탐욕에 의해서 훼손되곤 했다는 것입니다. 그때 하나님은 '죄를 지었다'라고 하시지 않고, '더럽혀졌다'라고 하심으로써 이 혼인의 정조가 얼마나 보존되기를 원하셨는지를 우리에게 알려 주고 계십니다.

이 계명의 목적은 **하나님이 순수함과 정절을 사랑하므로 우리가 모든 불결함을 멀**

리해야 한다는 것이다. 그러므로 요점은 **우리가 육신의 어떤 추악함이나 무절제로 더럽혀져서는 안 된다는 것이다.** 긍정적인 명령이 이에 상응한다. 즉 우리의 삶이 모든 행동에서 정절과 절제를 따라야 한다는 것이다. 그런데 계명은 특히 모든 무절제가 지향하고 있는 **음행을 금지하는바**, 이는 음행에서 더욱 잘 드러나고 명백한—그것이 우리의 몸을 더럽히므로—파렴치함과 추잡함을 통해서 우리에게 모든 무절제를 가증스럽게 느끼도록 하기 위함이다.

지금까지 살펴본 계명들이 주로 하나님의 권위와 질서를 다루었다면, 제7계명에서 제10계명은 하나님의 성품을 근거로 주어집니다. 제7계명을 말씀하시면서 하나님은 순수함과 정절을 사랑하시고 모든 불결함, 무절제함, 육신의 추악함을 싫어하신다고 말씀합니다.

> 제1계명 - 하나님의 권위
>
> 제2계명 - 하나님의 권위
>
> 제3계명 - 하나님의 권위
>
> 제4계명 - 하나님의 안식의 질서
>
> 제5계명 - 하나님의 권위의 질서
>
> 제6계명 - 하나님의 생명의 질서
>
> **제7계명 - 하나님의 성품(순수와 정절)**
>
> 제8계명 - 하나님의 성품(정의)
>
> 제9계명 - 하나님의 성품(정직)
>
> 제10계명 - 하나님의 성품(탐심을 미워하심)

이와 같이 제7계명은 순수와 정절을 사랑하시는 하나님의 성품과 관련되어 있습니다. 7계명을 정리하자면 다음과 같습니다.

| 제7계명

> 목적 – 하나님이 순수함과 정절을 사랑하시므로 불결을 멀리해야 함.
>
> 요점 – 육신의 어떤 추악함이나 무절제로 더럽혀져서는 안 됨.
>
> 적용 – 음행을 금지함.

목적은 하나님께서 순수함과 정절을 사랑하시므로 불결을 멀리해야 한다는 것이고, 요점은 육신의 어떤 추악함이나 무절제로 더럽혀져서는 안 된다는 것이며, 적용은 음행을 금지하는 것입니다. 계속 읽어 봅시다.

> 남자가 자기 혼자서는 살 수 없고 자기와 닮은 한 배필을 가진다는 조건으로 창조되었기 때문에, 나아가 그가 죄의 저주로 말미암아 그 필연에 더 굴복하게 되었기 때문에, 주님은 여기서 혼인을 제도화—이것이 적합했기에—으로써 우리에게 처방을 내려 주셨다. 주님은 혼인을 그의 권위로써 명한 후 그의 축복으로 거룩하게 하셨다. 이로부터 혼인 이외의 나면의 모든 결합은 그 앞에서 저주를 받는다는 것과 혼인의 결합이 우리의 필연에 대한 해결책으로 우리에게 주어졌다는 것이 명백해진다.

먼저, 하나님은 자신이 창조한 사람이 거룩하고 성결한 생활을 하기를 원하셨기 때문에 그 장치로써 결혼이라는 제도를 만드셨다는 것입니다. 그러므로 결혼이라는 제도는 성결을 유지하기를 원하시는 하나님의 고안된 장치라는 것입니다.

> 이는 우리가 우리의 탐욕의 고삐를 느슨하게 하지 않도록 하기 위함이다. 그러므로 우리는 하나님의 저주를 받지 않고서는 남자가 결혼하지 않고 여자와 동거할 수 없다는 말을 들을 때 헛된 환상을 품어서는 안 된다. 그런데 우리에게 이 해결책이 이중적으로 필요하기 때문에 즉, 우리의 처음 본성의 조건과 거기에 들이닥친 악 때문에, 하나님에게서 특별한 은혜를 받은 사람이 아니라면 어느 누구도 거기로부터 예외가 되지 않으며, 각 사람은 무엇이 자신에게 주어졌는지를 잘 생각해야 한다.

정리하자면 다음과 같습니다.

> 1. 결혼은 순수와 정절을 위해 하나님이 혼인을 처방과 해결책으로 주시고 제도화 하셨다.
> 2. 금욕이라는 특별한 은사를 받은 소수의 지체들에게는 결혼은 예외가 된다.
> 3. 로마 가톨릭의 수사와 수녀, 사제의 독신은 잘못된 것이다.
> 4. 결혼은 가장 순수한 정절이다.

결혼은 순수와 정절을 위해 하나님이 처방과 해결책으로 주신 제도이며, 금욕이라는 특별한 은사를 받은 소수의 사람들을 제외하고 결혼은 모두에게 필요한 것이며, 결혼이야말로 가장 순수한 정절이라고 설명하고 있습니다.

이어서 제7계명을 예수 그리스도의 해석으로 끌어 올리고 있습니다.

> 끝으로 음행을 정죄하는 이가 어떤 입법자인지를 바라보아야 하는바, 하나님은 우리를 온전히 소유하는 분이다. 따라서 그가 우리에게 몸과 혼과 영의 온전함을 요구하는 것은 타당하다. 그러므로 그는 음행을 금하면서, 또한 단정치 못한 의복으로나 정숙하지 못한 행동과 몸가짐으로나 또는 더러운 말과 다른 사람을 악으로 끌어들이는 것을 금하신다.

예수님은 복음서에서 십계명을 재해석하시면서 음행의 문제를 말과 몸가짐, 내면의 마음의 영역으로 확장하셨습니다.

> 우리의 마음이 속으로 악한 정욕으로 타올라서는 안 되며, 시선이 음탕해서도 안 되며, 얼굴을 뚜쟁이 짓을 위해서처럼 치장해서도 안 되며, 혀를 더러운 말로 음행에 이끌려서도 안 되며, 또는 입이 방탕의 빌미를 주어서도 안 된다. 왜냐하면 이 모든 악은 정절과 절제를 얼룩지게 하고 정결함을 더럽히는 오점과 같기 때문이다.

제7계명은 사회와 국가의 미래에 영향을 줍니다. 따라서 이 계명의 준수는 단순히 개인적인 범죄의 차원이 아니라 사회 전체에 요구되는 것입니다. 그러므로 어떤 음란한 문화가 방치되면 사회는 성적인 타락으로 물들어 가게 됩니다. 그러므로 성적 타락의 원인이 될 만한 어떤 형태의 무절제도 제7계명을 위반하는 것입니다.

우리는 지금 우리가 사는 세상이 얼마나 성적으로 타락했으며, 하나님께서 제도화하신 결혼이 얼마나 무너져 있는지 잘 압니다. 우리는 매스컴과 세상의 문화 속에서 성적인 타락이 얼마나 심각한지를 잘 알고 있습니다. 그러므로 우리는 싸워야 합니다. 몸으로 죄를 짓지 않도록, 또한 마음으로 음욕을 품지 않도록, 문화 속에서도 단정함을 잃지 않도록 해야 할 것입니다.

기독교강요 제3장. 율법

십계명 해설

제8계명
도둑질하지 말라.

이 계명의 목적은, 하나님은 모든 불의를 불쾌하게 여기기 때문에 우리는 각 사람에게 속한 것을 각자에게 돌려야 한다는 것이다. 그러므로 요점은 하나님이 타인의 재물을 우리에게 가져오는 시도를 금하시며, 따라서 우리가 각자의 것을 각자에게 보존하는 일을 신실하게 수행하도록 명하신다는 것이다. 각 사람이 소유하고 있는 것은 그에게 우연에 의해서가 아니라 하나님의 분배에 의해서 생긴 것이며, 이런 이유에서 하나님의 분배가 훼손되지 않고서는 누구에게서도 그의 소유를 사취할 수 없다고 여겨야 한다. 그런데 도둑질에도 여러 가지 종류가 있다. 하나는 폭력으로 이뤄지는바, 억지로 내지는 거의 강도 짓으로 타인의 재물을 훔치고 빼앗는 경우다. 다른 하나는 사기나 간교함으로 이뤄지는바, 교활하게 이웃을 기만하고 속임으로써 그를 가난하게 만드는 경우다. 또 다른 것은 보다 감춰진 술수로 이뤄지는바, 정직의 모습으로 누군가의 재물을 빼앗는 경우다. 또 다른 것은 아첨으로 이뤄지는바, 그럴듯한 말을 통해 기부 내지는 다른 명목으로 타인에게 속해야 하는 것을 자신에게로 끌어오는 경우다.

그러나 다양한 종류를 나열하는 일에 너무 멈춰있지 않도록, 우리는 우리가 타인의 손해로 부유해지고자 사용하는 모든 수단들이 도둑질로 여겨져야 한다고 간략하게 강조해야 한다. 왜냐하면 이런 수단들이 사랑 가운데서 지켜져야 하는 그리스도인의 신중함에서 이탈하여 엉큼하게도 교활함이나 다른 모든 유해성에서 방황하게 되기 때문이다. 비록 그런 방식으로 행하는 자들이 종종 법정 소송에서 이기기는 하지만, 그럼에도 불구하고 하나님은 그들을 도둑 외에 다른 것으로 여기지 않으신다. 하나님은 교활한 자들이 순진한 사람들을 그들의 올가미로 뒤집어 씌우기 위해 미리 만들어 놓는 함정을 보고 계시며, 매우 높은 자들이 매우 낮은 자들을 짓밟기 위해 그들에게 행하는 가혹한 수탈을 보고 계시며, 누군가를 속이기 위해 그에게 달콤한 말을 하는 사람들이 사용하는 아첨이 얼마나 악독한 것인지를 알고 계신다. 이런 것들은 사람들의 인식으로 결코 들어오지 않는다.

게다가 이 계명의 위반은 누군가의 금전이나 상품이나 소유물뿐만 아니라 그의 권리—그것이 어떤 권리건 간에—에 대해 손해를 끼치는 경우에도 이뤄진다. 왜냐하면 우리는 우리가 이웃에게 해야 하는 직무를 거부할 때 그의 재산을 갈취하는 것이기 때문이다. 따라서 만일 어떤 징세관이나 소작인이나 임차인이 자기 주인의 재산을 돌보는 대신, 자기를 부양하는 이의 재산을 증진시키는 일에 관심을 갖지 않으면서 게으르게 산다면, 만일 그가 자기에게 맡겨진 것을 잘못 탕진하거나 없어도 되는 것처럼 허비한다면, 만일 하인이 자기 주인을 우롱한다면, 만일 그가 주인의 비밀들을 누설한다면, 만일 그가 주인의 재산이나 명예나 생명을 위해 아무것도 하지 않는다면, 만일 다른 한편 주인이 자기 가족을 비인간적으로 대우한다면, 그것은 하나님 앞에서 도둑질이다. 왜냐하면 타인에 대해서 자신의 소명이 맡은 의무를 이행하지 않는 사람은 타인에게 속한 것을 돌려주지 않는 것이기 때문이다.

그러므로 우리가 이 계명에 순종하는 것은 다음의 경우들이다. 우리가 우리의 조건에 만족하면서 정직하고 적법한 것 외에 무슨 이득을 얻으려 애쓰지 않는 경우, 우리가 우리 이웃에 대해 손해를 끼침으로써 부자가 되려는 욕망을 갖지 않는 경우, 우리가 이웃의 재물을 우리에게 가져오기 위해 그를 파괴하는 일을 꾸미지 않는 경우, 우리가 타인의 땀과 피를 통해 부를 모으고자 노력하지 않는 경우, 우리가 우리의 탐심을 채우기 위해서건 또는 없어도 되는 것에 매달리기 위해서건 가능한 모든 것을 여기저기서 닥치는 대로 끌어당기지 않는 경우이며, 반대로 우리가 우리의 조언으로든 물질로든 그의 것을 보존하기 위해 할 수 있는 한 각 사람을 돕는다는 목적을 항상 가지고 있는 경우다. 그리고 우리가 악인들과 사기꾼들에 대해서 해야 할 것이 생길 때 같은 악의로 그들과 싸우기보다는 오히려 우리의 것을 포기할 준비가 된 경우다. 이뿐 아니라 우리가 어떤 이들이 가난한 것을 보게 될 때 그들의 어려움을 나누고 우리의 풍족함으로 그들의 궁핍을 완화하는 경우다. 끝으로 각 사람은 자기가 어떤 점에서 타인을 향한 자기 직무의 의무를 지고 있는지를 살펴서 그것을 충실하게 이행해야 한다.

이런 이유로 말미암아, 백성은 통치자들에게 공경을 표하되 그들에게 선한 마음으로 복종하고, 그들의 법과 명령을 따르며, 하나님을 거스르는 것이 아니라면 그가 할 수 있는 것은 어떤 것도 거절하지 말아야 한다. 한편 통치자들은 최고의 재판관이신 하나님에 대한(신 17:19; 대하 19:6) 자신들의 직무를 숙고함으로써 그들의 백성을 다스리고, 도처에서 평화를 보전하며, 선한 자들을 보호하고 악한 자들을 벌하는 데 관심과 배려를 가져야 한다. 교회의 목사들은 구원의 교리를 조금도 오염시키지 않고 그 순수성을 유지함으로써 하나님의 말씀을 신실하게 전해야 한다. 그리고 그들이 백성을 바른 교리로 가르쳐야 할 뿐만 아니라 또한 삶의 모범을 보여야 한다. 간단히 말해서, 그들은 양 떼에 대해서 선한 목자처럼 이끌어야 한다(딤전 3:2; 벧전 5:1). 한편, 백성은 그들을 하나님의 사자와 사도로 받아들여서 그들에게 우리 주님이 부여한 영예를 돌리고 그들에게 생활비를 제공해 주어야 한다. 부모는 자기 자녀를 하나님이 그들에게 맡긴 것처럼 먹이고 가르치고 다스려야 하며, 자녀들이 용기를 잃을 정도로 너무 엄격하게 하지 말고, 오히려 자녀들의 인격에 합당하게 온유함과 관대함으로 부양해야 한다. 이는 상대적으로 자녀들이 부모를 존경하고 순종해야 한다고 기록된 것과 마찬가지이다(엡 6:4; 골 3:21). 또한 젊은이는 노인을 공경해야 하는바, 이는 우리 주님이 그런 나이가 명예롭기를 원하셨기 때문이다. 또한 노인은 젊은이를 신중함으로써 세워 주어야 하며, 그들을 너무 엄격하게 다루지 말고 오히려 온유함과 너그러움과 함께 절제된 엄숙함을 사용해야 한다. 하인은 주인에게 친절해야 하고 그들의 환심을 사기 위해 부지런해야 하는데, 단지 눈에 보이기 위해서만이 아니라 하나님을 섬기는 것처럼 마음으로 그렇게 해야 한다. 그리고 주인도 또한 자기 하인을 너무 힘들게 하거나 까다롭게 대하지 말아야 한다. 그들을 지나친 엄격함으로 억압하거나 멸시하며 다루지 말고, 오히려 그들을 형제로 인정하고 하나님을 섬기는 일에서 동료로 여김으로써 그들을 인간적으로 대우해야 하는 것이다(엡 6:9; 벧전 5:5). 그러므로 이런 식으로 각 사람은 그가 자기 이웃에게 해야 하는 것을 염두에 두고 자신의 지위나 신분에 따라 이웃에게 해야 하는 것을 그들에게 돌려주어야 한다. 나아가 우리의 기억을 언제나 우리의 입법자에게 맞춰서 이 계명이 몸뿐 아니라 영혼에도 적용된다는 것을 잊지 말되, 각 사람이 자신의 의지를 모든 사람의 복지와 유익을 보호하고 발전시키기 위해 노력하기까지 해야 한다는 것이다.

제8계명 - 하나님의 분배

도둑질하지 말라 _ 출 20:15

이제 십계명 강해도 두 번을 남겨 두고 있습니다. 십계명 강독 설교를 주의 깊게 들으시는 분들은 아시겠지만, 십계명은 모든 성경의 요약과도 같습니다. 기독교의 정신, 사상, 철학이 잘 녹아 있습니다. 계명 하나하나가 다 놀랍습니다만, 이번에 살펴볼 제8계명도 정말 내용이 신선합니다. 만일 8계명을 도적질하지 말라는, 단순 절도죄를 방지하기 위한 교훈으로 생각했다면 정말 제8계명은 우리에게 하고 싶은 말이 많게 될 것입니다.

이 계명의 목적은, 하나님은 모든 불의를 불쾌하게 여기기 때문에 우리는 각 사람에게 속한 것을 각자에게 돌려야 한다는 것이다. 그러므로 요점은 하나님이 타인의 재물을 우리에게 가져오는 시도를 금하시며, 따라서 우리는 각자의 것을 각자에게 보존하는 일을 신실하게 수행하도록 명하신다는 것이다. 각 사람이 소유하고 있는 것은 그에게 우연에 의해서가 아니라 하나님의 분배에 의해서 생긴 것이며, 이런 이유에서 하나님의 분배가 훼손되지 않고서는 누구에게서도 그의 소유를 사취할 수가 없다고 여겨야 한다.

제8계명 역시 단순한 절도죄에 대한 계명이 아닙니다. 우리는 이 계명을 다루면서 모든 계명을 인간의 차원이 아닌 하나님의 차원에서 바라보아야 합니다. 도둑질은 단순한 절도가 아니라 하나님의 분배를 훼손하는 죄라는 해석은 제8계명에 대한 기존의 생각을 완전히 바꾸어 놓을 수 있는 놀라운 접근입니다.

> **제8계명**
>
> 하나님의 성품 – 모든 불의를 불쾌하게 여기심
>
> 1. 각 사람의 소유는 보존되어야 한다.
>
> 2. 각 사람의 소유는 하나님께서 분배해 주신 것이다.
>
> 3. 도둑질은 하나님의 분배를 훼손하는 일이다.

여기서 기독교의 소유관, 물질관, 경제관의 기초가 나오고 있습니다. "재물은 하나님으로부터 온 것이다. 하나님께서 분배해 주신 것이다. 그러므로 각 사람의 소유는 각자에게 보존되어야 하고, 제8계명은 각자의 소유가 보존되는 일을 신실하게 수행하라는 것이다."라고 말하고 있습니다. 그리고 제8계명의 위반, 즉 도둑질하는 것은 하나님의 분배를 훼손하는 것이며, 하나님의 분배의 질서에 대하여 대항하는 일이라고 교훈하고 있습니다. 그러므로 제8계명을 단순히 윤리적, 도덕적 차원이 아니라 하나님의 질서의 차원에서 시작한다는 점이 중요합니다. 좀 더 읽어 봅시다.

> 그런데 도둑질에도 여러 가지 종류가 있다. ❶ 하나는 폭력으로 이뤄지는바, 억지로 내지는 거의 강도 짓으로 타인의 재물을 훔치고 빼앗는 경우다. ❷ 다른 하나는 사기나 간교함으로 이뤄지는 바, 교활하게 이웃을 기만하고 속임으로써 그를 가난하게 만드는 경우다. ❸ 또 다른 것은 보다 감춰진 술수로 이뤄지는바, 정직의 모습으로 누군가의 재물을 빼앗는 경우다. ❹ 또 다른 것은 아첨으로 이뤄지는바, 그럴듯한 말을 통해 기부 내지는 다른 명목으로 타인에게 속해야 하는 것을 자신에게로 끌어오는 경우다.

위의 내용을 정리해 보면 다음과 같습니다.

> **제8계명 위반의 종류**
> ❶ 폭력으로 훔치고 빼앗는 강도 짓
> ❷ 사기나 속임으로 이웃을 가난하게 하는 것
> ❸ 정직의 모습으로 누군가의 재물을 빼앗는 것
> ❹ 아첨이나 그럴듯한 말로 사취하는 것

제8계명의 위반의 종류는 먼저 폭력으로 훔치고 빼앗는 강도 짓, 그리고 사기나 속임으로 이웃을 가난하게 만드는 것, 정직의 모습으로 가장하여 이웃의 재물을 빼앗는 것, 아첨이나 말로 사취하는 것을 들 수 있습니다. 강도 짓이든지 교묘한 말이든지 결론은 도둑질이라는 것입니다. 범죄를 우아하게 포장할 수는 없고, 죄악은 결코 미화될 수 없다는 것입니다. 계속 읽어 봅시다.

> 그러나 다양한 종류를 나열하는 일에 너무 멈춰있지 않도록 우리는 우리가 타인의 손해로 부유해지고자 사용하는 모든 수단들이 도둑질로 여겨져야 한다고 간략하게 강조해야 한다. 왜냐하면 이런 수단들이 사랑 가운데서 지켜져야 하는 그리스도인의 신중함에서 이탈하여 엉큼하게도 교활함이나 다른 모든 유해성에서 방황하기 때문이다. 비록 그런 방식으로 행하는 자들이 종종 법정 소송에서 이기기는 하지만, 그럼에도 불구하고 하나님은 그들을 도둑 외에 다른 것으로 여기지 않으신다.

때로 세상의 법정에서 교묘하게 승소를 하더라도 하나님 앞에서는 도둑질이라고 말합니다. 그러므로 설령 세상의 손가락질과 법망을 피하였다고 하더라도 하나님은 제8계명의 위반을 엄중하게 보신다는 것입니다.

> 하나님은 교활한 자들이 순진한 사람들을 그들의 올가미로 뒤집어씌우기 위해 미리 만들어 놓은 함정을 보고 계시며, 매우 높은 자들이 매우 낮은 자들을 짓밟기 위

해 그들에게 행하는 가혹한 수탈을 보고 계시며, 누군가를 속이기 위해 그에게 달콤한 말을 하는 사람들이 사용하는 아첨이 얼마나 악독한 것인지를 알고 계신다. 이런 것들은 사람들의 인식으로 결코 들어오지 않는다.

이어지는 설명은, 하나님께서 공의의 눈으로 보고 계시다는 것입니다. 하나님께서 보고 계시기 때문에 설령 세상으로부터는 비난을 피할 수 있다 하더라도 하나님의 눈은 피할 수 없다는 것입니다. 특별히 자신의 이익을 위해 가난한 이웃을 곤경에 빠뜨리는 수탈을 매우 심각한 8계명 위반으로 보신다는 것입니다.

더 나아가서 제8계명의 범위를 확대하면서 자신의 직무를 게을리하는 것도 도둑질의 범주에 넣고 있습니다.

게다가 이 계명의 위반은 누군가의 금전이나 상품이나 소유물뿐만 아니라 그의 권리—그것이 어떤 권리이건 간에—에 대해 손해를 끼치는 경우에도 이뤄진다. 왜냐하면 우리는 우리가 이웃에게 해야 하는 직무를 거부할 때 그의 재산을 갈취하는 것이기 때문이다. 따라서 ❶ 만일 어떤 징세관이나 소작인이나 임차인이 자기 주인의 재산을 돌보는 대신, 자기를 부양하는 이의 재산을 증진시키는 일에 관심을 갖지 않으면서 **게을리 산다면**, ❷ 만일 그가 자기에게 맡겨진 것을 잘못 탕진하거나 없어도 되는 것처럼 **허비한다면**, ❸ 만일 자기 주인을 **우롱한다면**, ❹ 만일 그가 주인의 비밀들을 **누설한다면**, ❺ 만일 그가 주인의 재산이나 명예나 생명을 위해 **아무 것도 하지 않는다면**, ❻ 만일 다른 한편 주인이 **자기 가족을 비인간적으로 대우한다면**, 그것은 하나님 앞에서 도둑질이다. **왜냐하면 타인에 대해서 자기의 소명이 맡은 의무를 이행하지 않는 사람은 타인에게 속한 것을 돌려주지 않는 것이기 때문이다.**

자기의 소명이 맡은 의무를 이행하지 않는 것, 즉 직무를 게을리하는 것이 8계명의 위반입니다. 이렇게 되면 8계명에 해당되지 않는 사람은 없습니다.

그러므로 8계명은 정직과 함께 성실이 동반되어야 합니다. 자기 직무를 게을리하는 것과 청지기로서 성실하지 않은 것, 자기 주인을 우롱하는 것, 내부정보를 누설하는 것, 주인의 재산이나 명예를 지켜 주지 않는 것도 8계명 위반에 포함시키고 있습니다. 좀 더 읽어 봅시다.

> 그러므로 우리가 이 계명에 순종하는 것은 다음의 경우들이다. ❶ 우리가 우리의 조건에 만족하면서 정직하고 적법한 것 외에 무슨 이득을 얻으려 애쓰지 않는 경우, ❷ 우리가 우리 이웃에 대해 손해를 끼침으로써 부자가 되려는 욕망을 갖지 않는 경우, ❸ 우리가 이웃의 재물을 우리에게 가져오기 위해 그를 파괴하는 일을 꾸미지 않는 경우, ❹ 우리가 타인의 땀과 피를 통해 부를 모으고자 노력하지 않는 경우, ❺ 우리가 우리의 탐심을 채우기 위해서건, 또는 없어도 되는 것에 매달리기 위해서건 가능한 모든 것을 여기저기서 닥치는 대로 끌어당기지 않는 경우이며

이어지는 제8계명의 설명을 보면 이웃에게 어떤 형태로든지 해를 끼치는 것을 제8계명의 위반으로 봅니다. 그리고 타인의 땀과 피를 이용하여 자신의 부를 모으는 것, 탐욕을 위해 수단과 방법을 가리지 않는 것도 제8계명 위반의 범주에 넣고 있습니다.

> 반대로 ❶ 우리가 우리의 조언으로 물질로든 그의 것을 보존하기 위해 할 수 있는 한 각 사람을 돕는다는 목적을 항상 가지고 있는 경우다. ❷ 그리고 우리가 악인들과 사기꾼들에 대해서 해야 할 것이 생길 때 같은 악의로 그들과 싸우기보다는 오히려 우리의 것을 포기할 준비가 된 경우다. ❸ 이뿐 아니라 우리가 어떤 이들의 가난한 것을 보게 될 때 그들의 어려움을 나누고 우리의 풍족함으로 그들의 궁핍을 완화하는 경우다. ❹ 끝으로 각 사람은 자기가 어떤 점에서 타인을 향한 자기 직무의 의무를 지고 있는지를 살펴서 그것을 충실하게 이행해야 한다.

그러므로 제8계명을 지키는 일은 매우 힘든 결단이 요청됩니다. 그래서 사

기꾼들과의 경쟁에서 차라리 포기하는 것을 제시하고 있습니다. 그리고 가난한 이웃을 볼 때 우리의 풍족함과 낮춤으로 그들의 궁핍을 완화하는 것이라고 설명하고 있습니다. 이 대목은 우리가 몇 번이고 곰곰이 읽을 필요가 있습니다. 이렇게 사는 사람이 하나님의 나라를 사는 사람입니다. 우리는 본능적으로 이익으로 기우는 경향이 있기 때문에 이 말씀을 반복하여 읽고 묵상하여 이 말씀이 필요할 때 성령께서 생각하게 하시는 역사가 있도록 이 교훈에 마음을 두어야 합니다.

이어서 나오는 대목은 마치 우리가 신약의 서신서의 적용 부분을 읽는 듯한 느낌을 줍니다.

> 이런 이유로 말미암아, ▶ 백성은 통치자들에게 공경을 표하되 그들에게 선한 마음으로 복종하고, 그들의 법과 명령을 따르며, 하나님을 거스르는 것이 아니라면 그가 할 수 있는 것은 어떤 것도 거절하지 말아야 한다. 한편 ▶ 통치자들은 최고의 재판관이신 하나님에 대한 자신들의 직무를 숙고함으로써 그들의 백성을 다스리고, 도처에서 평화를 보전하며, 선한 자들을 보호하고 악한 자들을 벌하는 데 관심과 배려를 가져야 한다.

직무를 올바르게 수행하는 것이 제8계명을 지키는 것이라고 설명하고 있습니다. 그러므로 나태하고 무능한 집행관은 하나님의 형벌을 두려워해야 합니다.

> ▶ 교회의 목사들은 구원의 교리를 조금도 오염시키지 않고 그 순수성을 유지함으로써 하나님의 말씀을 신실하게 전해야 한다. 그리고 그들이 백성을 바른 교리로 가르쳐야 할 뿐만 아니라 또한 삶의 모범을 보여야 한다. 간단히 말해서 그들은 양 떼에 대해서 선한 목자처럼 이끌어야 한다. 한편, ▶ 백성은 그들을 하나님의 사자와 사도로 받아들여서 그들에게 우리 주님이 부여한 영예를 돌리고 그들에게 생활비를 제공해 주어야 한다.

제8계명의 준수에 영적인 일꾼인 목사들에게도 역시 매우 엄중한 태도가 요청되고 있습니다. 목사는 교리를 수호하고 삶의 모범을 보여야 하며 선한 목자가 되어야 합니다.

> ▶ **부모**는 자기 자녀를 하나님이 그들에게 맡긴 것처럼 먹이고 가르치고 다스려야 하며, 자녀들은 용기를 잃을 정도로 너무 엄격하게 하지 말고, 오히려 자녀들의 인격에 합당하게 온유함과 관대함으로 부양해야 한다. 이는 상대적으로 자녀들이 부모를 존경하고 순종해야 한다고 기록된 것과 마찬가지이다. 또한 ▶**젊은이**는 노인을 공경해야 하는바, 이는 우리 주님이 그런 나이가 명예롭기를 원하셨기 때문이다. 또한 ▶**노인**은 젊은이를 신중함으로써 세워주어야 하며, 그들을 너무 엄격하게 다루지 말고 오히려 온유함과 너그러움과 함께 절제된 엄숙함을 사용해야 한다.

부모와 사회의 기성세대에게 제8계명은 자신의 직분과 직무를 올바르게 수행하는 것이 얼마나 중요한지를 가르쳐 주고 있습니다.

> ▶ **하인**은 주인에게 친절해야 하고 그들의 환심을 사기 위해 부지런해야 하는데, 단지 눈에 보이기 위해서만이 아니라 하나님을 섬기는 것처럼 마음으로 그렇게 해야 한다. 그리고 ▶ **주인**도 또한 자기 하인을 너무 힘들게 하거나 까다롭게 대하지 말아야 한다. 그들을 지나친 엄격함으로 억압하거나 멸시하며 다루지 말고, 오히려 그들을 형제로 인정하고 하나님을 섬기는 일에 동료로 여김으로써 그들을 인간적으로 대우해야 하는 것이다.

또한 하인의 위치에 있을 때를 교훈하면서 직분과 직무에 따라 하나님께서 부여하신 권위와 질서, 소명을 다하는 것이 제8계명의 정신이라고 가르치고 있습니다.

> 그러므로 이런 식으로 **각 사람은 그가 자기 이웃에게 해야 하는 것을 염두에 두고**

자신의 지위와 신분에 따라 이웃에게 해야 하는 것을 그들에게 돌려주어야 한다. 나아가 우리의 기억을 언제나 우리의 입법자에게 맞춰서 이 계명이 몸뿐 아니라 영혼에도 적용된다는 것을 잊지 말되, **각 사람이 자신의 의지를 모든 사람의 복지와 유익을 보호하고 발전시키기 위해 노력하기까지 해야 한다는 것이다.**

「웨스트민스터 대요리문답」의 제141문답과 142문답을 보면 제8계명에 대한 구체적인 금령이 나옵니다.

웨스트민스터 대요리문답 제141, 142문답

불필요한 소송, 보증서는 일, 절도, 강도, 인신매매, 장물 취득, 사기 거래, 저울을 속이는 것, 경계표를 옮기는 것, 억압, 착취, 고리대금, 뇌물, 공유지를 사유화하는 것, 매점매석, 게으름, 방탕, 노름

「웨스트민스터 대요리문답」은 제8계명에 관해서 매우 구체적인 항목을 제시하고 있습니다. 자본주의 사회에서 공공연하게 행해지는 고리대금, 뇌물, 장물 취득, 사기 거래, 저울을 속이는 것, 매점매석 등이 제8계명 위반임을 가르치고 있습니다.

이런 일을 하지 않는 것이 구원받은 하나님의 백성의 모습이라고 매우 구체적으로 가르치고 있습니다. 그러므로 우리는 제8계명을 단순히 절도죄를 방지하는 수준으로 받지 말고, 하나님께서 각 사람에게 주신 재산과 명예와 권리를 신실하게 보존해 주고, 다른 사람의 복지와 유익을 보호하고 발전시켜 나가야 할 것입니다. 이곳에 하나님의 나라가 임하고 하나님의 통치와 다스림이 있는 것입니다.

기독교강요 제3장. 율법

십계명 해설

제9계명
네 이웃에 대해 거짓 증거하지 말라.

이 계명의 목적은 진리이신 하나님께서 거짓을 증오하실진대 우리도 꾸밈없이 진리를 간직해야 한다는 데 있다. 그러므로 요점은 우리는 중상이나 거짓 밀고로써 사람의 명망을 훼손하지 않아야 하며, 거짓이나 허위로 그의 생활에 해를 끼쳐서는 안 된다는 것이다. 간략히 말하면, 우리는 음해나 우롱을 함으로써 누구에게든지 손해를 끼쳐서는 안 된다. 이런 금지에 계명은 적극적으로 부응한다. 즉 보호해야 할 것이 그의 재산이건 명예이건 간에, 우리는 진리를 지키기 위해 각 사람을 충실히 도와야 한다는 것이다. 명백히 우리 주님은 출애굽기 23장에서 이 계명의 의미를 설명하고자 하셨다. 그는 말씀한다. "너는 거짓된 풍설을 주장하지 말며 거짓을 위해 위증하는 일에 끼지 말라"(출 23:1). 또한 "너는 모든 거짓 일을 멀리하라"(출 23:7). 그리고 다른 곳에서 그는 밀고자, 중상자, 험담가가 되는 것을 금할 뿐만 아니라 우리의 형제를 속이는 것도 금하는바, 이는 그가 이 두 가지[소극적, 적극적]에 대해 분명히 말씀하기 때문이다(레 19:16). 분명 의심할 바 없이, 앞[계명들]에서 그가 잔인성과 음행과 탐심을 처벌하고자 하셨듯이, 여기서 그는 거짓을 억제하고자 하신다. 거짓은 우리가 말한 두 부분으로 되어 있다. 우리는 음해함으로써 우리 이웃의 명예를 훼손하거나, 또는 거짓말과 부정직한 말로 이웃의 이익을 방해한다. 그런데 여기서 재판에서 행해지는 공식적인 맹세를 의미하든 사적인 말로써 이루어지는 것을 의미하든 상관없다. 우리가 언제나 고려해야 하는 것은 우리 주님은 각 유형의 악들에 대해 한 가지 종류를 일례—이것에 다른 모든 악들이 결부되는—로 제시하신다는 것이다. 게다가 그는 더 파렴치하게 나타나는 사례를 선택하신다. 물론 나는 이 계명을 일반적으로 해석하기를 더 좋아하는데, 법정에서의 위증은 거짓 맹세 없이 이뤄지지 않기 때문이다. 그런데 거짓 맹세에 대해서는 첫째 돌판에서 언급된 바 있다.

이제 우리는 이 계명을 잘 지키려면 우리 이웃의 평판과 이익을 위해 우리 입을 진실을 말하는 데 사용해야 한다는 것을 보게 된다. 공평이 매우 명백해진다. 왜 냐하면 선한 명예가 어떤 보물보다도 값진 것일진대, 그의 좋은 평판을 없애는 것은 그에게서 재물을 빼앗는 것 못지않게 손해를 끼치는 일이기 때문이다. 한편, 때로 사람들은 도둑질보다 거짓말로 이웃에게 더 큰 해를 끼친다.

그럼에도 불구하고 얼마나 사람들이 이런 문제로 죄를 짓는 것에 무심한지 놀라운 일이다. 그런 악으로 매우 심히 더럽혀지지 않은 사람이 거의 없다. 모든 사람이 타인의 악덕들을 조사하고 폭로하는 성향이 있기 때문이다. 우리가 결코 거짓말을 하지 않는다는 것이 유효한 변명이라고 생각해서는 안 된다. 왜냐하면 이웃을 거 짓말로 중상하는 것을 금하시는 이가, 그는 진실하게 행할 수 있으시기에, 이웃의 평판도 지켜지기를 원하시기 때문이다. 비록 주님이 단지 거짓말로 진실을 해치는 것만을 금하지만, 그럼에도 불구하고 여기서 그는 진실을 권장하고 있음도 알려준 다. 그런데 우리가 우리 주님이 그런 배려를 하신다는 것을 보게 될 때, 우리 이웃이 명예 훼손되지 않는 것으로 충분해야 한다. 따라서 의심 없이 여기서 모든 험담은 정죄된다. 험담이라는 말로 우리가 이해하는 바는, 사람을 처벌하기 위해 행하는 질책도 아니고, 악을 치유하기 위해 행하는 법적 고소도 아니며, 타인에게 두려움을 주기 위해 누군가에게 행하는 공적 책벌도 아니며, 어떤 사람의 악행에 대해 그런 일이 남용되지 않도록 그것을 알기에 적절한 자들에게 주는 경고도 아니라, 헐뜯으려는 악한 의지나 욕망으로 행해지는 추악한 모욕이다.

나아가 이 계명은 누군가를 수치스럽게 만드는 것을 즐기는 어떤 자들이 하고 있는 것처럼, 예절에 대한 빈정댐도, 서로 웃어가면서 물어뜯고 씹는 매력도 좋아해서는 안 되는 데까지 확장된다. 종종 그런 과도함으로 말미암아 그렇게 악담을 받은 사람에게는 어떤 표가 남게 된다. 이제 만일 우리가 혀 못지않게 귀나 마음도 지배하시는 입법자를 고려한다면, 우리는 여기서 험담자의 말을 들으려는 욕망과 거기에다 귀를 빌려주고 경박하게도 그것들의 악한 이야기들을 믿으려는 경솔함 역시 험담 못지않게 금지되고 있음을 알게 된다. 왜냐하면 하나님이 혀로 하는 모욕의 악을 미워하고 마음의 악의는 배척하지 않는다고 말하는 것은 일종의 조롱이기 때문이다. 따라서 우리가 하나님에 대한 참된 경외심과 사랑을 간직하고 있다면, 가능하고 적절한 한, 또한 사랑이 요구할진대, 비방이나 중상이나 조롱에다 귀나 혀를 빌려주지 않도록 그리고 우리 마음에 나쁜 의심의 여지를 쉽게 주지 않도록 노력하자. 오히려 모든 사람의 행위와 말을 좋은 쪽으로 해석함으로써 어쨌든 각 사람의 명예를 지켜 주자.

웨스트민스터 대요리문답

제144문: 제9계명에서 요구되는 의무는 무엇인가?
답: 제9계명에서 요구된 의무는 사람과 사람 사이의 진실과 우리 이웃의 좋은 평판을 우리 자신의 것과 같이 보존하고 증진하는 것이다. 진실을 위하여 나서서 이를 옹호함이며, 재판과 처벌의 문제에 있어서나 무슨 일에 있어서라도 마음속으로부터 성실하고 자유롭고 명백하며 충분하게 진실만을 말하는 것이다. 우리의 이웃을 관대하게 평가하고 이웃을 좋은 평판을 사랑하며 소원하고 기뻐함이며 그들의 연약을 슬퍼하며 덜어주는 것이며 또한 그들의 재능과 미덕을 너그럽게 승인하고, 그들의 결백을 변호함이며, 그들에 관한 좋은 소문을 쾌히 받아들이고, 나쁜 소문을 시인하기를 즐겨하지 않는 것이다. 고자질하는 자와 아첨하는 자와 중상하는 자들을 낙망시키는 것이며, 우리 자신의 좋은 평판을 사랑하고 보호하여 필요할 때는 이를 옹호함이며, 합법적인 약속을 지키고 무엇이든지 참되고 정직하고 사랑스럽고 좋은 평판이 있는 것을 연구하여 실천하는 것이다.

제145문: 제9계명에서 금지된 죄는 무엇인가?
답: 거짓 증거, 위증, 악한 소송의 변호, 문서위조, 진실의 은폐, 부당한 침묵, 애매한 표현으로 진리를 곡해, 중상, 험담, 고자질, 가혹하고 편파적인 비난, 아첨, 자신과 이웃에 대한 과대평가와 과소평가, 남의 약점을 찾아내는 것, 거짓 소문을 퍼뜨리는 것, 나쁜 보도를 받아들이는 것, 공정한 변호에 귀를 막는 것.

제9계명 – 진실을 말하는 용기

네 이웃에 대하여 거짓 증거하지 말라 _ 출 20:16

이제 십계명 강해도 한 번 남겨 두고 있습니다. 지금 읽은 출애굽기 20장 16절은 제9계명, "네 이웃에 대하여 거짓 증거하지 말라"입니다. 강독할 분량이 많지 않기 때문에 쉽게 따라올 수 있을 것 같습니다.

> 이 계명의 목적은 진리이신 하나님께서 거짓을 증오하실진대 우리도 꾸밈없이 진리를 간직해야 한다는 데 있다. 그러므로 요점은 우리는 중상이나 거짓 밀고로써 사람의 명망을 훼손하지 않아야 하며, 거짓이나 허위로 그의 생활에 해를 끼쳐서는 안 된다는 것이다. 간략히 말하면, 우리는 음해나 우롱을 함으로써 누구에게든지 손해를 끼쳐서는 안 된다.

제9계명을 정리하면, 하나님은 진리가 지켜지기를 원하신다는 것입니다. 하나님은 거짓을 미워하시므로 우리도 진리를 간직해야 하며 거기에 맞는 생활을 해야 한다는 것입니다. 그러므로 모든 형태의 거짓은 금지됩니다.

제9계명

목적 – 진리의 하나님은 거짓을 미워하신다. 그러므로 우리도 진리를 간직해야 한다.

요점 - 중상, 거짓 밀고, 거짓, 허위, 음해, 우롱이 금지된다.

적용 - 거짓으로 어떤 사람의 명망을 훼손하고 생활에 손해를 끼쳐서는 안 된다.

제9계명의 목적은 하나님은 진리의 하나님이시므로 우리도 진리의 편에 서야 한다는 것입니다. 그러므로 중상과 거짓 밀고, 허위, 음해, 우롱이 금지되며 이런 행위로 이웃의 명망을 훼손하고 손해를 끼쳐서는 안 된다는 것입니다. 계속 읽어 봅시다.

이런 금지에 계명은 적극적으로 부응한다. 즉 보호해야 할 것이 그의 재산이건, 명예이건 간에, 우리는 진리를 지키기 위해 각 사람을 충실히 도와야 한다는 것이다. 명백히 우리 주님은 출애굽기 23장에서 이 계명의 의미를 설명하고자 하셨다. 그는 말씀한다. "너는 거짓된 풍설을 유지하지 말며 거짓을 위해 위증하는 일에 끼지 말라"(출 23:1) 또한 "너는 모든 거짓 일을 멀리하라"(출 23:7) 그리고 다른 곳에서는 그는 **밀고자, 중상자, 험담가**가 되는 것을 금할 뿐만 아니라 우리의 형제를 속이는 것도 금하는 바, 이는 그가 이 두 가지(소극적, 적극적)에 대해 분명히 말씀하기 때문이다. 분명 의심할 바 없이, 앞 계명들에서 그가 **잔인성과 음행과 탐심**을 처벌하고자 하셨듯이, 여기서 그는 거짓을 억제하고자 하신다.

하나님은 제9계명에서 거짓을 억제하고자 하십니다. 앞의 계명에서 교만과 잔인성, 음행, 탐심을 처벌하신 것과 같은 것입니다.

제5계명 - 교만

제6계명 - 잔인성

제7계명 - 음행

제8계명 - 탐심

제9계명 - 거짓

거짓에는 두 가지의 종류가 있습니다. 하나는 이웃의 명예를 훼손하는 것이고, 하나는 이웃을 방해하는 것입니다.

> 거짓은 우리가 말한 두 부분으로 되어 있다. 우리는 음해함으로써 우리 이웃의 명예를 훼손하거나, 또는 거짓말과 부정직한 말로 이웃의 이익을 방해한다. 그런데 여기서 재판에서 행해지는 공식적인 맹세를 의미하든 사적인 말로써 이루어지는 것을 의미하든 상관없다. 우리가 언제나 고려해야 하는 것은 우리 주님은 각 유형의 악들에 대해 한 가지 종류를 일례—그것이 다른 모은 악들이 결부되는—로 제시하신다는 것이다. 게다가 그는 더 파렴치하게 나타나는 사례를 선택하신다.

이제 제9계명을 어떻게 적용할 것인가를 다루고 있습니다.

> 물론 나는 이 계명을 일반적으로 해석하기를 더 좋아하는데, 법정에서의 위증은 거짓 맹세 없이 이뤄지지 않기 때문이다. 그런데 거짓 맹세에 대해서는 첫째 돌판에서 언급된 바 있다. 이제 우리는 이 계명을 잘 지키려면 ❶ **우리 이웃의 평판과 이익을 위해 우리 입을 진실을 말하는 데 사용해야 한다**는 것을 보게 된다. 공평이 매우 명백해진다. 왜냐하면 선한 명예가 어떤 보물보다도 값진 것이기 때문이다. 그의 좋은 평판을 없애는 것은 그에게서 재물을 빼앗는 것 못지않게 손해를 끼치는 일이기 때문이다. 한편, 때로 사람들은 도둑질보다 거짓말로 이웃에게 더 큰 해를 끼친다.

제9계명의 적용을 정리해 보면 일곱 가지 정도로 요약이 됩니다. 먼저 네 가지를 살펴보면 다음과 같습니다.

제9계명의 적용 ①
1. 우리의 입은 진실을 말하는 데 사용해야 한다.
2. 우리는 이웃의 평판과 이익을 위해 입을 사용해야 한다.

3. 우리는 단지 거짓말하지 않는 데서 진실을 말하는 데까지 나아가야 한다.

4. 헐뜯으려는 악한 의지나 욕망으로 행해지는 험담을 금해야 한다.

그것은 우리의 입의 사용으로 우리의 입은 진실을 말하는 도구가 되어야 하고, 이웃의 평판과 이익을 위해 존재하며, 수동적으로는 거짓말하지 않아야 하고, 능동적으로는 진실을 말하는 입이 되어야 한다는 것입니다.

그럼에도 불구하고 얼마나 사람들이 이런 문제로 죄를 짓는 것에 무심한지 놀라운 일이다. 그런 악으로 매우 심히 더럽혀지지 않은 사람이 거의 없다. 모든 사람이 타인의 악덕을 조사하고 폭로하는 성향이 있기 때문이다. 우리가 결코 거짓말을 하지 않는다는 것이 유효한 변명이라고 생각해서는 안 된다. 왜냐하면 이웃을 거짓말로 중상하는 것을 금하시는 이가, ❷ **그는 진실하게 행할 수 있기에, 이웃의 평판도 지켜지기를 원하시기 때문이다.** 비론 주님이 단지 거짓말로 진실을 해치는 것만을 금하지만, 그럼에도 불구하고 여기서 ❸ **그는 진실을 권장하고 있음도 알려 준다.**

입은 진실을 말하는 기관이므로 입이 진실을 훼손해서는 안 됩니다. 특히 우리의 입은 이웃을 상해할 수 있다는 것입니다. 왜냐하면 인간은 남의 말 하기를 좋아하기 때문입니다. 하나님은 이웃의 평판이 지켜지기를 원하십니다. 그러므로 이러한 하나님의 정의가 지켜지기를 원한다면 우리의 입은 오로지 진실을 말해야 합니다.

그런데 우리가 우리 주님이 그런 배려를 하신다는 것을 보게 될 때, 우리 이웃이 명예 훼손되지 않는 것으로 충분해야 한다. ❹ **따라서 의심 없이 여기서 모든 험담은 정죄된다.** 험담이라는 말로 우리가 이해하는 바는, 사람을 처벌하기 위해 행하는 질책도 아니고, 악을 치유하기 위해 행하는 법적 고소도 아니며, 타인에게 두려움을 주기 위해 누군가에게 행하는 공적 책벌도 아니며, 어떤 사람의 악행에 대해 그런 일이 남용되지 않도록 그것을 알기에 적절한 자들에게 주는 경고도 아니라, ❹

헐뜯으려는 악한 의지나 욕망으로 행해지는 추악한 모욕이다.

거짓말, 거짓 증거를 금지하시는 하나님은 모든 험담과 헐뜯는 말을 싫어하십니다. 경건을 추구하는 모든 사람들은 이 사실을 되새겨야 합니다. 이것은 추악한 일입니다.

지금까지 네 가지를 살펴보았고, 나머지 세 가지는 더욱 내면적인 부분을 다루고 있습니다.

나아가 이 계명은 ❺ 누군가를 수치스럽게 만드는 것을 즐기는 어떤 자들이 하고 있는 것처럼, 예절에 대한 빈정댐도, 서로 웃어가면서 물어뜯고 씹는 매력도 좋아해서는 안 되는 데까지 확장된다. 종종 그런 과도함으로 말미암아 그렇게 악담을 받는 사람에게는 어떤 표가 남게 된다. 이제 만일 우리가 혀 못지않게 귀나 마음도 지배하시는 입법자를 고려한다면, ❻ **우리는 여기서 험담자의 말을 들으려는 욕망과 거기에다 귀를 빌려주고 경박하게도 그것들의 악한 이야기들을 믿으려는 경솔함 역시 험담 못지않게 금지되고 있음을 알게 된다.** 왜냐하면 하나님이 혀로 하는 모욕의 악을 미워하고 마음의 악의는 배척하지 않는다고 말하는 것은 일종의 조롱이기 때문이다.

이제 입술이 추악해지는 내면적인 요인들을 들추어 고발하고 있습니다. 거짓을 말하고 험담하는 의도에는 이웃을 수치스럽게 말하고, 그런 상황을 즐기고자 하는 추악함이 있다는 것입니다. 얼마나 수치스러운 것입니까? 나아가 빈정대는 것, 웃어 가면서 물어뜯고 씹는 것이라고 말합니다. 입이라는 기관이 얼마나 타락할 수 있는가를 고발하고 있습니다. 칼뱅은 놀랍게도 이러한 일에 사용되는 몸의 기관을 하나 더 추가하여, 악한 이야기를 듣는 데 귀를 빌려주는 것을 고발하고 있습니다.

따라서 우리가 하나님에 대한 참된 경외심과 사랑을 간직하고 있다면, 가능하고 적절한 한, 또한 사랑이 요구할진대, ❻ 비방이나 증상이나 조롱에다 귀나 혀를 빌려 주지 않도록 그리고 우리 마음에 나쁜 의심의 여지를 쉽게 주지 않도록 노력하자, ❼ 오히려 모든 사람의 행위와 말을 좋은 쪽으로 해석함으로써 어쨌든 각 사람의 명예를 지켜 주자.

말하는 입이나 듣는 귀, 모두가 이런 일에 사용될 수 있다고 주의를 환기시키고 있습니다. 그러므로 이런 일은 하나님을 경외하고 그분의 정의를 사랑하는 사람에게는 너무도 어울리지 않는 일입니다.

> **제9계명의 적용 ②**
> 5. 남 이야기를 하지 말자(누군가를 수치스럽게 만드는 것, 빈정댐, 물어뜯고 씹는 것).
> 6. 험담자에게 귀를 빌려주지 말자.
> 7. 다른 사람을 좋게 말하고 명예를 지켜 주자.

이렇게 9계명은 진리를 사랑하는 사람들의 생활에 대해서 폭넓게 적용하고 있습니다. 진리는 거짓과 함께 할 수 없기 때문에 하나님의 백성들은 모든 형태의 거짓에 맞서야 합니다. 「웨스트민스터 대요리문답」은 이렇게 말하고 있습니다.

> **제144문:** 제9계명에서 요구되는 의무는 무엇인가?
> **답:** 제9계명에서 요구된 의무는 **사람과 사람 사이의 진실과 우리 이웃의 좋은 평판을 우리 자신의 것과 같이 보존하고 증진하는 것이다.** 진실을 위하여 나서서 이를 옹호함이며, 재판과 처벌의 문제에 있어서나 무슨 일에 있어서라도 마음속으로부터 성실하고, 자유롭고, 명백하며, 충분하게 진실만을 말하는 것이다. **우리의 이웃을 관대하게 평가하고, 이웃의 좋은 평판을 사랑하며 소원하고 기뻐함이며, 그들의 연약을 슬퍼하며 덮어 주는 것이며,** 또한 그들의 재능과 미덕을 너그럽게 승인하고, 그들의 결백을 변호함이며, 그들에 관한 좋은 소문을 쾌히 받아들이고, 나쁜 소

문을 시인하기를 즐겨하지 않는 것이다. 고자질하는 자와 아첨하는 자와 중상하는 자들을 낙망시키는 것이며, 우리 자신의 좋은 평판을 사랑하고 보호하여 필요할 때에는 이를 옹호함이며, 합법적인 약속을 지키고 무엇이든지 참되고 정직하고 사랑스럽고 좋은 평판이 있는 것을 연구하여 실천하는 것이다.

「웨스트민스터 대요리문답」은 제9계명에서 요구되는 의무를 말하면서 "네 이웃을 네 몸과 같이 사랑하라"라는 가르침을 구체적으로 적용하고 있습니다. 이웃에 대한 사랑의 바탕에서 진실을 말함으로써 이웃의 명예와 평판을 보존하고 증진하는 매우 적극적인 의무를 말하고 있습니다. 제145문답은 자신과 이웃에 대한 과대평가와 과소평가도 제9계명의 금령이라고 소개하고 있습니다.

제145문: 제9계명에서 금지된 죄는 무엇인가?

답: 거짓 증거, 위증, 악한 소송의 변호, 문서위조, 진실의 은폐, 부당한 침묵, 애매한 표현으로 진리를 곡해, 중상, 험담, 고자질, 가혹하고 편파적인 비난, 아첨, 자신과 이웃에 대한 과대평가와 과소평가, 남의 약점을 찾아내는 것, 거짓 소문을 퍼뜨리는 것, 나쁜 보도를 받아들이는 것, 공정한 변호에 귀를 막는 것이다.

말이 늘 문제의 소지가 됩니다. 말로써 평화를 증진할 수도 있고, 말 때문에 평화가 깨어질 수도 있습니다. 남의 말을 하지 말아야 합니다. 남의 소문을 듣는 것도 전하는 것도 싫어해야 합니다. 다른 사람의 좋은 소문을 기뻐하고, 슬픈 소식에는 함께 슬퍼하는 마음을 가져야 합니다. 혹 나의 대인관계와 언어생활, 사람들을 대하는 기본 자세가 9계명과 연결되어 있는지 살펴봅시다. 나의 입을 진실을 말하는 데 사용하며, 나의 귀를 함부로 빌려주지 맙시다.

기독교강요 제3장. 율법

십계명 해설

제10계명
네 이웃의 집을 탐내지 말라.
그의 아내나 그의 남종이나 그의 여종이나 그의 소나 그의 나귀나
그에게 속한 어떤 것도 탐내지 말라.

이 계명의 목적은, 하나님이 우리의 모든 영혼이 사랑의 감정으로 채워지고 사로잡히기를 원하셨기 때문에, 반대되는 모든 탐심을 우리의 마음 밖으로 내던져야 한다는 것이다. 그러므로 요지는 우리 마음을 이웃에게 위해나 손해를 끼치는 탐욕으로 자극하는 어떤 생각도 우리 정신에 들어오지 못하게 해야 한다는 것이리라. 한편 계명의 적극적인 면이 이것과 관계한다. 즉 우리가 무엇을 마음에 품고 숙고하고 바라고 추구하건 간에, 그것이 우리 이웃의 복지와 유익에 결합되어 있어야 한다는 것이다. 하지만 여기에는 큰 어려움이 있다. 왜냐하면 우리가 앞에서 말한 것—즉 우리 주님은 간음과 도둑질을 금함으로써 그것으로 음란뿐만 아니라 해치고 속이고 훔치려는 모든 의도를 금지하셨다는 것—이 사실일진대, 지금 타인의 재물에 대한 탐욕을 별도로 금지하는 것은 불필요하게 보이기 때문이다. 그럼에도 불구하고 우리는 이 의문을 결심과 탐욕 사이에 어떤 차이가 있는지를 고려함으로써 해소할 수 있다. 우리는 결심을 의지의 고의적인 의도라고 부르는바, 곧 인간의 마음이 유혹에 넘어가고 거기에 지배될 때다. 탐욕은 마음이 단지 어떤 악을 저지르도록 부추겨지고 자극받을 때 그 같은 고의나 동의 없이도 생길 수 있다. 따라서 주님이 앞에서 인간의 의지나 시도나 행위들이 사랑의 규칙에 따라 절제되기를 원하셨던 것처럼, 이제는 머릿속의 생각들 또한 사랑의 규칙에 결부되어 정반대로 자극하는 것이 아무것도 없기를 원하신다. 전에 그가 마음이 분노나 미움이나 음행이나 노략질이나 거짓에 이끌리는 것을 금하신 것처럼, 이제는 마음이 거기에 자극받거나 흔들리는 것을 금하신다.

주님이 그토록 큰 정직을 요구하는 데는 이유가 없지 않다. 누가 영혼의 모든 덕목이 사랑에 집중되는 것이 옳다는 것을 부정할 것인가? 만일 어떤 덕목이 사랑에서 등을 돌린다면, 이것이 악하다는 것을 누가 부정할 것인가? 네가 다른 사람을 무시하면서 너의 이익만을 추구하기 때문이 아니라면, 네 이웃을 해치려는 어떤 욕망이 너의 정신에 들어오는 일이 어디서 오겠는가? 만일 네 온 마음이 사랑으로 차 있다면, 어떤 그런 상상도 들어올 여지가 없다. 그러므로 마음이 탐욕을 받아들이기 때문에 거기에 사랑이 비어 있다고 말해야 한다. 누군가는 그렇다고 뇌에서 날아다니다 후에 사라져 버리는 망상들이 탐욕—마음속에 똬리를 트는—으로 정죄되는 것은 적합하지 않다고 반대할 것이다. 나는 여기서 문제 되는 것이 뇌를 스쳐 지나갈 뿐만 아니라 탐욕으로 마음을 움켜쥐는 망상들이라고 대답한다. 왜냐하면 우리가 생각 속에 품는 어떤 욕망이나 소원도 마음을 건들고 타오르게 하지 않는 것이 없기 때문이다. 그러므로 우리 주님은 사랑의 놀라운 열정을 명하시고, 이 사랑이 세상에서 가장 작은 탐욕으로도 방해받는 것을 원치 않으신다. 그는 놀랍게 절제된 마음을 요구하시며, 그 마음이 사랑의 법에 대항하는 단 하나의 자극물로도 결코 부추겨지는 것을 원치 않으신다. 누군가가 나 혼자만이 이런 견해를 가지고 있다고 여기지 않도록, 아우구스티누스는 이 계명을 내가 이해하도록 문을 열어 주었다[고 나는 고백한다]. 그런데 비록 하나님의 의도가 모든 사악한 욕망을 금하는 데 있었지만, 그럼에도 불구하고 그는 가장 자주 우리를 유혹하고 속이는 반론들을 사례로 제시하셨다. 그렇게 함으로써 그는 인간의 탐심에 아무것도 허용하지 않는바, 이는 그가 탐심이 주로 끌려가는 것들에서 그 탐심을 끌어내시기 때문이다.

웨스트민스터 대요리문답

제147문: 제10계명에 요구된 의무는 무엇인가?
답: 제10계명에 요구된 의무는 우리 자신이 그대로 온전히 만족하고 우리의 이웃에 대하여 마음을 다해 인자한 태도를 가짐으로써 그에 대한 우리의 모든 내면적 동기와 애정이 그의 소유물 전체에까지 미쳐 잘 돌봐주라는 뜻이다.

제148문: 제10계명에서 금지된 죄는 무엇인가?

답: 제10계명에서 금지된 죄는 우리 자신이 소유한 재산으로만은 불만스러워하며, 이웃의 행복을 질투하고 마음 아파하는 동시에 이웃의 소유에 대하여 욕심스러운 애착심을 가지는 것이다.

제10계명 - 탐욕을 넘어 사랑으로

> 네 이웃의 집을 탐내지 말라 네 이웃의 아내나 그의 남종이나 그의 여종이나 그의
> 소나 그의 나귀나 무릇 네 이웃의 소유를 탐내지 말라 _ 출 20:17

드디어 십계명 부분의 강독 설교의 마지막을 맞게 되었습니다. 읽을 분량
도 많지 않아서 십계명 강독 설교의 대미를 편안하게 장식할 수 있을 것 같습
니다. 이제 십계명 설교가 끝나면 사도신경 설교가 이어지게 됩니다.

이 계명의 목적은 하나님이 우리의 모든 영혼이 사랑의 감정으로 채워지고 사로잡
히기를 원하셨기 때문에 반대되는 모든 탐심을 우리의 마음 밖으로 내던져야 한다
는 것이다. 그러므로 요지는 우리 마음을 이웃에게 위해나 손해를 끼치는 탐욕으로
자극하는 어떤 생각도 우리 정신에 들어오지 못하게 해야 한다는 것이다. 한편 계
명의 적극적인 면이 이것과 관계한다. 즉 우리가 무엇을 마음에 품고 숙고하고 바
라고 추구하건 간에 그것이 우리 이웃의 복지와 유익에 결합되어 있어야 한다는
것이다.

제10계명을 정리해 보면 다음과 같습니다.

목적 - 하나님은 우리의 영혼이 사랑으로 채워지기를 원하신다.
요점 - 우리 마음과 정신에 이웃에게 손해를 끼치는 어떤 생각도 들어오지 못하

게 해야 한다.

적용 - 우리의 마음은 이웃의 복지와 유익의 마음을 품어야 한다.

제10계명의 목적은 우리의 영혼이 사랑으로 채워지기를 원하신다는 것입니다. 표면적인 교훈은 이웃의 것을 탐내지 말라는 것인데, 그것은 우리의 영혼이 사랑으로 채워질 때 가능한 일이기 때문입니다. 그런데 제10계명은 앞에서 나온 제6, 7, 8계명과 내용이 겹치는 부분이 있는 것처럼 보입니다. 그래서 칼뱅은 이런 면에 대해서 이렇게 설명하고 있습니다.

하지만 여기에는 큰 어려움이 있다. 왜냐하면 우리가 앞에서 말한 것—즉 우리 주님은 간음과 도둑질을 금함으로써 그것으로 음란뿐만 아니고 해치고 속이고 훔치려는 모든 의도를 금지하셨다는 것—이 사실일진대, 지금 타인의 재물에 대한 탐욕을 별도로 금지하는 것은 불필요하게 보이기 때문이다. 그럼에도 불구하고 우리는 이 의문을 결심과 탐욕 사이에 어떤 차이가 있는지를 고려함으로써 해소할 수 있다. 우리는 **결심**을 의지의 고의적인 의도라고 부르는바, 곧 인간의 마음이 유혹에 넘어가고 거기에 지배될 때다. **탐욕**은 마음이 단지 어떤 악을 저지르도록 부추겨지고 자극받을 때 그 같은 고의나 동의 없이도 생길 수 있다.

제10계명의 특징

제7, 8, 9계명 - 탐욕을 금지(행동에 강조점).

제10계명 - 결심을 금지(마음에 강조점).

탐욕 - 악을 저지르도록 자극받을 때(설령, 마음의 지배된 상태가 아닐지라도).

결심 - 마음에 지배될 때.

칼뱅은 해석하기를 탐욕과 결심의 차이라고 말합니다. 탐욕은 본능적인 부분이 있어서 어떤 고의적인 것이 없어도 일어날 수 있다는 점에서 위험합니다. 왜냐하면 죄성을 가진 우리의 마음이 이런 죄악에 쉽게 기울어지기 때문입니다. 우리는 자신의 연약함을 인정해야 하고 동시에 두렵고 겸손한 마음을 가져야 합니다.

> 따라서 주님이 앞에서 인간의 의지나 시도나 행위들이 사람의 규칙에 따라 절제되기를 원하셨던 것처럼, 이제는 머릿속의 생각들 또한 사랑의 규칙에 결부되어 정반대로 자극하는 것이 아무것도 없기를 원하신다. 전에 그가 마음의 분노나 미움이나 음행이나 노략질이나 거짓에 이끌리는 것을 금하신 것처럼 이제는 마음이 거기에 자극받거나 흔들리는 것을 금하신다.

정리해 보면, 앞에서 나온 계명들이 인간의 의지나 계획의 단계에서부터 절제되어야 할 것을 말한다면, 제10계명은 마음의 단계에서 절제되어야 할 것을 말한다는 것입니다.

제10계명의 적용

제7, 8, 9계명 – 인간의 의지, 시도, 행위 → 사랑의 규칙

제10계명 - 머릿속의 생각, 마음(내면) → 사랑의 규칙

그렇다면 우리의 마음이 어떻게 절제되어야 할까요? 우리의 마음이 사랑으로 가득 차 있다면 그런 상상이 들어올 여지가 없다고 말합니다. 그러므로 마음이 탐욕을 받아들이는 것은 거기에 사랑이 비어 있기 때문이라고 말하고 있습니다.

> 주님이 그토록 큰 정직을 요구하는 데는 이유가 없지 않다. 누가 영혼의 모든 덕목이 사랑에 집중되는 것이 옳다는 것을 부정할 것인가? 만일 어떤 덕목이 사랑에서 등을 돌린다면, 이것이 악하다는 것을 누가 부정할 것인가? 네가 다른 사람을 무시하면서 너의 이익만을 추구하기 때문이 아니라면, 네 이웃을 해치려는 어떤 욕망이 너의 정신에 들어오는 일이 어디서 오겠는가? 만일 네 온 마음이 사랑으로 차 있다

면, 어떤 그런 상상도 들어올 여지가 없다. 그러므로 마음이 탐욕을 받아들이기 때문에 거기에 사랑이 비어 있다고 말해야 한다.

칼뱅은 우리의 마음을 사랑이 지배하고 있다면 5계명에서 9계명을 어길 수 없다고 말합니다. 우리가 이웃을 해치는 죄를 짓는 것은 결국 마음을 탐욕이 지배하고 사랑은 비어 있기 때문이라고 해석하고 있습니다.

누군가는 그렇다고 뇌에서 날아다니다 후에 사라져 버리는 망상들이 탐욕—마음 속에 꽈리를 트는—으로 정죄되는 것은 적합하지 않다고 반대할 것이다. 나는 여기서 문제 되는 것이 뇌를 스쳐 지나갈 뿐만 아니라 탐욕으로 마음을 움켜쥐는 망상들이라고 대답한다. 왜냐하면 우리가 생각 속에 품는 어떤 욕망이나 소원도 마음을 건들고 타오르게 하지 않는 것이 없기 때문이다. 그러므로 우리 주님은 사랑의 놀라운 열정을 명하시고, 이 사랑이 세상에서 가장 작은 탐욕으로도 방해받는 것을 원치 않으신다. 그는 놀랍게 절제된 마음을 요구하시며, 그 마음이 사랑의 법에 대항하는 단 하나의 자극물로도 결코 부추겨지는 것을 원치 않으신다.

이런 말입니다. 마음에 잠시 머물다 사라진 망상들까지 정죄되는 것은 심하지 않느냐는 반대에 대해서 칼뱅은 우리가 생각 속에 품는 어떤 욕망도 마음을 건들고 타오르게 한다는 것입니다. 우리의 입법자이신 하나님은 우리의 손도 깨끗하기를 원하실 뿐만 아니라 우리의 마음도 세상의 가장 작은 탐욕으로도 지배되기를 원하지 않으신다는 것입니다. 이어서 칼뱅은 이런 해설은 결코 자신만의 생각이 아니며 자신은 이것을 아우구스티누스로부터 알게 되었다고 고백하고 있습니다.

누군가가 나 혼자만이 이런 견해를 가지고 있다고 여기지 않도록, 아우구스티누스는 이 계명을 내가 이해하도록 문을 열어 주었다(고 나는 고백한다). 그런데 비록 하나님의 의도가 모든 사악한 욕망을 금하는 데 있었지만, 그럼에도 불구하고 그는 가장 자주 우리를 유혹하고 속이는 반론들을 사례로 제시하셨다. 그렇게 함으로써 그는 인간의 탐심에 아무것도 허용하지 않는바, 이는 그가 탐심이 주로 끌려가는 것들에서 그 탐심을 끌어내기 때문이다.

이제 마지막으로 「웨스트민스터 대요리문답」의 제147문답과 제148문답을 살펴보겠습니다.

제147문: 제10계명에 요구된 의무는 무엇인가?

답: 제10계명에 요구된 의무는 우리 자신이 그대로 온전히 만족하고 우리의 이웃에 대하여 마음을 다해 인자한 태도를 가짐으로써 그에 대한 우리의 모든 내면적 동기와 애정이 그의 소유물 전에까지 미쳐 잘 돌봐주라는 뜻이다.

대요리문답 제147문답은 제10계명이 요구하는 의무가 자신에 대해서는 자족하고 이웃에 대해서는 인자한 태도를 가지되, 우리의 모든 내면적 동기와 애정이 이웃의 소유물 전체를 내 소유와 같이 잘 돌봐주라는 것이라고 말합니다.

제148문: 제10계명에서 금지된 죄는 무엇인가?

답: 제10계명에서 금지된 죄는 우리 자신이 소유한 재산으로만은 불만스러워하며 이웃의 행복을 질투하고 마음 아파하는 동시에 이웃의 소유에 대하여 욕심스러운 애착심을 가지는 것이다.

또 제148문답은 제10계명이 금지하는 죄가 자신의 소유만으로 불만족스러워하는 것이고, 이웃의 행복을 질투하고 이웃의 소유물에 욕심스러운 애착심을 가지는 것이라고 말하고 있습니다.

이렇게 제10계명은 다시금 성경 전체의 주제로 종합되고 있습니다. 하나님은 사랑이시며, 사랑하지 않는 사람은 하나님을 알지 못하는 사람이라고 말합니다. 심지어 자신의 몸을 불사르게 내어줄지라도 사랑이 없으면 소용이 없다고 말합니다.

> 사랑하는 자들아 우리가 서로 사랑하자 사랑은 하나님께 속한 것이니 사랑하
> 는 자마다 하나님으로부터 나서 하나님을 알고 사랑하지 아니하는 자는 하나
> 님을 알지 못하나니 이는 하나님은 사랑이심이라 하나님의 사랑이 우리에게
> 이렇게 나타난 바 되었으니 하나님이 자기의 독생자를 세상에 보내심은 그로
> 말미암아 우리를 살리려 하심이라 사랑은 여기 있으니 우리가 하나님을 사랑
> 한 것이 아니요 하나님이 우리를 사랑하사 우리 죄를 속하기 위하여 화목제물
> 로 그 아들을 보내셨음이라 사랑하는 자들아 하나님이 이같이 우리를 사랑하
> 셨은즉 우리도 서로 사랑하는 것이 마땅하도다 어느 때나 하나님을 본 사람이
> 없으되 만일 우리가 서로 사랑하면 하나님이 우리 안에 거하시고 그의 사랑이
> 우리 안에 온전히 이루어지느니라 _ 요일 4:7-12

요한일서 4장은 사랑을 모르는 것은 하나님을 모르는 것이라고 말합니다. 우리가 사랑을 이해해야 십계명을 이해하고 그 하나님의 마음도 이해할 수 있습니다. 그래서 사랑은 율법의 완성인 것입니다.

> 피차 사랑의 빚 외에는 아무에게든지 아무 빚도 지지 말라 남을 사랑하는 자
> 는 율법을 다 이루었느니라 간음하지 말라, 살인하지 말라, 도둑질하지 말라,
> 탐내지 말라 한 것과 그 외에 다른 계명이 있을지라도·네 이웃을 네 자신과 같
> 이 사랑하라 하신 그 말씀 가운데 다 들었느니라 사랑은 이웃에게 악을 행하
> 지 아니하나니 그러므로 사랑은 율법의 완성이니라 _ 롬 13:8-10

서로 사랑합시다. 주님은 원수도 사랑하라고 하셨습니다. 사랑은 우리의 평생 숙제입니다. 사랑이 바로 십자가입니다. 사랑에 도달하기 위해 달려갑시다. 악과 탐욕과 질투와 경쟁심을 버립시다. 사랑에 방해되는 것과 결별합

시다. 우리가 서로 사랑할 때 하나님의 나라가 임하고 하나님의 뜻이 이루어질 것입니다. 서로를 나 자신과 같이 사랑합시다. 십계명의 결론은 하나님을 사랑하고 이웃을 사랑하는 것입니다. 이것이 율법이고 성경입니다. 우리는 사랑하기 위해 존재하고 사랑받기 위해 태어난 사람들입니다. 우리는 이미 하나님의 사랑을 받았습니다. 그러므로 이웃을 사랑합시다. 주님께서 우리의 더러운 발을 씻어 주셨기에 우리도 이웃의 발을 씻어 주는 사람이 됩시다.

Lord's Prayer

Institutio Christianae Religionis

Ten Commandments

Apostles' Creed

제2부

기독교강요
사도신경 해설
강독 설교

기독교강요 제4장. 믿음: 사도신경 해설

서문

그러므로 믿음에 대한 완전한 설명을 얻기 위해서는 그리스도 안에서 믿음의 확고함에 속하는 것을 눈앞에 두어야 한다. 왜냐하면 믿음의 기초와 실체를 알고 나면 마치 그림처럼 그 본질과 속성을 쉽게 이해할 것이기 때문이다. 그런데 그런 그림 대신 사도신경이 우리에게 있는데, 거기에는 우리 구원의 모든 경륜이 모든 부분에서 단 한 가지 점도 빠뜨리지 않았을 정도로 제시된다. 나는 그것을 사도신경이라고 부르며 사도들이 그 저자라고 해도 크게 개의치 않는다. 확실히 고대인들은 이것을 커다란 동의와 함께 사도들의 것으로 돌렸다. 그들이 공동으로 작성했다고 여겼건, 아니면 어떤 다른 이들이 정리한 교리 모음으로 생각하면서 이 칭호로 이것에 권위를 주고자 했건 간에 말이다. 아무튼 이것이 어느 쪽에서 유래했건, 나는 이것이 교회의 처음 시작부터 심지어 사도들의 시대부터 확실하고 공적인 신앙고백으로 수용되었음을 조금도 의심하지 않는다. 이것이 모든 시대의 신자들 사이에서 그 권위가 침해당하지 않은 것으로 보아, 어떤 개인이 작성했다는 것은 있음 직하지 않다. 주 내용이 우리에게 의심의 여지가 없다. 즉 우리 믿음의 모든 역사(histoire)가 바른 순서로 간략하게 담겨 있으며, 성경의 확실한 증거로 입증되지 않는 것은 아무것도 들어있지 않다는 것이다. 이것이 알려진 이상, 저자가 누군지로 불안해하거나 그 문제로 타인들과 다툴 필요가 없다. 다만 성령의 확정적인 진리를 갖는 것으로 충분해하지 않고, 그것을 어떤 입이 진술하고 어떤 손이 썼는지 알고자 하는 경우가 아니라면 말이다. 그러나 설명하기에 앞서 우리에게는 두 가지 고려 사항이 있다.

[1] 첫째, 믿음의 역사가 우리에게 제시되는 것은 우리가 단순히 그 지식에 머물지 않고 그것을 통해서 우리의 이성이 더 높은 것에 대한 깨달음을 향해 올라가도록 하기 위함이라는 것이다. 두 가지 종류의 이야기—하나는 보이는 것이요 다른 하나는 보이지 않는 것—가 우리에게 들려지고 있기 때문에 우리가 말하는 것도 두 가지로 나타난다. 하나님의 권능, 성령, 죄 사함과 기타 유사한 것들은 눈으로 보

이지 않는 영적인 것들이다. 우리가 이런 이야기를 들을 때는 그것들이 진실하다고 믿는 것으로 충분하지 않고, 오히려 이 신앙(croyance)을 신뢰와 소망의 근거로 삼아서 하나님을 전능하다고 여길 뿐만 아니라 그를 권능으로 우리를 붙드시는 분으로 인정해야 하며, 성령을 상상으로가 아니라 그의 능력과 함께 받아야 한다. 이런 규칙은 다른 유사 조항들에게도 유효해야 한다. 그것들에 대해서는 적당한 때와 장소에서 설명할 것이기에 당장에는 간략하게 사례만을 들도록 하겠다. 그리스도의 탄생, 죽음, 부활, 승천은 사람들의 눈에 명백한 것들이었다. 그런데 이 사실들이 우리와 관련될 때 신실한 영혼은 이것들을 외적으로 바라봐서는 안 되고, 하나님의 모든 행위가 지혜롭게 이뤄지는 연고로 이것들이 일어난 이유를 생각하고 평가해야 한다. 이와 같이 우리 믿음의 목표와 시선은 역사다. 그 목적과 이유는 보이지 않고 불가해한 것들을 응시하는 일이며 이것은 역사를 통해 얻어진다. 왜냐하면 우리 영혼은 그리스도의 죽음에서 대속의 확신을 품으며, 그의 부활에서 불멸의 소망을 품기 때문이다.

[2] 우리가 고려해야 할 것으로 말한 두 번째 사항은 사도신경의 구분이다. 이 구분에는 성부, 성자, 성령의 기술을 포함하는 세 구성요소가 있으며 우리의 모든 구속의 전체 신비가 여기에 달려 있다. 네 번째 구성 요소는 우리 구원이 어떤 것들에 정초해 있는지를 보여 준다. 이런 순서는 결코 소홀히 여겨져서는 안 된다. 우리 구원의 지식에 이르기 위해서는 먼저 구원의 기초이자 총화인 이 세 가지 사항을 고려해야 한다. 즉 첫째, 하늘 아버지의 인자함과 온화함, 그리고 그가 그의 친아들도 용서하지 않고 우리를 위해 죽음에 넘겨주어(요일 3:16) 우리의 생명을 회복시키셨다는 사실로 입증된 인류를 향한 그의 사랑이다. 둘째, 우리 구원을 완성하기 위해 하나님의 긍휼을 성취하신 아들의 순종이다. 셋째, 예수 그리스도 안에서 하나님의 인자함의 열매를 우리에게 전달하는 성령의 능력이다. 이것이 바울이 고린도 교인들에게 하나님의 사랑과 그리스도의 은혜와 성령의 교통하심을 기원하면서(고후 13:13) 바라본 것이다. 왜냐하면 우리가 복으로 얻는 모든 것이 하나님의 사랑에서 유래하며, 은혜의 유일한 원천이신 예수 그리스도 안에서 우리에게 제공되고 주어지며, 성령의 능력으로 말미암아 하나님의 인자함이 우리에게 제시하는 모든 축복에 우리가 참여하기 때문이다. 이로부터 사도신경의 네 번째 부분인 교회, 죄 사함, 육체의 부활, 영생에 대한 우리의 믿음이 뒤따른다.

그런데 믿음 전체를 뿌리부터 파괴하고자 하는 사탄이, 부분적으로 예수 그리스도의 신성에 대해, 또 부분적으로 하나님 안에 있는 위격적인 구분에 대해 항상 커다란 소동을 일으키며, 거의 모든 시대에 악한 영들을 자극하여 이런 논쟁으로 신자들을 불안하게 하고 심지어 전 성경을 뒤엎으려 애썼기 때문에, 나는 사도신경 해설을 이 사항으로부터 시작하는 것이 좋으리라고 생각한다. 그렇지만 나는 반역자들과 싸우기보다 차라리 자신을 유순하게 하는 자들을 교육할 의도를 가졌기 때문에, 명분의 중요성의 요구에 따라 길게 논의하지 않고 이 장소에서 계속해야 하거나 피해야 할 것이 무엇인지를 지적하는 것으로 만족할 것이다. 그리하여 아무튼 악인들의 비방에 맞서 진리가 유지될 수 있을 것이다. 물론 내가 말했듯이, 내 주된 관심은 자신을 자발적으로 진리에 복종하게 하는 자들을 참되고 확고한 교리로 가르치겠다는 이 목적을 지향할 것이다.

우선, 성경에는 고상한 신비들이 있어 검소하게 조사할 필요가 있기 때문에, 우리는 성경에서 무엇보다도 특별한 절제를 간직해야 한다. 우리의 사유나 우리의 언어가 하나님의 말씀의 경계를 넘어가지 않도록 조심함으로써 말이다. 인간 정신이 눈으로 보이는 태양의 몸체가 어떠한지도 이해하지 못할진대, 하나님의 무한한 본질을 얼마나 자신의 보잘것없음에 국한시키겠는가? 심지어 인간 정신이 그 자신의 실체도 알지 못할진대, 하나님의 실체를 얼마나 찾을 수 있겠는가? 따라서 우리는 하나님 자신에 대한 지식을 하나님에게 맡겨야 한다. 힐라리우스가 말하듯이, 그가 오직 그 자신에 의해서만 알려지기 때문에 그분만이 그 자신에 대해 적합하게 증거할 수 있다. 그런데 우리는 그가 자신을 우리에게 드러내는 그대로 품고 그의 말씀으로만 그에 대해 조사할 때 비로소 그에게 맡기게 될 것이다. 이 논지에 관해서는 크리소스토무스가 스스로 아노모이오스파(Anomoeos)라 칭하는 이단에 대해 행한 다섯 편의 아름다운 설교가 있다. 그럼에도 불구하고 이 설교조차도 궤변가들의 대담함을 억제할 수 없었다. 그들이 하나님의 존엄에 대해 말도 안 되게 재잘대지 못하도록 그들의 혀에 재갈을 물리지 못했다는 말이다. 그들은 여기서도 그들이 매사에 하는 습관과 마찬가지로 겸손하게 처신하지 않았다. 그러므로 우리 주님이 그들의 경솔함을 처벌하고 많은 어리석음에 빠지도록 허락하셨기 때문에, 우리는 그들의 사례를 통해 어떤 잔재주도 수용하지 않은 채 성경이 우리를 가르치는 것을 배우는 데 만족하도록 경고받아야 한다. 심지어 우리는 그의 말씀 안에서가 아니면 하나님에 대해 아무것도 추구하지 않으며, 그의 말씀과 함께하지 않으면 아무것도 생각하지 않으며, 그의 말씀에 의하지 않으면 아무것도 말하지 않겠다는 정신을 가져야 한다.

성경은 매우 자주 그리고 매우 명백히 영원하고 무한하며 영적인 본질의 유일하신 한 분 하나님이 계시다고 선포하는바, 이에 대해 길게 증명할 필요가 없다. 마니교도들이 두 원리를 세우기 위해 어떤 증거들을 가지고 범하는 오류는 너무도 수치스러운 어리석음이다. 이는 신인동형론자들도 마찬가지인데, 성경이 하나님의 입, 귀, 손, 발을 말한다는 이유에서 그를 육체적으로 상상한 이들은 너무도 심하게 잘못을 저질렀다. 우리 주님이 우리의 수용력에 적용해 주시기 위해, 마치 유모가 어린아이와 함께 말을 더듬으면서 그의 초보 수준까지 낮추듯이, 이 지체들을 자신의 것으로 돌리는 것을 보지 못할 정도로 보잘것없는 이성의 소유자는 누구인가? 따라서 이런 화법은 하나님에 대한 지식을 우리의 무지에 맞춰 주는 것이기 때문에 하나님이 누구인지를 설명하는 것이 아니다. 이렇게 하기 위해서 하나님은 그의 위대함과 고귀함에서 훨씬 아래로 내려오실 필요가 있는 것이다.

따라서 이런 묘사로 하나님의 본질을 측량하려는 자들이 무슨 허튼소리를 하는지 충분히 드러났다. 그러므로 우리는 유일하신 한 분 하나님과 그의 무한하고 영원하며 영적인 본질에 대해 기록된 것을 결정적인 것으로 붙들자.

신성 안에서 성부와 성자와 성령의 구분은 깨닫기도 쉽지 않으며 많은 정신들을 괴롭힌다. 그러므로 이 문제를 두 부분으로 나누자. [1] 첫째는 성자와 성령의 신성을 확증하기 위함이고, [2] 둘째는 성부와 성자와 성령 사이에 있는 구분 방식을 설명하기 위함이다.

그런데 성경에는 이 두 가지 모두를 증명할 증거가 없지 않다. 우리가 성경에서 하나님의 말씀에 대해 언급되는 것을 들을 때, 옛날 조상들에게 주어진 말씀과 예언이 그랬듯이 외적인 발언처럼 허공에 던져져 즉시 사라지는 음성을 상상하는 것은 대단히 부당하리라. 그게 아니라, 하나님 안에 있는 영원한 지혜가 드러나서 그로부터 옛날의 모든 말씀과 예언이 나온 것이다. 왜냐하면 베드로가 증언하듯이(벧전 1:10-11), 구약의 선지자들도, 사도들뿐만 아니라 하나님의 진리를 사람들에게 집행한 모든 이들이 했던 것 못지않게 그리스도의 영으로 말했기 때문이다. 비록 모세가 세상이 창조된 것이 하나님의 갑작스럽고 일시적인 의지가 아니라 그의 영원한 작정—이렇게 말하는 것이 적법하다면 그의 항구적이고 불변하는 마음—이었음을 충분히 입증했지만, 그럼에도 불구하고 이것이 누군가에게 의심스럽거나 모호하다면 솔로몬에 의해서 보다 명백하게 표현된다. 그는 하나님의 지혜를 도입하여 이 지혜가 영원 전에 탄생하여 세상 창조를 주도했으며 하나님의 모든 행위를 주도한다고 말한다(잠 8:22). 하지만 요한은 두 사람보다 더 친숙하게 이 사실을 선포하는바, 그는 처음부터 하나님 안에 있던 말씀이 하나님 자신이라고 말한다(요 1:1). 그는 이 두 소절에서 모두 말씀에 영원한 본질을 부여한다. 따라서 비록 하늘에서 오는 모든 계시가 하나님의 말씀이라는 이 칭호로 불리는 것이 타당하다 하더라도, 그럼에도 불구하고 우리는 모든 계시들의 기원이요 근원인 본질적인 말씀을 인정해야 하는바, 이 본질적인 말씀은 어떤 변동에도 굴복하지 않고 언제나 하나님 안에 머물며 심지어 하나님이시다.

왜, 사도신경인가?

> 시몬 베드로가 대답하여 이르되 주는 그리스도시요 살아 계신 하나님의 아들이시
> 니이다 _ 마 16:16

어느덧 기독교강요 십계명 해설에 대한 강독을 마쳤습니다. 이제부터는 기독교강요의 사도신경 해설에 대한 강독이 시작됩니다. 강독 비중을 보면 다음과 같습니다.

> 십계명 – 15주
> 사도신경 – 19주
> 주기도 – 9주

사도신경의 유래와 권위

십계명이 15주, 사도신경이 19주, 주기도가 9주입니다. 이 가운데서 사도신경의 비중이 가장 높다는 것을 알 수 있습니다. 사도신경의 중요성은 아무리 강조해도 지나침이 없을 것입니다. 그것은 신자가 무엇을 믿느냐의 문제이기 때문입니다. 지금 우리가 읽은 마태복음 16장 16절 역시 우리가 무엇을 믿느냐의 문제를 말하고 있습니다. 유명한 베드로의 고백입니다. 이것은 대단히 중요한 문제입니다. 믿음의 고백이기 때문입니다.

신경이라는 것은 믿음의 고백입니다. 언제 고백하느냐? 세례를 받기 전에 회중들 앞에서 고백된 것으로 보입니다. 그런데 사도의 신경, 사도의 고백이라는 것은 초대 교회로부터 공인되어 정착한 것으로, 사도들로부터 이레니우스라든가 테르툴리아누스와 같은 교부들로 이어지면서 지금과 같은 형태로 정착했습니다.

"당신은 전능하신 **성부 하나님**을 믿습니까?"

"나는 믿습니다."

당신은 성령으로 잉태하사 동정녀 마리아에게 나시고
본디오 빌라도에게 고난을 받으사 죽으시고,
죽은 자 가운데서 삼 일 만에 부활하셔서
하늘에 오르사 아버지 우편에 앉아 계시며,
저리로서 산 자와 죽은 자를 심판하러 오실
하나님의 아들 **예수 그리스도**를 믿습니까?

"나는 믿습니다."

당신은 **성령**과 **거룩한 교회**와 **몸이 다시 사는 것**을 믿습니까?

"나는 믿습니다."

그리고 주후 400년경에 사도신경이 공인되고 주후 8세기에 사도신경 공인 본문이 나오게 됩니다. 내용은 동일합니다.

사도신경 공인 본문

성부 하나님	전능하사 천지를 만드신 **하나님 아버지**를 내가 믿사오며,
성자 예수님	그 외아들 우리 **주 예수 그리스도**를 믿사오니
	이는 성령으로 잉태되어 동정녀 마리아에게 나시고
	본디오 빌라도에게 고난을 받으사 십자가에 못 박혀 죽으시고
	장사지낸 바 되시고
	음부에 내려가셨으며
	사흘 만에 죽은 자 가운데서 살아나시며
	하늘에 오르사 아버지 우편에 앉아 계시다가
	저리로서 산자와 죽은 자를 심판하러 오시리라 라는 것을
	믿사옵나이다.
성령 하나님	성령과
	거룩한 공교회와
	성도가 교통하는 것과
	죄를 사하여 주시는 것과
	몸이 다시 사는 것과
	영원히 사는 것을 믿사옵나이다.

십계명과 주기도는 성경에 본문이 있습니다. 그러나 사도신경은 본문이 하나의 단락으로 성경에 나오지는 않습니다. 그리고 신경은 사도신경 외에도 니케아 콘스탄티노플 신경, 아타나시우스 신경이 있습니다. 이 세 가지를 일 컬어 삼대 공교회 신경이라고 부릅니다. 모두가 정통기독교회에서 받아들여 지고 있습니다. 그중에서도 사도신경은 의심할 바 없는 지위를 가집니다. 사 도들에 의해서 고백되고, 사용되고, 지금까지 이어져 오기 때문이며, 그 내용 에서도 정통 기독교의 모든 고백이 담겨 있기 때문입니다.

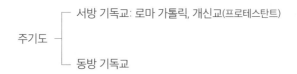

```
          ┌─ 서방 기독교: 로마 가톨릭, 개신교(프로테스탄트)
주기도  ─┤
          └─ 동방 기독교
```

그래서 서방 기독교, 동방 기독교, 프로테스탄트, 로마 가톨릭교회가 모두 사용하는 공통의 신경이 바로 사도신경입니다. 물론 사도신경은 모두 성경에서 나왔습니다. 이 시간에 다 살펴볼 수는 없지만 대표적인 것이 베드로의 신앙고백입니다.

> 주는 그리스도시요 살아 계신 하나님의 아들이시니이다 _ 마 16:16

또한 로마서 1장은 이렇게 소개하고 있습니다.

> 그의 아들에 관하여 말하면 육신으로는 다윗의 혈통에서 나셨고, 성결의 영으
> 로는 죽은 자들 가운데서 부활하사 능력으로 하나님의 아들로 선포되셨으니
> 곧 우리 주 예수 그리스도시니라 _ 롬 1:3-4

사도신경과 함께 정통 기독교회에서 권위를 인정받고 사랑받는 신경이 바로 니케아-콘스탄티노플 신경입니다. 종종 매우 기념적인 예배에서 이 신경이 다 함께 고백됩니다. 전문을 우리가 다 같이 고백해 봅시다.

▌ 니케아 - 콘스탄티노플 신경

우리는 한 분이신 성부 하나님을 믿습니다.

> 그분은 전능하셔서 하늘과 땅과 보이는 것들과 보이지 않는 모든 것들을 지으신
> 창조주이심을 믿습니다.

우리는 한 분이신 아버지의 독생자 주 예수 그리스도를 믿습니다.

그분은 만세 전에 아버지에게서 출생하셨고

빛의 빛이시며, 참하나님의 참하나님이십니다.

지음을 받지 않고 나음을 입으셨고, 성부와 동등 본질이시며,

그분에 의해서 만물이 지음을 받았습니다.

그분은 우리 인간들과 우리 구원을 위하여 하늘에서 내려오시어

성령으로 말미암아 동정녀 마리아에게서 육신을 입으시고 사람이 되셨습니다.

그분은 성경에 따라서 본디오 빌라도 치하에서 십자가에서 못 박히셨고

고난당하고 장사되셨으며, 사흘 만에 부활하셨고,

하늘로 올라가, 아버지의 오른편에 앉아 계시며,

영광중에 다시 오시어 산 자들과 죽은 자들을 심판하실 것입니다.

그분의 나라는 끝이 없을 것입니다.

우리는 주님이시며 생명의 수여자이신 성령을 믿습니다.

그분은 아버지와 그리고 아들로부터 나오시며,

아버지와 아들과 함께 경배와 영광을 받으시는 분이며,

선지자들을 통하여 말씀하셨습니다.

우리는 하나의 거룩하고 사도적인 공교회를 믿습니다.

우리는 죄 사함을 위한 하나의 세례를 믿습니다.

우리는 죽은 자들의 부활과 내세의 생명을 대망합니다. 아멘.

니케아 신경은 325년에 만들어졌습니다. 그리고 381년 콘스탄티노플 신경에서 '성령을 믿습니다' 부분이 첨가되어 사도신경과 동일한 균형을 갖추게 되었고, 451년 칼케돈 공의회에서 공인되었습니다. 기독교강요 사도신경 해설 부분으로 가 보겠습니다.

그러므로 믿음에 대한 완전한 설명을 얻기 위해서는 그리스도 안에서 믿음의 확고함에 속하는 것을 눈앞에 두어야 한다. 왜냐하면 믿음의 기초와 실체를 알고 나면 마치 그림처럼 그 본질과 속성을 쉽게 이해할 것이기 때문이다. 그런데 그런 그림 대신 **사도신경**이 우리에게 있는데, **거기에는 우리 구원의 모든 경륜이 모든 부분에서 단 한 가지 점도 빠뜨리지 않았을 정도로 제시된다.** 나는 그것을 사도신경이라고 부르며 사도들이 그 저자라고 해도 크게 개의치 않는다, 확실히 고대인들은 이것을 커다란 동의와 함께 사도들의 것으로 돌렸다. 그들이 공동으로 작성했다고 여겼건, 아니면 어떤 다른 이들이 정리한 교리 모음으로 생각하면서 이 칭호로 이것에 권위를 주고자 했건 간에 말이다.

칼뱅은 사도신경을 마치 믿음을 그려 놓아서 한눈에 알 수 있는 그림과 같다는 설명을 하고 있습니다.

> **사도신경**
> 내용 - 구원의 모든 경륜
> 저자 - 사도들
> 권위 - 초대 교회로부터 신경으로 권위를 인정받음

칼뱅은 사도신경은 우리 신앙의 모든 것을 담고 있는 교리 모음으로 사도들에게서 유래하였고, 초대 교회로부터 신경으로 권위를 인정받았다고 정리하고 있습니다. 조금 더 추가적인 설명이 이어지고 있습니다.

아무튼 이것이 어느 쪽에서 유래했건, 나는 이것이 교회의 처음 시작부터 심지어 사도들의 시대부터 확실하고 공적인 신앙고백으로 수용되었음을 조금도 의심하지 않는다. 이것이 모든 시대의 신자들 사이에서 그 권위가 침해당하지 않은 것으로 보아, 어떤 개인이 작성했다는 것은 있음 직하지 않다. 주 내용이 우리에게 의심의 여지가 없다. 즉 우리 믿음의 모든 역사가 바른 순서로 간략하게 담겨 있으며, 성경이 확실한 증거로 입증되지 않는 것은 아무것도 들어 있지 않다는 것이다.

사도신경의 구조

이렇게 사도신경의 유래와 권위에 대해서 설명한 후에 이제 구조를 설명하고 있습니다.

> 그러나 설명하기에 앞서 우리에게는 두 가지 고려 사항이 있다. 첫째, 믿음의 역사가 우리에게 제시되는 것은 우리가 단순히 그 지식에 머물지 않고 그것을 통해서 우리의 이성이 더 높은 것에 대한 깨달음을 향해 올라가도록 하기 위함이라는 것이다. 두 가지 종류의 이야기—하나는 보이는 것이요, 다른 하나는 보이지 않는 것—가 우리에게 들려지고 있기 때문에 우리가 말하는 것도 두 가지로 나타난다. 하나님의 권능, 성령, 죄 사함과 기타 유사한 것들은 눈으로 보이지 않는 영적인 것이다. 우리가 이런 이야기를 들을 때는 그것들이 진실하다고 믿는 것으로 충분하지 않고, 오히려 이 신앙을 신뢰와 소망의 근거로 삼아서 하나님을 전능하다고 여길 뿐만 아니라 그의 능력과 함께 받아야 한다. 이런 규칙은 다른 유사 조항들에게도 유효해야 한다. 그것들에 대해서는 적당한 때와 장소에서 설명할 것이기에 당장에는 간략하게 사례만을 들도록 하겠다. 그리스도의 탄생, 죽음, 부활, 승천은 사람들의 눈에 명백한 것들이었다.

칼뱅은 믿음의 역사에는 눈에 보이는 것과 보이지 않는 것이 있다고 말하면서 하나님의 권능, 성령, 죄 사함 등은 눈에 보이지 않는 영적인 것이요, 그리스도의 탄생, 죽음, 부활, 승천은 사람들의 눈에 명백한 것이라고 설명하고 있습니다.

믿음의 역사의 두 가지

보이는 것 - 그리스도의 탄생, 죽음, 부활 승천

보이지 않는 것 - 하나님의 권능, 성령, 죄 사함

이렇게 믿음의 역사에는 보이는 것과 보이지 않는 것이 있다고 하면서 칼뱅은 신실한 영혼들은 이것들을 외적으로 바라봐서는 안 된다고 말합니다. 또 이어서 사도신경의 구분을 말합니다.

> 우리가 고려해야 할 것으로 말한 두 번째 사항은 사도신경의 구분이다. 이 구분에는 성부, 성자, 성령의 기술을 포함하는 세 구성요소가 있으며 우리의 모든 구속의 전체 신비가 여기에 달려 있다. 네 번째 구성 요소는 우리 구원이 어떤 것들에 정초해 있는지를 보여 준다. 이런 순서는 결코 소홀히 여겨져서는 안 된다. 우리 구원의 지식에 이르기 위해서는 먼저 구원의 기초이자 총화인 이 세 가지 사랑을 고려해야 한다. ❶ 첫째, 하늘 아버지의 인자함과 온화함, 그리고 그가 그의 친아들도 용서하지 않고 우리를 위해 죽음에 넘겨주어 우리의 생명을 회복시키셨다는 사실로 입증된 인류를 향한 그의 사랑이다. ❷ 둘째, 우리의 구원을 완성하기 위해 하나님의 긍휼을 성취하신 아들의 순종이다. ❸ 셋째, 예수 그리스도 안에서 하나님의 인자함과 열매를 우리에게 전달하는 성령의 능력이다.

그것은 성부의 사랑, 성자의 순종, 성령의 능력이라고 설명합니다.

사도신경의 구성
❶ 성부의 사랑
❷ 성자의 순종
❸ 성령의 능력
❹ 우리의 믿음 – 교회, 죄 사함, 부활, 영생

이어지는 부연 설명을 들어 봅시다.

> 왜냐하면 우리가 복으로 얻는 모든 것이 하나님의 사랑에서 유래하며, 은혜의 유일한 원천이신 예수 그리스도 안에서 우리에게 제공되고 주어지며, 성령의 능력으로

말미암아 하나님의 인자하심이 우리에게 제시하는 모든 축복에 우리가 참여하기 때문이다. 이로부터 사도신경의 네 번째 부분인 교회, 죄 사함, 육체의 부활, 영생에 대한 우리의 믿음이 뒤따른다.

사전 교육의 필요

그런데 칼뱅은 본격적으로 사도신경 해설에 들어가기 전에 어떤 사전 교육의 필요를 말하고 있습니다. 그것은 바로 이단들이 바른 교리를 무너뜨리기 위해 헛된 지식을 전하기 때문입니다.

> 그런데 믿음 전체를 뿌리부터 파괴하고자 하는 사탄이, 부분적으로 예수 그리스도의 신성에 대해, 또 부분적으로 하나님 안에 있는 위격적인 구분에 대해 항상 커다란 소동을 일으키며, 거의 모든 시대에 악한 영들을 자극하여 이런 논쟁으로 신자들을 불안하게 하고 심지어 전 성경을 뒤엎으려 애썼기 때문에, 나는 사도신경 해설을 이 사랑으로부터 시작하는 것이 좋으리라고 생각한다.

사탄은 모든 시대에 하나님을 공격합니다. 의심하게 하고, 혼란하게 하고, 엉뚱한 상상력을 동원하고, 이미지를 심고, 불온한 계시를 첨가합니다. 그래서 하나님을 오해하게 합니다. 이것이 사탄의 전술입니다. 오늘날에도 얼마나 많은 이단과 사이비 집단들이 있습니까? 그러므로 바르게 성경과 교리를 배우는 것이 중요합니다. 칼뱅은 그 가운데 마니교와 신인동형론자들에 대해서 언급하고 있습니다.

> 성경은 매우 자주 그리고 명백히 영원하고 무한하며 영적인 본질의 유일하신 한 분 하나님이 계시다고 선포하는바, 이에 대해 길게 증명할 필요가 없다. 마니교도들이 두 원리를 세우기 위해 어떤 증거들을 가지고 범하는 오류는 너무도 수치스러운 어리석음이다. 이는 신인동형론자들도 마찬가지인데, 성경이 하나님의 입, 귀, 손, 발을 말한다는 이유에서 그를 육체적으로 상상한 이들은 너무도 심하게 잘

못을 저질렀다.

그러므로 사도신경은 신앙의 고백인데, 그것은 곧 하나님에 대한 고백입니다. 하나님이 어떤 분이신가를 고백한다는 것은 간단하지 않습니다. 이런 시도에서 어긋난 예를 우리는 얼마든지 찾을 수 있습니다. 바로 마니교와 신인동형론자들의 경우가 그렇습니다.

> 마니교 - 조로아스터교, 불교, 기독교의 혼합 종교, 극단적 이원론(선과 악, 빛과 어둠)
> 신인동형론자 - 손과 팔 등과 같은 인간의 모습이나 인간적 특징을 하나님께 돌리는 경향

그러므로 우리가 본격적으로 하나님에 관해 고백하기 위해서는 사전에 하나님이 어떠한 분이신가에 대한 이해가 있어야 합니다.

> 신성 안에서 성부와 성자와 성령의 구분은 깨닫기도 쉽지 않으며 많은 정신들을 괴롭힌다. 그러므로 이 문제를 두 부분으로 나누자. ❶ 첫째는 성자와 성령의 신성을 확증하기 위함이고, ❷ 둘째는 성부와 성자와 성령 사이에 있는 구분방식을 설명하기 위함이다.

그래서 칼뱅은 본격적인 사도신경 해설에 앞서서 기초적인 예비 지식을 주려고 합니다. 성자와 성령의 신성에 대해서와 삼위일체에 대해서 미리 언급하려 하고 있습니다.

> 성자의 신성
> 성령의 신성
> 삼위일체의 구분

우리가 다루게 될 사도신경의 내용은 쉽지 않습니다. 그러나 우리가 하나님을 아는 지식이 없어서 우상을 숭배했던 이스라엘 민족처럼 되지 않으려면 우리는 그분에 관해서 성경이 말하는 것을 배워야 하고, 교회의 역사 속에 등장해서 교회를 어지럽혔던 이단들의 주장이 왜 잘못되었는지를 공부해야 합니다. 아무쪼록 앞으로 진행될 사도신경의 여정이 우리 모두의 믿음을 더 건강하고 풍성하게 하기를 바랍니다.

성자의 신성

아무튼 하나님의 아들에게서 그의 신성을 감히 공개적으로 약탈하지는 못하기 때문에 은밀히 그의 영원성을 빼앗으려고 애쓰는 어떤 이들이 있다. 그들은 하나님께서 세상을 창조하시면서 입을 열어 만물이 있으라고 명하셨을 때 말씀이 존재하기 시작했다고 말한다. 하지만 그들은 하나님의 본질에서 무슨 새로운 것을 상상함으로써 하나님의 존엄에 대해 너무도 분별없이 죄를 범한다. 행위와 관련된 하나님의 이름이 행위가 존재하기 시작한 때 처음으로 그에게 돌려졌다 하더라도(그를 천지의 창조자라고 명명하듯이), 반대로 경건은 하나님 자신 안에서 뭔가가 일어난다는 것을 의미하는 어떤 이름도 인정하지 않았다. 하지만 그들은 다음과 같은 식으로 트집 잡는다. 즉 모세는 하나님이 그때 말하기 시작했다고 이야기하면서 그 이전에는 하나님 안에 말씀이라곤 전혀 없었음을 지적한다는 것이다. 그러나 어떤 것이 일정한 때에 나타나기 시작했다고 해서 그것이 이전에 존재하지 않았다고 추정해야 할까? 나는 정반대로 결론짓는다. 즉 빛이 만들어진 것과 동일한 때에 말씀의 능력이 드러난 것이기 때문에 이 말씀은 이전에 존재했다는 것이다. 그것이 언제부터인지 알아보려 한다면 그 시작은 찾아질 수 없을 것이다. 왜냐하면 이 말씀이신 예수 그리스도께서 "아버지여, 창세전에 당신과 영원히 누렸던 영광으로 당신의 아들을 영화롭게 하소서"(요 17:5)라고 말하면서 일정한 시간을 정하지 않기 때문이다. 그런데 그는 이렇게 말씀함으로써 모든 시간, 모든 연대를 넘어선다. 그러므로 우리는 말씀이 어떤 시작점도 없이 하나님 안에 품어져 있었기 때문에, 언제나 영원했으며, 그로부터 그의 영원성, 그의 존엄과 참된 신성의 본질이 입증된다고 결론짓는다.

성자의 신성을 증명하고 나면 남은 문제가 뒤따르는바, 우리는 먼저 그가 어떤 식으로 하나님의 아들이라 불리는지를 간략하게 다뤘기 때문에, 이제 주로 그의 신성을 입증하는 일에 [좀 더] 머물 필요가 있다. 예수 그리스도가 성부에 의해 영원한 출생으로 잉태된 것으로 여겼던 고대인들은 그것을 "그 세대 중 누가 설명하리요?"(사 53:8)라는 이사야의 증언으로 증명하고자 강행했으나, 이 구절을 이해함에 있어서 실수했다. 왜냐하면 선지자가 여기서 취급하는 것은 성자가 어떻게 성부에게서 잉태되었는지가 아니라, 예수 그리스도의 통치가 얼마나 풍부한 후손으로 증가되는지이기 때문이다. 그들이 인용하는 시편도 보다 확실한 것은 아니다. 즉 "내가 새벽 별 이전에 너를 내 배에서 잉태하였다"(시 110:3)라는 기록이다. 왜냐하면 이것이 이 주제에 관해 히브리 진리와 부합하지 않는 공동번역*에서 인용되었을 뿐이기 때문이다. 히브리어로는 이런 의미다. "너의 탄생의 이슬이 새벽 별이 나옴과도 같다." 그러므로 가장 명백한 논증은 "만물이 아들에 의해 창조된다"(골 1:6)는 사도의 말에서 취해진다. 만일 아들이 그때 존재하지 않았다면 그의 능력을 드러내지 못했을 것이다. 아무튼 다른 유사 형식들에 의해 명백해진 것은 이 추론이 그렇게 확고하지 않다는 것이다. 왜냐하면 우리 중 누구도 그리스도의 칭호가 유대인들이 광야에 있었을 때의 우리 주 예수—그가 특별히 인성에 적합한 속성을 갖고 있다는 점에서—에게 속한다는 것을 인정하지 않을 것이기 때문이다. 그럼에도 불구하고 바울은 그 칭호를 그 시절의 그에게로 돌린다(고전 10:4). 그가 다른 구절에서 "예수 그리스도는 어제도 계셨고 오늘도 계시며 영원히 계시리라"(히 13:8)라고 말할 때도 마찬가지다. 만일 누군가가 이 구절을 통해서 그리스도의 이름이 언제나 우리 구주에게 부합했음을 설득시키고자 한다면 그는 아무 유익을 얻지 못할 것이다. 우리의 현안에 그 본래적인 의미에서 아무 소용이 없는 성경의 증거들을 남용함으로써 우리가 하는 일이, 우리 신앙 조항들을 이단의 조롱거리로 내주는 일 외에 다른 것이 무엇인가? 나로 말하면, 내 양심을 하나님의 아들의 영원성으로 확증하기 위해 다음의 한 가지 논증—천 가지 논증과도 같은—으로 충분할 것이다. 즉 하나님은 그의 독생자 아들을 통하지 않고서는 사람들에게 아버지가 될 수 없으며, 오직 이 아들에게만 본질상 이 영예[영원성]가 합당하고 그의 은혜로 이 영예가 우리에게 전달된다는 것이다. 이와 같이 하나님은 언제나 아버지로 불리기를 원하셨으며, 따라서 아들은 이미 그때 존재했고 그로 인해 이 친자 관계가 수립되었다는 결과가 뒤따른다.

이제 아들의 신성을 증명해 보자. 이것은 두 종류로 입증된다. [1] 하나님의 이름과 영광은 성경의 명백한 증거에 의해서 하나님의 아들에게로 명백히 돌려지며, [2] 그 행위의 능력에 의해서 그렇게 입증된다.

---

* — 불가타 성경을 의미한다.

[1] 첫째로, 다윗은 "하나님이여, 당신의 보좌는 영원히 남을 것이며, 당신 나라의 홀은 정직의 홀입니다"(시 45:7)라고 말한다. 어떤 악인은 여기에 쓰인 엘로힘이란 이름이 천사들과 최고 권세들에게 매우 적합하다고 말하면서 딴소리를 할 것이다. 하지만 성경에는 영원한 보좌가 피조물을 위해 세워졌다는 어떤 구절도 없다. 그것은 하나님으로뿐만 아니라 영원한 지배자로도 불린다. 나아가 이 칭호는 꼬리가 붙지 않고는 결코 사람에게 주어지지 않는다. 마치 모세가 바로에게 하나님이라 불림으로써(출 7:1) 이 구절에서 신자가 참되고 유일한 하나님만을 품을 수 있도록 말이다.

그런데 이것이 하나님의 아들에 관한 언급이라는 사실은 다음과 같은 말로 명백해진다. "그러므로 당신의 하나님이 당신에게 즐거움의 기름을 부으셨나이다"(시 45:7). 여기에 언급되는 분은 하나님이며 그에게는 그 자신 위로 하나님이 계신다. 이분이 예수 그리스도시며, 그는 겸손하게 그의 아버지 하나님에게 복종함으로써 종으로 나타나고자 하셨다.

이사야서에서도 성자는 하나님으로, 오직 하나님에게만 속한 능력으로 무장된 것으로 도입된다. "불리게 될 이름은 이러하니, 곧 전능하신 하나님, 영존하시는 아버지이시다"(사 9:6). 트집 잡는 유대인들은 선지자의 이 구절을 왜곡시켜서는 안 된다. 그들은 예수 그리스도에게 "평화의 군주" 이외에 아무것도 남겨 두지 않기 위해 "여기 전능하신 하나님, 영존하시는 아버지라 불릴 이름이 있다"라는 식으로 바꾼다. 그렇다면 선지자는 무슨 이유에서 성경의 관례와 반대되게 하나님께 드릴 칭호들을 단 한 구절에 모아 놓았겠는가? 오히려 정반대로 명백한 것은 그가 예수 그리스도에게 속한 칭호들로 그를 장식하고자 했다는 사실이다. 이것은 "그가 백성의 구원을 위해 세움 받은 다윗의 씨요, 우리 정의의 영존자라 불릴 것"(렘 23:6)이라는 예레미야의 말로 보다 더 분명해진다. 유대인들이 하나님의 영광을 높이기 위한 칭호들로서 다른 하나님의 이름들이 있으나, 선지자가 사용하는 이 이름이 그의 실체의 가장 적절한 이름이라고 가르치기 때문에 바로 그 이유에서 우리에게는 하나님의 아들이 우리의 유일하고 영존하신 하나님이시다. 선지자는 다른 곳에서 하나님이 자신의 영광을 다른 이에게 주지 않을 것이라고 증언한다(사 42:8). 유대인들은 모세가 자신이 세운 제단에 이 이름을 부여했으며, 에스겔은 그것을 하나님의 교회로 돌린다고 주장하면서 사악하게도 이 구절을 뒤엎고

자 애쓴다. 하지만 이런 트집은 너무나 무모하다. 제단이 하나님이 모세를 높이기 위한 기념물과 증표로 세워진 것을 보지 못하는 자가 누구인가? 마찬가지로, 하나님의 이름이 본질상 교회로 돌려지는 것이 아니라 그보다는 교회 안에 계신 하나님의 임재가 의미되고 있음을 보지 못하는 자가 누구인가? 선지자의 말은 "성읍의 이름은 주께서 거하신다는 의미"(겔 48:35)이고, 모세는 그가 하나님에게 제단을 세워 그에게 "주님은 나를 높이신 분"이라는 이름을 부여했다는 식으로 말한다(출 17:15). 에스겔이 말하고자 하는 것이 예루살렘은 주님이 거하시는 장소라는 것이 아니면 무엇인가? 모세가 자신이 제단을 세우는 증거를 통해 말하고자 하는 것이 하나님은 그의 힘이라는 것이 아니면 무엇인가? 그러나 예레미야 33장에 있는 다른 구절은 보다 큰 난관이라고 말할 수 있다. 거기서는 앞서 예수 그리스도에 대해 언급된 것이 교회로 돌려진다. 말씀은 이렇다. "보라, 성읍[교회]에 붙여질 이름은 영존자 우리의 정의이다"(렘 33:16). 나는 이 구절이 우리에게 반대되기는커녕 오히려 우리의 입장을 옹호하기에 적절하다고 답한다. 왜냐하면 선지자가 먼저 예수 그리스도—그로부터 모든 정의가 우리에게로 오는—께서 우리의 참된 하나님이심을 증명한 뒤, 결과적으로 교회가 이 지식에 너무도 확실해서 교회 자체가 그의 이름을 영화롭게 할 수 있다고 덧붙이기 때문이다.

신약은 무한한 증거로 가득하다. 따라서 나는 그것들을 모두 모으기보다는 가장 적절한 몇 가지 것들을 선택하는 수고를 해야 한다. 첫째로 영원하신 하나님에 대해 예언된 것들이 성취되었거나, 아니면 예수 그리스도 안에서 언젠가 확증되어야 하리라고 사도들이 지적하는 것은 마땅히 주목할 만하다. 이는 마치 이사야가 "만군의 하나님께서 유대인들과 이스라엘 사람들에게 거치는 돌이 되리라"(사 8:14)라고 예언한 것이 그리스도 안에서 성취되었다고 바울이 말하는 것과 같다(롬 9:32-33). 이것으로 그는 그리스도가 이사야가 말한 만군의 하나님과 동일하다고 지적한다. 그는 다른 곳에서도 마찬가지로 우리 모두는 그리스도의 심판의 보좌로 나와야 하는바, 이는 "모든 무릎이 내 앞에 꿇리고 모든 혀가 내 이름으로 맹세할 것이기 때문이다"(롬 14:10; 사 45:23)라고 말한다. 그런데 하나님이 이사야를 통해 친히 이것을 말씀하셨고 그것이 예수 그리스도 안에서 입증되기 때문에, 그가 동일한 하나님이시며 그 영광이 다른 곳으로 이전될 수 없다는 결과가 뒤따른다. 나아가, 바울이 에베소 교인들에게 예수 그리스도에 대해 "그가 위로 올라가시면서 그의 대적들을 포로로 데려가셨다"(시 68:19)라고 기록된 말씀을 인용할 때

(엡 4:8), 그것은 명백히 오직 하나님과만 관련된 내용이다. 선지자는 하나님에 대해 그가 그의 백성에게 원수들에 대한 승리를 주셨다고 말했으나, 바울은 이것이 그림자에 불과함과 그 성취가 예수 그리스도 안에 있음을 알고서 그 승리를 그리스도에게 돌린다. 이런 식으로 요한은 이사야에게 나타난 것이 하나님의 아들의 영광이었다고 증언한다(요 12:41). 비록 선지자가 이것이 살아 계신 하나님의 존엄이라고 말하지만 말이다(사 6:1). 뿐만 아니라, 사도가 히브리서에서 인용하는 구절들이 오직 하나님께만 속한다는 것은 의심의 여지가 전혀 없다. 즉, "주님, 당신은 처음부터 천지의 기초를 놓으셨습니다"와 "너희 모든 천사들아 그를 경배하라"(히 1:6, 10; 시 102:26; 97:7). 비록 이 칭호들이 하나님의 존엄을 높이기 위한 것이지만, 그럼에도 불구하고 이것들을 예수 그리스도에게 적용시키는 것은 결코 그것을 남용하는 것이 아니다. 왜냐하면 거기에 예언된 것이 모두 그리스도에게서만 성취되었다는 것은 명백한 사실이기 때문이다. 바로 그가 시온에 긍휼을 베풀기 위해 나타나셨다(시 102:13). 바로 그가 그의 나라를 사방으로 확장함으로써 세상의 모든 백성과 모든 영토를 소유하셨다(시 97:1). 요한은 그의 복음서 첫마디에서 예수 그리스도가 영원하신 하나님이심을 단언했을진대, 그가 그리스도에게 하나님의 존엄을 돌리는 데 주저할 이유가 무엇이었겠는가? 바울은 그리스도가 영원히 찬양받을 하나님이라고 말함으로써(롬 9:5) 그의 신성에 대해 그토록 명백하게 언급했을진대, 그가 그리스도를 하나님의 보좌에 앉히는 것을 두려워할 이유가 무엇이었겠는가? 그는 자신이 이 문제에 있어서 얼마나 꾸준히 일관됐지 우리가 보도록, 다른 곳에서 그리스도는 육신으로 나타나신 하나님이라고 말한다(딤전 3:16). 그리스도가 영원히 찬양받으실 하나님이라면, 그는 동일한 사도가 다른 곳에서 가르치듯이 모든 영광을 받기에 합당하신 분이다(딤전 1:17). 그가 하나님의 영광을 가지신 예수 그리스도께서 하나님과 동등됨을 취할 것으로 여기지 않고 스스로를 낮추고자 하셨다고 기록함으로써(빌 2:6-8) 사실상 공개적으로 증명하는 것이 바로 이것이다. 요한은 악인들이 그리스도가 급히 만들어진 어떤 신(Dieu)이라고 투덜거리지 않도록 한 걸음 더 나아가 그리스도를 참하나님이요 영생이라고 말한다(요일 5:20). 물론 우리에게는 그리스도가 하나님으로 불리는 것을 듣는 것으로 충분하다. 우리는 주로 바울의 입을 통해 듣는데, 그는 공개적으로 많은 신들이 있는 것이 아니라 한 유일한 신이 있다고 선포한다. "비록 천지에 신이라 불리는 자들이 많지만, 그럼에도 불구하고 우리에게는 만물이 그에게 속하는 유일한 한 분 하나님이 계신다(고전 8:5-6). 우리가 그[바울] 자신으로부터 하나님이 육신으로 나타

나셨다"(딤전 3:16)는 말과 하나님이 그의 교회를 그의 피로 사셨다는 말(행 20:28)을 들을 때, 그가 결코 인정하지 않는 두 번째 하나님을 우리가 상상할 이유가 무엇인가? 마지막으로, 모든 신자들이 이 동일한 감정을 가진 것이 확실하다. 분명 도마는 그리스도를 자신의 하나님이요 주님이시라고 고백함으로써(요 20:28) 그리스도가 자신이 언제나 경배했던 유일하신 하나님이시라고 선언한다.

[2] 나아가 성경에서 그리스도에게 돌려지는 행위로 그의 신성을 평가할 경우에도 그것은 매우 명백히 나타난다. 그리스도는 자신이 그의 아버지와 더불어 처음부터 이 시간까지 항상 일했다고 말하기 때문에, 유대인들—다른 각도에선 매우 어리석었지만—은 이 말로 그가 하나님의 능력을 자신의 것으로 삼았다고 이해했다(요 5:17). 이런 이유에서, 요한이 말하듯이 그들은 더욱 그를 죽이고자 했는바, 이는 그가 안식일을 위반할 뿐만 아니라 자신을 하나님의 아들로 여겨 하나님과 동등한 존재로 삼았기 때문이다. 그러므로 우리가 이 구절에서 그의 신성이 명확하게 확증되는 것으로 깨닫지 못한다면 우리의 어리석음이 얼마나 크겠는가? 사실 그의 섭리와 능력으로 세상을 다스리고 만물을 그의 명령으로 붙든다는 것(히 1:3)은(사도는 이 말을 그리스도에게 돌린다) 오직 창조주에게만 적합하다. 세상 통치의 직무뿐만 아니라, 어떤 피조물에게도 넘겨질 수 없는 다른 모든 직무들도 성부와 더불어 그에게 공통적으로 속한다. 주님은 선지자를 통해서 "나는, 나는, 나로 인해 너의 죄악을 도말하는 자다"(사 43:25)라고 말씀하신다. 유대인들은 이 말씀을 따라 예수 그리스도가 죄를 사하는 권세를 취함으로써 하나님을 욕되게 했다고 생각했다. 하지만 반대로 그리스도는 이 말씀을 통해서 이 권능이 자신에게 있음을 주장했을 뿐만 아니라 기적으로 그것을 입증했다(마 9:6). 그러므로 우리는 죄 사함의 직분뿐만 아니라, 하나님이 자신에게 영원히 머문다고 선포하신 [죄 사함의] 권능도 예수 그리스도에게 속한다는 것을 알게 된다. 그렇다면 사람들의 비밀과 생각을 알고 이해하는 것은 오직 유일하신 하나님의 속성이 아니던가? 그런데 이것도 이런 식으로 예수 그리스도에게 속했으며(마 9:4), 이로써 그의 신성이 드러나는 것이다.

기적에 관해 말하면, 신성은 기적에서 거의 눈으로 증명된다. 물론 선지자들과 사도들도 유사 행위들을 했지만, 그럼에도 불구하고 거기에는 엄청난 차이가 있다. 그들이 하나님의 은사의 집행자들에 불과했다면 예수 그리스도는 친히 능력을 가지셨기 때문이다.

그가 이따금 그의 아버지께 영광을 돌리기 위해 기도를 사용하시기도 했지만(요 11:41), 우리는 그가 매우 자주 능력이 자신의 것임을 드러내셨음을 본다. 어찌 그가 타인에게도 기적을 행할 능력을 주시는 기적의 참된 주체가 아닐 수 있겠는가? 복음서 기자는 그가 그의 사도들에게 죽은 자를 다시 살리고 문둥병자를 낫게 하며 마귀를 쫓아낼 능력을 주셨다고 기록한다(막 6:7). 사도들도 그들 편에서 기적을 사용하되, 능력이 예수 그리스도 외에 다른 곳에서 나오지 않았음을 충분히 증명했다. 베드로는 중풍 병자에게 "예수 그리스도의 이름으로 일어나 걸어라"(행 3:6)라고 말한다. 따라서 예수 그리스도가 유대인의 불신을 설득하기 위해 기적을 제시하셨다 해서 결코 놀랄 일이 아니다. 왜냐하면 그 자신의 능력으로 행해진 기적들이 그의 신성을 풍부히 증언했기 때문이다(요 14:11).

한 걸음 더 나아가서, 하나님 밖에 아무런 구원도 의도 생명도 없을진대, 분명 이모든 것을 자신 안에 내포하시는 그[그리스도]가 하나님이심이 입증되는 것이다. 누구도 이것들을 하나님에게서 양도받았다고 주장해서는 안 된다. 왜냐하면 그가 구원의 은사를 받은 것이 아니라 그 자신이 구원이라고 기록되기 때문이다. 유일한 한 분 하나님 외에는 선한 이가 아무도 없을진대(마 19:17), 어찌 인간이 선할 수 있겠는가? 나는 선하고 의로운 사람을 말하는 것이 아니라 그 자체가 선과 의인 사람을 말한다. 복음서 기자가 "태초부터 생명이 그 안에 있었고, 생명이신 그가 또한 사람들의 빛이었다"(요 1:4)라고 가르치는 것에 대해 우리가 뭐라 할 것인가? 따라서 이렇게 그리스도의 신성한 존엄을 경험한 우리는 감히 우리의 믿음과 소망을 그에게 두는바, 이는 그에 대한 신뢰를 피조물에게 두는 것이 신성 모독임을 우리가 알기 때문이다. 우리는 이 일을 경솔하게 하는 것이 아니라 그의 말씀에 따라 한다. 그리스도는 "하나님을 믿느냐? 또한 나를 믿어라"(요 14:1)라고 말씀한다. 바울도 말한다. "우리가 예수 그리스도를 믿는 것은 예수의 믿음으로 의롭게 되기 위함이다"(갈 2:16). 이런 식으로 그는 이사야의 두 구절을 설명한다. 누구든지 그를 믿는 자는 수치를 당하지 않을 것이다(롬 10:11; 사 28:16). "이새의 뿌리에서 한 군주가 나와 백성들을 다스리리니, 열방이 그를 소망할 것이다"(롬 15:12; 사 11:10). "누구든지 나를 믿는 자는 영생을 가졌다"(요 6:47)는 말씀이 너무도 자주 반복될진대, 더 많은 증언이 무슨 필요가 있는가?

나아가 믿음에 의존하는 기도 역시 그리스도에게 드려 합당하다. 물론 기도에 속한 고유한 무엇이 있는 한, 기도는 하나님의 존엄에 적합하다. 선지자는 "누구든지 하나님의 이름을 부르는 자는 구원을 얻으리라"(욜 2:32)라고 말한다. 또한 솔로몬은 "하나님의 이름은 훌륭한 성채라 의인이 거기에서 피난처를 가지며 구원을 얻으리라"(잠 18:10)라고 말한다. 그런데 그리스도의 이름은 구원을 위해 불린다. 그러므로 그가 하나님이시라는 결과가 뒤따른다. 우리는 스데반에게서 이 기도의 사례를 본다. 그는 "주 예수여, 내 영을 받으소서!"(행 7:59)라고 말한다. 그리고 이어서 온 기독교 교회에게서 [이 사례를 본다]. 아나니아가 같은 책에서 "주 예수여, 당신은 그가 당신의 이름을 부르는 모든 성도들을 얼마나 괴롭혔는지 아십니다."(행 9:13)라고 증언하듯이 말이다. 그리고 바울은 신성의 모든 충만함이 예수 그리스도 안에서 육체로 거하신다(골 2:9)는 것을 이해시키기 위해, 고린도 교인들에게 그리스도의 이름 외에 다른 교리를 알기를 원하지 않았으며 오직 그분 외에 다른 것을 전하지 않았음을 고백한다(고전 2:2). 신자들에게 예수 그리스도 외에 다른 것을 전하지 않는다는 말은, 하나님이 그들에게 그리스도의 이름 외에 다른 이름을 자랑하지 않도록 금하는 것이 아니면 무엇인가(렘 9:24)? 그리스도에 대한 지식이 우리의 유일한 자랑일진대, 이제 누가 감히 그를 단순한 피조물이라고 말하겠는가? 사도들이 그들의 글 서두에 관례적으로 쓰는 인사말에서 그들이 하나님 아버지에게서 받는 은혜와 동일한 것을 예수 그리스도에게서 요구한다는 사실 역시 적지 않게 중요하다. 이로써 그들이 입증하는 바는 우리가 그의 중재와 수단으로뿐만 아니라 그분 자신에게서 하나님의 은혜를 받는다는 사실이다. 실천과 경험 속에 있는 이 지식은 모든 한가로운 사색보다 훨씬 더 확실하다. 왜냐하면 신실한 영혼은 하나님의 임재를 의심의 여지없이 인정함으로써, 말하자면 손으로 만짐으로써, 거기서 스스로 소생됨과 영감받음과 구원받음과 의롭게 됨과 거룩하게 됨을 느끼기 때문이다.

성자의 신성

> 이는 한 아기가 우리에게 났고 한 아들을 우리에게 주신 바 되었는데 그의 어깨에
> 는 정사를 메었고, 그의 이름은 기묘자라, 모사라, 전능하신 하나님이라, 영존하시
> 는 아버지라, 평강의 왕이라 할 것임이라 _ 사 9:6

기독교강요 사도신경 해설 부분에 대한 강독 설교가 시작되었습니다. 이번에는 성자의 신성을 살펴보겠습니다. 지금 우리가 읽은 이사야 9장 6절이 바로 성자 예수 그리스도에 대한 이사야의 예언입니다. 사도신경 해설 강독 설교에서 가장 중요한 부분인 성부, 성자, 성령, 삼위일체에 대한 부분을 사전에 살펴본 후에 본격적으로 사도신경을 살펴보게 될 것입니다.

구원자의 자격

신성: 하나님이셔야 한다 - 왜냐하면 하나님만이 죄가 없으시기 때문

인성: 인간이셔야 한다 - 왜냐하면 대속의 피를 흘릴 수 있기 때문

피 흘림이 없으면 죄사함도 없느니라 _ 히 9:22

성자에 대한 공격

우리 모두는 예수님을 우리의 구원자로 고백합니다. 그런데 우리의 가장 기본적인 이 고백은 많은 도전을 받아왔습니다. 구원자 성자에 대한 공격은

지금도 맹렬합니다. 대부분의 이단들이 바로 성자 예수님의 자리에 자신들의 교주를 앉히고 싶어 하기 때문입니다. 예수님이 구원자의 자격을 가지기 위해서는 그분은 참하나님이시며, 참인간이셔야 합니다. 그래서 예수님은 신성을 지닌 하나님이신데 그것은 하나님만이 죄가 없으시므로 구원자의 자격이 있기 때문이고, 예수님은 또한 인성을 지닌 사람이신데 그래야만 우리의 구원을 위해 피를 흘릴 수 있기 때문입니다. 그래서 예수님은 신성과 인성을 지닌 분이십니다. 그런데 성자와 관련하여 나타났던 이단들은 대개 신성을 부정하거나, 인성을 부정하는 것이었습니다. 그래서 이단들은 이 두 가지 중 하나를 부정합니다. "예수님은 하나님이 아니시다. 즉 신성이 없다" 혹은 "예수님은 인간이 아니시다. 그래서 인성을 가지지 않으셨다"라고 말합니다.

> 성자의 신성 부정 - 아리우스
> 성자의 인성 부정 - 마르키온

성자의 하나님 되심을 아리우스가 부정하여 콘스탄티노플 공의회에서 이단으로 정죄되고, 마르키온이 성자의 참인간이 되심을 부정하여 이단으로 정죄됩니다. 이 부분은 앞으로 한 번 더 자세히 살펴보게 될 것입니다.

> 아무튼 하나님의 아들에게서 그의 신성을 감히 공개적으로 약탈하지는 못하기 때문에 은밀히 그의 영원성을 빼앗으려고 애쓰는 어떤 이들이 있다. 그들은 하나님께서 세상을 창조하시면서 입을 열어 만물이 있으라고 명하셨을 때 말씀이 존재하기 시작했다고 말한다. 하지만 그들은 하나님의 본질에서 무슨 새로운 것을 상상함으로써 하나님의 존엄에 대해 너무도 분별없이 죄를 범한다. 행위와 관련된 하나님의 이름이 행위가 존재하기 시작한 때 처음으로 그에게 돌려졌다 하더라도, 반대로 경건은 하나님 자신 안에서 뭔가가 일어났다는 것을 의미하는 어떤 이름도 인정하지 않았다. 하지만 그들은 다음과 같은 식으로 트집 잡는다. 즉 모세는 하나님이 그때 말하기 시작했다고 이야기하면서 그 이전에는 하나님 안에 말씀이라곤 전혀 없었

음을 지적한다는 것이다. 그러나 어떤 것이 일정한 때에 나타나기 시작했다고 해서 그것이 이전에 존재하지 않았다고 추정해야 할까? 나는 정반대로 결론짓는다.

이단들은 은밀합니다. 대놓고 "예수님은 하나님이 아니다"라고 말하지 않고 모호하게 이야기한다는 것입니다. 이들은 하나님께서 세상을 말씀으로 창조하시되 "빛이 있으라"라는 식으로 창조하셨는데, 그렇게 하나님이 말씀하실 때부터 말씀이 시작되었다고 말한다는 것입니다. 여기서 말씀은 예수님을 말합니다. 요한복음 1장에서 예수님을 로고스, 즉 말씀으로 말하고 있기 때문입니다. 그러면 결국 성부는 영원부터 계셨고, 말씀이신 성자는 하나님이 세상을 말씀으로 창조하실 때 그때부터 존재하신 것이 되므로 결국 영원성이 없는 피조성, 제한성을 지니게 된다는 주장입니다. 여기에 대한 칼뱅의 반대 설명입니다.

즉 빛이 만들어진 것과 동일한 때에 말씀의 능력이 드러난 것이기 때문에 이 말씀은 이전에 존재했다는 것이다. 그것이 언제부터인지 알아보려 한다면 그 시작은 찾아질 수 없을 것이다. 왜냐하면 이 말씀이신 예수 그리스도께서 "아버지여, 창세전에 당신과 영원히 누렸던 영광으로 당신의 아들을 영화롭게 하소서"(요 17:5)라고 말하면서 일정한 시간을 정하지 않기 때문이다. **그러므로 우리는 말씀이 어떤 시작점도 없이 하나님 안에 품어져 있었기 때문에, 언제나 영원했으며, 그로부터 그의 영원성, 그의 존엄과 참된 신성의 본질이 입증된다고 결론짓는다.**

칼뱅은 요한복음 17장 5절을 인용하면서 예수님은 창조의 역사, 즉 빛이 있게 된 시점 이전부터가 아니라, 창세전에, 즉 영원 전부터 존재하셨다고 설명하고 있습니다.

성자의 신성을 증명하고 나면 남은 문제가 뒤따르는바, 우리는 먼저 그가 어떤 식으로 하나님의 아들이라 불리는지를 간략하게 다뤘기 때문에, 이제 주로 그의 신성을 입증하는 일에 머물 필요가 있다.

성자의 신성 변증

칼뱅은 이제 본격적으로 성자의 신성을 입증하려고 하는데, 초대 교회로부터 전개했던 변증의 방식이 효과적이지는 않았다고 평가합니다. 이사야 53장 8절과 시편 110편 3절 등을 해설하면서 성자의 신성을 입증하는 데 성공적이지는 않았다고 말합니다. 이제 본격적으로 신성에 대한 변증이 시작됩니다.

> 이제 아들의 신성을 증명해 보자, 이것은 두 종류로 입증된다. ❶ 하나님의 이름과 영광은 성경의 명백한 증거에 의해서 하나님의 아들에게로 명백히 돌려지며, ❷ 그 행위의 능력에 의해서 그렇게 입증된다.

> **성자의 신성**
> ❶ 성경이 그렇게 말하고 있다.
> ❷ 그의 행위가 증명하고 있다.

이제 텍스트를 다 읽지 않고 성자의 신성을 입증하는 구약과 신약의 구절을 정리해 보겠습니다.

> 하나님이여, 당신의 보좌는 영원히 남을 것이며, 당신의 나라의 홀은 정직의 홀입니다. 그러므로 **당신의 하나님**이 **당신에게 즐거움의 기름을 부르셨나이다** _ 시 45:7

성부 성자

그러므로 이것이 하나님의 아들에 관한 언급이라는 사실은 다음과 같은 말로 명백해진다. 여기에 언급되는 분은 하나님이며, 그에게는 그 자신의 위로 하나님이 계신다. 이분이 예수 그리스도시며, 그는 겸손하게 그의 아버지 하나님에게 복종함으로써 종으로 나타나고자 하셨다.

칼뱅은 구약에서 논증하기를 다윗의 고백인 시편 45편 7절을 가져옵니다. 여기서 다윗은 성부에게 겸손하게 복종하는 성자를 성부와 함께 보좌에 계신 하나님으로 노래하고 있습니다. 또 메시아에 대한 유명한 예언 구절인 이사야 9장을 가져옵니다. 우리가 읽은 본문입니다.

> 불리게 될 이름은 이러하니, 곧 전능하신 하나님, 영존하시는 아버지이시다 _ 사 9:6

> 이사야서에서도 성자는 하나님으로, 오직 하나님에게만 속한 능력으로 무장된 것으로 도입된다. 유대인들이 하나님의 영광을 높이기 위한 칭호들로서 다른 하나님의 이름들이 있으나, 선지자가 사용하는 이 이름이 그의 실체의 가장 적절한 이름이라고 가르치기 때문에 바로 그 이유에서 우리에게는 하나님의 아들이 우리의 유일하고 영존하시는 하나님이시다.

그리고 칼뱅은 신약 성경에서 성자의 신성을 드러내는 구절을 소개하고 있습니다. 몇 가지만 살펴보겠습니다.

> 신약은 무한한 증거로 가득하다. 따라서 나는 그것들을 모두 모으기보다는 가장 적절한 몇 가지 것들을 선택하는 수고를 해야 한다. 첫째로 영원하신 하나님에 대한 예언된 것들이 성취되었거나, 아니면 예수 그리스도 안에서 언젠가 확증되어야 하리라고 사도들이 지적하는 것은 마땅히 주목할 만하다.

칼뱅이 선택한 몇 개의 구절들을 살펴봅시다.

> 조상들도 그들의 것이요 육신으로 하면 그리스도가 그들에게서 나셨으니 그

는 만물 위에 계셔서 세세에 찬양을 받으실 하나님이시니라 아멘 _ 롬 9:5

그는 근본 하나님의 본체시나 하나님과 동등됨을 취할 것으로 여기지 아니하시고 오히려 자기를 비워 종의 형체를 가지사 사람들과 같이 되셨고, 사람의 모양으로 나타나사 자기를 낮추시고 죽기까지 복종하셨으니 곧 십자가에 죽으심이라 _ 빌 2:6-8

또 아는 것은 하나님의 아들이 이르러 우리에게 지각을 주사 우리로 참된 자를 알게 하신 것과 또한 우리가 참된 자 곧 그의 아들 예수 그리스도 안에 있는 것이니 그는 참하나님이시오 영생이시라 _ 요일 5:20

로마서 9장과 빌립보서 2장, 요한일서 5장을 통해서 성자의 신성을 설명합니다. 이어서 칼뱅은 성자의 신성에 대한 증명으로 예수님이 행하신 일들을 살피고 있습니다.

나아가 성경에서 그리스도에게 돌려지는 행위로 그의 신성을 평가할 경우에도 그것은 매우 명백히 나타난다.

칼뱅은 몇 가지 사례를 제시하고 있습니다.

사죄의 선언 - "그러나 인자가 세상에서 죄를 사하는 권능이 있는 줄을 너희로 알게 하려 하노라"(마 9:6)

능력의 집행 - "열두 제자를 부르사 둘씩 둘씩 보내시며 더러운 귀신을 제어하는 권능을 주시고"(막 6:7)

유일한 구원 - "예수 그리스도의 이름으로 일어나 걸어라" (행 3:6)

"너희는 마음에 근심하지 말라 하나님을 믿으니 또 나를 믿으라"(요 14:1)

"진실로 진실로 너희에게 이르노니 믿는 자는 영생을 가졌나니"(요

6:47)

기도의 대상 - "주 예수여 내 영혼을 받으소서"(행 7:59)

　죄를 사하는 사죄의 권한은 오직 하나님에게만 있습니다. 그런데 예수님은 자신에게 죄 사하는 권세가 있다고 말씀하심으로 신성을 입증하셨습니다. 또 능력을 행하시기도 하시고, 부여하시기도 하셨습니다. 성자는 물 위를 걸으셨고, 오천 명을 먹이시고, 죽은 자를 살리셨습니다. 또한 자신을 구원이라고 하셨습니다. 예수 그리스도는 기도의 대상이며, 예배와 경배의 대상입니다. 이제 저는 여러분과 몇 개의 문장을 읽으려고 합니다.

> 사실 그의 섭리와 능력으로 세상을 다스리고 만물을 그의 명령으로 붙든다는 것은 오직 창조주에게만 적합하다. 세상 통치의 직무뿐만 아니라, 어떤 피조물에게도 넘겨질 수 없는 다른 모든 직무들도 성부와 더불어 그에게 공통적으로 속한다. 주님은 선지자를 통해서 "나는 나로 인해 너의 죄악을 도말하는 자다"라고 말씀하신다. 유대인들은 이 말씀을 따라 예수 그리스도가 죄를 사하는 권세를 취함으로써 하나님을 욕되게 했다고 생각했다. 하지만 반대로 그리스도는 이 말씀을 통해서 이 권능이 자신에게 있음을 주장했을 뿐만 아니라, 기적으로 그것을 입증했다. 그러므로 우리는 죄 사함의 직분뿐만 아니라, 하나님이 자신에게 영원히 머문다고 선포하신 죄 사함의 권능도 예수 그리스도에게 속한다는 것을 알게 된다. 그렇다면 사람들의 비밀과 생각을 알고 이해하는 것은 오직 유일하신 하나님의 속성이 아니던가? 그런데도 이것도 이런 식으로 예수 그리스도에게 속했으며 이로써 그의 신성이 드러나는 것이다.

　칼뱅은 그리스도의 신성을 설명하면서 유대인들의 그토록 싫어했던 죄 사함의 직분과 권능에 대해서 말합니다. 그것은 바로 그리스도가 자신의 신성을 주장하기 위한 증거로 사용했기 때문입니다.

기적에 관해 말하면, 신성은 기적에서 거의 눈으로 증명된다. 물론 선지자들과 사도들도 유사 행위들을 했지만, 그럼에도 불구하고 거기에는 엄청난 차이가 있다. 그들은 하나님의 은사의 집행자에 불과했다면 예수 그리스도는 친히 능력을 가지셨기 때문이다.

또한 그리스도의 탁월성, 즉 신성을 논증하면서 선지자들과 사도들의 기적과는 차원이 다른 능력을 그리스도가 가졌다고 말하고 있습니다. 그들이 집행자였다면 그리스도는 능력이셨습니다.

한 걸음 더 나아가서, 하나님 밖에 아무런 구원도 의도 생명도 없을진대, 분명 이 모든 것을 자신 안에 내포하시는 그가 하나님이심이 입증되는 것이다. 누구도 이것들을 하나님에게서 양도받았다고 주장해서는 안 된다. 왜냐하면 그가 구원의 은사를 받은 것이 아니라, 그 자신이 구원이라고 기록되기 때문이다. 유일하신 한 분 하나님 외에는 선한 이가 아무도 없을진대 어찌 인간이 선할 수 있겠는가? 나는 선하고 의로운 사람을 말하는 것이 아니라 그 자체가 선과 의인 사람을 말한다.

또한 예수님 자신의 자기 계시에 따라 그분은 길과 진리와 생명이시므로, 하나님만이 가지신 것을 그분 자신이 내포하심이 선언되심으로 그의 신성이 입증되는 것입니다. 그분은 구원의 은사를 가지신 분이 아니라 구원이시기 때문입니다.

사도 바울은 예수 그리스도를 아는 지식이 가장 고상하다고 했고, 예수 그리스도만을 알기로 작정했다고 했습니다. 그분은 참하나님이셨지만 우리를 구원하시기 위해 또한 이 땅에 인간으로 오셔서 대속의 제물이 되셨습니다. 그러나 그분은 죽음에 머물지 않으시고 죽음의 권세와 싸워서 승리하시고 부활하심으로써 십자가의 대속의 빛나는 승리를 완성하셨습니다. 그분의 승리는 그분을 구원자로, 주님으로 고백하는 사람들에게도 주어졌습니다. 그분은 십자가에서 죄를 해결해 주셨고, 부활하심으로 죽음을 진압하셨습니다. 그분은 유일한 길이며, 유일한 진리이며, 유일한 생명입니다. 그분은 자신의 피로 교회를 세우셨고, 스스로 교회의 머리가 되셨습니다. 우리는 세상에서부터 교회로 불러 모아졌고, 우리는 동일한 신앙고백으로 동일한 세례를 받고, 성찬에 참여합니다. 그분은 지금도 우리와 함께하시고, 이 땅에서 수고하고 무거운 짐 진 우리에게 "내게로 오라"라고 하시고, 지금도 우리 앞에 오셔서 문을 두드리고 계십니다.

그분을 예배하고, 찬양하는 우리는 복된 사람들입니다. 우리는 그분을 모르는 사람들과 민족들에게 그분을 전해야 합니다. 이것이 우리의 미션입니다.

기독교강요 제4장. 믿음: 사도신경 해설

성령의 신성

이제 동일한 증명을 성령의 신성을 확인하기 위해 활용해야 한다. 성경이 성령에게 돌리는 것들은 피조물들을 훨씬 뛰어넘는 것이며, 우리도 그것을 경험으로 안다. 우선 그는 도처에 있으면서 천지에 있는 만물을 붙들고 보전하며 소생시킨다. 이미 그는 끝도 한계도 없다는 점에서 피조물의 수에서 제외된다. 자신의 기운을 도처에 확대하여 만물에게 본질과 생명과 움직임을 불어넣는다는 것은 온전히 신적인 일이다. 한 걸음 더 나아가, 썩지 않는 생명으로의 중생이 모든 육적인 능력보다 더 고상하고 더 탁월할진대, 중생을 일으키는 성령에 대해 우리가 뭐라고 평가해야 할까? 성경은 성령이 차용한 능력이 아니라 그 자신의 능력으로 중생의 주체가 된다는 것을 여러 곳에서 가르치며, 미래의 영생이라는 영광의 칭호를 그에게 돌린다. 요컨대, 성경은 본질상 신성에 속한 모든 직무들을 성자에게와 마찬가지로 성령에게로도 돌린다. 성경은 성령이 하나님의 깊은 비밀을 안다고 말하는바(고전 2:10), 하나님은 피조물 가운데서는 아무런 모사를 갖지 않는다(롬 11:34). 성경은 성령에게 지혜와 웅변의 능력을 돌리는바(고전 12:10), 사실 이것은 우리 주님이 모세에게 오직 자신의 존엄에 적합한 것이라고 말씀하셨다(출 4:11). 마찬가지로 우리는 성령을 통해서 하나님께로 참여하게 되며 이렇게 우리는 그의 능력이 우리를 소생시키는 것을 느낀다. 우리의 의롭게 됨은 그의 행위이며 모든 성화, 진리, 은혜, 그리고 선으로 여겨질 수 있는 모든 것이 그에게서 비롯된다. 바울은 "유일하신 한 분 성령께서 계시며 그로부터 우리가 온갖 종류의 선을 받는다"(고전 12:11)라고 말한다.

심지어 성경은 성령에 대해 말하면서 하나님의 이름을 사용한다. 바울은 하나님의 영이 우리 안에 거하시기에 우리가 하나님의 전이라고 추론한다(고전 3:17; 6:19; 고후 6:16). 이것은 가볍게 간과되어서는 안 된다. 왜냐하면 우리 주님이 우리를 택해 그의 성전과 장막으로 삼겠다고 수없이 하신 이 약속은 그의 영이 거기에 거하시지 않고는 달리 우리 안에서 성취되지 않기 때문이다. 실제로 사도는 동일한 의미에서 우리를 어떤 때는 하나님의 전으로, 또 어떤 때는 성령의 전으로 부른다. 베드로는 성령을 속인 아나니아를 책망하면서 사람을 속인 것이 아니라 하나님을 속였다고 말한다(행 5:3-4). 또한 바울은 이사야가 만군의 주께서 말씀하신다고 소개하면서 말씀하시는 이가 성령이라고 말한다(사 6:9; 행 28:25-26). 하나님이 백성의 완악함으로 말미암아 분노하게 되었다고 한탄하시는 곳에서, 이사야는 하나님의 영이 근심했다고 말한다(사 63:10).

이 주제를 마무리하기 위해서 단 하나의 논증만으로도 성부, 성자, 성령의 신성을 입증하는 일에 충분히 우리를 만족시킬 것이다. 즉 우리는 유일하신 한 분 하나님에 대한 믿음과 종교로 세례에 의해 성별되었을진대, 우리가 세례받은 그 이름을 우리 하나님으로 여긴다는 것이다. 이로부터 성부, 성자, 성령이 동일한 본질에 포함된다는 것이 명백해진다. 왜냐하면 우리가 성부와 성자와 성령의 이름으로 세례를 받기 때문이다. 바울은 하나님과 믿음과 세례라는 이 세 가지를 함께 결합시킴으로써 다음과 같은 식으로 논증한다. 즉 그는 믿음이 하나뿐이라는 사실로써 하나님이 단 한 분뿐이심을 증명하고, 세례가 단 하나뿐이라는 사실로써 믿음도 단 하나뿐임을 증명하는 방식이다(엡 4:5). 믿음이 길을 잃어서도, 여기저기 두리번거려서도 안 되며 도리어 한 분 하나님께 의지하고 순종해야 하기 때문에, 이로부터 우리는 만일 믿음이 다양하게 있다면 신들도 많이 있어야 하리라고 추론할 수 있다. 그런데 세례가 믿음의 성례이기 때문에, 세례는 그것이 유일하다는 이유에서 우리에게 믿음의 단일성을 확증해 준다. 이로부터 우리가 한 분 하나님 안에서만 세례를 받을 수 있다고 쉽게 결론을 내릴 수 있다. 왜냐하면 우리가 그 이름으로 세례받는 이에 대한 믿음을 받아들이기 때문이다. 그러므로 그리스도께서 성부와 성자와 성령의 이름으로 세례를 주라고 명하시면서(마 28:19) 말씀하고자 하신 것이, 성부와 성자와 성령을 믿어야 한다는 것이 아니면 무엇인가? 그리고 셋이 한 분 하나님이심을 명백하게 증언하는 것 외에 달리 무엇인가? 그런데 하나님이 한 분뿐이심이 우리 가운데 확정적일진대, 우리는 성자와 성령이 하나님의 고유 본질이라고 결론짓는다. 따라서 예수 그리스도에게 하나님의 칭호를 인정하면서도 그에게서 신적 실체를 제거했던 아리우스주의자들은 그들의 지각에서 심히 길을 잃고 말았다. 성령을 단지 하나님께서 사람들에게 분배하시는 은혜의 선물로만 이해하고자 했던 마케도니우스주의자들 역시 유사한 광기로 빗나가고 말았다. 지혜, 지성, 분별력, 힘 그리고 다른 능력들이 그에게서 나오듯이,

역시 그는 분별력, 지혜, 힘 그리고 다른 능력들의 유일한 근원이며, 비록 사도가 말하듯이, 은사는 다양하게 분배되지만(고전 12:11) 그 은사의 다양한 분배에 따라 분리되지 않고 언제나 온전하게 남아 계신다.

성령의 신성

> 너희는 너희가 하나님의 성전인 것과 하나님의 성령이 너희 안에 계시는 것을 알지 못하느냐 누구든지 하나님의 성전을 더럽히면 하나님이 그 사람을 멸하시리라 하나님의 성전은 거룩하니 너희도 그러하니라 _ 고전 3:16-17

앞에서 우리는 성자의 신성을 살펴보았습니다. 지금 우리가 읽은 고린도전서 3장 16절에서 17절은 성령에 관해서 언급하고 있습니다. 성령은 하나님이시며 신자에게 내주하십니다. 그러므로 신자는 곧 하나님의 성전이 되는 것입니다. 오늘날 한국 교회에 건전하지 못한 성령론이 많이 퍼져 있습니다. 이번 장을 통해서 성경적인 성령론을 확립하시기를 바랍니다. 이제 성령의 신성을 살필 텐데 분량이 즐겁게 읽을 만한 분량입니다.

성경의 증거

이제 동일한 증명을 **성령의 신성**을 확인하기 위해 활용해야 한다. 성경이 성령에게 돌리는 것들은 **피조물들을 훨씬 뛰어넘는 것이며**, 우리도 그것을 경험으로 안다. 우선 그는 도처에 있으면서 천지에 있는 만물을 붙들고 보전하며 소생시킨다. 이미 그는 끝도 한계도 없다는 점에서 **피조물의 수에서 제외된다.**

→ 성령은 피조물이 아니다

그리스도의 신성을 살핀 후 성령의 신성을 설명하고 있습니다. 핵심은 이것입니다. 성경이 성령에 대해서 언급하는 내용들을 보면 성령은 결코 피조물이 아니라는 것입니다. 조금 더 읽어 봅시다.

> 자신의 기운을 도처에 확대하여 만물에게 본질과 생명과 움직임을 불어넣는다는 것은 온전히 신적인 일이다. 한 걸음 더 나아가, 썩지 않는 생명으로의 중생이 모든 육적인 능력보다 더 고상하고 더 탁월할진대, **중생을 일으키는 성령**에 대해 우리가 뭐라고 평가해야 할까? 성경은 성령이 차용한 능력이 아니라 그 자신의 능력으로 **중생의 주체**가 된다는 것을 여러 곳에서 가르치며, 미래의 영생이라는 영광의 칭호를 그에게 돌린다.
> → 성령의 사역: 중생을 일으키신다. 중생의 주체이시다.

특별히 성령은 영생을 신자들에게 적용하시는 분이라는 것입니다. 이것은 신적인 직무이며, 피조물이 할 수 있는 일이 아니라는 것입니다. 계속하여 성령의 신성을 그분이 하시는 일을 통해서 설명하고 있습니다.

> 요컨대, 성경은 본질상 신성에 속한 모든 직무들을 성자에게와 마찬가지로 성령에게로도 돌린다. 성경은 성령이 하나님의 깊은 비밀을 안다고 말하는바(고전 2:10), 하나님은 피조물 가운데서는 아무런 모사를 갖지 않는다(롬 11:34). 성경은 성령에게 지혜와 웅변의 능력을 돌리는바(고전 12:10), 사실 이것은 우리 주님이 모세에게 오직 자신의 존엄에 적합한 것이라고 말씀하셨다(출 4:11).
> → 성령은 성자와 함께 신성의 모든 직무를 가지신다.
>   즉 성령은 하나님이시다(신성의 직무).

성령께서는 신성의 직무에 참여하십니다. 그러므로 성령은 성부, 성자와 함께 구원과 관련된 직무를 수행하시는 하나님이시라는 결론에 도달하고 있습니다.

마찬가지로 우리는 성령을 통해서 하나님께로 참여하게 되며 이렇게 우리는 그의 능력이 우리를 소생시키는 것을 느낀다. 우리의 의롭게 됨은 그의 행위이며 모든 성화, 진리, 은혜, 그리고 선으로 여겨질 수 있는 모든 것이 그에게서 비롯된다. 바울은 "유일하신 한 분 성령께서 계시며 그로부터 우리가 온갖 종류의 선을 받는다"(고전 12:11)라고 말한다.

→ 성령을 통해 하나님의 구원 역사에 참여하게 된다.

우리의 구원은 성령을 통해서 적용된 것입니다. 구원받은 모든 사람은 성령의 역사에 의해서 구원에 참여하게 된 것입니다. 그러므로 우리 모든 신자들은 성령에 의해서 우리 한 사람, 한 사람에게 구원이 적용되었다고 설명합니다.

심지어 성경은 **성령에 대해 말하면서 하나님의 이름을 사용한다.** 바울은 하나님의 영이 우리 안에 거하시기에 우리가 **하나님의 전**이라고 추론한다(고전 3:17; 6:19; 고후 6:16). 이것은 가볍게 간과되어서는 안 된다. 왜냐하면 우리 주님이 우리를 택해 그의 성전과 장막으로 삼겠다고 수없이 하신 이 약속은 그의 영이 거기에 거하시지 않고는 달리 우리 안에서 성취되지 않기 때문이다. 실제로 사도는 동일한 의미에서 우리를 어떤 때는 **하나님의 전**으로, 또 어떤 때는 **성령의 전**으로 부른다. 베드로는 **성령을 속인** 아나니아를 책망하면서 사람을 속인 것이 아니라 **하나님을 속였다**고 말한다(행 5:3-4). 또한 바울은 이사야가 만군의 주께서 말씀하신다고 소개하면서 **말씀하시는 이가 성령**이라고 말한다(사 6:9; 행 28:25-26). 하나님이 백성의 완악함으로 말미암아 분노하게 되었다고 한탄하시는 곳에서, 이사야는 **하나님의 영이 근심했다고 말한다**(사 63:10).

→ 성령에 하나님의 이름을 사용하셨다. 성령의 전, 하나님의 전.
　 하나님과 성령을 교차적으로 사용하고 있다.

또한 성경에는 성령을 언급할 때 하나님의 명칭이 사용되었으며 성령을 하나님으로 부르고 있음을 말하고 있습니다.

세례의 논증

칼뱅의 성령의 신성 증명은 점점 더 중요한 사항들을 언급하고 있습니다. 아마도 가장 결정적인 논증일 것입니다. 바로 세례의 논증입니다.

> 이 주제를 마무리하기 위해서 단 하나의 논증만으로도 성부, 성자, 성령의 신성을 입증하는 일에 충분히 우리를 만족시킬 것이다. 즉 우리는 유일하신 한 분 하나님에 대한 믿음과 종교로 세례에 의해 성별되었을진대, **우리가 세례받은 그 이름을 우리 하나님으로 여긴다는 것이다.** 이로부터 **성부, 성자, 성령이 동일한 본질에 포함된다는 것이 명백해진다.** 왜냐하면 우리가 성부와 성자와 성령의 이름으로 세례를 받기 때문이다. 바울은 하나님과 믿음과 세례라는 이 세 가지를 함께 결합시킴으로써 다음과 같은 식으로 논증한다. 즉 그는 믿음이 하나뿐이라는 사실로써 하나님이 단 한 분뿐이심을 증명하고, 세례가 단 하나뿐이라는 사실로써 믿음도 단 하나뿐임을 증명하는 방식이다(엡 4:5).
>
> → 세례받는 이름이 곧 하나님이시다(성부, 성자, 성령).
>
> 그러므로 성령은 하나님이시다.

세례가 단지 성부의 이름으로 받는 것이 아니라, 성부, 성자, 성령의 이름으로 받는다는 사실은 성령이 하나님이시라는 가장 확실한 증명이라고 말합니다.

> 믿음이 길을 잃어서도, 여기저기 두리번거려서도 안 되며 도리어 한 분 하나님께 의지하고 순종해야하기 때문에, 이로부터 우리는 만일 믿음이 다양하게 있다면 신들도 많이 있어야 하리라고 추론할 수 있다. 그런데 세례가 믿음의 성례이기 때문에, 세례는 그것이 유일하다는 이유에서 우리에게 **믿음의 단일성**을 확증해 준다. 이로부터 우리가 한 분 하나님 안에서만 세례를 받을 수 있다고 쉽게 결론을 내릴

수 있다. 왜냐하면 우리가 그 이름으로 세례받는 이에 대한 믿음을 받아들이기 때문이다. **그러므로 그리스도께서 성부와 성자와 성령의 이름으로 세례를 주라고 명하시면서(마 28:19) 말씀하고자 하신 것이, 성부와 성자와 성령을 믿어야 한다는 것이 아니면 무엇인가?** 그리고 셋이 한 분 하나님이심을 명백하게 증언하는 것 외에 달리 무엇인가? 그런데 하나님이 한 분뿐이심이 우리 가운데 확정적일진대, **우리는 성자와 성령이 하나님의 고유 본질이라고 결론짓는다.**

→ 믿음이 하나이듯이(믿음의 단일성) 세례도 하나이다. 성령은 하나님이시다.

이제 칼뱅은 믿음이 하나이듯이 세례도 하나라고 하면서 성령은 바로 믿음과 신앙의 대상이며 성부, 성자와 함께 신성을 가지신 하나님이심을 확증하고 있습니다. 이제 마지막 문장입니다.

따라서 예수 그리스도에게 하나님의 칭호를 인정하면서도 그에게서 신적 실체를 제거했던 아리우스주의자들은 그들의 지각에서 심히 길을 잃고 말았다. 성령을 단지 하나님께서 사람들에게 분배하시는 은혜의 선물로만 이해하고자 했던 마케도니우스주의자들 역시 유사한 광기로 빗나가고 말았다. 지혜, 지성, 분별력, 힘 그리고 다른 능력들이 그에게서 나오듯이, 역시 그는 분별력, 지혜, 힘 그리고 다른 능력들의 유일한 근원이며, 비록 사도가 말하듯이, 은사는 다양하게 분배되지만(고전 12:11) 그 은사의 다양한 분배에 따라 분리되지 않고 언제나 온전하게 남아 계신다.

→ 성자의 신성 부정: 아리우스
→ 성령의 신성 부정: 마케도니우스

앞 장에서 살펴본 대로 아리우스가 성자의 신성을 부정했다면 마케도니우스는 성령의 신성을 부정했던 인물이었습니다. 아리우스, 마케도니우스는 모두 사람의 이름입니다. 이들은 성자와 성령을 피조물이라고 주장하면서 신성을 부정한 사람들입니다.

잘못된 성령론

이제 다음 주일에 삼위일체의 구분을 공부하면 성부와 성자와 성령에 대한 정리가 이루어지리라고 생각합니다. 지금까지 우리가 성령의 신성에 관한 논증을 살펴보았습니다만, 한국 교회에 성령과 관련하여 가장 잘못된 것들이 많습니다. 그것은 마케도니우스주의자들이 있다는 말이 아니라 성령을 마케도니우스처럼 이해하는 사람들이 있다는 것입니다. 잘못된 성령론 몇가지만 살펴보도록 하겠습니다. 대부분의 이단들이나 특히 사이비 집단들이 이것을 사용합니다.

잘못된 성령론

1. 귀신론
2. 세컨드 블레싱
3. 은사주의
4. 신비주의

한국 교회는 성령론이 발전한 것이 아니라 귀신론이 발전했습니다. 성령을 단지 귀신을 쫓아내는 축귀 사역의 도구로 이해한 것은 매우 잘못된 것입니다. 대표적인 것이 소위 다락방 운동인데, 이들의 잘못은 성령을 묵상하는 것이 아니라 귀신을 쫓아낸다고 하면서 날마다 귀신만을 묵상하고 있다는 것입니다.

두 번째는 성령의 기름 부으심을 이야기하면서 성령을 받은 증거로 어떤 은사나 체험을 강조하는 경우입니다. 이것을 성령세례라고 하면서 잘못 인도하고 있습니다.

세 번째는 은사주의인데, 성령을 도구화하고 성령의 인격성을 배제하며 오직 은사와 능력만을 추구하는 경우입니다.

마지막으로 신비주의인데, 가장 심각한 경우입니다. 음성을 듣고, 예언을 하고, 환상을 보고, 입신을 한다고 하는데, 여기에 빠지면 정말 고치기 어렵습니다. 대부분, 영적 우월주의를 가지고 있고, 심하면 정신적인 문제로 빠지게 됩니다. 또 부흥사들의 경우, 성령을 마치 자신이 부릴 수 있는 대상인 것처럼 말하는 경우가 있습니다. 최악입니다. 그리고 성령의 은사를 자신이 나누어주는 것처럼 하는 경우도 마찬가지입니다. 또 소위 능력이 있다고 하는 사람들이 헌금을 요구하거나 욕설을 하는 경우도 있습니다. 정신 차려야 합니다. 또 개인적인 영적 경험을 자꾸 이야기하는 경우도 조심해야 합니다. 성령은 거룩한 영이십니다. 성령은 예수님이 드러나게 하는 분이십니다. 성령은 죽이는 영이 아니라 생명의 영이십니다. 진리의 영이십니다. 유혹에 넘어가서는 안 됩니다.

기독교강요 제4장. 믿음: 사도신경 해설

삼위의 구분

한편, 성경은 하나님과 그의 말씀 사이에, 말씀과 성령 사이에 어떤 구분을 보여 준다. 우리는 이 구분을 커다란 존중과 절제로 살펴야 하는바, 이는 위대한 신비가 우리를 훈계하기 때문이다. 따라서 나지안주스의 그레고리우스의 말이 나를 매우 기쁘게 한다. 그는 "나는 셋이 내 주변에서 빛을 발하는 일 없이 하나를 생각할 수 없으며, 즉시 유일한 하나로 돌아오지 않고는 셋을 구분할 수 없다"고 말한다. 그러므로 우리 지성이 하나님 안의 삼위일체를 붙들되 이런 단일성에 귀속시키지 않는 식으로 상상하지 않도록 조심해야 한다. 물론 성부, 성자, 성령이라는 용어들은 실제적 구분이 있음을 보여 주는바, 이는 누구도 이런 다양한 칭호가 하나님께 돌려져 단지 여러 방식으로 그를 나타내는 것이라고 생각하지 않게 하기 위함이다. 하지만 우리는 이것이 구분이지 분리가 아님을 주목해야 한다. 이런 식으로, 하늘 아버지는 스가랴서에서 그의 아들을 그의 동료 내지는 가까운 자로 부르면서 아들과 구별된 속성을 갖고 있음을 입증한다(슥 13:7). 하나님과 피조물 사이에 친족관계가 없듯이, 또한 반대로 성자라는 이름은 그와 성부 사이에 무슨 구분을 표시하기 위함이 아니고서는 결코 아들에게 돌려지지 않는다. 성자는 증언해 줄 다른 이가 있다고 말할 때 성부와 구분된다(요 8:16). 이와 같이 성부가 그의 말씀으로 만물을 만드셨다고 기록된 말씀(히 11:3)이 성부와 성자 사이에 아무런 차이점을 두지 않는 식으로 여겨져서는 안 된다. 게다가 땅에 내려오신 이는 성부가 아니라 그에게서 나온 성자다. 부활하신 이도 성부가 아니라 그에 의해 파송된 성자다. 이 구분이 성자가 육신을 입은 때부터 시작되었다고 말해서도 안 된다. 왜냐하면 그 이전에 독생자 아들이 성부의 품에 있었음이 명백하기 때문이다(요 1:18). 성자가 하늘에서 내려와 우리의 인성을 입었을 때 성부의 품으로 들어갔다고 감히 말할 자 누구인가? 그러므로 그는 처음부터 계셨고 영광 가운데 다스리셨다.

성령과 성부의 구분은 그가 성부에게서 나온다는 기록에서 알려지며, 성자와의 구분은 예수 그리스도가 다른 보혜사를 보내리라고 진술할 때처럼(요 15:26), 그리고 다른 많은 구절들에서처럼, 다른 이름으로 불릴 때 알려진다. 이 구분의 특성을 설명하기 위해 내가 인간적인 유사점들을 차용하는 것이 적합한지 모르겠다. 옛사람들[교부들]은 종종 이 일을 잘하지만, 또한 그들이 말할 수 있는 것이 아주 근접하지는 않다고 고백하기도 한다. 따라서 나는 이 문제에 대해 뭔가를 시도하는 것이 두렵다. 매우 적합하지도 않은 어떤 것을 말하게 될 경우, 악인들에게는 비방의 기회를 주고 무지한 자들에게는 실수할 기회를 줄까 봐 말이다. 그럼에도 불구하고 성경에 표현된 구분을 은폐하는 것은 적합하지 않다. 즉 모든 행동의 시작과 모든 일의 기원과 근원이 성부에게 돌려진다는 것, 지혜와 작정 그리고 모든 배열순서는 성자에게 돌려진다는 것, 모든 행동의 능력과 효과는 성령에게 돌려진다는 것이다. 더 나아가, 비록 성부의 영원성이 성자와 성령의 영원성이기도—하나님이 자신의 지혜와 능력 없이 존재할 수 없었고, 또한 영원성에 무슨 첫째 둘째가 추구되어서도 안 되기 때문에—하지만, 그럼에도 불구하고 성부와 성자 사이에서 관찰되는 이런 순서는 불필요한 것이 아니다. 즉 성부의 이름이 먼저 불리고, 성자의 이름이 마치 성부에서 나오는 듯이 후에 불리며, 이어서 성령의 이름이 마치 이 둘에게서 나오는 듯이 불린다는 것이다. 이는 우리 각자의 이성이 자연스럽게 먼저 하나님을, 다음으로 그의 지혜를, 마지막으로 하나님이 그의 지혜에 따라 결정한 것을 실행하시는 그의 능력을 생각하는 경향을 갖기 때문이다. 이런 이유에서 성자는 성부에게서 나오며 성령은 그 둘에게서 나온다고 기록된다. 이것은 성경에서 자주 반복되는 것이지만 다른 어느 구절도 로마서 8장에서보다 더 명백한 곳은 없다. 거기서 성령은 때로는 그리스도의 영으로, 때로는 죽은 자들 가운데서 그리스도를 부활시킨 영으로 구별 없이 불린다. 이것은 정당하다. 베드로 역시 선지자들이 그리스도의 영으로 말했다고 증언한다(벧후 1:21). 성경이 자주 성령을 성부의 영이라고 가르치고 있음에도 불구하고 말이다.

그런데 이 구분이 하나님의 단일성과 모순되기는커녕 오히려 성자가 성부와 동일한 하나님으로—그들이 동일한 영을 갖고 계시기 때문에—증명되며, 성령도 성부와 성자와 다른 실체가 아님—성령이 그들의 영이기 때문에—이 증명될 수 있다. 왜냐하면 각 위 안에 온 신성이 그들에게 속한 속성과 더불어 내포되어 있기 때문이다. 성부는 전적으로 성자 안에 있고 성자는 전적으로 성부에 속한다. 성자 자신이 "나는 아버지 안에 있고 내 아버지는 내 안에 있다"(요 14:10)라고 단언하시듯이 말이다. 따라서 모든 교회 박사들은 위격들 사이에 있는 본질에 관해 어떤 차이도 인정하지 않는다. 고대 [교부들]의 견해들은 이런 의미에 따라 조화시킬 필요가 있다. 그렇지 않을 경우 이 견해들은 모순되어 보이는바, 왜냐하면 그들은 때로 성부를 성자의 시작으로 부르고 때로 성자가 그 자체로 신성과 본질을 갖는다고 가르치기 때문이다.

사벨리우스주의자들이 하나님이 능력 있고, 선하고, 지혜로우며, 자비롭다고 호칭되는 경우가 아니면 성부나 성자나 성령으로 불리지 않는다고 트집 잡는 것에 관해서, 그들은 쉽게 논박된다. 왜냐하면 이 부수적인 칭호들은 하나님이 우리에게 어떤 존재인지 보여 주기 위한 부가 형용사들이기 때문이다. 처음 용어들은 하나님이 그 자체로 어떤 존재인지 보여 주는 명사이다. 나아가, 하나님이 성령으로 불리는 한, 이것이 우리로 하여금 성령을 성부나 성자와 혼동하는 데로 이끌어서는 안 된다. 왜냐하면 하나님의 본질 전체가 영적이라는 것과 이 본질에 성부와 성자와 성령이 포함된다는 것이 전혀 부적합하지 않기 때문이다. 이것은 성경이 선포하는 내용이다. 성경에서 우리는, 하나님이 성령으로 호칭되는 것을 듣듯이, 또한 성령이 하나님에게 속하고 하나님에게서 나온다고 듣는다.

억지 부리지 않는 사람들은 하나님의 단 하나의 본질에 성부가 그의 말씀과 그의 영과 더불어 어떻게 내포되어 있는지를 잘 본다. 매우 반역적인 사람들조차 이것을 반대할 수는 없을 것이다. 왜냐하면 성부는 하나님이시요, 성자와 성령도 그러하시지만, 그럼에도 불구하고 한 분 하나님만이 존재할 수 있을 뿐이기 때문이다. 한편 성경은 하나님을 셋으로 호칭하고, 셋으로 표시하며, 셋으로 구분한다. 그러므로 셋이 있으며 하나의 본질, 즉 유일하신 한 하나님이 계시다. 셋은 누구인가? 세 명의 신도 아니요 세 본질도 아니라 세 속성이다. 고대 [교부들]은 이 두 가지를 모두 의미하기 위해서 하나의 본질이 있고 그 안에 세 위격(Hypotases)이 있다고 말했다. 라틴 교부들은 의미에서 일치하는 단어 하나를 압류했으며, 다른 단어는 약간 다르게 설명했다. 그들은 하나의 본질과 세 위가 있다고 말하고 이 마지막 용어를 상응어로 이해했다.

이어서 이단들이 짖어 댄다. 또한 전적으로 사악하지 않은 어떤 이들도 본질과 위격이란 말이 인간들에 의해 만들어진 것이며 결코 성경에 없는 것이라고 불평한다. 그러나 그들이 동일한 신성 안에 세 위가 있다는 사실을 우리에게서 제거할 수 없을진대, 성경에서 입증되는 것 외에 다른 것을 의미하지 않는 단어들을 없애려는 것은 무슨 고집인가? 그들은 소란과 분쟁의 씨앗인 이질적인 말을 공표하기보다는 우리의 이성뿐만 아니라 우리의 입도 성경의 한계 속에 담아 두는 것이 더 적절하리라고 말한다. 왜냐하면 흔히 이런 식의 말싸움으로 지쳐 버려서, 논쟁함으로 말미암아 진리가 상실되고 사랑이 파괴되는 일이 발생하기 때문이다. 하지만 그들이 성경 말씀의 음절로 존재하지 않는 모든 것을 이질적인 말이라고 호칭할진대, 그들은 우리의 형편을 가혹하게 만든다. 왜냐하면 이렇게 함으로써 그들은 성경에 나오는 단어들로 구성되지 않는 모든 설교를 정죄하기 때문이다. 만일 그들이 호기심으로 만들어지고, 미신적으로 옹호되며, 건덕보다는 반목을 일으키며, 필요도 열매도 없이 부당하게 사용되며, 그로 인해 신자들 사이에서 어떤 장애가 야기하거나 아니면 성경의 단순성에서 멀어지게 할 수 있는 모든 것들을 이질적인 말이라고 여긴다면, 나는 그들의 절제를 크게 인정한다. 나는 우리가 하나님에 대해서 말할 때 그의 존엄에 대해 생각하는 것 못지않은 존경심으로 말해야 한다고 여긴다. 왜냐하면 하나님에 대해 우리 스스로 생각하는 것은 어리석음뿐이며 우리가 그에 대해 말하는 모든 것도 부적합하기 때문이다. 그럼에도 불구하고 우리는 여기서 어떤 수단을 간직해야 한다. 우리가, 우리 정신의 모든 사유와 우리 입의 모든 말이 관련되는, 우리의 생각과 말의 규칙을 성경에서 취해야 하는 것은 물론 사실이다. 그러나 성경에 희미하게 드러나는 것들을 우리가 보다 명확한 말로 설명하는 것을 누가 막을 것인가? 우리가 말하는 것이 성경의 진리를 충실하게 표현하도록 돕고, 또한 이 일이 지나치게 큰 재량권 없이 선한 이유에서 이뤄진다는 조건하에서 말이다. 우리에게는 날마다 이런 사례가 있다. 교회가 삼위일체와 위격이라는 용어를 사용할 수밖에 없었음이 증명된다면 어떨까? 만일 어떤 이가 새것이라는 핑계로 그 용어들을 거부한다면, 그는 진리의 빛을 수용할 수 없는 사람이라고 판단되지 않겠는가? 왜냐하면 거기에는 성경에 내포된 것에 대한 명백한 설명 외에 어떤 것도 되풀이하지 않기 때문이다.

그런데 이 새로운 (이렇게 불려야 한다면) 말은 이것을 핑계 삼아 진리를 뒤집는 비방자들에게 맞서 그 진리를 주장할 때 주로 필요하다. 이것은 우리가 오늘날 진리의 원수들을 설복시키기에 커다란 어려움을 느끼면서 필요 이상으로 경험하는 것인바, 이는 그들을 밀착하여 압박하거나 거의 옥죄지 않으면, 그들은 뱀처럼 이리저리 방향을 틀면서 피할 방법을 찾기 때문이다. 이런 식으로 사악한 교리에 불안했던 고대 교부들은 그들이 느낀 것을 용이하고 친숙하게 설명할 수밖에 없었는바, 이는 악인들에게 어떤 핑계도 남겨 두지 않기 위함이다. 이들에게 모든 모호한 말은 그들의 오류를 덮기 위한 은신처와도 같았던 것이다.

아리우스는 성경의 숱한 증거들에 맞설 수 없었기에 예수 그리스도가 하나님이자 하나님의 아들이라고 고백했으며, 마치 의무를 이행하기라도 하듯이 다른 이들에게 동의하는 체했다. 하지만 그는 동시에 그리스도가 창조되었으며 다른 피조물들처럼 시작이 있었다고 말했다. 고대 교부들은 그의 은신처에서 이 악의적인 간교함을 끌어내기 위해 훨씬 더 나아가 그리스도를 하나님의 영원한 아들이요, 성부와 동일 본질이라고 선언했다. 그러자 아리우스주의자들의 불경함이 드러났는바, 이는 그들이 이 교리를 품지 못하고 증오했기 때문이다. 만일 그들이 처음부터 예수 그리스도가 하나님이심을 가식 없이 고백했다면, 그들은 그리스도의 신적 본질을 부인하지 않았을 것이다. 이 훌륭한 교부들이 마치 소란과 분쟁을 탐하는 자들처럼 시시한 단어 하나 때문에 교회의 평온을 흔들어 놓기까지 그토록 논쟁을 뜨겁게 했다고 감히 비난할 자 누구인가? 사실 이 시시한 단어 하나가 참된 그리스도인과 이단 사이의 차이를 보여 준다.

그 후 사벨리우스가 나타나 성부와 성자와 성령이란 용어들은 아무런 중요성이 없으며, 하나님의 다른 칭호들이 갖는 속성이나 의미 외에 아무것도 갖고 있지 않다고 말했다. 누군가 논쟁하고자 하면, 그는 성부가 하나님이시며 성자와 성령도 그러하다고 인정했다. 하지만 이후 그는 자신이 하나님을 선하고, 지혜로우시며, 능력이 있는 하나님으로 부른 것 외에 다른 것을 고백한 적이 없다고 술책을 부렸다. 이렇게 해서 그는 아무런 구분 없이 성부가 성자였고 성자가 성령이었다는 다른 문제로 방향을 돌렸다. 이 시기에 하나님의 영광을 존중했던 사람들은 이 사람의 악의를 제거하기 위해, 유일하신 한 분 하나님 안에 있는 세 속성을 인정해야 한다고 훈계함으로써 그를 반박했다. 그들은 그의 궤변과 악의적인 교활함에 맞서 단순하고 공개적인 진리로 무장하기 위해, 한 분 하나님 안에 거하는 세 위격이 있다고, 또는 같은 의미로, 유일한 한 신적 본질 안에 위격들의 삼위일체가 있다고 단언했다.

그러므로 이 단어들이 경솔하게 만들어진 것이 아닐진대, 우리가 그것을 거부함으로써 경솔하다고 비난받지 않도록 조심해야 한다. 만일 성부와 성자와 성령이 유일하신 한 분 하나님 안에 계시지만, 그럼에도 불구하고 성자는 성부가 아니고 성령은 성자가 아니라 속성의 구분이 있다는 이 믿음이 온 세상에 있다면, 나는 이 단어들이 매장되기를 원할 것이다. 물론 내가 보기에는, 사도가 성자를 성부 하나님의 위격의 형상(히 1:3)이라고 부를 때 그 위격(Hypotase)이라는 말은 고대 교부들이 받아들인 것과 동일한 의미였다. 나는 이곳에서 위격을 본질로 해석하여, 마치 그리스도가 그 자신 안에서 성부의 얼굴을 나타내는 듯이, 밀랍이 도장의 형상을 만드는 것처럼, 설명하는 자들에 동의하지 않는다. 오히려 나는 사도가 다음과 같은 의미로 말했다고 여긴다. 즉 성부는, 비록 구별된 속성을 가지고 있지만 그럼에도 불구하고 성자에게 자신을 너무도 생생하게 표현하심으로써 그의 위격 자체가 성자에게서 빛나고 드러난다는 것이다. 성자를 성부의 본질의 형상이라고 부르는 것은 부적절한 표현이다. 왜냐하면 성자는 그 형상을 자신 안에 온전히 담고 있으며, 그 형상이 그에게 부분적으로가 아니라 완전히 이전되었기 때문이다.

게다가 나는 단순한 단어들 때문에 큰 싸움을 야기하고자 할 만큼 그렇게 거칠고 극단적이지 않다. 나는 비록 고대 교부들이 이 주제에 대해 매우 공손하게 말하려 애썼지만, 그들 모두가 함께 일치하지도 않았고 심지어 어떤 이들은 항상 동일한 방식으로 말하지도 않았음을 알았다. 힐라리우스가 변명하는 공의회의 표현과 화법들은 어떠한가! 아우구스티누스가 때로 얼마나 대담하게 말하는가! 그리스 교부들과 라틴 교부들 사이에 얼마나 차이가 있는가! 이 차이를 보이기 위해서 단 하나의 사례로 충분할 것이다. 라틴 교부들은 그리스어 호모우시오스를 해석하기 위해 성자가 성부와 동일한 실체(substance)임을 의미하는 동일 본질(consubstantiel)이라고 말함으로써 실체를 본질(Essence)로 여겼다. 반대로 힐라리우스에게서는 백 번도 넘게 하나님 안에 세 실체가 있다는 말을 읽는다. 실제로 힐라리우스는 이단들이 마음에 담아 두어야 할 것들을 경솔하게도 인간의 말의 위험에 어쩔 수 없이 굴복하는 것도 큰 범죄라고 비난하고, 이런 일은 불법적인 것을 시도하는 일이요, 인정되지 않은 것들을 추정하는 일이며, 이야기할 수 없는 것을 표현하는 일임을 숨기지 않는다. 조금 뒤 그는 자신이 새로운 용어들을 내세울 수밖에 없다고 변명한다. 그는 성부와 성자와 성령이라는 당연한 이름들을 사용한 뒤, 그 이상으로 추구되는 모든 것이 모든 웅변을 넘어서며, 우리 지각의 깨달음과 우리 이성의 개념을 넘어서는 것이라고 덧붙인다. 다른 곳에서 그는 프랑스 주교들이 사도 시대로부터 온 교회들에게 주어진 최초이자 가장 단순한 신앙고백 외에 다른 것을 만들지도, 수용하지도, 심지어 생각하지도 않은 것이 매우 다행이라고 여긴다. 이 거룩한 인물의 이런 겸손함이 우리에게 주어야 할 교훈은 우리가 우리의 모든 용어를 인정하고자 하지 않는 자들을 너무도 경솔하게 정죄해서는 안 되고, 오히려 소박한 자들에게 우리가 무슨 필요에 의해서 이렇게 말할 수밖에 없는지를 가르치며, 그들을 조금씩 우리의 방식으로 익숙하게 해야 한다. 또한 한편으로 아리우스주의자들을, 다른 한편으로 사벨리우스주의자들을 예방할 일이 있을 경우, 이 소박한 자들이 저들[이단들]의 오류에 호의적이라는 무슨 의혹을 주지 않도록 그들을 친절하게 훈계해야 한다.

아리우스는 물론 그리스도가 하나님이라고 말하지만, 은신처에서는 그가 창조되었으며 시작이 있었다고 트집 잡는다. 그는 그리스도가 성부와 하나임을 고백하지만, 그의 제자들의 귀에는 그리스도가 성부와 연합하되 마치 다른 신도들과 연합하듯이—물론 이것도 특별한 특권에 의한 것이지만—한다고 속삭인다. 그리스도가 성부와 동일 본질임을 말하게 하라. 그러면 성경에 아무것도 첨가하지 않은 채 아리우스의 악의의 가지를 잘라 낼 것이다.

사벨리우스는 성부와 성자와 성령의 이름들이 하나님 안에서 어떤 구분도 의미하지 않는다고 말한다. 하나님 안에 세 가지가 있다고 말하게 하라. 그러면 그는 세 명의 신이 만들어진다고 외칠 것이다. 유일한 하나의 신적 본질 안에 위격들의 삼위일체가 있음을 말하게 하라. 그러면 성경이 무엇을 가르치는지가 단순하게 설명될 것이고 이 이단을 향해 귀를 막게 될 것이다. 이 용어들을 용납할 수 없을 정도로 미신에 붙들려 있는 어떤 이들이 있을지라도, 성경이 유일하신 한 분 하나님이 계시다고 진술할 때 신적 본질에 있는 단일성을 이해해야 한다는 것을 아무도 부인할 수 없으며, 성경이 세 가지 이름을 호칭할 때 세 가지 다른 속성을 고려해야 한다는 것을 아무도 부인할 수 없을 것이다. 이것이 단순하고 가식 없이 고백된다면 우리는 용어들에 대해 염려할 필요가 없다.

삼위일체

> 예수께서 세례를 받으시고 곧 물에서 올라오실새 하늘이 열리고 하나님의 성령이 비둘기같이 내려 자기 위에 임하심을 보시더니 하늘로부터 소리가 있어 말씀하시되 이는 내 사랑하는 아들이요, 내 기뻐하는 자라 하시니라 _ 마 3:16-17

우리는 지금 본격적으로 사도신경을 살피기 전에 기초적인 몇 가지를 공부하고 있습니다. 우리가 읽은 마태복음 3장 16절에서 17절은 삼위일체를 설명하는 대표적인 본문 가운데 하나입니다. 이제 삼위의 구분을 살펴보겠습니다.

한편, 성경은 **하나님**과 그의 **말씀** 사이에, **말씀**과 **성령** 사이에 어떤 구분을 보여 준다.

성부   성자   성자   성령

삼위일체에 대한 오해

성부 - 성자: 아리우스의 오해 → 성자의 신성을 부정

성자 - 성령: 마케도니우스의 오해 → 성령의 신성을 부정

삼위일체라고 하는 것은 성경에 그런 단어가 나오는 것은 아니지만 하나님을 설명하는 매우 중요한 용어입니다. 삼위일체에 대한 오해와 이단이 많습니다. 예를 들어 아리우스는 성자의 신성, 즉 하나님 되심을 부정했습니다.

또 마케도니우스는 성령의 신성을 부정했습니다.

> 우리는 이 구분을 커다란 존중과 절제로 살펴야 하는바, 이는 **위대한 신비**가 우리를 훈계하기 때문이다.

▌위대한 신비: **인간의 지성으로 이해할 수도 없고, 이해시킬 수도 없는 신비**

삼위일체를 인간의 이성으로 이해하려는 것은 위험한 일입니다. 하나님에 관한 설명으로서 삼위일체는 너무도 신비스러운 영역이어서 인간의 이성으로는 완전히 설명될 수 없습니다. 그러므로 하나님에 관해 설명할 때 모든 사람은 겸손한 태도를 가져야 합니다.

> 따라서 나지안주스의 그레고리우스의 말이 나를 매우 기쁘게 한다. 그는 "나는 셋이 내 주변에서 빛을 발하는 일 없이 하나를 생각할 수 없으며, 즉시 유일한 하나로 돌아오지 않고는 셋을 구분할 수 없다"라고 말한다. 그러므로 우리 지성이 하나님 안의 삼위일체를 붙들되 이런 단일성에 귀속시키지 않는 식으로 상상하지 않도록 조심해야 한다. 물론 성부, 성자, 성령이라는 용어들은 실제적 구분이 있음을 보여주는바, 이는 누구도 이런 다양한 칭호가 하나님께 돌려져 단지 여러 방식으로 그를 나타내는 것이라고 생각하지 않게 하기 위함이다. 하지만 우리는 이것이 구분이지 분리가 아님을 주목해야 한다.

▌**나지안주스의 그레고리우스**
▌단일성(unity) - 하나님은 한 분이시다.
▌삼위(trinity) - 성부, 성자, 성령은 한 분이시다.

칼뱅은 나지안주스의 그레고리우스의 설명을 가져와서 삼위일체는 구분이지 분리가 아니며, 또한 한분 하나님이시라는 단일성 속에서 설명되어야 한다고 말합니다.

이런 식으로, 하늘 아버지는 스가랴서에서 그의 아들을 그의 동료 내지는 가까운 자로 부르면서 아들과 구별된 속성을 갖고 있음을 입증한다(슥 13:7). 하나님과 피조물 사이에 친족관계가 없듯이, 또한 반대로 성자라는 이름은 그와 성부 사이에 무슨 구분을 표시하기 위함이 아니고서는 결코 아들에게 돌려지지 않는다. 성자는 증언해 줄 다른 이가 있다고 말할 때 성부와 구분된다(요 8:16). 이와 같이 성부가 그의 말씀으로 만물을 만드셨다고 기록된 말씀(히 11:3)이 성부와 성자 사이에 아무런 차이점을 두지 않는 식으로 여겨져서는 안 된다. 게다가 땅에 내려오신 이는 성부가 아니라 그에게서 나온 성자다. 부활하신 이도 성부가 아니라 그에 의해 파송된 성자다. 이 구분이 성자가 육신을 입은 때부터 시작되었다고 말해서도 안 된다. 왜냐하면 그 이전에 독생자 아들이 성부의 품에 있었음이 명백하기 때문이다(요 1:18). 성자가 하늘에서 내려와 우리의 인성을 입었을 때 성부의 품으로 들어갔다고 감히 말할 자 누구인가? 그러므로 그는 처음부터 계셨고 영광 가운데 다스리셨다.

여기에서는 성부와 성자에 관해서 설명하고 있습니다. 성부와 성자는 각기 구별된 속성을 가지고 있다고 말하며, 성자의 신성을 부정했던 아리우스의 주장을 반박하고 있습니다.

성령과 성부의 구분은 그가 성부에게서 나온다는 기록에서 알려지며, **성자와의 구분**은 예수 그리스도가 다른 보혜사를 보내리라고 진술할 때처럼(요 15:26), 그리고 다른 많은 구절들에서처럼, 다른 이름으로 불릴 때 알려진다. 이 구분의 특성을 설명하기 위해 내가 인간적인 유사점들을 차용하는 것이 적합한지 모르겠다. 옛 사람들[교부들]은 종종 이 일을 잘 하지만, 또한 그들이 말할 수 있는 것이 아주 근접하지는 않다고 고백하기도 한다. 따라서 나는 이 문제에 대해 뭔가를 시도하는 것이 두렵다. 매우 적합하지도 않은 어떤 것을 말하게 될 경우, 악인들에게는 비방의 기회를 주고 무지한 자들에게는 실수할 기회를 줄까 봐 말이다. 그럼에도 불구하고 성경에 표현된 구분을 은폐하는 것은 적합하지 않다. **즉 모든 행동의 시작과 모든 일의 기원과 근원이 성부에게 돌려진다는 것, 지혜와 작정 그리고 모든 배열순서는 성자에게 돌려진다는 것, 모든 행동의 능력과 효과는 성령에게 돌려진다는 것이다.**

> **삼위 하나님의 사역**
> 성부 - 모든 시작과 기원과 근원
> 성자 - 지혜와 작정
> 성령 - 모든 능력과 효력

여기에서는 성부와 성령을 구분하여 설명하고 있습니다. 그리고 삼위 하나님의 사역을 설명하기를 성부는 모든 일의 기원과 근원이시며, 성자에게는 지혜와 작정과 배열 순서가, 성령에게는 모든 행동과 능력과 효과의 사역이 돌려진다고 설명하고 있습니다.

더 나아가, 비록 성부의 영원성이 성자와 성령의 영원성이기도—하나님이 자신의 지혜와 능력 없이 존재할 수 없었고, 또한 영원성에 무슨 첫째 둘째가 추구되어서도 안 되기 때문에—하지만, 그럼에도 불구하고 성부와 성자 사이에서 관찰되는 이런 순서는 불필요한 것이 아니다. **즉 성부의 이름이 먼저 불리고, 성자의 이름이 마치 성부에서 나오는 듯이 후에 불리며, 이어서 성령의 이름이 마치 이 둘에게서 나오는 듯이 불린다는 것이다.** 이는 우리 각자의 이성이 자연스럽게 먼저 하나님을, 다음으로 그의 지혜를, 마지막으로 하나님이 그의 지혜에 따라 결정한 것을 실행하시는 그의 능력을 생각하는 경향을 갖기 때문이다. **이런 이유에서 성자는 성부에게서 나오며 성령은 그 둘에게서 나온다고 기록된다.** 이것은 성경에서 자주 반복되는 것이지만 다른 어느 구절도 로마서 8장에서보다 더 명백한 곳은 없다. 거기서 성령은 때로는 그리스도의 영으로, 때로는 죽은 자들 가운데서 그리스도를 부활시킨 영으로 구별 없이 불린다. 이것은 정당하다. 베드로 역시 선지자들이 그리스도의 영으로 말했다고 증언한다(벧후 1:21). 성경이 자주 성령을 성부의 영이라고 가르치고 있음에도 불구하고 말이다.

> **위격의 순서**
> 제1위 - 성부
> 제2위 - 성자
> 제3위 - 성령

여기에서는 삼위 하나님의 위격의 순서를 설명하고 있습니다. 또한 성자는 성부에게서 나오며, 성령은 성부와 성자에게서 나온다고 설명합니다.

> 그런데 이 구분이 하나님의 단일성과 모순되기는커녕 오히려 성자가 성부와 동일한 하나님으로—그들이 동일한 영을 갖고 계시기 때문에—증명되며, 성령도 성부와 성자와 다른 실체가 아님—성령이 그들의 영이기 때문에—이 증명될 수 있다. 왜냐하면 각 위 안에 온 신성이 그들에게 속한 속성과 더불어 내포되어 있기 때문이다. 성부는 전적으로 성자 안에 있고 성자는 전적으로 성부에 속한다. 성자 자신이 "나는 아버지 안에 있고 내 아버지는 내 안에 있다"(요 14:10)라고 단언하시듯이 말이다. **따라서 모든 교회 박사들은 위격들 사이에 있는 본질에 관해 어떤 차이도 인정하지 않는다.** 고대 [교부들]의 견해들은 이런 의미에 따라 조화시킬 필요가 있다. 그렇지 않을 경우 이 견해들은 모순되어 보이는바, 왜냐하면 그들은 때로 성부를 성자의 시작으로 부르고 때로 성자가 그 자체로 신성과 본질을 갖는다고 가르치기 때문이다.

> 성부, 성자, 성령의 영광과 권능은 동등하다.

여기서는 위격의 순서와 사역에도 불구하고 성부와 성자와 성령의 영광과 권능은 동등한 것이라고 말합니다.

사벨리우스주의자들이 하나님이 능력 있고, 선하고, 지혜로우며, 자비롭다고 호칭되는 경우가 아니면 성부나 성자나 성령으로 불리지 않는다고 트집 잡는 것에 관해서, 그들은 쉽게 논박된다. 왜냐하면 이 부수적인 칭호들은 하나님이 우리에게 어떤 존재인지 보여 주기 위한 부가 형용사들이기 때문이다. 처음 용어들은 하나님이 그 자체로 어떤 존재인지 보여 주는 명사이다. 나아가, 하나님이 성령으로 불리는 한, 이것이 우리로 하여금 성령을 성부나 성자와 혼동하는 데로 이끌어서는 안 된다. **왜냐하면 하나님의 본질 전체가 영적이라는 것과 이 본질에 성부와 성자와 성령이 포함된다는 것이 전혀 부적합하지 않기 때문이다. 이것은 성경이 선포하는 내용이다.** 성경에서 우리는, 하나님이 성령으로 호칭되는 것을 듣듯이, 또한 성령이 하나님에게 속하고 하나님에게서 나온다고 듣는다.

여기에서는 성령의 신성을 부정하는 사벨리우스(Sabellius)의 견해를 반박하고 있습니다. 성령은 하나님으로 호칭되고 있고, 신성을 가진 하나님이십니다.

억지 부리지 않는 사람들은 하나님의 단 하나의 본질에 성부가 그의 말씀과 그의 영과 더불어 어떻게 내포되어 있는지를 잘 본다. 매우 반역적인 사람들조차 이것을 반대할 수는 없을 것이다. **왜냐하면 성부는 하나님이시요, 성자와 성령도 그러하시지만, 그럼에도 불구하고 한 분 하나님만이 존재할 수 있을 뿐이기 때문이다. 한편 성경은 하나님을 셋으로 호칭하고, 셋으로 표시하며, 셋으로 구분한다. 그러므로 셋이 있으며 하나의 본질, 즉 유일하신 한 하나님이 계시다. 셋은 누구인가? 세 명의 신도 아니요 세 본질도 아니라 세 속성이다.** 고대 [교부들]은 이 두 가지를 모두 의미하기 위해서 하나의 본질이 있고 그 안에 세 위격(Hypotases)이 있다고 말했다. 라틴 교부들은 의미에서 일치하는 단어 하나를 압류했으며, 다른 단어는 약간 다르게 설명했다. 그들은 하나의 본질과 세 위(personnes)가 있다고 말하고 이 마지막 용어를 상응어로 이해했다.

이어서 이단들이 짖어 댄다. 또한 전적으로 사악하지 않은 어떤 이들도 본질과 위격이란 말이 인간들에 의해 만들어진 것이며 결코 성경에 없는 것이라고 불평한다. 그러나 그들이 동일한 신성 안에 세 위가 있다는 사실을 우리에게서 제거할 수 없을진대, 성경에서 입증되는 것 외에 다른 것을 의미하지 않는 단어들을 없애려는 것은 무슨 고집인가?

여기에서는 삼위일체의 위격에 대해서 설명하면서 성부는 하나님이시요, 성자와 성령도 그러하시지만, 그럼에도 불구하고 한 분 하나님만 존재한다고 말합니다. 성경은 하나님을 셋으로 호칭하고, 셋으로 표시하며, 셋으로 구분합니다. 그러므로 셋이 있으며 하나의 본질, 즉 유일하신 한 하나님이 계시는 것입니다. 셋은 누구인가? "세 명의 신도 아니요, 세 본질도 아니라 세 속성이다"라며 위격을 설명하고 있습니다.

우리에게는 날마다 이런 사례가 있다. 교회가 **삼위일체**와 **위격**이라는 용어를 사용할 수밖에 없었음이 증명된다면 어떨까? 만일 어떤 이가 새것이라는 핑계로 그 용어들을 거부한다면, 그는 진리의 빛을 수용할 수 없는 사람이라고 판단되지 않겠는가? 왜냐하면 거기에는 성경에 내포된 것에 대한 명백한 설명 외에 어떤 것도 되풀이하지 않기 때문이다.

삼위일체를 부정하는 이단들이 이런 용어, 즉 삼위일체나 위격이라는 단어가 성경에 없다는 이유로 항변하지만, 성경에서 입증되는 삼위일체를 부정하는 것은 잘못입니다.

아리우스는 성경의 숱한 증거들에 맞설 수 없었기에 예수 그리스도가 하나님이자 하나님의 아들이라고 고백했으며, 마치 의무를 이행하기라도 하듯이 다른 이들에게 동의하는 체했다. 하지만 그는 동시에 그리스도가 창조되었으며 다른 피조물들처럼 시작이 있었다고 말했다. 고대 교부들은 그의 은신처에서 이 악의적인 간교함을 끌어내기 위해 훨씬 더 나아가 그리스도를 하나님의 영원한 아들이요, 성부와

동일 본질이라고 선언했다. 그러자 아리우스주의자들의 불경함이 드러났는바, 이는 그들이 이 교리를 품지 못하고 증오했기 때문이다. 만일 그들이 처음부터 예수 그리스도가 하나님이심을 가식 없이 고백했다면, 그들은 그리스도의 신적 본질을 부인하지 않았을 것이다. 이 훌륭한 교부들이 마치 소란과 분쟁을 탐하는 자들처럼 시시한 단어 하나 때문에 교회의 평온을 흔들어 놓기까지 그토록 논쟁을 뜨겁게 했다고 감히 비난할 자 누구인가? **사실 이 시시한 단어 하나가 참된 그리스도인과 이단 사이의 차이를 보여 준다.**

┃ 아리우스 - 성자의 신성 부정

여기에서는 아리우스가 성경의 수많은 증거로 인해서 성자를 하나님으로 고백하면서도 성자를 다른 피조물처럼 시작이 있었다는 식으로 신성을 부정하는 것은 잘못임을 지적하고 있습니다.

그 후 **사벨리우스**가 나타나 성부와 성자와 성령이란 용어들은 아무런 중요성이 없으며, 하나님의 다른 칭호들이 갖는 속성이나 의미 외에 아무것도 갖고 있지 않다고 말했다. 누군가 논쟁하고자 하면, 그는 성부가 하나님이시며 성자와 성령도 그러하다고 인정했다. 하지만 이후 그는 자신이 하나님을 선하고, 지혜로우시며, 능력이 있는 하나님으로 부른 것 외에 다른 것을 고백한 적이 없다고 술책을 부렸다. 이렇게 해서 그는 아무런 구분 없이 성부가 성자였고 성자가 성령이었다는 다른 문제로 방향을 돌렸다. 이 시기에 하나님의 영광을 존중했던 사람들은 이 사람의 악의를 제거하기 위해, 유일하신 한 분 하나님 안에 있는 세 속성을 인정해야 한다고 훈계함으로써 그를 반박했다. 그들은 그의 궤변과 악의적인 교활함에 맞서 단순하고 공개적인 진리로 무장하기 위해, 한 분 하나님 안에 거하는 세 위격이 있다고, 또는 같은 의미로, 유일한 한 신적 본질 안에 위격들의 삼위일체가 있다고 단언했다.

아리우스와 아울러 사벨리우스 역시 삼위일체를 부정했습니다. 사벨리우스는 삼위일체를 인정한다고 말하면서도 성부와 성자와 성령으로 부르는 것을 부정했습니다.

> **힐라리우스**가 변명하는 공의회의 표현과 화법들은 어떠한가! **아우구스티누스**가 때로 얼마나 대담하게 말하는가! 그리스 교부들과 라틴 교부들 사이에 얼마나 차이가 있는가! 이 차이를 보이기 위해서 단 하나의 사례로 충분할 것이다. 라틴 교부들은 그리스어 **호모우시오스**를 해석하기 위해 성자가 성부와 동일한 실체(substance)임을 의미하는 동일 본질(consubstantiel)이라고 말함으로써 실체를 본질(Essence)로 여겼다. 반대로 힐라리우스에게서는 백 번도 넘게 하나님 안에 세 실체가 있다는 말을 읽는다. 실제로 힐라리우스는 이단들이 마음에 담아 두어야 할 것들을 경솔하게도 인간의 말의 위험에 어쩔 수 없이 굴복하는 것도 큰 범죄라고 비난하고, 이런 일은 불법적인 것을 시도하는 일이요, 인정되지 않은 것들을 추정하는 일이며, 이야기할 수 없는 것을 표현하는 일임을 숨기지 않는다.

> 호모우시오스(homoousios, 동일 본질)
> 호모이우시오스(homoiousios, 유사 본질)

삼위일체를 부정하는 사람들은 성부와 성자를 동일 본질이 아닌 유사 본질이라고 말합니다. 공교롭게도 이 말은 'i' 하나로 단어의 뜻이 다르게 되었습니다. 힐라리우스와 아우구스티누스 모두 성부와 성자의 동일 본질을 주장했습니다.

> **아리우스**는 물론 그리스도가 하나님이라고 말하지만, **은신처에서는 그가 창조되었으며 시작이 있었다고 트집 잡는다.** 그는 그리스도가 성부와 하나임을 고백하지

만, 그의 제자들의 귀에는 그리스도가 성부와 연합하되 마치 다른 신도들과 연합하듯이—물론 이것도 특별한 특권에 의한 것이지만—한다고 속삭인다. 그리스도가 성부와 동일 본질임을 말하게 하라. 그러면 성경에 아무것도 첨가하지 않은 채 아리우스의 악의의 가지를 잘라 낼 것이다.

사벨리우스는 성부와 성자와 성령의 이름들이 하나님 안에서 어떤 구분도 의미하지 않는다고 말한다. 하나님 안에 세 가지가 있다고 말하게 하라. 그러면 그는 세 명의 신이 만들어진다고 외칠 것이다. 유일한 하나의 신적 본질 안에 위격들의 삼위일체가 있음을 말하게 하라. 그러면 성경이 무엇을 가르치는지가 단순하게 설명될 것이고 이 이단을 향해 귀를 막게 될 것이다. 이 용어들을 용납할 수 없을 정도로 미신에 붙들려 있는 어떤 이들이 있을지라도, **성경이 유일하신 한 분 하나님이 계시다고 진술할 때 신적 본질에 있는 단일성을 이해해야 한다는 것을 아무도 부인할 수 없으며, 성경이 세 가지 이름을 호칭할 때 세 가지 다른 속성을 고려해야 한다는 것을 아무도 부인할 수 없을 것이다. 이것이 단순하고 가식 없이 고백된다면 우리는 용어들에 대해 염려할 필요가 없다.**

여기에서는 삼위일체에 관해서 지금까지의 설명을 종합적으로 정리하고 있습니다. 성경이 유일하신 한 분 하나님이 계시다고 진술할 때 신적 본질에 있는 단일성을 이해해야 한다는 것을 아무도 부인할 수 없습니다. 또 성경이 세 가지 이름을 호칭할 때 세 가지 다른 속성을 고려해야 한다는 것을 아무도 부인할 수 없을 것입니다.

대표적 성경 구절

1. 마 3:16-17
2. 마 28:19
3. 고후 13:13

우리는 성경에서 삼위일체에 관해서 잘 설명해 주는 구절들을 만나게 되는데, 우리가 읽은 마태복음 3장의 예수님께서 세례받는 장면에서, 마태복음 28장의 대위임 명령에서, 또 고린도후서 13장의 축도문에서 발견할 수 있습니다. 이제 아타나시우스 신경을 읽어 봅시다. 여전히 삼위일체는 쉽게 이해되는 것이 아니지만 정통 기독교 신앙을 잘 기술하고 있습니다.

아타나시우스 신경

정통신앙이란 이런 것입니다.

곧 삼위(三位)로서 일체(一體)이시고 일체 가운데 삼위이신

유일하신 하나님을 믿는 것입니다.

이 삼위는 혼동하거나 한 본질을 분리함 없이 성부의 한 위가 계시고,

성자의 다른 한 위가 계시고,

성령의 다른 한 위가 계십니다.

그러나 성부와 성자와 성령은 다 하나이시며, 그 영광도 같으며,

그의 존엄도 동일하게 영원하십니다.

성부께서 계신 것 같이 성자도 그러하시며, 성령도 그러하십니다.

곧 성부께서 창조함을 받지 않으신 것같이

성자도 창조함을 받지 않으셨으며,

성령도 창조함을 받지 않으셨습니다.

성부께서 다 이해할 수 없는 분이신 것 같이,

성자도 다 이해할 수 없는 분이시고,

성령도 다 이해할 수 없는 분이십니다.

성부께서 영원하신 것 같이 성자도 영원하시며, 성령도 영원하십니다.

그러나 그들은 영원한 세분들이 아니시며, 영원한 한 분이십니다.

창조함을 받지 않은 분이시며, 다 이해할 수 없는 분이십니다.

이와 같이 성부도 전능하시고, 성자도 전능하시고, 성령도 전능하십니다.

그러나 세 전능자가 아니라, 한 전능자이십니다.

이처럼 성부도 신이시며, 성자도 신이시며, 성령도 신이십니다.

그러나 성부 성자 성령은 세 주(主)가 아니시며 한 주(主)이십니다.

우리는 그리스도의 진리에 의하여,

삼위의 각 위(位)가 신이시며,

주이심을 인증하지 않을 수 없는 것 같이

세 신(神), 세 주(主)가 있다는 것은 그리스도의 정통종교에 의하여 금지되었습니다.

성부는 만들어지지 않으셨으니, 곧 창조함을 받지도 않으시고,

나(生)지도 않으셨습니다.

성자는 성부에게만 나시며, 만들어지셨거나 창조되신 것이 아니고, 낳으신 것입니다.

성령은 성부와 성자에게서 생기셨으며, 만들어지시거나, 창조되셨거나,

나신 것도 아니고, 나오신(出) 것입니다.

이번 장에서 많은 분량을 다루었습니다. 본격적인 사도신경을 살피기 위해 성자와 성령의 신성에 관해서, 그리고 삼위일체에 관해서 살펴보았습니다. 하나님은 한 분이시고, 성부, 성자, 성령, 삼위 하나님으로 계십니다. 그리고 그 영광과 권능이 동등하십니다.

기독교강요 제4장. 믿음: 사도신경 해설

그러므로 이제 사도신경 해설로 가 보자.

제1부
나는 전능하신 하나님 아버지를 믿습니다.

우선 화법에 주목할 필요가 있다. 하나님을 믿는다는 것은 그를 우리의 하나님으로 받아들이고 인정하며 그와 그의 말씀에 순종한다고 말하는 것이다. 이것은 히브리 언어에서 취해진 표현으로, 하나님을 믿는다는 것은 하나님[의 계심]을 믿고 그에게 믿음을 더하는 것으로 여겨진다. 물론 이렇게 말함으로써 믿음은 보다 고상한 무엇임을 의미한다. 여기서 신자들은 그들이 하나님을 받아들이고 그들의 하나님으로 알고 있다고 주장하는바, 이는 그에게서 그의 종으로 인정받기 위함이며, 또한 "당신은 태초부터 우리 하나님이시며, 따라서 우리는 죽지 않을 것입니다"(합 1:12)라고 말하면서 모든 백성과 더불어 자랑할 수 있기 위함이다. 우리가 그를 우리 하나님으로 삼을 때, 우리는 그 안에서 생명과 구원을 얻는다. 그 신뢰를 확증하기 위해 성부의 칭호가 여기에 결부되어 있다. 그는 자신의 선한 뜻이 머무는 매우 사랑받는 성자(마 3:17)를 통해서 자신을 우리의 아버지라고 선포하셨으며, 따라서 그는 우리를 자신 안으로 받아들여 영적 친족 관계를 세우시는바, 바울은 그로 말미암아 하늘과 땅의 모든 족속이 호명된다고 말한다(엡 3:15). 그러므로 믿음이 하나님께 올라가는 즉시, 믿음은 하나님을 아버지로 얻는다. 왜냐하면 믿음은, 엄청 큰 [이] 한 가지 축복을 우리에게 전달해 주시는 성자 없이는 하나님을 이해할 수 없기 때문이다. 그런데 그가 우리에게 아버지시라면, 우리는 그에게 자녀와 같고, 우리가 그의 자녀라면, 우리는 또한 동시에 그의 상속자들이다.

우리는 하나님께 전능을 돌린다. 궤변가들이 상상하는 무익하고 게으르며 한가로운 권능이 아니라 효과적이고 행동적인 권능 말이다. 하나님이 전능하시다고 불리는 것은 그가 모든 일을 행하고 안식하실 수 있기 때문이 아니라, 그가 모든 것을 그의 손에 붙들고 그의 섭리로 천지를 다스리며 그의 작정과 의지에 따라 모든 일을 행하고 배열하시기 때문이다(시 119:90). 그가 그에게 보기 좋은 대로 모든 것을 행하시고 그의 섭리에는 감춰진 것이 아무것도 없을진대, 모든 것이 그의 능력과 명령에 의해 이뤄진다는 결과가 뒤따른다. 하지만 당장 우리는 이 주제를 간략하게 다룰 것인데, 이는 다른 곳에서 보다 상세하게 다룰 때까지 미뤄 둘 것이기 때문이다. 그런데 믿음은 하나님의 권능 안에서 두 가지 위안으로 무장한다. [첫째로] 믿음은 하나님이 그의 팔을 펼쳐 만물을 다스리고 지배하시기에 그가 선을 행하실 충분한 능력을 갖고 계시다는 것, 천지가 그의 소유이자 통치 영역이라는 것, 그리고 모든 피조물이 신자들의 구원을 전진시키기 위한 그의 뜻에 달려 있다는 것을 알기 때문이요, 둘째로 믿음은 해를 끼칠 수 있는 모든 것들이 그의 뜻에 복종하고 마귀가 마치 고삐에 의해서처럼 그의 모든 책략과 더불어 하나님의 뜻으로 억제되며, 간략히 말해서 우리 구원에 반대될 수 있는 모든 것이 그의 명령에 굴복하기 때문에, 믿음은 이렇게 그의 보호 안에 충분한 보증이 있음을 보기 때문이다.

나는 전능하신 하나님 아버지를 믿습니다

> 두려워하지 말라 내가 너와 함께함이니라 놀라지 말라 나는 네 하나님이 됨이라 내가 너를 굳세게 하리라 참으로 너를 도와주리라 참으로 나의 의로운 오른손으로 너를 붙들리라 _ 사 41:10

이제부터 본격적으로 사도신경 해설로 들어갑니다. 우리가 읽은 이사야 41장은 우리에게는 잘 알려진 말씀이고, 많은 분들이 이 말씀에서 큰 힘을 얻는 줄로 압니다. 하나님에 대한 올바른 신앙을 가진 사람은 두려워하지 않습니다. 우리가 살펴볼 내용이 바로 하나님에 대한 고백입니다. 사도신경의 서론에 비해서 매주 살펴볼 분량은 많지 않습니다. 그 일정을 보면 다음과 같습니다.

1. 나는 전능하신 하나님 아버지를 믿습니다.
2. 창조주
3. 유일하신 그리스도
4. 그리스도의 칭호
5. 그리스도의 나심
6. 그리스도의 신성과 인성
7. 그리스도의 십자가
8. 그리스도의 부활

9. 그리스도의 승천과 재림

10. 성령

11. 교회와 성도

12. 교회의 표지

13. 속죄

14. 부활과 영생

우리는 그동안 본격적으로 사도신경을 살펴보기 전에 사도신경의 의미, 성자의 신성, 성령의 신성, 삼위일체의 구분에 대해서 살펴보았습니다. 이제 사도신경의 고백 하나하나의 의미를 심층적으로 살펴보게 될 것입니다. 너무 많은 내용보다는 한두 가지를 우리의 마음에 깊이 각인하게 되는 계기가 되기를 바랍니다. 이번에 살펴볼 부분은 사도신경의 첫 고백입니다. "전능하사 천지를 만드신 하나님 아버지를 내가 믿사오며"

"전능하사 천지를 만드신 하나님 아버지를 내가 믿사오며..."

1. 나는 전능하신 하나님 아버지를 믿습니다.

2. 창조주 하나님.

이 첫 고백을 두 주에 걸쳐 살펴보게 될 것입니다. 십계명에서 제1계명이 가지는 독특한 지위와 같이 사도신경에서의 첫 고백도 매우 중요한 지위를 가집니다. 사도신경의 첫머리는 성부 하나님에 대한 고백입니다. "나는 하나님 아버지를 믿습니다." 이제 사도신경 해설로 가 봅시다.

제1부　나는 전능하신 하나님 아버지를 믿습니다.

믿음의 정의

우선 화법에 주목할 필요가 있다. 하나님을 믿는다는 것은 그를 우리의 하나님으로 받아들이고 인정하며 그와 그의 말씀에 순종한다고 말하는 것이다. 이것은 히브리 언어에서 취해진 표현으로, 하나님을 믿는다는 것은 하나님의 계심을 믿고 그에게 믿음을 더하는 것으로 여겨진다. 물론 이렇게 말함으로써 믿음은 보다 고상한 무엇임을 의미한다.

"전능하신 하나님 아버지를 믿습니다"를 말하기 전에 믿는다는 것, '믿음'이라는 것에 관해서 먼저 정의를 내리고 있습니다.

> 아만(aman) - 어떤 진리를 받아들이는 것
> 바타흐(batach) - 자기 자신을 내맡기기 위해 얼굴을 숙이는 것
> **믿음 - 하나님과 그분의 말씀을 믿고, 그분에게 자신을 맡기는 것**
> 아만　　　　　　　　바타흐

믿음에 대한 히브리어는 '아만'(aman)과 '바타흐'(batach)가 있습니다. 믿음은 어떤 진리를 받아들이고 인정하는 것입니다. 그리고 그분의 말씀에 순종하여 그분에게 자신을 내맡기는 것입니다. 그러므로 믿음은 말씀과 함께 주어집니다. 로마서 10장 17절에서 "믿음은 들음에서 나며 들음은 그리스도의 말씀으로 말미암는다"라고 말합니다. 그러므로 믿음은 대단한 것이고, 그 가치를 말로 다할 수 없는 것입니다. 그래서 베드로가 신앙을 고백했을 때, 예수님은 복되다고 하셨습니다. 이것을 알게 한 이는 하늘에 계신 내 아버지라고 하셨습니다. 이것이 어찌 베드로만 그렇겠습니까? 아브라함의 믿음, 베드로의 믿음을 저와 여러분에게도 하나님 아버지께서 주신 것입니다.

고상한 믿음

이 놀라운 선물을 세상 사람들은 알지 못합니다. 그러나 저와 여러분은 그 가치를 아는 사람들입니다. 그러므로 이 믿음은 칼뱅의 표현과도 같이 고상한 무엇입니다. 사도 바울도 이 놀라운 비밀을 알고 나서 그리스도 예수를 아는 지식을 가장 고상한 지식이라고 말했습니다. 이 고상한 지식을 가진 자는 하나님을 찬양하고 예배합니다. 이 고상한 믿음을 가진 자는 비록 발은 땅에 두고 살아가지만 눈은 저 천성을 바라보는 사람입니다.

> 여기서 신자들은 그들이 하나님을 받아들이고 그들의 하나님으로 알고 있다고 주장하는바, 이는 그에게서 그의 종으로 인정받기 위함이며, 또한 "당신은 태초부터 우리 하나님이시며, 따라서 우리는 죽지 않을 것입니다"(합 1:12)라고 말하면서 모든 백성과 더불어 자랑할 수 있기 위함이다.

그러므로 이 고상한 믿음을 가진 자는 하나님을 알고 믿으며, 순종하며, 자신을 그분에게 내어드리고 전적으로 맡깁니다. 그냥 맡기는 정도가 아니라 삶과 죽음도 다 맡깁니다. 그래서 다니엘의 친구들은 바벨론에서 이 믿음을 버리지 않기 위해서 뜻을 정하였고, 심지어 풀무불에서 '그리 아니하실지라도' 믿음을 버리지 않으리라 다짐했습니다. '믿음 장'이라 불리는 히브리서 11장을 보면 믿음의 사람들이 믿음을 포기하지 않기 위해서 선한 싸움을 싸운 이야기가 나옵니다. 얼마나 가슴이 뜨거워지는 말씀입니까? 그래서 칼뱅은 하박국 1장 12절을 인용하여 "하나님을 믿는 우리는 죽지 않을 것입니다"라고 담대히 고백하고 있습니다.

다음의 사진은 종교개혁 당시 프로테스탄트 신앙을 받아들인 위그노들이 황무지로 나와서 예배를 드리는 모습입니다. 믿음의 사람들은 하나님을 예배하는 것이 최상의 행복이기 때문입니다.

믿음은 하나님을 아버지로 얻게 함

우리가 그를 우리 하나님으로 삼을 때, 우리는 그 안에서 생명과 구원을 얻는다. 그 신뢰를 확증하기 위해 성부의 칭호가 여기에 결부되어 있다. 그는 자신의 선한 뜻이 머무는 매우 사랑받는 성자(마 3:17)를 통해서 자신을 우리의 **아버지**라고 선포하셨으며, 따라서 그는 우리를 자신 안으로 받아들여 **영적 친족 관계**를 세우시는바, 바울은 그로 말미암아 하늘과 땅의 모든 족속이 호명된다고 말한다(엡 3:15). 그러므로 믿음이 하나님께 올라가는 즉시, **믿음은 하나님을 아버지로 얻는다**. 왜냐하면 믿음은, 엄청 큰 [이] 한 가지 축복을 우리에게 전달해 주시는 성자 없이는 하나님을 이해할 수 없기 때문이다. 그런데 **그가 우리에게 아버지시라면, 우리는 그에게 자녀와 같고, 우리가 그의 자녀라면, 우리는 또한 동시에 그의 상속자들이다.**

저는 이 부분에 대해 우리가 다시 열정과 감격을 회복했으면 좋겠습니다. 하나님을 나의 하나님으로 인정하고 고백하여 나의 하나님으로 받아들이면 그때부터 엄청난 일이 일어나기 시작합니다.

만일, 거리에 버려진 한 아이가 있다고 합시다. 그런데 이 나라의 대통령이 그 아이를 입양하기로 마음을 먹고 아이를 자신의 호적에 올렸다고 합시다. 그러면 그냥 인증샷을 찍고 끝납니까? 아닙니다. 이제 이 아이는 어제까지는 아버지가 없었지만, 이제부터는 대통령의 자녀가 되었습니다. 아버지는 새로운 아들을 자기 집에 데리고 갈 것입니다. 아이는 아버지의 집으로 가는 것입니다. 그리고 아버지의 상속자가 되는 것입니다.

그래서 믿음은 그냥 기독교인이 되는 것이 아니라 하나님을 아버지로 얻게 되는 것입니다. 너무도 놀라운 사건입니다. 우리는 이 부분을 그냥 대수롭지 않게 받아들여서는 안 됩니다. 우리도 아버지가 누구냐에 따라 인생이 달라지지 않습니까? 우리가 믿음으로 하나님을 고백하면 또한 그 하나님은 아버지가 되어 주시는 것입니다. 칼뱅은 이것을 엄청난 큰 축복이라고 말하고 있습니다. 우리가 하나님 아버지를 얻은 것은 우리가 그분의 자녀이고 상속자가 되는 것입니다. 이것은 매우 실질적인 변화입니다. 이것을 로마서 8장은 아주 잘 설명하고 있습니다.

> 너희는 다시 무서워하는 종의 영을 받지 아니하고 양자의 영을 받았으므로 우리가 아빠 아버지라 부르짖느니라 성령이 친히 우리의 영과 더불어 우리가 하나님의 자녀인 것을 증언하시나니 자녀이면 또한 상속자 곧 하나님의 상속자요 그리스도와 함께 한 상속자니 우리가 그와 함께 영광을 받기 위하여 고난도 함께 받아야 할 것이니라 _ 롬 8:15-17

그러므로 믿음을 갖는다는 것은 어마어마한 일입니다. 믿음의 감격을 회복하시기를 바랍니다. 칼뱅은 이 믿음의 결과를 조금 더 말하고 있습니다.

우리는 하나님께 전능을 돌린다. 궤변가들이 상상하는 무익하고 게으르며 한가로운 권능이 아니라 효과적이고 행동적인 권능 말이다. 하나님이 전능하시다고 불리는 것은 그가 모든 일을 행하고 안식하실 수 있기 때문이 아니라, **그가 모든 것을 그의 손에 붙들고 그의 섭리로 천지를 다스리며 그의 작정과 의지에 따라 모든 일을 행하고 배열하시기 때문이다**(시 119:90). 그가 그에게 보기 좋은 대로 모든 것을 행하시고 그의 섭리에는 감춰진 것이 아무것도 없을진대, **모든 것이 그의 능력과 명령에 의해 이뤄진다는 결과가 뒤따른다.** 하지만 당장 우리는 이 주제를 간략하게 다룰 것인데, 이는 다른 곳에서 보다 상세하게 다룰 때까지 미뤄 둘 것이기 때문이다.

신자의 위안

그런데 이 하나님 아버지는 "전능하신 하나님"이시라는 것입니다. 그분은 이 세상을 다스리시고, 통치하시고, 섭리하고 계신다는 것입니다. 그리고 그분은 명령하시고, 자신의 예정과 의지에 따라 세상에 역사하고 계신다고 말합니다. 바로 그 하나님께서 우리에게 두려워 말라, 염려하지 말라, 기도하라고 말씀하십니다.

> 그런데 믿음은 하나님의 권능 안에서 **두 가지 위안**으로 무장한다. ❶ [첫째로] 믿음은 하나님이 그의 팔을 펼쳐 만물을 다스리고 지배하시기에 **그가 선을 행하실 충분한 능력을 갖고 계시다는 것, 천지가 그의 소유이자 통치 영역(Seigneurie)이라는 것**, 그리고 모든 피조물이 신자들의 구원을 전진시키기 위한 그의 뜻에 달려 있다는 것을 알기 때문이요, ❷ 둘째로 믿음은 해를 끼칠 수 있는 모든 것들이 그의 뜻에 복종하고 마귀가 마치 고삐에 의해서처럼 그의 모든 책략과 더불어 하나님의 뜻으로 억제되며, 간략히 말해서 우리 구원에 반대될 수 있는 모든 것이 그의 명령에 굴복하는 까닭에, **믿음은 이렇게 그의 보호 안에 충분한 보증이 있음을 보기 때문이다.**

칼뱅은 전능하신 하나님을 믿는 그의 자녀들, 신자들은 두 가지 위안을 얻게 된다고 말합니다.

❶ 선을 행하실 능력과 권한을 가지신 분이다.

❷ 마귀의 어떤 책략에도 자기 백성을 보호하시는 분이다.

하나님 아버지는 선을 행하실 능력과 권한이 있으십니다. 세상의 모든 것이 그분의 통치 아래에 있습니다. 또한 세상의 어떤 존재, 마귀도 그분 뜻에 복종해야만 합니다. 그러므로 신자들은 하나님의 보호 아래서 안전합니다. 이보다 더한 위로가 어디에 있겠습니까?

우리가 살펴본 사도신경의 첫 고백은 "나는 전능하신 하나님 아버지를 믿습니다"였습니다. 우리가 다 알고 또 믿는 사실입니다. 그러나 우리는 하나님을 아버지로 모시고 살아가는 사람들인가? 나는 크신 하나님의 자녀로서 당당하게 살아가고 있는가? 이것을 체크하고 이 믿음의 기쁨과 감격을 회복해야겠습니다. 지금 여러분에게 어떤 상황, 어떤 어려움이 있다고 할지라도 하나님은 그 모든 문제보다 크십니다. 하루하루 이 믿음의 감격 때문에 세상에서 당당하게 아버지의 이름을 부르며 승리하는 모두가 되시기를 바랍니다.

기독교강요 제4장. 믿음: 사도신경 해설

천지의 창조주를 믿습니다.

비록 악인들의 정신도 세상을 바라보는 것만으로 창조주를 인정할 수밖에 없지만, 믿음은 천지를 만드신 하나님을 응시하는 특별한 방식을 갖는다. 이런 이유에서 사도는 "믿음으로 우리가 세상이 하나님의 말씀에 의해 세워졌음을 안다"(히 11:3)라고 말한다. 진실로 우리는 믿음으로 말미암지 않고는 하나님이 세상의 창조주라고 호칭하는 것이 의미가 없음을 알 수 없다. 설령 우리가 그를 정신으로 이해하고 입으로 시인하는 듯 보인다 해도 말이다. 왜냐하면 우리 육신의 지성이라는 것은 창조 시 하나님의 능력을 한 번 인정한 후에는 거기에 멈추고 말기 때문이다. 설령 좀 멀리 나아간다고 하더라도 하나님이 그런 일을 행하기 위해 사용하신 권능과 지혜를 고려할 뿐이다. 그러고 나서 우리의 지성은 하나님이 창조하신 것들을 보전하고 이끌어 가는 모종의 일반 행위를 포함시키며, 모든 피조물의 활동의 원인을 거기에 돌린다.

하지만 믿음은 더 높은 곳을 지난다. 믿음은 하나님이 세상의 창조주이심을 알고 난 후 또한 그를 보존자요 영원한 통치자로 인정한다. 믿음은 하나님께서 알지 못할 일반적인 활동으로 세상의 보편적 구조물과 그 부속물들을 이끄신다는 것을 인정할 뿐만 아니라, 그가 만든 만물을 공중의 가장 작은 새까지도 유지하고 보전하며 활기를 주는 그의 특별 섭리를 포함한다. 비록 차이가 크게 나타나지는 않지만, 아무튼 인간의 지혜는 결코 다윗이 시편 104편에서 추구하는 묵상에까지 오르지는 못한다. 그는 특히 결론 부분에서 이렇게 말한다. "주님, 만물이 당신을 기다리며, 당신은 그들에게 때를 따라 음식을 주십니다. 당신이 음식을 주면 그들은 그것을 받으며, 당신이 손을 펼치면 그들은 모든 축복으로 만족하며, 당신이 얼굴을 그들에게서 숨기면 그들은 놀라며, 당신이 당신의 영을 거두면 그들은 죽어 재로 돌아가며, 당신이 당신의 영을 보내면 모든 것이 되살아나고 땅의 지면이 새로워집니다"(시 104:27-30).

유사 구절들이 성경 도처에 있다. 우리는 하나님 안에 있고 그 안에서 활동과 생명을 가지며(행 17:28), 그의 손으로 이슬과 비가 뿌려져서 밭을 적시며(레 26:4), 그의 명령에 의해 하늘이 철과 같이 굳어지며(레 26:19), 그로부터 평화와 전쟁, 생명과 죽음, 빛과 어둠, 역병과 건강, 풍요와 기근, 기타 모든 것들이 온다. 그가 보기에 좋은 대로, 선을 행함으로 그의 인자함을 보이시건, 가혹함으로 그의 엄격함을 선포하시건 간에 말이다. 그런데 이로부터 신실한 양심에 특별한 위로가 온다. 즉 하나님이 도움을 청하는 까마귀 새끼들에게 먹이를 공급하여 주실진대(시 147:9), 그가 그의 백성이요 그의 무리에 속한 양인 우리에게 양식을 주시리라는 것은 더할 나위 없다. 참새 한 마리가 그의 허락과 뜻이 아니고는 땅에 떨어지지 않을진대(마 10:29), 그가 우리의 구원을 돌보고 염려하는 것은 더할 나위 없다. 그가 우리를 그의 눈동자처럼 보호하겠다고 약속하시기 때문이다(슥 2:12).

사람이 떡으로만 살지 않고 오히려 하나님의 입에서 나오는 말씀의 능력으로 살진대(마 4:4), 그가 우리에게 그의 도움이 부족하지 않으리라고 하신 약속으로 족해야 한다. 그의 도움만이 우리를 충분히 양육할 수 있기 때문이다.

반대로 신실한 사람은 무소득이나 기근이나 역병을 보면서 그것을 운명으로 돌리기보다는 하나님의 진노로 인정할 것이다. 궁극적으로 그는 하나님이 우리의 창조주요 보호자며 양육자임을 인정함으로써 우리가 우리에게가 아니라 그에게 속하고, 우리의 뜻이 아닌 그의 뜻에 따라 살아야 하며, 우리의 삶—이것이 통째로 그의 은혜로 말미암아 존재하기 때문에—이 그 모든 행동과 더불어 그와 관계한다고 결론지을 것이다.

그런데 만물의 창조의 영광이 여기서 주로 성부에게 돌려짐으로 말미암아 누구도, 마치 성자와 성령이 여기서 배제되기나 하는 듯이 여김으로써 동요되지 않도록, 우리는 우리가 하나님 안에 있는 것으로 설명한 위격적인 속성에 따라 주의 깊게 이것을 이해해야 한다. 본질적으로 말해서 만물의 시작이 성부에게로 돌려지기 때문에, 우리는 그가 모든 것을 만드신다고 말한다. 하지만 그것은 그의 지혜와 그의 영을 통해서 이뤄지는 것이다.

우리가 하나님을 천지의 창조주요 전능하신 아버지로 인정하여 유익을 얻고자 한다면, 우리는 그의 섭리에 의존해야 하며 다음으로 우리 마음속에서 그의 관용과 부성애적인 인자함을 고려해야 하며, 또한 입으로 그를 높이며, 그토록 선한 성부를 영화롭게 하고 경외하고 사랑하며, 전념하여 그를 섬기며, 모든 것들—심지어 우리의 유익에 가장 반대되어 보이는 것조차도—을 그의 손에서 취해야 한다. 우리가 역경과 환난을 당할 때에도 그의 섭리가 우리의 구원을 위해 이렇게 하신다고 여기면서 말이다. 따라서 무슨 일이 닥친다 해도, 우리는 그가 우리에게 호의적이시라는 것과 우리를 사랑하신다는 것을 결코 의심해서는 안 될 것이다. 바로 이러한 신뢰로 우리를 교육하기 위해서 사도신경의 첫 부분이 만들어진 것이다.

창조주

> 믿음으로 모든 세계가 하나님의 말씀으로 지어진 줄을 우리가 아나니 보이는 것은
> 나타난 것으로 말미암아 된 것이 아니니라 _ 히 11:3

우리는 앞에서 우리가 믿음을 고백할 때 하나님께서 우리를 자신의 친족 관계로 받아들이시고, 우리로 아버지라고 부르게 하시며, 우리를 상속자로 삼으신다고 배웠습니다. 우리가 아버지로 고백하는 하나님은 또한 전능하신 분이시고, 그분은 세상을 다스리는 권능을 가지고 계시고, 또한 주무시지 않고 자신의 백성들을 돌보시는 하나님 아버지이심이 큰 두 가지의 위안이 된다고 배웠습니다. 이제 그 하나님 아버지가 세상을 만드신 창조주라는 고백을 살펴보겠습니다. 우리가 읽었던 히브리서 11장 3절 역시 믿음으로 하나님이 창조주라는 것을 고백하고 있습니다. 이 고백 위에 선 신앙은 견고합니다.

❙ 하나님 = 창조주

창조주 신앙의 유익

이제 강독 본문을 읽읍시다.

비록 악인들의 정신도 세상을 바라보는 것만으로 창조주를 인정할 수밖에 없지만, **믿음은 천지를 만드신 하나님을 응시하는 특별한 방식을 갖는다.** 이런 이유에서

사도는 "믿음으로 우리가 세상이 하나님의 말씀에 의해 세워졌음을 안다"(히 11:3)
라고 말한다. 진실로 우리는 믿음으로 말미암지 않고는 하나님이 세상의 창조주라
고 호칭하는 것이 의미가 없음을 알 수 없다. 설령 우리가 그를 정신으로 이해하고
입으로 시인하는 듯 보인다 해도 말이다. 왜냐하면 우리 육신의 지성이라는 것은
창조 시 하나님의 능력을 한 번 인정한 후에는 거기에 멈추고 말기 때문이다. 설령
좀 멀리 나아간다 하더라도 하나님이 그런 일을 행하기 위해 사용하신 권능과 지
혜를 고려할 뿐이다. 그러고 나서 우리의 지성은 하나님이 창조하신 것들을 보전하
고 이끌어 가는 모종의 일반 행위를 포함시키며, 모든 피조물의 활동의 원인을 거
기에 돌린다.

불신자들도 일정 부분 신의 존재를 인정하고 막연히 하나님이 세상을 창
조하시고 통치하신다는 것을 인정합니다. 그러나 그렇게 단순히 불신자들이
하나님을 창조주로 인정하는 것과 믿음의 차원에서 창조주로 고백하는 것은
차원이 다르다는 것입니다. 그러므로 믿음의 사람이 "전능하사 천지를 만드
신 하나님을 믿습니다"라고 고백한다면, 고백의 사람이 살아가는 인생에서
수많은 일들을 만날 때 창조주를 고백하는 믿음이 큰 역사를 가져온다는 것
입니다. 특히 우리가 앞서 읽은 성경처럼 히브리서 11장은 믿음의 사람들이
어떻게 그런 큰 기적을 경험할 수 있었느냐 하는 원인으로 창조주를 믿는 믿
음을 지목하고 있습니다.

하지만 믿음은 더 높은 곳을 지난다. 믿음은 하나님이 세상의 **창조주**이심을 알고
난 후 또한 그를 **보존자**요 영원한 **통치자**로 인정한다. 믿음은 하나님께서 알지 못
할 일반적인 활동으로 세상의 보편적 구조물과 그 부속물들을 이끄신다는 것을 인
정할 뿐만 아니라, 그가 만든 만물을 공중의 가장 작은 새까지도 유지하고 보전하
며 활기를 주는 **그의 특별 섭리를 포함한다.** 비록 차이가 크게 나타나지는 않지만,
아무튼 인간의 지혜는 결코 다윗이 시편 104편에서 추구하는 묵상에까지 오르지
는 못한다. 그는 특히 결론 부분에서 이렇게 말한다. "주님, 만물이 당신을 기다리

며, 당신은 그들에게 때를 따라 음식을 주십니다. 당신이 음식을 주면 그들은 그것을 받으며, 당신이 손을 펼치면 그들은 모든 축복으로 만족하며, 당신이 얼굴을 그들에게서 숨기면 그들은 놀라며, 당신이 당신의 영을 거두면 그들은 죽어 재로 돌아가며, 당신이 당신의 영을 보내면 모든 것이 되살아나고 땅의 지면이 새로워집니다"(시 104:27-30).

믿음은 더 높은 곳으로 올라갑니다. 전능하신 하나님 아버지가 세상을 말씀으로 창조하신 창조주라는 사실을 고백하면, 단순히 만드시기만 한 분이 아니라 만드시고, 또한 다스리며 통치하시는 분이라는 고백으로 올라간다는 것입니다.

창조주 → 보존자
　　　　통치자

하나님은 해와 달과 별과 같은 행성들과 대륙과 해양을 다스리는가 하면, 이름 없는 들풀과 공중의 작은 새까지도 유지하고 보존하시는 분이십니다. 시편 104편은 크시면서도 세밀하신 하나님을 노래하고 있습니다. 계속해서 창조주 하나님의 특별 섭리가 이어지고 있습니다.

유사 구절들이 성경 도처에 있다. 우리는 하나님 안에 있고 그 안에서 활동과 생명을 가지며(행 17:28), 그의 손으로 이슬과 비가 뿌려져서 밭을 적시며(레 26:4), 그의 명령에 의해 하늘이 철과 같이 굳어지며(레 26:19), 그로부터 평화와 전쟁, 생명과 죽음, 빛과 어둠, 역병과 건강, 풍요와 기근, 기타 모든 것들이 온다. 그가 보기에 좋은 대로, 선을 행함으로 그의 인자함을 보이시건, 가혹함으로 그의 엄격함을 선포하시건 간에 말이다.

경작과 전쟁, 전염병과 풍년, 죽음과 같은 모든 것이 그분의 권세 아래서 이루어지고 있습니다. 한나의 기도에서 그것이 잘 드러나고 있습니다.

> 여호와는 죽이기도 하시고 살리기도 하시며 스올에 내리게도 하시고 거기에
> 서 올리기도 하시는도다 여호와는 가난하게도 하시고 부하게도 하시며 낮추
> 시고 하시고 높이기도 하시는도다 가난한 자를 진토에서 일으키시며 빈궁한
> 자를 거름더미에서 올리사 귀족들과 함께 앉게 하시며 영광의 자리를 차지하
> 게 하시는도다 땅의 기둥들은 여호와의 것이라 여호와께서 세계를 그것들 위
> 에 세우셨도다 _ 삼상 2:6-8

한나의 이런 고백은 그녀에게 하나님에 대한 분명한 신앙이 있었음을 보여 줍니다. 그러므로 한나는 절망 가운데서도 기도하였고, 또 기도한 후에는 얼굴에 근심이 없었습니다.

> **그런데 이로부터 신실한 양심에 특별한 위로가 온다.** 즉 하나님이 도움을 청하는
> 까마귀 새끼들에게 먹이를 공급하여 주실진대(시 147:9) 그가 그의 백성이요 그의
> 무리에 속한 양인 우리에게 양식을 주시리라는 것은 더할 나위 없다. 참새 한 마리
> 가 그의 허락과 뜻이 아니고는 땅에 떨어지지 않을진대(마 10:29), 그가 우리의 구
> 원을 돌보고 염려하는 것은 더할 나위 없다. 그가 우리를 그의 눈동자처럼 보호하
> 겠다고 약속하시기 때문이다(슥 2:12). 사람이 떡으로만 살지 않고 오히려 하나님의
> 입에서 나오는 말씀의 능력으로 살진대(마 4:4), 그가 우리에게 그의 도움이 부족하
> 지 않으리라고 하신 약속으로 족해야 한다. 그의 도움만이 우리를 충분히 양육할
> 수 있기 때문이다.

앞에서 하나님이 해와 달과 별과 같은 행성들과 대륙과 해양을 다스리는가 하면 이름 없는 들풀과 공중의 작은 새까지도 유지하고 보존하시는 분으로 고백되었다면, 특별히 까마귀도 먹이시는 하나님께서 그의 백성인 우리에게 양식을 주시지 않겠느냐는 예수님의 말씀을 인용하면서, 자기 백성을 도

우시고 양육하시는 하나님을 신뢰할 때 오는 특별한 위로를 언급하고 있습니다. 창조주 하나님을 믿는 믿음이 실제 인생의 노정 가운데서 어떤 힘과 위로를 주는지를 말하고 있는 것입니다. 이어서 인생에서 힘든 일이 생길 경우에 대해서 말하고 있습니다.

> 반대로 신실한 사람은 무소득이나 기근이나 역병을 보면서 그것을 운명으로 돌리기보다는 하나님의 진노로 인정할 것이다. 궁극적으로 그는 하나님이 우리의 ❶ 창조주요 ❷ 보호자며 ❸ 양육자임을 인정함으로써 우리가 우리에게가 아니라 그에게 속하고, 우리의 뜻이 아닌 그의 뜻에 따라 살아야 하며, 우리의 삶—이것이 통째로 그의 은혜로 말미암아 존재하기 때문에—이 그 모든 행동과 더불어 그와 관계한다고 결론지을 것이다.

우리는 우리 자신과 우리 시대에 일어나는 재난에 대해 겸손한 마음으로 바라보아야 합니다. 전염병이나 기근이나, 빈털터리가 될 때 우리에게 일어난 재난을 우연이나 어떤 자연적 현상으로만 해석해서는 안 됩니다. 본래 우리는 진노 아래 있는 존재입니다. 형벌 받아 마땅한 존재들입니다. 다만 하나님의 오래 참으심으로 긍휼을 입고 있는 것입니다. 그래서 칼뱅은 우리의 인생 통째로 하나님의 은혜라고 말합니다.

❶ 창조자 → ❷ 보존자 → ❸ 보호자
통치자　　　양육자

이처럼 믿음은 하나님을 아버지로 받게 되고 그 전능하신 하나님 아버지는 천지를 만드신 창조주임을 고백하게 되는데, 특별히 믿음으로 창조주를 고백하는 자에게는 단순히 세상을 만든 창조주에서 한 걸음 더 나아가 보존자와 통치자로, 또 보호자와 양육자로 고백하는 자리에까지 나아가게 되는 것입니다. 그러므로 창조주라는 고백이 모든 믿음과 신뢰, 위로, 평안의 기초가 되는 고백이라는 것을 우리가 알게 됩니다.

그런데 만물의 창조의 영광이 여기서 주로 성부에게 돌려짐으로 말미암아 누구도, 마치 성자와 성령이 여기서 배제되기나 하는 듯이 여김으로써 동요되지 않도록, 우리는 우리가 하나님 안에 있는 것으로 설명한 위격적인 속성에 따라 주의 깊게 이것을 이해해야 한다. 본질적으로 말해서 만물의 시작이 성부에게로 돌려지기 때문에, 우리는 그가 모든 것을 만드신다고 말한다. 하지만 그것은 그의 지혜와 그의 영을 통해서 이뤄지는 것이다.

칼뱅은 이 창조의 역사는 주로 성부에게로 돌려지지만, 결코 창조의 영광이 성부에게만 해당되는 것이 아니라 성자와 성령에게도 해당된다고 부연 설명하고 있습니다.

우리가 하나님을 천지의 창조주요 전능하신 아버지로 인정하여 유익을 얻고자 한다면, 우리는 ❶ 그의 섭리에 의존해야 하며 ❷ 다음으로 우리 마음속에서 그의 관용과 부성애적인 인자함을 고려해야 하며, ❸ 또한 입으로 그를 높이며, 그토록 선한 성부를 영화롭게 하고 경외하고 사랑하며, 전념하여 그를 섬기며, 모든 것들—**심지어 우리의 유익에 가장 반대되어 보이는 것조차도**—을 그의 손에서 취해야 한다. 우리가 역경과 환난을 당할 때에도 그의 섭리가 우리의 구원을 위해 이렇게 하신다고 여기면서 말이다. 따라서 무슨 일이 닥친다 해도, 우리는 그가 우리에게 호의적이시라는 것과 우리를 사랑하신다는 것을 결코 의심해서는 안 될 것이다. 바로 이러한 신뢰로 우리를 교육하기 위해서 사도신경의 첫 부분이 만들어진 것이다.

이제 칼뱅은 우리가 사도신경의 첫 번째 고백에서 유익을 얻기 위한 구체적인 몇 가지를 제시하고 있습니다.

❶ 그의 섭리에 의지

② 부성애적 인자하심을 묵상

③ 그를 높이며 경외하고 섬김

특히 우리가 역경을 당할 때도 그토록 선한 성부께서는 우리에게 호의적이시라는 것을 의심해서는 안 된다고 가르칩니다. 그래서 이것을 교육하기 위해 사도신경의 첫 부분이 바로 이 고백이라고 설명하고 있습니다.

창조주 신앙의 힘

창조주를 고백하는 사람은 특별한 신앙의 힘을 가지고 있습니다. 하나님은 말씀 하나로 무에서 유를 창조하셨습니다. 그리고 그 창조된 것은 보시기에 심히 좋았습니다. 그러므로 이 신앙을 가진 사람은 황무지에서도 백합화를 피우는 사람입니다. 아무것도 없어도 하나님이 계시기에 꿈을 꿀 수 있고, 한 그루의 사과나무를 심을 수 있는 사람입니다. 창조주(Creator)를 믿는 사람에게는 창조의 영성이 충만한 것입니다. 그래서 이런 믿음을 가진 사람들은 하나님이 신선한 아이디어를 불어넣어 주십니다. 비록 가진 것이 없지만 매 순간 창조성을 충만케 하십니다. 그래서 남이 보지 못하는 것을 보고, 듣고, 깨닫고, 신기할 정도로 적용하는 것입니다.

우리가 지혜가 부족할 때 지혜를 달라고 기도할 것을 말씀하신 분이 우리의 창조주 하나님이십니다. 그분은 우리가 살아가면서, 사업을 하면서, 연구를 하면서, 어떤 예술작품을 만들면서, 또 어떤 일을 구상하고 진행하면서 앞이 막히고, 문제가 풀리지 않고, 해결하지 못하는 난관을 만날 때 기도할 것을 말씀하시면서, 하나님께서 지혜를 주시되 후히 주시고 꾸짖지 않으신다고 약속하셨습니다. 또한 잠언은 하나님께 겸손하게 도움을 구할 때 우리가 가야 할 길을 지도해 주시겠다고 하셨습니다. 또한 예수님은 '믿는 자에게는 능치 못함이 없다'고 하셨습니다.

그러므로 창조주를 고백하는 사람은 결코 낙심하지 않습니다. 어떤 어려움과 난관을 만나도, 설령 기근과 가난을 만나도, 하나님께서 저 공중의 새도

먹이시는 분이시기에, 자신을 아버지라 부르는 자기 백성을 결코 버리지 않으십니다. 이 믿음을 가진 사람은 먼저 그의 나라와 그의 의를 구합니다.

> 그러므로 내가 너희에게 이르노니 목숨을 위하여 무엇을 먹을까 무엇을 마실까 몸을 위하여 무엇을 입을까 염려하지 말라 목숨이 음식보다 중하지 아니하며 몸이 의복보다 중하지 아니하냐 공중의 새를 보라 심지도 않고 거두지도 않고 창고에 모아들이지도 아니하되 너희 하늘 아버지께서 기르시나니 너희는 이것들보다 귀하지 아니하냐 너희 중에 누가 염려함으로 그 키를 한 자라도 더할 수 있겠느냐 또 너희가 어찌하여 의복을 위하여 염려하느냐 들의 백합화를 가 어떻게 자라는가 생각하여 보라 수고도 아니하고 길쌈도 아니하느니라 그러나 내가 너희에게 말하노뇌 솔로몬의 모든 영광으로도 입은 것이 이 꽃 하나만 같지 못하였느니라 오늘 있다가 내일 아궁이에 던져지는 들풀도 하나님이 이렇게 입히시거든 하물며 너희일까보냐 믿음이 작은 자들아 그러므로 염려하여 이르기를 무엇을 먹을까 무엇을 마실까 무엇을 입을까 하지 말라 이는 다 이방인들이 구하는 것이라 너희 하늘 아버지께서 이 모든 것이 너희에게 있어야 할 줄을 아시느니라 그런즉 너희는 먼저 그의 나라와 그의 의를 구하라 그리하면 이 모든 것을 너희에게 더하시리라 그러므로 내일 일을 위하여 염려하지 말라 내일 일은 내일 염려할 것이요 한 날의 괴로움은 그 날로 족하니라 _ 마 6:25-34

일하다가 막히면 작업복을 입고서 그 자리에 무릎을 꿇고 "창조의 하나님, 나를 인도하여 주시옵소서, 내 눈을 열어 주의 기이한 것을 보게 하시고, 지혜를 주셔서 이 문제를 해결할 수 있도록 복을 주시옵소서"라고 기도하시길 바랍니다. 주방에서, 사무실에서, 차 안에서, 언제나 창조주 하나님을 고백하며 자신을 찾는 자에게 호의를 베푸시는 하나님을 경험하시기 바랍니다.

기독교강요 제4장. 믿음: 사도신경 해설

제2부
나는 그의 유일하신 아들 우리 주 예수 그리스도를 믿습니다.

우리가 예수 그리스도가 우리 믿음의 고유 목적이요 대상이라고 말한 것은 우리 구원의 모든 부분이 그 안에서 계수되고 결론지어진다는 점에서 쉽게 드러난다. 주님은, 선지자가 말하듯이 그의 백성을 구원하기 위해 나오셨고, 백성을 구원하기 위해 그의 그리스도와 더불어 나오셨다(합 3:14). 왜냐하면 그는 그[그리스도] 의 손으로 그의 긍휼의 일, 곧 그의 백성의 구속을 완성하셨기 때문이다. 먼저 우리의 구속주는 예수라고 불리며, 그 칭호는 성부의 입에 의해서 주어졌다. 왜냐하면 성부가 그의 백성을 구하고 죄에서 구원하기 위해 그를 보내셨기 때문이다(마 1:21). 그러므로 우리는 다른 곳이 아닌 그에게서 구원을 발견할 것이다. 이 이름이 그에게 부여된 것은 우연이나 인간적 경솔함 때문이 아니며, 천사가 하나님의 명령으로 그를 이렇게 부른 것도 이유가 없지 않다. 이렇게 된 것은 우리가 구원을 다른 곳에서 찾으려는 모든 망상에서 벗어나 그만을 우리의 구주로 붙들도록 하기 위함이다. 이런 이유에서 성경은 하늘 아래서 사람들이 구원을 찾을 수 있는 다른 어떤 이름이 없다고 선포한다(행 4:12). 그러므로 이 이름은 모든 신자들이 오직 그에게서만 구원을 찾아내야 한다는 것을 의미하며, 또 그를 찾아내리라는 것을 확신시켜 준다.

유일하신 그리스도

다른 이로써는 구원을 받을 수 없나니 천하 사람 중에 구원을 받을 만한 다른 이름을 우리에게 주신 일이 없음이라 하였더라 _ 행 4:12

사도신경은 성부, 성자, 성령의 삼위일체로 구성되어 있습니다. 앞서 성부에 대해서 살펴보았습니다. 이제 성자 예수님을 살펴보려고 합니다. 지금 우리가 사도행전 4장 12절을 읽었다시피 우리의 신앙고백에서 매우 중요한 것이 구원자가 누구냐 하는 것입니다. 그것은 바로 예수 그리스도십니다. 사도신경에서도 성자에 대한 부분이 가장 많습니다. 이제 그 첫 번째 시간으로 유일하신 그리스도에 대해서 살펴보겠습니다.

우리가 예수 그리스도가 우리 믿음의 고유 목적이요 대상이라고 말한 것은 우리 구원의 모든 부분이 그 안에서 계수되고 결론지어진다는 점에서 쉽게 드러난다. 주님은, 선지자가 말하듯이 그의 백성을 구원하기 위해 나오셨고, 백성을 구원하기 위해 그의 그리스도와 더불어 나오셨다(합 3:14). 왜냐하면 그는 그[그리스도]의 손으로 그의 긍휼의 일, 곧 그의 백성의 구속을 완성하셨기 때문이다.

구원자 예수

예수 그리스도는 우리 믿음의 고유한 목적이요 대상입니다. 그래서 통상 믿음의 대상은 하나님이시라고 말하지만 우리는 흔히 복음전도에서 "예수님을 믿으세요!"라고 말합니다. 그러므로 사도행전 16장 31절에서도 "주 예수를 믿으라 그리하면 너와 네 집이 구원을 얻을 것이다"고 사도들이 증언하였습니다. 구원과 관련해서 삼위일체 하나님이 모두 역사하시지만, 우리의 구원을 말할 때 예수 그리스도가 우리의 구원자라 불리는 것입니다. 그래서 벨직 신앙고백서는 이렇게 말합니다.

벨직 신앙고백서 제9조

성부께서는 그의 능력으로 인해 우리의 창조주로 불리시고, 성자께서는 그의 피로 인해 우리의 구원자와 구속주로 불리시고, 성령께서는 우리 마음속에 거하심으로 인하여 우리의 성화주로 불리십니다.

> 성부 - 창조주
> 성자 - 구속주
> 성령 - 성화주

그러나 이런 분류는 한편으로는 조심해야 합니다. 앞에서도 배웠지만 창조주는 성부로 불리고, 창조의 영광도 성부에게로 돌려지지만, 그럼에도 불구하고 성자와 성령도 동일하게 창조의 사역에 참여하셨다는 것을 잊지 말아야 합니다. 우리의 구원을 위해 삼위일체 하나님이 어떤 일을 하셨는가에 관해서 에베소서 1장보다 더 분명하게 말하고 있는 곳은 없습니다.

> 성부 - 예정, 독생자를 내어 주심

> 곧 창세전에 그리스도 안에서 우리를 **택하사** 우리로 사랑 안에서 그 앞에 거룩하고 흠이 없게 하시려고 그 기쁘신 뜻대로 우리를 **예정하사** 예수 그리스도로 말미암아 자기의 아들들이 되게 하셨으니 _ 엡 1:4-5

성부는 택하셨습니다.

| 성자 - 십자가로 속량

우리는 그리스도 안에서 그의 은혜의 풍성함을 따라 그의 피로 말미암아 속량 곧 죄사함을 받았느니라 _ 엡 1:7

성자는 구원을 이루셨습니다.

| 성령 - 듣고, 믿고, 인치시고, 내주하심

그 안에서 너희도 진리의 말씀 곧 너희의 구원의 복음을 듣고 그 안에서 또한 믿어 약속의 성령으로 인치심을 받았으니 _ 엡 1:13

그리고 성령은 구원을 적용하셨습니다.

성자 예수님은 십자가에서 구원을 완성하셨습니다. 그의 십자가 대속은 완전한 속죄였고 구속의 완성이었습니다. 그러므로 성자는 십자가에서 "다 이루었다"라고 선언하셨습니다. 그런데 성자의 십자가의 구원 역사에 대해서 의구심을 가지는 두 집단이 있습니다.

| 구원의 완전성을 의심 - 세미펠라기안주의
| 구원의 유일성을 의심 - 칼 라너(종교다원주의)

십자가 구속의 완전성을 의심하는 자들은 구원을 위해 그리스도의 십자가 외에 인간의 공로나 행위를 말합니다. 이것이 펠라기안주의, 혹은 세미펠라기안주의입니다. 로마 가톨릭이 대표적으로 세미펠라기안주의입니다. 또한

구원의 유일성을 의심하는 것은 종교다원주의입니다. 역시 로마 가톨릭교회의 교리입니다. 계속 읽어 봅시다.

> 먼저 우리의 구속주는 예수라고 불리며, 그 칭호는 성부의 입에 의해서 주어졌다. 왜냐하면 성부가 그의 백성을 구하고 죄에서 구원하기 위해 그를 보내셨기 때문이다(마 1:21). 그러므로 우리는 다른 곳이 아닌 그에게서 구원을 발견할 것이다. 이 이름이 그에게 부여된 것은 우연이나 인간적 경솔함 때문이 아니며, 천사가 하나님의 명령으로 그를 이렇게 부른 것도 이유가 없지 않다. 이렇게 된 것은 우리가 구원을 다른 곳에서 찾으려는 모든 망상에서 벗어나 그만을 우리의 구주로 붙들도록 하기 위함이다.

그러므로 성자 예수님은 구속주로 불립니다. 성부의 이름이 여호와라면 성자의 이름은 예수입니다. 예수라는 이름은 성부께서 주셨습니다.

> 아들을 낳으리니 이름을 예수라 하라 이는 그가 자기 백성을 그들의 죄에서 구원할 자이심이라 하니라 _ 마 1:21

그러므로 그 이름을 믿는 자는 구원을 얻는다는 것은 그 이름의 뜻이 구원자이기 때문입니다. 그리고 그 이름은 놀라운 이름입니다. 우리는 그의 이름으로 기도하며, 그의 이름으로 귀신들이 떠나갑니다. 그의 이름은 가장 아름다운 찬송이며 소망입니다. 그리스도인들은 성자의 이름 '예수'를 늘 찬송해야 합니다. 이 이름은 능력의 이름이며, 구원의 이름이며, 소망의 이름이기 때문입니다. 계속 보겠습니다.

> 이런 이유에서 성경은 하늘 아래서 사람들이 구원을 찾을 수 있는 다른 어떤 이름이 없다고 선포한다(행 4:12). 그러므로 이 이름은 모든 신자들이 오직 그에게서만 구원을 찾아내야 한다는 것을 의미하며, 또 그를 찾아내리라는 것을 확신시켜 준다.

그러므로 성경은 하늘 아래 다른 구원자는 없다고 말합니다. 우리의 구원을 위한 몇 개의 방법, 몇 개의 이름이 있는 것이 아니라 예수만이 유일한 구원자입니다. 그러므로 앞서 우리가 읽었던 사도행전 4장 12절도 이 사실을 분명히 밝히고 있습니다.

> 다른 이로써는 구원을 받을 수 없나니 천하 사람 중에 구원을 받을 만한 다른 이름을 우리에게 주신 일이 없음이라 하였더라 _ 행 4:12

중보자 예수

지금까지 우리는 성자는 구원자이시며, 구속주라고 배웠습니다. 이 구속자라는 이름 외에도 우리가 기억해야 할 또 한 가지 이름이 바로 중보자입니다.

웨스트민스터 대요리문답

제41문: 왜 우리 중보자가 예수라고 불리는가?

답: 우리 중보자는 그가 그의 사람들을 그들의 죄로부터 구원하기 때문에, 예수라 불리었다.

로마 가톨릭교회는 사제들이 고해 성사를 대신하고, 성모 마리아와 성인들이 대신 기도합니다. 그러므로 유일한 중보자의 개념이 없습니다. 중보자가 많습니다. 그러나 개혁 교회는 하나님과 인간의 중보자는 예수 그리스도이며, 유일한 중보자라고 고백합니다.

> 예수께서 이르시되 내가 곧 길이요 진리요 생명이니 나로 말미암지 않고는 아버지께로 올 자가 없느니라 _ 요 14:6

그러므로 우리가 '중보'라는 단어의 의미를 안다면 '중보'라는 개념이나 용어를 아무 대상에나 사용하는 것은 매우 신성을 모독하는 일이라는 것을 알게 될 것입니다. 이 '중보'라는 단어는 오직 성자 예수님에게만 독점적으로 사용되어야 마땅합니다. 이 사실을 웨스트민스터 신앙고백서에서 더욱 자세히 볼 수 있습니다.

> **웨스트민스터 신앙고백서. 제8장 중보자 그리스도에 관하여**
>
> 하나님은 그의 영원한 경영에서 그의 독생자 주 예수를 하나님과 사람 사이에 ❶ 중보, ❷ 선지자, 제사장, 왕, 또 그의 ❸ 교회의 머리와 ❹ 구주, ❺ 만유의 후사, 세계의 ❻ 심판주로 택하시고 임명하시기를 기뻐하셨다.

이를 정리하자면 다음과 같습니다.

> 성자 예수님 - 중보자, 구속주, 심판주
>
> 중보
>
> 그리스도(선지자, 제사장, 왕)
>
> 교회의 머리
>
> 구주(구원자, 구속주)
>
> 만유의 후사(상속자)
>
> 심판주

성자 예수님은 중보자, 구원자이며 심판주라고 할 수 있습니다. 그러므로 우리는 우리를 위해 생명을 주신 그리스도에 관한 지식을 마땅히 가져야 합니다. 그리스도에 관한 지식 없이 그를 바르게 예배하고 찬송하며, 그분과 동행하고 교제한다는 것은 생각할 수 없는 일입니다. 그래서 사도 바울은 예수를 아는 지식을 가장 고상한 것이라고 말했습니다.

> 그러나 무엇이든지 내게 유익하던 것을 내가 그리스도를 위하여 다 해로 여길

뿐더러 또한 모든 것을 해로 여김은 내 주 그리스도 예수를 아는 지식이 가장 고상하기 때문이라 내가 그를 위하여 모든 것을 잃어버리고 배설물로 여김은 그리스도를 얻고 _ 빌 3:7-8

늘 저에게 영감을 주는 부분이 바울의 태도입니다. 바울이 세상적으로 자랑할 스펙이 많았지만 다 배설물과 해로 여기고 그리스도 예수를 아는 지식을 고상하게 여겼다고 했는데, 이게 결코 립 서비스가 아니었습니다. 바울의 신앙은 실존적입니다. 현재의 삶에 예수 그리스도를 구체적으로 적용하고 있습니다. 그래서 그는 빌립보서 3장에서 이렇게 고백합니다.

내가 그리스도와 그 부활의 권능과 그 고난에 참여함을 알고자 하여 그의 죽으심을 본받아 어떻게 해서든지 죽은 자 가운데서 부활에 이르려 하노니, 내가 이미 얻었다 함도 아니요 온전히 이루었다 함도 아니라 오직 내가 그리스도 예수께 잡힌 바 된 그것을 잡으려고 달려가노라, 형제들아 나는 아직 내가 잡은 줄로 여기지 아니하고 오직 한 일 즉 뒤에 있는 것은 잊어버리고 앞에 있는 것을 잡으려고 푯대를 향하여 그리스도 예수 안에서 하나님이 위에서 부르신 부름의 상을 위하여 달려가노라 _ 빌 3:10-14

그리스도가 여전히 여러분의 인생에 가장 중요하신 분이십니까? 그분이 지금 여러분의 인생에 영향력을 미치고 있습니까? 우리가 그분을 처음 만났을 때 그분은 제자들에게 하신 것처럼 "나를 따라오너라"라고 하셨습니다. 저와 여러분은 지금 그분을 따라가고 있습니까? 아니면 길을 잃었습니까? 여전히 주님과 함께 걷고, 주님이 걸어가셨던 좁은 길을 따라가고 있습니까? 상황을 핑계 삼지 마십시오. 첫사랑을 잃어버렸다면 다시 회복하시기를 바랍니다. 어려움을 겪으면서도 주님을 향한 관계는 오히려 더 깊어지는 역설이 있기를 바랍니다.

기독교강요 제4장. 사도신경 해설 – 2부

그리스도의 칭호

그리스도, 즉 기름 부음 받은 자라는 칭호가 덧붙여진다. 비록 이 칭호가 어떤 이유에서 다른 이들에게도 부여되긴 하지만—왜냐하면 주님이 그가 그의 영의 은사들을 베푸는 모든 자들에게 기름을 붓기 때문에—그럼에도 불구하고 그것은 어떤 특권처럼 그에게 속한다. 그런데 이 영적인 기름 부음을 받지 못한 신자는 아무도 없다는 것이 확실하므로, 이로부터 모든 신자들은 하나님의 기름 부음을 받았다는 결과가 뒤따른다. [1] 선지자 역시 기름 부음 받았고 [2] 왕과 [3] 제사장도 그러했다. 단순히 구약에 언급되는 외적이고 의식적인 것이 아니라 영적인 기름 부음이다. 사람들 사이에서 하나님의 사신이어야 하는 선지자는 성령의 특별한 은사를 부여받는 것이 적합하다. 살아 계신 하나님의 천사로 불리는(말 2:7) 제사장도 마찬가지다. 마지막으로 지상에서 하나님의 이미지를 지닌 왕도 그렇다.

따라서 선지자와 제사장과 왕에게 그들의 직무를 성별하기 위해 부어 주었던 물질적인 기름은 헛된 표징이 아니며 결코 중요하지 않은 것이 아니라 영적인 참된 기름 부음의 성례였다. 그럼에도 불구하고 그런 모든 기름 부음은 우리 구주의 기름 부음과 비교할 때 아무것도 아니다. 왜냐하면 다른 모든 사람들은 하나님이 즐겨 그들에게 분배하시는 분량에 따라 다양한 몫의 은사를 받기에, 은사들을 충만히 받은 유일한 그분을 제외하고는 아무도 모든 것을 함께 갖지 못하기 때문이다.

[1] 요한은 그리스도에 대해 예언된 것—하나님이 즐거움의 기름을 그에게 부어 그의 동료보다 뛰어나게 하셨다는 것(시 45:7)—을 보다 솔직히 설명하면서 성부가 그에게 그의 영을 정도껏 주신 것이 아님을 말한다(요 3:34). 그리고 그 이유를 덧붙인다. "이는 우리 모두가 그의 풍성함에서 퍼옴으로 은혜 위에 은혜를 받기 위함이다"(요 1:26). 이런 이유에서 다른 선지자는 주의 영이 그 위에 머무를 것이라고 예언했는바(사 61:1), 이는 단지 한 가지 은혜만을 주기 위함이 아니라 지혜, 총명, 힘, 모략, 지식, 경건으로 무장시키기 위함이다(사 11:2). 이 예언은 그리스도의

세례 시 성령이 나타나 그에게 내려와 그에게 머무를 때 가시적으로 확증되었다(마 3:13; 요 1:29). 그러므로 그리스도의 칭호가 매우 탁월하게 우리 구주에게 부여되는 것은 당연하다.

그런데 하나님의 영이 기름 부음으로 불리고, 그의 은사들이 기름으로 불리는 데는 타당한 이유가 있다. 그것은 우리가 그에게서 [기름] 부음 받지 않으면 실패하기 때문이다. 사실 우리 자신 안에는 불모와 메마름이 있을 뿐이며 모든 생명의 활기가 없다. 그러므로 예수 위에 충만히 넓게 뿌려진 하나님의 영은 그의 영혼을 그 자신의 보좌로 선택하여 유일한 샘처럼 그로부터 우리에게로 흘러내린다. 그러므로 모든 신자들이 성령의 기름으로 뿌림받는 것은 오직 예수의 참여로만 이뤄지며 각자는 그와 교통하는 만큼 받는 것이다. 우리 구주의 기름 부음과 우리의 기름 부음 사이에 있는 차이를 조금만 말하자. 우리 주님은 그에게 온전히, 한량없이, 영적 부요함의 온갖 보화를 베푸셨으며(골 2:3), 그가 그것들 중 어떤 몫을 우리 각자에게 나눠 주시는 것이다. 나아가 주님은 그의 영 전부를 그 안에 머물게 하셨는데, 이는 이것이 우리에게 원천이 되어 그로부터 성령이 나와 우리에게 분배되게 하고, 우리가 그의 풍성함에서 모든 것을 퍼내게 하며, 우리가 그와 교제함으로써 이 교통을 통해 성령의 은사에 참여하게 하기 위함이다.

[2] 한 걸음 더 나아가, 예수 그리스도는 이 기름 부음을 통해 성부로부터 왕으로 임명되었는바, 이는 시편 기자가 우리를 가르치듯이(시 2편), 천지의 모든 권세가 그에게 복종하게 하기 위함이다. 마찬가지로 그는 성부를 향한 중재자의 직무를 행하기 위해 제사장으로 성별되었다. 이것들은 우리의 믿음을 돕고 굳건히 하기 위해 대단히 중요하다. 왕국에 대해 말하면, 이것은 부패에 굴복할 육적이거나 지상의 왕국이 아니라 미래의 삶과 하늘나라에 속하는 영적인 왕국이다. 게다가 통치하는 방식은 그의 유익보다는 우리의 유익을 위하는 방식이다. 왜냐하면 그는 그의 권세로 우리를 무장시키고 강하게 하며, 그의 웅장함으로 우리를 장식하며, 그의 재물로 우리를 부요하게 하기 때문이다. 간단히 말해서 그의 왕국의 존엄으로 우리를 높이고 고양하기 때문이다. 그는 우리를 그와 결합시키는 교통의 방식으로 우리를 왕이 되게 하여, 우리를 그의 능력으로 무장시키고 마귀, 죄, 죽음과 전투하게 하며, 우리를 영생의 소망 가운데서 그의 의로 옷 입히고 장식하며, 우리를 그의 성결의 부요함으로 채워 하나님께 선행의 열매를 맺게 하신다.

[3] 그의 제사장 직무에 관해서 말하면, 우리는 이것으로 적지 않은 유익을 얻는다. 그것은 그리스도가 그의 중재로 말미암아 그의 죽음을 통해 이루신 영원한 화해 덕택으로 성부를 호의적으로 만들기 때문일 뿐만 아니라, 그가 우리를 이 제사장직의 무리와 참여에 받아들이기 때문이다. 그리하여 우리는 그를 우리의 중재자와 중보자로 받아들이고, 하늘 아버지께 기도와 감사, 우리에게서 나오는 모든 것과 우리 자신을 드릴 수 있게 된다. 따라서 우리 주님이 옛적에 그의 백성에게 약속하신 것—즉 그들이 왕과 제사장이 되리라는 것(출 19:6)—은 오늘날 우리 구주 안에서 우리에게 성취되는바, 그분만이 우리를 정의의 왕국으로, 하나님의 거룩한 장막으로 들어가게 하신다. 요컨대, 예수 그리스도의 이름으로 말미암아 구속과 구원의 신뢰가 우리에게 확증되며, 그리스도의 호칭으로 말미암아 우리가 성령의 교통하심과 거기서 유래하는 성화의 열매를 받는 데로 이끌린다. 왜냐하면 그가 자신의 입으로 선언하듯이, 우리를 위해 거룩하게 되셨기 때문이다.

다음으로 그[구속주]는 하나님의 아들이라 호칭된다. 다른 신자들처럼 입양과 은혜로써가 아니라 참되고 본질적이며, 이런 이유에서 모든 다른 이들과 구별되는 하나뿐인 아들이다. 성경에 따르면 하나님은 새 생명으로 거듭난 우리에게 하나님의 자녀로 불리는 영예를 베푸신다(요일 3:1). 다만 그는 참되고 하나뿐인 아들로 부르는 그를 특별히 유일하신 한 분 예수 그리스도에게로 돌린다. 엄청나게 많은 형제들이 은사로 얻는 것을 그는 본성적으로 소유하는바, 그것이 아니라면 어찌 그가 참되고 하나뿐인 존재가 되겠는가? 우리는 어떤 이들에게 동의하지 않도록 주의해야 한다. 이들은 예수 그리스도가 하나님의 외아들임을 인정하지만, 다그쳐 물으면, 그가 동정녀의 몸에 성령으로 잉태되었기 때문이 아닌 다른 이유로는 이 사실을 인정하지 않음을 알게 된다. 일찍이 마니교도들이 인간이 하나님의 실체에 속한다고 상상했듯이 말이다. 왜냐하면 하나님이 아담에게 생명의 영을 불어넣었다고(창 2:7) 기록되었기 때문이다. 반대로 성경은 하나님의 아들이 영원 전에 그에게서 태어난 그의 말씀이라고 우리에게 증언한다. 물론 이런 종류의 사람들이 "하나님이 그 자신의 아들을 아끼지 않았다"(롬 8:32)라는 증언과 천사가 "동정녀에게서 날 자가 하나님의 아들로 불리리라"(눅 1:32)라고 선포했다는 증언을 그들의 오류를 옹호하기 위해 인용하는 것은 사실이다. 하지만 그들은 그런 반론 가운데서 너무나 교만해지지 않도록, 이것이 무슨 의미인지 나와 더불어 살펴야 한다. 만일 예수 그리스도가 동정녀의 몸에 잉태된 때부터 하나님의 아들이기를 시작했다는 것—왜냐하면 그녀에게서 잉태된 후에 하나님의 아들이라고 호칭되기 때문에—이 바른 논증이라면, 그는 육신으로 나타난 후에 생명의 말씀이 되기 시작했다는 결과가 뒤따른다. 왜냐하면 요한은 예수 그리스도가 인간이 손으로 만지고 눈으로 본 하나님의 말씀을 전파한다고 말하기 때문이다(요일 1:1). 마찬가지로, 그들이 이런 식의 논증을 따르고자 한다면 선지서에 기록된 다음 말씀은 어떻게 설명할 것인가? "너, 유다 땅 베들레헴아, 너는 유다의 많은 무리 가운데 작지만, 그럼에도 불구하고 나는 너에게서 내 백성 이스라엘을 다스릴 대장을 태어나게 할 것이다. 그 근본은 영원한 날들의 시작부터 있다"(미 5:2). 그러나 바울의 단 한 구절만으로도 그들의 궤변을 해결할 수 있을 것이다. 그는 예수 그리스도가 하나님의 복음을 위해 택정함을 입었고, 하나님이 선지자들을 통해 약속한 그의 아들은 육신으로는 다윗의 씨를 따라 이뤄졌으며, 능력으로는 하나님의 아들로 선포되었다고 말한다(롬 1:1-4).

바울이 예수 그리스도를 명백히 육신을 따라 다윗의 아들이라고 말하고 나서, 다른 한편으로 하나님의 아들이라고 말하는 이유가, 이 선언이 육신의 고려 없이 이뤄진 것임을 강조하고자 함이 아니라면 무엇이겠는가? 확실히 이 말씀은 너무도 명백해서 이에 반박한다는 것은 무지가 아니라 고집일 것이다. 그렇다고 그가 취한 육신에 따라서도 하나님의 아들이라는 것을 부인해서는 안 된다. 오히려 우리가 우리 믿음을 세우기 위해 말하고자 한다면, 우리가 그를 하나님의 아들이라고 부를 때 그 자체로 영원한 하나님의 말씀으로 이해할 뿐만 아니라, 그가 입은 인성과 함께하는 말씀으로도 여겨야 한다. 이것은 곧 보다 명백하게 밝혀질 것이다.

마지막으로 주라는 칭호가 예수 그리스도에게 주어진다. 이는 그가 우리의 주, 왕, 입법자가 되도록 성부에 의해 명령되었기 때문이다. 또한 한편으로 성부는 그의 아들을 육신으로 현현시키면서 그를 통해서 다스리고 통치하기 원했음을 밝히신 것이다. 따라서 사도는 "우리에게는 유일하신 한 분 하나님이 계시니 만물이 거기서 났고 우리도 그 안에 있으며, 또한 유일하신 한 분 주 예수 그리스도가 계시니 그로 말미암아 만물과 우리가 있다"(고전 8:6)라고 말한다. 그런데 이를 통해 그가 의미하는 것은 예수 그리스도가 우리가 듣고 따라야 할 교리의 교사요 스승일 뿐만 아니라, 또한 우리의 우두머리요 군주시기에 우리가 그의 능력에 복종해야 하고 그의 뜻을 따르며 우리의 모든 행위를 그의 의지에 맞춰야 한다는 것이다. 왜냐하면 성부는 그에게 그의 집의 장자권을 주셔서 그의 형제들을 능력으로 다스리고 그의 기업의 재산을 그의 뜻에 따라 분배하게 하셨기 때문이다.

그리스도의 칭호

말할 때에 홀연히 빛난 구름이 그들을 덮으며 구름 속에서 소리가 나서 이르시되 이는 내 사랑하는 아들이요 내 기뻐하는 자니 너희는 그의 말을 들으라 하시는지라 _ 마 17:5

이제 사도신경 해설, 성자에 관한 두 번째 시간으로 그리스도의 칭호에 대해서 여러분과 함께 살펴보겠습니다.

그리스도의 삼중직

그리스도, 즉 기름 부음 받은 자라는 칭호가 덧붙여진다. 비록 이 칭호가 어떤 이유에서 다른 이들에게도 부여되긴 하지만—왜냐하면 주님이 그가 그의 영의 은사들을 베푸는 모든 자들에게 기름을 붓기 때문에—그럼에도 불구하고 그것은 어떤 특권처럼 그에게 속한다. 그런데 이 영적인 기름 부음을 받지 못한 신자는 아무도 없다는 것이 확실하므로, 이로부터 모든 신자들은 하나님의 기름 부음을 받았다는 결과가 뒤따른다. **[1] 선지자** 역시 기름 부음 받았고 **[2] 왕**과 **[3] 제사장**도 그러했다. 단순히 구약에 언급되는 외적이고 의식적인 것이 아니라 영적인 기름 부음이다. 사람들 사이에서 하나님의 사신이어야 하는 선지자는 성령의 특별한 은사를 부여받는 것이 적합하다. 살아 계신 하나님의 천사로 불리는(말 2:7) 제사장도 마찬가지다. 마지막으로 지상에서 하나님의 이미지를 지닌 왕도 그렇다.

예수님을 우리가 그리스도라고 고백하는데 이것은 그리스도의 삼중직을 설명해 줍니다. 예수님은 선지자시며, 왕이시며, 대제사장이시기 때문입니다. 모두가 기름 부음을 받는 직분입니다.

> 그리스도 – 기름 부음을 받은 자
> ❶ 선지자
> ❷ 왕
> ❸ 제사장

방금 우리가 읽었던 마태복음 17장의 변화산 사건에서도 그리스도의 삼중직을 발견하게 됩니다. '내 사랑하는 아들'은 왕을,' 내 기뻐하는 자'는 제사장을, '그의 말을 들으라'는 것은 선지자를 의미합니다(마 17:5).

"이는 **내 사랑하는 아들**이요 **내 기뻐하는 자**니 너희는 **그의 말을 들으라**"
　　　　왕　　　　　　　　제사장　　　　　　　　　선지자

그리스도의 기름 부음

여기서는 일반적인 기름 부음과 그리스도의 기름 부음을 비교하고 있습니다.

따라서 **선지자와 제사장과 왕**에게 그들의 직무를 성별하기 위해 부어 주었던 물질적인 기름은 헛된 표징이 아니며 결코 중요하지 않은 것이 아니라 영적인 참된 기름 부음의 성례였다. 그럼에도 불구하고 그런 모든 기름 부음은 우리 구주의 기름 부음과 비교할 때 아무것도 아니다. 왜냐하면 다른 모든 사람들은 하나님이 즐겨 그들에게 분배하시는 분량에 따라 다양한 몫의 은사를 받기에, 은사들을 충만히 받은 유일한 그분을 제외하고는 아무도 모든 것을 함께 갖지 못하기 때문이다.

요한복음 3장 34절을 통해 그리스도는 성령을 한량없이 받으셨는데 이것은 우리 모두가 그에게서 은혜를 퍼오기 때문이라고 설명합니다.

> 요한은 그리스도에 대해 예언된 것—하나님이 즐거움의 기름을 그에게 부어 그의 동료보다 뛰어나게 하셨다는 것(시 45:7)—을 보다 솔직히 설명하면서 성부가 그에게 그의 영을 정도껏 주신 것이 아님을 말한다(요 3:34). 그리고 그 이유를 덧붙인다. "이는 우리 모두가 **그의 풍성함에서 퍼옴으로** 은혜 위에 은혜를 받기 위함이다"(요 1:26). 이런 이유에서 다른 선지자는 주의 영이 그 위에 머무를 것이라고 예언했는바(사 61:1), 이는 단지 한 가지 은혜만을 주기 위함이 아니라 지혜, 총명, 힘, 모략, 지식, 경건으로 무장시키기 위함이다(사 11:2). 이 예언은 그리스도의 세례 시 성령이 나타나 그에게 내려와 그에게 머무를 때 가시적으로 확증되었다(마 3:13; 요 1:29). 그러므로 그리스도의 칭호가 매우 탁월하게 우리 구주에게 부여되는 것은 당연하다.

이어지는 부분은 그리스도가 풍성하게 기름 부음을 받으심으로 우리 모두가 그에게서 기름 부음을 받게 되었음을 설명하고 있습니다. 우리는 불모지와 같고 메말라 있습니다. 그러나 샘물 같은 그분에게서 우리에게로 하나님의 영이 흘러내립니다.

> 그런데 하나님의 영이 기름 부음으로 불리고, 그의 은사들이 기름으로 불리는 데는 타당한 이유가 있다. **그것은 우리가 그에게서 [기름]부음 받지 않으면 실패하기 때문이다.** 사실 우리 자신 안에는 불모와 메마름이 있을 뿐이며 모든 생명의 활기가 없다. 그러므로 예수 위에 충만히 넓게 뿌려진 하나님의 영은 그의 영혼을 그 자신의 보좌로 선택하여 유일한 샘처럼 그로부터 우리에게로 흘러내린다. 그러므로 **모든 신자들이 성령의 기름으로 뿌림 받는 것은 오직 예수의 참여로만 이뤄지며 각자는 그와 교통하는 만큼 받는 것이다.** 우리 구주의 기름 부음과 우리의 기름 부음 사이에 있는 차이를 조금만 말하자. 우리 주님은 그에게 온전히, 한량없이, 영적 부

요함의 온갖 보화를 베푸셨으며(골 2:3), 그가 그것들 중 어떤 몫을 우리 각자에게 나눠 주시는 것이다. 나아가 주님은 그의 영 전부를 그 안에 머물게 하셨는데, 이는 이것이 우리에게 원천이 되어 그로부터 성령이 나와 우리에게 분배되게 하고, 우리가 **그의 풍성함에서 모든 것을 퍼내게 하며**, 우리가 그와 교제함으로써 이 교통을 통해 성령의 은사에 참여하게 하기 위함이다.

그리스도의 직무

이어지는 설명은 그리스도의 삼중직 가운데 왕직에 관한 것을 설명하고 있습니다.

> [2] 한 걸음 더 나아가, **예수 그리스도는 이 기름 부음을 통해 성부로부터 왕으로 임명되었는바,** 이는 시편 기자가 우리를 가르치듯이(시 2편), 천지의 모든 권세가 그에게 복종하게 하기 위함이다. 마찬가지로 그는 성부를 향한 중재자의 직무를 행하기 위해 제사장으로 성별되었다. 이것들은 우리의 믿음을 돕고 굳건히 하기 위해 대단히 중요하다. 왕국에 대해 말하면, 이것은 부패에 굴복할 육적이거나 지상의 왕국이 아니라 미래의 삶과 하늘나라에 속하는 영적인 왕국이다. 게다가 통치하는 방식은 그의 유익보다는 우리의 유익을 위하는 방식이다. 왜냐하면 그는 그의 권세로 우리를 무장시키고 강하게 하며, 그의 웅장함으로 우리를 장식하며, 그의 재물로 우리를 부요하게 하기 때문이다. 간단히 말해서 그의 왕국의 존엄으로 우리를 높이고 고양하기 때문이다. **그는 우리를 그와 결합시키는 교통의 방식으로 우리를 왕이 되게 하여,** 우리를 그의 능력으로 무장시키고 마귀, 죄, 죽음과 전투하게 하며, 우리를 영생의 소망 가운데서 그의 의로 옷 입히고 장식하며, 우리를 그의 성결의 부요함으로 채워 하나님께 선행의 열매를 맺게 하신다.

우리는 그리스도를 통해 왕이 되며, 그의 왕국에 참여하고, 무장되며, 강하게 되고, 또한 싸우게 됩니다. 다음은 제사장의 직무에 관한 설명이 이어집니다.

[3] **그의 제사장 직무에 관해서 말하면,** 우리는 이것으로 적지 않은 유익을 얻는다. 그것은 그리스도가 그의 중재로 말미암아 그의 죽음을 통해 이루신 영원한 화해 덕택으로 성부를 호의적으로 만들기 때문일 뿐만 아니라, **그가 우리를 이 제사장직의 무리와 참여에 받아들이기 때문이다.** 그리하여 우리는 그를 우리의 중재자와 중보자로 받아들이고, 하늘 아버지께 기도와 감사, 우리에게서 나오는 모든 것과 우리 자신을 드릴 수 있게 된다. 따라서 우리 주님이 옛적에 그의 백성에게 약속하신 것—즉 그들이 왕과 제사장이 되리라는 것(출 19:6)—은 오늘날 우리 구주 안에서 우리에게 성취되는바, 그분만이 우리를 정의의 왕국으로, 하나님의 거룩한 장막으로 들어가게 하신다. 요컨대, 예수 그리스도의 이름으로 말미암아 구속과 구원의 신뢰가 우리에게 확증되며, 그리스도의 호칭으로 말미암아 우리가 성령의 교통하심과 거기서 유래하는 성화의 열매를 받는 데로 이끌린다. 왜냐하면 그가 자신의 입으로 선언하듯이, 우리를 위해 거룩하게 되셨기 때문이다.

그리스도는 죽음을 통해 우리의 중재자와 중보자가 되셔서 우리를 성부와 화해하게 하셨습니다. 우리는 예수 그리스도를 통하여 구원을 확증하며, 성령의 교통하심을 통해 성화의 열매를 맺게 됩니다.

다음으로 그[구속주]는 **하나님의 아들**이라 호칭된다. 다른 신자들처럼 입양과 은혜로써가 아니라 참되고 본질적이며, 이런 이유에서 모든 다른 이들과 구별되는 하나뿐인 아들이다. 성경에 따르면 하나님은 새 생명으로 거듭난 우리에게 하나님의 자녀로 불리는 영예를 베푸신다(요일 3:1). 다만 그는 참되고 하나뿐인 아들로 부르는 그를 특별히 유일하신 한 분 예수 그리스도에게로 돌린다. 엄청나게 많은 형제들이 은사로 얻는 것을 그는 본성적으로 소유하는바, 그것이 아니라면 어찌 그가 참되고 하나뿐인 존재가 되겠는가?

우리는 예수님을 하나님의 아들이라고 고백하는데, 우리의 구원의 근거가 되시는 그분이 하나님의 아들이라 불리우심으로, 그를 통하여 구원에 참여하는 우리 역시 하나님의 자녀라 불리는 영예를 누리게 됩니다. 이어서 주님이라는 칭호에 대한 설명이 이어집니다.

> 마지막으로 **주라는 칭호가 예수 그리스도에게 주어진다.** 이는 그가 우리의 주, 왕, 입법자가 되도록 성부에 의해 명령되었기 때문이다. 또한 한편으로 성부는 그의 아들을 육신으로 현현시키면서 그를 통해서 다스리고 통치하기 원했음을 밝히신 것이다. 따라서 사도는 "우리에게는 유일하신 한 분 하나님이 계시니 만물이 거기서 났고 우리도 그 안에 있으며, 또한 유일하신 한 분 주 예수 그리스도가 계시니 그로 말미암아 만물과 우리가 있다"(고전 8:6)라고 말한다. 그런데 이를 통해 그가 의미하는 것은 예수 그리스도가 우리가 듣고 따라야 할 교리의 교사요 스승일 뿐만 아니라, 또한 우리의 우두머리요 군주시기에 우리가 그의 능력에 복종해야 하고 그의 뜻을 따르며 우리의 모든 행위를 그의 의지에 맞춰야 한다는 것이다. 왜냐하면 성부는 그에게 그의 집의 장자권을 주셔서 그의 형제들을 능력으로 다스리고 그의 기업의 재산을 그의 뜻에 따라 분배하게 하셨기 때문이다.

그리스도에게 부여된 호칭은 하나하나가 매우 의미 있는 것입니다. 주님이라는 호칭은 그분이 우리의 주와 왕과 입법자가 되며 우리가 그분에게 속하고 그분의 명령을 따라야 할 관계에 있음을 보여 줍니다. 또한 그분은 우리의 교사요 스승이며, 우리의 머리이자 군주입니다. 이상의 모든 그리스도에 대한 호칭을 정리해 보면, 다음과 같습니다.

성자의 호칭
중보자, 구속주, 심판주
그리스도(선지자, 왕, 제사장)
하나님의 아들, 주(主)

그분은 중보자, 구속주, 심판주가 되시며, 하나님의 아들이자 우리의 주님이 되십니다. 베드로전서 2장 9절을 보겠습니다.

> 그러나 너희는 택하신 족속이요, 왕 같은 제사장들이요, 거룩한 나라요, 그의
> 소유된 백성이니 이는 너희를 어두운 데서 불러내어 그의 기이한 빛에 들어가
> 게 하신 이의 아름다운 덕을 선포하게 하려 하심이라 _ 벧전 2:9

우리는 그리스도로 말미암아, 그리스도에게 속함으로 영적인 지위를 얻게 되었습니다. 그분으로 인하여 택하신 족속과 왕 같은 제사장과 거룩한 나라와 그분의 소유된 백성이 된 것입니다. 얼마나 가슴 벅찬 사실입니까? 본질상 진노의 자녀였던 우리가 그분으로 인하여 하나님의 백성이 되었다는 것은 우리 생애에서 가장 놀라운 사건입니다. 이 놀라운 구원의 감격과 확신 가운데서 살아가는 우리 모두가 되시기를 바랍니다.

기독교강요 제4장. 믿음: 사도신경 해설

그는 성령으로 잉태되어 동정녀 마리아에게서 나시고

성육신의 신비가 무지한 자들의 정신을 커다란 빛으로 현혹시키듯이 또한 바르게 이해되지 못할 경우 그들을 놀라게 하고 고통당하게 하기 때문에, 우리는 더 멀리 나가기에 앞서 얼마간 이 점을 설명해야 한다. 첫째로, 우리의 중보자이신 이가 참하나님이요 사람이셔야 함이 매우 타당하다. 우리의 죄악이 하나님과 우리 사이에 장벽을 쌓아서 우리를 하늘나라에서 멀어지게 하고 하나님에게서 돌아서게 했기 때문에, 그에게까지 올라가지 않고서는 우리를 화해시킬 자가 아무도 없게 되었다. 그런데 어떤 피조물이 그에게 이를 수 있었겠는가? 아담의 자녀 가운데 하나였겠는가? 그들 모두는 그들의 첫 조상처럼 하나님의 면전에 나오기가 두려웠다(창 3:8). 천사들 중 누구였겠는가? 그들 모두 역시 그들의 하나님과 완벽하게 결합시켜 줄 우두머리가 필요했다(엡 1:22; 골 2:10). 그러니까 어쨌다는 것인가? 우리가 올라갈 수 없었던 그 하나님의 존엄이 우리에게 내려오지 않았기에 상황은 전적으로 절망적이었다는 말이다. 이런 이유에서 하나님의 아들이 우리에게 임마누엘—즉 우리와 함께 계시는 하나님(사 7:14)—이 되셨고, 이런 식으로 그는 그의 신성을 우리와 결합시키듯이 또한 우리의 인성을 그의 신성과 결합시켜야 했다. 그렇지 않고서는 우리 안에 거하시고 우리를 도우신다는 소망을 주실 정도의 그렇게 충분하고 확고한 언약은 결코 없었다. 바로 이런 차이가 우리의 보잘것없음과 하나님의 존엄 사이에 있었다.

그러므로 우리는 그가 아브라함과 다윗의 참된 자손—율법과 선지자들에 의해 약속된—으로 인정되기 위해 동정녀 마리아에게서 나셨다고 고백한다. 이로부터 믿음은 두 가지 유익을 얻는다. [1] 즉 믿음은 그[그리스도]가 우리 육체를 취하여 사람들의 구원을 완성할 준비를 갖추셨다는 사실로 말미암아 그를 하나님의 아들로 보는바, 이는 이[믿음]를 통해 그가 그 자신과 그의 모든 축복의 공동체로 우리를 부르셨기 때문이요, 또한 마귀와 죽음을 극복하시려고 우리의 인격을 입어 그 안에서 이기고 승리함으로써 이 이김과 승리가 우리의 것이 되게 하셨기 때문이다. [2] 다른 열매는 예수 그리스도의 계보가 다윗과 아브라함까지 열거된 사실로부터(마 1장), 우리가 우리의 구원자께서 오래전에 하나님에 의해 예언된 분(창 17:4; 22:17-18)이라는 매우 큰 확신을 갖게 된다는 것이다.

계속해서 그가 성령으로 잉태하셨다고 기록된다. 왜냐하면 타인을 깨끗하게 하기 위해 보냄을 받은 이가 불결하고 오염된 기원을 갖는다는 것은 결코 어울리지 않았기 때문이다. 따라서 하나님의 본질이 그의 거처로 택한 인간의 몸이 사람들의 보편적인 타락으로 더럽혀졌다는 것은 이치에 맞지 않는다. 그러므로 성령이 이곳에서 활동하여, 우리가 이해할 수 없는 그의 놀라운 능력으로 통상적인 자연법을 극복한 것이다. 그는 예수 그리스도가 어떤 흠이나 육체적 오염으로 얼룩지지 않게 하여 완전한 거룩함과 순결함으로 태어나게 했다. 그러므로 이를 통해 믿음이 배우는 것은 예수 그리스도 안에 있는 모든 거룩함을 확실하게 추구하고 그것을 오직 그분 안에서만 추구하는 일이다. 왜냐하면 그분만이 수태 당시 인간의 타락에서 면제되었기 때문이다.

그리스도의 나심

> 그러므로 주께서 친히 징조를 너희에게 주실 것이라 보라 처녀가 잉태하여 아들을
> 낳을 것이요 그의 이름을 임마누엘이라 하리라 _ 사 7:14

이제는 그리스도의 나심에 대해서 살펴보겠습니다. 지금 우리가 읽은 이
사야 7장 14절을 보면 그리스도의 나심을 예언하고 있습니다. 그리스도의 탄
생과 관련하여 가장 유명한 구절이라고 할 수 있습니다.

성육신의 신비

성육신의 신비가 무지한 자들의 정신을 커다란 빛으로 현혹시키듯이 또한 바르게
이해되지 못할 경우 그들을 놀라게 하고 고통당하게 하기 때문에, 우리는 더 멀리
나가기에 앞서 얼마간 이 점을 설명해야 한다.

예수 그리스도가 태어난 사건은 그냥 크리스마스의 감상적인 이야기가 아
닌 구원의 대서사시와 같은 것입니다. 하나님이 이 땅에 오신 사건입니다. 하
나님이 인간으로 태어나신 사건입니다. 그래서 성육신이라고 부릅니다. 또한
하나님이 인간이 되신 것, 그것도 인간의 보통 생육법이 아닌 성령으로 잉태
되어 동정녀인 마리아에게서 태어난 사건은 인간의 이성으로 이해될 수 있는

일이 아니므로 신비라고 부르고 있습니다. 이것을 억지로 이해하거나 이성으로 돌파하려고 하면 혼란만이 있기 때문에 칼뱅은 이 부분을 설명하고자 한다고 합니다.

> 첫째로, 우리의 중보자이신 이가 참**하나님**이요 **사람**이셔야 함이 매우 타당하다.
>   신성   인성

우리가 앞에서도 배웠듯이, 예수 그리스도가 구원자가 되기 위해서는 그분은 참하나님이시요, 참사람이어야 했습니다. 우리가 잘 아는 요한복음 3장 16절을 봅시다.

> **하나님**이 세상을 이처럼 사랑하사 **독생자를 주셨으니**
>   성부   성자   성육신
> **이는 저는 믿는 자마다 멸망치 않고 영생을 얻게 하려 하심이라**
>   영생

하나님은 왜 우리를 구원하기 위해 하나님이신 독생자 예수님을 인간으로 태어나게 하셨을까요? 그 이유를 이렇게 설명하고 있습니다.

> 우리의 죄악이 하나님과 우리 사이에 장벽을 쌓아서 우리를 하늘나라에서 멀어지게 하고 하나님에게서 돌아서게 했기 때문에, 그에게까지 올라가지 않고서는 **우리를 화해시킬 자가 아무도 없게 되었다.**

죄로 인해 하나님과 벽이 생기고 원수가 된 인간을 하나님과 화해시킬 사람이 누가 있겠습니까? 최초의 인간 아담이 하나님과의 언약을 파기하고 하나님과 같이 되려는 마음에서 언약을 파기하므로 하나님의 존엄과 명예가 손상되고, 인간은 언약대로 죽음에 이르게 되었는데 이것을 다시 회복시키고

인간의 모든 죄를 대속하고, 마침내 하나님과 인간을 화해시킬 자는 아무도 없는 것입니다. 계속 읽어 봅시다.

> 그런데 **어떤 피조물이 그에게 이를 수 있었겠는가?** 아담의 자녀 가운데 하나였겠는가? 그들 모두는 그들의 첫 조상처럼 하나님의 면전에 나오기가 두려웠다(창 3:8). **천사들 중 누구였겠는가?** 그들 모두 역시 그들의 하나님과 완벽하게 결합시켜줄 우두머리가 필요했다(엡 1:22; 골 2:10). 그러니까 어쨌다는 것인가? 우리가 올라갈 수 없었던 그 하나님의 존엄이 우리에게 내려오지 않았기에 상황은 전적으로 절망적이었다는 말이다.

결국은 어느 누구도 그렇게 할 수 없다는 것입니다. 성경의 말씀대로 예수님이 아니고서는 아버지께로 갈 자가 없는 것입니다.

> 1. 어떤 피조물이 그에게 이를 수 있겠는가?
> 2. 아담의 자녀 가운데 하나였겠는가?
> 3. 천사들 중 누구였겠는가?

성경은 이 부분에서 너무도 단호하게 어떤 구원자도 없다고 말합니다. 의인은 없나니 하나도 없다고 말하고, 천하 만민 가운데 구원 얻을 만한 이름을 주신 일이 없다고 말합니다.

> 이런 이유에서 하나님의 아들이 우리에게 임마누엘—즉 우리와 함께 계시는 하나님(사 7:14)—이 되셨고, 이런 식으로 그는 그의 신성을 우리와 결합시키듯이 또한 우리의 인성을 그의 신성과 결합시켜야 했다. 그렇지 않고서는 우리 안에 거하시고 우리를 도우신다는 소망을 주실 정도의 그렇게 충분하고 확고한 언약은 결코 없었다. 바로 이런 차이가 우리의 보잘것없음과 하나님의 존엄 사이에 있었다.

그래서 우리가 읽었던 이사야 7장 14절은 이렇게 말합니다.

"보라 처녀가 잉태하여 아들을 낳을 것이요 그의 이름을 **임마누엘**이라 하리라"

'임마누엘'이라는 말의 뜻은 '하나님이 우리와 함께하신다'입니다. 그러므로 예수님의 이름은 구약 이사야에서는 '임마누엘'로, 신약의 수태고지를 통해서는 '예수'가 됩니다. 임마누엘이라는 이름은 곧 우리에게 오시는 그분은 하나님이시라는 것입니다. 이제 다음 주일에는 그리스도의 신성과 인성에 대해서 좀 어려운 내용을 살펴보게 될 것입니다.

> 그러므로 우리는 그가 아브라함과 다윗의 참된 자손—**율법과 선지자들에 의해 약속된**—으로 인정되기 위해 동정녀 마리아에게서 나셨다고 고백한다.

구약 성경의 성취

그런데 그분의 성육신이 구약 성경에 예언된 대로 성취된 것임을 말하고 있습니다. 구약 성경은 예수님께서 다윗의 자손으로 태어날 것과, 처녀의 몸에서 태어날 것과, 유대 땅 베들레헴에서 태어날 것을 예언하고 있습니다. 그리고 이 사실은 두 가지의 영적 유익을 줍니다.

> 이로부터 믿음은 두 가지 유익을 얻는다.
> [1] 즉 믿음은 그[그리스도]가 **우리 육체를 취하여** 사람들의 구원을 완성할 준비를 갖추셨다는 사실로 말미암아 그를 하나님의 아들로 보는바, 이는 이[믿음]를 통해 그가 그 자신과 그의 모든 축복의 공동체로 우리를 부르셨기 때문이요, 또한 마귀와 죽음을 극복하시려고 **우리의 인격을 입어** 그 안에서 이기고 승리함으로써 이 이김과 승리가 우리의 것이 되게 하셨기 때문이다.

하나님이 우리를 구원하기 위해 사람으로 이 땅에 오셨다는 것, 이 성육신자체가 바로 복음입니다. 우리가 잘 아는 빌립보서 2장을 읽어 봅시다.

> 그는 근본 하나님의 본체시나 하나님과 동등됨을 취할 것으로 여기지 아니하
> 시고 오히려 자기를 비워 종의 형체를 가지사 **사람들과 같이 되셨고, 사람의**
> **모양으로 나타나사** 자기를 낮추시고 죽기까지 복종하셨으니 곧 십자가에 죽
> 으심이라 _ 빌 2:6-8

그리스도는 우리를 구원하시기 위해 낮아지셨습니다. 그리스도는 비하의
신분을 취하셨습니다. 하나님이 사람이 되셨고, 사람의 모양으로 나타나셨습
니다. 그러므로 기독교의 정신이 여기에서 나오는 것입니다. 모든 그리스도
인들은 예수님의 낮아지심과 같이 낮아져야 합니다. 그래서 예수님의 나라는
겸손의 나라입니다. 낮아지는 자가 높아지고, 높아진 자는 낮아지는 나라입
니다.

> [2] 다른 열매는 예수 그리스도의 계보가 다윗과 아브라함까지 열거된 사실로부
> 터(마 1장), 우리가 우리의 구원자께서 오래전에 하나님에 의해 예언된 분(창 17:4;
> 22:17-18)이라는 매우 큰 확신을 갖게 된다는 것이다.

또 하나의 유익은, 그리스도는 성경에 미리 예언된 대로 오셨다는 것입니
다. 또한 그분의 생애도 모두 성경의 예언이 성취되는 것을 보여 주고 있습니
다. 이제 마지막 문장입니다.

> 계속해서 그가 **성령으로 잉태하셨다**고 기록된다. 왜냐하면 타인을 깨끗하게 하기
> 위해 보냄을 받은 이가 불결하고 오염된 기원을 갖는다는 것은 결코 어울리지 않
> 았기 때문이다. 따라서 하나님의 본질이 그의 거처로 택한 인간의 몸이 사람들의
> 보편적인 타락으로 더럽혀졌다는 것은 이치에 맞지 않는다. 그러므로 성령이 이곳
> 에서 활동하여, 우리가 이해할 수 없는 그의 놀라운 능력으로 통상적인 자연법을

극복한 것이다. 그는 예수 그리스도가 어떤 흠이나 육체적 오염으로 얼룩지지 않게 하여 완전한 거룩함과 순결함으로 태어나게 했다. 그러므로 이를 통해 믿음이 배우는 것은 예수 그리스도 안에 있는 모든 거룩함을 확실하게 추구하고 그것을 오직 그분 안에서만 추구하는 일이다. 왜냐하면 그분만이 수태 당시 인간의 타락에서 면제되었기 때문이다.

예수님께서 성령으로 잉태되시고 동정녀의 몸에서 나신 것은 그가 원죄나 타락이나 오염으로부터 거룩함을 잃지 않았다는 것을 보여 줍니다. 그분은 우리의 구원자가 되셔야 했기에 보통 생육법이 아닌 성령으로 잉태되신 것입니다. 우리가 이런 내용을 알고 성경을 읽으면 우리의 완전한 구원자인 예수님에 대해 찬양할 수밖에 없고, 우리의 구원에 대해서도 확신과 감사를 가지게 되는 것입니다.

그리스도의 수태는 이와 같이 성령께서 동정녀 마리아의 태에서 일으킨 초자연적인 기적이었습니다. 그리스도의 수태는 물질에 의해서가 아닌 성령의 능력으로, 생식이 아닌 명령과 축복으로 일어났습니다. 그러므로 우리의 구원자이며 중보자이신 그리스도는 죄 없으신 완전한 구원자로 오시기 위해 남성의 동역 없이 오로지 동정녀로부터 성령에 의해 수태되고 출생하셨습니다. 그러므로 통상적인 출생의 보통 생육법이 아닌 출생을 통해 구원자로 이 땅에 오셨습니다. 폴라누스는 그리스도가 남성의 개입 없이 오로지 동정녀로부터 태어난 인간이 되어야만 했던 이유를 이렇게 정리하였습니다.

1. 그는 완전히 무죄해야 했기 때문이다. 요한복음 3장 6절대로, 육으로 난 것은 육이기 때문에 원죄 없이 태어나셔야 했다.

2. 하늘에 친아버지가 있는데 지상에 또 친아버지가 있어서는 안 되었기 때문이다. 멜기세덱이 아버지가 없는 것처럼 그리스도도 아버지가 없는 신비스러운 출생을 하셨다.

3. 그리스도는 두 인격이 아니라 한 인격이어야 했다. 만일 그가 두 아버지로부터

태어났다면, 두 인격을 가지게 되었을 것이다.

그리스도의 나심, 성육신은 신비이며, 은혜이며, 복음의 핵심 가운데 하나
입니다. 또한 사랑이며, 겸손이며, 순종이었습니다. 우리는 그리스도의 생애
를 통해서 배우고 그 원리를 삶에 적용해야 할 것입니다. 내게 배우라고 하셨
던 주님의 말씀을 기억하며 늘 그리스도를 묵상하고 그분의 뒤를 따르며 그
분을 닮아 가는 저와 여러분 되시기 바랍니다.

기독교강요 제4장. 믿음: 사도신경 해설

그리스도의 인성과 신성

그러므로 바울은 예수 그리스도를 중보자로 제시하면서 사람이라고 부른다(딤전 2:5). 또한 그는 그를 하나님이라 부를 수 있었다. 아니 적어도 사람이라는 이름을 언급하지 않은 채 제쳐 둘 수 있었다. 앞 구절에서 하나님의 이름을 생략하듯이 말이다. 하지만 그는 우리의 연약함을 알고 있었다. 따라서 그는 누구도 이 중보자를 어디서 찾아야 할지, 어떤 길을 통해 그에게로 가야 할지를 의심함으로써 고통당하지 않도록, 계속해서 그가 사람이라고 덧붙인다. 이는 그가 마치, 그[그리스도]는 우리[사람]에게 가담하심으로써 우리 육신이 되신 까닭에 가까운 이웃이시라고 말한 셈이다. 이것은 다른 곳에서 보다 상세하게 밝혀지는바, 즉 "우리에게 있는 제사장은 우리의 연약함을 동정하지 않는 분이 아니며, 무엇에서나 언제나 우리와 마찬가지로 시험을 받으시되 죄는 없으시다"(히 4:15).

우리가 말한 것은 보다 분명해질 것이다. 중보자의 직무가 얼마나 평범한 일이 아닌지를 생각한다면 말이다. 이것은 사람의 자녀인 우리를 하나님의 자녀로 만들고, 지옥의 상속인인 우리를 하늘나라의 상속인으로 만들 만큼 하나님의 은혜로 우리를 회복시키는 직무이다. 하나님의 아들이 사람의 아들이 되지 않고서는, 그리고 우리의 상태를 취해 우리를 그의 상태로 전이시키지 않고서는, 다시 말해 그가 본질상 그에 속한 것을 은혜로 우리의 것이 되게 해주지 않고서는, 누가 이 일을 할 수 있었겠는가? 그러므로 우리에게는 우리가 하나님의 자녀라는 확신이 있다. 이는 우리가 하나님의 본질적인 아들이 우리 몸의 몸과 우리 육체의 육체와 우리 뼈의 뼈를 취하여 우리와 연합되었다는 담보를 갖고 있기 때문이다. 또한 그가 그 자신 안에 우리 고유의 것을 받아들임으로써 그 자신의 것이 우리에게 속하고 그리하여 그가 우리에게 공히 하나님의 아들과 사람의 아들이 되셨기 때문이다. 이런 이유에서 우리는 하늘 상속이 우리의 것임을 소망하는바, 이는 이 상속의 전적 책임자인 하나님의 외아들이 우리를 그의 형제들로 입양하셨기 때문이다(롬 8:17). 우리가 그의 형제일진대, 우리는 그의 공동 상속인이다.

우리의 구속주가 되어야 할 이가 참하나님이요 사람이어야 할 다른 이유가 있다. 사망을 삼키는 일이 그가 해야 할 일이었다. 생명이 아니고는 누가 그 일을 할 수 있었겠는가? 죄를 이기는 일이 그가 해야 할 일이었다. 의가 아니고는 누가 그 일을 할 수 있었겠는가? 공중 권세, 즉 마귀를 굴복시키는 일이 그의 직무였다. 공중과 세상의 최고의 능력이 아니고서는 누가 그 일을 할 수 있었겠는가? 그런데 유일하신 한 분 하나님 외에 누구에게 생명과 의와 하늘 권세가 머물겠는가? 따라서 주님은 우리를 다시 사시고자 하셨을 때, 그 큰 관용으로 스스로 우리의 구속주가 되신 것이다.

우리 구속의 또 다른 부분은 불복종으로 멸망하고 파멸된 인간이 복종으로 그 변화된 상태를 지워야 한다는 것이다. 하나님의 심판을 만족시키고 죄에 해당되는 형벌을 감당함으로써 말이다(롬 5:8). 그러므로 우리 주 예수께서 오셔서 아담의 모습을 입고 그의 이름을 취하여 친히 성부에게 복종하시며, 우리의 인성을 하나님의 심판에 대속물로 제시하시며, 그가 받은 동일한 육체로 죄의 형벌을 담당하셨다. 결국 하나님만으로는 죽음을 느낄 수 없고 인간만으로는 죽음을 이길 수 없기 때문에, 그는 신성과 인성을 동반하여 인성의 연약함에 굴복하여 죽음의 형벌을 당하고, 신성의 능력으로 죽음과 싸워 승리를 얻은 것이다. 그러므로 그리스도에게서 그의 신성이나 인성을 빼앗는 자들은 그의 위대함을 모독하거나 그의 선함을 흐리게 할 뿐만 아니라, 다른 한편으로는 이 기초에 근거하지 않고는 확고히 존립할 수 없는 믿음을 가진 자들에게 큰 해를 끼치는바, 저들은 이렇게 함으로써 이 사람들의 믿음을 뒤집어엎는다.

예수 그리스도의 신성을 증명하는 일에 더 이상 머무르는 것은, 내 생각에 불필요한 일이다. 그의 인성의 진리는 이것을 뒤엎으려고 시도한 마니교도들과 마르키온주의자들에 의해 공격당했다. 전자는 그[그리스도]가 하늘에서 영적인 몸을 가져왔다고 상상했다. 후자는 그에게는 실제적인 몸이 없고 다만 환상과 몸의 모습만이 있었을 뿐이라고 생각했다. 그런데 성경에는 이 두 오류에 확고히 대적하는 많은 증거가 있다. 옛적에 축복이 약속되었을 때 하늘의 씨나 인간의 마스크로 된 것이 아니라 아브라함과 야곱의 씨로 되었다(창 17:2). 영원한 보좌가 약속된 것도 공중에서 만들어진 사람에게가 아니라 다윗의 자손과 그 태의 열매에게 된 것이다(시 132:11). 이런 이유에서 예수 그리스도는 육신으로 나타나신 후 아브라함과 다윗의 자손이라 호칭된다(마 1:1). 이는 먼저 공중에서 만들어진 후 동정녀에게서 태어났기 때문이 아니라, 바울이 설명하는 대로(롬 1:3) 육체를 따라 다윗의 씨에서 만들어졌기 때문이다. 바울은 다른 곳에서 그가 유대인에게서 나셨다고 증언한다(롬 9:5). 따라서 예수 그리스도 자신은 사람이라고 불리는 것으로 만족하지 않고, 스스로 인자라 칭함으로써 자신이 사람의 씨에서 태어난 사람임을 알리고자 한다. 성령이 여러 사람의 입을 통해 무수히 그토록 부지런히 그리고 그토록 단순하게 이 사실—그 자체로 그렇게 어렵지 않은—을 표현했을진대, 이 문제에 대해 핑계 대며 우물쭈물할 정도로 그렇게 뻔뻔한 사람들이 있을 수 있으리라고 누가 예상이나 했겠는가?

아무튼 우리에게는 이런 중상을 이겨 낼 다른 증거들이 있다. 바울이 "하나님이 그의 아들을 보내시어 여인에게서 만들어지게 하셨다"(갈 4:4)라고 말하듯이 말이다. 또한 그가 추위와 더위[목마름]와 배고픔과 기타 우리 본성의 약함에 굴복했던 것이 명백한 무수한 구절들이 있다. 하지만 진정한 신뢰로 우리 마음을 세워 줄 수 있는 다음과 같은 구절들을 택해야 한다. 즉 "그는, 우리의 육과 혈로 사망의 지배권을 가진 자를 사망으로 멸하기 위해서, 천사들의 영예와 그들의 본성을 취하지 않고 오히려 우리의 본성을 취하셨다"(히 2:14, 16). 또한 그는 이런 소통을 통해서 우리를 그의 형제로 여기신다(히 2:11). 또한 "그는 신실하고 긍휼 베풀기를 잘하는 중재자가 되기 위해 그의 형제들과 동일하게 되어야 했다"(히 2:17). 또한 "우리에게 있는 제사장은 마찬가지 시험을 받으셨기 때문에 우리의 연약함을 동정하지 못하실 분이 아니다"(히 4:15) 등.

이단들은 그들의 오류를 견고히 하기 위해 택하는 구절들을 너무도 부적합하게 그들의 망상으로 끌어들인다. 마르키온과 그 일당은 그리스도가 몸 대신 유령을 취했다고 말했다. 왜냐하면 어떤 곳에는 그가 사람의 형상으로 만들어지고 사람의 모습으로 나타났다고 기록되기 때문이다(빌 2:7). 그러나 이것은 바울이 말하고자 하는 것이 무엇인지를 고려하지 못한 데서 오는 실수다. 그는 예수 그리스도가 어떤 몸을 취하셨는지를 설명하려는 것이 아니라, 다만 예수 그리스도가 하나님의 존엄의 영광을 자신에게 돌릴 수도 있음에도 불구하고, 외적 모양에서 스스로를 낮추심으로써 사람과 같이 되셨음을 입증한다. 마니교도들은 예수 그리스도가 하늘에서 오는 하늘의 두 번째 아담이라 불리기 때문에 허공에 하나의 몸을 만들어 냈다(고전 15:47). 그러나 사도가 이 구절에서 말하는 것은 천상의 본질이 아니라 우리를 살리기 위해 그에게 주어진 영적인 능력이다. 그러니까 오히려 정반대로, 예수 그리스도의 참된 인성에 대해 신자들이 갖고 있는 견해는 이 구절에서 매우 잘 확증되고 있다. 만일 그가 우리와 동일한 본성을 갖고 있지 않다면 바울이 그토록 강하게 추구하는 논증은 하찮게 될 것이다. 즉 예수 그리스도가 부활하셨기 때문에 우리도 부활하며, 만일 우리가 부활하지 않는다면 그리스도가 부활하지 않았다는 결과가 뒤따른다는 것이다(고전 15:16).

말씀이 육신이 되었다고 기록된 것을 마치 말씀이 육신으로 변했다거나 혼합하여 뒤섞였다는 식으로 이해해서는 안 되며, 말씀이 인간의 몸인 동정녀의 태를 그가 거하는 성전으로 여긴 것이라고 이해해야 한다. 하나님의 아들이었던 분이 인간의 아들이 되었는바, 이것은 실체의 혼합에 의해서가 아니라 위격의 일치에 의해서다. 다시 말해 그는 그의 신성과 인성을 결합하고 연합하되, 각 본성이 자신의 속성을 간직하면서도 예수 그리스도가 구별된 두 인격이 아니라 단 하나의 인격이 되게 하셨다. 이 신비에 유사한 무엇을 찾아내고자 한다면, 사람의 비유가 적합한 듯 보인다. 우리는 사람이 두 개의 본성으로 구성되어 있는 것을 보는바, 그럼에도 불구하고 하나는 자신의 속성을 붙들지 못할 만큼 다른 하나와 그렇게 섞여 있지 않다. 왜냐하면 영혼은 육체가 아니요, 육체는 영혼이 아니기 때문이다. 따라서 특별히 육체와 어울릴 수 없는 것을 영혼이라 말하고, 마찬가지로 영혼과 어울릴 수 없는 것을 육체라 말한다. 그리고 영혼과 육체에 각기 별도로 속하지 않는 것을 사람이라고 말한다. 끝으로 특별히 영혼에 속하는 것들이 육체로, 육체에 속한 것들이 영혼으로 상호 이전된다. 동시에 이 두 실체(substance)로 구성된 인격은 유일한 하나의 사람이며, 여럿이 아니다. 이런 화법은 두 배우자(conjoinctes)로 구성된 사람 안에 하나의 성품이 있으나 그럼에도 불구하고 이 둘 사이에 다른 점이 있다는 것을 의미한다.

성경은 이런 방식으로 예수 그리스도에 대해 말한다. 성경은 때로 오직 인성과 관련될 수 있는 것을 그에게 돌리고, 때로는 특별히 신성에 속하는 것을 그에게 돌리며, 때로는 어느 단 하나가 아닌, 결합된 양성 모두에게 적합한 것을 그에게 돌린다. 심지어 예수 그리스도 안에 있는 양성의 연합을 너무도 신속하게 표현한 나머지 한쪽에 속한 것을 다른 한쪽에 전달한다. 이 화법을 고대 박사들은 "속성의 교통"이라 불렸다.

내가 성경의 훌륭한 증거들로 이 모든 것들을 증명한다면 내 것이랄 게 아무것도 없을 것이다. 예수 그리스도가 그 자신에 대해, 그가 아브라함이 만들어지기 전에 있었다고 말씀한(요 8:58) 것은 인성으로 이해될 수 없다. 왜냐하면 그는 아브라함이 죽은 후 많은 세기가 지나고 나서야 사람이 되셨기 때문이다. 그가 모든 피조물 중 첫째로 태어나신 이라 불리는 것과 그가 만물보다 먼저 계셨고 그로 말미암아 만물이 존재한다는 것(골 1:15, 17)은 인간에게 적합하지 않다. 그가 아버지의 종이라 불린다는 것(사 42:1), 그의 나이와 지혜가 하나님과 사람들 앞에서 자랐고(눅 2:52), 자신이 아버지보다 못함을 인정하며(요 14:50), 자신의 영광을 구하지 않으며 (요 8:50), 마지막 날이 언제인지 모르며(막 13:32), 스스로 말하지도 않고 자신의 뜻을 구하지도 않으며(요 14:10), 보일 수도 만져질 수도 있다고(눅 24:39) 기록되는 모든 것은 그의 인성에 부합한다. 그가 하나님이신 한 성부와 동등하며(빌 2:6), 결코 성장할 수 없으며, 모든 것을 스스로 행하며, 아무것도 감춰지지 않으며, 모든 것을 자신의 뜻대로 하며, 보이지 않으며, 만져질 수 없다.

바울이 기록하는 "하나님이 그의 피로 그의 교회를 얻었다"(행 20:28)라는 말과 "영광의 주님이 십자가에 못 박히셨다"(고전 2:8)라는 말에는 속성의 교통이 있다. 분명 하나님은 피가 없고 고통을 당하지 않으신다. 하지만 참하나님이요 참인간이셨던 그리스도는 십자가에 달려 우리를 위해 그의 피를 흘리셨다. 이것은 그의 인성으로 이뤄진 것이며, 부적절하나 합리적인 표현으로 말해서 그의 신성으로 전이되었다. 이것은 요한이 하나님께서 우리를 위해 그의 영혼을 내어 주셨다(요일 3:16)라고 말하는 것과 동일한 사례다. 왜냐하면 여기서 그는 특별히 신성에 속하는 것을 인성에 전달하고 있기 때문이다. 한편 그리스도가 "하늘에 있었던 인자 외에는 아무도 하늘에 올라가지 못했다"(요 3:13)라고 말씀했을 때, 당시 그는 육신에 따라 하늘에 있지 않았다. 하지만 그는 하나님과 사람이었기 때문에, 두 본성의 연합으로 인하여 하나에게 어울리는 것을 다른 하나로 돌리신 것이다.

우리가 양성을 함께 포함하고 있는 구절들에 의해서보다 그리스도의 참된 실체를 더 잘 이해할 수는 없다. 이에 대한 많은 구절들이 요한복음에 있다. 거기에 기록된 것들은 그의 인성이나 신성에 별도로 속하는 것이 아니라 하나님이자 사람으로서의 한 인격에 속한다. 즉 죄를 용서하고 원하는 자를 되살리며 의와 거룩함과 구원을 베푸는 권세가 성부에게서부터 그에게 주어졌다는 것, 그가 산 자와 죽은 자의 재판관으로 임명되어 성부처럼 영광을 받는다는 것, 그가 세상의 빛이요 선한 목자며 유일한 문이며 포도나무라는 것이다. 그는 육신으로 나타나면서, 그가 창세전에 친히 소유했던 이 특권을 부여받았다. 그런데 확실한 것은 이 특권이 인성뿐인 인간에게는 어울리지 않는다는 것이다. 바울에게 있는 다음 구절도 이런 의미로 해석해야 한다. 즉 그가 심판을 행한 후 나라를 그의 아버지 하나님께 드릴 것이라는 말씀이다(고전 15:24). 분명 하나님의 아들의 나라는 어떤 시작도 없었고 또한 끝도 있을 수 없다. 하지만 그가 육체의 인성에 얼마간 감춰지고 자기를 비워 종의 형체를 입은 후 외적으로 그의 존엄을 포기하고 아버지께 복종하셨듯이, 이 복종 이후 영예와 영광의 관이 그에게 씌워지고 높이 칭송받아 모든 이름보다 뛰어난 이름을 받아 모든 무릎이 그에게 꿇게 되듯이(빌 2:7-10; 히 2:9), 또한 마찬가지로 그는 이 영광의 면류관뿐만 아니라 육체 가운데서 아버지로부터 받은 모든 것을 그에게 바침으로써 오직 한 분 하나님만이 만물 가운데 모든 것이 되게 하실 것이다(고전 15:28).

이런 관찰은 우리의 많은 불안을 해소하는 데 크게 유익할 것이다. 이상하게도 어떤 무지한 사람들은, 딱히 인성이나 신성에 속하지 않는 것들을 그리스도에게 돌리는 이런 화법을 제시받을 때 불안해한다. 왜냐하면 그들은 이것들이 하나님이자 사람으로 나타나신 그의 인격에 적합하다는 것을 고려하지 않기 때문이다. 실제로 우리가 이런 신비를 그 위대함에 합당한 존경심으로 살피기만 한다면, 위에 말한 모든 것들이 얼마나 서로 잘 어울리는 지를 볼 수 있다. 그러나 광적이고 미친 정신들이 소란스럽게 하지 않는 것은 아무것도 없다. 그들은 예수 그리스도의 인성에 속한 것을 그의 신성을 파괴하는 것으로 여기고, 그의 신성에 속한 것을 그의 인성을 파괴하는 것으로 여기며, 양성 모두에 대해 기록되는 것을 양쪽을 다 뒤집는 것으로 여긴다. 그런데 이것은 그리스도가 하나님이기 때문에 사람이 아니고, 사람이기 때문에 하나님이 아니며, 그 자신에게 양성을 모두 담고 있기 때문에 하나님도 사람도 아니라고 논쟁하려는 것이 아니면 무엇이겠는가? 그러므로 우리는 연합되되 혼합되지 않은 두 본성으로 구성된 하나님이자 사람이신 그리스도가, 심지어 인성을 따라서—물론 인성만의 이유로는 아니다—도 우리의 주님이요 하나님의 참된 아들이시라고 고백한다. 우리는 예수 그리스도의 본성들을 구분하기보다는 분리함으로써 두 그리스도를 상상한 네스토리우스(Nestorius) 이단을 혐오해야 한다. 반대로 우리는 성경이 동정녀 마리아에게서 날 이가 하나님의 아들이라 불릴 것이며 이 동정녀가 우리 주님의 어머니라고 얼마나 높고 분명하게 이야기하는지를 알고 있다(눅 1:32, 43).

다음으로 그가 어떻게 우리의 구속을 성취하셨는지가 이어진다. 그가 죽을 운명의 인간이 된 것은 바로 이것 때문이다. 하나님이 사람의 불순종으로 인해 진노를 야기하셨기 때문에, 그리스도는 죽기까지 아버지에게 복종하심으로써 사신의 순종으로 대가를 치렀다. 따라서 우리 구원의 회복을 위해서 그의 순종은 가장 높은 평가를 받아야 한다. 이는 바울이 말한 것과 같다. "한 사람의 범죄로 말미암아 모두가 죄인이 된 것처럼, 한 사람의 순종으로 말미암아 많은 사람이 의인으로 여겨진다"(롬 5:18). 그러므로 바로 여기에 우리 구원의 요점이 들어 있다. 즉 우리에게 오신 하나님의 아들이, 자신의 뜻을 버린 채 그의 아버지의 선한 뜻에 따라 목숨을 바칠 뿐만 아니라 그렇게 하도록 명을 받았을 때, 죽음의 공포를 당하기를 거부하지 않고 우리의 반역에 진노하셨던 그의 존엄을 진정시키셨다는 것이다. 그러므로 이 순종의 공로로 말미암아 하늘 아버지께서 그가 이전에 전적으로 미워했던 인류와 화해하게 된 것이다. 이는 그리스도께서 그의 죽으심을 통해 아름다운 향기의 제사를 드림으로써 그의 의로운 심판을 만족시키고 그의 신도들에게 영원한 성결을 얻어 주셨기 때문이다. 그리스도는 우리의 구속의 대가로 그의 거룩한 피를 흘리셨으며, 이로써 우리에 대해 불붙었던 하나님의 진노가 꺼지고 우리의 죄악이 정결케 되었다. 따라서 구원의 확신의 문제에 관해서는, 하나님을 우리에게 호의적이 되게 하고 하늘 문을 열어 주며 의를 얻게 해준 이 구속으로 나와야 한다. 성경에서는 다음과 같은 사실보다 더 자주 우리에게 가르치는 것이 없다. 즉 그리스도는 그의 희생 제사의 힘으로 성부의 호의—여기에 우리 생명의 주된 담보요 신뢰가 있는—를 우리에게 가져다주셨다는 것, 요한이 "그의 피가 모든 죄에서 우리를 깨끗케 한다"(요일 1:7)라고 써 놓았듯이 우리 죄의 추악함과 더러움(이것들 때문에 하나님의 뜻이 우리에게서 떠나 멀어졌다)이 그의 피로 씻기고 깨끗해졌다는 것 말이다. 그러므로 우리 구속의 요점은 바로 이것이다. 즉 우리는 그리스도의 대속으로 말미암아 죄의 사슬에서 풀려났으며, 이런 방식으로 의와 거룩함으로 회복되어 우리 안에 있는 죄악 외에는 아무것도 미워하지 않으시는 하나님과 화해했다는 것이다.

그리스도의 인성과 신성

이미 말씀드린 대로 이제 기독교강요 핵심 강독 중에서도 가장 내용이 힘
든 부분을 살펴보려고 합니다. 그리스도의 인성과 신성인데, 왜 신성과 인성
이라고 하지 않느냐 하면, 지난번에 그리스도의 신성을 따로 이미 살펴보았
기 때문입니다. 그리고 이제 이어서 그리스도의 나심을 살펴보고 있기 때문
에 인성과 신성이라고 제목을 정했습니다.

구원자의 자격

참하나님 + 참인간

　신성　　　인성

참사람이신 그리스도 예수

이미 몇 차례 말씀드린 대로 예수 그리스도가 우리의 구원자, 중보자가 되
시기 위해서는 참하나님이셔야 하고, 참인간이어야 합니다.

그러므로 바울은 예수 그리스도를 중보자로 제시하면서 사람이라고 부른다(딤전
2:5). 또한 그는 그를 하나님이라 부를 수 있었다. 아니 적어도 사람이라는 이름을

언급하지 않은 채 제쳐 둘 수 있었다. 앞 구절에서 하나님의 이름을 생략하듯이 말이다. 하지만 그는 우리의 연약함을 알고 있었다. 따라서 그는 누구도 이 중보자를 어디서 찾아야 할지, 어떤 길을 통해 그에게로 가야 할지를 의심함으로써 고통당하지 않도록, 계속해서 그가 사람이라고 덧붙인다. 이는 그가 마치, 그[그리스도]는 우리[사람]에게 가담하심으로써 우리 육신이 되신 까닭에 가까운 이웃이시라고 말한 셈이다. 이것은 다른 곳에서 보다 상세하게 밝혀지는바, 즉 "우리에게 있는 제사장은 우리의 연약함을 동정하지 않는 분이 아니며, 무엇에서나 언제나 **우리와 마찬가지로** 시험을 받으시되 죄는 없으시다"(히 4:15).

칼뱅은 성자에 관해 매우 신중하게 설명을 시작하고 있습니다. 그는 바울이 예수 그리스도를 중보자로 제시하면서 '사람'이라고 부른다는 점(딤전 2:5)에 주목합니다. 그리스도가 우리의 중보자로서 하나님이시며 사람이신데, 사람이라는 사실을 제쳐 둘 수도 있었는데 말입니다. 이렇게 함으로써 그분이 우리의 구원을 위해 우리와 같은 육신을 가진 분이시라는 것과 또한 우리와 다른 점은 그에게는 죄가 없다는 것을 설명하고 있다는 것입니다.

> 하나님은 한 분이시오 또 하나님과 사람 사이에 중보자도 한 분이시니 **곧 사람이신 그리스도 예수라** _ 딤전 2:5

앞에서 그리스도가 왜 신성을 가지셨는지, 즉 하나님이셔야 하는지를 다루었다면, 이번에는 그리스도가 우리의 중보자가 되시기 위해서 왜 사람이어야 하는지를 다루고 있습니다. 특히 디모데전서 2장 5절은 '중보자는 한 분이시니 곧 사람이신 그리스도 예수'라고 밝히고 있습니다. 또한 우리가 앞서 읽었던 본문대로 히브리서 4장 15절은 중보자 그리스도를 '우리와 마찬가지로라'고 함으로써 인성을 입으신 참사람임을 분명히 하고 있습니다.

> 우리가 말한 것은 보다 분명해질 것이다. **중보자의 직무**가 얼마나 평범한 일이 아

닌지를 생각한다면 말이다. 이것은 **사람의 자녀인 우리를 하나님의 자녀로 만들고,
지옥의 상속인인 우리를 하늘나라의 상속인으로 만들 만큼 하나님의 은혜로 우리
를 회복시키는 직무이다.** 하나님의 아들이 사람의 아들이 되지 않고서는, 그리고
우리의 상태를 취해 우리를 그의 상태로 전이시키지 않고서는, 다시 말해 그가 본
질상 그에 속한 것을 은혜로 우리의 것이 되게 해주지 않고서는, 누가 이 일을 할
수 있었겠는가? 그러므로 우리에게는 우리가 하나님의 자녀라는 확신이 있다. 이
는 우리가 하나님의 본질적인 아들이 우리 몸의 몸과 우리 육체의 육체와 우리 뼈
의 뼈를 취하여 우리와 연합되었다는 담보를 갖고 있기 때문이다. 또한 그가 그 자
신 안에 우리 고유의 것을 받아들임으로써 그 자신의 것이 우리에게 속하고 그리
하여 그가 우리에게 공히 하나님의 아들과 사람의 아들이 되셨기 때문이다. 이런
이유에서 우리는 하늘 상속이 우리의 것임을 소망하는바, **이는 이 상속의 전적 책
임자인 하나님의 외아들이 우리를 그의 형제들로 입양하셨기 때문이다**(롬 8:17). 우
리가 그의 형제일진대, 우리는 그의 공동 상속인이다.

여기에서는 우리의 구원자로서 그분이 왜 사람이어야 하는지를 자세하게
설명하고 있습니다. 사람들의 중보자가 되기 위해 하나님의 아들이 사람의
아들이 되셔야 했습니다. 그분이 우리의 상태를 취하심으로 우리가 그분과
연합될 수 있는 길을 여신 것입니다.

> 사람의 자녀 → 하나님의 자녀
> 지옥의 상속인 → 하늘나라의 상속인

그리스도가 사람의 육체를 취하여서 우리가 같은 사람이 되어 주심으로
우리는 중보자 예수 그리스도를 통해 사람의 자녀에서 하나님의 자녀가 되었
고, 지옥의 상속인에서 하늘나라의 상속인이 되었습니다.

영접하는 자 곧 그 이름을 믿는 자들에게는 **하나님의 자녀가 되는 권세**를 주

섰으니 _ 요 1:12

그러므로 요한복음 1장 12절은 예수의 이름을 믿고 영접하는 자들에게는 하나님의 자녀가 되는 권세를 주신다고 말합니다. 우리는 하나님을 아버지라 부르는 것이 예수 그리스도를 통해서 주어진 엄청난 은혜임을 알아야 합니다.

> **우리의 구속주가 되어야 할 이가 참하나님이요 사람이어야 할 다른 이유가 있다. 사망을 삼키는 일이 그가 해야 할 일이었다.** 생명이 아니고는 누가 그 일을 할 수 있었겠는가? 죄를 이기는 일이 그가 해야 할 일이었다. 의가 아니고는 누가 그 일을 할 수 있었겠는가? 공중 권세, 즉 마귀를 굴복시키는 일이 그의 직무였다. 공중과 세상의 최고의 능력이 아니고서는 누가 그 일을 할 수 있었겠는가? 그런데 유일하신 한 분 하나님 외에 누구에게 생명과 의와 하늘 권세가 머물겠는가? 따라서 주님은 우리를 다시 사시고자 하셨을 때, 그 큰 관용으로 스스로 우리의 구속주가 되신 것이다.

여기에서는 그리스도가 왜 사람이 되셔야 했는가의 또 다른 차원의 설명을 하고 있습니다. 이것은 그가 우리가 죄로 인해 놓이게 된 사망의 저주를 깨뜨리시기 위해서입니다. 그가 사망과 싸워 사망을 정복하고 사망을 삼켜 사망의 저주에서 우리를 구하시기 위해서입니다. 이 일은 그리스도가 아니라면 어떻게 할 수 있겠습니까? 놀라우신 은혜입니다.

▌ 사망을 삼키는 일 → 생명, 의, 공중과 세상의 최고의 능력

또한 우리의 중보자는 신성의 능력으로 죽음과 싸워 승리함으로써 공중의 권세 잡은 마귀를 굴복시키는 직무를 감당하심으로 우리의 참된 중보자가 되셨습니다.

우리 구속의 또 다른 부분은 불복종으로 멸망하고 파멸된 인간이 복종으로 그 변화된 상태를 지워야 한다는 것이다. 하나님의 심판을 만족시키고 죄에 해당되는 형벌을 감당함으로써 말이다(롬 5:8). 그러므로 우리 주 예수께서 오셔서 아담의 모습을 입고 그의 이름을 취하여 친히 성부에게 복종하시며, 우리의 인성을 하나님의 심판에 대속물로 제시하시며, 그가 받은 동일한 육체로 죄의 형벌을 담당하셨다. 결국 하나님만으로는 죽음을 느낄 수 없고 인간만으로는 죽음을 이길 수 없기 때문에, 그는 신성과 인성을 동반하여 인성의 연약함에 굴복하여 죽음의 형벌을 당하고, 신성의 능력으로 죽음과 싸워 승리를 얻은 것이다. 그러므로 그리스도에게서 그의 신성이나 인성을 빼앗는 자들은 그의 위대함을 모독하거나 그의 선함을 흐리게 할 뿐만 아니라, 다른 한편으로는 이 기초에 근거하지 않고는 확고히 존립할 수 없는 믿음을 가진 자들에게 큰 해를 끼치는바, 저들은 이렇게 함으로써 이 사람들의 믿음을 뒤집어엎는다.

여기에서는 그리스도가 인성과 신성을 입으신 것을 종합적으로 정리하면서 설명하고 있습니다. 그분은 아담의 모습을 입고 오셔서 우리의 죄의 형벌을 감당하셨고, 신성의 능력으로 죽음과 싸워 승리하신 것입니다.

> **불복종 → 복종**
> 인성 - 죽음의 형벌을 당하심
> 신성 - 죽음과 싸워 승리하심

그리스도는 불복종을 복종으로, 불순종을 순종으로 돌려놓으심으로 하나님과 화해의 길을 여셨고, 인성으로는 죽음의 형벌을 다 당하셨고, 신성으로는 죽음과 싸워 승리하셨습니다.

예수 그리스도의 신성을 증명하는 일에 더 이상 머무르는 것은, 내 생각에 불필요한 일이다. 그의 인성의 진리는 이것을 뒤엎으려고 시도한 ❶ 마니교도들과 ❷ 마르키온주의자들에 의해 공격당했다. ❶ 전자는 그[그리스도]가 하늘에서 영적인 몸을 가져왔다고 상상했다. ❷ 후자는 그에게는 실제적인 몸이 없고 다만 환상과 몸의 모습만이 있었을 뿐이라고 생각했다.

그러나 마니교도들과 마르키온주의자들은 그리스도의 인성을 부정했습니다.

그리스도의 인성 부정

마니교 → 인성 부정: "하늘의 영적인 몸"

마르키온주의 → 인성 부정: "실제적인 몸이 아닌 환상의 몸"

예수 그리스도의 인성에 대한 이단으로 마니교와 마르키온, 말시온주의가 있는데 모두 참사람, 완전한 인간이 아닌 불완전한 인성으로 묘사합니다. 그러나 그리스도가 참사람이 아니면 구원자가 될 수 없습니다. 다음은 예수님이 참사람이라는 성경의 내용들입니다.

아무튼 우리에게는 이런 증상을 이겨 낼 다른 증거들이 있다. 바울이 "하나님이 그의 아들을 보내시어 여인에게서 만들어지게 하셨다"(갈 4:4)라고 말하듯이 말이다. 또한, 그가 **추위와 더위[목마름]와 배고픔**과 기타 우리 본성의 약함에 굴복했던 것이 명백한 무수한 구절들이 있다. 하지만 진정한 신뢰로 우리 마음을 세워 줄 수 있는 다음과 같은 구절들을 택해야 한다. 즉 "그는, 우리의 육과 혈로 사망의 지배권을 가진 자를 사망으로 멸하기 위해서, 천사들의 영예와 그들의 본성을 취하지 않고 오히려 우리의 본성을 취하셨다"(히 2:14, 16). 또한 그는 이런 소통을 통해서 **우리를 그의 형제로 여기신다**(히 2:11). 또한 "그는 신실하고 긍휼 베풀기를 잘하는 중재자가 되기 위해 **그의 형제들과 동일하게 되어야 했다**"(히 2:17). 또한 "우리에게 있는 제사장은 마찬가지 시험을 받으셨기 때문에 우리의 연약함을 동정하지 못하실 분이 아니다"(히 4:15) 등.

신성과 인성의 결합

다음은 좀 어려운 내용입니다만 신성과 인성은 혼합되거나 분리되지 않고 한 인격을 이루었습니다.

> 말씀이 육신이 되었다고 기록된 것을 마치 말씀이 육신으로 변했다거나 혼합하여 뒤섞였다는 식으로 이해해서는 안 되며, 말씀이 인간의 몸인 동정녀의 태를 그가 거하는 성전으로 여긴 것이라고 이해해야 한다. 하나님의 아들이었던 분이 인간의 아들이 되었는바, 이것은 실체의 혼합에 의해서가 아니라 위격의 일치에 의해서다. 다시 말해 그는 그의 신성과 인성을 결합하고 연합하되, 각 본성이 자신의 속성을 간직하면서도 예수 그리스도가 구별된 두 인격이 아니라 단 하나의 인격이 되게 했다.

웨스트민스터 신앙고백서 제8장
신성과 인성이 변질, 합성, 혼합 없이 한 위에 분리될 수 없이 결합되었다.

신성과 인성이 변질, 합성, 혼합 없이, 또한 분리되지 않고 결합되었습니다. 즉 두 그리스도가 아니라 한 그리스도요, 한 인격이라는 것입니다. 이어지는 부분은 신성과 인성에 대한 성경의 설명들입니다. 먼저 신성입니다.

> 내가 성경의 훌륭한 증거들로 이 모든 것들을 증명한다면 내 것이랄 게 아무것도 없을 것이다.
> 「신성」 예수 그리스도가 그 자신에 대해, 그가 아브라함이 만들어지기 전에 있었다고 말씀한(요 8:58) 것은 인성으로 이해될 수 없다. 왜냐하면 그는 아브라함이 죽은 후 많은 세기가 지나고 나서야 사람이 되셨기 때문이다. 그가 모든 피조물 중 첫째로 태어나신 이라 불리는 것과 그가 만물보다 먼저 계셨고 그로 말미암아 만물이 존재한다는 것(골 1:15, 17)은 인간에게 적합하지 않다.

그리스도는 하나님이시며 만물보다 먼저 계셨고, 그분이 만물을 지으셨습니다.

「인성」 그가 아버지의 종이라 불린다는 것(사 42:1), 그의 나이와 지혜가 하나님과 사람들 앞에서 자랐고(눅 2:52), 자신이 아버지보다 못함을 인정하며(요 14:50), 자신의 영광을 구하지 않으며(요 8:50), 마지막 날이 언제인지 모르며(막 13:32), 스스로 말하지도 않고 자신의 뜻을 구하지도 않으며(요 14:10), 보일 수도 만져질 수도 있다고(눅 24:39) 기록되는 모든 것은 그의 인성에 부합한다. 그가 하나님이신 한 성부와 동등하며(빌 2:6), 결코 성장할 수 없으며, 모든 것을 스스로 행하며, 아무것도 감춰지지 않으며, 모든 것을 자신의 뜻대로 하며, 보이지 않으며, 만져질 수 없다.

또한 그리스도는 인성을 가지셨습니다. 이제 조금 힘든 부분인데, 신성과 인성을 지니셨던 예수님의 속성의 교통을 설명하는 부분입니다.

「속성의 교통」 바울이 기록하는 "하나님이 그의 피로 그의 교회를 얻었다"(행 20:28)라는 말과 "영광의 주님이 십자가에 못 박히셨다"(고전 2:8)라는 말에는 **속성의 교통이 있다.** 분명 하나님은 피가 없고 고통을 당하지 않으신다. 하지만 참하나님이요 참인간이셨던 그리스도는 십자가에 달려 우리를 위해 그의 피를 흘리셨다. 이것은 그의 인성으로 이뤄진 것이며, 부적절하나 합리적인 표현으로 말해서 그의 신성으로 전이되었다. 이것은 요한이 "하나님께서 우리를 위해 그의 영혼을 내어 주셨다"(요일 3:16)라고 말하는 것과 동일한 사례다. **왜냐하면 여기서 그는 특별히 신성에 속하는 것을 인성에 전달하고 있기 때문이다.** 한편 그리스도가 "하늘에 있던 인자 외에는 아무도 하늘에 올라가지 못했다"(요 3:13)라고 말씀했을 때, 당시 그는 육신에 따라 하늘에 있지 않았다. 하지만 그는 하나님과 사람이기 때문에, 두 본성의 연합으로 인하여 하나에게 어울리는 것을 다른 하나로 돌린 것이다.

이 부분은 우리가 이성으로 쉽게 이해할 수 있는 부분은 아닙니다. 그리스도는 하나님과 사람이었기 때문에 십자가의 사건을 두 본성의 연합으로 설명하고 있습니다.

> 그러므로 우리는 연합되되 혼합되지 않은 두 본성으로 구성된 하나님이자 사람이신 그리스도가, 심지어 인성을 따라서—물론 인성만의 이유로는 아니다—도 우리의 주님이요 하나님의 참된 아들이시라고 고백한다. 우리는 예수 그리스도의 본성들을 구분하기보다는 분리함으로써 **두 그리스도를 상상한 네스토리우스 이단을 혐오해야 한다.** 반대로 우리는 성경이 동정녀 마리아에게서 날 이가 하나님의 아들이라 불릴 것이며 이 동정녀가 우리 주님의 어머니라고 얼마나 높고 분명하게 이야기하는지를 알고 있다(눅 1:32, 43).

이 부분에서 네스토리우스는 '두 그리스도'라고 말합니다. 네스토리우스는 인성과 신성을 구분하지 않고 분리함으로써 두 그리스도라고 말한 것입니다.

❙ 네스토리우스 - 신성과 인성을 분리

네스토리우스는 신성과 인성을 분리함으로써 두 그리스도를 이야기하여 두 인격의 그리스도를 말하게 됨으로써 이단으로 정죄되었습니다.

왜 사람이 되셨나?

이제 마지막 읽을 부분은 정리하는 것입니다. 그분은 왜 인간이 되셨습니까?

> 다음으로 그가 어떻게 우리의 구속을 성취하셨는지가 이어진다. 그가 죽을 운명의 인간이 된 것은 바로 이것 때문이다. 하나님이 사람의 불순종으로 인해 진노를 야기하셨기 때문에, 그리스도는 죽기까지 아버지에게 복종하심으로써 자신의 순종으로 대가를 치렀다. 따라서 우리 구원의 회복을 위해서 **그의 순종은 가장 높은 평**

가를 받아야 한다. 이는 바울이 말한 것과 같다. "한 사람의 범죄로 말미암아 모두가 죄인이 된 것처럼, 한 사람의 순종으로 말미암아 많은 사람이 의인으로 여겨진다"(롬 5:18). 그러므로 바로 여기에 우리 구원의 요점이 들어 있다. 즉 우리에게 오신 하나님의 아들이, 자신의 뜻을 버린 채 그의 아버지의 선한 뜻에 따라 목숨을 바칠 뿐만 아니라 그렇게 하도록 명을 받았을 때, 죽음의 공포를 당하기를 거부하지 않고 우리의 반역에 진노하셨던 그의 존엄을 진정시키셨다는 것이다. 그러므로 이 순종의 공로로 말미암아 하늘 아버지께서 그가 이전에 전적으로 미워했던 인류와 화해하게 된 것이다.

로마서 5장 18-19절의 말씀과 같이 그리스도는 아담으로 인해 죄가 들어오고 죄인이 된 것을 순종을 통해 생명으로 바꾸기 위해 사람으로 오셨습니다. 그리스도는 최고의 순종을 드림으로 저주를 생명으로 돌려놓으셨습니다.

이는 그리스도께서 그의 죽으심을 통해 아름다운 향기의 제사를 드림으로써 그의 의로운 심판을 만족시키고 그의 신도들에게 영원한 성결을 얻어 주셨기 때문이다. 그리스도는 우리의 구속의 대가로 그의 거룩한 피를 흘리셨으며, 이로써 우리에 대해 불붙었던 하나님의 진노가 꺼지고 우리의 죄악이 정결케 되었다. 따라서 구원의 확신의 문제에 관해서는, 하나님을 우리에게 호의적이 되게 하고 하늘 문을 열어 주며 의를 얻게 해준 이 구속으로 나와야 한다. 성경에서는 다음과 같은 사실보다 더 자주 우리에게 가르치는 것이 없다. 즉 그리스도는 그의 희생 제사의 힘으로 성부의 호의—여기에 우리 생명의 주된 담보요 신뢰가 있는—를 우리에게 가져다주셨다는 것, 요한이 "그의 피가 모든 죄에서 우리를 깨끗케 한다"(요일 1:7)라고 써 놓았듯이 우리 죄의 추악함과 더러움(이것들 때문에 하나님의 뜻이 우리에게서 떠나 멀어졌다)이 그의 피로 씻기고 깨끗해졌다는 것 말이다. **그러므로 우리 구속의 요점은 바로 이것이다.** 즉 우리는 그리스도의 대속으로 말미암아 죄의 사슬에서 풀려났으며, 이런 방식으로 의와 거룩함으로 회복되어 우리 안에 있는 죄악 외에는 아무것도 미워하지 않으시는 하나님과 화해했다는 것이다.

그리스도는 사람을 구원하시기 위해 사람이 되셨지만, 죄가 없으신 동정녀에게서 나셨습니다. 그는 우리를 구원하시기 위해 죄가 없으신 것을 제외하고는 우리와 동일하게 되셨습니다. 배고픔과 추위와 가난과 비난을 받으셨고, 동생과 모친을 봉양하시기 위해 목수가 되셔야 했습니다. 빌립보서의 말씀과 같이 그분은 하나님과 동등 됨을 취하지 않으시고 우리를 구원하시기 위해 이 땅에 참사람으로 오셨습니다. 이 아름다운 복음의 이야기를 우리는 가졌습니다. 우리는 이 주님을 찬양하고 경배하며 예배하고 가르치고 전해야 합니다. 이 복음을 모든 민족에게 전해야 합니다. 이 복음을 우리 자녀에게 가르치고 유산으로 주어야 합니다.

그분은 우리의 중보자가 되셔서 사람의 자녀인 우리를 하나님의 자녀로 만드셨고, 불순종을 순종으로 돌려놓으심으로 하나님과 화목되게 하셨습니다. 또한 우리에게 생명을 주시기 위해 사망과 싸워 이기셨고, 공중의 권세 잡은 자를 굴복시키셨습니다. 그분은 우리를 죽음에서 완전히 구원하시기 위해 부활의 첫 열매가 되심으로 우리도 부활의 소망 중에 있게 하셨고, 장차 완전한 안식을 위해 천국에 우리의 처소를 준비하시고, 우리를 그곳으로 인도하시기 위해 재림하실 것입니다.

이 아름다운 예수님을 찬양합시다. 이 아름다운 복음을 전합시다. 이 구원의 놀라운 은혜를 헛되이 하지 맙시다.

기독교강요 제4장. 믿음: 사도신경 해설

본디오 빌라도에게 고난을 받아 십자가에 못 박혀

여기서 그리스도를 정죄한 재판관의 이름과 그가 당한 죽음의 종류가 표현되는 바, 이는 역사의 진리를 확증하기 위함일 뿐만 아니라 이것이 우리 구속의 신비에 속하기 때문이기도 하다. 그리스도의 죽음으로 죄가 도말되고 그에 따른 저주도 제거되어야 했기 때문에, 다른 종류의 죽음을 당하는 것으로는 충분하지 않았다. 오히려 우리 구속의 모든 부분들을 바르게 이행하기 위해서는 확실한 종류의 죽음을 선택하여, 그것으로 말미암아 하나님의 진노에 합당한 우리의 정죄와 대가를 그 자신에게로 전이시킴으로써 이 두 가지에서 우리를 건지셔야 했다. 그러므로 먼저 그는 지방 총독에게 고난을 받고 재판관의 정죄 판결을 받았는바, 이는 최고의 재판관의 심판대 앞에서 우리를 이 저주로부터 구원하기 위함이었다.

만일 강도들이 그의 목을 잘랐다면, 만일 그가 소요 가운데서 사적인 인물들의 손으로 살해당했다면, 그런 죽음에서는 어떤 대속의 모습도 없었을 것이다. 하지만 그가 피소되기 위해 법정으로 끌려가서 증거들로 비난받고 재판관의 입으로 정죄되었기에, 이로써 우리는 그가 악행을 한 페르소나를 취했음을 본다. 여기서 우리는 선지자들이 예언한 두 가지 것을 고려하여 우리 믿음에 특별한 위안을 가져와야 한다. 우리가 그리스도께서 법정(Consistoyre)에서 형장으로 끌려가서 강도들 사이에 매달렸다는 말을 들을 때(요 19장), 거기서 우리는 복음서 기자가 인용하는 예언의 성취를 본다. 즉 "그가 행악자의 무리로 간주되었다"(사 53:12; 막 15:28)라는 것이다. 이럴 이유가 무엇이었는가? 그것은 죄인들이 받았어야 할 형벌을 그들을 대신해서 모두 이행하기 위함이었다. 실로 그가 의 때문이 아니라 죄 때문에 죽음을 당한 것처럼 말이다. 반대로 그가 그를 정죄한 바로 그 입에 의해 무죄 인정을 받았음(빌라도는 여러 번 그의 무죄를 공적으로 증언하지 않을 수 없었다)을 우리가 들을 때, 우리는 다른 선지자가 "자신이 빼앗지 않은 것을 물어 주었다"(시 69:4)라고 말한 것을 기억하게 된다. 이와 같이 우리는 예수 그리스도 안에서 죄인과 행악자로 꾸며진 페르소나를 볼 것이며, 동시에 그의 무죄로 말미암아 그가 자신의 죄가 아닌 타인의 죄를 담당했음을 알게 될 것이다. 그러므로 그는 본디오 빌라도에게 고난을 받았는바 이 지방 총독의 법적 판결에 의해 행악자로 정죄되었으나, 그럼에도 불구하고 그가 의인이라고 선포되지 않을 정도로 그렇게 정죄된 것은 아니었다. 왜냐하면 총독은 그리스도에게서 아무런 소송 사유를 발견하지 못한다고 말했기 때문이다(요 18:38).

나아가 죽음의 종류에 신비가 없지 않다. 십자가 처형은 인간의 견해에 따라서 뿐만 아니라 하나님의 율법의 법령에 따라서도 저주받은 것이다(신 21:23). 그러므로 그리스도는 십자가에 달리면서 스스로를 저주에 굴복시킨다. 이렇게 되어야 했던 이유는 우리가 받아야 했고 우리 죄악을 위해 준비된 저주가 그에게로 이전되어 우리를 거기서 구원해야 했기 때문이다. 바로 이것이 이전에 율법에서 상징되었던 것이다. 죄 대신 바쳐지는 희생 제물은 바로 죄라는 이름으로 불렸으며, 이 이름으로 성령은 희생 제물이 죄에 합당한 모든 저주를 수용했음을 의미하고자 했다. 그러므로 모세의 희생 제사에서 상징적으로 표현된 것이 모형들의 실체인 예수 그리스도 안에서 실제로 성취된 것이다. 따라서 그는 우리 구속을 다 이행하기 위해서 그의 목숨을 죄의 희생 제물로 바치셨는데, 이는 선지자의 말대로(사 53:10) 죄인으로서 우리에게 합당한 저주가 그에게로 돌려져서 더 이상 우리에게로 전가되지 않게 하기 위함이었다. 사도는 이 사실을 더욱 명백히 밝혀주고 있는바, 그는 "성부께서 죄를 알지도 못한 이를 우리를 위해 죄가 되게 하심은 그를 통해 우리가 하나님 앞에서 의를 얻게 하려 함이라"(고후 5:21)라고 말한다. 모든 악에서 깨끗하고 순수한 하나님의 아들이 우리 죄악의 수치와 불명예를 취하여 입으시고 우리를 그의 청결로 덮어 주신 것이다. 이것은 바울의 다른 구절에서도 증명되는바, 거기에는 죄가 예수 그리스도의 육신에게서 죄로 정죄되었다고 기록된다(롬 8:3). 왜냐하면 하늘 아버지께서 죄의 저주를 예수 그리스도의 육신으로 이전시키심으로써 죄의 힘을 제거하셨기 때문이다. 이제 "우리의 모든 죄악이 그에게 맡겨졌다"(사 53:6)라는 선지자의 말이 무엇을 의미하는지 분명해진다. 즉 그[하늘 아버지]가 우리 죄악의 더러움들을 도말하시기 위해 먼저 그것들을 그리스도의 인격 안에서 수용하고 [이어서] 그에게로 전가시키셨다는 것이다. 그러므로 십자가는 (사도의 말처럼) 예수 그리스도가 거기에 달려 우리를 위해 저주를 받으심으로 말미암아 율법의 저주로부터 우리를 구원하셨다(갈 3:13)는 사실에 대한 증표였다. 왜냐하면 나무에 달린 자는 저주를 받았다고 기록되어 있기 때문이다(신 21:23). 이와 같이 아브라함에게 약속된 축복은 모든 백성에게 확대되었다. 그렇지만 그리스도가 우리 저주를 수용하되 그것에 덮혀 짓눌릴 정도였다고 이해해서는 안 되며, 반대로 그가 그 저주를 수용함으로써 그것을 무력화시키고 깨뜨리며 흩어 버리셨다고 이해해야 한다. 따라서 그리스도의 정죄에 대한 믿음은 죄 사함을 내포하며 그의 저주에 대한 믿음은 축복을 내포하고 있는 것이다.

죽으시고 장사되어

여기서 우리는 그리스도가 우리 구속의 대가를 지불하기 위해 얼마나 철저히 우리를 위한 의무에 복종하셨는지를 알아볼 수 있다. 죽음이 우리를 그것의 멍에 아래 묶어 두었으나 그리스도가 우리를 끌어내기 위해 죽음의 권세에 넘겨지신 것이다. 이것이 사도가 "그리스도는 모든 사람을 위해 죽음을 맛보셨다"(히 2:9)라고 말하면서 이해하고 있는 내용이다. 그는 자신이 죽음으로써 우리로 죽지 않게 하셨다. 아니면, 같은 의미지만 다른 말로, 자신의 죽음을 통해 우리에게 생명을 얻어 주셨다. 그런데 그에게는 우리와는 다른 점이 있었다. 그는 마치 죽음의 목구멍으로 들어가기 위한 것처럼 그 죽음에 자신을 허용하셨으나, 이는 완전히 삼켜지기 위함이 아니라 오히려 삼켜 버림으로써(고전 15:55; 호 13:14) 그것이 우리에 대해 늘 갖던 대로의 힘을 더 이상 갖지 못하게 하기 위함이었다. 그는 죽음에 의해 마치 굴복된 것과 같이 되는 것을 용납하셨는데, 이는 그것에 압도되어 쓰러지기 위함이 아니라 오히려 죽음이 우리에게 행사하던 그의 통치를 뒤엎기 위함이었다. 마지막으로 그가 죽은 것은 그가 죽음으로써 죽음에 대한 통치권을 갖고 있는 자, 즉 마귀를 멸망시키고, 죽음의 두려움 때문에 평생 노예 상태로 있던 자들을 구원하기 위함이었다. 이것이 그의 죽음이 우리에게 가져다주는 첫째 열매다.

다른 열매는 그의 죽음이 그의 능력으로 우리 땅의 지체들을 죽임으로써 이후 더 이상 그 활동을 하지 못하게 하고, 우리 안에 있는 옛사람을 죽임으로써 더 이상 생기를 갖지 못한 채 스스로 열매 맺지 못하게 한다는 것이다. 예수 그리스도의 장례 역시 그런 목적을 향한다. 즉 우리가 장례식을 가짐으로써 죄로 인해 매장된다는 것이다. 사도는 우리가 그리스도의 죽음과 유사하게 접목되었고(롬 6:5), 그와 함께 죄의 죽음 가운데 매장되었으며, 세상이 그의 십자가로 우리를 못 박았으며, 우리도 세상을 못 박고 세상과 더불어 죽었다(갈 6:14; 골 3:3)라고 말하면서, 그의 죽음의 본을 닮으라고 권면할 뿐만 아니라 이런 효력이 그의 죽음에 있음을 입증하는바, 이 효력은 모든 그리스도인이 그들의 구속주의 죽음을 무익하고 열매 없는 것으로 만들고자 하지 않는 한 그들에게 나타나야 하는 것이다. 따라서 예수 그리스도의 죽음과 장례에서 우리에게 제시되는 두 가지 혜택이 있다. 즉, 죽음에서의 구원과 우리 육신을 죽이기다.

지옥에 내려가시고

비록 사도신경을 해설한 고대 박사들의 책을 통해 이 소절이 교회들 사이에서 완전히 확정되지 않은 것이 명백하다 하더라도, 나는 이것이 크고 탁월한 신비를 담고 있기 때문에 이것을 빠뜨려서는 안 된다고 여긴다. 고대인들 가운데 이것을 포기하지 않는 많은 사람이 있었으며, 이로부터 이것이 사도 시대 이후에 첨가되었으나 점차 활용되기에 이르렀다고 추측될 수 있다. 어찌됐건 의심의 여지없이 이것은 모든 참된 신자들이 붙들고 느껴야 할 것에서 취해졌다는 것이다. 고대 교부들 가운데서는, 비록 의미는 다양하다 하더라도, 예수 그리스도의 지옥 강하를 언급하지 않는 자가 아무도 없다. 이 소절이 누구에 의해서 언제 사도신경에 삽입되었는지 알아보는 것은 크게 중요한 일이 아니다. 오히려 우리는 이것[사도신경]에 우리 믿음의 명백하고 온전한 요점이 있으며, 거기에는 아무것도 부족한 것이 없고 또한 하나님의 말씀에서 취하지 않는 것이 아무것도 제시되지 않는다는 사실에 주목해야 한다. 이 소절로 말하면 그 중요성이 잠시 후 명백해질 것이며 우리 구원의 완성을 위해 결코 생략되어서는 안 되는 것이다.

해설은 다양하다. 어떤 이들은 이것으로 새로운 무언가가 말해진 것이 아니라 단지 앞에서 장례에 관해 언급된 것이 다른 말로 되풀이되었다고 생각한다. 왜냐하면 지옥이라는 말이 종종 무덤으로 간주되기 때문이다. 이 단어의 의미에 대한 그들의 주장에 관해 나는 지옥이란 말이 종종 무덤으로 여겨진다는 것이 사실임을 인정하지만, 그러나 그들의 입장에 반대되는 두 가지 이유가 있는바, 내게는 이것으로 그 입장을 설복하기에 충분해 보인다. [1] 그 자체로 아무런 어려움이 없는 것을 친숙한 말로 명백하게 입증한 뒤 훨씬 더 모호한 말로 반복하는 것은 엄청 권태로운 일이었으리라. 동일한 것을 의미하기 위해 두 표현을 연결시킬 때 후자는 전자를 밝혀 주듯 해야 적합하다. 그런데 만일 우리가 예수 그리스도께서 지옥으로 내려갔다고 말하는 것이 그의 장례를 말하는 것이라고 설명하려 한다면, 무엇을 밝혀 주는 것이 될까? [2] 나아가 우리 믿음의 주요 조항들을 적은 말로 간략하게 담고 있는 이 개요[사도신경]에, 고대 교회—이 주제에 대해 더 긴 소책자로 갖지 못했던—가 이처럼 불필요하고 의미 없는 것을 기입해 두고자 했다는 것은 있을 법하지 않다. 나는 이 문제를 세밀히 조사하는 사람들이라면 나에게 동의하리라는 것을 의심하지 않는다.

또 어떤 이들은 지옥이라는 이 말을 지하의 어떤 장소로 이해하고 거기에 뭔지도 모르는 림보(Limbe)라는 이름을 부여하는바, 그들은 이곳에 구약 시절에 살았던 족장들이 마치 감옥에 갇혀 있었다고 생각하며, 그리스도가 거기에 내려가서 그들을 구원하고 또한 놋 문과 쇠 빗장을 깨부수셨다고 말한다(시 107:16). 비록 이 우화가 위대한 저자들을 갖고 있고 오늘날도 여전히 진리로 주장되고 있지만, 그럼에도 불구하고 이것은 우화에 불과하다. 그들이 스가랴와 베드로에게서 인용하는 것은 이 주제에 전혀 도움이 되지 않는다. 선지자가 주께서 시온과 맺은 언약의 피로 물 없는 우물에서 포로를 건지셨다고 말할 때(슥 9:11), 그는 죽은 자들이나 림보에 대해 말하고 있는 것이 아니다. 그는 물 없는 우물이란 말로 모든 죄인이 처한 비참함의 구덩이와 심연을 의미하며, 포로란 말로 극도의 재난과 불안에 사로잡혀 있는 백성을 의미한다. 베드로가 예수 그리스도께서 오셔서 옥에 있는 영들에게 영으로 선포하셨다고(벧전 3:19) 말하면서 의도했던 의미는 예수 그리스도께서 행하신 구속의 능력이 이전에 죽은 자들의 영에게 통보되었다는 것 외에 다른 것이 아니다. 왜냐하면 언제나 그에게서 구원을 소망했던 신자들은 그때 이미 마치 눈으로 보듯이 분명하게 그의 방문과 임재를 알았기 때문이고, 반대로 버림받은 자들은 그분만이 온 세상의 구원임과 그들이 거기서 제외되었음을 보고 그들에게 어떤 소망도 남아 있지 않다는 것을 더욱 명백하게 알게 되었기 때문이다. 베드로가 옥에 있는 불신자들과 차별 없이 의인들을 설정한다고 해서, 이것이 마치 의인들이 예수 그리스도께서 오시기 전 어떤 엄한 포로 상태에 사로잡혀 있는 것처럼 해석되어서는 안 된다. 다만 의인들이 그들의 구속을 마치 희미한 그림자처럼 멀리서 보았고, 그들이 가졌던 기다림이 간청 없이는 있을 수 없었기 때문에, 이 기다림은 감옥에 비교되는 것이다.

그러므로 이 주제에 대한 보다 확실한 해설을 추구해야 한다. 그런데 하나님의 말씀은 이것에 대한 바르고 거룩한 위로뿐만 아니라 큰 위로로 가득 차 있음을 보여 준다. 만일 예수 그리스도가 육체의 죽음만을 이행하셨다면 그것은 아무것도 아니었다. 오히려 그는 하나님의 심판의 가혹함을 느끼고, 하나님의 진노를 만족시킴으로써 그 진노가 우리 위에 떨어지지 않도록 중재하며 마치 막아서는 듯해야 했다. 이렇게 하기 위해서는 그가 지옥의 권세 및 영원한 죽음의 공포와 맞서 마치 주먹질로 싸우는 것이 적절했다. 선지자는 "우리의 평화에 요구되는 징계가 그 [그리스도] 위에 놓였고, 우리의 범죄로 인해 그가 두드려 맞고 채찍에 맞았으며, 우리의 죄악으로 인해 고난을 당했다"(사 53:5)라고 말한다. 이 말로 그가 의미하는 바는 그리스도가 죄인들을 대신하여 보증인과 담보물로, 아니 그보다 주요 채무자로 대체되셨고 그들에게 부과되어야 했던 형벌을 받으셨다는 것이다. 그가 죽음의 고통에 매어 굴복될 수 없었다는 것(행 2:24) 외에 다른 차이가 없다. 그러므로 그가 하나님의 진노가 행악자에게 부과하는 죽음을 당하셨을진대, 그가 지옥에 내려가셨다고 기록된다고 해서 놀랄 것이 없다.

이것을 보다 쉽게 이해하기 위해 [말하자면], 자신이 하나님에게서 포기되고 버림받았다고 느끼는 것, 기도해도 도움이 없다는 것, 하나님이 우리를 명하고 파괴할 계획을 꾸민 것 외에는 다른 것을 기대하지 못하는 것은 끔찍하고 비참한 심연이 아니겠는가? 그런데 우리는 예수 그리스도가 거기까지 내려가서 어쩔 수 없이 "나의 하나님, 나의 하나님, 어찌하여 나를 버리셨나이까?"(마 27:46)라고 외칠 정도로 불안이 그를 짓눌렀다고 본다. 어떤 이들은 그리스도가 그 자신의 감정에 의해서라기보다 타인들을 염두에 두고 말했다고 해설하나, 그것은 있을 법하지 않다. 왜냐하면 이 말은 밑바닥의 쓰라린 심정에서 나왔음이 명백하게 드러나기 때문이다. 그렇다고 우리가 이것으로 하나님께서 그의 그리스도에게 적대적이 되거나 노를 발했다고 추론하려는 것이 아니다. 아버지가 친히 매우 기뻐했다고 말한 그의 사랑하는 아들에게(마 3:17) 어찌 노를 발하겠는가? 그리스도가 아버지의 화를 돋우었다면, 어찌 그의 중재로 사람들에 대한 그의 진노를 완화시키겠는가? 우리는 그리스도가 하나님의 보복의 무게를 견디셨다고 말한다. 그가 하나님의 손으로 두드려 맞고 체형을 당했으며, 하나님이 죄인들에게 화를 내고 처벌함으로써 보여 주는 징후들을 다 경험했기 때문이다. 따라서 힐라리우스는 예수 그리스도의 죽음으로 말미암아 우리가 죽음이 이제 폐기되는 이 복을 얻었다고 말한다. 다른 구절에서도 그는 우리의 의도에서 벗어나지 않는다. 그는 십자가, 죽음, 지옥이 우리의 생명이라고 말하고, 또한 하나님의 아들은 지옥에 있고 사람은 하늘로 올라간다고 말한다. 요컨대, 예수 그리스도는 마귀의 권세, 죽음의 공포, 지옥의 고통과 싸움으로써 거기서 이기고 승리하였기 때문에, 우리는 우리의 군주가 죽음에서 폐기하고 없애버린 것들을 더 이상 두려워하지 않게 된다.

그리스도의 십자가

빌라도가 이르되 진리가 무엇이냐 하더라 이 말을 하고 다시 유대인들에게 나가서
이르되 나는 그에게서 아무 죄도 찾지 못하였노라 _ 요 18:38

우리는 계속해서 성자에 관한 우리의 신앙고백을 살펴보고 있습니다. 이
제 그리스도의 십자가 구속과 관련된 내용입니다. 함께 읽겠습니다.

본디오 빌라도에게 고난을 받아 십자가에 못 박혀

여기서 그리스도를 정죄한 재판관의 이름과 그가 당한 죽음의 종류가 표현되는바,
이는 역사의 진리를 확증하기 위함일 뿐만 아니라 이것이 우리 구속의 신비에 속
하기 때문이기도 하다. 그리스도의 죽음으로 죄가 도말되고 그에 따른 저주도 제
거되어야 했기 때문에, **다른 종류의 죽음을 당하는 것으로는 충분하지 않았다. 오
히려 우리 구속의 모든 부분들을 바르게 이행하기 위해서는 확실한 종류의 죽음을
선택하여, 그것으로 말미암아 하나님의 진노에 합당한 우리의 정죄와 대가를 그
자신에게로 전이시킴으로써 이 두 가지에서 우리를 건지셔야 했다.** 그러므로 먼저
그는 지방 총독에게 고난을 받고 재판관의 정죄 판결을 받았는바, 이는 최고의 재
판관의 심판대 앞에서 우리를 이 저주로부터 구원하기 위함이었다.

예수님께서 우리를 위해 십자가에 죽으셨지만, 이 죽음은 우리의 죄를 대속하기에 합법적이고 적합한 죽음이어야 했습니다. 그러므로 재판의 과정과 재판관의 이름과 판결과 사형 방법과 죽음의 종류가 자세하게 제시되었습니다.

> "본디오 빌라도에게 고난을 받아 십자가에 못 박혀 죽으시고"
> **그리스도의 죽음은 구속에 적합한 확실한 종류의 죽음이어야 했다.**

그래서 사도신경을 통해 오고 오는 모든 시대의 신자들의 입을 통해 그리스도가 본디오 빌라도에게 고난을 받으셨다고 말해지고 있습니다.

> **만일 강도들이 그의 목을 잘랐다면, 만일 그가 소요 가운데서 사적인 인물들의 손으로 살해당했다면, 그런 죽음에서는 어떤 대속의 모습도 없었을 것이다.** 하지만 그가 피소되기 위해 법정으로 끌려가서 증거들로 비난받고 재판관의 입으로 정죄되었기에, 이로써 우리는 그가 악행을 한 페르소나를 취했음을 본다. 여기서 우리는 선지자들이 예언한 두 가지 것을 고려하여 우리 믿음에 특별한 위안을 가져와야 한다. 우리가 그리스도께서 법정에서 형장으로 끌려가서 강도들 사이에 매달렸다는 말을 들을 때(요 19장), 거기서 우리는 복음서 기자가 인용하는 예언의 성취를 본다. 즉 "그가 행악자의 무리로 간주되었다"(사 53:12; 막 15:28)라는 것이다. 이럴 이유가 무엇이었는가? 그것은 죄인들이 받았어야 할 형벌을 그들을 대신해서 모두 이행하기 위함이었다.

이 부분은 평소에 우리가 십자가를 말하면서도 잘 다루지 않았던 부분입니다. 그리스도가 우리를 위해 죽으셨다고 할지라도 만일 그의 죽음의 종류가 대속에 적합하지 않았다면 안 되는 것입니다. 그는 죄가 없으셨고, 당시 최고의 법정인 로마의 법정에 서야 했고, 우리를 위한 죽음으로 죽으셨습니다.

▌ 그리스도의 죽음 ≠ 강도, 살인, 사고

이어지는 내용은 그가 분명히 대속적 죽음으로 죽으셨다는 것을 설명하는 것입니다. 그는 죄가 없으셨고, 앞서 우리가 읽은 요한복음 18장 38절의 내용처럼 당시 최고의 법정인 로마의 재판관이 무죄를 선언했기 때문입니다.

> 실로 그가 의 때문이 아니라 죄 때문에 죽음을 당한 것처럼 말이다. 반대로 그가 그를 정죄한 바로 그 입에 의해 무죄 인정을 받았음(빌라도는 여러 번 그의 무죄를 공적으로 증언하지 않을 수 없었다)을 우리가 들을 때, 우리는 다른 선지자가 자신이 빼앗지 않은 것을 물어주었다(시 69:4)라고 말한 것을 기억하게 된다. 이와 같이 우리는 예수 그리스도 안에서 죄인과 행악자로 꾸며진 페르소나를 볼 것이며, 동시에 그의 무죄로 말미암아 그가 자신의 죄가 아닌 타인의 죄를 담당했음을 알게 될 것이다. **그러므로 그는 본디오 빌라도에게 고난을 받았는바 이 지방 총독의 법적 판결에 의해 행악자로 정죄되었으나, 그럼에도 불구하고 그가 의인이라고 선포되지 않을 정도로 그렇게 정죄된 것은 아니었다.** 왜냐하면 총독은 그리스도에게서 아무런 소송 사유를 발견하지 못한다고 말했기 때문이다(요 18:38).

▎ 그리스도의 죽음 – 법적 판결에 의한 죽음

지금까지 살펴본 것처럼, 그리스도의 죽음이 강도나, 살인, 사고에 의한 우연적 죽음이 아니라 법적 판결에 의해, 무죄하심에도 불구하고 대속적 차원의 죽음으로 죽으심으로, 우리의 대속이 참된 대속이 되고 효력있는 대속이 된 것입니다. 이어지는 내용은, 십자가의 처형은 성경에서 그리스도에 관해 예언하신 그 죽음이라는 것입니다.

> 나아가 죽음의 종류에 신비가 없지 않다. 십자가 처형은 인간의 견해에 따라서 뿐만 아니라 하나님의 율법의 법령에 따라서도 저주받은 것이다(신 21:23). **그러므로 그리스도는 십자가에 달리면서 스스로를 저주에 굴복시킨다. 이렇게 되어야 했던 이유는 우리가 받아야 했고 우리 죄악을 위해 준비된 저주가 그에게로 이전되어**

우리를 거기서 구원해야 했기 때문이다. 바로 이것이 이전에 율법에서 상징되었던 것이다. 죄 대신 바쳐지는 희생 제물은 바로 죄라는 이름으로 불렸으며, 이 이름으로 성령은 희생 제물이 죄에 합당한 모든 저주를 수용했음을 의미하고자 했다. 그러므로 모세의 희생 제사에서 상징적으로 표현된 것이 모형들의 실체인 예수 그리스도 안에서 실제로 성취된 것이다. **따라서 그는 우리 구속을 다 이행하기 위해서 그의 목숨을 죄의 희생 제물로 바치셨는데, 이는 선지자의 말대로(사 53:10) 죄인으로서 우리에게 합당한 저주가 그에게로 돌려져서 더 이상 우리에게로 전가되지 않게 하기 위함이었다.**

▌ 그리스도의 죽음 – 대속의 죽음

그러므로 그리스도는 희생 제물이 되셨고, 화목제물이 되셨습니다. 이것은 그리스도의 죽음에 관해 구약 성경이 예언하고 있는 죽음과 동일하여, 그는 성경대로 죽으시고 성경대로 다시 살아나신 것입니다.

사도는 이 사실을 더욱 명백히 밝혀 주고 있는바, 그는 "성부께서 죄를 알지도 못한 이를 우리를 위해 죄가 되게 하심은 그를 통해 우리가 하나님 앞에서 의를 얻게 하려 함이라"(고후 5:21)라고 말한다. **모든 악에서 깨끗하고 순수한 하나님의 아들이 우리 죄악의 수치와 불명예를 취하여 입으시고 우리를 그의 청결로 덮어 주신 것이다.** 이것은 바울의 다른 구절에서도 증명되는바, 거기에는 죄가 예수 그리스도의 육신에서 죄로 정죄되었다고 기록된다(롬 8:3). 왜냐하면 하늘 아버지께서 죄의 저주를 예수 그리스도의 육신으로 이전시키심으로써 죄의 힘을 제거하셨기 때문이다. 이제 "우리의 모든 죄악이 그에게 놓여졌다"(사 53:6)라는 선지자의 말이 무엇을 의미하는지 분명해진다. 즉 그[하늘 아버지]가 우리 죄악의 더러움들을 도말하시기 위해 먼저 그것들을 그리스도의 인격 안에서 수용하고 [이어서] 그에게로 전가시키셨다는 것이다.

그러므로 그리스도의 죽음은 대속적이었고, 그의 죽음을 통한 속죄의 효력이 자신의 믿음을 고백한 신자들에게 전가된 것입니다.

> 그러므로 십자가는 (사도의 말처럼) 예수 그리스도가 거기에 달려 우리를 위해 저주를 받으심으로 말미암아 율법의 저주로부터 우리를 구원하셨다(갈 3:13)는 사실에 대한 증표였다. 왜냐하면 나무에 달린 자는 저주를 받았다고 기록되어 있기 때문이다(신 21:23). 이와 같이 아브라함에게 약속된 축복은 모든 백성에게 확대되었다. **그렇지만 그리스도가 우리 저주를 수용하되 그것에 덮혀 짓눌릴 정도였다고 이해해서는 안 되며, 반대로 그가 그 저주를 수용함으로써 그것을 무력화시키고 깨뜨리며 흩어 버리셨다고 이해해야 한다.** 따라서 그리스도의 정죄에 대한 믿음은 죄 사함을 내포하며 그의 저주에 대한 믿음은 축복을 내포하고 있는 것이다.

| 그리스도의 죽음: 저주 → 축복

그러므로 그리스도의 죽음은 저주를 축복으로 바꾸어 놓는 역사였습니다. 십자가 처형은 그 자체가 저주였지만, 그리스도가 그 십자가를 지심으로 우리에게 축복이 되었습니다. 이제 십자가에서 장사지냄으로 내용이 이어지고 있습니다.

죽으시고 장사되어

> 여기서 우리는 그리스도가 우리 구속의 대가를 지불하기 위해 얼마나 철저히 우리를 위한 의무에 복종하셨는지를 알아볼 수 있다. 죽음이 우리를 그것의 멍에 아래 묶어 두었으나 그리스도가 우리를 끌어내기 위해 죽음의 권세에 넘겨지신 것이다. 이것이 사도가 "그리스도는 모든 사람을 위해 죽음을 맛보셨다"(히 2:9)라고 말하면

서 이해하고 있는 내용이다. **그는 자신이 죽음으로써 우리로 죽지 않게 하셨다. 아니면, 같은 의미지만 다른 말로, 자신의 죽음을 통해 우리에게 생명을 얻어 주셨다.**

▌ "자신의 죽음으로써 우리를 죽지 않게 하셨다"

그리스도의 십자가를 말할 때 우리는 단지 그가 죽으셨다만 말해서는 안 됩니다. 그는 또한 장사되었습니다. 칼뱅은 이것을 설명하기를 죽음의 권세에서 우리를 끌어내시기 위해 그분이 죽음의 권세에 넘겨지셨다고 말하고 있습니다.

그런데 그에게는 우리와는 다른 점이 있었다. 그는 마치 죽음의 목구멍으로 들어가기 위한 것처럼 그 죽음에 자신을 허용하셨으나, **이는 완전히 삼켜지기 위함이 아니라 오히려 삼켜 버림으로써**(고전 15:55; 호 13:14) 그것이 우리에 대해 늘 갖던 대로의 힘을 더 이상 갖지 못하게 하기 위함이었다. 그는 죽음에 의해 마치 굴복된 것과 같이 되는 것을 용납하셨는데, 이는 그것에 압도되어 쓰러지기 위함이 아니라 오히려 죽음이 우리에게 행사하던 그의 통치를 뒤엎기 위함이었다. 마지막으로 그가 죽은 것은 그가 죽음으로써 죽음에 대한 통치권을 갖고 있는 자, 즉 마귀를 멸망시키고, 죽음의 두려움 때문에 평생 노예 상태로 있던 자들을 구원하기 위함이었다. 이것이 그의 죽음이 우리에게 가져다주는 첫째 열매다.

▌ 그리스도의 죽음 – 삼켜지기 위한 죽음이 아닌 삼켜 버리신 죽음

이와 같이 그리스도가 마치 죽음의 목구멍까지 들어가셨지만, 그것에 삼켜지신 것이 아니라 오히려 그것을, 즉 죽음을 삼켜 버리셨습니다. 그래서 죽음이 더 이상 주장하지 못하도록 승리하셨습니다. 칼뱅은 이것을 놀랍게 표현하고 있습니다. 그는 죽음으로써 죽음을 이기셨다는 것입니다.

다른 열매는 그의 죽음이 그의 능력으로 우리 땅의 지체들을 죽임으로써 이후 더 이상 그 활동을 하지 못하게 하고, 우리 안에 있는 옛 사람을 죽임으로써 더 이상 생기를 갖지 못한 채 스스로 열매 맺지 못하게 한다는 것이다. 예수 그리스도의 장례 역시 그런 목적을 향한다. **즉 우리가 장례식을 가짐으로써 죄로 인해 매장된다는 것이다.** 사도는 우리가 그리스도의 죽음과 유사하게 접목되었고(롬 6:5), 그와 함께 죄의 죽음 가운데 매장되었으며, 세상이 그의 십자가로 우리를 못 박았으며, 우리도 세상을 못 박고 세상과 더불어 죽었다(갈 6:14; 골 3:3)고 말하면서, 그의 죽음의 본을 닮으라고 권면할 뿐만 아니라 이런 효력이 그의 죽음에 있음을 입증하는 바, 이 효력은 모든 그리스도인이 그들의 구속주의 죽음을 무익하고 열매 없는 것으로 만들고자 하지 않는 한 그들에게 나타나야 하는 것이다. 따라서 예수 그리스도의 죽음과 장례에서 우리에게 제시되는 두 가지 혜택이 있다. 즉, 죽음에서의 구원과 우리 육신을 죽이기다.

ㅣ　장사지낸 바 되심 → 땅의 지체들을 죽임

이렇게 그리스도가 십자가에 죽으시고, 장사지낸 바 되심으로 그에게 속한 우리도 그리스도와 연합한 자로서 우리도 그리스도와 연합하여 죽고, 또한 장사지낸 바 되어야 한다고 설명하고 있습니다. 이것이 갈라디아서 6장과 골로새서 3장에서도 동일하게 교훈되고 있습니다. 이제 '지옥에 내려가시고' 가 고백되고 있습니다.

지옥에 내려가시고

비록 사도신경을 해설한 고대 박사들의 책을 통해 이 소절이 교회들 사이에서 완전히 확정되지 않은 것이 명백하다 하더라도, 나는 이것이 크고 탁월한 신비를 담고 있기 때문에 이것을 빠뜨려서는 안 된다고 여긴다. 고대인들 가운데 이것을 포기하지 않는 많은 사람이 있었으며, 이로부터 이것이 사도 시대 이후에 첨가되었으나 점차 활용되기에 이르렀다고 추측될 수 있다. 어찌됐건 의심의 여지없이 이것은 모든 참된 신자들이 붙들고 느껴야 할 것에서 취해졌다는 것이다. **고대 교부들 가운데서는, 비록 의미는 다양하다 하더라도, 예수 그리스도의 지옥 강하를 언급하지 않는 자가 아무도 없다.** 이 소절이 누구에 의해서 언제 사도신경에 삽입되었는지 알아보는 것은 크게 중요한 일이 아니다. 오히려 우리는 이것[사도신경]에 우리 믿음의 명백하고 온전한 요점이 있으며, 거기에는 아무것도 부족한 것이 없고 또한 하나님의 말씀에서 취하지 않는 것이 아무것도 제시되지 않는다는 사실에 주목해야 한다. 이 소절로 말하면 그 중요성이 잠시 후 명백해질 것이며 우리 구원의 완성을 위해 결코 생략되어서는 안 되는 것이다.

▌ 지옥에 내려가시고 → 모든 교부들이 언급했다

사도신경에서 "지옥에 내려가시고"라는 항목이 언급되지 않는 경우도 있지만, 칼뱅은 사도신경에서 그 항목이 고백되어야 한다고 설명하고 있습니다. 한국 장로교회 선교 초기에는 "지옥에 나리우사"가 있었지만, 장감 찬송가를 출간하는 과정에서 이 항목이 빠져 오늘날 한국 교회 사도신경에 이르고 있습니다.

그러므로 이 주제에 대한 보다 확실한 해설을 추구해야 한다. 그런데 하나님의 말씀은 이것에 대한 바르고 거룩한 위로뿐만 아니라 큰 위로로 가득 차 있음을 보여준다. 만일 예수 그리스도가 육체의 죽음만을 이행했다면 그것은 아무것도 아니었다. 오히려 **그는 하나님의 심판의 가혹함을 느끼고, 하나님의 진노를 만족시킴으로써 그 진노가 우리 위에 떨어지지 않도록 중재하며 마치 막아서는 듯해야 했다. 이렇게 하기 위해서는 그가 지옥의 권세 및 영원한 죽음의 공포와 맞서 마치 주먹질로 싸우는 것이 적절했다.** 선지자는 "우리의 평화에 요구되는 징계가 그[그리스도] 위에 놓였고, 우리의 범죄로 인해 그가 두드려 맞고 채찍에 맞았으며, 우리의 죄악으로 인해 고난을 당했다"(사 53:5)라고 말한다. 이 말로 그가 의미하는 바는 **그리스**

도가 죄인들을 대신하여 보증인과 담보물로, 아니 그보다 주요 채무자로 대체되었고 그들에게 부과되어야 했던 형벌을 받았다는 것이다. 그가 죽음의 고통에 매어 굴복될 수 없었다는 것(행 2:24) 외에 다른 차이가 없다. 그러므로 그가 하나님의 진노가 행악자에게 부과하는 죽음을 당하셨을진대, 그가 지옥에 내려가셨다고 기록된다 해서 놀랄 것이 없다.

| 지옥 강하 → 우리의 형벌에 대한 완전한 대속

여기에서는 그리스도의 지옥 강하가 우리의 정통 기독교 신앙에서 어긋나지 않는다는 사실을 설명하면서 오히려 이 고백이 우리에게는 큰 위안을 주는 것이라고 설명하고 있습니다.

이것을 보다 쉽게 이해하기 위해 [말하자면], **자신이 하나님에게서 포기되고 버림받았다고 느끼는 것, 기도해도 도움이 없다는 것, 하나님이 우리를 명하고 파괴할 계획을 꾸민 것 외에는 다른 것을 기대하지 못하는 것은 끔찍하고 비참한 심연이 아니겠는가?** 그런데 우리는 예수 그리스도가 거기까지 내려가서 어쩔 수 없이 "나의 하나님, 나의 하나님, 어찌하여 나를 버리셨나이까?"(마 27:46)라고 외칠 정도로 불안이 그를 짓눌렀다고 본다. 어떤 이들은 그리스도가 그 자신의 감정에 의해서라기보다 타인들을 염두에 두고 말했다고 해설하나, 그것은 있을 법하지 않다. 왜냐하면 이 말은 밑바닥의 쓰라린 심정에서 나왔음이 명백하게 드러나기 때문이다. 그렇다고 우리가 이것으로 하나님께서 그의 그리스도에게 적대적이 되거나 노를 발했다고 추론하려는 것이 아니다. 아버지가 친히 매우 기뻐했다고 말한 그의 사랑하는 아들에게(마 3:17) 어찌 노를 발하겠는가? 그리스도가 아버지의 화를 돋우었다면, 어찌 그의 중재로 사람들에 대한 그의 진노를 완화시키겠는가?

칼뱅은 그리스도의 지옥 강하에 대하여 부연하여 설명하면서 마태복음 27장 46절을 가져오고 있습니다.

우리는 그리스도가 하나님의 보복의 무게를 견디셨다고 말한다. 그가 하나님의 손으로 두드려 맞고 체형을 당했으며, 하나님이 죄인들에게 화를 내고 처벌함으로써 보여 주는 징후들을 다 경험했기 때문이다. 따라서 힐라리우스는 예수 그리스도의 죽음으로 말미암아 우리가 죽음이 이제 폐기되는 이 복을 얻었다고 말한다. 다른 구절에서도 그는 우리의 의도에서 벗어나지 않는다. 그는 십자가, 죽음, 지옥이 우리의 생명이라고 말하고, 또한 하나님의 아들은 지옥에 있고 사람은 하늘로 올라간다고 말한다. 요컨대, **예수 그리스도는 마귀의 권세, 죽음의 공포, 지옥의 고통과 싸움으로써 거기서 이기고 승리하였기 때문에, 우리는 우리의 군주가 죽음에서 폐기하고 없애버린 것들을 더 이상 두려워하지 않게 된다.**

▌ 그리스도의 지옥강하 → 지옥의 고통

리처드 코긴은 에베소서 강해 2장에서 이렇게 설명하고 있습니다. "한번 상상해 보라. 당신은 썩어가던 시체였다. 사슬에 매여 관 속에 갇혀 있었다. 관은 화장터로 옮겨지고 가차 없이 불길 속으로 들어갔다. 활활 타오르는 불길이 관을 집어삼킬 때, 누군가 불 속으로 들어간다. 그리고 관을 깨부순다. 그는 송장이 되어 누워 있던 당신을 바깥으로 끄집어내고, 생명의 호흡을 불어넣는다. 그리고 당신을 깨끗이 씻기고 자신의 옷을 입힌다. 준비해 둔 고급차에 당신을 태워 아버지가 기다리고 있는 왕궁으로 데리고 간다. 그곳에 도착한 당신은 그가 지내던 방에 지내고, 그가 식사하던 탁자에서 식사한다. 그 아버지의 영원한 환대를 받으면서 말이다."

우리는 지금까지 그리스도의 십자가에서 장사지내심, 지옥 강하까지를 살펴보았습니다. 그리스도는 우리를 죄와 사망으로부터 완전히 빼내시고 효력 있는 대속을 위해 적합한 죽음으로 죽으시고 사망을 완전히 제압하시고, 우리를 위하여 모든 죄의 형벌과 하나님의 공의의 보복을 견디어 내셔서 우리에게 완전한 구원, 완전한 생명, 완전한 승리를 가져다주셨습니다. 그러므로 우리는 이런 그리스도를 찬양하고, 그리스도와 함께 연합되며, 그리스도를 따라 살아야 할 것입니다.

기독교강요 제4장. 믿음: 사도신경 해설

사흘 만에 죽은 자 가운데서 살아나셨으며

십자가와 죽음과 그리스도의 무덤에서는 연약함만이 나타났기 때문에, 믿음은 더 멀리 나아가 충분히 강화되어야 한다. 따라서 그의 죽음으로 말미암아 우리가 하나님과 화해하고 그의 의로운 심판이 충족되고 저주가 폐기되며 우리가 치러야 할 모든 형벌이 청산되었기 때문에 그의 죽음 안에서 우리가 구원의 온전한 성취를 얻었지만, 그럼에도 불구하고 우리가 산 소망으로 다시 살아난 것은 그의 죽음 때문이 아니라 그의 부활 때문이라고 기록된다(벧전 1:3). 그가 부활하심으로써 자신을 죽음에 대한 승자로 드러내셨듯이, 마찬가지로 우리 죽음의 승리도 그의 부활에 있는 것이다. 바울의 말은 이것의 의미를 더 잘 보여 줄 것이다. 그는 그리스도께서 우리의 죄 때문에 죽으시고 그의 의롭게 됨을 위해 부활하셨다(롬 4:25)라고 말한다. 이는 마치 그가 그리스도의 죽으심으로 죄가 제거되고 그의 부활로 인해 의가 창출되었다고 말한 셈이다. 그가 죽음에 굴복하셨다면, 어떻게 죽음으로써 우리를 죽음에서 구원할 수 있었을까? 그가 전투에서 패배했다면, 어떻게 우리에게 승리를 얻어다 주셨을까? 따라서 우리는 우리 구원의 실체를 그리스도의 죽음과 그의 부활로 구분하는바, 우리의 말은 그의 죽음을 통해서 죄가 파괴되고 죽음이 소멸되었으며, 그의 부활을 통해서 의가 세워지고 생명이 회복되었다는 것이요, 이런 식으로 그의 죽음이 효력을 갖는 것은 그의 부활에 의해서라는 것이다.

나아가 우리가 앞에서 우리의 육체 죽이기는 그리스도의 십자가에 참여하는 일에 달려 있다고 설명했듯이, 마찬가지로 부활에서 유래하는 동등한 다른 열매가 있음을 깨달아야 한다. 사도가 말하듯이, 우리도 동일하게 그의 죽음에 접목되었는바 이는 우리가 그의 부활에 참여함으로써 새 생명 가운데서 행하기 위함이다(롬 6:4). 따라서 그가 다른 곳에서 우리가 그리스도와 함께 죽었다는 사실로부터 지상에서 우리의 지체를 죽여야 한다는 논지를 추출하듯이, 또한 마찬가지로 우리가 그리스도와 함께 부활했다는 사실로부터 하늘의 것을 찾아야 한다는 논지를 추론한다(골 3:5). 사도는 하늘의 것이라는 말을 통해 우리를 부활하신 그리스도의 본을 따라 새 생명으로 권면할 뿐만 아니라, 우리가 의로 거듭나게 되는 것이 그의 능력으로 말미암아 이뤄진다고 가르친다.

우리에게는 부활의 세 번째 유익이 있다. 그것은 우리가 우리 부활의 담보를 가짐으로써 그것을 보다 확실하게 만든다는 것이다. 왜냐하면 그리스도의 부활이 우리 부활의 기초이자 실체이기 때문이다(고전 15:12-26). 또한 잠시, 그가 죽은 자 가운데서 다시 살아나셨다고 기록된다는 것을 유념해야 한다. 이 안에 그의 죽음과 부활의 의미가 담겨 있다. 이는 마치 그가 다른 사람들과 동일한 죽음을 당했으며, 그가 취하신 동일한 죽을 수밖에 없는 육체로 영생을 얻었다고 기록된 셈이다.

그리스도의 부활

> 예수는 우리가 범죄한 것 때문에 내줌이 되고 또한 우리를 의롭다 하시기 위하여
> 살아나셨느니라 _ 롬 4:25

계속해서 사도신경에서 성자에 관한 고백의 내용들을 살펴보고 있습니다. 이제 그리스도의 부활을 살펴볼 차례입니다.

사흘 만에 죽은 자 가운데서 살아나셨으며

십자가와 죽음과 그리스도의 무덤에서는 연약함만이 나타났기 때문에, 믿음은 더 멀리 나아가 충분히 강화되어야 한다. 따라서 그의 죽음으로 말미암아 우리가 하나님과 화해하고 그의 의로운 심판이 충족되고 저주가 폐기되며 우리가 치러야 할 모든 형벌이 청산되었기 때문에 그의 죽음 안에서 우리가 구원의 온전한 성취를 얻었지만, 그럼에도 불구하고 우리가 **산 소망으로 다시 살아난 것은 그의 죽음 때문이 아니라 그의 부활 때문이라고 기록된다**(벧전 1:3).

이미 몇 차례 말씀드렸습니다만, 복음이란 십자가와 부활을 모두 말해야 합니다.

| 복음 = 십자가 + 부활

부활은 십자가를 빛나게 합니다. 십자가가 은혜라면 부활은 승리입니다. 베드로전서 1장 3절은 이 관계를 잘 설명해 주고 있습니다.

> 우리 주 예수 그리스도의 아버지 하나님을 찬송하리로다 그의 많으신 긍휼대로 예수그리스도를 죽은 자 가운데서 부활하게 하심으로 말미암아 우리를 거듭나게 하사 **산 소망이 있게 하시며** _ 벧전 1:3

> 그가 부활하심으로써 자신을 죽음에 대한 승자로 드러내셨듯이, 마찬가지로 우리 죽음의 승리도 그의 부활에 있는 것이다. 바울의 말은 이것의 의미를 더 잘 보여 줄 것이다. 그는 그리스도께서 우리의 죄 때문에 죽으시고 우리의 의롭게 됨을 위해 부활하셨다(롬 4:25)라고 말한다. 이는 마치 그가 그리스도의 죽으심으로 죄가 제거되고 그의 부활로 인해 의가 창출되었다고 말한 셈이다.

부활은 승리를 가져왔습니다. 십자가가 죄의 문제를 해결했다면 부활은 죽음의 문제를 해결한 것입니다. 로마서 4장 25절은 이것은 가장 효과적으로 설명하고 있습니다.

> 예수는 우리가 범죄한 것 때문에 내줌이 되고 또한 우리를 의롭다 하시기 위하여 살아나셨느니라 _ 롬 4:25

여기서 의롭게 된다는 것은 죄가 없다는 것인데, 죄의 결과는 죽음입니다. 죄가 죽음을 가져왔습니다. 모든 인간은 죄와 죽음에서 자유롭지 못합니다. 야고보서 1장 15절은 이렇게 말합니다.

> 욕심이 잉태한즉 죄를 낳고 죄가 장성한즉 사망을 낳느니라 _ 약 1:15

여러분 죄가 어디서 왔습니까? 창세기를 보면 하나님께서 아담에게 이렇게 말씀하십니다.

> 선악을 알게 하는 나무의 열매는 먹지 말라 네가 먹는 날에는 반드시 죽으리
> 라 하시니라 _ 창 2:17

그러나 아담이 범죄함으로 모든 사람에게 죄가 들어오고 사망이 이르렀습니다. 그래서 이것을 로마서 5장 12절은 이렇게 설명하고 있습니다.

> 그러므로 한 사람으로 말미암아 죄가 세상에 들어오고 죄로 말미암아 사망이
> 들어왔나니 이와 같이 모든 사람이 죄를 지었으므로 사망이 모든 사람에게 이
> 르렀느니라 _ 롬 5:12

그러므로 모든 사람은 죄, 죽음, 심판에서 자유롭지 못합니다. 한마디로 의롭지 못한 죄인이라는 것입니다. 그래서 히브리서 9장 27절은 이렇게 말합니다.

> 한번 죽는 것은 사람에게 정해진 것이요 그 후에는 심판이 있으리니 _ 히 9:27

이렇게 모든 사람이 죄인이요, 사망이요, 심판입니다. 그래서 모든 인간은 소망이 없었습니다. 이것을 로마서 10장 10절은 이렇게 말합니다.

> "기록된 바 의인은 없나니 하나도 없으며"
> 의인은 없다 = 죄, 사망, 심판

그러므로 우리는 우리의 의를 위해 부활하셨다는 말을 잘 이해해야 합니다. 우리의 죄 때문에 죽으시고, 우리의 의를 위해서 살아나셨다는 말을 이해할 때 정말 제대로 복음을 이해한 것이기 때문입니다.

그가 죽음에 굴복하셨다면, 어떻게 죽음으로써 우리를 죽음에서 구원할 수 있었을까? 그가 전투에서 패배했다면, 어떻게 우리에게 승리를 얻어다 주셨을까? 따라서 우리는 우리 구원의 실체를 그리스도의 죽음과 그의 부활로 구분하는바, 우리의 말은 **그의 죽음을 통해서 죄가 파괴되고 죽음이 소멸되었으며, 그의 부활을 통해서 의가 세워지고 생명이 회복되었다는 것이요,** 이런 식으로 그의 죽음이 효력을 갖는 것은 그의 부활에 의해서라는 것이다.

> 그리스도의 죽음 = 죄가 파죄, 죽음이 소멸
> 그리스도의 부활 = 의, 생명의 회복

그러므로 부활은 십자가를 승리로 완성시켜 주었습니다.

나아가 우리가 앞에서 **우리의 육체 죽이기는 그리스도의 십자가에 참여하는 일에 달려 있다**고 설명했듯이, 마찬가지로 부활에서 유래하는 동등한 다른 열매가 있음을 깨달아야 한다. 사도가 말하듯이, 우리도 동일하게 그의 죽음에 접목되었는바 이는 **우리가 그의 부활에 참여함으로써 새 생명 가운데서 행하기 위함이다**(롬 6:4).

이 부분이 아주 중요한 교훈을 줍니다. 우리는 모두 그리스도 예수와 함께 합니다. 기도를 그분의 이름으로 하듯이, 귀신이 그분의 이름 앞에서 쫓겨 가듯이, 우리가 그의 이름을 믿을 때 구원을 얻듯이 우리는 모두가 그분과 뗄 수 없는 것입니다. 이것을 로마서 6장 4절이 효과적으로 설명해 주고 있습니다.

그러므로 우리가 그의 죽으심과 합하여 세례를 받음으로 그와 함께 장사되었나니 이는 아버지의 영광으로 말미암아 그리스도를 죽은 자 가운데서 살리심과 같이 우리로 또한 새 생명 가운데서 행하게 하려 함이라 _ 롬 6:4

> **죄 죽이기** - "옛사람을 십자가에 못 박고 장사지냄"(갈 2:20)
>
> **새 생명으로 살기** - "새 것이 되었도다"(고후 5:17)

그러므로 칼뱅은 죄 죽이기와 새 생명으로 살기가 우리에게 매우 중요하다고 강조합니다. 그리스도가 죽으심으로 우리가 살아난 것처럼 우리도 그리스도와 연합하여 죽고, 그리스도의 생명으로 사는 역사가 일어나야 합니다.

> **따라서 그가 다른 곳에서 우리가 그리스도와 함께 죽었다는 사실로부터 지상에서 우리의 지체를 죽여야 한다는 논지를 추출하듯이, 또한 마찬가지로 우리가 그리스도와 함께 부활했다는 사실로부터 하늘의 것을 찾아야 한다는 논지를 추론한다**(골 3:5). 사도는 하늘의 것이라는 말을 통해 우리를 부활하신 그리스도의 본을 따라 새 생명으로 권면할 뿐만 아니라, 우리가 의로 거듭나게 되는 것이 그의 능력으로 말미암아 이뤄진다고 가르친다.

그러므로 구습을 따르던 옛사람은 날마다 죽어야 합니다. 이것을 로마서 8장은 "육신으로 살면 반드시 죽는다"라고 말합니다. 하나님을 알지 못하던 때의 생활을 버리시길 바랍니다.

> 그러므로 땅에 있는 지체를 죽이라 곧 음란과 부정과 사욕과 악한 정욕과 탐심이니 탐심은 우상 숭배니라 _ 골 3:5

골로새서 3장과 고린도전서 15장에서 이 사실을 교훈하고 있습니다.

> 새 사람을 입었으니 이는 자기를 창조하신 이의 형상을 따라 지식에까지 새롭게 하심을 입은 자니라 _ 골 3:10

우리에게는 부활의 세 번째 유익이 있다. 그것은 우리가 우리 부활의 담보를 가짐으로써 그것을 보다 확실하게 만든다는 것이다. 왜냐하면 그리스도의 부활이 우리 부활의 기초이자 실체이기 때문이다(고전 15:12-26).

그러므로 부활은 강력한 믿음을 가져옵니다.

또한 잠시, 그가 죽은 자 가운데서 다시 살아나셨다고 기록된다는 것을 유념해야 한다. 이 안에 그의 죽음과 부활의 의미가 담겨 있다. 이는 마치 그가 다른 사람들과 동일한 죽음을 당했으며, 그가 취한 동일한 죽을 수밖에 없는 육체로 영생을 얻었다고 기록된 셈이다.

그러므로 우리는 부활의 능력과 소망으로 이 세상을 승리해야 합니다. 앞 장에서 살펴본 것과 같이 우리의 왕이 우리에게서 폐기시킨 것들을 더 이상 두려워해서는 안 됩니다. 우리는 베드로처럼 되어서는 안 됩니다. 예수님께서 발을 씻기실 때 베드로는 "저는 씻겨 주지 않으셔도 됩니다"라고 거절합니다. 그때 예수님은 "내가 너를 씻겨 주지 않으면 너는 나와 상관이 없다고 하십니다. 예수님께서 씻겨 주지 않아도 될 사람이란 없기 때문입니다.

마찬가지로, 우리가 그리스도 예수 안에 있다면 그분과 함께 나의 옛사람을 못 박고 장사지내야 합니다. 또한 그분이 입혀 주신 옷을 입고 새 생명 가운데서 새로운 삶을 살아가야 합니다. 이 은혜가 모두에게 있기를 바랍니다.

기독교강요 제4장. 믿음: 사도신경 해설

하늘에 오르시어 전능하신 아버지 하나님 우편에 앉아 계시다가

비록 그리스도가 부활하심으로 말미암아 죽을 본성의 비천함과 십자가의 치욕을 벗고 그의 영광과 능력을 높이기 시작했지만, 그럼에도 불구하고 그가 그의 나라를 진정 드높이신 것은 그가 하늘로 올라가셨을 때다. 바로 이것이 사도가 그리스도께서 만물을 완성하기 위해서 올라가셨다(엡 4:10)라고 말하면서 보여 주는 내용이다. 우리는 그리스도가 자기 백성을 돕고 적들과 싸우면서 그의 영의 은사들을 얼마나 널리 베푸셨는지, 그의 존엄을 얼마나 확대하셨는지, 그의 능력을 얼마나 멀리 선포하셨는지를 알고 있다. 그러므로 그는 하늘에 받아들여진 후 그의 몸의 임재를 우리의 시야에서 제거하셨으나(행 1:9), 이는 아직 지상에서 순례하는 신도들을 돕는 것을 포기하기 위함이 아니라 이전보다 더 참여적인 능력으로 세상을 다스리기 위함이다. 실제로 그가 세상 끝까지 우리와 함께하시겠다고 약속하신 것은 이 승천에 의해서 성취되었다. 승천으로 몸이 하늘에 올라간 것처럼, 또한 능력과 효력은 천지의 모든 한계 너머로 확대되었기 때문이다.

그러므로 즉시 아버지의 우편에 앉으셨다는 말이 첨가된다. 이 비유는 왕들이 통치 책임을 부여하는 그의 보좌관들을 배석자로 앉히는 데서 취해진 것이다. 이처럼 성부가 높여서 그의 손으로 통치권을 행사하고자 한 그리스도는 아버지 우편에 앉으셨다고 기록된다. 이 말씀으로 이해되어야 할 것은, 그가 천지의 주로 임명되었다는 것, 공식적으로 천지를 소유하게 되었다는 것, 그가 한 번만 가진 것이 아니라 심판 날에 내려가기까지 그것을 유지하신다는 것이다. 사도의 설명도 이렇다. 그는 "성부가 그를 그의 우편에 세우시되, 모든 통치권, 권세, 능력, 지배, 이 세상뿐 아니라 다음 세상에서 불리는 모든 이름 위에 세우셨으며, 만물을 그 발아래 복종시키고, 그를 만물 위에 교회의 머리로 두셨다"(엡 1:20-22)라고 말한다. 우리는 예수 그리스도께서 좌정하셨다고 기록되는 말이 무엇을 가리키는지를 안다. 그것은 하늘이나 땅에 있는 모든 피조물이 그의 존엄을 높이며 그의 손으로 다스려지며 그의 뜻에 순종하며 그의 능력에 복종한다는 것이다. 사도들이 종종 이 말을 언급하면서 의미하는 바는 만물이 그의 명령에 따라 허락된다는 것 외에 다름 아니다(행 2-4장; 히 1:8). 그러므로 이 말로 예수 그리스도께서 받으신 지복의 상태를 의미한다고 생각하는 자들은 이 점에서 잘못을 저지른다. 그런데 사도행전에서 스데반이 그리스도께서 서 계신 것으로 보았다고 증언하는(행 7:55) 것은 이것과 관계가 없다. 왜냐하면 여기서 문제 되는 것이 몸의 자세가 아니라 그의 제국의 존엄이며, 따라서 앉아 계시다는 것은 하늘의 보좌에서 주재하시는 것 외에 다른 것을 의미하지 않기 때문이다.

이로부터 우리의 믿음은 여러 가지 유익을 얻는다. [1] 우리는 주 예수께서 하늘로 승천하심으로 말미암아 아담에 의해 닫혔던 문을 열어주셨음을(요 14:3) 깨닫는다. 그가 우리의 육신을 가지고—마치 우리의 이름을 지닌 채—하늘로 들어가셨기 때문에, 이로부터 사도의 말이 뒤따른다. 즉 우리가 이미 어떤 면에서 그와 더불어 하늘 장소에 앉아 있다는 것이다(엡 2:6). 다시 말해서 우리는 하늘에 대한 실체 없는 소망을 가진 것이 아니라 이미 우리의 머리[그리스도] 안에서 그것을 소유하고 있다는 말이다.

[2] 나아가 우리는 그가 성부와 함께 거하시는 것이 우리에게 큰 유익이 없지 않음을 인식한다. 그는 사람의 손으로 만들어지지 않은 지성소로 들어가신 뒤(히 7:25; 9:11; 롬 8:34), 지속적으로 우리의 변호사와 중보자로 나타나 성부의 시선을 그[그리스도] 자신의 의로 돌려놓고 우리 죄를 바라보지 않게 하시며, 우리를 그의 마음과 화해시켜 그의 중보로 성부의 보좌에 나아가게 하시며, 거기에 은혜와 관용을 준비하여 보좌—모든 죄인에게 마땅히 무서운—가 우리에게 무섭지 않게 하신다.

[3] 셋째로, 우리는 이 조항에서 예수 그리스도의 권세를 느끼는바, 거기에 우리의 힘과 능력, 우리의 도움, 지옥과 대항하는 우리의 영광이 있다. 왜냐하면 그는 하늘에 오르면서 그의 대적들을 포로로 데려가셨으며(엡 4:8), 그들을 빼내신 후 그의 백성을 부요하게 하셨고 날마다 영적인 은사로 풍부하게 하시기 때문이다. 그러므로 그는 높은 곳에 앉으시어 그로부터 그의 능력을 우리에게 펼치시고 영적 생명으로 우리를 살리시며 그의 영으로 우리를 거룩하게 하시는데, 이는 그의 교회를 소중한 많은 은사로 풍부하게 하시고, 모든 해로운 것에서 그 교회를 그의 보호로 보전하시며, 십자가와 우리 구원의 모든 원수들을 그의 권능으로 억제하고 혼란에 빠뜨리시며, 최종적으로 천지의 모든 권세를 얻어 그의 모든 원수들—우

리의 원수들이기도 한—을 꺾어 파괴하며(시 110:1) 그의 교회를 완전하게 하기까지 하신다.

거기로부터 살아 있는 자와 죽은 자를 심판하러 오십니다.

이제부터 예수 그리스도의 종에게는 그의 능력의 임재를 알 수 있는 충분한 표징이 있다. 하지만 그의 나라가 아직 육체의 비천함 속에 감춰져 흐릿하기 때문에, 믿음이 마지막 날에 나타나실 예수 그리스도의 보이는 임재를 향한다는 것은 이유가 없지 않다. 왜냐하면 그는 올라가실 때 보였듯이 가시적 형태로 내려오시어(행 1:11), 그의 나라의 형언할 수 없는 존엄과 더불어, 불멸의 빛과 더불어, 신성의 무한한 권능과 더불어, 천사의 무리와 함께, 모두에게 나타나실 것이기 때문이다. 그러므로 이로부터 우리는 우리의 구속주가 양과 염소, 선택받은 자와 버림받은 자를 나누시며(마 25:31), 산 자나 죽은 자, 누구도 그의 심판을 피할 수 없을 그날을 기다리라는 명령을 받는다. 나팔 소리가 땅 끝 사방에서 들리며, 그로 말미암아 모든 사람들이, 그때 살아 있을 사람들뿐 아니라 그 전에 죽을 사람들이, 그의 심판대로 호출되고 소환될 것이다(살전 4:16-17).

산 자와 죽은 자를 선인과 악인으로 설명하는 어떤 사람들이 있다. 실제로 우리는 고대 교부들 중 어떤 이들이 이 말을 어떻게 설명해야 할지 망설였음을 본다. 그러나 앞의 첫 번째 의미가 훨씬 더 적합한바, 이는 그것이 보다 단순하고 덜 억지스러우며 성경에 익숙한 방식으로 해석되기 때문이다. 이것은 사도가 한 번 죽는 것이 모든 사람들에게 정해진 것(히 9:27)이라고 한 말과 모순되지 않는다. 비록 심판이 임하는 날에 죽을 목숨을 사는 사람들이 자연 질서에 따라 죽지는 않았다 하더라도, 그들이 겪을 변화는 그것이 죽음에 크게 부합하기 때문에 죽음이라 불리는 것이 이유가 없지 않다. 확실한 것은 모든 사람이 길게 쉬지는—성경은 이것을 잠잔다고 부른다—않을 것이고, 모두가 바뀌고 변할 것이다(고전 15:51). 이것은 무슨 의미인가? 그것은 그들의 죽을 목숨이 순식간에 폐기되고 새로운 본성으로 변형된다는 말이다. 그런 육체의 폐기가 죽었다는 것을 아무도 부인할 수 없다. 그럼에도 불구하고 산 자와 죽은 자가 심판으로 소환되리라는 것은 여전히 진실로 남는다. 그리스도 안에서 죽은 자들이 먼저 부활할 것이며, 다음으로, 바울이 말하듯이, 살아남은 자들이 공중에 계신 주 앞으로 나아올 것이다(살전 4:16-17). 사실이 조항은 사도행전 10장에 나오는 베드로의 설교(행 10:42)와, 바울이 디모데에게 한 권면(딤후 4:1)에서 취해졌을 가능성이 크다. 거기에는 산 자와 죽은 자에 대한 명백한 언급이 있다.

이로부터 한 가지 특별한 위로가 우리에게 온다. 즉 심판의 권능이 우리에게 심판을 행하도록 명하신 이—우리는 그의 영예에 참여하는 자들임—에게 주어졌다는 말을 우리가 들을진대(마 19:28), 그런 그가 그의 보좌에 올라 우리를 정죄하시기는커녕 그 반대이기 때문이다. 그렇게 큰 관용을 가진 군주가 어떻게 그의 백성을 파멸시키겠는가? 어떻게 머리가 그 지체들을 분산시키겠는가? 어떻게 변호사가 변호를 맡은 자들을 정죄하겠는가? 사도가 예수 그리스도께서 우리를 위해 중재하실 때 정죄할 자가 아무도 없다고 감히 자랑한다면(롬 8:34), 우리의 중보자이신 그리스도가 우리를 정죄하지 않으시리라는 것은 더욱더 확실하다. 왜냐하면 그가 친히 우리의 소송을 담당하시고 우리를 지지하겠다고 약속하셨기 때문이다. 우리가 구원을 대망하는 우리 구속주의 심판대 외에 다른 심판대 앞에 서지 않으리라고 말하는 것은 분명 보잘것없는 확신이 아니다. 나아가 우리에게는 지금 우리에게 복음을 통해 영원한 복을 약속하시는 이가 그때 심판을 행하면서 그의 약속을 인준하시리라는 확신이 있다. 그러므로 성부께서는 그의 아들에게 심판의 권세를 주시어 그를 영예롭게 하시고, 이를 행하심으로써 확실한 소망이 없을 경우 심판의 공포로 떨 수 있을 그의 종들의 양심을 위로해 주신 것이다.

그런데 우리가 알기로 우리 구원의 모든 총화와 모든 부분이 예수 그리스도 안에 포함되어 있기 때문에, 말해질 수 있는 매우 적은 일부라도 그것을 다른 곳으로 이전하지 않도록 주의해야 한다. 우리가 구원을 추구한다면, 예수의 이름만이 구원이 그에게 있음을 가르쳐 준다(행 4:12). 우리가 성령의 은사를 갈망한다면, 예수의 기름 부음에서 그것을 발견할 것이다. 우리가 힘을 추구한다면, 그것은 그의 통치권 안에 있다. 우리가 순결하게 행하려 한다면, 그것은 그의 수태 가운데 제시된다. 우리가 온유와 자비를 찾아내고자 한다면, 우리와 같은 모습이 되시어 불쌍히 여기는 법을 배우신 그의 탄생이 그것을 제시한다(히 2:17). 우리가 구속을 요구한다면, 그의 수난이 그것을 준다. 그의 저주 가운데서 우리는 우리의 면죄를 얻는다. 저주가 우리에게서 면제되기를 바란다면, 우리는 이 복을 그의 십자가에서 얻는다. 우리는 그의 희생에서 대속을 얻으며, 그의 피에서 정결함을 얻으며,

그의 지옥 강하에서 우리의 화목이 이뤄졌다. 우리 육체를 죽이는 일은 그의 무덤에 있으며, 새 생명은 그의 부활에 있으며, 부활에서 또한 우리는 영생의 소망을 갖는다. 우리가 하늘 기업을 추구한다면, 그의 승천이 이를 보장한다. 우리가 도움과 위로와 풍성한 복을 추구한다면, 그것은 그의 나라에 있다. 우리가 심판을 안전함 가운데서 기다리길 원한다면, 그가 우리의 심판관이시라는 사실에서 이 복을 누린다.

요컨대, 모든 축복의 보화가 그 안에 있기 때문에, 우리는 그것들을 거기에서 길어 올려야지 다른 데서는 안 된다. 주로 그를 바라보기는 하지만 그래도 그에게서 만족하지 않고 다른 소망을 가지고 여기저기 방황하는 자들은 그들의 생각의 일부를 다른 곳으로 돌리는 까닭에 바른길을 붙들지 못하는 것이다. 그러나 우리가 한 번 그의 부요함을 제대로 알게 될 때 이런 불신은 우리의 정신에 들어올 수 없다.

그리스도의 승천과 재림

주께서 호령과 천사장의 소리와 하나님의 나팔 소리로 친히 하늘로부터 강림하시리니 그리스도 안에서 죽은 자들이 먼저 일어나고 그 후에 우리 살아 남은 자들도 그들과 함께 구름 속으로 끌어 올려 공중에서 주를 영접하게 하시리니 그리하여 우리가 항상 주와 함께 있으리라 _ 살전 4:16-17

지금까지 성자에 관한 사도신경 각각의 고백들을 살펴보았는데, 이제 마지막입니다. 그리스도의 승천과 재림에 관해 살펴보려고 합니다. 사도신경에서 승천과 재림을 함께 다루는 것에는 성경적 이유가 있습니다. 마태복음 26장 64절에서 예수님은 이렇게 말씀하십니다. "예수께서 이르시되 네가 말하였느니라 그러나 내가 너희에게 이르노니 이후에 인자가 권능의 우편에 앉아 있는 것과 하늘 구름을 타고 오는 것을 너희가 보리라 하시니" 주님은 자신의 승천과 재림을 거의 하나의 사건으로 말씀하고 계십니다.

사실 한국 교회에서 '승천'에 대한 가르침이 좀 약한 편이었습니다. 십자가와 부활 다음에 바로 재림으로 넘어갔습니다. 이유는 잘 모르겠지만 승천과 관련된 찬송가도 많지 않습니다. 하지만 이번에 다루는 승천 부분이 중요합니다. 주님의 죽으심으로 우리의 옛사람이 죽었고, 주님의 부활로 부활 생명이 주어졌듯이, 그리스도의 승천은 우리의 승천을 전제하기 때문입니다. 분량이 조금 많습니다. 인내를 가지고 들을 수 있길 바랍니다.

그리스도의 승천

"하늘에 오르시어 전능하신 아버지 하나님 우편에 앉아 계시다가"

구소련(러시아)의 인공위성 보스토크 1호를 타고 최초로 우주여행을 한 유리 가가린에게 누군가 "올라가 보니 하나님이 계시던가요?"라고 물어보니 그는 "아니요"라고 했다는 이야기도 있습니다.

유리 가가린이 하나님을 볼 수 없었던 것은 당연합니다. 예수님이 승천하신 하늘은 물리적 하늘(sky)이 아니라, 하늘나라(heaven)입니다. 사실 예수님의 승천은 물리적으로 설명할 수 없습니다. 문제는, 물리적으로 설명할 수 없는 것은 일어날 수 없다고 생각하는 현대인의 사고방식입니다. 하지만 성경은 분명 예수님께서 승천하셨고, 그것을 많은 사람들이 보았다고 주장합니다(행 1:9-11). 우리는 부활하신 주님의 승천을 믿습니다.

칼뱅은 이 부분에서 '승천'이야 말로 예수님의 메시아로서의 세 가지 직분(선지자, 제사장, 왕)이 분명하게 성취된 사건이라고 주장하고 있습니다.

> 비록 그리스도가 부활하심으로 말미암아 죽을 본성의 비천함과 십자가의 치욕을 벗고 그의 영광과 능력을 높이기 시작했지만, 그럼에도 불구하고 그가 그의 나라를 진정 드높인 것은 그가 하늘(heaven)로 올라갔을 때다. … 실제로 그가 세상 끝까지 우리와 함께하시겠다고 약속하신 것은 이 승천에 의해서 성취되었다. 승천으로 몸이 하늘에 올라간 것처럼, 또한 능력과 효력은 천지의 모든 한계 너머로 확대되었기 때문이다.

승천은 통치의 시작을 뜻합니다. 예수님은 전적으로 모든 곳에 계시며, 어느 곳에도 제한되지 않으십니다.

그러므로 즉시 아버지의 우편에 앉으셨다는 말이 첨가된다. 이 비유는 왕들이 통치 책임을 부여하는 그의 보좌관들을 배석자로 앉히는 데서 취해진 것이다. 이처럼 성부가 높여서 그의 손으로 통치권을 행사하고자 한 그리스도는 아버지 우편에 앉으셨다고 기록된다. **이 말씀으로 이해되어야 할 것은, 그가 천지의 주로 임명되었다는 것, 공식적으로 천지를 소유하게 되었다는 것, 그가 한 번만 가진 것이 아니라 심판 날에 내려가기까지 그것을 유지하신다는 것이다.**

▌ 보좌 우편에 앉으심: 통치의 계속

그리스도는 승천하셨고 즉시 하나님 아버지의 우편에 앉으셨습니다. 이것은 그가 천지를 소유하는 천지의 주로 임명되시고 심판하시는 권세를 가지셨다는 것을 의미합니다.

이로부터 우리는 믿음의 여러 가지 유익을 얻는다. **[1] 우리는 주 예수께서 하늘로 승천하심으로 말미암아 아담에 의해 닫혔던 문을 열어주셨음을 깨닫는다. … [2] 나아가 우리는 그가 성부와 함께 거하시는 것이 우리에게 큰 유익이 없지 않음을 인식한다. … [3] 우리는 이 조항에서 예수 그리스도의 권세를 느끼는 바, 거기에 우리의 힘과 능력, 우리의 도움, 지옥과 대항하는 우리의 영광이 있다.**

▌ 아담에 의해 닫혔던 문: 천국의 문 = 구원

여기서 칼뱅은 설명하기를, 그리스도의 승천은 아담에 의해 닫혔던 문이 열리게 된 것이라고 말합니다. 칼뱅은 승천을 예수님의 메시아로서의 세 가지 직분(선지자, 제사장, 왕)이 분명히 성취된 사건이라고 보고 있습니다.

1. 승천으로 예수님은 교회를 통하여 **온 세상에 복음을 전하는 선지자 사역**을 하십니다.

2. 승천으로 예수님은 보좌 위편에서 **교회를 위해 중보기도하는 제사장 사역**을 하

십니다.

3. 승천으로 예수님은 **온 세상을 통치**하십니다(참고. 엡 4:10).

[2] 나아가 우리는 그가 성부와 함께 거하시는 것이 우리에게 큰 유익이 없지 않음을 인식한다. 그는 사람의 손으로 만들어지지 않은 지성소로 들어가신 뒤(히 7:25; 9:11; 롬 8:34), 지속적으로 **우리의 변호사와 중보자로 나타나 성부의 시선을 그[그리스도] 자신의 의로 돌려놓고 우리 죄를 바라보지 않게 하시며,** 우리를 그의 마음과 화해시켜 그의 중보로 성부의 보좌에 나아가게 하시며, 거기에 은혜와 관용을 준비하여 보좌—모든 죄인에게 마땅히 무서운—가 우리에게 무섭지 않게 하신다.

여러분은 예수님께서 왜 승천하셨을까 생각해 보신 적이 있습니까? 저는 예수님께서 하신 일들 가운데 가장 이해가 안 되는 일이 승천하신 일이었습니다. 왜 죽음을 이기시고 부활하신 주님께서는 우리와 함께 계시지 않고 승천하셨을까요? 예수님이 승천하지 않고 계셨다면 정말 좋았을 것입니다. 우리에게 설교도 해 주시고, 우리와 함께 선교도 가고, 전도도 하시면 정말 좋을 것입니다. 그런데도 주님은 승천하셔서 지금 하나님 보좌 우편에 앉아 계십니다. 도대체 주님은 왜 승천하신 것일까요? 예수님의 승천은 정말 우리에게 유익이 안 되는 일 같습니다.

그런데 여러분 만일 주님께서 이 땅에 그대로 계셨다면 어떻게 됐을까 한번 생각해 보시기 바랍니다. 무슨 일만 생기면 주님을 찾을 것입니다. 우리가 할 수 있는 일조차 주님께서 대신 다 해 주시길 바랄 것입니다. 결국 우리는 아무 일도 하지 않고 가만히 앉아 주님이 모든 일을 해 주시기만을 기다리는 게으르고 무능한 사람이 될 것입니다.

승천하신 주님께서 교회를 주님의 몸이라고 부르신 까닭은 우리가 주님의 몸이 되어 주님의 사역에 동참하도록 하기 위해서입니다. 실제로 초대 교회는 그 사실을 잘 알았습니다. 그래서 한 몸, 한 교회를 이루어 서로 섬겼습니다. 예수님께서 승천하셨는데도 불구하고 그 어떤 공백도 느껴지지 않았습니다. 예수님께서 행하신 일들을 모든 성도들이 나눠서 열심히 사역했기 때문입니다.

이제 '재림'에 대해서 살펴보겠습니다.

그리스도의 재림

"거기로부터 살아 있는 자와 죽은 자를 심판하러 오십니다."

사실 "거기로부터"는 '하나님의 보좌 우편에서부터'라는 의미인데 우편이라는 것은 하나님이 왼편에 계시고, 예수님은 오른편에 계신다는 뜻이 아닙니다. 예수님이 보좌 우편에 앉아 계신다는 것은 영광과 권능의 위치에 계신다는 것을 뜻합니다. 승천하신 예수님이 성부와 동일한 주권과 능력을 가지고 계신다는 의미입니다.

> 그러므로 이로부터 우리는 우리의 구속주가 양과 염소, 선택받은 자와 버림받은 자를 나누시며(마 25:31), **산 자나 죽은 자, 누구도 그의 심판을 피할 수 없을 그날을 기다리라는 명령을 받는다.** 나팔 소리가 땅 끝 사방에서 들리며, 그로 말미암아 모든 사람들이, 그때 살아 있을 사람들뿐 아니라 그 전에 죽을 사람들이, 그의 심판대로 호출되고 소환될 것이다(살전 4:16-17). … **그럼에도 불구하고 산 자와 죽은 자가 심판으로 소환되리라는 것은 여전히 진실로 남는다.** 그리스도 안에서 죽은 자들이 먼저 부활할 것이며, 다음으로 바울이 말하듯이, 살아남은 자들이 공중에 계신 주 앞으로 나아올 것이다(살전 4:16-17).

> **재림의 목적은 = 심판**
> '거기로부터(하나님의 보좌 우편) 살아 있는 자와 죽은 자를 심판하러 오시는 것'

재림은 심판과 관련이 있습니다. 예수님의 재림 목적은 심판이라는 것을 강조합니다. '살아 있는 자'는 이 땅에 있는 모든 살아 있는 자들이고, '죽은 자'는 이 땅에 태어났다가 죽은 모든 사람들입니다. 다시 말해 모든 인류가 심판의 대상입니다. 우리는 심판을 저녁 늦게 돌아온 자녀를 꾸짖는 꾸지람 정도로 생각하지 않아야 합니다. 그렇다고, 심판 대상자는 소위 '나쁜 사람들'이라는 인간적 생각도 버려야 합니다.

성경은 예수님의 재림 시에 신자와 불신자를 막론하고 죽었던 모든 자들이 부활하여 최후의 심판대 앞에 서게 될 것을 분명히 밝히고 있습니다. 따라서 주님이 재림하시는 날은 두려운 날입니다(히 9:27-28). 예수님은 분명히 모든 심판이 아들(자신)에게 위임되었다고 말씀하셨습니다(요 5:22; 8:26). 하지만 칼뱅은 신자에게 재림이 두려운 날이 아니라고 강조합니다.

> 이로부터 **한 가지 특별한 위로**가 우리에게 온다. … 사도가 예수 그리스도께서 우리를 위해 중재하실 때 정죄할 자가 아무도 없다고 감히 자랑한다면(롬 8:34), **우리의 중보자이신 그리스도가 우리를 정죄하지 않으시리라는 것은 더욱 확실하다. 왜냐하면 그가 친히 우리의 소송을 담당하시고 우리를 지지하겠다고 약속하셨기 때문이다.** … 그러므로 성부께서는 그의 아들에게 심판의 권세를 주시어 그를 영예롭게 하시고, 이를 행하심으로써 확실한 소망이 없을 경우 심판의 공포로 떨 수 있을 그의 종들의 양심을 위로해 주신 것이다.

주님의 재림은 믿는 우리에게 심판의 날이 아니라 위로의 날임을 알 수 있습니다. 교회는 영광 중에 재림하시는 예수님을 보고 크게 기뻐할 것입니다.

계속해서 칼뱅은 이렇게 말합니다.

> 그런데 우리가 알기로 우리 구원의 모든 총화와 모든 부분이 예수 그리스도 안에 포함되어 있기 때문에, 말해질 수 있는 매우 적은 일부라도 그것을 다른 곳으로 이전하지 않도록 주의해야 한다. … **우리가 도움과 위로와 풍성한 복을 추구한다면,**

그것은 그의 나라에 있다. 우리가 심판을 안전함 가운데서 기다리길 원한다면, 그가 우리의 심판관이시라는 사실에서 이 복을 누린다.

누가복음 18장 8절에서 주님은 이렇게 말씀하십니다. "그러나 인자가 올 때에 세상에서 믿음을 보겠느냐?" 하나님은 반드시 우리를 지켜 주시고 도와 주십니다. 중요한 것은 그러한 하나님을 믿는 믿음입니다. 여기서 말하는 믿음은 어떤 믿음일까요? 그것은 히브리서 12장 1절에서 말하는 "인내로써 우리 앞에 당한 경주를" 끝까지 해내는 믿음입니다.

우리가 구원을 추구한다면, 예수의 이름만이 구원이 그에게 있음을 가르쳐 준다(행 4:12). **우리가 성령의 은사를 갈망한다면**, 예수의 기름 부음에서 그것을 발견할 것이다. **우리가 힘을 추구한다면**, 그것은 그의 통치권 안에 있다. **우리가 순결하게 행하려 한다면**, 그것은 그의 수태 가운데 제시된다. **우리가 온유와 자비를 찾아내고자 한다면**, 우리와 같은 모습이 되시어 불쌍히 여기는 법을 배우신 그의 탄생이 그것을 제시한다(히 2:17). **우리가 구속을 요구한다면**, 그의 수난이 그것을 준다. 그의 저주 가운데서 우리는 우리의 면죄를 얻는다. **저주가 우리에게서 면제되기를 바란다면**, 우리는 이 복을 그의 십자가에서 얻는다. 우리는 **그의 희생에서** 대속을 얻으며, **그의 피에서** 정결함을 얻으며, **그의 지옥 강하에서** 우리의 화목이 이뤄졌다. **우리 육체를 죽이는 일은** 그의 무덤에 있으며, 새 생명은 그의 부활에 있으며, 부활에서 또한 우리는 영생의 소망을 갖는다. **우리가 하늘 기업을 추구한다면**, 그의 승천이 이를 보장한다. **우리가 도움과 위로와 풍성한 복을 추구한다면**, 그것은 그의 나라에 있다. **우리가 심판을 안전함 가운데서 기다리길 원한다면**, 그가 우리의 심판관이시라는 사실에서 이 복을 누린다.

하나님께서는 지금도 믿음의 기도를 찾고 계십니다. 말세지말이 될수록 더욱 희귀한 것이 믿음을 가지고 항상 기도하는 모습입니다. 항상 기도하는 사람에게 하나님은 속히 응답해 주실 것입니다. 우리는 기도하면서 믿음의 기도를 할 수 있게 해 달라고 기도해야 합니다. 믿음은 하나님의 능력을 끌어 쓰는 통로가 됩니다. 믿음은 하나님의 뜻이 실현되는 방편이 됩니다.

여러분 중에 선한 일을 하시다가, 아니면 고난 때문에, 그리고 무엇보다 오랜 기도 가운데 아무 응답이 없어서 낙심에 빠진 분들이 계십니까? 포기하지 마십시오. 포기하지 마시고, 더욱 끈질긴 믿음으로 기도하십시오. 우리의 선한 아버지 되신 하나님께서 반드시 속히 우리에게 가장 선하게 응답해 주실 것입니다. 재림을 기다리는 성도는 바로 이런 믿음으로 기도합니다. 승천하셔서 우리를 위해 기도하시는 예수님을 붙들고, 다시 오셔서 우리를 위로하실 예수님을 기다리며, 늘 믿음으로 기도하면서 사시길 바랍니다.

기독교강요 제4장. 믿음: 사도신경 해설

제3부
나는 성령을 믿습니다.

이제 성령에 대한 믿음이 이어지는바, 이것은 우리 구원의 완성을 위해 요구된다. 왜냐하면 우리가 예수 그리스도 안에서 우리의 씻음과 거룩함을 찾아야 한다고 기록된 것은 그것이 성령을 통해서 전달되지 않는 한 달리 얻어질 수 없기 때문이다. 바로 이것이 사도가 의미하는 바로서, 그는 우리가 예수 그리스도의 이름과 하나님의 영에 의해 씻겨지고 거룩하게 되었다고 말한다(고전 6:11). 이는 마치 그가 "예수 그리스도의 은사가 성령에 의해 우리 양심에 새겨졌다"라고 말한 셈이다. 따라서 성부에 대한 믿음과 성자에 대한 믿음에 이어서 성령에 대한 믿음이 덧붙여지는 것은 타당한바, 이로 인해 하나님의 긍휼의 열매와 예수 그리스도에 의해 얻어진 은혜의 열매가 우리에게 확인되는 것이다. 그런데 우리가 성령이라는 이름을 들을 때, 성경이 그에게 돌리는 모든 직무를 기억하고, 성경의 증거에 따라 그에게서 나오는 모든 혜택을 기다려야 한다. 왜냐하면 성경은 성부가 그의 아들 안에서 성령을 통해 모든 것을 행하신다는 점에서, 하나님의 은총 전체가 성령의 활동임을 가르치기 때문이다. 성령을 통해서 그는 그의 모든 업적을 창조하고 유지하며 활기를 주며 보전하신다. 성령을 통해서 그는 그의 모든 신자들을 자신에게로 부르고 이끄시며, 그들을 의롭게 하고 새 생명으로 거룩하게 하며, 여러 종류의 은혜로 그들을 풍부하게 하고, 그들의 목적지에 이르기까지 하늘의 능력으로 그들을 강건하게 하신다.

그러므로 성령은 이런 식으로 우리 안에 거하면서 그의 빛으로 우리를 밝혀 주시는 분이다. 이는 우리가 예수 그리스도 안에서 얼마나 큰 하나님의 선함을 소유하는지를 깨닫게 하시기 위함인바, 그리하여 그가 하늘나라의 보화와 그의 조명—우리 이성의 눈—을 우리에게 열어 주어 그것들을 응시하게 하는 머리라고 정당하게 불릴 수 있다.

이런 이유에서 그는 어떤 때는 보증과 인장으로 불리는데(고후 1:22), 이는 그가 우리 마음에 하나님의 약속의 확신으로 인 치시기 때문이다. 어떤 때 그는 진리의 스승, 빛의 조성자, 지혜와 지식과 명철의 샘이라고 기록된다. 바로 그가 우리를 모든 더러움에서 깨끗하게 하시어 거룩한 성전으로 하나님께 바치며, 그의 거룩함으로 우리를 풍요롭게 함으로써 우리를 하나님의 거처가 되게 하신다(고전 6:19). 바로 그가 우리에게 물을 대어 비옥하게 하고 의의 열매를 맺게 하신다. 이런 이유에서 그는 종종 물이라고 불린다. 선지자의 다음 구절들에서처럼 말이다. "너희 목마른 자들아 다 물로 나아오라"(사 55:1). 또한 "나는 불모의 땅에 물을 뿌릴 것이며 메마른 대지에 시내가 흐르게 할 것이다"(사 44:3). 모든 목마른 자를 불러 생수를 긷게 하시는 그리스도의 말씀(요 7:37)이 이것과 관계한다. 하지만 성령은 이따금 정결하게 하고 깨끗하게 하는 효력 때문에 이렇게 [물이라고] 불리기도 한다. 마치 에스겔서에서 주님이 그의 백성을 정결하게 하기 위해 맑은 물을 약속하시듯이 말이다(겔 36:25). 바로 그가 그의 물로 우리에게 생기를 주어 생명의 활기를 전달하시는 바, 이런 이유로 그는 기름과 기름 부음이라고 불린다(요일 2:20). 바로 그가 우리의 탐욕의 악덕을 태우고 소멸시킴으로써 우리 마음을 사랑으로 불타오르게 하는바, 이런 능력 때문에 그는 불이라 불린다(눅 3:16). 바로 그가 우리에게 하나님의 생명을 주어 더 이상 우리에 속해서 살지 않고 그의 감동과 그의 인도하심을 따르게 하신다. 따라서 우리에게 무슨 선이 있다면, 그 모든 것은 그의 은혜와 능력으로 된 것이다. 반대로 우리 자신에게서 온 것은 눈먼 정신과 사악한 마음뿐이다.

이제 우리 믿음이 성령에 이끌리는 일이 얼마나 유익하고 필요한지 드러난다. 왜냐하면 우리가 그 안에서 우리 영혼의 조명, 우리의 중생, 모든 은사의 전달, 그리고 예수 그리스도에게서 오는 모든 축복의 효력을 발견하기 때문이다.

나는 성령을 믿습니다

> 너희 몸은 너희가 하나님께로부터 받은 바 너희 가운데 계신 성령의 전인 줄을 알
> 지 못하느냐 너희는 너희 자신의 것이 아니라 값으로 산 것이 되었으니 그런즉 너
> 희 몸으로 하나님께 영광을 돌리라 _ 고전 6:19-20

우리는 지금까지 성부와 성자에 관하여 살펴보았습니다. 이제 성령에 관하여 살펴보고자 합니다.

구원을 위한 성령의 역할

이제 성령에 대한 믿음이 이어지는바, 이것은 우리 **구원의 완성**을 위해 요구된다. 왜냐하면 우리가 예수 그리스도 안에서 우리의 씻음과 거룩함을 찾아야 한다고 기록된 것은 **그것이 성령을 통해서 전달되지 않는 한 달리 얻어질 수 없기 때문이다.**

> 성령 → 신자의 구원의 완성
> * 구원은 성부가 예정하시고, 성자가 이루시고, 성령을 통해서 완성된다.

우리가 지금까지 많이 반복해서 들었기 때문에 이제 삼위일체 하나님께서 우리의 구원을 위해 어떤 일을 하셨는지에 대해서는 이해가 될 것입니다. 성부께서는 창세전에 우리를 예정하셨고, 성자께서는 이 땅에 오셔서 십자가에

서 구원을 이루셨고, 성령께서는 이렇게 성자 예수님께서 이루어 놓으신 구원을 우리 한 사람, 한 사람에게 적용하십니다. 즉 우리의 구원은 성령님을 통해서 완성되는 것입니다.

이처럼 구원은 삼위 하나님의 역사와 은혜입니다. 우리는 아무런 자격도 없고 힘도 없지만 성부, 성자, 성령의 역사와 은혜로 구원에 이르는 것입니다. 이 값없이 주시는 하나님의 은혜를 아는 사람은 결코 그냥 있을 수 없습니다. 찬양하고, 예배하고, 그 은혜와 부르심의 사명을 따라 살아가게 됩니다. 이 구원의 감격과 은혜를 상실하면 신자는 빈털터리가 되는 것입니다.

그래서 참 신자는 예배가 없으면 정말 고통스럽고 힘이 듭니다. 그러나 예배를 드리고 나면 힘이 납니다. 심령이 평안해집니다. 이것이 구원받은 참 신자와 명목상의 신자의 차이입니다.

> 바로 이것이 사도가 의미하는 바로서, 그는 우리가 예수 그리스도의 이름과 하나님의 영에 의해 씻겨지고 거룩하게 되었다고 말한다(고전 6:11). 이는 마치 그가 **"예수 그리스도의 은사가 성령에 의해 우리 양심에 새겨졌다"**라고 말한 셈이다. 따라서 성부에 대한 믿음과 성자에 대한 믿음에 이어서 성령에 대한 믿음이 덧붙여지는 것은 타당한바, 이로 인해 하나님의 긍휼의 열매와 예수 그리스도에 의해 얻어진 은혜의 열매가 우리에게 확인되는 것이다.

이 말은 성령께서 우리의 심령에 역사하신다는 것입니다. 성령께서 우리의 강퍅한 심령에 역사하십니다. 앞 장에서 우리가 그리스도의 승천과 재림을 살펴보았듯이, 예수님께서 승천하실 때 내가 가면 성령을 보내겠다고 약속하셨고, 제자들에게는 그 성령을 기다리라고 하셨습니다. 그래서 그 성령님은 지금도 모든 교회와 신자들 가운데서 역사하십니다.

성령의 직무

그런데 우리가 성령이라는 이름을 들을 때, **성경이 그에게 돌리는 모든 직무를 기억하고,** 성경의 증거에 따라 그에게서 나오는 모든 혜택을 기다려야 한다. 왜냐하면 성경은 성부가 그의 아들 안에서 성령을 통해 모든 것을 행하신다는 점에서, **하나님의 은총 전체가 성령의 활동임을 가르치기 때문이다.**

성령의 직무에 대해서 우리가 이미 읽었던 기독교강요 제1장 '신지식'에서는 이렇게 정리하고 있습니다.

> **성령의 직무**
>
> "성경은 성령에 의해 **우리 마음에 새겨질 때** 참으로 우리를 감동시키기 시작하기 때문이다. 그러므로 우리는 **성령의 능력으로 조명될 때,** 성경이 하나님에게 속한 것임을 확신한다." - 기강 1장 신지식 中 -
>
> "**성령의 직무**란 이전에 몰랐던 새로운 것을 생각해 낸다거나 새로운 종류의 이론을 만들어 내어, 한번 받아들인 복음의 교훈에서 우리를 멀어지게 하는 일이 아니라, 복음이 우리에게 준 교훈을 **우리 마음에 새기고 확증하는 일이다**" - 기강 1장 신지식 中 -

성령은 우리의 심령에 복음을 새기는 역할을 합니다. 그러므로 하나님의 말씀에 마음을 열고 듣고, 깨닫고, 믿고, 고백하는 모든 것이 성령의 역사입니다. 그뿐만 아니라 성령은 우리 구원의 전 과정에 역사하십니다.

성령을 통해서 그는 ❶ 그의 모든 업적을 창조하고 유지하며 활기를 주며 보전하신다. ❷ 성령을 통해서 그는 그의 모든 신자들을 자신에게로 부르고 이끄시며, 그들을 의롭게 하고 새 생명으로 거룩하게 하며, ❸ 여러 종류의 은혜로 그들을 풍부하게 하고, 그들의 목적지에 이르기까지 하늘의 능력으로 그들을 강건하게 하신다.

성령은 창조는 물론 창조된 세계를 유지, 보전하시며, 신자들에게 구원을 적용하시며, 최후 승리하기까지 여러 종류의 은혜로 풍부하게 하고 목적지에 도달하게 돕습니다.

성령의 세 가지 역사

이제 성령의 역사를 세 가지로 소개하고 있는데, 그것은 빛과 물과 불의 역사입니다.

> **성령의 역사**
>
> ❶ 빛 ❷ 물 ❸ 불

각각 살펴보도록 하겠습니다. 먼저, 빛입니다.

> 그러므로 성령은 이런 식으로 우리 안에 거하면서 그의 ❶ **빛으로 우리를 밝혀 주시는 분**이다. 이는 우리가 예수 그리스도 안에서 얼마나 큰 하나님의 선함을 소유하는지를 깨닫게 하시기 위함인바, 그리하여 그가 하늘나라의 보화와 그의 조명─우리 이성의 눈─을 우리에게 열어 주어 그것들을 응시하게 하는 머리라고 정당하게 불릴 수 있다. 이런 이유에서 그는 어떤 때는 보증과 인장으로 불리는데(고후 1:22), 이는 그가 우리 마음에 하나님의 약속의 확신으로 인치시기 때문이다.

그러므로 성령은 진리의 빛이십니다. 성령은 신자들을 빛 가운데 거하게 하십니다. 그래서 성령은 우리의 눈을 열어 보게 하시는 조명의 역사를 하십니다. 또 중요한 것은 성령님이 모든 신자들 속에 들어와 내주하심으로 신자들은 성령께서 거주하시는 성전이 되는 것입니다.

> 어떤 때 그는 **진리의 스승, 빛의 조성자, 지혜와 지식과 명철의 샘**이라고 기록된다. 바로 그가 우리를 모든 더러움에서 깨끗하게 하시어 **거룩한 성전**으로 하나님께 바치며, 그의 거룩함으로 우리를 풍요롭게 함으로써 우리를 **하나님의 거처**가 되게 하신다(고전 6:19).

이어서 앞서 우리가 읽었던 말씀입니다.

> 너희 몸은 너희가 하나님께로부터 받은 바 너희 가운데 계신 성령의 전인 줄을 알지 못하느냐 너희는 너희 자신의 것이 아니라 값으로 산 것이 되었으니 그런즉 너희 몸으로 하나님께 영광을 돌리라 _ 고전 6:19-20

그러므로 모든 신자는 자신의 몸이 성전이라는 것과 자기 몸이 나의 것이 아니라 피 값으로 사신 주님의 것이므로 몸으로 하나님께 영광을 돌려야 한다는 것을 잊지 말아야 합니다. 이 사실을 인정하는 것과 그렇지 않는 것은 엄청난 차이가 있습니다. 우리가 어떤 물건이나 재산을 내 것으로 생각하는 것과 내 것이 아니라고 생각하는 것이 큰 차이가 있는 것과 마찬가지입니다. 우리가 성령이 거하시는 하나님의 거처요 거룩한 성전이라고 분명히 믿는다면 우리의 인생과 생활이 달라질 수밖에 없습니다.

두 번째는 물이라고 설명합니다.

> 바로 **그가 우리에게 물을 대어 비옥하게 하고 의의 열매를 맺게 하신다.** 이런 이유에서 그는 종종 ❷ 물이라고 불린다. 선지자의 다음 구절들에서처럼 말이다. "너희 목마른 자들아 다 물로 나아오라"(사 55:1). 또한 "나는 불모의 땅에 물을 뿌릴 것이며 메마른 대지에 시내가 흐르게 할 것이다"(사 44:3). **모든 목마른 자를 불러 생수**

를 긷게 하시는 그리스도의 말씀(요 7:37)이 이것과 관계한다. 하지만 성령은 이따금 정결하게 하고 깨끗하게 하는 효력 때문에 이렇게 [물이라고] 불리기도 한다. 마치 에스겔서에서 주님이 그의 백성을 정결하게 하기 위해 맑은 물을 약속하시듯이 말이다(겔 36:25). 바로 그가 그의 물로 우리에게 생기를 주어 생명의 활기를 전달하시는바, 이런 이유로 그는 기름과 기름 부음이라고 불린다(요일 2:20).

성령을 빛이라고 설명한 후에 두 번째로 성령을 물로 설명합니다. 빛이 진리의 빛이라면 물은 생명의 물인데, 이 물은 곧 성경 말씀을 의미합니다. 요한복음 7장, 초막절 명절 끝날에 외치신 말씀입니다.

> 명절 끝날 곧 큰 날에 예수께서 서서 외쳐 이르시되 누구든지 목마르거든 내게로 와서 마시라 나를 믿는 자는 성경에 이름과 같이 그 배에서 생수의 강이 흘러나오리라 하시니 이는 그를 믿는 자들이 받을 성령을 가리켜 말씀하신 것이라 _ 요 7:37-39

물이 생기를 주고 생명의 활기를 주는 것처럼 성령이 그러하시다는 것입니다. 그 물은 곧 성령인데, 이는 말씀을 의미합니다. 이 말씀을 통하여 우리는 정결케 되고 생명의 활기를 얻게 됩니다. 그러므로 믿음은 들음에서 나며 들음은 그리스도의 말씀으로 말미암는다고 말합니다. 우리가 정기적으로 공예배에 나와 말씀을 듣는 것이 영적 양식을 공급받는 일입니다. 말씀을 사모하여 예배의 자리에 나오는 것은 복된 일입니다.

마지막으로 세 번째는 불입니다.

> 바로 그가 우리의 탐욕의 악덕을 태우고 소멸시킴으로써 우리 마음을 사랑으로 불타오르게 하는바, 이런 능력 때문에 그는 ❸ 불이라 불린다(눅 3:16). 바로 그가 우리에게 하나님의 생명을 주어 더 이상 우리에 속해서 살지 않고 그의 감동과 그의 인도하심을 따르게 하신다. 따라서 우리에게 무슨 선이 있다면, 그 모든 것은 그의 은

혜와 능력으로 된 것이다. 반대로 우리 자신에게서 온 것은 눈먼 정신과 사악한 마음뿐이다.

또한 성령은 불과 같아서 우리의 탐욕과 악덕을 태우고 소멸하며, 사랑으로 불타오르게 하는 능력으로 설명하고 있습니다. 히브리서 12장 29절에서도 "우리 하나님은 소멸하는 불이심이라"라고 하십니다. 그래서 성령이 역사하시면 우리의 죄악과 탐욕을 태워서 소멸하십니다. 그리고 사랑의 마음으로 불타오르게 하십니다. 또한 누가복음 24장을 보면 낙심한 제자들의 마음을 뜨겁게 하셨다고 말씀하고 있습니다. 이것이 성령의 불의 역사입니다. 죄악을 태우고, 사랑의 마음을 불타오르게 하시는 역사가 성령의 역사입니다. 우리 모두의 마음에 이 역사가 필요합니다.

또한 오순절 성령의 역사가 있었을 때 성경은 어떻게 증언하고 있습니까?

> 사람마다 두려워하는데 사도들로 말미암아 기사와 표적이 많이 나타나니 믿는 사람이 다 함께 있어 모든 물건을 서로 통용하고 또 재산과 소유를 팔아 각 사람의 필요를 따라 나눠 주며 날마다 마음을 같이 하여 성전에 모이기를 힘쓰고 집에서 떡을 떼며 기쁨과 순전한 마음으로 음식을 먹고 하나님을 찬미하며 또 온 백성에게 칭송을 받으니 주께서 구원받는 사람을 날마다 더하게 하시니라 _ 행 2:43-47

성령의 역사를 단순히 방언 정도로만 이해해서는 안 됩니다. 성령은 초대 교회 공동체에 엄청난 변화를 가져왔습니다. 삶의 모든 영역에서 기적이 일어났습니다. 그러므로 진리의 빛, 생명의 물, 소멸하는 불로서의 역사, 성령의 역사가 우리 모두에게 필요합니다. 또한 초대 교회와 같이 성령의 공동체가 되어야 합니다.

하나 되게 하시는 성령

또한 이 성령은 하나 되게 하시는 분이십니다.

평안의 매는 줄로 **성령의 하나 되게 하신 것**을 힘써 지키라 _ 엡 4:3

그러므로 가정이든지, 교회든지 성령께서 하나 되게 하셔야만 합니다. 그런데 하나 된다는 것은 정말 어려운 일입니다. 다 자신의 주장이 있고 신념과 자존심이 있기 때문입니다. 그러므로 갈라지기는 쉬워도 하나 되는 것은 기적입니다. 이것은 성령의 역사가 아니면 어렵습니다. 그러므로 우리는 하나 되게 하시고, 교회를 교회 되게 하시는 성령의 역사 앞에 모두가 자신을 내려놓고 순종해야 합니다. 하나 되게 하시는 성령의 역사 앞에서 나 자신을 죽이는 것이 바로 성령의 역사입니다.

또한 성령은 교회의 거짓을 드러내어 치유하고 제거하는 분이십니다. 사도행전을 보면 아나니아와 삽비라가 성령을 속입니다. 누가 이것을 알 수 있겠습니까? 그런데 이것을 하나님께서 드러내십니다. 그리고 말씀하시기를 '성령을 속인 것'이라고 하셨습니다. 그러므로 우리는 성령을 속이는 일과 성령을 거부하는 일과 성령을 훼방하는 일을 두려워해야 합니다.

이제 마지막 문장입니다.

이제 우리 믿음이 성령에 이끌리는 일이 얼마나 유익하고 필요한지 드러난다. 왜냐하면 우리가 그 안에서 **우리 영혼의 조명, 우리의 중생, 모든 은사의 전달**, 그리고 예수 그리스도에게서 오는 **모든 축복의 효력**을 발견하기 때문이다.

지금까지 살펴본 모든 것이 성령의 역사입니다. 그러므로 우리 모두 그리스도로 옷 입고 성령으로 행하며, 성령의 열매를 가진 참믿음의 사람이 됩시다.

기독교강요 제4장. 믿음: 사도신경 해설

제4부
나는 거룩한 공교회와 성도의 교제를 믿습니다.

우리는 다른 곳에서 교회에 대해 보다 상세히 말할 것이다. 당장 우리는 위로를 받기 위해 믿음이 응시해야 할 것들을 언급할 것이다. 먼저, 우리가 '교회를 신뢰한다'보다는 '교회를 믿는다'고 말하는 데는 이유가 없지 않다. 나는 오늘날 전자가 더 익숙하며, 옛날에도 그렇게 사용했음을 잘 안다. 심지어 니케아 신앙고백도 『교회사』*에 기록되어 있듯이 '교회를 신뢰한다'고 말한다. 그럼에도 불구하고 고대 교부들의 책에 의하면 '교회를 신뢰한다'가 아니라 '교회를 믿는다'고 말하는 것이 난관 없이 수용되었음이 또한 명백하다. 왜냐하면 키프리아누스와 아우구스티누스는 이렇게 말할 뿐만 아니라, 또한 이 전치사가 첨가될 경우 표현이 부적절하다고 가르치기 때문이다. 그들은 그들의 견해를 하찮지 않은 한 가지 이유로 확증한다. 즉 우리는 우리가 우리 마음을 참된 것으로 하나님에게 맡기고 우리의 신뢰를 그에게 둔다는 의미에서 하나님을 믿는[신뢰한]다고 증언하기 때문이다. 이것은 교회에는 부합되지 않을 것이다. 죄 사함과 육체의 부활도 마찬가지다. 따라서 비록 내가 말을 가지고 논쟁하고 싶지는 않지만, 그럼에도 불구하고 나는 뜻도 없는 모호함을 추론하는 것보다 [말의] 적절성—이것으로 사물이 잘 밝혀지는—을 따르는 편을 더 좋아한다.

그런데 우리는 우리가 앞서 권면한 것을 기억해야 한다. 즉 지금까지 우리 구원의 이유와 기초와 원인이 증명되었고 이제 그 결과가 이어진다는 것 말이다. 하나님의 권능과 그의 부성애적인 선함, 그리스도의 의, 그리고 성령의 효력을 깨닫는 자는 그의 구원의 원인을 파악한다. 하지만 그가 교회와 죄 사함과 영생에까지 내려오지 않는 한 어떻게 구원이 사람들에게서 완성되는지를 아직 모른다. 그러므로 하나님이 우리 생명의 창시자이심을 배운 후, 그로부터 우리 안에서 행하시는 그의 일을 깨닫는 데로 나아오는 것은 바른 순서이다. 먼저 교회가 믿음의 대상으로 제시되는바, 이는 우리가 수많은 그리스도인들이 믿음의 끈으로 결합되고 주

---

* — 카시오도루스의 『교회사』를 말한다.

예수를 군주와 대장으로 하는 한 백성 안에서 모이게 된다는 것을 믿으며, 심지어 이 많은 수가 그리스도를 머리로 하는 한 몸 안에서 연합하게 된다(엡 1:10)는 것을 믿기 위함이다. 왜냐하면 하나님이 영원 전에 그리스도 안에서 그의 사람들을 선택하시고 그들을 그의 나라 안으로 불러 모으셨기 때문이다.

이제 '교회를 믿는다'는 것이 우리에게 얼마나 필요한지 명백히 드러난다. 불멸의 삶으로 거듭나기 위해서는 교회가 우리를 마치 어머니가 자녀를 품듯이 품어야(갈 4:19, 26) 하며, 우리가 보전되기 위해서는 교회가 그 품 안에서 우리를 양육하고 부양해야 하기 때문이다. 교회는 우리 주님이 그의 은혜의 온갖 보화를 위탁하여 교회의 직분을 통해 이 보화를 관리하며 분배하게 하신 우리 모두의 어머니이다. 따라서 우리가 하나님의 나라에 들어가기를 원한다면, 믿음으로 교회를 인정해야 한다. 그런데 이것은 우리의 생각 속에 선택받은 자들의 수를 착상하게 할 뿐 아니라 우리도 의심 없이 포함될 교회의 일치 또한 인식하게 한다. 우리는 먼저 우리가 이런 참여를 통해 그의 지체들과 더불어 우리의 머리이신 예수 그리스도를 따르지 않는 한, 하늘 기업에 대한 어떤 소망도 가질 수 없다. 왜냐하면 성경은 교회의 이런 일치 밖에서 구원이 없다고 선포하기 때문이다. 시온과 예루살렘에 구원이 있으리라는 예언은 이렇게 이해되어야 한다(사 2:3; 욜 3:5). 따라서 주님은 어떤 이들에게 영원한 죽음을 선고하고자 하시면서, 그들이 그의 백성의 회중에 들지 못하며 이스라엘 자녀 가운데 가입하지 못할 것이라고 말씀하시는 것이다(겔 13:9).

나아가 이 회중은 가톨릭 또는 보편적이라 불린다. 왜냐하면 두세 교회가 있는 것이 아니라, 반대로 하나님의 모든 선택받은 자들이 그리스도 안에 연합되고 연결되어 있어서 그들이 한 머리에 달려 있듯이 또한 한 몸으로 통합되어 참된 지체로서 함께 서로 지탱하기 때문이다. 그리고 실제로 그들은 모두 하나가 되는바, 이는 그들이 하나의 동일한 믿음, 소망, 사랑으로 하나님의 동일한 영에 따라 살며, 동일한 기업뿐만 아니라 하나님과 예수 그리스도의 동일한 참여에 부름을 받기 때문이다.

교회의 거룩성

더 나아가 교회는 '거룩하다'고 일컬어진다. 왜냐하면 하나님의 섭리에 의해 선택받아 교회 안에 병합된 모든 자들은 영적 중생으로 말미암아 하나님에 의해 거룩하게 되기 때문이다. 따라서 바울은 하나님의 긍휼의 순서를 이렇게 말한다. 즉 그가 선택한 자들을 부르시고 부른 자들을 의롭게 하시며 이들을 언젠가 영화롭게 하신다는 것이다(롬 8:30). 이와 같이 우리의 소명과 칭의는 하나님의 선택의 증거 외에 다른 것이 아니다. 왜냐하면 주님께서 그들이 태어나기도 전에 미리 정한 자들을 그의 교회의 교제로 이끄시기 때문이다. 이런 이유에서 종종 성경은 교회를 오직 주님이 자신의 선택을 이런 식으로 승인한 자들이라고 여기는 것이다. 하나님의 자녀가 우리 정신이 그들을 알아볼 수 있는 듯이 묘사되는 것은 적절하다. 그들은 하나님의 영으로 이끌린다는 것이다. 그럼에도 불구하고 교회 안에 있는 거룩함이 어떤 것인지 살펴볼 필요가 있다.

만일 우리가 철저하게 완전한 교회 외에는 교회로 여기지 않는다면, 그런 교회를 발견할 수 없을 것이다. 물론 바울의 다음 말은 매우 사실이다. 예수 그리스도는 교회를 위해 자신을 내어 주어 교회를 거룩하게 하셨으며, 물의 씻음으로, 즉 생명의 말씀으로 깨끗하게 하여 교회를 주름이나 흠이 없는 영광스러운 신부로 만드셨다(엡 5:25-27). 하지만 주님이 교회의 주름과 흠을 제거하기 위해 날마다 일하신다는 말씀도 또한 사실이다. 이로부터 교회의 거룩함은 아직 완전하지 않다는 결과가 나온다. 그러므로 교회는 날마다 진보하는 식으로 거룩하며, 아직 완전하지 않다. 다른 곳에서 보다 상세히 설명되겠거니와, 교회는 날마다 전진하며 아직 거룩함의 끝에 도달하지 않았다. 따라서 선지자들이 예루살렘에 대해 이 도시가 거룩하고 이방인들이 통행하지 못하며 하나님의 전이 모든 부정한 자가 들어오지 못할 정도로 거룩하게 되리라고 한(욜 3:17; 사 35:8) 예언을, 마치 교회의 지체들에게 아무런 흠이 없다는 식으로 해석해서는 안 되며, 다만 신자들이 마음의 진실한 애정으로 온전한 거룩함과 순결함을 갈구하기 때문에 그들에게 아직 없는 완전함이 하나님의 선함에 의해 그들에게 주어진다는 것으로 해석해야 한다.

그런데 비록 사람들 사이에서 이런 성화의 커다란 징표가 드러나지 않는 일이 종종 일어나지만, 그럼에도 불구하고 태초부터 주님이 그의 교회를 갖지 않았던 시대는 결코 없었으며, 또한 갖지 못할 일도 결코 일어나지 않을 것이다. 비록 태초부터 온 인류가 아담의 죄로 인해 타락하고 부패했지만, 그래도 이 타락한 대다수 가운데서 영광의 도구들을 거룩하게 하지 않으신 적이 없으며 그리하여 그의 긍휼을 체험하지 못한 시대가 없다는 말이다. 하나님은 다음과 같이 말씀하시면서 이것을 확실한 약속으로 증명하셨다. "나는 내가 선택한 자들과 언약을 정했다. 나는 내 종 다윗에게 그의 자손을 영원히 보전하며 그의 왕위를 대대로 세우겠다고 맹세했다"(시 89:3-4). 또한 "주님은 시온을 택하시고 그것을 그의 거처로 택하셨으며, 그것은 그의 영원한 안식처이다"(시 132:13-14). 또한 "낮엔 해를, 밤엔 달을 비추신 주님께서 이렇게 말씀하셨다. 이 질서가 사라질 때 이스라엘의 자손이 멸망할 것이나 그 전에는 아니다"(렘 31:35-36).

이어지는 성도의 교제 조항은 일반적으로 고대 교부들에 의해 간과되었으나, 그럼에도 불구하고 무시해서는 안 된다. 왜냐하면 교회를 믿는 것이 우리에게 필요하듯이, 마찬가지로 어떤 교회를 믿는지를 아는 것 역시 불필요한 일이 아니기 때문이다. 따라서 나는 이 부분이 우리에게 교회의 본질과 속성을 알려주는 교회에 관한 선언이라고 여긴다. 즉 예수 그리스도가 그의 신자들을 연합시키시는 결합은 그들이 모두 그의 축복에 참여할 정도로 중요하다는 것이다. 그럼에도 불구하고 이 말을 각자가 다른 은사를 갖지 못하는 것으로 해석해서는 안 된다. 왜냐하면 바울은 성령의 은사가 다양하다고 말하기 때문이다(고전 12:4). 또한 그 자체로 별도의 실체를 갖고 있는 정치 질서가 전복되어야 한다고 여겨서도 안 된다. 왜냐하면 통치권과 소유권은 이 죽을 인생을 사는 동안 인간들 사이에서 평화와 안정을 보전하기 위해 특별히 구별되는 것이 필요하기 때문이다. 오히려 우리는 축복과 은사의 이런 구분에 잘 어울리는 그런 공동체를 생각한다. 한 사람이 하나님의 손에서 받은 모든 것에 다른 사람들도 참여자가 되게 하는 것이 적합하기 때문이다. 설령 그것이 다른 사람들에게가 아니라 그 사람에게 주어졌다 하더라도 말이다. 이는 마치 몸의 지체들에게 다양한 기능과 다른 임무가 있지만 그럼에도 불구하고 각자가 다른 것들을 돕는 식의 일치가 있는 것과 같다. 바울이 고린도 교인들과 에베소 교인들에게 훈계하듯이(고전 12:11; 엡 4:12), 각자가 무슨 은혜를 받았든지 그것은 교회의 공동의 유익으로 돌려져야 하는바, 이는 우리 주님이 그런 식의 분배를 원하시기 때문이다. 또한 다른 곳에서, 바울은 우리가 나누는 교제가 다양한 은사에 따라 세워지기 때문에 소명도 다양하다고 논증한다(롬 12:6).

그런데 우리가 거룩한 교회와 교회의 교제를 믿되, 그리스도를 믿는 믿음을 통해 그 지체가 된다고 확신한다는 조건으로 그러하기 때문에, 어떤 열매가 우리에게 오는지를 살피는 것이 적합하다. 우리가 교회의 일치로 부름받는다는 사실을 깨닫는 것은 적은 일이 아니다. 주 하나님에 의해 선택되고 분리되어 그리스도의 몸이자 충만함이요(엡 1:23), 진리의 기둥과 터이며(딤전 3:15), 하나님의 존엄의 영원한 처소(엡 2:22)가 되는 교회 말이다. 우리가 이 깨달음을 얻는다면, 우리의 구원은 너무도 확고한 지지대로 뒷받침되어 세상의 모든 기계 장치가 흔들릴 때도 확고부동하게 남을 것이다.

먼저, 우리의 구원은 하나님의 선택에 기초하고 있으며, 따라서 그의 영원한 섭리가 사라지지 않는 한 실패할 수 없다. 게다가, 자신의 신도들이 흩어지는 것뿐만 아니라 그 지체들이 산산이 찢기는 것을 허락하지 않으실 그리스도께서 온전히 머물러 계시는 한, 우리의 구원은 확고하다. 더 나아가, 우리는 우리가 교회의 품 안에 머무르는 한 진리가 우리와 함께 머무른다는 것을 확신한다. 마지막으로, 우리는 하나님이 영원히 예루살렘에 거하시며 그 한복판에서 결코 움직이지 않으시리라고 기록된(시 46:6) 약속이 우리에게 속한 것으로 이해한다. 교회의 일치는 이런 능력을 갖고 있어서 우리를 하나님의 회중에 붙들어 놓을 수 있다.

마찬가지로 교제라는 이 말은 우리를 크게 위로해 줄 수 있다. 즉 우리 주님이 그의 지체들에게 은사로 주신 모든 것이 우리에게 속한 것이므로, 우리의 소망은 그들이 갖는 모든 축복에 의해 확인된다는 것이다. 그뿐 아니라 이 교회의 일치를 붙들기 위해서 꼭 눈으로 보거나 손으로 만질 필요는 없다. 오히려 우리가 '교회를 믿는다'는 말의 의미는 그것이 명백히 보일 경우 못지않게 보이지 않을 때도 인지되어야 한다는 것이다. 우리의 지성이 이해할 수 없는 교회를 우리의 믿음이 인정한다고 해서, 그 믿음이 더 나빠지는 것은 아니다. 왜냐하면 여기서 명령되는 것은 선택받은 자와 버림받은 자를 구분하는 일(이것은 오직 하나님께 속한 것이지 우리에게 속한 것이 아니다)이 아니라, 하나님 아버지의 자비와 성령의 능력으로 그리스도에게 참여하기 위해 나아오는 모든 이들이 하나님의 상속을 위해 구별되었다는 확신과 우리도 그들의 수에 포함되기에 이런 은혜의 상속자라는 확신을 마음에 간직하는 일이기 때문이다.

교회와 성도

> 만일 내가 지체하면 너로 하여금 하나님의 집에서 어떻게 행하여야 할지를 알
> 게 하려 함이니 이 집은 살아 계신 하나님의 교회요 진리의 기둥과 터니라 _ 딤전
> 3:15

사도신경에서 성부와 성자와 성령에 관한 고백은 이제 끝이 나고 교회와 성도, 죄 사함과 부활, 영생을 남겨 두고 있습니다. 그런데 사실 이 부분은 엄밀한 의미에서 '성령'에 관한 고백 안에 포함된다고 할 수 있습니다. 이 점을 염두하고 이제 교회와 성도의 교제에 대해서 살펴보겠습니다. 지금 우리가 읽은 디모데전서 3장 15절은 교회란 어떤 곳인가를 설명해 주고 있습니다.

> ❶ 거룩한 교회
> ❷ 성도의 교제

교회를 믿습니다

교회의 속성인 거룩성을 유지하고, 거룩한 성도의 교제가 이루어지는 것은 신자들의 노력만으로는 불가능합니다. 오히려 이것은 성령의 역사입니다. 칼뱅은 삼위일체 하나님에 대한 것과 교회에 대한 것을 구분하고 있습니다.

> 우리는 다른 곳에서 교회에 대해 보다 상세히 말할 것이다. 당장 우리는 위로를 받

기 위해 믿음이 응시해야 할 것들을 언급할 것이다. 먼저, 우리가 '교회를 신뢰한다' 보다는 '교회를 믿는다'고 말하는 데는 이유가 없지 않다. 나는 오늘날 전자가 더 익숙하며, 옛날에도 그렇게 사용했음을 잘 안다. 심지어 니케아 신앙고백도 『교회사』에 기록되어 있듯이 '교회를 신뢰한다'고 말한다. 그럼에도 불구하고 고대 교부들의 책에 의하면 '교회를 신뢰한다'가 아니라 '교회를 믿는다'고 말하는 것이 난관 없이 수용되었음이 또한 명백하다. 왜냐하면 키프리아누스와 아우구스티누스는 이렇게 말할 뿐만 아니라, 또한 이 전치사가 첨가될 경우 표현이 부적절하다고 가르치기 때문이다.

> 삼위일체 - 믿는다, 신뢰한다
> 교회 - 믿는다

사도신경의 라틴어 원문을 보면 삼위일체에 대해서 믿는다고 할 때는 전치사 'en'이 들어가지만, 거룩한 교회와 성도가 서로 교통한다고 할 때는 전치사가 들어가지 않습니다. 이것은 같은 '믿는다'라는 말이지만, 미세한 차이가 있다는 것을 보여 줍니다.

이어지는 내용은 사도신경이 삼위일체 하나님에 관해서 고백하는 것에서 마지막 사도신경의 고백까지가 매우 중요하다고 설명합니다.

그들은 그들의 견해를 하찮지 않은 한 가지 이유로 확증한다. 즉 우리는 우리가 우리 마음을 참된 것으로 하나님에게 맡기고 우리의 신뢰를 그에게 둔다는 의미에서 하나님을 믿는[신뢰한]다고 증언하기 때문이다. 이것은 교회에는 부합되지 않을 것이다. 죄 사함과 육체의 부활도 마찬가지다. 따라서 비록 내가 말을 가지고 논쟁하고 싶지는 않지만, 그럼에도 불구하고 나는 뜻도 없는 모호함을 추론하는 것보다 [말의] 적절성—이것으로 사물이 잘 밝혀지는—을 따르는 편을 더 좋아한다.

성삼위 하나님을 믿는다고 고백하는 것과 교회와 죄사함, 부활에 관해서 믿는다고 할 때 조금 성격이 다르다는 것을 설명하고 있습니다. 이 설명이 계속 이어집니다.

> 그런데 우리는 우리가 앞서 권면한 것을 기억해야 한다. 즉 지금까지 우리 구원의 이유와 기초와 원인이 증명되었고 이제 그 결과가 이어진다는 것 말이다. 하나님의 권능과 그의 부성애적인 선함, 그리스도의 의, 그리고 성령의 효력을 깨닫는 자는 그의 구원의 원인을 파악한다. 하지만 그가 교회와 죄 사함과 영생에까지 내려오지 않는 한 어떻게 구원이 사람들에게서 완성되는지를 아직 모른다. 그러므로 하나님이 우리 생명의 창시자이심을 배운 후, 그로부터 우리 안에서 행하시는 그의 일을 깨닫는 데로 나아오는 것은 바른 순서이다.

그것은 삼위일체 하나님은 구원의 이유와 기초, 원인이 되시고, 교회와 죄 사함, 부활은 그 결과로 이어지는 것이기 때문입니다. 그리고 이제 이어서 본격적으로 교회에 관한 설명이 시작됩니다.

> 먼저 교회가 믿음의 대상으로 제시되는바, 이는 우리가 수많은 그리스도인들이 믿음의 끈으로 결합되고 주 예수를 군주와 대장으로 하는 한 백성 안에서 모이게 된다는 것을 믿으며, 심지어 이 많은 수가 그리스도를 머리로 하는 한 몸 안에서 연합하게 된다(엡 1:10)는 것을 믿기 위함이다. 왜냐하면 하나님이 영원 전에 그리스도 안에서 그의 사람들을 선택하시고 그들을 그의 나라 안으로 불러 모으셨기 때문이다.

정리해 보면, 교회의 머리는 예수 그리스도시고, 교회는 인간의 고안된 조직이 아니라 하나님께서 택하시고, 불러 모으신 것이며, 한 몸이라고 설명하고 있습니다.

1. 교회의 머리는 예수 그리스도
2. 하나님께서 택하시고 불러 모으셨다

이제 다음 부분이 매우 중요합니다. 교회는 어머니와 같다고 합니다. 이제 부터 나오는 내용에는 교회의 네 가지 속성(거룩성, 보편성, 통일성, 사도성)이 나옵니다.

> **교회의 속성**
> ❶ 거룩성 ❷ 보편성 ❸ 통일성 ❹ 사도성

> 이제 교회를 믿는다는 것이 우리에게 얼마나 필요한지 명백히 드러난다. 불멸의 삶으로 거듭나기 위해서는 교회가 우리를 마치 어머니가 자녀를 품듯이 품어야(갈 4:19, 26) 하며, 우리가 보전되기 위해서는 교회가 그 품 안에서 우리를 양육하고 부양해야 하기 때문이다. ❹ (사도성)교회는 우리 주님이 그의 은혜의 온갖 보화를 위탁하여 교회의 직분을 통해 이 보화를 관리하며 분배하게 하신 우리 모두의 어머니이다. **따라서 우리가 하나님의 나라에 들어가기를 원한다면, 믿음으로 교회를 인정해야 한다.**

교회를 한마디로 표현하자면 어머니와 같고, 신자들은 한마디로 말하자면 어머니가 자녀를 품듯이 양육과 보호를 받아야 할 존재라고 설명하고 있습니다. 또한 하나님의 나라에 들어가기까지 신자는 교회의 보호를 받아야 하며, 또 참믿음은 교회를 인정하는 것이라고 설명하고 있습니다. 교부 키프리아누스의 말과 같이 하나님을 아버지라 부르는 자는 교회를 어머니로 고백할 수 있어야 합니다.

> 교회 - 어머니
> 신자 - 자녀처럼 양육과 보호를 받아야 한다.

이어지는 내용은 왜 신자들에게 교회가 중요한지를 설명하고 있습니다.

그런데 이것은 우리의 생각 속에 선택받은 자들의 수를 착상하게 할 뿐 아니라 우리도 의심 없이 포함될 교회의 일치 또한 인식하게 한다. 우리는 먼저 우리가 이런 참여를 통해 그의 지체들과 더불어 **우리의 머리이신 예수 그리스도를 따르지 않는 한, 하늘 기업에 대한 어떤 소망도 가질 수 없다.** 왜냐하면 성경은 교회의 이런 일치 밖에서 구원이 없다고 선포하기 때문이다. 시온과 예루살렘에 구원이 있으리라는 예언은 이렇게 이해되어야 한다(사 2:3; 욜 3:5). 따라서 주님은 어떤 이들에게 영원한 죽음을 선고하고자 하시면서, 그들이 그의 백성의 회중에 들지 못하며 이스라엘 자녀 가운데 가입하지 못할 것이라고 말씀하시는 것이다(겔 13:9).

교회의 머리가 예수 그리스도라는 점에서 교회에 대한 논의가 출발되어야 합니다. 왜 우리가 교회를 인정해야 하는지 그 이유가 바로 이 진술에 있습니다.

나아가 이 회중은 ❷ 가톨릭 또는 보편적이라 불린다. 왜냐하면 두세 교회가 있는 것이 아니라, 반대로 하나님의 모든 선택받은 자들이 그리스도 안에 연합되고 연결되어 있어서 그들이 한 머리에 달려 있듯이 또한 한 몸으로 통합되어 참된 지체로서 함께 서로 지탱하기 때문이다. 그리고 실제로 그들은 모두 하나가 되는바, **이는 그들이 하나의 동일한 믿음, 소망, 사랑으로 하나님의 동일한 영에 따라 살며, 동일한 기업뿐만 아니라 하나님과 예수 그리스도의 동일한 참여에 부름을 받기 때문이다.**

거룩한 교회

그러면 어떻습니까? 교회는 완전합니까? 불완전하죠! 그런데도 우리는 이 교회를 거룩한 교회라고 고백합니다.

더 나아가 교회는 ❶ 거룩하다 일컬어진다. 왜냐하면 하나님의 섭리에 의해 선택받아 교회 안에 병합된 모든 자들은 영적 중생으로 말미암아 하나님에 의해 거룩하게 되기 때문이다. 따라서 바울은 하나님의 긍휼의 순서를 이렇게 말한다. 즉 그가 선택한 자들을 부르시고 부른 자들을 의롭게 하시며 이들을 언젠가 영화롭게 하신다는 것이다(롬 8:30). 이와 같이 우리의 소명과 칭의는 하나님의 선택의 증거 외에 다른 것이 아니다. 왜냐하면 주님께서 그들이 태어나기도 전에 미리 정한 자들을 그의 교회의 교제로 이끄시기 때문이다. 이런 이유에서 종종 성경은 교회를 오직 주님이 자신의 선택을 이런 식으로 승인한 자들이라고 여기는 것이다. 하나님의 자녀가 우리 정신이 그들을 알아볼 수 있는 듯이 묘사되는 것은 적절하다. 그들은 하나님의 영으로 이끌린다는 것이다. 그럼에도 불구하고 교회 안에 있는 거룩함이 어떤 것인지 살펴볼 필요가 있다.

이 대목에서 한 번 더 지상의 교회는 결코 완전하지 않지만, 날마다 거룩함을 향하여 전진하는 교회라고 설명하고 있습니다.

만일 우리가 철저하게 완전한 교회 외에는 교회로 여기지 않는다면, 그런 교회를 발견할 수 없을 것이다. 물론 바울의 다음 말은 매우 사실이다. "예수 그리스도는 교회를 위해 자신을 내어 주어 교회를 거룩하게 하셨으며, 물의 씻음으로, 즉 생명의 말씀으로 깨끗하게 하여 교회를 주름이나 흠이 없는 영광스러운 신부로 만드셨다"(엡 5:25-27). 하지만 주님이 교회의 주름과 흠을 제거하기 위해 날마다 일하신다는 말씀도 또한 사실이다. **이로부터 교회의 거룩함은 아직 완전하지 않다는 결과가 나온다. 그러므로 교회는 날마다 진보하는 식으로 거룩하며, 아직 완전하지 않다. 다른 곳에서 보다 상세히 설명되겠거니와, 교회는 날마다 전진하며 아직 거룩함의 끝에 도달하지 않았다.**

교회가 아직 완전하지 않다는 것이 지상교회, 가시적 교회의 본질입니다. 그럼에도 불구하고 교회는 날마다 전진해야 합니다. 이것이 바로 개혁 교회의 모토이기도 합니다.

따라서 선지자들이 예루살렘에 대해 이 도시가 거룩하고 이방인들이 통행하지 못하며 하나님의 전이 모든 부정한 자가 들어오지 못할 정도로 거룩하게 되리라고 한[욜 3:17; 사 35:8] 예언을, **마치 교회의 지체들에게 아무런 흠이 없다는 식으로 해석해서는 안 되며,** 다만 신자들이 마음의 진실한 애정으로 온전한 거룩함과 순결함을 갈구하기 때문에 그들에게 아직 없는 완전함이 하나님의 선함에 의해 그들에게 주어진다는 것으로 해석해야 한다.

이처럼 교회는 거룩을 향한 여정을 멈추지 않아야 합니다. 교회의 속성에 거룩성이 있지만, 그렇다고 교회가 아무런 흠이 없다는 것은 아닙니다. 이렇게 불완전하지만, 교회는 결코 사라지지 않을 것이라고 말합니다.

그런데 비록 사람들 사이에서 이런 성화의 커다란 징표가 드러나지 않는 일이 종종 일어나지만, 그럼에도 불구하고 태초부터 주님이 그의 교회를 갖지 않았던 시대는 결코 없었으며, 또한 갖지 못할 일도 결코 일어나지 않을 것이다. 비록 태초부터 온 인류가 아담의 죄로 인해 타락하고 부패했지만, 그래도 이 타락한 대다수 가운데서 영광의 도구들을 거룩하게 하지 않으신 적이 없으며 그리하여 그의 긍휼을 체험하지 못한 시대가 없다는 말이다. 하나님은 다음과 같이 말씀하시면서 이것을 확실한 약속으로 증명하셨다. "나는 내가 선택한 자들과 언약을 정했다. 나는 내 종 다윗에게 그의 자손을 영원히 보전하며 그의 왕위를 대대로 세우겠다고 맹세했다"(시 89:3-4). 또한 "주님은 시온을 택하시고 그것을 그의 거처로 택하셨으며, 그것은 그의 영원한 안식처이다"(시 132:13-14). 또한 "낮엔 해를, 밤엔 달을 비추신 주님께서 이렇게 말씀하셨다. 이 질서가 사라질 때 이스라엘의 자손이 멸망할 것이나 그 전에는 아니다"(렘 31:35-36).

성도의 교제

이제 거룩한 교회에 대한 설명이 끝나고 성도의 교제에 관한 내용이 이어집니다.

이어지는 성도의 교제 조항은 일반적으로 고대 교부들에 의해 간과되었으나, 그럼에도 불구하고 무시해서는 안 된다. 왜냐하면 교회를 믿는 것이 우리에게 필요하듯이, 마찬가지로 어떤 교회를 믿는지를 아는 것 역시 불필요한 일이 아니기 때문이다. 따라서 나는 이 부분이 우리에게 교회의 본질과 속성을 알려주는 교회에 관한 선언이라고 여긴다. **즉 예수 그리스도가 그의 신자들을 연합시키시는 결합은 그들이 모두 그의 축복에 참여할 정도로 중요하다는 것이다.**

교회공동체에 불필요한 사람이란 없습니다. 없어도 될 사람은 없다는 것입니다. 모두가 소중한 존재들입니다.

그럼에도 불구하고 이 말을 각자가 다른 은사를 갖지 못하는 것으로 해석해서는 안 된다. 왜냐하면 바울은 성령의 은사가 다양하다고 말하기 때문이다(고전 12:4). 또한 그 자체로 별도의 실체를 갖고 있는 정치 질서가 전복되어야 한다고 여겨서도 안 된다. 왜냐하면 통치권과 소유권은 이 죽을 인생을 사는 동안 인간들 사이에서 평화와 안정을 보전하기 위해 특별히 구별되는 것이 필요하기 때문이다. **오히려 우리는 축복과 은사의 이런 구분에 잘 어울리는 그런 공동체를 생각한다.** 한 사람이 하나님의 손에서 받은 모든 것에 다른 사람들도 참여자가 되게 하는 것이 적합하기 때문이다. 설령 그것이 다른 사람들에게가 아니라 그 사람에게 주어졌다 하더라도 말이다. 이는 마치 몸의 지체들에게 다양한 기능과 다른 임무가 있지만 그럼에도 불구하고 각자가 다른 것들을 돕는 식의 일치가 있는 것과 같다.

이어서 교회 구성원들의 다양성을 이야기합니다.

바울이 고린도 교인들과 에베소 교인들에게 훈계하듯이(고전 12:11; 엡 4:12), 각자가 무슨 은혜를 받았든지 그것은 교회의 공동의 유익으로 돌려져야 하는바, 이는 우리 주님이 그런 식의 분배를 원하시기 때문이다. 또한 다른 곳에서 바울은 우리가 나누는 교제가 다양한 은사에 따라 세워지기 때문에 소명도 다양하다고 논증한다

(롬 12:6).

그리고 이어서 통일성을 이야기합니다. 교회의 일치가 중요하다는 것입니다.

그런데 우리가 거룩한 교회와 교회의 교제를 믿되, 그리스도를 믿는 믿음을 통해 그 지체가 된다고 확신한다는 조건으로 그러하기 때문에, 어떤 열매가 우리에게 오는지를 살피는 것이 적합하다. ❸ 우리가 교회의 일치로 부름 받는다는 사실을 깨닫는 것은 적은 일이 아니다. 주 하나님에 의해 선택되고 분리되어 그리스도의 몸이자 충만함이요(엡 1:23), 진리의 기둥과 터이며(딤전 3:15), 하나님의 존엄의 영원한 처소(엡 2:22)가 되는 교회 말이다. 우리가 이 깨달음을 얻는다면, 우리의 구원은 너무도 확고한 지지대로 뒷받침되어 세상의 모든 기계 장치가 흔들릴 때도 확고부동하게 남을 것이다.

이어서 교회는 불완전하지만, 영원히 존속될 것이라고 말합니다.

먼저, 우리의 구원은 하나님의 선택에 기초하고 있으며, 따라서 그의 영원한 섭리가 사라지지 않는 한 실패할 수 없다. 게다가, 자신의 신도들이 흩어지는 것뿐만 아니라 그 지체들이 산산이 찢기는 것을 허락하지 않으실 그리스도께서 온전히 머물러 계시는 한, 우리의 구원은 확고하다. 더 나아가, 우리는 우리가 교회의 품 안에 머무르는 한 진리가 우리와 함께 머무른다는 것을 확신한다. 마지막으로, 우리는 하나님이 영원히 예루살렘에 거하시며 그 한복판에서 결코 움직이지 않으시리라고 기록된(시 46:6) 약속이 우리에게 속한 것으로 이해한다. 교회의 일치는 이런 능력을 갖고 있어서 우리를 하나님의 회중에 붙들어 놓을 수 있다.

성도의 교제는 우리에게 소중하며 큰 위로를 줍니다.

마찬가지로 교제라는 이 말은 우리를 크게 위로해 줄 수 있다. 즉 우리 주님이 그의 지체들에게 은사로 주신 모든 것이 우리에게 속한 것이므로, 우리의 소망은 그들이 갖는 모든 축복에 의해 확인된다는 것이다. 그뿐 아니라 이 교회의 일치를 붙들기 위해서 꼭 눈으로 보거나 손으로 만질 필요는 없다. 오히려 우리가 교회를 믿는다는 말의 의미는 그것이 명백히 보일 경우 못지않게 보이지 않을 때도 인지되어야 한다는 것이다. 우리의 지성이 이해할 수 없는 교회를 우리의 믿음이 인정한다 해서, 그 믿음이 더 나빠지는 것은 아니다. 왜냐하면 여기서 명령되는 것은 선택받은 자와 버림받은 자를 구분하는 일(이것은 오직 하나님께 속한 것이지 우리에게 속한 것이 아니다)이 아니라, 하나님 아버지의 자비와 성령의 능력으로 그리스도에게 참여하기 위해 나아오는 모든 이들이 하나님의 상속을 위해 구별되었다는 확신과 우리도 그들의 수에 포함되기에 이런 은혜의 상속자라는 확신을 마음에 간직하는 일이기 때문이다.

우리는 거룩한 성령님을 모신 거룩한 성전이며 곧 교회입니다. 우리의 교회는 눈에 보이기에는 불완전하지만 예수 그리스도가 머리가 되심으로 보존됩니다. 교회가 없어도 되는 신자란 없습니다. 교회는 어머니와도 같습니다. 우리는 교회의 사랑과 양육과 보호를 받아야 합니다. 또한 모든 형제자매들 가운데 소중하지 않은 존재는 없습니다. 하나님은 신자들이 서로 돕고 위로하고 서로를 세워 주고 일으켜 주기를 원하십니다. 성도의 교제는 나그네 인생길을 걸어가는 이 땅의 순례자들에게 위로를 줍니다. 코로나로 인해 중단되었던 성도의 교제가 더욱 활성화되기를 소망해 봅니다.

기독교강요 제4장. 믿음: 사도신경 해설

가시적 교회와 표지

이제 보이는 교회, 즉 우리의 감각으로 이해할 수 있는 교회에 대해 말하고 그것에 대해 어떤 판단을 가져야 할지를 보여 줄 때다. 주님은 확실한 표징과 증표로 그의 교회를 표시해 두셨다. 왜냐하면 그것을 식별하는 것이 우리에게 적합하기 때문이다. 물론 바울이 말하듯이(딤후 2:19) 그의 백성이 누구인지를 아는 이 특권이 오직 그에게 속한다는 것은 사실이다. 사실, 사람들의 경솔함이 거기까지 이르지 못하도록, 주님은 그의 은밀한 판단이 얼마나 우리의 감각을 뛰어넘는지 날마다 경험으로 경고하면서 바른 질서를 세우셨다(마 18:1-14). 한편으로 완전히 파멸된 듯 보이고 절망적으로 여겨진 자들이 바른 길로 돌아오며, 다른 한편으로 매우 확고하게 보였던 자들이 넘어지는바, 끝까지 인내하는 자들이 누구인지를 보는 이는 하나님—우리 구원의 주체이신—뿐이시기 때문이다. 그럼에도 불구하고 주님은 우리가 누가 그의 자녀인지를 아는 것이 적합하다고 여기셨기 때문에, 여기서도 스스로 우리의 수용력에 적응하셨다. 이 점에 있어서는 믿음의 확신이 필요하지 않기 때문에 그 대신 그는 사랑의 판단을 세우셨는데, 이 판단에 따라서 우리는 신앙고백, 선한 모범적인 삶, 그리고 성례의 참여를 통해 우리와 더불어 동일한 하나님과 동일한 그리스도를 시인하는 모든 사람들을 교회의 지체로 인정하는 것이다.

이로 말미암아 우리는 교회가 어떤 것인지 쉽게 알아본다. 하나님의 말씀이 순수하게 선포되어 들려지며, 성례가 그리스도의 제정에 따라 시행되는 곳이면 어디나 그곳에 교회가 있음을 의심해서는 안 된다. 왜냐하면 그리스도께서 "두세 사람이 내 이름으로 모이는 곳은 어디나 내가 그들 가운데 있을 것이다"(마 28:20)라고 우리에게 주신 약속은 우리를 저버리지 않을 것이기 때문이다. 하지만 이 주제의 요점을 잘 이해하기 위해서 우리는 이어지는 단계에 따라 진행할 필요가 있다. 즉 보편 교회란, 종교의 끈으로 연합되어 있기에 민족의 다양성이나 지역의 차이와 상관없이 하나님의 진리와 그의 말씀의 교훈에 동의하는 모든 무리이다. 또한 각

도시와 마을로 분산된 교회들은 각자가 교회의 칭호와 권위를 갖는 식으로 이 보편 교회에 포함된다. 그리고 신앙고백으로 교회에 속한다고 인정되는 개인들은, 설령 그들이 실제로 전혀 교회에 속하지 않을지라도 공적 판단에 의해 거부되기까지는 교회에 속하는 것으로 여겨진다. 물론 교회들과 사적인 개인들을 존중할 여러 가지 이유가 있다. 왜냐하면 우리가 신자의 수에 속할 자격이 있다고 생각하지 않는 자들을, 이들을 여전히 그리스도의 몸으로 용납하고 견디는 교회의 공동의 동의로 인해 형제로 대하고 신자로 여겨야 하는 일이 일어날 수 있기 때문이다. 그러므로 우리는 우리의 사적인 판단에 따라서는 그런 인물들을 교회의 지체로 인정하지 않으나, 그들이 적법한 방식으로 제거되기까지 그들이 하나님의 백성 사이에 있을 여지를 남겨 둔다. 하지만 다수의 무리에 관해서 우리는 달리 실행해야 한다. 이 무리가 말씀의 사역자를 갖고 있고 그를 존경하며 성례의 시행을 유지한다면, 그것은 의심의 여지없이 교회로 인정되어야 한다. 말씀과 성례가 열매가 없지 않을 수 있다는 것이 확실하기 때문이다. 이런 식으로 우리는 악마적인 정신이 언제나 흩어 놓고자 애썼던 보편 교회의 단일성을 유지하며, 사람들의 필요로 인해 각자의 자리에서 모이는 교회의 회중에 속한 권위를 제거하지 못할 것이다.

우리는 하나님의 말씀의 설교와 성례의 시행을 교회의 표지로 말했다. 왜냐하면 이 두 가지는 열매를 맺지 않을 수 없으며 하나님의 축복으로 번성하지 않을 수 없기 때문이다. 나는 설교가 있는 곳은 어디든지 즉시 열매가 나타난다고 말하지 않는다. 다만 설교가 수용되고 확실한 자리를 잡는 곳에서는 모종의 효과를 내지 않는 곳이 결코 없다는 말이다. 어찌 됐건 복음 설교가 공손히 들려지고 성례가 소홀히 되지 않는 곳에는 교회의 확실한 형태가 나타나는바 그것은 의심될 수 없으며, 그 권위를 경멸하거나 그 훈계를 멸시하거나 그 충고를 거절하거나 그 질책을 조롱하는 것은 적법하지 않다. 이 교회에서 분리되거나 그 단일성을 깨뜨리는 것은 훨씬 더 용납될 수 없다. 왜냐하면 하나님은 그의 말씀과 성례의 직분이 있는 기독교 회중에서 벗어나는 자를 기독교의 배신자로 여길 만큼 그의 교회의 교제를 소중히 여기시기 때문이다. 그는 이렇게 교회의 권위를 높이시기에 교회가 침해당할 경우 자기 자신의 권위가 침해된다고 말씀하신다.

따라서 우리는 부지런히 앞에서 말한 표지를 붙들고 하나님의 판단에 따라 그것을 소중히 여겨야 한다. 사탄이 다음 두 가지 사항 가운데 하나로 우리를 이끌어 가는 것 이상으로 획책을 꾸미는 것은 아무것도 없다. 즉 교회를 식별할 수 있는 참된 표지를 폐기하고 말소함으로써 우리에게서 온전히 참된 구별법을 제거하거나, 아니면 우리로 그 표지를 경멸하게 함으로써 교회 공동체에서 떼어 내고 반역하게 하거나 말이다. 복음의 순수한 설교가 오랫동안 감춰지게 되는 일이 사탄의 계략에 의해 이뤄졌으며, 이제 그는 동일한 악의로 예수 그리스도께서 그의 교회에 명하신 직분(엡 4:12)—이것이 무너지면 교회의 수립이 파괴되는—을 뒤엎으려고 애쓴다. 우리 주님이 그의 교회를 표시하기 위해 충분히 생각하신 표지들이 나타나는 회중에서 스스로를 분리시키려는 마음이 인간에게 생긴다면, 이 얼마나 위험한, 아니 그보다 유해한 유혹인가! 우리는 두 가지 사항이 다 얼마나 조심할 필요가 있는지를 본다. 우리는 교회라는 칭호에 속지 않기 위해서, 하나님이 우리에게 주시는 이 판단 기준에 따라 금을 시금석에 시험하듯이 교회의 이름을 주장하는 모든 회중을 점검해야 한다. 만일 회중이 우리 주님께서 그의 말씀과 성례로 정하신 질서를 갖고 있다면, 그것은 우리를 속이지 않으며 우리는 그것에게 교회에 속한 영예를 확실히 돌려야 한다. 반대로 만일 회중이 하나님의 말씀과 그의 성례 없이 교회로 인정받으려 한다면, 다른 면에서 경솔함을 피하는 것 못지않게 속임수를 조심해야 한다.

순수한 말씀 사역과 성례의 순수한 집행 방식은 이 두 가지가 보이는 모든 모임에 교회가 있다는 것을 확신하게 해 주는 좋은 담보요 보증이라고 우리가 한 말은, 이 두 가지를 보전하는 회중—설령 이 회중이 많은 악덕에 굴복한다 하더라도—을 결코 거부해서는 안 된다는 중대한 의미를 내포한다. 심지어 교리에서나 성례 집행 방식에서 어떤 악이 있을 수 있으나, 그것이 우리로 하여금 결코 하나의 교회의 교제에서 떨어져 나가게 해서는 안 된다. 왜냐하면 하나님의 교리의 모든 조항들이 동일한 것이 아니기 때문이다. 어떤 조항들은 기독교의 법령이나 원리와 마찬가지로 필히 알고 의심해서는 안 된다. 예를 들어, 유일한 한 분 하나님이 계신다는 것, 예수 그리스도는 하나님이요 하나님의 아들이시라는 것, 우리의 구원이 그의 긍휼에 있다는 것 등등이다. 다른 어떤 조항들은 교회들 사이에서 논쟁 대상이 되고 있으나, 그럼에도 불구하고 교회의 일치를 깨뜨리지는 않는다. 일례로, 어떤 교회는 몸에서 분리된 영혼이 즉시 하늘로 이전된다고 주장하며, 다른 어떤 교회는 감히 장소를 정하지 않은 채 단순히 영혼이 하나님께로 간다고 생각하는바, 이 차이가 반목이나 고집이 없다면 서로 분리될 이유가 무엇이겠는가? 사도는 이렇게 말한다. "우리가 완전하기를 원한다면 동일한 감정을 가져야 하며, 나아가 만일 우리에게 어떤 차이가 있다면 하나님이 그것이 무엇인지를 드러내실 것이다"(빌 3:15). 이 말로 그가 보여 주는 것은 그리스도인들에게 크게 필요하지 않은 주제들로 무슨 분쟁이 있을 경우 그것이 그들 사이에 소란이나 소요를 일으켜서는 안 된다는 것이 아니겠는가? 물론 이것이 언제나 어디서나 일치의 원리임은 사실이나, 얼마간 무지에 사로잡히지 않은 사람이 없기 때문에 우리는 어떤 교회도 남겨 두지 말던가, 아니면 구원의 위험이 없고 종교가 침해되지 않는 한 무시되어야 하고 또 무시될 수 있는 것들에 대한 무지를 용서하던가 해야 한다.

나는 여기서 어떤 오류를 조금이라도 주장하려는 것이 아니며 그것을 감추고 비위를 맞춤으로써 조장하고자 하는 것도 아니다. 다만 나는 우리 구원의 주된 교리와 성례를, 우리 주님이 명하신 대로 온전히 간직한 교회를 분쟁 때문에 가볍게 저버려서는 안 된다고 말하는 것이다. 그러나 우리는 우리의 마음에 들지 않는 것을 교정하고자 한다면 오직 우리의 의무만을 행해야 한다. 바울의 말씀은 우리를 이런 사실로 이끌어 간다. "어떤 보다 나은 계시를 가진 자가 일어나 말하면 먼저 하던 자는 잠잠해야 한다"(고전 14:30). 이로부터 명백한 것은 교회의 각 구성원에게 자신에게 있는 은혜의 분량에 따라 다른 이들을 교화할 책임이 주어졌다는 것이다. 이 일이 예절과 질서에 따라 행해진다는 조건하에서, 다시 말해 우리가 교회의 교제를 부인하지 않고 그 안에 머물면서 정체나 권징을 어지럽히지 않는다는 조건하에서 말이다.

불완전한 품행에 대해서 우리는 훨씬 더 인내해야 한다. 왜냐하면 이 문제로 넘어지기가 쉬우며 마귀는 놀라운 계략을 갖고 우리를 미혹하기 때문이다. 스스로 마치 낙원의 천사나 되는 양 완전한 거룩함을 갖고 있다고 믿고는, 인간의 나약함이 드러난 사람들의 모임을 경멸한 자들이 언제나 있었다. 옛적에 카타리파, 즉 순수한 자들이라 불리던 자들과 이들의 우매에 가까웠던 도나투스주의자들이 그러했다. 오늘날에는 어떤 재세례파가 이와 유사한데, 이들은 매우 유능한 자들로 나타나고자 하며 스스로 남들보다 앞서 있는 것으로 생각한다. 이러한 자만 때문이라기보다 정의에 대한 무분별한 열정 때문에 죄를 범하는 자들도 있다. 왜냐하면 이들은 복음을 듣는 자들 사이에서 열매가 교리에 일치하지 않는 것을 보는 즉시 어떤 교회도 존재하지 않는다고 판단하기 때문이다. 그들의 무례함은 매우 정당하며 확실히 너무도 그럴 이유가 있다. 우리는 우리의 사악한 태만을 조금도 변명할수 없으며 하나님이 그것을 처벌하지 않은 채 그냥 두시지 않을 것이다. 그는 이미 끔찍한 회초리의 징벌을 시작하고 계신다. 그러므로 우리의 제멋대로 된 방종때문에 나약한 양심들이 우리로 인해 상처받고 걸려 넘어지게 한다면 우리에게화가 있을 것이다!

그렇지만 지금 이 사람들도 그들이 정도를 넘어서는 한 그들 편에서 실수한다. 왜냐하면 우리 주님께서 관용이 사용되도록 요구하시는 곳에서, 그들은 그것을 무시한 채 철저히 엄격함과 가혹함에 몰두하기 때문이다. 그들은 완전한 순수함과삶의 성결이 보이지 않는 곳에 어떤 교회도 없다고 여기고 악덕을 미워한다는 구실 아래 하나님의 교회를 떠나면서 악인들의 회중에서 벗어난다고 생각한다. 그들은 예수 그리스도의 교회가 거룩하다(엡 5:26)라고 주장한다. 하지만 그들은 그리스도 자신이 교회는 선인과 악인이 섞여 있다고 하신 말씀을 들어야 한다. 그리스도께서 교회를 비유하되, 온갖 종류의 물고기들을 강가에 이르기까지 선별하지않는 채 끌어오는 그물에 비교하신 것은 사실이다(마 13:47-58). 그들은 다른 비유에 기록된 말씀을 들어야 한다. 즉 교회는 좋은 씨가 뿌려진 뒤 가라지 때문에 망가진 밭과 같아서 수확된 것이 곳간에 가져다 놓아지기까지는 걸러질 수 없다는것이다(마 13:24-30). 주님이 그의 교회가 심판 때까지 이런 비참함에 굴복되고 악한 사람들로 언제나 가득할 것으로 말씀하실진대, 그들이 온전히 순수하고 깨끗한 교회를 찾는 것은 헛된 일이다.

하지만 그들은 악덕이 이처럼 도처에 횡행하는 것은 견딜 수 없는 일이라고 말한다. 나는 다른 것을 바라야 한다는 것에 그들과 의견을 같이하나, 바울의 말씀을답으로 제시한다. 고린도 교인들 사이에는 실수한 자들이 적은 수가 아니라 거의온 몸체가 부패했고 악의 종류도 하나가 아니라 여럿이었다. 과오들이 작은 것이아니라 크고 엄청난 범죄들이었다. 부패는 품행뿐만 아니라 교리에도 있었다. 자신의 증언으로 교회를 세운 거룩한 사도는 이에 대해 어떻게 행하고 있는가? 그들에게서 자신을 분리시키고자 하는가? 그들을 그리스도의 나라에서 쫓아내는가?그들을 완전히 박멸하기 위해 마지막 저주를 발하는가? 그는 이런 모든 것 중 어느 것도 하지 않고, 오히려 그들이 하나님의 교회와 성도의 회중임을 인정하며 또 그렇다고 고백한다. 고린도 교인들에게 반목과 붕당과 시기가 만연함에도 불구하고, 심한 소송과 분쟁이 있고 악의가 활개를 치며 이방인들에게서도 가증한 악행이 공공연히 인정됨에도 불구하고, 그들이 그들의 아버지처럼 공경해야 마땅한 바울이 모욕당하고 어떤 이들은 죽은 자의 부활—이것이 무너지면 모든 복음이 붕괴되는—을 조롱함에도 불구하고, 하나님의 은사가 사랑이 아니라 야망으로 이용되고 많은 것들이 질서 없이 부정직하게 행해짐에도 불구하고(고전 1:11; 3:3; 5:1; 6:7; 9:1; 15:12) 그들에게 교회가 남아 있을진대, 이렇게 당시에 그들 사이에 그들이 말씀 설교와 성례를 유지하는 한 교회가 남아 있을진대, 그런 잘못의 십분의 일도 책망할 수 없는 자들에게서 교회의 이름을 감히 제거할 자 누구인가? 현재의 교회들을 이런 엄격함으로 조사하는 자들은 복음을 거의 대적하다시피 한 갈라디아 교인들에게는 어떻게 했을까? 그럼에도 불구하고 바울은 그들 사이에서 모종의 교회를 인정했다(갈 1:2).

신자들은 이런 무기로 무장하여, 혹 그들이 정의에 대해 지나치게 뜨거운 열정적 인물들로 나타나고자 함으로써 정의의 유일한 나라인 하늘나라에서 분리되지 않도록 해야 한다. 우리 주님이 그의 교회의 교제가, 우리가 말씀과 성례를 갖춘 공적 회중에서 유지되면서 우리에 의해 준수되기를 원하셨기 때문에, 누구든지 악인에 대한 미움 때문에 그런 회중에게서 분리되고 나뉘는 자는 성도의 교제에서 쉽게 분리되는 길로 들어서게 된다. 그러므로 그들은 큰 다수의 무리 속에, 그들이 눈으로 식별할 수 없는, 하나님 앞에서 진실로 선하고 무흠한 자들이 있다고 여겨야 한다. 또한 그들은 악인의 무리 속에 그들의 악을 기뻐하지도 않고 아첨하지도 않으며, 도리어 자주 하나님 경외에 자극을 받아 더 나은 길을 가고자 애쓰는 사람들이 많이 있다고 생각해야 한다. 그들은 종종 가장 거룩한 자들이 매우 심하게 실수하는 일이 일어나기 때문에 사람을 하나의 행위나 혹 두세 가지 행위로 판단해서는 안 된다는 것을 생각해야 한다. 그들은 하나님의 말씀과 그의 거룩한 성례가 교회를 보전하기 위해 갖는 능력과 위세가, 어떤 부패한 지체들의 악덕이 교회를 흩어지게 하기 위해 갖는 능력과 위세보다 더 크다고 여겨야 한다. 마지막으로 그들은 교회가 어디 있는지, 교회가 어디에 없는지를 결정함에 있어서 하나님의 판단이 사람들의 견해보다 더 큰 권위를 갖는다고 생각해야 한다.

권징

그러나 잘 수립되어 있는 교회라면, 악인들이 그들의 악덕에 도취하여 즐거워하는 것을 알게 될 때 그 품 안에서 그들을 양육하지 못할 것이다. 왜냐하면 주님께서 이런 타락한 지체들이 교회의 온몸에 그들의 부패를 퍼뜨리지 못하도록 훌륭한 처방으로 예방하셨기 때문이다. 출교가 이런 활용으로 명령되었는바, 이런 방식으로 그리스도에 대한 믿음을 잘못 주장하고 부정직하고 사악한 생활로 그의 이름을 수치스럽게 하는 자들은 하나님의 백성 사이에서 추방되고 축출되어 마땅하다. 왜냐하면 그들은 그리스도의 이름을 자랑할 자격이 없기 때문이다.

따라서 교회는 자신의 단체에서 온갖 명백한 간음자, 음행자, 강도, 사기꾼, 도둑, 횡령자, 살인자, 선동가, 싸움꾼, 소란 피우는 자, 위증자, 불법을 행하는 자, 주정뱅이, 식도락가, 재산을 탕진하는 자, 서약 위반자, 신성 모독자, 기타 이런 부류의 사람들이 훈계로 교정받으려 하지 않을 때(마 18:15-17), 그들을 축출함으로써 무언가를 과도하게 시도하는 것이 아니라 다만 하나님이 교회에게 주신 사법권을 행사하는 것뿐이다. 아무도 교회의 이런 판단을 경멸하거나 신자들의 견해에 따라 정죄될 정도로 하찮게 여기지 않도록, 주님은 이것이 그 자신의 견해의 선포 외에 다른 것이 아니라는 것과 지상에서 그들이 말하는 것이 하늘에서 비준된다는 것을 확증하셨다. 그들에게는 부패한 자들을 정죄할 하나님의 말씀이 있으며 진정으로 회개하는 모든 자들을 자비로 받아들일 동일한 말씀이 있기 때문이다(마 16:19; 요 20:23). 교회들이 이런 권징으로 연결되고 결합되지 않은 채 오랫동안 존속할 수 있다고 생각하는 자들은 크게 잘못을 저지른다. 왜냐하면 주님이 우리에게 필요하다고 예견하신 처방을 우리가 간과할 수 없다는 것은 의심의 여지가 없는 일이기 때문이다. 실제로 거기서 오는 유익은 우리에게 그것이 얼마나 필요한지를 잘 보여 준다.

[1] 첫째[유익]는, 마치 교회가 악인들과 잘못 살아가는 사람들의 거처라도 되는 양, 하나님의 커다란 수치를 동반하는 나쁜 행실을 갖는 사람들이 그리스도인의 무리로 계산되지 않도록 하는 데 있다. 왜냐하면 그리스도의 몸인 교회가 부패한 지체들에 의해 오염되어 일부의 수치가 머리에까지 이르게 할 수는 없기 때문이다. 그러므로 교회 안에서 하나님의 이름이 치욕을 당하는 일이 없도록, 파렴치로 기독

교를 훼손하고 부끄럽게 만드는 모든 사람들을 마땅히 교회에서 추방해야 한다.

[2] 둘째 유익은, 종종 일어나듯이, 선인이 악인과의 교제로 부패되지 않도록 하는 데 있다. 왜냐하면 우리의 방황하려는 성향에 따라서 볼 때 우리가 나쁜 사례를 따르기보다 더 쉬운 것은 없기 때문이다. 이 유익은 사도에 의해 강조되었는바, 그는 고린도 교인들에게 근친상간을 범한 자를 단체에서 추방하라고 명하면서 "적은 누룩이 온 덩어리를 상하게 한다"(고전 5:6)라고 말한다. 심지어 사도는 이점에서 너무도 큰 위험을 보고 선인이 악인과 친교하고 사귀는 것을 금했다. 그는 "너희 중 형제라 일컫는 자가 음행이나 탐욕을 부리는 자거나 우상 숭배자나 모욕하는 자나 주정뱅이나 사기횡령하는 자일 경우, 나는 너희가 그와 더불어 먹는 것도 허락하지 않겠다"(고전 5:11)라고 말한다.

[3] 셋째 유익은, 출교로 처벌받는 자들이 그들의 수치로 괴로워서 회개하고 그 회개를 통해서 개선의 자리로 나오게 하는 데 있다. 이와 같이 그들의 구원을 위해서도 그들의 악행이 처벌됨으로써 그들이 교회의 회초리로 경고를 받아 과오를 인정하도록 하는 것이 적합하다. 이 과오들이 부드럽게 처리될 때 그들은 그것들을 계속 마음에 품고 완악해지기 때문이다. 그러므로 교회의 무리에서 분리되는 자들은 구원의 소망에서 떨어져 나가는 것이 아니라 악한 삶에서 물러나 거룩하고 정직하게 살게 되기까지 일시적인 교정으로 처벌되는 것뿐이다. 이것이 사도가 다음과 같이 말하면서 의미하는 바다. "누구든지 우리의 가르침에 순종하지 않으면 그를 지목하여 그와 섞이지 말고 그가 수치를 갖게 하라"(살후 3:14). 또한 그는 다른 구절에서 고린도 교회의 근친상간한 자를 사탄에게 넘겨 육체는 멸망하나 영은 주님의 날에 구원받게 했다고 말하는바(고전 5:5), 이것은 내 생각에, 그의 영이 영원히 구원받도록 그를 일시적인 정죄로 처벌했다는 말이다. 어떤 이들은 이것을 마귀가 행한 모종의 일시적인 고문으로 이해하나, 그것은 내게 매우 불확실하게 보이며 오히려 내가 말하는 대로 이해되어야 할 것이다.

그러므로 우리는 출교된 자들을 마치 그들이 멸망이라도 당한 것처럼 선택된 자들의 수에서 말소하거나 그로 인해 절망해서는 안 된다. 물론 내가 앞에서 말한 규칙에 따라 그들을 교회의 외인으로 여기는 것은 적법하다. 하지만 이것은 그들의 분리 기간에만 이뤄져야 한다. 비록 우리가 그들에게서 인간성보다는 교만과 완악함을 본다 하더라도 우리는 그들을 하나님의 손에 맡기고 그의 인자하심에 부탁하며, 지금 보는 것보다 더 나은 미래를 소망해야 한다. 보다 간단히 말하자면, 우리는 오직 하나님의 손에 있는 각 개인을 영원한 죽음으로 정죄해서는 안되며, 다만 각자의 행위가 어떠한지를 하나님의 율법에 따라 평가해야 한다. 우리의 규칙을 주장하는 것보다 이 규칙을 따르는 것이 오히려 하나님이 우리에게 선포하신 판단을 충실히 이행하는 것이다. 하나님의 능력을 제한하고자 하지 않는한, 우리는 더 큰 재판권을 시도하여 그의 긍휼을 우리의 망상에 굴복시켜서는 안된다. 이 긍휼에 따라, 좋다고 여겨질 때면 언제나, 가장 악한 자들도 선인으로 돌아서며 외인도 교회에서 받아들여지는 것이다. 이는 사람들의 견해가 좌절되고 그들의 대담함—교정되지 않는 한 언제나 합당한 것 이상으로 자신에게 돌리는—이 억제되도록 하기 위함이다.

그리스도가 말씀의 직분을 맡은 자들이 땅에서 맺거나 푸는 것이 하늘에서 맺거나 풀릴 것이라고 하신 말씀으로 인해, 우리가 누가 교회에 속하고 누가 속하지 않는지를 구별할 수 있게 되는 결과로 이어지지는 않는다. 이 약속이 두 번 반복되기 때문에(마 16:19; 18:18) 다른 해석이 가능하다. 첫째로, 주님은 누가 매여 있고[용서되지 않고] 누가 용서되었는지를 눈으로 인식할 정도로 무슨 보이는 표지를 주기를 원하지 않으시고, 단지 땅에서, 즉 현재의 삶에서, 복음 교리—이를 통해 그리스도께서 우리에게 구속과 구원으로 제공되신—를 받아들인 자들이 하늘에서, 즉 하늘 보좌에 계신 하나님 앞에서, 실제로 풀리고 용서되리라고 증거하실 뿐이다. 반대로 이 복음 교리를 경멸하고 거부하는 자들은 그들이 하늘에서와 하나님 앞에서 매인[용서되지 않은] 상태로 남아 있다는, 심지어 더 심하게 묶여 있다는 증거를 갖게 될 것이다.

출교에 대해 언급된 두 번째 구절에서 맺고 푸는 권세는 교회의 검열로 간주되며, 이로 인해 출교되는 자들은 영원한 파멸과 절망으로 내쳐지는 것이 아니라 다만 그들의 삶이 정죄됨으로써, 만일 그들이 회개하지 않으면 영원한 저주가 그들을 기다린다고 경고될 뿐이다. 이것이 출교와 저주—교회 박사들이 아나테마(Anathema)라고 부르는—의 차이로, 즉 사람들은 누군가를 저주함으로써 그에게서 모든 용서의 소망을 빼앗고 그를 마귀에게 주어 버리며, 누군가를 출교함으로써 그의 품행을 처벌한다. 비록 그의 인격을 처벌하지만, 그럼에도 불구하고 이것은 그에게 미래의 저주를 선고함으로써 그를 구원의 길로 이끄는 식으로 행해진다. 그가 순종하면 교회는 우애로 그를 받아들이고 교제에 참여시킬 준비가 되어 있다.

따라서 우리가 교회 치리를 합당하게 준수하고자 할 경우 출교된 자들과 사적으로 사귀거나 매우 친근하게 지내는 것은 허용되지 않지만, 그럼에도 불구하고 우리는 할 수 있는 한 권면과 교훈으로건, 관용과 온유함으로건, 하나님을 향한 기도로건 그들이 올바른 길로 돌아오도록 노력해야 한다.

이는 사도가 우리를 가르치는 것과 같다. 그는 "그들을 원수로 여기지 말고 형제처럼 권면하라"(살후 3:15)라고 말한다. 그는 또한 온 교회에 어떤 개선의 징후를 보이는 자들을 받아들이는 관용을 요구한다. 그는 교회가 지나치게 가혹한 엄격함을 행사하는 것과 끝까지 엄중하게 처리하여 냉혹하게 되는 것을 원하지 않고, 오히려 기꺼이 그를[그들을] 받아들이는 모습을 취하여 그가[그들이] 너무 큰 슬픔에 짓눌리지 않게 하기를 원한다(고후 2:7). 이 온건함이 부지런히 지켜지지 않으면 우리가 권징에서 일종의 고문(Gehenne)으로 떨어질 위험과 교정자에서 살인집행자가 될 위험이 있다.

우리 사이에 하나님의 말씀과 성례 사역이 얼마나 중요한지, 그리고 이 사역을 교회의 표지와 징표로 여기기 위해 우리가 어디까지 영예를 하나님께 드려야 할지에 대해 이미 설명한 바 있다. 그 영예란 [첫째로] 이 사역이 온전한 상태로 있는 곳은 어디나 거기에 교회가 있음을 방해하는 아무런 악—품행에 관한—이 없다는 것이요, 둘째로 비록 교리나 성례에 있어서 사소한 과오가 있을지라도 그 사역이 효력을 갖는다는 것이다. 나아가 용서되어야 할 오류들은 우리 종교의 주요 교리와 관계되지 않고 모든 신자들이 동의하는 신앙 조항들에 위배되지 않는 것들이어야 함과 성례에 관해 용납될 수 있는 실수들은 주님의 제정을 폐기하거나 뒤집지 않는 것들이어야 함을 지적했다. 하지만 만일 거짓이 일어나 기독교 교리의 첫째 사항들을 파괴하고, 필히 알아야 할 것을 파괴하며, 성례의 사용이 무너지는 일이 생길 경우, 그때 교회의 붕괴가 뒤따르는바 이는 마치 목이 잘리거나 심장이 다칠 때 사람의 목숨에게 일어나는 것과 똑같다.

로마 교회에 대한 평가

교황의 나라가 이와 같았기 때문에, 교회에 관해 거기에 무엇이 남아 있는지 이해될 수 있다. 말씀 사역 대신 거짓으로 만들어진 사악한 사제직이 있다. 우리 주님의 성찬 대신 가증한 신성 모독이 있다. 하나님 예배는 무수한 미신으로 흐려지고 오염되었다. 거의 모든 교리—이것 없이는 기독교가 성립될 수 없는—가 매장되어 발밑에 놓였다. 공적 회중은 우상 숭배와 불경의 학교와도 같다. 따라서 우리가 숱한 추잡함과 신성 모독의 참여에서 이탈한다고 해서 그리스도의 교회에서 분리될 아무런 위험이 없다. 왜냐하면 교회의 교제는 우상 숭배, 불경, 하나님에 대한 무지, 그리고 사악한 다른 것으로 우리를 결합시키는 유대를 목적으로 명령되지 않고, 오히려 우리를 하나님 경외와 그의 진리의 순종으로 붙들어 둘 목적으로 명령되었기 때문이다.

그러나 이 로마 우상의 폭정에게 억압당하는 교회들을 우리가 어떻게 평가해야 할지는, 이 교회들을 선지자들이 그려 주는 그대로의 옛 이스라엘 교회와 비교할 경우 보다 명백하게 드러날 것이다. 유대와 이스라엘에서 하나님의 언약이 순수하게 지켜지던 시대에는 참된 교회가 있었다. 왜냐하면 교회의 토대가 되는 것들이 나타났기 때문이다. 그들[이스라엘 백성]은 율법 안에서 진리의 가르침을 얻었는바, 이 가르침의 분배는 제사장과 선지자에게 위임되었다. 그들[제사장과 선지자]은 할례를 통해 백성들에게 받아들여졌다. 그들[백성]은 다른 성례들도 실천하여 믿음으로 굳건해졌다. 따라서 우리 주님이 그의 교회를 높이신 증거와 칭호가 당시 그들에게 적합했음은 의심의 여지가 없다. 그 후 그들은 하나님의 율법을 저버리고 우상 숭배와 미신으로 타락하여 부분적으로 이 특권을 상실하기 시작했다. 누가 감히 우리 주님이 말씀의 설교와 성례의 사용을 주신 자들에게서 교회의 칭호를 제거하거나 부인하겠는가? 한편 누가 감히, 하나님의 말씀이 공개적으로 짓밟히고 그 말씀의 사역—이것이 교회의 힘이요 영혼 자체이다—이 사라진 회중을, 예외 없이, 단순하게 교회로 여기겠는가?

누군가는 말할 것이다. "뭐라고, 그렇다면 유대인들이 우상 숭배로 기울어진 후에는 그들에게 더 이상 어떤 형태의 교회도 없었다는 것인가?"

우리가 지금 말하는 방식에 따라—즉 교회의 판단을 존중하고 그 권위를 존경하며, 그 권면을 받아들이며, 그 징벌과 치리를 경멸하지 않고 그 교제를 포기하지 않는 식으로—교회를 고찰한다면, 선지자들은 그런 단체들을 교회로 가져서는 안 되고 회당이 오염되어 더러워졌다고 소리 높여 외친다. 만일 이런 것이 교회였다면, 엘리야와 미가와 다른 하나님의 종들은 교회에서 추방된 것이 된다. 왜냐하면 백성은 선지자들과 제사장들을 할례받지 않은 자들보다 더 크게 미워했기 때문이다. 만일 이런 것이 교회였다면, 교회는 결코 진리의 기둥(딤전 3:15)이 아니라 거짓의 지주이며, 살아 계신 하나님의 장막이 아니라 우상들의 처소라는 결과가 뒤따랐을 것이다. 그럼에도 불구하고 유독 교회에 속한 어떤 특권과 특전이 그들에게 남아 있었다. 특별히 하나님의 언약은 백성에 의해 확증된 것이 아니라 오히려 백성의 불경과 싸우면서 그 자신의 견고함을 유지했다. 따라서 하나님이 그의 은혜와 인자함으로 붙드신 확신과 꿋꿋함 때문에 하나님의 언약은 거기에 확고히 머물렀고 백성의 불충이 그것의 진리를 폐기할 수 없었다. 할례 역시 이 언약의 표징과 성례가 되지 못할 정도로 그들의 더럽고 깨끗하지 못한 손으로 오염된 것은 아니었다. 이런 이유에서 우리 주님은 이 백성에게서 난 자녀가 자신의 자녀라고 말했던 것이다(겔 16:20-21).

만일 누군가가 동일한 이유로 오늘날 교황 밑에 있는 교회—우리가 보기에 우상 숭배와 미신과 사악한 교리로 가득 차 있는—를 하나님의 교회로 인정하고, 그 속에서 교제를 전적으로 고수하여 교리에 동의하기까지 해야 한다고 생각한다면, 그는 심히 잘못하고 있는 것이리라. 만일 그것이 교회라면, 열쇠의 권세는 그들에게 위임된다. 하지만 열쇠는 하나님의 말씀과 불가분 결합되어 있는데 그 말씀이 거기서 축출되고 쫓겨났다. 게다가 만일 그것이 교회라면, 거기서 맺거나 용서되면 하늘에서 매이거나 용서되리라는 그리스도의 약속은 그곳에 있다. 그런데 주저 없이 스스로 예수 그리스도의 종이라고 부르는 자들이 모두 그곳에서 밖으로 쫓겨나고 출교되었다. 그렇다면 예수 그리스도의 약속은 하찮고 헛되거나 아니면 최소한 이런 시각에 따라서 그것은 교회가 아니라는 결과가 뒤따른다. 마지막으로, 말씀의 사역 대신 거기에는 불경의 학교와 온갖 종류의 오류가 있을 뿐이다. 그러므로 이런 고찰에 따라서 볼 때, 그것이 교회가 아니거나, 아니면 신자들의 회중과 투르크인의 회당 사이를 구별할 아무런 표지가 더 이상 우리에게 남아 있지 않거나 둘 중 하나다. 하지만 그럼에도 불구하고 우리는 교회가 사라진 뒤 우리 주님이 거기에 남겨 두신 교회의 흔적과 외양을 그들에게 남긴다. 그것은 우선적으로 침해될 수 없는 하나님의 언약과 언약의 성례인 세례이다. 이 세례는 주님의 입으로 성별되었기 때문에 인간의 불경에도 불구하고 그 능력을 유지한다.

요컨대, 우리는 거기에 교회가 있음을 결코 부인하지 않으며 또한 이 사실을 단순히 인정하지도 않는다. 이것이 교회인 것은, 우리 주님이 그의 백성의 흔적—비참하게 흩어져 있는—을 보전하시고, 또한 여전히 거기에 교회의 어떤 증표가 마귀의 계략이나 사람들의 악행에 의해 그 효력이 파괴되지 않은 채 남아 있기 때문이다. 반대로, 교회에 요구되는 표지—우리가 지금 말하는 대로의—가 거기에는 말소되었기 때문에, 만일 우리가 합당하게 규정된 교회를 찾는다면 나는 거기에 결코 적법한 형태의 교회가 없다고 말한다. 이런 식으로 적그리스도는 그것이 하나님의 거룩한 도성이라기보다는 바빌론의 형상이 될 정도로 모든 것을 깨뜨리고 뒤집었다. 그런데 만일 적그리스도가 그곳을 다스리는 것이 명백하다면, 이로써 우리는 그것이 하나님의 교회라고 추론해야 한다. 왜냐하면 성경은 적그리스도가 하나님의 성소에 앉을 것이라고 예언하기 때문이다(살후 2:4). 하지만 이것은 그의 가증함으로 오염되고 더럽혀진 교회라고 이해해야 한다.

교회의 표지

> 예수께서 나아와 말씀하여 이르시되 하늘과 땅의 모든 권세를 내게 주셨으니 그러
> 므로 너희는 가서 모든 민족을 제자로 삼아 아버지와 아들과 성령의 이름으로 세
> 례를 베풀고 내가 너희에게 분부한 모든 것을 가르쳐 지키게 하라 볼지어다 내가
> 세상 끝날까지 너희와 항상 함께 있으리라 하시니라 _ 마 28:18-20

사도신경 해설의 강독 설교, 이제 교회의 표지를 살펴보겠습니다. 이번에 살펴볼 내용은 평소에 성도님들이 많이 가지는 의문점일 수도 있습니다.

가시적 교회와 표지

이제 보이는 교회(가시적 교회), 즉 우리의 감각으로 이해할 수 있는 교회에 대해 말하고 그것에 대해 어떤 판단을 가져야 할지를 보여 줄 때다. 주님은 확실한 표징과 증표로 그의 교회를 표시해 두셨다(교회의 표지). 왜냐하면 그것을 식별하는 것이 우리에게 적합하기 때문이다.

가시적 교회에 표지가 있다고 말합니다.

> 가시적 교회 - 보편적 지상 교회
> 비가시적 교회 - 눈에 보이지 않지만 존재하는 참 신자들의 교회

교회의 종류를 이야기할 때 흔히 지상 교회, 천상 교회, 전투적 교회, 비전투적 교회, 혹은 가시적 교회, 비가시적 교회로 이야기합니다. 가시적 교회란 눈에 보이는 지상 교회를 말합니다. 그러나 이런 분류가 있다고 해서 우리가 억지로 가시적 교회, 비가시적 교회를 나누려는 시도는 바르지 않습니다. 우리에게는 참과 거짓을 구분할 능력도 없고, 설령 그런 능력이 있다고 해도 교회에 아무런 유익을 줄 수 없기 때문입니다. 판단하거나 비판하는 것은 교회와 신앙을 무너지게 하는 것입니다. 그런 판단은 오직 하나님만이 하십니다.

> 물론 바울이 말하듯이(딤후 2:19) 그의 백성이 누구인지를 아는 이 특권이 오직 그에게 속한다는 것은 사실이다. 사실, 사람들의 경솔함이 거기까지 이르지 못하도록, 주님은 그의 은밀한 판단이 얼마나 우리의 감각을 뛰어넘는지 날마다 경험으로 경고하면서 바른 질서를 세우셨다(마 18:1-14). 한편으로 완전히 파멸된 듯 보이고 절망적으로 여겨진 자들이 바른 길로 돌아오며, 다른 한편으로 매우 확고하게 보였던 자들이 넘어지는바, 끝까지 인내하는 자들이 누구인지를 보는 이는 하나님—우리 구원의 주체이신—뿐이시기 때문이다.

참 신자가 누구인지를 우리는 알 수 없습니다. 그 특권은 오직 하나님에게만 있습니다. 종종 완전히 무너진 것처럼 보이는 사람이 돌아오고, 확고하게 보였던 사람들이 넘어지기 때문입니다.

> 그럼에도 불구하고 주님은 우리가 누가 그의 자녀인지를 아는 것이 적합하다고 여기셨기 때문에, 여기서도 스스로 우리의 수용력에 적응하셨다. 이 점에 있어서는 믿음의 확신이 필요하지 않기 때문에 그 대신 그는 사랑의 판단을 세우셨는데, 이 판단에 따라서 우리는 신앙고백, 선한 모범적인 삶, 그리고 성례의 참여를 통해 우리와 더불어 동일한 하나님과 동일한 그리스도를 시인하는 모든 사람들을 교회의 지체로 인정하는 것이다.

우리에게도 어느 정도 누가 하나님의 자녀인지를 아는 것을 적합하게 여기셨지만, 우리는 일정한 판단에 적합한 사람을 교회의 지체로 인정해야 합니다. 이제 본격적으로 어떤 곳을 교회라고 말할 수 있는지, 교회의 표지가 나옵니다.

> 이로 말미암아 우리는 교회가 어떤 것인지 쉽게 알아본다. ❶ 하나님의 말씀이 순수하게 선포되어 들려지며, ❷ 성례가 그리스도의 제정에 따라 시행되는 곳이면 어디나 그곳에 교회가 있음을 의심해서는 안 된다. 왜냐하면 그리스도께서 "두세 사람이 내 이름으로 모이는 곳은 어디나 내가 그들 가운데 있을 것이다"(마 28:20)라고 우리에게 주신 약속은 우리를 저버리지 않을 것이기 때문이다. 하지만 이 주제의 요점을 잘 이해하기 위해서 우리는 이어지는 단계에 따라 진행할 필요가 있다. 즉 보편 교회란, 종교의 끈으로 연합되어 있기에 민족의 다양성이나 지역의 차이와 상관없이 하나님의 진리와 그의 말씀의 교훈에 동의하는 모든 무리이다. 또한 각 도시와 마을로 분산된 교회들은 각자가 교회의 칭호와 권위를 갖는 식으로 이 보편 교회에 포함된다. 그리고 신앙고백으로 교회에 속한다고 인정되는 개인들은, 설령 그들이 실제로 전혀 교회에 속하지 않을지라도 공적 판단에 의해 거부되기까지는 교회에 속하는 것으로 여겨진다.

교회의 표지는 두 가지입니다. 바로 하나님의 말씀인 복음이 순수하게 선포되는 것과 성례가 예수님께서 제정하신 대로 시행되는 것입니다.

> ❶ 하나님의 말씀, 복음이 순수하게 선포됨
> ❷ 성례가 예수님께서 제정하신 대로 시행됨

성급한 판단을 조심하라

그러나 동시에 칼뱅은 성급하게 판단하는 것에 대해서 우려합니다.

물론 교회들과 사적인 개인들을 존중할 여러 가지 이유가 있다. 왜냐하면 우리가 신자의 수에 속할 자격이 있다고 생각하지 않는 자들을, 이들을 여전히 그리스도의 몸으로 용납하고 견디는 교회의 공동의 동의로 인해 형제로 대하고 신자로 여겨야 하는 일이 일어날 수 있기 때문이다. **그러므로 우리는 우리의 사적인 판단에 따라서는 그런 인물들을 교회의 지체로 인정하지 않으나, 그들이 적법한 방식으로 제거되기까지 그들이 하나님의 백성 사이에 있을 여지를 남겨 둔다.** 하지만 다수의 무리에 관해서 우리는 달리 실행해야 한다. 이 무리가 말씀의 사역자를 갖고 있고 그를 존경하며 성례의 시행을 유지한다면, 그것은 의심의 여지없이 교회로 인정되어야 한다. 말씀과 성례가 열매가 없지 않을 수 있다는 것이 확실하기 때문이다. 이런 식으로 우리는 악마적인 정신이 언제나 흩어 놓고자 애썼던 보편 교회의 단일성을 유지하며, 사람들의 필요로 인해 각자의 자리에서 모이는 교회의 회중에 속한 권위를 제거하지 못할 것이다.

이 딜레마는 우리 모두가 가지고 있고, 또 예전에 이런 문제들로 고민이 있었거나 앞으로도 있을 수 있는 문제들입니다. 칼뱅은 사적인 판단을 조심해야 한다고 말합니다. 저는 이런 태도가 매우 중요하다고 느낍니다. 이 땅의 교회에 대해서나, 교회의 지도자들, 그리고 형제자매들에 대해서 우리가 성급하게 판단하면 형제의 눈 속에 티는 보면서 자신의 눈에 들보는 보지 못하는 경우가 될 수 있기 때문입니다. 이어지는 부분이 아주 중요합니다.

우리는 하나님의 말씀의 설교와 성례의 시행을 교회의 표지로 말했다. **왜냐하면 이 두 가지는 열매를 맺지 않을 수 없으며 하나님의 축복으로 번성하지 않을 수 없기 때문이다.** 나는 설교가 있는 곳은 어디든지 즉시 열매가 나타난다고 말하지 않는다. 다만 설교가 수용되고 확실한 자리를 잡는 곳에서는 모종의 효과를 내지 않는 곳이 결코 없다는 말이다. 어찌 됐건 복음 설교가 공손히 들려지고 성례가 소홀히 되지 않는 곳에는 교회의 확실한 형태가 나타나는바 그것은 의심될 수 없으며, 그 권위를 경멸하거나 그 훈계를 멸시하거나 그 충고를 거절하거나 그 질책을 조롱하는 것은 적법하지 않다. 이 교회에서 분리되거나 그 단일성을 깨뜨리는 것은 훨씬 더 용납될 수 없다. 왜냐하면 하나님은 그의 말씀과 성례의 직분이 있는 기독교 회중에서 벗어나는 자를 기독교의 배신자로 여길 만큼 그의 교회의 교제를 소중히 여기시기 때문이다. 그는 이렇게 교회의 권위를 높이시기에 교회가 침해당할 경우 자기 자신의 권위가 침해된다고 말씀하신다.

교회의 두 가지 표지는 하나님의 축복으로 번성하게 될 것이라고 말합니다. 이 말은 교회는 세상의 기업이나 국가나 학교와는 다르다는 것입니다. 교회는 교회의 표지에 충실할 때 언젠가는 열매와 축복으로 번성하게 된다는 것입니다. 그러므로 여기에 사람의 생각이나 조급함을 버려야 합니다. 그런데 이 부분을 마귀가 공격합니다.

따라서 우리는 부지런히 앞에서 말한 표지를 붙들고 하나님의 판단에 따라 그것을 소중히 여겨야 한다. 사탄이 다음 두 가지 사항 가운데 하나로 우리를 이끌어 가는 것 이상으로 획책을 꾸미는 것은 아무것도 없다. 즉 교회를 식별할 수 있는 참된 표지를 폐기하고 말소함으로써 우리에게서 온전히 참된 구별법을 제거하거나, 아니면 우리로 그 표지를 경멸하게 함으로써 교회 공동체에서 떼어 내고 반역하게 하거나 말이다. **복음의 순수한 설교가 오랫동안 감춰지게 되는 일이 사탄의 계략에 의해 이뤄졌으며, 이제 그는 동일한 악의로 예수 그리스도께서 그의 교회에 명하신 직분(엡 4:12)—이것이 무너지면 교회의 수립이 파괴되는—을 뒤엎으려고 애쓴다.**

이처럼 교회를 생각할 때 사적인 판단을 중지할 것과 함께, 교회의 표지가 아닌 부분에서 교회를 분리하려는 생각은 그리스도의 몸의 지체로서의 교회론을 생각할 때 바람직하지 않다고 말합니다.

우리 주님이 그의 교회를 표시하기 위해 충분히 생각하신 표지들이 나타나는 회중에서 스스로를 분리시키려는 마음이 인간에게 생긴다면, 이 얼마나 위험한, 아니 그보다 유해한 유혹인가! 우리는 두 가지 사항이 다 얼마나 조심할 필요가 있는지를 본다. 우리는 교회라는 칭호에 속지 않기 위해서, 하나님이 우리에게 주시는 이 판단 기준에 따라 금을 시금석에 시험하듯이 교회의 이름을 주장하는 모든 회중을 점검해야 한다. 만일 회중이 우리 주님께서 그의 말씀과 성례로 정하신 질서를 갖고 있다면, 그것은 우리를 속이지 않으며 우리는 그것에게 교회에 속한 영예를 확실히 돌려야 한다. 반대로 만일 회중이 하나님의 말씀과 그의 성례 없이 교회로 인정받으려 한다면, 다른 면에서 경솔함을 피하는 것 못지않게 속임수를 조심해야 한다.

한 걸음 더 나아가, 교리적인 문제나 성례의 집행 방식에 어떤 차이를 핑계로 판단하는 것조차 경계하고 있습니다.

순수한 말씀 사역과 성례의 순수한 집행 방식은 이 두 가지가 보이는 모든 모임에 교회가 있다는 것을 확신하게 해 주는 좋은 담보요 보증이라고 우리가 한 말은, 이 두 가지를 보전하는 회중—설령 이 회중이 많은 악덕에 굴복한다 하더라도—을 결코 거부해서는 안 된다는 중대한 의미를 내포한다. 심지어 교리에서나 성례 집행 방식에서 어떤 악이 있을 수 있으나, 그것이 우리로 하여금 결코 하나의 교회의 교제에서 떨어져 나가게 해서는 안 된다. 왜냐하면 하나님의 교리의 모든 조항들이 동일한 것이 아니기 때문이다. 어떤 조항들은 기독교의 법령이나 원리와 마찬가지로 필히 알고 의심해서는 안 된다.

조금 더 읽어 봅시다. 너무 순수함과 완전함을 추구하려고 하는 것도 잘못될 수 있습니다.

불완전한 품행에 대해서 우리는 훨씬 더 인내해야 한다. 왜냐하면 이 문제로 넘어지기가 쉬우며 마귀는 놀라운 계략을 갖고 우리를 미혹하기 때문이다. 스스로 마치 낙원의 천사나 되는 양 완전한 거룩함을 갖고 있다고 믿고는, 인간의 나약함이 드러난 사람들의 모임을 경멸한 자들이 언제나 있었다. 옛적에 카타리파, 즉 순수한 자들이라 불리던 자들과 이들의 우매에 가까웠던 도나투스주의자들이 그러했다. 오늘날에는 어떤 재세례파가 이와 유사한데, 이들은 매우 유능한 자들로 나타나고자 하며 스스로 남들보다 앞서 있는 것으로 생각한다. 이러한 자만 때문이라기보다 정의에 대한 무분별한 열정 때문에 죄를 범하는 자들도 있다. 왜냐하면 이들은 복음을 듣는 자들 사이에서 열매가 교리에 일치하지 않는 것을 보는 즉시 어떤 교회도 존재하지 않는다고 판단하기 때문이다.

계속 볼까요.

그렇지만 지금 이 사람들도 그들이 정도를 넘어서는 한 그들 편에서 실수한다. 왜냐하면 우리 주님께서 관용이 사용되도록 요구하시는 곳에서, 그들은 그것을 무시한 채 철저히 엄격함과 가혹함에 몰두하기 때문이다. 그들은 완전한 순수함과 삶의 성결이 보이지 않는 곳에 어떤 교회도 없다고 여기고 악덕을 미워한다는 구실 아래 하나님의 교회를 떠나면서 악인들의 회중에서 벗어난다고 생각한다. 그들은 예수 그리스도의 교회가 거룩하다(엡 5:26)고 주장한다. 하지만 그들은 그리스도 자신이 교회는 선인과 악인이 섞여 있다고 하신 말씀을 들어야 한다.

그러므로 우리는 교회 공동체와 성도들을 지나치게 판단하거나 자신의 신앙을 너무 표준처럼 내세워서는 안 됩니다.

신자들은 이런 무기로 무장하여, 혹 **그들이 정의에 대해 지나치게 뜨거운 열정적 인물들로 나타나고자 함으로써 정의의 유일한 나라인 하늘나라에서 분리되지 않도록 해야 한다.** 우리 주님이 그의 교회의 교제가, 우리가 말씀과 성례를 갖춘 공적 회중에서 유지되면서 우리에 의해 준수되기를 원하셨기 때문에, 누구든지 악인에 대한 미움 때문에 그런 회중에서 분리되고 나뉘는 자는 성도의 교제에서 쉽게 분리되는 길로 들어서게 된다. 그러므로 그들은 큰 다수의 무리 속에, 그들이 눈으로 식별할 수 없는, 하나님 앞에서 진실로 선하고 무흠한 자들이 있다고 여겨야 한다. 또한 그들은 악인의 무리 속에 그들의 악을 기뻐하지도 않고 아첨하지도 않으며, 도리어 자주 하나님 경외에 자극을 받아 더 나은 길을 가고자 애쓰는 사람들이 많이 있다고 생각해야 한다. 그들은 종종 가장 거룩한 자들이 매우 심하게 실수하는 일이 일어나기 때문에 **사람을 하나의 행위나 혹 두세 가지 행위로 판단해서는 안 된다는 것을 생각해야 한다.** 그들은 하나님의 말씀과 그의 거룩한 성례가 교회를 보전하기 위해 갖는 능력과 위세가, 어떤 부패한 지체들의 악덕이 교회를 흩어지게 하기 위해 갖는 능력과 위세보다 더 크다고 여겨야 한다. 마지막으로 그들은 교회가 어디 있는지, 교회가 어디에 없는지를 결정함에 있어서 하나님의 판단이 사람들의 견해보다 더 큰 권위를 갖는다고 생각해야 한다.

지금까지 살펴본 교회의 표지는 주된 교회의 표지라 할 수 있습니다. 그리고 이어서 이 주된 두 가지 교회의 표지를 보호하고 지켜 주는 보조적 표지로서 권징이 있습니다. 소위 교회의 치리를 말합니다.

권징

그러나 잘 수립되어 있는 교회라면, 악인들이 그들의 악덕에 도취하여 즐거워하는 것을 알게 될 때 그 품 안에서 그들을 양육하지 못할 것이다. 왜냐하면 주님께서 **이런 타락한 지체들이 교회의 온몸에 그들의 부패를 퍼뜨리지 못하도록 훌륭한 처방으로 예방하셨기 때문이다.** ❸ 출교가 이런 활용으로 명령되었는바, 이런 방식으로 그리스도에 대한 믿음을 잘못 주장하고 부정직하고 사악한 생활로 그의 이름을 수치스럽게 하는 자들은 하나님의 백성 사이에서 추방되고 축출되어 마땅하다. 왜냐하면 그들은 그리스도의 이름을 자랑할 자격이 없기 때문이다.

어떤 사람들이 권징을 받습니까?

따라서 교회는 자신의 단체에서 온갖 명백한 간음자, 음행자, 강도, 사기꾼, 도둑, 횡령자, 살인자, 선동가, 싸움꾼, 소란 피우는 자, 위증자, 불법을 행하는 자, 주정뱅이, 식도락가, 재산을 탕진하는 자, 서약 위반자, 신성 모독자, 기타 이런 부류의 사람들이 훈계로 교정받으려 하지 않을 때(마 18:15-17), 그들을 축출함으로써 무언가를 과도하게 시도하는 것이 아니라 다만 하나님이 교회에게 주신 사법권을 행사하는 것뿐이다. 아무도 교회의 이런 판단을 경멸하거나 신자들의 견해에 따라 정죄될 정도로 하찮게 여기지 않도록, 주님은 이것이 그 자신의 견해의 선포 외에 다른 것이 아니라는 것과 지상에서 그들이 말하는 것이 하늘에서 비준된다는 것을 확증하셨다.

권징의 필요성을 세 가지로 설명하고 있습니다.

[1] 첫째[유익]는, 마치 교회가 악인들과 잘못 살아가는 사람들의 거처라도 되는 양, 하나님의 커다란 수치를 동반하는 나쁜 행실을 갖는 사람들이 그리스도인의 무리로 계산되지 않도록 하는 데 있다. 왜냐하면 그리스도의 몸인 교회가 부패한 지체들에 의해 오염되어 일부의 수치가 머리에까지 이르게 할 수는 없기 때문이다. 그러므로 교회 안에서 하나님의 이름이 치욕을 당하는 일이 없도록, 파렴치로 기독교를 훼손하고 부끄럽게 만드는 모든 사람들을 마땅히 교회에서 추방해야 한다.

[2] 둘째 유익은, 종종 일어나듯이, 선인이 악인과의 교제로 부패되지 않도록 하는 데 있다. 왜냐하면 우리의 방황하려는 성향에 따라서 볼 때 우리가 나쁜 사례를 따르기보다 더 쉬운 것은 없기 때문이다. 이 유익은 사도에 의해 강조되었는바, 그는 고린도 교인들에게 근친상간을 범한 자를 단체에서 추방하라고 명하면서 "적은 누룩이 온 덩어리를 상하게 한다"(고전 5:6)라고 말한다.

[3] 셋째 유익은 출교로 처벌받는 자들이 그들의 수치로 괴로워서 회개하고 그 회개를 통해서 개선의 자리로 나오게 하는 데 있다. 이와 같이 그들의 구원을 위해서도 그들의 악행이 처벌됨으로써 그들이 교회의 회초리로 경고를 받아 과오를 인정하도록 하는 것이 적합하다. 이 과오들이 부드럽게 처리될 때 그들은 그것들을 계속 마음에 품고 완악해지기 때문이다. 그러므로 교회의 무리에서 분리되는 자들은

구원의 소망에서 떨어져 나가는 것이 아니라 악한 삶에서 물러나 거룩하고 정직하게 살게 되기까지 일시적인 교정으로 처벌되는 것뿐이다.

이번 장에서는 '교회의 표지'에 대해서 살펴보았습니다. 살아가다 보면 가정이나 교회나 국가가 크게 소용돌이치며 흔들릴 때가 있습니다. 가정에서는 분란이 일어나고 이혼하고 갈라서기도 하고, 국가도 여야로 나누어져서 어떤 때는 나라가 절단 날 것처럼 보이기도 하며, 교회 역시 예외가 아닙니다. 하지만 그때 우리는 어떤 기준으로, 어떤 태도로 시험을 이겨야 할 것인가를 잘 살펴보았습니다. 참 어렵고 힘든 시대입니다. 이 시대를 살아가는 모든 이들에게 주님의 평강이 함께 하시기를 바랍니다.

죄를 용서받는 것

죄의 용서가 교회와 연결되는 것은 적절하다. 왜냐하면 선지자가 말하는 대로(사 33:14-33) 그것은 교회의 일원이 아니고서는 얻어질 수 없는 것이기 때문이다. 그러므로 이 하늘의 예루살렘이 먼저 세워지고 다음으로 그곳에서 누구든지 그곳의 시민이 될 자들의 죄악이 말소되는 은혜가 일어나야 한다. 내가 교회가 먼저 세워져야 한다고 말하는 이유는 교회가 죄의 용서 없이도 존재할 수 있기 때문이 아니라, 성도의 교제 밖에서 자신의 긍휼을 약속하지 않으셨기 때문이다. 그러므로 죄의 용서(이것 없이는 우리는 하나님과 어떤 언약[관계]나 소속[관계]도 갖지 못한다)야말로 교회와 하나님 나라로 가는 우리의 첫 입문이다. 이는 호세아 선지자가 증거한 그대로다. "주께서 말씀하시기를, 그날에 내가 땅의 짐승들과 하늘의 새들과 언약을 맺을 것이다. 내가 활과 검을 부수고 땅의 모든 전쟁을 그치게 하며 모든 사람들로 두려움 없이 잠들게 할 것이다. 내가 그들과 영원히 언약을 맺을 것이다. 언약은 정의와 재판과 긍휼과 연민이 될 것이다"(호 2:18-20). 우리는 우리 주님이 그의 긍휼로 어떻게 우리를 그 자신과 화해시키시는지를 본다. 다른 곳에서 그가 자신이 진노로 흩어 버린 백성을 다시 모으리라고 예언하실 때도 마찬가지다. "내가 그들이 내게 범죄한 모든 죄악을 깨끗하게 할 것이다"(렘 33:8). 따라서 우리는 첫 입문으로 씻음의 표징을 통해 교회 단체에 받아들여지는바, 이로써 그의 선함에 의해 먼저 우리의 더러움이 씻기지 않고서는 우리에게 하나님의 가족으로 가는 아무런 통로가 없음이 증명된다.

그런데 이 죄 사함이 어떤 것이며 또 그것이 어떻게 발생하는지에 대해서는 다른 곳에서 더욱 상세히 설명할 것이다. 아무튼 사도신경의 순서에 따라 여기서 강조해야 할 것은, 죄 사함이 우리의 공로 때문이 아니라 오직 하나님의 은혜로 우리에게 주어진다는 것이다. 즉, 하나님께서 예수 그리스도의 의로 말미암아 우리에게 호의적이 되시고 선한 아버지가 되고자 하신다는 사실이 선포되고, 또한 우리를 성결케 하여 그리스도와 교제하게 하시는 성령에 대해 언급되며, 마지막으로 이로 인해 만들어지는 교회에 대해 언급된 후, 이제 계속해서 우리를 교회의 일원이 되게 하는 죄의 용서가 언급되는 것이다. 이 순서가 의미하는 바는 죄 사함이 오직 한 분 그리스도 안에서와 성령의 능력에 의하는 것 외에 다른 곳이나 다른 것에 있거나 기인하지 않다는 것이다.

우리 주님이 성령의 능력을 통해서 우리를 그의 교회에 단 한 번만 받아들이시는 것이 아니라 우리를 교회에서 부양하고 보전하신다고 이해해야 한다. 우리 주님이 아무런 유익도 가져다주지 못할 용서를 무엇 때문에 우리에게 베푸시겠는가? 만일 죄 사함이 단 한 번만 우리에게 인정된다면 하나님의 긍휼은 헛되며 실망을 안기게 될 것이다. 이것에 대해서는 각각의 신자가 증언할 수 있는바, 이는 하나님의 긍휼이 필요한 많은 연약함에 대해 평생 죄책감을 느끼지 않을 자가 아무도 없기 때문이다. 따라서 우리가 살아가는 동안 언제나 죄의 흔적에 책임을 지기 때문에, 하나님의 은혜가 항상 우리를 도와 우리의 죄과를 용서하지 않으면 교회에서 단 일 분도 존속할 수 없음이 확실하다. 반대로 주님은 그의 백성을 영원한 구원으로 부르셨다. 그러므로 그의 백성이라면 그의 은혜가 언제나 그들의 범죄에 자비를 베풀 준비가 되어 있다고 여겨야 한다. 이를 통해서 우리는, 우리가 교회의 몸에 연합되어 있는 한, 하나님의 관용과 예수 그리스도의 공로와 성령의 거룩하게 하심으로 말미암아 우리의 죄 사함이 우리에게 이뤄졌고 또 날마다 이뤄진다는 것을 믿도록 권면 받는다.

그런데 구원의 유일한 은신처를 교회에서 제거하려고 애쓰는 어떤 이들이 있기 때문에, 우리는 그토록 악취 나는 이 오류에 맞서 양심들을 더욱 견고하게 해주어야 한다. 노바티아누스파는 이런 교리로 고대 교회를 혼란스럽게 했으며, 현재 우리 시대에는 이런 망상에서 그들과 다르지 않은 어떤 재세례파가 있다. 그들은 하나님의 백성은 세례를 통하여 순수하고 천사와 같은 생명으로 중생하여 육체의 얼룩으로 오염되지 않는다고 상상한다. 세례받은 후에 이탈하는 사람이 생길 경우, 그들은 그에게 하나님의 끔찍한 엄벌 외에 아무런 기다림을 남겨 두지 않는다. 요컨대, 그들은 하나님의 은혜를 받은 후 실수로 넘어진 죄인에게 용서와 자비를 얻을 아무런 소망을 주지 않는다. 왜냐하면 그들은 처음 중생시킨 죄 사함 외에 다른 죄 사함을 알지 못하기 때문이다. 성경에서 이것보다 더 명백하게 논박되는 어떤 거짓도 없지만, 그럼에도 불구하고 이런 종류의 사람들이 소박한 자들을 실수하게 만들기 때문에(고대에 노바투스가 많은 신봉자들을 가졌듯이), 우리는 그들의 오류가 그들뿐만 아니라 다른 이들에게도 얼마나 위험한지를 간략하게 증명할 것이다.

먼저, 모든 성도는 하나님의 명령에 의해 그들의 죄를 용서해 달라는 기도문을 날마다 사용하기 때문에(마 6:12), 이 점에서 그들은 죄인임을 고백한다. 그들이 하나님께 구하는 것은 헛된 일이 아니다. 왜냐하면 주 예수께서는 그가 주고자 하지 않는 것을 구하라고 명하지 않으셨기 때문이다. 그는 자신이 우리에게 준 모든 기도가 아버지께 응답되리라고 일반적으로 약속하신 뒤, 이 간구에 대해서는 특별한 약속을 주신다. 더 이상 무엇을 원하겠는가? 주님은 모든 성도가 날마다 평생 스스로 죄인임을 고백하기를 원하시며 그들에게 용서를 약속하신다. 그러므로 그들이 죄인임을 부인하거나, 실수했을 때 모든 은혜에서 그들을 배제하는 것은 얼마나 뻔뻔스러운 일인가? 게다가, 주님은 누구를 일흔 번씩 일곱 번도, 다시 말해 그때마다 용서하기를 원하시는가(마 18:22)? 우리의 형제들이 아니던가? 그가 이것을 원하는 이유는 우리가 그의 관용을 따르도록 하기 위함이 아니면 무엇인가? 그러므로 그는 한두 번이 아니라, 불쌍한 죄인이 자신의 과오를 인정하고 낙담하여 가슴 아파하면서 그를 갈망할 때마다 용서하시는 것이다.

교회의 기원에서 시작하자면, 족장들은 할례를 받고 하나님의 언약으로 받아들여 졌으며 그들의 아버지에게서 의와 순결을 따르라고 배웠음에 조금도 의심의 여지가 없었다. 그들이 그들의 형제를 죽이고자 공모했던 때에도 말이다(창 37:18). 이것은 세상의 가장 절망적인 강도들에게서조차 끔찍한 범죄였다. 결국 유다의 권면으로 인해 완화된 그들은 형제를 팔아넘겼다. 하지만 이것도 용납할 수 없는 잔인한 짓이었다. 시므온과 레위는 여동생의 복수를 행하기 위해 모든 세겜 사람들을 도륙했는바, 이것은 그들에게 적법하지 않은 것으로서, 실제로 그들의 아버지에게 정죄되었다(창 34:25). 르우벤은 그의 아버지의 아내와 끔찍한 근친상간을 저질렀다(창 35:22). 음행하고 싶었던 유다는 본성의 정직을 어기고 며느리와 함께했다(창 38:16). 그런데 이들은 선택받은 백성에게서 말소되기는커녕, 반대로 우두머리로 세워졌다. 다윗에 대해서 우리는 무엇이라 말할 것인가? 그는 정의의 수장인데도 그의 음행을 충족시키고자 무고한 피를 흘릴 정도로 심각하게 범죄했다. 그는 이미 거듭났으며 하나님의 다른 자녀에 비해 탁월한 증거를 가졌다. 그럼에도 불구하고 그는 이방인조차도 혐오하는 악행을 저질렀다. 그것이 그가 자비를 얻지 못하게 하지는 않았다(삼하 11:4-15). 너무 개별적 사례들에 머물지 말자. 이스라엘 사람들을 향한 하나님의 긍휼의 약속이 얼마나 많은가? 주님이 그들에게 언제나 호의적이었다는 것이 몇 번이나 증명되었던가? 이 백성이 하나님에게서 돌이켜 우상 숭배에 빠지고 살아 계신 하나님을 저버리게 될 때[를 대비하면서], 모세는 그들에게 무엇을 약속하는가? 그는 이렇게 말한다. "주께서 너를 포로 상태에서 빼내시고 너를 불쌍히 여기시며 흩어진 백성 가운데 모으실 것이다. 네가 세상의 사방 끝에 흩어져 있더라도, 그가 너를 모으시리라"(신 30:3-4).

나는 결코 끝나지 않을 이야기를 시작하고 싶지 않다. 선지자들의 글에는 그러한 약속들로 가득한바, 그들은 끝없이 범죄를 저지르는 백성에게 긍휼을 제시한다. 반역보다 더 심각한 죄악이 무엇이겠는가? 이런 이유에서 반역은 하나님과 그의 교회 사이의 이혼이라고 명명된다. 그럼에도 불구하고 반역이 하나님의 인자함에 의해 용서된다. 하나님은 예레미야를 통해 이렇게 말씀하신다. "아내가 음행에 빠질 경우 후에 그녀를 받아 줄 남편이 누구겠는가? 그런데 유대 백성아, 모든 길이 너의 음행으로 오염되었고, 땅이 음행으로 온통 가득하다. 그럼에도 불구하고 내게 돌아오라. 그러면 내가 너를 받아 주리라. 패역하고 완고한 백성아, 나에게 돌아오라. 내가 내 얼굴을 네게서 돌리지 않으리라. 왜냐하면 나는 거룩하고 내 노는 영원하지 않을 것이기 때문이다"(렘 3:1, 12). 죄인의 죽음을 원하지 않고 오히려 죄인이 회개하고 살기를 바란다고 말씀하시는(겔 18:23) 이에게 확실히 다른 마음이 있을 수 없다. 따라서 솔로몬은 성전을 봉헌하면서, 그 목적을 죄의 용서를 얻기 위해 드려지는 기도가 응답받는 일로 사용되는 데 두었다. 그는 이렇게 말한다. 당신의 자녀가 죄를 범할 것이고(죄짓지 않는 사람이 없기 때문에), 당신의 진노로 그들을 원수에게 넘기시겠지만, 그들이 마음으로 뉘우치고 포로 상태에서 돌이켜 "당신에게 기도하여 '주님, 우리가 죄를 지었고 악하게 살았습니다'라고 말할진대, 그리고 이렇게 간구하면서 그들이 당신이 그들 조상에게 주신 땅과 우리가 있는 거룩한 성전을 바라볼진대, 당신은 하늘에서 그들의 기도를 들어 응답하시고, 당신에게 범죄한 당신의 백성에게 호의적이 되시며, 그들이 당신에게 저지를 모든 위법을 용서하소서"(왕상 8:46-50). 하나님이 그의 율법에서 그의 백성 가운데 죄에 대한 희생 제사를 명하신 것도 쓸데없는 것이 아니다(민 28:3). 왜냐하면 만일 그가 그의 종들이 늘 악으로 더럽혀진다는 사실을 몰랐다면, 그들에게 이런 처방을 주지 않으셨을 것이기 때문이다.

이제 나는 묻는다. 그리스도께서 오셔서 충만한 은혜를 베푸신 사실로 인해 신자들이 이것을 빼앗겨 죄의 용서를 얻기 위해 감히 더 이상 기도하지 않아도 되며, 하나님께 범죄했을 때 아무런 긍휼을 찾아내지 않아도 되는 것인가? 만일 구약에서 성도들에게 언제나 준비되었던 하나님의 인자함이 지금 완전히 제거되었다면, 그리스도의 오심이 그의 백성의 구원보다는 멸망을 위함이 아니고 무엇이겠는가? 그러나 성경은 하나님이 사람들에 대해 품는 은혜와 사랑이 그리스도 안에서 충만히 나타남과 그의 풍부한 긍휼이 그 안에 진열되어 있고 사람들과의 화해가 이뤄졌음을 큰 소리로 명백하게 말하는바(딤후 1:9; 딛 2:11; 3:4) 이 성경을 믿을진대, 우리는 그의 관용이 이제 줄거나 감소되기보다 오히려 더 큰 풍부함으로 우리에게 제시되고 있음을 의심해서는 안 된다. 이것에 대해 우리에게는 눈으로 보는 사례들이 있다. 예수 그리스도의 입을 통해서 그의 이름을 사람들 앞에서 시인하지 않는 자는 하늘의 천사들 앞에서 인정받지 못하리라는 말을 들었던 베드로는 그를 세 번씩이나, 심지어 모욕적으로 부인했지만, 그럼에도 불구하고 은혜 받기를 거절당하지 않았다(마 10:33; 26:69-74). 데살로니가 교인들 사이에 무질서하게 살았던 자들은 바울의 징계를 받았지만 그래도 그는 그들을 회개로 이끈다(살후 3:6-15). 베드로도 마술사 시몬을 절망 가운데 두지 않고, 오히려 죄로 인해 하나님께 기도하라고 권면함으로써 선한 소망을 베푼다(행 8:22).

뿐만 아니라, 옛적에 교회 전체를 온통 장악한 중한 죄과들이 있지 않았던가? 이것에 대해서 바울이 한 일은, 모든 사람을 극도의 저주에 던져 버리기보다 오히려 그들을 선한 길로 이끄는 것 외에 무엇인가? 갈라디아 교인들이 복음에 대해 취한 반역 행위는 경미한 잘못이 아니었다(갈 1:6; 3:1; 4:9). 고린도 교인들은 그들보다 더 많고 또 그만큼 엄청난 악덕을 가졌기에 더 용서받을 수 없었다. 그럼에도 불구하고 두 교인들 모두 하나님의 인자함에서 배제되지 않았다. 오히려 반대로, 음행과 파렴치와 온갖 비열함으로 다른 교인들보다 더 중하게 범죄한 그들이 분명하게 회개로 초대되고 있는 것이다(고후 12:21). 왜냐하면 우리 주님이 그리스도와 그리고 그의 모든 지체들과 맺은 언약은 침해되지 않은 채 남아 있고 또 영원히 남아 있을 것이기 때문이다. 그는 이렇게 말씀하신다. "만일 그의 자손이 내 율법을 저버리고 내 규례대로 행하지 않으며 내 공의를 더럽히고 내 가르침을 지키지 않는다면, 내가 회초리로 그들의 불의를, 징벌로 그들의 죄를 찾아내겠지만, 그럼에도 불구하고 내 긍휼은 결코 그들을 떠나지 않을 것이다"(시 89:30-33). 마지막으로, 사도신경의 순서에 의해 이 은혜와 관용이 교회 안에 언제나 머물며 남아 있음이 입증된다. 왜냐하면 교회를 세우고 난 후 계속해서 죄의 용서가 덧붙여지기 때문이다. 따라서 교회에 속한 자들에게 죄의 용서가 있어야 한다.

더 약간 명민한 어떤 이들은 노바티아누스파의 교리가 성경에 의해 너무도 명백하게 거부되는 것을 보면서, 모든 죄가 아니라 다만 의지적인 위법행위—사람이 자신의 인지 상태와 의지로 넘어지는—만을 용서받을 수 없는 것으로 만든다. 그런데 이렇게 말함으로써 그들은 무지에 의해 저질러지는 죄 외에 어떤 죄가 용서된다고 생각하지 않는다. 하지만 주님이 율법에서 그의 백성의 의지적인 죄를 도말하기 위한 희생 제사를 정하시고, 무지를 정결하게 하기 위한 다른 희생 제사를 정하셨을진대(레 6:17; 레 4:1 이하), 의지적인 죄에 아무런 용서의 소망을 남겨 두지 않는 것이야말로 얼마나 경솔한 짓인가? 나는 다음의 말보다 더 명백한 것은 아무것도 없다고 주장한다. 즉 예수 그리스도의 유일한 제사는 신자들의 의지적인 죄를 용서할 능력이 있는바, 이는 하나님이 그리스도의 모형이었던 육체[짐승]의 제물로 그것을 증거하셨기 때문이다. 게다가, 다윗이 율법의 가르침을 너무도 잘 받았던 것이 명백할진대 누가 무지를 구실로 그를 변명해 줄 것인가? 날마다 신하들을 처벌했던 그가 간음과 살인이 어떤 범죄인지 몰랐던가? 족장들은 그들의 형제를 살해하는 것을 선하고 정직한 것으로 생각했던가? 고린도 교인들은 무절제, 음행, 증오, 반목이 하나님께서 기뻐하시는 것으로 여길 정도로 잘못 성장했던가? 베드로는 그토록 상세히 훈계를 받은 후에, 그의 스승을 부인하는 것이 어떤 잘못인지 몰랐단 말인가? 그러므로 우리의 비정함으로 말미암아 우리에게 그토록 너그럽게 제시되고 있는 하나님의 긍휼에 문을 닫지 말자.

어떤 고대 박사들이 매일 용서받는 죄를 육체의 연약함 때문에 발생하는 가벼운 잘못으로 해석하고, 커다란 범죄 때문에 요구되던 공식적 참회는 세례와 마찬가지로 반복되어서는 안 되는 것으로 여겼음을 내가 모르지 않는다. 이 견해는 마치 그들이 한 번 회개로 받아들여진 이후 다시 죄에 빠진 자를 절망에 던지기를 원하거나 한 것처럼, 혹은 일상의 잘못을 하나님 앞에서 경미한 것으로 완화시키고자 한 것처럼 해석되어서는 안 된다. 왜냐하면 그들은 성도들이 어떤 불신으로 자주 넘어진다는 것, 이유 없이 맹세하고 정도 이상으로 화를 내며 심지어 이따금 명백한 모욕에까지 이르며 우리 주님이 작지 않게 가증한 것으로 여기는 다른 악에 빠지는 일이 일어난다는 것을 잘 알았기 때문이다. 하지만 그들이 이런 화법을 사용한 것은 사적인 잘못과 공적인 범죄—교회 안에 커다란 추문을 가져다주는—사이에 차이를 두기 위함이었다. 게다가 그들이 교회 치리를 받아 마땅한 범죄를 저지른 자를 매우 힘들게 용서했다는 사실은 죄인들이 하나님의 용서를 얻기 힘들다고 생각했기 때문이 아니라, 이런 가혹함으로 말미암아 교회의 출교에 합당한 다른 이들에게 두려움을 주고자 함이었다. 비록 우리가 여기서 우리의 유일한 규칙으로 여겨야 할 하나님의 말씀은 더 많은 온유와 인정을 요구하지만 말이다. 하나님의 말씀은 교회 치리의 엄격함이 성장을 추구해야 할 사람이 슬픔으로 짓눌리는 데까지 가지 않도록 가르친다(고후 2:6-8).

그럼에도 불구하고 의지적인 죄에 대해 가차 없이 냉혹한 사람들은, 이 문제에 있어서 모든 용서의 소망을 제거하는 (듯 보이는) 사도의 권위를 내세운다. 사도는 "한 번 조명을 받고 하늘의 은혜로 받아들여진 사람이 성령에 참여하고 하나님의 말씀과 내세의 능력의 맛을 본 후 다시 죄에 빠진다면, 그가 참회에 이르기는 불가능한바, 이는 이것이 하나님의 아들을 두 번째로 십자가에 못 박고 우롱하는 일이기 때문"(히 6:4-6)이라고 말한다. 또한 다른 곳에서 그는 "만일 우리가 진리의 깨달음을 얻은 후 죄를 지으면, 더 이상 희생 제사가 아니라 심판의 끔찍한 기다림이 남아 있다"(히 10:26)라고 말한다. 이것은 옛적 노바티아누스파가 잘못 알고 교회를 어지럽힌 구절들이다. 이 구절들이 언뜻 보기에 가혹하기 때문에 어떤 선량한 사람들은 이 서신을 날조된 것으로 평가했다. 그렇지만 실로 이 서신은 도처에서 사도적인 정신을 보여 준다. 우리는 이 서신을 받아들인 자들과만 논쟁하기 때문에, 이 구절들이 그들의 오류를 인정하는 일에 아무 소용이 없음을 쉽게 증명하게 된다.

먼저 사도는, "이 세상에서나 다른 세상에서도 용서되지 않는 성령을 거스르는 죄 외에는 모든 죄와 신성 모독이 용서될 것"(마 12:31)으로 확증하시는 그의 스승과 필히 일치해야 한다. 우리가 사도를 그리스도의 은혜의 적대자로 삼고자 하지 않는 한, 사도가 이 예외 조항으로 만족했다는 것은 확실하다. 이로써 그가 이 두 구절에서 말하는 것은 오직 성령을 거스르는 죄로 이해해야 한다는 결과가 뒤따른다. 만일 이 추론이 그들에게 충분하지 않다면, 나는 그의 말씀들이 어떻게 일치하는 지를 증명하겠다.

이것을 더 잘 설명하기 위해서는, 결코 죄 사함을 얻지 못할 정도로 끔찍한 이 범죄가 무엇인지 아는 것이 바람직하다. 아우구스티누스는 어떤 곳에서 이 죄가 은혜 받는 일에 대한 의구심과 더불어 죽기까지 강퍅하고 완고한 것이라 정의하고 있는바, 이것은 "이 세상에서 결코 용서되지 않는다"는 그리스도의 말씀과 일치하지 않는다. 왜냐하면 이런 죄가 헛되이 언급되었거나, 아니면 그것이 이 세상에서 저질러질 수 있거나 둘 중 하나이기 때문이다. 그런데 아우구스티누스의 말에 따르면, 그것은 죽을 때까지 지속되지 않는 한 저질러지지 않는다. 다른 이들은 이웃의 은사에 대해 시기하는 것이 성령을 거슬러 죄를 짓는 것이라고 말하는데, 나는 이것이 어디에 기초하는지 모르겠다. 하지만 우리는 진정한 정의를 내세워야 하며, 그 정의가 바른 증거에 의해 인정될 때 다른 정의들을 쉽게 제거할 수 있을 것이다. 그러므로 나는 이 성령을 거스르는 죄란, 하나님의 진리의 빛에 너무도 감동되어 무지를 주장할 수 없음에도 불구하고 고의적인 악의에 머물러 오직 그것에 저항하는 것이라 말한다. 왜냐하면 주 예수는 그가 한 말을 설명하고자 하시면서, 자신을 거슬러 말하는 자는 용서를 받지만 성령을 모독하는 자는 아무런 은혜를 받지 못한다고 이어서 덧붙이시기 때문이다(마 12:32).

마태는 성령을 모독한다는 말 대신 모독의 영이라고 쓴다. 누군가가 하나님의 아들을 수치스럽게 하면서 동시에 그것이 성령에게 파급되지 않는 일이 어떻게 있을 수 있겠는가? 그것은 어떤 사람이 그가 몰랐던 하나님의 진리를 무지 때문에 반박하고 그리스도를 무지 때문에 비방하면서, 그럼에도 불구하고 하나님의 진리가 그에게 드러날 때 그 진리를 결코 꺼뜨리고자 하지 않고 그리스도로 여기는 분에 대해 단 한마디의 악한 말도 하지 않는 경우이다. 이런 종류의 사람들은 성부와 성자를 거슬러 죄를 짓는다. 마치 오늘날 많은 사람이 복음의 가르침을 미워하고 거부하지만 복음이 무엇인지 알게 될 때 그것을 크게 높이고 온 마음으로 사모하는 경우와 마찬가지다. 그러나 자신들이 싸우는 교리가 하나님에게 속한다는 것을 양심으로 확신하고서도 그럼에도 불구하고 여전히 그 교리를 반대하고 파괴하려 애쓰는 사람들은 성령을 모독하는바, 이는 그들이 성령의 능력으로 그들에게 제시된 빛과 싸우기 때문이다. 유대인들 가운데 스데반의 입을 통해 말씀하시는 성령에 맞설 수 없음에도 불구하고 대항하고자 애썼던 자들이 그런 자들이다(행 6:10). 어떤 이들이 율법에 대한 무절제한 열정으로 이끌렸던 것은 의심의 여지가 없다. 하지만 확실한 악의와 불경으로 하나님에 대해, 다시 말해 하나님에게서 유래했음을 모를 수 없는 교리에 대해 분노를 발산한 다른 이들도 있었던 것이 명백하다. 예수 그리스도가 책망하는 바리새인들도 이러했다. 그들은 성령의 능력을 왜곡시키기 위해 그것을 마치 바알세불에게서 온 것으로 비방했다(마 9:34; 12:24).

그러므로 바로 이것이 모독의 영이다. 즉 사람의 대담함이 고의로 하나님의 영광을 무너뜨리고자 노력하는 것이다. 바울이 그가 긍휼을 얻은 것은 무지와 실수로 불신 상태에 있었기 때문이었다고 말할 때(딤전 1:13), 바로 이런 의미다. 만일 무지 (불신이 결합된)가 그로 용서를 얻게 했다면, 불신이 지식과 의도적인 악의에서 비롯될 때 결코 자비는 없다는 결과가 뒤따른다.

잘 살펴보면 사도가 이런 의미로 말한다는 것을 볼 수 있을 것이다. 왜냐하면 그는 한 번 거부한 기독교 신앙으로 되돌아올 수 있다고 생각하는 자들을 반대하며 말하고 있기 때문이다. 그는 그들을 이런 망상과 유해한 견해에서 끌어내고자 하면서, 매우 참된 한 가지 것을 말한다. 그것은 한번 예수 그리스도를 의식적이고 의지적으로 거부한 자들은 결코 그의 편이 될 수 없다는 것이다. 그런데 이 사람들은 단지 방탕한 삶으로 그의 말씀을 위반하는 자들이 아니라 의도적으로 그 말씀을 완전히 내던지는 자들이다.

노바티아누스파와 그들의 추종자들은 '타락하다'와 '죄짓다'라는 말에서 실수한다. 그들에게 있어서 죄짓는 자란 하나님의 율법에 의해 도둑질하지 말라고 가르침을 받고서도 그것을 삼가지 않는 자를 의미한다. 하지만 나는 이것을 상반되는 것들의 대조로 이해해야 한다고 말한다. 즉 사도가 "빛을 받은 후, 하나님의 말씀과 그의 하늘 은혜와 내세의 능력을 맛본 후, 성령의 조명을 받은 후 죄를 짓는 자들"(히 6:4)이라고 말할 때, 그들이 고의적인 악의로 성령의 빛을 끄고 하나님의 말씀과 그의 은혜의 맛을 거부하며 성령에서 멀어지는 경우로 이해해야 한다. 실제로 그는 그가 악의적이고 의도적인 불경에 대해 말하고 있음을 보다 명백히 설명하기 위해서, 어떤 곳에서 "의지적으로"[짐짓]라는 말을 덧붙인다. 그는, "진리를 알고 난 후 확실한 의지로[짐짓] 죄짓는 자들에게는 더 이상 아무런 희생 제물이 남아 있지 않다"라고 말하면서(히 10:26), 그리스도가 신자들의 죄악을 말소하기 위한 영원한 희생 제물임을 부인하지 않고(이것은 그가 서신 거의 전체에서 그리스도의 제사장직을 설명하면서 다뤘던 것임), 다만 그리스도를 거부할 경우 다른 아무런 희생 제물이 남아 있지 않음을 의미한다. 그런데 사람들은 고의로 복음 진리를 짓밟음으로써 그리스도를 거부한다.

죄인이 긍휼을 구하는데도 그를 죄의 용서에서 제외시키는 것이 너무 잔인하고 또 하나님의 관용에 어긋난다는 어떤 이들의 반론에 대해, 쉽게 대답할 수 있다. 사도가 말하는 것은 하나님이 자신에게로 돌이키는 자들에게 용서를 거부한다는 것이 아니라, 결코 회개로 돌아서지 않는다는 것이다. 왜냐하면 하나님은 그들의 배은망덕으로 인해 그의 의로운 판단에 따라서 그들을 영원히 눈멀게 하시기 때문이다. 그가 에서—잃었던 장자권을 되찾으려 눈물과 아우성으로 헛되이 애썼던—의 사례를(히 12:16) 이 주제에 적용하는 것은 결코 부당하지 않으며, "그들이 고함쳐도 내가 응답하지 않을 것이라"(슥 7:13)라는 선지자의 말도 마찬가지다. 이런 화법으로 성경은 참된 회개나 하나님을 향한 기도를 드러내는 것이 아니라, 그보다는 죄인들이 극도의 재난에 억눌리어 그들이 이전에 조롱과 우화로 여겼던 것—즉 그들의 모든 복이 하나님의 도움 안에 있다는 것—을 인정할 수밖에 없다는 사실에 대한 비탄을 의미한다. 이제 그들은 하나님의 도움을 마음에서 우러나 탄원하며 요구할 뿐만 아니라 그것이 그들에게서 제거된 것으로 인해 신음한다. 따라서 선지자가 고함이라는 말로, 사도가 눈물이라는 말로 의미하는 바는 죄인들을 절망과 불안으로 요동치게 하는 무서운 고통 외에 다른 것이 아니다. 선지자와 사도는 죄인들에게 하나님의 인자함 외에는 그들의 불행—그들이 조금도 자랑할 수 없는—에 대한 아무런 처방도 없음을 보는 것이다.

죄를 용서받는 것

> 그러므로 내가 너희에게 이르노니 사람에 대한 모든 죄와 모독은 사하심을 얻되 성령을 모독하는 것은 사하심을 얻지 못하겠고, 또 누구든지 말로 인자를 거역하면 사하심을 얻되 누구든지 말로 성령을 거역하면 이 세상과 오는 세상에서도 사하심을 얻지 못하리라 _ 마 12:31-32

기독교강요 사도신경 해설 강독 설교를 두 번 정도 남겨 두고서, 이제 우리는 죄를 사하여 주시는 것에 관한 내용을 살펴보려고 합니다.

죄의 용서와 교회

죄의 용서가 교회와 연결되는 것은 적절하다. 왜냐하면 선지자가 말하는 대로(사 33:14-33) 그것은 교회의 일원이 아니고서는 얻어질 수 없는 것이기 때문이다. 그러므로 이 하늘의 예루살렘(교회)이 먼저 세워지고 다음으로 그곳에서 누구든지 그곳의 시민이 될 자들의 죄악이 말소되는 은혜가 일어나야 한다. **내가 교회가 먼저 세워져야 한다고 말하는 이유는 교회가 죄의 용서 없이도 존재할 수 있기 때문이 아니라, 성도의 교제 밖에서 자신의 긍휼을 약속하지 않으셨기 때문이다.** 그러므로 죄의 용서(이것 없이는 우리는 하나님과 어떤 언약[관계]나 소속[관계]도 갖지 못한다)야말로 교회와 하나님 나라로 가는 우리의 첫 입문이다.

여기서 주목할 것은 죄 용서의 문제를 교회의 일원이라는 차원에서 접근하고 있다는 점입니다. 오늘날 개인주의가 당연하게 받아들여지는 시대지만, 이 부분은 우리가 본질적으로 생각해 볼 부분입니다. 앞에서 교회는 그리스도의 몸이며 우리는 교회의 일원이며 그 몸의 지체임을 우리가 믿는다고 고백했습니다. 그다음에 성도가 서로 교통하는 것에 대해서 고백했습니다. 우리가 결코 남남이 아닌 그리스도 몸의 일부분이라는 것을 고백한 것입니다. 바로 그다음에 이어서 죄를 용서해 주시는 것을 믿는다는 고백이 뒤따릅니다. 이런 고백이 각각 떨어져 있는 것이 아니라 서로 연결되어 있습니다.

> 따라서 우리는 첫 입문으로 씻음의 표징(세례)을 통해 교회 단체에 받아들여지는 바, 이로써 그의 선함에 의해 먼저 우리의 더러움이 씻기지 않고서는 우리에게 하나님의 가족으로 가는 아무런 통로가 없음이 증명된다.

우리가 교회의 일원이 되는 일은 개인적인 일이 아니라 공동체적인 사건입니다. 그러므로 어떤 신자도 비밀 세례에 의해 입교되지 않았습니다. 공적인 고백과 서약을 통해서 동일한 신앙고백과 성찬에 공적으로 참여하게 된 것입니다.

> 아무튼 사도신경의 순서에 따라 여기서 강조해야 할 것은, 죄 사함이 우리의 공로 때문이 아니라 오직 하나님의 은혜로 우리에게 주어진다는 것이다. 즉, 하나님께서 예수 그리스도의 의로 말미암아 우리에게 호의적이 되시고 선한 아버지가 되고자 하신다는 사실이 선포되고, 또한 우리를 성결케 하여 그리스도와 교제하게 하시는 성령에 대해 언급되며, 마지막으로 이로 인해 만들어지는 교회에 대해 언급된 후, 이제 계속해서 우리를 교회의 일원이 되게 하는 죄의 용서가 언급되는 것이다. 이 순서가 의미하는 바는 죄 사함이 오직 한 분 그리스도 안에서와 성령의 능력에 의하는 것 외에 다른 곳이나 다른 것에 있거나 기인하지 않다는 것이다.

지금까지 다룬 것을 다시 설명해 주고 있습니다.

죄 사함에 관한 잘못된 주장들

그런데 이상한 주장을 하는 사람들이 있습니다. 잘 들어 보시면 지금도 그런 이단이 우리 주위에 있습니다.

> 우리 주님이 성령의 능력을 통해서 우리를 그의 교회에 단 한 번만 받아들이시는 것이 아니라 우리를 교회에서 부양하고 보전하신다고 이해해야 한다. 우리 주님이 아무런 유익도 가져다주지 못할 용서를 무엇 때문에 우리에게 베푸시겠는가? **만일 죄 사함이 단 한 번만 우리에게 인정된다면 하나님의 긍휼은 헛되며 실망을 안기게 될 것이다.** 이것에 대해서는 각각의 신자가 증언할 수 있는바, 이는 하나님의 긍휼이 필요한 많은 연약함에 대해 평생 죄책감을 느끼지 않을 자가 아무도 없기 때문이다. 따라서 우리가 살아가는 동안 언제나 죄의 흔적에 책임을 지기 때문에, 하나님의 은혜가 항상 우리를 도와 우리의 죄과를 용서하지 않으면 교회에서 단 일 분도 존속할 수 없음이 확실하다. 반대로 주님은 그의 백성을 영원한 구원으로 부르셨다. 그러므로 그의 백성이라면 그의 은혜가 언제나 그들의 범죄에 자비를 베풀 준비가 되어 있다고 여겨야 한다. 이를 통해서 우리는, 우리가 교회의 몸에 연합되어 있는 한, 하나님의 관용과 예수 그리스도의 공로와 성령의 거룩하게 하심으로 말미암아 우리의 죄 사함이 우리에게 이뤄졌고 또 날마다 이뤄진다는 것을 믿도록 권면 받는다.

바로 이런 주장을 하는 사람들입니다. "죄는 단 한 번만 용서받는다. 그러므로 신자가 믿은 후에는 죄를 짓지 않는다. 믿은 후에 다시 범죄하면 그 죄는 용서받지 못한다"라고 주장하는 것입니다. 이런 주장을 믿는 사람들이 지금도 있지만, 이것은 이미 3세기에 있었던 이단입니다.

> 그런데 구원의 유일한 은신처를 교회에서 제거하려고 애쓰는 어떤 이들이 있기 때

문에, 우리는 그토록 악취 나는 이 오류에 맞서 양심들을 더욱 견고하게 해주어야
한다. **노바티아누스파는 이런 교리로 고대 교회를 혼란스럽게 했으며, 현재 우리
시대에는 이런 망상에서 그들과 다르지 않은 어떤 재세례파가 있다. 그들은 하나
님의 백성은 세례를 통하여 순수하고 천사와 같은 생명으로 중생하여 육체의 얼룩
으로 오염되지 않는다고 상상한다. 세례받은 후에 이탈하는 사람이 생길 경우, 그
들은 그에게 하나님의 끔찍한 엄벌 외에 아무런 기다림을 남겨 두지 않는다.** 요컨
대, 그들은 하나님의 은혜를 받은 후 실수로 넘어진 죄인에게 용서와 자비를 얻을
아무런 소망을 주지 않는다. 왜냐하면 그들은 처음 중생시킨 죄 사함 외에 다른 죄
사함을 알지 못하기 때문이다.

죄 사함에 대해 극단적 생각을 가졌던 두 종류를 설명하고 있습니다. 그것
은 노바티아누스와 재세례파들이었습니다.

노바티아누스(Novatianus) - 엄격주의

재세례파, 혹은 리베르탱 - 방종파

성경에서 이것보다 더 명백하게 논박되는 어떤 거짓도 없지만, 그럼에도 불구하고
이런 종류의 사람들이 소박한 자들을 실수하게 만들기 때문에(고대에 노바투스가 많
은 신봉자들을 가졌듯이), 우리는 그들의 오류가 그들뿐만 아니라 다른 이들에게도
얼마나 위험한지를 간략하게 증명할 것이다.

성령 훼방 죄

이제 죄 용서에 대해 엄격함을 가졌던 노바티아누스파의 잘못에 관한 설
명을 살펴보겠습니다.

먼저, **모든 성도는 하나님의 명령에 의해 그들의 죄를 용서해 달라는 기도문을 날
마다 사용하기 때문에(마 6:12), 이 점에서 그들은 죄인임을 고백한다.** 그들이 하나

님께 구하는 것은 헛된 일이 아니다. 왜냐하면 주 예수께서는 그가 주고자 하지 않는 것을 구하라고 명하지 않으셨기 때문이다. 그는 자신이 우리에게 준 모든 기도가 아버지께 응답되리라고 일반적으로 약속하신 뒤, 이 간구에 대해서는 특별한 약속을 주신다. 더 이상 무엇을 원하겠는가? **주님은 모든 성도가 날마다 평생 스스로 죄인임을 고백하기를 원하시며 그들에게 용서를 약속하신다.** 그러므로 그들이 죄인임을 부인하거나, 실수했을 때 모든 은혜에서 그들을 배제하는 것은 얼마나 뻔뻔스런 일인가? 게다가, 주님은 누구를 일흔 번씩 일곱 번도, 다시 말해 그때마다 용서하기를 원하시는가?(마 18:22) 우리의 형제들이 아니던가? 그가 이것을 원하는 이유는 우리가 그의 관용을 따르도록 하기 위함이 아니면 무엇인가? 그러므로 그는 한두 번이 아니라, 불쌍한 죄인이 자신의 과오를 인정하고 낙담하여 가슴 아파하면서 그를 갈망할 때마다 용서하시는 것이다.

성령 훼방 죄

이제 노바티아누스파가 잘못 해석했던 성경 구절, 배교와 성령 훼방 죄에 대한 설명이 이어집니다.

먼저 사도는, **"이 세상에서나 다른 세상에서도 용서되지 않는 성령을 거스르는 죄 외에는 모든 죄와 신성 모독이 용서될 것"**(마 12:31)으로 확증하시는 그의 스승과 **필히 일치해야 한다.** 우리가 사도를 그리스도의 은혜의 적대자로 삼고자 하지 않는 한, 사도가 이 예외 조항(성령 훼방 죄)으로 만족했다는 것은 확실하다. 이로써 그가 이 두 구절에서 말하는 것은 오직 성령을 거스르는 죄로 이해해야 한다는 결과가 뒤따른다. 만일 이 추론이 그들에게 충분하지 않다면, 나는 그의 말씀들이 어떻게 일치하는 지를 증명하겠다.

성령 훼방 죄에 대한 칼뱅의 정의입니다.

그러므로 **나는 이 성령을 거스르는 죄란, 하나님의 진리의 빛에 너무도 감동되어**

무지를 주장할 수 없음에도 불구하고 고의적인 악의에 머물러 오직 그것에 저항하는 것이라 말한다. 왜냐하면 주 예수는 그가 한 말을 설명하고자 하시면서, 자신을 거슬러 말하는 자는 용서를 받지만, 성령을 모독하는 자는 아무런 은혜를 받지 못한다고 이어서 덧붙이시기 때문이다(마 12:32).

성령 훼방 죄에 대한 설명이 추가적으로 계속 이어집니다.

마태는 성령을 모독한다는 말 대신 모독의 영이라고 쓴다. 누군가가 하나님의 아들을 수치스럽게 하면서 동시에 그것이 성령에게 파급되지 않는 일이 어떻게 있을 수 있겠는가? 그것은 어떤 사람이 그가 몰랐던 하나님의 진리를 **무지** 때문에 반박하고 그리스도를 무지 때문에 비방하면서, 그럼에도 불구하고 하나님의 진리가 그에게 드러날 때 그 진리를 결코 꺼뜨리고자 하지 않고 그리스도로 여기는 분에 대해 단 한마디의 악한 말도 하지 않는 경우이다. 이런 종류의 사람들은 성부와 성자를 거슬러 죄를 짓는다. 마치 오늘날 많은 사람이 복음의 가르침을 미워하고 거부하지만 복음이 무엇인지 알게 될 때 그것을 크게 높이고 온 마음으로 사모하는 경우와 마찬가지다. **그러나 자신들이 싸우는 교리가 하나님에게 속한다는 것을 양심으로 확신하고서도 그럼에도 불구하고 여전히 그 교리를 반대하고 파괴하려 애쓰는 사람들은 성령을 모독하는바, 이는 그들이 성령의 능력으로 그들에게 제시된 빛과 싸우기 때문이다.** 유대인들 가운데 스데반의 입을 통해 말씀하시는 성령에 맞설 수 없음에도 불구하고 대항하고자 애썼던 자들이 그런 자들이다(행 6:10). 어떤 이들이 율법에 대한 무절제한 열정으로 이끌렸던 것은 의심의 여지가 없다. 하지만 확실한 악의와 불경으로 하나님에 대해, 다시 말해 하나님에게서 유래했음을 모를 수 없는 교리에 대해 분노를 발산한 다른 이들도 있었던 것이 명백하다. 예수 그리스도가 책망하는 바리새인들도 이러했다. 그들은 성령의 능력을 왜곡시키기 위해 그것을 마치 바알세불에게서 온 것으로 비방했다(마 9:34; 12:24).

그러므로 칼뱅은 단순히 무지해서, 몰라서 죄를 짓고 하나님을 부정하는 것과 성령께서 깨닫게 진리의 빛을 조명하시는데도 불구하고 고의적으로 저항하는 것을 바로 '성령 훼방 죄'라고 하는 것입니다. 이것에 대한 설명이 추가적으로 이어집니다.

그러므로 바로 이것이 모독의 영이다. **즉 사람의 대담함이 고의로 하나님의 영광을 무너뜨리고자 노력하는 것이다.** 바울이 그가 긍휼을 얻은 것은 무지와 실수로 불신 상태에 있었기 때문이었다고 말할 때(딤전 1:13), 바로 이런 의미다. **만일 무지(불신이 결합된)가 그로 용서를 얻게 했다면, 불신이 지식과 의도적인 악의에서 비롯될 때 결코 자비는 없다는 결과가 뒤따른다.**

잘 살펴보면 사도가 이런 의미로 말한다는 것을 볼 수 있을 것이다. 왜냐하면 그는 한 번 거부한 기독교 신앙으로 되돌아올 수 있다고 생각하는 자들을 반대하며 말하고 있기 때문이다. 그는 그들을 이런 망상과 유해한 견해에서 끌어내고자 하면서, 매우 참된 한 가지를 말한다. **그것은 한번 예수 그리스도를 의식적이고 의지적으로 거부한 자들은 결코 그의 편이 될 수 없다는 것이다. 그런데 이 사람들은 단지 방탕한 삶으로 그의 말씀을 위반하는 자들이 아니라 의도적으로 그 말씀을 완전히 내던지는 자들이다.**

고의적인 배교와 단지 방탕한 삶으로 죄를 짓는 것은 다른 차원입니다.

노바티아누스파와 그들의 추종자들은 '타락하다'와 '죄짓다'라는 말에서 실수한다. 그들에게 있어서 죄짓는 자란 하나님의 율법에 의해 도둑질하지 말라고 가르침을 받고서도 그것을 삼가지 않는 자를 의미한다. 하지만 나는 이것을 상반되는 것들의 대조로 이해해야 한다고 말한다. 즉 사도가 "빛을 받은 후, 하나님의 말씀과 그의 하늘 은혜와 내세의 능력을 맛본 후, 성령의 조명을 받은 후 죄를 짓는 자들"(히 6:4)이라고 말할 때, 그들이 **고의적인 악의로 성령의 빛을 끄고 하나님의 말씀과 그의 은혜의 맛을 거부하며 성령에서 멀어지는 경우로 이해해야 한다.** 실제로 그는 그가 악의적이고 의도적인 불경에 대해 말하고 있음을 보다 명백히 설명하기 위해서, 어떤 곳에서 "의지적으로"[짐짓]라는 말을 덧붙인다. 그는, "진리를 알고 난 후 확실한 의지로[짐짓] 죄짓는 자들에게는 더 이상 아무런 희생 제물이 남아 있지 않다"고 말하면서(히 10:26), 그리스도가 신자들의 죄악을 말소하기 위한 영원한 희생 제물임을 부인하지 않고(이것은 그가 서신 거의 전체에서 그리스도의 제사장직을 설명하면서 다뤘던 것임), 다만 그리스도를 거부할 경우 다른 아무런 희생 제물이 남아 있지 않음을 의미한다. **그런데 사람들은 고의로 복음 진리를 짓밟음으로써 그리스도를 거부한다.**

참된 회개

이어서 참된 회개에 관하여 이야기를 이어 가고 있습니다. 고의적으로 죄를 짓고 배교하는 자들에게서는 참된 회개를 찾을 수 없습니다.

죄인이 긍휼을 구하는데도 그를 죄의 용서에서 제외시키는 것이 너무 잔인하고 또 하나님의 관용에 어긋난다는 어떤 이들의 반론에 대해, 쉽게 대답할 수 있다. **사도가 말하는 것은 하나님이 자신에게로 돌이키는 자들에게 용서를 거부한다는 것이 아니라, 결코 회개로 돌아서지 않는다는 것이다. 왜냐하면 하나님은 그들의 배은 망덕으로 인해 그의 의로운 판단에 따라서 그들을 영원히 눈멀게 하시기 때문이다.** 그가 에서—잃었던 장자권을 되찾으려 눈물과 아우성으로 헛되이 애썼던—의 사례를(히 12:16) 이 주제에 적용하는 것은 결코 부당하지 않으며, "그들이 고함쳐도 내가 응답하지 않을 것이라"(슥 7:13)라는 선지자의 말도 마찬가지다. **이런 화법으로 성경은 참된 회개나 하나님을 향한 기도를 드러내는 것이 아니라, 그보다는 죄인들이 극도의 재난에 억눌리어 그들이 이전에 조롱과 우화로 여겼던 것—즉 그들의 모든 복이 하나님의 도움 안에 있다는 것—을 인정할 수밖에 없다는 사실에 대한 비탄을 의미한다.** 이제 그들은 하나님의 도움을 마음에서 우러나 탄원하며 요구할 뿐만 아니라 그것이 그들에게서 제거된 것으로 인해 신음한다. 따라서 선지자가 고함이라는 말로, 사도가 눈물이라는 말로 의미하는 바는 죄인들을 절망과 불안으로 요동치게 하는 무서운 고통 외에 다른 것이 아니다. **선지자와 사도는 죄인들에게 하나님의 인자함 외에는 그들의 불행—그들이 조금도 자랑할 수 없는—에 대한 아무런 처방도 없음을 보는 것이다.**

마지막 결론이 중요합니다. 죄와 죽음과 지옥의 형벌에 대한 두려움 앞에서 죄인들이 고함을 칩니다. 어떻게 보면 그것은 회개인 것처럼 보입니다. 그러나 참된 회개란 하나님의 은혜에서 나오는 회개입니다. 이것이 복음적 회개입니다. 그러나 어떤 누구도 하나님의 은혜가 없다면 그 외침은 단순한 절망과 불안으로 요동치는 고통 외에는 아무것도 아니라는 말입니다. 참 두려운 말씀입니다. 죄인들에게 하나님의 인자하심이 그 위에 내릴 때 참된 회개가 가능해지며, 그 회개는 구원에 이르는 회개가 되는 것입니다. 그러므로 완고함은 사악한 우상 숭배입니다. 사무엘상 15장 23절을 읽어 봅시다.

> 이는 거역하는 것은 점치는 죄와 같고 완고한 것은 사신 우상에게 절하는 죄와 같음이라 왕이 여호와의 말씀을 버렸으므로 여호와께서도 왕을 버려 왕이 되지 못하게 하셨나이다 _ 삼상 15:23

그런데 누구나 고집이 있고 자기주장이 있고 완고합니다. 그러나 성령께서 우리의 마음을 부드럽게 하시고 이끄실 때도 완고하다는 것은 참으로 불행한 일입니다. 그것은 이미 하나님이 아닌 사신 우상을 경배하고 있는 것과 같기 때문입니다.

그런데 은혜가 무엇입니까? 은혜는 참 신기한 것입니다. 은혜는 주님이 주시는 것입니다. 주님께서 은혜를 주시지 않으면 지옥입니다. 살 이유도 없습니다. 그런데 은혜를 주십니다. 그러면 신자들이 살아나는 것입니다. 은혜가 임하면 용서하고, 용납하게 되고, 감사하게 되고, 찬송하게 되고, 희생하게 되고, 헌신하게 됩니다. 그런데 은혜가 없으면 정말 힘듭니다. 신앙생활도, 인생도 힘이 듭니다. 정말 지옥이 따로 없습니다.

그런데 은혜가 우리를 살게 합니다. 그러니 성령께서 우리를 이끄실 때 순종합시다. 거역하거나 완고하게 하지 맙시다. 은혜는 귀합니다. 은혜를 귀한 줄로 압시다. 은혜를 사모합시다.

기독교강요 제4장. 믿음: 사도신경 해설

몸의 부활과 영생을

여기에 우리 복의 목적과 완성이 있다. [1] 첫째로, 우리를 영생의 소유로 들어가게 하는 몸의 부활이 확인되고 있는바, 이는 우리의 육체와 피는 하나님 나라를 소유할 수 없으며 썩을 것은 썩지 않을 것을 수용할 수 없기 때문이다(고전 15:50). 몸의 부활은 믿기 어려울 뿐만 아니라, 인간 이성에 따라 평가하고자 한다면 전적으로 믿을 수가 없다. 따라서 비록 많은 철학자들이 영혼 불멸에 대해 결코 모르지 않지만, 그럼에도 불구하고 몸의 부활에 대해 조금이라도 생각한 사람은 단한 명도 없다. 사실 누가 우리의 몸이 언젠가 온전한 형태로 되돌아오리라고 생각할 수 있겠는가? 어떤 몸은 땅에서 썩고, 어떤 것은 벌레에 먹히고, 어떤 것은 새에 먹히고, 어떤 것은 짐승에 먹히며, 다른 어떤 것은 불에 타 재가 되는데 말이다. 그럼에도 불구하고 주님은 확실한 말씀으로 이 미래의 부활을 입증할 뿐만 아니라 예수 그리스도 안에서 보이는 확신을 주심으로써 이 어려움을 매우 잘 예방하셨다. 이렇게 해서 달리는 믿을 수 없어 보이는 것이 우리 눈에 드러나게 되었다. 따라서 이 부활이 어떤 것일지 제대로 이해하고자 한다면, 우리는 언제나 부활의 거울이요 실체이신 예수 그리스도를 바라봐야 한다. 사도가 우리를 권면하면서 우리 몸의 회복을 주 예수의 영광스러운 몸과 동일한 것이라고 부르듯이 말이다(빌 3:21).

그러므로 그리스도께서 그가 지녔던 동일한 육체로 부활했으나 부활 이후에는 이전의 영광과 다른 영광을 가지셨듯이, 우리 역시 우리가 지닌 동일한 육체로 부활할 것이나 부활 이후에는 다른 육체가 될 것이다. 바울은 이 차이를 몇 가지 비유로 설명한다(고전 15:39 이하). 그것[부활한 몸]은 사람과 짐승의 육체의 동일한 실체이나 그럼에도 불구하고 그 특성은 다르다. 별들은 동일한 본질을 갖지만 동일한 특성을 갖지 않는다. 이런 식으로 우리는 우리 몸의 실체를 되찾을 것이나 그 특성은 변할 것이다. 따라서 우리가 갖고 있는 부패될 이 몸은 우리의 부활로 사멸되지 않을 것이고, 오히려 부패를 허용함으로써 부패되지 않을 것이 되며 죽음을 허용함으로써 불멸하는 것이 될 것이다. 그러므로 주님이 그의 아들을 부활시키실 때 보여 주셨던 동일한 능력으로 말미암아, 심판 날 이전에 죽음으로 소멸된 모든 사람들을 부패에서 끌어내지 못하도록 방해하는 어떤 난관도 없을 것이다. 그때 생명을 갖게 될 사람들은 죽음의 자연적 형태에 의해서보다 갑작스러운 변화에 의해서 불멸로 들어갈 것이기 때문이다.

[2] 그런데 사망을 삼키고 승리하리라는 예언(고전 15:54-55)이 그때 온전히 성취될 것이기 때문에, 이런 이유에서 영생이 동시에 언급된다. 영생의 탁월함에 대해서는 인간의 모든 언어로 표현할 수 있을 모든 것이 말해지고 나서도 극히 적은 일부만이 겨우 언급될 정도다. 비록 성경이 하나님의 나라가 광명과 기쁨과 행복으로 가득하다고 가르치지만, 그럼에도 불구하고 성경이 말하는 모든 것은 우리의 지성에서 너무 멀고 거의 비유로 가려 있게 될 것이다. 주님이 우리를 대면하여 스스로를 드러내시는 날이 올 때까지 말이다(고전 13:12). 따라서 선지자들은 이 영적 축복의 실체를 말로 표현할 수 없었기 때문에, 그것을 육체적인 비유로 기술하고 묘사하듯 했던 것이다. 그럼에도 불구하고 우리의 마음이 이 축복에 대한 사랑과 기대로 불붙는 것이 필요하기 때문에, 특히 다음과 같은 인식에 머물러야 한다. 즉 우리 삶의 원천으로서의 하나님이 모든 충만한 축복을 그 자신 안에 담고 계실진대, 최고선과 축복의 모든 요소들을 지향하는 사람들이라면 하나님 밖에서는 아무것도 바랄 수 없다는 사실이다. 그런데 베드로는 신자들이 종종 신성에 참여하는 자가 되도록 부름받는다고 선포한다(벧후 1:4). 어째서인가? 그것은 주님이 그의 성도들 안에서 영화롭게 되고 그의 복음을 믿는 자들에게서 높여지기 때문이다(살후 1:10). 주님이 그의 영광과 능력과 의를 그가 선택한 자들과 나누실진대, 즉 그 자신을 그들과 교통하실진대, 우리는 모든 축복이 이 은혜 아래 있음을 고려해야 한다. 그리고 설령 우리가 이런 묵상으로 성장하게 된다 해도, 우리는 우리가 여전히 밑바닥과 초입에 있으며 이생을 사는 동안 결코 이 신비의 위대함에 접근하지 못하리라고 여겨야 한다.

여기서 악인들의 부활이나 그들에게 준비된 영원한 죽음이 전혀 언급되지 않는 것은 놀랄 일이 아니다. 왜냐하면 여기서는 단지 신자의 양심을 위로하고 구원의 확신으로 부양하며 확증하는 것들을 제시하기 때문이다. 그런데도 호기심 많은 사람들은 사도신경에 죄인의 부활에 대한 증언이 없다는 이유에서 죄인은 부활하지 않을 것으로 생각한다. 이생 이후의 죄인의 상태는 [성경의] 다른 곳에서 충분히 드러나는바, 그들을 떨게 만드는 모든 것이 충분히 선포된다. 따라서 우리의 신앙의 토대를 닦고 건물을 세우는 주제만을 담고 있는 사도신경에서 죄인들에 대해 알아볼 필요가 없다. 주 예수는 모든 열방을 그의 면전으로 모으고 영과 염소를 나누는 목자처럼 순서대로 구분하겠다고 말씀하시면서 보편적 부활을 충분히 명백하게 입증하지 않으시는가(마 25:32)? 또한 다른 곳에서 바르게 산 사람은 생명의 부활로, 악하게 산 사람은 사망의 부활로 들어가리라고 되어 있다(요 5:21-29).

바울이 유대의 통치자 벨릭스 앞에서 한 고백보다 어떤 더 명백한 것이 요구되겠는가? 즉 그가 미래의 부활에 대해 의인의 부활과 마찬가지로 죄인의 부활도 기다린다는 것 말이다(행 24:15). 그러므로 보편적 부활이 숱한 증언에 의해 인정되기 때문에, 수많은 경박한 자들이 이것을 의심해서는 안 된다. 물론 의인의 보상과 죄인의 처벌은 서로 수반될 정도로 결합되어 있다. 따라서 전자가 있다고 증언하는 자는 누구나 동시에 후자를 전제한다. 주님은 선지자를 통해 이 사실을 분명히 지적하면서 "보복의 날이 내 마음에 있고 구속의 때가 왔다"(사 63:4)라고 말씀하신다. 또한 다른 곳에서 "너희는 보고 마음이 기쁠 것이며, 너희 뼈는 풀잎처럼 푸르러지며, 주님의 손이 그의 종들에게 있고 그의 분노가 그의 원수들에게 있음을 알리라"(사 66:14). 그런데 이것이 이 세상에서는 오직 희미하게만 이뤄지며 심지어 결코 온전히 성취되지 않기 때문에, 본질적으로 하나님의 심판과 정의가 나타날 보상의 날에 해당된다.

그러나 악인의 형벌이 얼마나 끔찍한지를 보여 주는 충분한 묘사가 전혀 없기 때문에, 그들이 견뎌야 할 고통은 육체적인 것들—즉 흑암, 애통, 이를 갊, 영원한 불, 끊임없이 심장을 갉아먹는 벌레—로 상징된다(사 66:24). 왜냐하면 성령은 이런 화법을 통해 모든 감각을 자극하는 극도의 공포를 드러내고자 하는 것이 확실하기 때문이다. 불타는 깊은 지옥이 영원토록 그들에게 준비되어 있고, 그 불이 지속되도록 언제나 나무 장작이 마련되어 있으며, 하나님의 영이 불을 붙이는 호흡과도 같다고 말할 때처럼 말이다(사 30:33).

그러므로 우리가 이런 화법을 통해서 죄인들의 비참한 상태를 조금이나마 알기를 배워야 하지만, 그렇지만 우리의 생각을 특히 고정시켜야 할 내용은 "하나님과의 온전한 교제에서 분리되는 것이 얼마나 큰 불행"이며, 이뿐 아니라 우리를 반대하는 그의 존엄, 즉 우리가 피할 수 없도록 항상 압박하는 그의 존엄을 느끼는 일이 [얼마나 큰 불행인가]이다. 왜냐하면 먼저 그의 분노는 그가 손을 댐으로써 만물을 먹어 삼키는 타오르는 불과도 같기 때문이다. 다음으로 모든 피조물이 그의 가혹함을 수행하기 위해 너무도 이 분노를 돕는 까닭에, 하나님에게서 그의 진노를 본 사람들은 모두 하늘, 땅, 바다, 온갖 짐승 등 모든 것들을 그들의 멸망과 파멸의 무기로 느끼기 때문이다. 따라서 사도의 다음 말은 적지 않게 중요하다. 그는 "불신자들이 주님의 얼굴과 그의 능력의 영광이 그들을 박해함으로 말미암아 영원히 처벌받는다"(살후 1:9)라고 말한다. 만일 가련한 양심이, 하나님 앞에서 자신을 보고 그의 진노를 느낌으로 말미암아 너무도 찢기고 찔리고 낙담하고 불안하고 뼈가 시리고 쪼개지고 상처받아서 이 고통을 단 일 분 지탱하느니 차라리 천번 심연과 구덩이에 삼켜지는 것이 더 부드러운 일이 될 정도라면, 하나님의 진노에 끝없이 쉼 없이 갇혀 있는 일은 과연 그에게 얼마나 고통스러울까?

나아가, 그리스도의 나라와 마귀 및 그의 심복의 혼란 시대를 천 년으로 결정한 천년왕국 주장자들의 오류는 너무도 하찮고 유치해서 논박할 필요도, 심지어 그럴 가치도 없다. 전 성경은 선택받은 자들의 축복이나 죄인들의 고통에 결코 끝이 없음을 크고 명백하게 선포한다. 우리는 하나님의 말씀에서 눈으로 보이지 않고 인간 이성으로 파악될 수 없는 것들에 대한 확신을 가지던지, 아니면 전적으로 아무것도 믿지 않던지 둘 중 하나다. 하나님의 자녀의 내세의 축복으로 천 년을 할애하는 자들은 그들이 그리스도와 그의 나라에 가하는 모욕을 보지 못한다. 왜냐하면 만일 이렇게 신자들이 불멸의 옷을 입지 못한다면, 그리스도(그들이 그의 영광과 일치하게 될)가 불멸의 영광에 받아들여지지 않았으리라는 결과가 뒤따르기 때문이다. 그들의 축복에 무슨 끝이 있다면, 그들이 속한 그리스도의 나라는 일시적이라는 결과가 뒤따른다. 결국 이런 사람들은 하나님의 일들에 대해 심히 무지하거나, 아니면 커다란 악의로 하나님의 모든 은혜와 그리스도의 능력을 뒤집고자 애쓰거나 둘 중 하나다. 이 은혜와 능력은 오직 죄가 제거되고 사망이 삼켜진 뒤 영생이 온전히 회복되고서야 성취될 수 있는 것이다. 그들은 악인들이 영원한 고통으로 처벌된다고 말할 경우 하나님께 지나친 잔인성을 부여하는 것이 아닐까 염려하는바, 소경도 이것이 얼마나 어리석은 것인지를 본다. 마치 주님께서 배은망덕으로 들어오기에 부당한 자들을 그의 나라에서 제외시키는 것이 큰 모욕적

행위인 양 말이다! 그들은 "죄는 일시적이다"라고 말한다. 나는 그것을 인정한다. 하지만 그들이 범한 하나님의 존엄은 영원하다. 그러므로 그들의 죄악에 대한 기억이 영원한 것은 마땅하다. 그들은 "만일 그리하면 처벌이 죄의 양을 능가한다"라고 말한다. 나는 하나님의 존엄에 대한 경멸을 영혼의 멸망보다 덜 중히 여길 정도로 그 존엄을 하찮게 평가하는 것이 용납될 수 없는 모독이라고 답한다. 따라서 이 수다쟁이들을 내버려 두자. 우리가 시작할 때 말한 것과 반대로, 그들이 대답할 가치가 있다고 여겨지지 않도록 말이다.

부활과 영생

> 그는 만물을 자기에게 복종하게 하실 수 있는 자의 역사로 우리의 낮은 몸을 자기 영광의 몸의 형체와 같이 변하게 하시리라 _ 빌 3:21

이제 사도신경 강독 설교는 사실상 이번으로 끝이 나고 다음에는 사도신경 결론을 살피는 것으로 대장정의 막을 내리겠습니다. 지금 우리가 읽었던 빌립보서 3장 21절은 그리스도께서 모든 참 신자들의 몸을 영광의 몸, 즉 부활체로 변화시킬 것을 말씀하고 있습니다. 이제 하나씩 살펴봅시다.

사도신경의 마지막 고백은 몸의 부활과 영생을 믿는 것입니다. 여기에 우리에게 주시는 복의 목적과 완성이 있습니다.

▎ 인생과 신앙의 완성 → 부활, 영생

우리 인생과 신앙의 최종 골인 지점, 최후 목적지는 바로 부활과 영생입니다. 예수님께서도 사람이 제 목숨을 잃으면 무슨 소용이 있느냐고 하셨습니다.

> 사람이 만일 온 천하를 얻고도 제 목숨을 잃으면 무엇이 유익하리요 사람이 무엇을 주고 제 목숨과 바꾸겠느냐 _ 마 16:26

우리는 우리의 인생 전체를 좀 더 넓고 멀리, 그리고 전체적으로 바라보아야 합니다. 지금의 문제들에만 갇히지 말고 우리의 인생과 신앙의 최종 종착역을 생각해야 합니다. 우리의 인생과 신앙은 부활과 영생에 도달할 때 완성됩니다. 먼저, 왜 부활해야 하는가를 설명하고 있습니다.

❶ **첫째로, 우리를 영생의 소유로 들어가게 하는 몸의 부활이 확인되고 있는바, 이는 우리의 육체와 피는 하나님 나라를 소유할 수 없으며 썩을 것은 썩지 않을 것을 수용할 수 없기 때문이다**(고전 15:50).

부활

성경은 우리가 영화와 영생으로 들어갈 때 지금 우리의 육체와 피, 즉 우리의 몸을 썩어질 몸, 혹은 육신의 장막, 혹은 육의 몸, 욕된 것, 약한 것이라고 묘사합니다. 이 욕되고 비천한 몸은 영생을 소유할 하나님 나라의 몸이 아닙니다. 그래서 우리의 썩을 몸은 썩지 아니할 몸, 즉 영광스러운 몸, 신령한 몸, 영의 몸을 가져야 하는데 그것이 바로 몸의 부활입니다. 이어지는 내용은 몸의 부활을 이성적으로 이해하는 것이 결코 쉽지 않음을 말합니다.

몸의 부활은 믿기 어려울 뿐만 아니라, 인간 이성에 따라 평가하고자 한다면 전적으로 믿을 수가 없다. 따라서 비록 많은 철학자들이 영혼 불멸에 대해 결코 모르지 않지만, 그럼에도 불구하고 몸의 부활에 대해 조금이라도 생각한 사람은 단 한 명도 없다. 사실 누가 우리의 몸이 언젠가 온전한 형태로 되돌아오리라고 생각할 수 있겠는가? **어떤 몸은 땅에서 썩고, 어떤 것은 벌레에 먹히고, 어떤 것은 새에 먹히고, 어떤 것은 짐승에 먹히며, 다른 어떤 것은 불에 타 재가 되는데 말이다.** 그럼에도 불구하고 주님은 확실한 말씀으로 이 미래의 부활을 입증할 뿐만 아니라 **예수 그리스도 안에서 보이는 확신을 주심으로써** 이 어려움을 매우 잘 예방하셨다. 이렇게 해서 달리는 믿을 수 없어 보이는 것이 우리 눈에 드러나게 되었다. 따라서 이 부활이 어떤 것일지 제대로 이해하고자 한다면, **우리는 언제나 부활의 거울이요 실**

체이신 예수 그리스도를 바라봐야 한다. 사도가 우리를 권면하면서 우리 몸의 회복을 주 예수의 영광스러운 몸과 동일한 것이라고 부르듯이 말이다(빌 3:21).

부활의 모범을 주님이 부활의 첫 열매로서 보여 주셨다는 내용입니다. 그리고 앞서 우리가 읽었던 빌립보서 3장 21절처럼 우리도 부활하신 주님과 동일한 몸의 부활을 하게 된다는 것입니다. 그리고 부연하여 설명을 추가하고 있습니다.

그러므로 그리스도께서 그가 지녔던 동일한 육체로 부활했으나 부활 이후에는 이전의 영광과 다른 영광을 가지셨듯이, **우리 역시 우리가 지닌 동일한 육체로 부활할 것이나 부활 이후에는 다른 육체가 될 것이다.** 바울은 이 차이를 몇 가지 비유로 설명한다(고전 15:39 이하). 그것[부활한 몸]은 사람과 짐승의 육체의 동일한 실체이나 그럼에도 불구하고 그 특성은 다르다. 별들은 동일한 본질을 갖지만 동일한 특성을 갖지 않는다. 이런 식으로 우리는 우리 몸의 실체를 되찾을 것이나 그 특성은 변할 것이다. 따라서 우리가 갖고 있는 부패될 이 몸은 우리의 부활로 사멸되지 않을 것이고, 오히려 부패를 허용함으로써 부패되지 않을 것이 되며 죽음을 허용함으로써 불멸하는 것이 될 것이다. 그러므로 주님이 그의 아들을 부활시키실 때 보여 주셨던 동일한 능력으로 말미암아, 심판 날 이전에 죽음으로 소멸된 모든 사람들을 부패에서 끌어내지 못하도록 방해하는 어떤 난관도 없을 것이다. 그때 생명을 갖게 될 사람들은 죽음의 자연적 형태에 의해서보다 갑작스러운 변화에 의해서 불멸로 들어갈 것이기 때문이다.

고린도전서 15장의 썩어질 것을 심고 썩지 아니할 것을 거둔다는 말을 바꾸어 부패를 허용함으로써 부패되지 않을 것이며 죽음을 허용함으로써 불멸한다고 한 문장은 참으로 아름다운 문장입니다. 지금까지 살펴본 부활에 관한 내용을 정리해 보면 다음과 같습니다.

1. 우리의 육체(肉體)와 피는 천국에 들어갈 수 없다(썩기 때문에)

2. 우리는 우리 자신의 몸(동일한 육체)로 부활한다.

3. 그러나 부활 이후에는 다른 몸(신령한 몸)이 된다.

4. 부활의 거울, 부활의 실체는 예수 그리스도이시다.

영생

다음으로, 부활에 이어서 두 번째로 영생에 관하여 설명하고 있습니다.

❷ 그런데 사망을 삼키고 승리하리라는 예언(고전 15:54-55)이 그때 온전히 성취될 것이기 때문에, 이런 이유에서 영생이 동시에 언급된다. 영생의 탁월함에 대해서는 인간의 모든 언어로 표현할 수 있을 모든 것이 말해지고 나서도 극히 적은 일부만이 겨우 언급될 정도다. 비록 성경이 하나님의 나라가 광명과 기쁨과 행복으로 가득하다고 가르치지만, 그럼에도 불구하고 성경이 말하는 모든 것은 우리의 지성에서 너무 멀고 거의 비유로 가려 있게 될 것이다. 주님이 우리를 대면하여 스스로를 드러내시는 날이 올 때까지 말이다(고전 13:12).

그리고 설령 우리가 이런 묵상으로 성장하게 된다 해도, 우리는 우리가 여전히 밑바닥과 초입에 있으며 이생을 사는 동안 결코 이 신비의 위대함에 접근하지 못하리라고 여겨야 한다.

성경에서 영생에 관해서는 설명이 매우 제한적으로 주어지고 있다는 말입니다. 하나님께서 부활과 영생에 관해서는 매우 적은 정보만을 성경에 허락하시고 계신다는 말입니다. 그러므로 이 신비에 대해서는 이생에 사는 동안 우리가 원하는 정보를 얻을 수 없다고 말합니다. 그래서 부활 장인 고린도전서 15장 51절은 "보라 내가 너희에게 비밀을 말하노니 우리가 다 잠잘 것이 아니요 마지막 나팔에 순식간에 홀연히 다 변화되리니"라고 합니다. 그러므로 재림의 시기와 함께 이런 한계와 제한을 우리는 겸손히 받아들여야 합니다.

이어서 악인의 부활과 영벌에 관한 설명이 이어집니다.

> 여기서 악인들의 부활이나 그들에게 준비된 영원한 죽음(영벌)이 전혀 언급되지 않
> 는 것은 놀랄 일이 아니다. 왜냐하면 여기서는 단지 신자의 양심을 위로하고 구원
> 의 확신으로 부양하며 확증하는 것들을 제시하기 때문이다. 그런데도 호기심 많은
> 사람들은 사도신경에 죄인의 부활에 대한 증언이 없다는 이유에서 죄인은 부활하
> 지 않을 것으로 생각한다. 이생 이후의 죄인의 상태는 [성경의] 다른 곳에서 충분
> 히 드러나는바, 그들을 떨게 만드는 모든 것이 충분히 선포된다. 따라서 우리의 신
> 앙의 토대를 닦고 건물을 세우는 주제만을 담고 있는 사도신경에서 죄인들에 대해
> 알아볼 필요가 없다. 주 예수는 모든 열방을 그의 면전으로 모으고 영과 염소를 나
> 누는 목자처럼 순서대로 구분하겠다고 말씀하시면서 **보편적 부활**을 충분히 명백
> 하게 입증하지 않으시는가(마 25:32)? 또한 다른 곳에서 바르게 산 사람은 **생명의**
> **부활**로, 악하게 산 사람은 **사망의 부활**로 들어가리라고 되어 있다(요 5:21-29).

우리가 다 아는 대로 부활은 악인들에게도 일어납니다. 그러나 악인들의
부활은 형벌을 받기 위한 부활로, 사망의 부활입니다. 그러나 의인들의 부활
은 생명의 부활입니다.

> 그러므로 우리가 이런 화법을 통해서 죄인들의 비참한 상태를 조금이나마 알기
> 를 배워야 하지만, 그렇지만 우리의 생각을 특히 고정시켜야 할 내용은 "하나님과
> 의 온전한 교제에서 분리되는 것이 얼마나 큰 불행"이며, 이뿐 아니라 우리를 반대
> 하는 그의 존엄, 즉 우리가 피할 수 없도록 항상 압박하는 그의 존엄을 느끼는 일이
> [얼마나 큰 불행인가]이다.

그러므로 하나님에게서 분리되는 것은 큰 불행입니다.

> 나아가, 그리스도의 나라와 마귀 및 그의 심복의 혼란 시대를 천 년으로 결정한 천

년왕국 주장자들의 오류는 너무도 하찮고 유치해서 논박할 필요도, 심지어 그럴 가치도 없다. 전 성경은 선택받은 자들의 축복이나 죄인들의 고통에 결코 끝이 없음을 크고 명백하게 선포한다.

이상을 정리해 보면 다음과 같습니다.

> 1. 보편적 부활: 의인 → 생명의 부활 / 악인 → 사망의 부활
> 2. 지옥은 천년이 아니라 → 영원한 형벌이다.
> 3. 부활과 영생은 비밀의 영역이다.

흔히 신자는 믿음으로 산다고 합니다. 그 믿음의 내용이 바로 사도신경입니다. 우리는 사도신경에서 창조주 하나님을 믿는다고 고백합니다. 하나님께서 이 모든 우주와 만물을 창조하셨다는 것을 믿는 것은 신자들에게 큰 힘을 줍니다. 그리고 우리는 구원자 예수 그리스도를 믿는다고 고백합니다. 그분은 우리를 사랑하시는 참 목자이십니다. 그리고 우리는 성화주 성령님을 믿는다고 고백합니다. 이어서 거룩한 교회와 성도의 교제와 죄를 사하여 주시는 것과 몸의 부활과 영생을 믿는다고 고백합니다. 이 가운데서 신자의 능력과 힘은 어디서 나옵니까? 세상의 불신자들은 알지도, 생각하지도, 가질 수도 없는 것이 무엇입니까?

> 부활의 능력 + 내세의 소망

저는 이것을 부활의 능력과 내세의 소망이라고 말씀드립니다. 사도신경 해설의 강독 설교 마지막에 즈음하여 우리가 다시금 이 혼탁한 시대에서 이 신앙을 더욱 견고히 붙들게 되기를 바랍니다. 신구약 성경의 믿음의 영웅들은 모두 부활의 신앙을 가진 사람들이었습니다.

너희 위에 힘줄을 두고 살을 입히고 가죽으로 덮고 너희 속에 생기를 넣으리니
너희가 살아나리라 또 내가 여호와인 줄 너희가 알리라 하셨다 하라 _ 겔 37:6

먼저 에스겔은 에스겔 37장을 보면 골짜기의 마른 뼈들이 되살아나는 환
상을 보며 부활의 신앙을 확신하고 있습니다. 또한 욥도 부활의 신앙을 고백
하고 있습니다.

내가 알기에는 나의 대속자가 살아 계시니 마침내 그가 땅위에 서실 것이라 내
가죽이 벗김을 당한 뒤에도 내가 육체 밖에서 하나님을 보리라 _ 욥 19:25-26

또한 사도 바울은 부활의 능력을 체험하려 한다고 말합니다.

내가 그리스도와 그 부활의 권능과 그 고난에 참여함을 알고자 하여 그의 죽
으심을 본받아 어떻게 해서든지 죽은 자 가운데서 부활에 이르려 하노니 _ 빌
3:10-11

저는 사도 바울의 신앙의 비밀이 여기에 있지 않은가 생각합니다. 십자가
의 고난에 참여하고 부활의 권능을 체험하려고 하는 바울의 모습을 봅니다.
또한 예수님께서는 자신을 일컬어 부활이요 생명이라고 하셨습니다.

예수께서 이르시되 나는 부활이요 생명이니 나를 믿는 자는 죽어도 살겠고 무
릇 살아서 나는 믿는 자는 영원히 죽지 아니하리니 이것을 네가 믿느냐 _ 요
11:25-26

베다니에서 나사로가 죽었을 때 예수님은 죽은 나사로를 보고 잠들었도다
고 하시면서 그를 살려냅니다. 가족들은 이미 죽은지 사흘이 지났기에 소망
을 포기합니다. 그러나 예수님은 무덤을 향하여 명령합니다. 큰 소리로 "나사

로야 나오라"라고 부르셨습니다. 그때 죽은 자가 수족을 베로 동인 채로 나오는데, 그 얼굴은 수건에 싸였습니다. 예수님은 풀어 놓아 다니게 하라고 하셨습니다. 또한 예수님은 부활하신 후 40일 동안 제자들과 함께 계시면서 부활의 신앙을 굳건히 하셨습니다. 연약하던 제자들은 부활의 신앙으로 무장하고 오순절 성령을 받은 후 두려울 것이 없는 부활의 증인으로 거듭났습니다.

우리 모두 부활의 권능과 내세의 소망 가운데서 승리합시다. 우리 앞에 질병이 있고, 곳곳에 사고와 사건들이 도사리고 있으며, 우리의 육신의 장막 집은 날로 무너져 가지만 영원한 본향을 사모합시다. 몸은 비록 연약해져 가지만 부활의 권능을 붙들고 승리합시다. 우리 모두 이 신앙에 도달하고 승리하시기를 바랍니다.

기독교강요 제4장. 믿음: 사도신경 해설

결론

그런데 이 살아 있는 믿음이 있는 곳은 어디서나, 이 믿음이 영원한 구원의 소망을 항상 그 자신과 동반하지 않는 것은, 아니 그보다 이 소망을 잉태하여 생산하지 않는 것은 불가능하다. 왜냐하면 만일 이 소망이 우리에게 없다면, 우리가 믿음에 대해 제아무리 멋진 수다를 떨고 허식적인 말을 하더라도 거기서 아무것도 얻지 못한다는 것이 확실하기 때문이다. 만일 믿음이, 언급된 것처럼 하나님의 진리의 확실한 설복이라면, 만일 이 진리가 속이거나 기만하거나 낙심시킬 수 없다면, 이 확신을 품은 자는 누구나 동일하게 주님이 자신의 약속—그가 참된 것으로 여기는—을 성취하실 것을 기다리는바, 그리하여 결국 소망이란 믿음이 하나님에 의해 실제로 약속된 것으로 믿은 축복의 기다림 외에 다른 것이 아닌 셈이다. 이와 같이 믿음은 하나님이 참되시다는 것을 믿으며, 소망은 하나님이 언젠가 그의 진리를 드러내실 것을 기다린다. 믿음은 그가 우리의 아버지이심을 믿으며 소망은 그가 우리에게 그런 분으로 나타나실 것을 기다린다. 믿음은 영생이 우리에게 주어졌다고 믿으며 소망은 우리가 언젠가 그것을 얻을 것을 기다린다. 믿음은 소망이 머무는 토대이며, 소망은 믿음을 부양하고 지탱한다. 그의 약속을 먼저 믿은 자 외에 누구도 하나님에게서 무언가를 기다릴 수 없듯이, 마찬가지로 우리 믿음의 연약함은, 실패하지 않도록, 인내로 기다리고 소망함으로써 부양되어야 한다. 따라서 바울은 우리 구원을 소망에 둠으로써 매우 옳게 말하고 있다(롬 8:24). 소망은 침묵과 함께 하나님을 기다림으로써, 믿음을 붙들어 그것이 너무 서둘러 넘어지지 않도록 한다. 소망은 믿음을 확고하게 하여 하나님의 약속에서 흔들리거나 의심을 품지 않게 한다. 소망은 믿음을 재창조하고 강화하여 그것이 지치지 않게 한다. 소망은 믿음을 마지막 목표에까지 이끌어서 중도에나 심지어 첫날부터 실패하지 않게 한다. 마지막으로 소망은 믿음을 날마다 갱신하고 회복함으로써 지속적인 활기를 주어 끝까지 견디게 한다.

한번 하나님의 말씀을 받아들인 자들이 어떤 종류의 유혹으로 공격당하는지를 고려해 보면, 믿음이 소망에 의해 어떤 방식으로 견고히 될 필요가 있는지를 보다 명백하게 보게 될 것이다. 첫째로, 주님은 그의 약속을 미루심으로써 종종 우리를 우리가 원하는 것 이상으로 긴장감 속에 두신다. 여기서 선지자가 말하는 것— 즉 하나님의 약속이 늦어지더라도 그래도 그것을 기다려야 한다는 것(합 2:3)—을 행하는 것이 소망의 임무이다. 또한 이따금 하나님은 우리를 지치게 하실 뿐만 아니라 우리에게 화가 난 모습을 보여 주신다. 이에 대해 소망이 우리를 도와야 하는바, 이는 다른 선지자의 말씀을 따라 설령 주님이 그의 얼굴을 우리에게서 감추신다 하더라도 우리가 주님을 기다릴 수 있도록 하기 위함이다(사 8:17). 베드로가 말하듯이 우롱하는 자들이 일어나 "약속이 어디 있느냐? 예수 그리스도의 오심이 어디 있느냐?"라고 묻는다. 창세부터 만물이 동일한 상태로 진행되기 때문이라는 것이다(벧후 3:4). 심지어 육체와 세상 역시 이것을 우리의 정신 속에 제시한다. 여기서 믿음은 소망으로 버티고 지탱하여 하나님 나라의 영원함을 응시하는 데 철저히 고정되고 머물러서 천 년을 하루처럼 여겨야 한다(시 90:4; 벧후 3:8).

이런 친근성과 유사성 때문에 성경은 종종 믿음과 소망이라는 두 용어를 서로 혼용한다. 베드로가 하나님의 능력이 구원이 나타날 때까지 믿음을 통해 우리를 보전한다고 말할 때처럼 말이다(벧전 1:5). 이곳은 믿음보다는 소망에 더 적합했다. 그럼에도 불구하고 이것은 이유 없이 된 것이 아니다. 왜냐하면 우리가 지적했듯이 소망은 믿음의 견고함과 인내 외에 다른 것이 아니기 때문이다. 그런데 『신학 명제집』* 선생이 하나님의 은혜와 행위의 공로를 소망의 이중적 기초로 삼음으로써 얼마나 심하게 실수하는지 어렵지 않게 본다. 확실히 소망은 믿음 외에 다른 목적을 가질 수 없다. 그런데 우리는 믿음이 그 유일한 목적으로 하나님의 긍휼을 가지며, 전적으로 거기에 머물고 결코 다른 곳을 바라보지 않는다는 것을 명백히 지적한 바 있다. 하지만 그가 주장하는 그럴듯한 이유를 들어 보는 것이 좋겠다. 그는 "만일 네가 받을 자격도 없이 감히 무언가를 소망한다면, 그것은 소망이 아니라 뻔뻔함이다"라고 말한다.

자, 친구들이여, 하나님이 진실하시다는 것을 확실하게 믿는 것이 경솔하고 뻔뻔하게 이뤄지는 것으로 생각하는 이런 짐승들을 저주하기를 억제할 자가 누구인가? 하나님은 우리에게 그의 선함에 따라 만물을 기다리라고 명하시는데도, 이들

---

* —『신학 명제집』: 피터 롬바르드가 저술한 중세의 표준 신학 교재.

은 그것에 의지하고 복종하는 것이 뻔뻔한 짓이라고 말한다. 이런 선생은 궤변가들의, 즉 소르본 신학자들의 학교에 있는 제자들에게 적격이다. 반대로 하나님께서 죄인들이 구원의 확실한 소망을 가지라고 분명히 명령하시는 것을 보는 우리는 대담하게 그의 진리를 확신하는바, 우리가 그의 긍휼에 따라 우리 행위에 대한 모든 신뢰를 저버리고 그가 약속하시는 것을 조금도 의심 없이 소망해야 한다는 것이다.

믿음 · 소망 · 사랑

우리는 열아홉 번에 걸쳐 사도신경을 살펴보고 있습니다. 이제 사도신경의 결론 부분에 도달하였습니다. 이번 장의 제목이 믿음·소망·사랑인데, 믿음과 소망과의 관계, 믿음과 사랑과의 관계를 살펴보겠습니다.

> 믿음 - 소망
> 믿음 - 사랑

믿음과 소망

그런데 이 살아 있는 믿음이 있는 곳은 어디서나, 이 믿음이 영원한 구원의 소망을 항상 그 자신과 동반하지 않는 것은, 아니 그보다 이 소망을 잉태하여 생산하지 않는 것은 불가능하다. 왜냐하면 만일 이 소망이 우리에게 없다면, 우리가 믿음에 대해 제아무리 멋진 수다를 떨고 허식적인 말을 하더라도 거기서 아무것도 얻지 못한다는 것이 확실하기 때문이다.

믿음, 곧 참된 믿음, 생명을 가진 믿음, 하나님으로부터 주어진 믿음은 반드시 소망을 가져옵니다. "믿음을 가지고 있는데 절망이다"라는 것은 어울리지 않는다는 것입니다. 만일 믿음이 있다고 하면서 소망이 없다면 그 믿음은 멋진 수다와 허식적인 말에 지나지 않는다는 것입니다. 참믿음이 있다면 반드시 소망을 잉태하고 생산한다는 것입니다.

> 만일 믿음이, 언급된 것처럼 하나님의 진리의 확실한 설복이라면, 만일 이 진리가 속이거나 기만하거나 낙심시킬 수 없다면, 이 확신을 품은 자는 누구나 동일하게 주님이 자신의 약속—그가 참된 것으로 여기는—을 성취하실 것을 기다리는바, 그리하여 결국 소망이란 믿음이 하나님에 의해 실제로 약속된 것으로 믿은 축복의 기다림 외에 다른 것이 아닌 셈이다. **이와 같이 믿음은 하나님이 참되시다는 것을 믿으며, 소망은 하나님이 언젠가 그의 진리를 드러내실 것을 기다린다.** 믿음은 그가 우리의 아버지이심을 믿으며 소망은 그가 우리에게 그런 분으로 나타나실 것을 기다린다. 믿음은 영생이 우리에게 주어졌다고 믿으며 소망은 우리가 언젠가 그것을 얻을 것을 기다린다. 믿음은 소망이 머무는 토대이며, 소망은 믿음을 부양하고 지탱한다. 그의 약속을 먼저 믿은 자 외에 누구도 하나님에게서 무언가를 기다릴 수 없듯이, 마찬가지로 우리 믿음의 연약함은, 실패하지 않도록, 인내로 기다리고 소망함으로써 부양되어야 한다.

그런데 믿음과 소망은 서로를 지탱하면서 시너지 효과를 낸다고 말합니다. 그래서 이렇게 정리할 수 있습니다.

> 믿음 - 하나님이 참되시다는 것을 **믿으며**
> 소망 - 하나님이 언젠가 그의 진리를 드러내실 것을 **기다린다**

마치 참믿음은 열매를 맺는 것처럼, 믿음이 있는 곳에 소망이 있습니다. 믿음이 하나님에 대해서 믿는 것이라면, 소망은 하나님께서 하실 일들을 기대하며 기다리는 것입니다. 그래서 히브리서 11장 1절은 믿음은 바라는 것들의 실상이요 보지 못하는 것들의 증거라고 말합니다.

❙ "믿음은 **바라는 것들**의 실상이요 **보지 못하는 것들**의 증거니"
　　　　　소망　　　　　　　　　　소망

칼뱅은 기독교강요 제4장에서 사도신경을 해설하기 전에 '믿음'에 관하여
이렇게 설명했습니다.

> 믿음의 본질을 분명히 표현하려면, 믿음의 합당한 기초가 되는 소망의 내용을 말하
> 는 것이 제일 좋다. 따라서 그 소망을 제거한다면 믿음은 완전히 무너진다. 아니, 사
> 라지고 만다.

믿음은 바라는 것들의 실상이라고 할 때 실상은 기초, 밑받침, 확신 등으
로 설명할 수 있는데, 아우구스티누스가 이것을 아주 잘 표현했습니다.

❙ **믿음은 바라는 것들의 실상 = "현재 없는 것들에 대한 확신"**
> "믿음은 나타나지 않는 것들의 증거요, 보이지 않는 것들을 봄이요, 모호한 것들의
> 명료함이요, 현재 없는 것들의 현존이요, 숨은 것들의 보임이라고 말하려는 것과
> 같다."

여러분! 로마서 8장 24절의 말씀과 같이, 보이는 소망이 소망이 아닙니다.
여기서 소망이라는 것은 부활과 영생, 천국을 말합니다. 이와 같은 우리 구원
에 속한 소망들은 너무도 고상하여 우리의 감각으로 알 수 없고, 눈으로 볼
수 없고, 손으로 만질 수 없습니다. 우리 감각의 모든 한계를 초월합니다.

> 따라서 바울은 우리 구원을 소망에 둠으로써 매우 옳게 말하고 있다(롬 8:24). 소망
> 은 침묵과 함께 하나님을 기다림으로써, 믿음을 붙들어 그것이 너무 서둘러 넘어지

지 않도록 한다. 소망은 믿음을 확고하게 하여 하나님의 약속에서 흔들리거나 의심을 품지 않게 한다. 소망은 믿음을 재창조하고 강화하여 그것이 지치지 않게 한다. 소망은 믿음을 마지막 목표에까지 이끌어서 중도에나 심지어 첫날부터 실패하지 않게 한다. 마지막으로 소망은 믿음을 날마다 갱신하고 회복함으로써 지속적인 활기를 주어 끝까지 견디게 한다.

> 우리가 **소망으로 구원을 얻었으매** 보이는 소망이 소망이 아니니 보는 것을 누가 바라리요 _ 롬 8:24

여러분 우리는 통상 믿음으로 구원을 얻었다고 말합니다. 그런데 로마서 8장 24절은 소망으로 구원을 얻었다고 말합니다. 여기서 소망이라는 것은 믿음과 함께 나타나는 소망을 말하는 것이기 때문에 소망으로 구원을 얻었다고 말하는 것입니다. 그래서 성경은 종종 믿음과 소망을 혼용하여 사용하기도 합니다. 그만큼 믿음과 소망의 관계는 불가분리의 관계입니다. 믿음이 있으면 소망이 있고, 소망을 보면 그 사람의 믿음이 보입니다. 그러나 믿음은 종종 공격을 당합니다. 그때 흔들리는 믿음을 붙들어 주는 것이 바로 소망의 역할입니다.

한번 하나님의 말씀을 받아들인 자들이 어떤 종류의 유혹으로 공격당하는지를 고려해 보면, 믿음이 소망에 의해 어떤 방식으로 견고히 될 필요가 있는지를 보다 명백하게 보게 될 것이다. 첫째로, 주님은 그의 약속을 미루심으로써 종종 우리를 우리가 원하는 것 이상으로 긴장감 속에 두신다. 여기서 선지자가 말하는 것—즉 하나님의 약속이 늦어지더라도 **그래도 그것을 기다려야 한다는 것**(합 2:3)—을 행하는 것이 소망의 임무이다. 또한 이따금 하나님은 우리를 지치게 하실 뿐만 아니라 우리에게 화가 난 모습을 보여 주신다. 이에 대해 소망이 우리를 도와야 하는바, 이는 다른 선지자의 말씀을 따라 설령 주님이 그의 얼굴을 우리에게서 감추신다 하더라도 우리가 주님을 **기다릴 수 있도록** 하기 위함이다(사 8:17).

우리는 종종 기도가 응답되지 않고 하나님께서 나를 버리신 것 같은 상황에 놓입니다. 심지어 하나님께서 나에게서 얼굴을 돌리시는 것처럼 보입니다. 그때 믿음이 공격을 당하고 흔들립니다. 이때 소망이 그 역할을 해야 하는데, 소망은 인내하며 기다리게 하여 믿음이 무너지지 않도록 돕습니다.

> 이런 친근성과 유사성 때문에 성경은 종종 믿음과 소망이라는 두 용어를 서로 혼용한다. 베드로가 하나님의 능력이 구원이 나타날 때까지 믿음을 통해 우리를 보전한다고 말할 때처럼 말이다(벧전 1:5). 이곳은 믿음보다는 소망에 더 적합했다. 그럼에도 불구하고 이것은 이유 없이 된 것이 아니다. 왜냐하면 우리가 지적했듯이 소망은 믿음의 견고함과 인내 외에 다른 것이 아니기 때문이다.

그런데 로마 가톨릭은 믿음과 소망의 관계에 슬그머니 행위의 공로를 끼워 넣습니다.

> 그런데 『신학 명제집』 선생이 하나님의 은혜와 행위의 공로를 소망의 이중적 기초로 삼음으로써 얼마나 심하게 실수하는지 어렵지 않게 본다. 확실히 소망은 믿음 외에 다른 목적을 가질 수 없다. 그런데 우리는 믿음이 그 유일한 목적으로 하나님의 긍휼을 가지며, 전적으로 거기에 머물고 결코 다른 곳을 바라보지 않는다는 것을 명백히 지적한 바 있다.

여기서 '신학 명제집 선생'이라는 것은 중세 신학자인 피터 롬바르드를 두고 한 말입니다. 그는 세미펠라기안 주의자로서, 믿음과 소망이라는 것 대신에 은혜와 공로의 기초 위에 소망을 올려놓으려고 했습니다.

▌ 세미펠라기안주의 = 은혜 + 공로

우리는 여기서 믿음과 소망의 관계를 다루면서 칼뱅주의 5대교리 가운데 하나인 성도의 견인에 대해서도 살펴볼 필요가 있습니다. 앞에서 소망은 기다리게 한다고 하지 않았습니까? 기다리는 것은 곧 인내를 의미합니다.

▌ 성도의 견인

성도의 견인이란, 사람들이 진정으로 하나님에게서 거듭났다면 성령의 내주로 말미암아 하늘이나 땅에 있는 어떤 것도 하나님의 사랑에서 떠나지 못하게 된다는 것(롬 8:39)입니다. 그러나 알미니안주의자들은 구원의 탈락을 주장합니다. 이것은 잘못된 교리입니다. 예수님은 아버지께서 내게 주신 양들을 내가 하나도 잃어버리지 않는다고 하셨습니다. 그리고 하나님의 은사와 부르심에는 후회하심이 없다고 하셨습니다.

믿음과 사랑

이제 마지막으로 믿음과 사랑의 관계를 잠시 살펴봅시다.

> 사람의 믿음이 깨우침을 받아 하나님의 선하심을 맛보게 되면, 그것과 동시에 어떻게 하나님께 대한 열렬한 사랑으로 보답하지 않을 수 있겠는가? 하나님을 경외하는 자들을 위하여 그가 간직하신 그 풍성한 행복을 알게 되면, 우리는 동시에 큰 감동을 받지 않을 수 없다. 한번 감동을 받으면, 사람은 그 행복감에 압도되며 끌려가게 된다. 그러므로 비뚤어지고 사악한 마음이 그런 감정을 경험하지 못하는 것은 이상한 것이 아니다.

그러므로 참믿음을 가지게 되면 하나님을 뜨겁게 사랑하는 감정이 생기게 됩니다. 그리고 앞에서 살펴본 것과 같이 믿음은 소망을 가져오고 소망과 믿음이 서로를 이끌어 갑니다. 이런 믿음, 소망, 사랑을 가장 잘 드러낸 교회가 바로 데살로니가 교회였습니다.

너희의 믿음의 역사와 사랑의 수고와 우리 주 예수 그리스도에 대한 소망의 인내를 우리 하나님 아버지 앞에서 끊임없이 기억함이니 _ 살전 1:3

> 믿음의 역사
> 사랑의 수고
> 소망의 인내

믿음이 있습니까? 구원 얻는 참믿음입니까? 그렇다면 그 믿음은 소망과 사랑과 함께할 것입니다. 믿음이 있다고 하면서 사랑이 없다면, 믿음이 있다고 하면서 소망이 없다면, 그래서 기다리지 못하고 인내하지 못한다면 그 믿음은 바른 믿음이라 할 수 없습니다. 이 혼탁한 시대에, 거짓과 사이비가 판을 치는 이 시대에 우리가 신앙만큼은 짝퉁 신앙이 아닌, 참믿음을 지닌 하나님의 사람이 됩시다. 사도신경을 고백할 때마다 믿음과 소망과 사랑이 더욱 견고하게 되는 은혜가 있기를 바랍니다.

Institutio Christianae Religionis

Apostles' Creed

Ten Commandments

Lord's Prayer

제3부

기독교강요 주기도문 해설 강독 설교

기독교강요 제9장. 기도: 주기도문 해설

서론

이제 더 나아가 우리는 기도하는 방법뿐만 아니라, 우리의 하늘 아버지께서 그의 매우 사랑하는 아들 우리 주 예수 그리스도를 통해 주신 서식과 양식 자체도 배워야 한다(마 6:9 이하; 눅 11:2 이하). 그 안에서 우리는 매우 큰 선함과 부드러움을 알수 있다. 주님은, 우리가 모든 필요한 상황에서 그에게로 돌아가도록(아이들이 급히필요할 때마다 아버지에게 의지하듯이) 훈계하고 권면하실 뿐만 아니라, 우리가 우리의빈곤과 불행이 얼마나 큰지, 그에게 무엇을 구해야 좋은 건지, 무엇이 유용하고유익한 건지를 이해할 수 없음을 아시면서, 우리의 무지를 돕고 우리 정신의 결핍을 그 자신으로 채워 주고자 하시는 것이다. 또한 그는 우리에게 기도의 서식을주셨는데, 거기에서 그는 마치 그림에서처럼 그에게서 적법하게 바라고 소망하는모든 것을, 우리를 돕고 유익하게 할 수 있는 모든 것을, 우리가 필히 그에게 구해야 할 모든 것을 분명하게 해주셨다. 이런 호의와 관대함으로 말미암아 우리는 특별한 위안을 받을 수 있다. 왜냐하면 우리는 이처럼 그의 규칙을 따라 마치 그의입으로 기도하듯 함으로써, 불법적이고 성가신 간청이나 그에게 이질적인 간청을드리지 않으며 그가 기뻐하시지 않는 것을 구하지 않는다는 것을 알고 확신하기때문이다. 플라톤은 인간들이 신에게 표하는 소원과 갈망—종종 그들의 큰 손해로 이어질 수 있을 뿐인—에 들어 있는 그들의 무지를 보면서, 기도의 최선의 방식은 한 고대 시인이 준 기도라고 선언한다. 즉 우리가 선을 구하건 구하지 않건우리에게 선을 베풀어 줄 것과 우리가 우리에게 악이 임하기를 바랄 때 악을 우리에게서 돌려놓아 줄 것을 신에게 간청하는 것이다.

이 점에서 주님은 이방인이 가질 수 있었던 것과 같이 훌륭한 견해를 갖고 계셨다. 왜냐하면 그는 우리의 탐욕이 지시하는 것을 하나님에게 요구하는 것이 얼마나 위험한지를 보시기 때문이다. 마찬가지로 그는 우리의 불행을 충분히 드러내는바, 이는 성령이 우리를 옳게 기도하는 바른 형식으로 이끌지 않는 한(롬 8:26)우리가 하나님께 무언가를 구하기 위해 입을 열 때 위험이 없을 수 없기 때문이다.

이 기도문 내지 기도의 규칙은 여섯 개의 간구를 담고 있다. 내게는 일곱 개의 조항으로 구분하는 사람들에게 동의하지 않는 이유가 있다. 왜냐하면 복음서 기자는 "우리를 시험에 들지 말게 하시고 다만 악에서 구하소서"라고 말하면서 두 구성 요소를 하나로 묶어 단 하나의 간구로 만들기 때문이다. 그는 이렇게 말한 셈이다. "우리를 시험에서 패배하게 허락하지 마시고 오히려 우리의 허약함을 도우시며 우리가 넘어지지 않도록 우리를 건지소서." 실제로 고대 교부들은 이 설명에 일치한다. 이로부터 쉽게 판단되는 것은 마태복음에 첨가되고 어떤 이들이 일곱 번째 간구로 여긴 것은 여섯 번째 간구의 설명에 불과하며, 이것에 연결되어야 한다는 것이다.

그런데 이 기도문이 우리가 모든 부분에서 주로 하나님의 영광을 바라봐야 하는 방식이고, 또한 거기에 담겨 있는 모든 것이 우리가 하나님께 구하는 식으로 되는 것이 적합하다 할지라도, 그럼에도 불구하고 처음 세 간구는 특별히 하나님의 영광을 구하는 것을 목적으로 하고 있다. 여기서는 이것만이 우리가 우리 자신을 고려하지 않은 채 살펴야 할 내용이다. 다른 세 간구는 특별히 우리의 필요를 위해서 구해야 할 것들을 담고 있다.

우리는 하나님의 이름이 거룩히 여김을 받도록 기도할 때, 그것을 우리의 유익과 관련시켜서가 아니라, 다만 다른 감정이나 다른 목적이나 의도 없이 하나님의 영광을 생각해서 해야 한다. 그럼에도 불구하고 이 자체가 우리에게 커다란 유익과 이익을 가져다준다. 왜냐하면 우리가 기도하는 대로 하나님의 이름이 거룩하게 될 때 우리의 거룩함도 동일하게 이루어지기 때문이다. 하지만, 이미 말한 대로, 이런 이익을 조금이라도 고려해서는 안 된다. 비록 우리의 이익이 우리에게서 배제되고 그로 인해 아무것도 우리에게 돌아오는 것이 없다 하더라도, 그럼에도 불구하고 하나님의 이름의 거룩케 함과 그의 영광에 속하는 유사한 다른 것들을 기도로 바라고 구하는 식이다. 예를 들어 우리는 모세와 바울의 사례에서 이 사실을 본다. 이들은, 필요할 경우 자신들의 손해를 감수하고서라도 하나님의 영광이 높여지고 그의 나라가 확장되기 위해서라면, 그들 마음을 그들 자신에게서 돌이켜서 열렬하고 불타는 열정으로 자신들의 멸망을 바랐던 것이다.

한편 우리는 우리의 일용할 양식이 우리에게 주어지기를 구할 때, 비록 우리와 우리의 이익과 관련된 것을 구하긴 하지만, 그럼에도 불구하고 여기서도 먼저 하나님의 영광을 찾되, 만일 그것[우리의 이익과 관련된 것]이 그의 영광으로 돌아가지 않을 경우 간구하기를 원하지도 않고 그것을 바라거나 갖기를 원하지 않을 정도이어야 한다. 이제 이 기도문에 대한 설명을 시작하자.

주기도 서론

> 그러므로 너희는 이렇게 기도하라 하늘에 계신 우리 아버지여 이름이 거룩히 여김
> 을 받으시오며 나라가 임하시오며 뜻이 하늘에서 이루어진 것같이 땅에서도 이루
> 어지이다 오늘 우리에게 일용할 양식을 주시옵고 우리가 우리에게 죄 지은 자를
> 사하여 준 것같이 우리 죄를 사하여 주시옵고 우리를 시험에 들게 하지 마시옵고
> 다만 악에서 구하시옵소서 나라와 권세와 영광이 아버지께 영원히 있사옵나이다
> 아멘 _ 마 6:9-13

우리는 지금까지 사도신경을 열아홉 번에 걸쳐 살펴보았습니다. 이제 기독교강요 핵심 강독의 마지막을 맞았습니다. 앞으로 주기도 해설에 대한 강독을 열 번에 걸쳐 살펴보려고 합니다. 지금 우리가 읽었던 마태복음 6장 9절에서 13절이 바로 '주님께서 가르쳐 주신 기도'입니다.

기도의 서식과 양식

매우 사랑하는 아들 **우리 주 예수 그리스도를 통해 주신 서식과 양식** 자체도 배워야 한다(마 6:9 이하; 눅 11:2 이하). 그 안에서 우리는 매우 큰 선함과 부드러움을 알수 있다. 주님은, 우리가 모든 필요한 상황에서 그에게로 돌아가도록(아이들이 급히 필요할 때마다 아버지에게 의지하듯이) 훈계하고 권면하실 뿐만 아니라, 우리가 우리의 빈곤과 불행이 얼마나 큰지, 그에게 무엇을 구해야 좋은 건지, 무엇이 유용하고 유익한 건지를 이해할 수 없음을 아시면서, 우리의 무지를 돕고 우리 정신의 결핍

을 그 자신으로 채워 주고자 하시는 것이다. 또한 그는 우리에게 **기도의 서식**을 주셨는데, 거기에서 그는 마치 그림에서처럼 그에게서 적법하게 바라고 소망하는 모든 것을, 우리를 돕고 유익하게 할 수 있는 모든 것을, 우리가 필히 그에게 구해야 할 모든 것을 분명하게 해주셨다.

칼뱅은 주께서 기도를 가르쳐 주신 이유가 우리에게 무엇을 기도해야 할지 알 수 있을 정도의 능력이 없기 때문이라는 점에서 '우리의 무지를 돕고'라고 표현하고 있습니다. 그리고 주께서 가르쳐주신 기도를 '기도의 서식'이라고 하는데, 저는 이 말을 참 좋아합니다. 왜냐하면 기도는 주님의 교훈에 따라 드려져야 하기 때문입니다.

▎ 주기도 본문 - 마 6:9-13 / 눅 11:2-4

주기도는 복음서의 마태복음과 누가복음에 각각 나옵니다. 칼뱅은 주기도를 이렇게 설명해 주고 있습니다.

▎ 주기도 → 주 예수 그리스도를 통해 주신 서신과 양식, 기도의 서식

주기도를 일컬어 '우리 주 예수 그리스도를 통해 주신 서신과 양식'이며, 우리에게 기도의 서식을 주셨다고 말하고 있습니다. 그렇다면 왜 이렇게 하나님은 우리에게 아무렇게나 기도하도록 내버려 두시지 않고 기도의 양식과 서식을 주셨을까요? 양식과 서식이 통일되지 않으면 주먹구구에, 저마다의 방식으로 행하는 혼란이 있게 될 것입니다. 그러나 주님은 예배에 대해, 전도에 대해, 헌금에 대해서 의외로 서식을 주지 않으셨으면서도 기도에 관해서만큼은 서식을 주셨습니다. "너희는 이렇게 기도하라"라고 기도의 서식을 주신 이유가 무엇일까요?

> **기도의 서식을 주신 이유**
>
> 1. 우리는 무엇을 기도해야 할지 모른다.
> 2. 적법하게 기도할 수 있도록 하기 위해서다.

그것은 우리가 무엇을 기도해야 할지 모르기 때문입니다. 그러므로 우리가 필히 하나님께 구해야 할 것을 가르쳐 주셨습니다. 또 우리의 기도가 올바른 기도, 즉 적법한 기도가 되도록 모범을 주신 것입니다.

> **이런 호의와 관대함으로 말미암아 우리는 특별한 위안을 받을 수 있다.** 왜냐하면 우리는 이처럼 그의 규칙을 따라 마치 그의 입으로 기도하듯 함으로써, 불법적이고 성가신 간청이나 그에게 이질적인 간청을 드리지 않으며 그가 기뻐하시지 않는 것을 구하지 않는다는 것을 알고 확신하기 때문이다. 플라톤은 인간들이 신에게 표하는 소원과 갈망—종종 그들의 큰 손해로 이어질 수 있을 뿐인—에 들어 있는 그들의 무지를 보면서, 기도의 최선의 방식은 한 고대 시인이 준 기도라고 선언한다. 즉 우리가 선을 구하건 구하지 않건 우리에게 선을 베풀어 줄 것과 우리가 우리에게 악이 임하기를 바랄 때 악을 우리에게서 돌려놓아 줄 것을 신에게 간청하는 것이다.

이렇게 우리에게 세심하게 "너희는 이렇게 기도하라"라고 하시면서 기도의 서식을 주신 것은 하나님의 세심한 사랑입니다.

> 1. 그 안에서 우리는 매우 큰 선함과 부드러움을 알 수 있다.
> 2. 이런 호의와 관대함으로 말미암아 우리는 특별한 위안을 받을 수 있다.

칼뱅은 플라톤의 제우스 신에게 바치는 기도를 인용하면서 그 기도가 얼마나 무지의 기도인가를 말합니다. 그러나 예수님은 또한 우리의 무지를 아시기 때문에 세심하게 기도의 서식을 주신 것입니다.

이 점에서 주님은 이방인이 가질 수 있었던 것과 같이 **훌륭한 견해를 갖고 계셨다.**
왜냐하면 그는 우리의 탐욕이 지시하는 것을 하나님에게 요구하는 것이 얼마나 위
험한지를 보시기 때문이다. 마찬가지로 그는 우리의 불행을 충분히 드러내는바, 이
는 성령이 우리를 옳게 기도하는 바른 형식으로 이끌지 않는 한(롬 8:26) 우리가 하
나님께 무언가를 구하기 위해 입을 열 때 위험이 없을 수 없기 때문이다.

주님은 우리가 도무지 올바르게 기도할 수 없는 존재들로 여기십니다. 그
래서 매우 자상하게 기도의 서식을 주시고, 기도의 규칙과 적법한 기도로 우
리를 실수하지 않게 하십니다. 왜냐하면 이 기도가 실패하는 것은 하나님과
우리의 고리가 끊어지는 것과 같기 때문입니다. 이렇게 예수님은 기도의 서
식을 주시고, 성령님은 우리의 기도를 실질적으로 이끌어 주십니다. 이것을
로마서 8장 26절이 가르쳐 주고 있습니다.

> 이와 같이 성령도 우리의 연약함을 도우시나니 우리는 마땅히 기도할 바를 알
> 지 못하나 오직 성령이 말할 수 없는 탄식으로 우리를 위하여 친히 간구하시
> 느니라 _ 롬 8:26

우리가 간구해야 할 여섯 가지

이제 좀 더 구체적으로 주기도에 대해서 설명하고 있습니다.

이 기도문 내지 기도의 규칙은 여섯 개의 간구를 담고 있다. 내게는 일곱 개의 조
항으로 구분하는 사람들에게 동의하지 않는 이유가 있다. 왜냐하면 복음서 기자
는 "우리를 시험에 들지 말게 하시고 다만 악에서 구하소서"라고 말하면서 두 구성
요소를 하나로 묶어 단 하나의 간구로 만들기 때문이다. 그는 이렇게 말한 셈이다.
**"우리를 시험에서 패배하게 허락하지 마시고 오히려 우리의 허약함을 도우시며 우
리가 넘어지지 않도록 우리를 건지소서."** 실제로 고대 교부들은 이 설명에 일치한
다. 이로부터 쉽게 판단되는 것은 마태복음에 첨가되고 어떤 이들이 일곱 번째 간

구로 여긴 것은 여섯 번째 간구의 설명에 불과하며, 이것에 연결되어야 한다는 것이다.

기도의 서식, 즉 주기도는 도무지 무엇을 기도해야 할지 모르는 우리를 위해 반드시 기도할 때 간구해야 할 여섯 가지의 내용을 말하고 있습니다.

1. **당신**의 이름을 거룩하게 하시며
2. **당신**의 나라가 오게 하시며
3. **당신**의 뜻이 이루어지게 하소서
4. **우리**에게 일용할 양식을 주시고
5. **우리**가 우리에게 빚진 자들을 사면해 주듯이 우리의 빚을 사면해 주시고
6. **우리**를 시험으로 이끌지 마시고 악에서 구하소서

이렇게 '당신'으로 시작하는 세 개의 간구와 '우리'로 시작하는 세 개의 간구가 나오는데, 이 여섯 가지는 실상 모두 하나님의 영광을 구한다는 공통점이 있습니다. 그 가운데 처음 세 간구는 특별히 하나님의 영광을 구하는 것을 목적으로 하고 있습니다.

그런데 **이 기도문이 우리가 모든 부분에서 주로 하나님의 영광을 바라봐야 하는 방식이고**, 또한 거기에 담겨 있는 모든 것이 우리가 하나님께 구하는 식으로 되는 것이 적합하다 할지라도, 그럼에도 불구하고 처음 세 간구는 특별히 하나님의 영광을 구하는 것을 목적으로 하고 있다. 여기서는 이것만이 우리가 우리 자신을 고려하지 않은 채 살펴야 할 내용이다. 다른 세 간구는 특별히 우리의 필요를 위해서 구해야 할 것들을 담고 있다.

처음 세 간구에서 우리가 우리 자신을 고려하지 않은 채 기도해야 한다는 것은, 하나님의 영광을 위해서 기도하면서 자신의 유익을 염두에 두고 기도

하는 것은 어울리지 않는다는 뜻입니다.

> 우리는 하나님의 이름이 거룩히 여김을 받도록 기도할 때, 그것을 우리의 유익과
> 관련시켜서가 아니라, 다만 다른 감정이나 다른 목적이나 의도 없이 하나님의 영광
> 을 생각해서 해야 한다. 그럼에도 불구하고 이 자체가 우리에게 커다란 유익과 이
> 익을 가져다준다. 왜냐하면 우리가 기도하는 대로 하나님의 이름이 거룩하게 될 때
> 우리의 거룩함도 동일하게 이루어지기 때문이다.

그렇다고 해서 처음 세 간구가 우리 자신들에게는 아무런 유익이 없는가? 그렇지 않다는 것입니다. 하나님의 영광을 위해 올리는 기도는 실상 우리에게 커다란 유익과 이익을 가져다줍니다.

> **하지만, 이미 말한 대로, 이런 이익을 조금이라도 고려해서는 안 된다. 비록 우리의**
> **이익이 우리에게서 배제되고 그로 인해 아무것도 우리에게 돌아오는 것이 없다 하**
> **더라도, 그럼에도 불구하고 하나님의 이름의 거룩케 함과 그의 영광에 속하는 유**
> **사한 다른 것들을 기도로 바라고 구하는 식이다.** 예를 들어 우리는 모세와 바울의
> 사례에서 이 사실을 본다. 이들은, 필요할 경우 자신들의 손해를 감수하고서라도
> 하나님의 영광이 높여지고 그의 나라가 확장되기 위해서라면, 그들 마음을 그들 자
> 신에게서 돌이켜서 열렬하고 불타는 열정으로 자신들의 멸망을 바랐던 것이다.

나 자신에게는 유익이 없다고 할지라도 하나님의 영광을 위해 드리는 기도를 우리는 배워야 합니다. 칼뱅은 모세와 바울의 기도를 모범으로 제시하고 있습니다.

> 모세 – "그러나 이제 그들의 죄를 사하시옵소서 그렇지 아니하시오면 원하건대
> 주께서 기록하신 책에서 내 이름을 지워 버려주옵소서"(출 32:32)
> 바울 – "나의 형제 곧 골육의 친척을 위하여 내 자신이 저주를 받아 그리스도에게

이렇게 나 자신이 아닌 하나님을 위해, 나의 유익이 아닌 하나님의 영광을 위해 구하는 것을 우리는 기도에서 먼저 배워야 합니다. 우리가 기도한다고 하면서 오직 자기 자신밖에 모른다면 그것이 어찌 우리 주님의 기도의 서식이 되겠습니까? 주님은 우리의 기도가 이렇게 엉뚱한 기도가 되지 않도록 기도의 양식과 규칙을 주셨습니다. 그러므로 우리는 먼저 하나님의 영광을 위해 기도하는 것을 배워야 합니다.

동일하게 주님은 무엇을 먹을까, 마실까, 입을까 하는 기도보다 먼저 그의 나라와 그의 의를 구하라고 하셨습니다. 그렇게 하면 이 모든 것을 너희에게 더하시리라고 하셨습니다.

> 그러므로 내가 너희에게 이르노니 목숨을 위하여 무엇을 먹을까 무엇을 마실까 몸을 위하여 무엇을 입을까 염려하지 말라 목숨이 음식보다 중하지 아니하며 몸이 의복보다 중하지 아니하냐 공중의 새를 보라 심지도 않고 거두지도 않고 창고에 모아들이지도 아니하되 너희 하늘 아버지께서 기르시나니 너희는 이것들보다 귀하지 아니하냐 너희 중에 누가 염려함으로 그 키를 한 자라도 더할 수 있겠느냐 또 너희가 어찌 의복을 위하여 염려하느냐 들의 백합화가 어떻게 자라는가 생각하여 보라 수고도 아니하고 길쌈도 아니하느니라 그러나 내가 너희에게 말하노니 솔로몬의 모든 영광으로도 입은 것이 이 꽃 하나만 같지 못하였느니라 오늘 있다가 내일 아궁이에 던져지는 들풀도 하나님이 이렇게 입히시거든 하물며 너희일까보냐 믿음이 작은 자들아 그러므로 염려하여 이르기를 무엇을 먹을까 무엇을 마실까 무엇을 입을까 하지 말라 이는 다 이방인들이 구하는 것이라 너희 하늘 아버지께서 이 모든 것이 너희에게 있어야 할 줄을 아시느니라 그런즉 너희는 먼저 그의 나라와 그의 의를 구하라 그리하면 이 모든 것을 너희에게 더하시리라 그러므로 내일 일을 위하여 염려하지 말라 내일 일은 내일이 염려할 것이요 한 날의 괴로움은 그 날로 족

하니라 _ 마 6:25-34

이제 마지막으로 '우리'로 시작하는 간구에 관하여 설명하고 있습니다.

> **한편 우리는 우리의 일용할 양식이 우리에게 주어지기를 구할 때, 비록 우리와 우리의 이익과 관련된 것을 구하긴 하지만, 그럼에도 불구하고 여기서도 먼저 하나님의 영광을 찾되, 만일 그것[우리의 이익과 관련된 것]이 그의 영광으로 돌아가지 않을 경우 간구하기를 원하지도 않고 그것을 바라거나 갖기를 원하지 않을 정도이어야 한다.** 이제 이 기도문에 대한 설명을 시작하자.

외견상 '우리' 청원은 우리 자신을 위한 기도이지만 여기서도 우리는 먼저 하나님의 영광을 찾아야 합니다. 만일 나에게는 유익이 되지만 하나님의 영광은 되지 못한다면, 우리는 차라리 우리의 유익을 포기하여야 합니다. 이 기도는 바로 우리 주님의 기도였습니다. 자신의 이익과 유익을 포기하는 기도는 어렵습니다. 그래서 주님이 이 기도를 드릴 때 땀방울이 핏방울이 되셨습니다.

> 예수께서 나가사 습관을 따라 감람산에 가시매 제자들도 따라갔더니 그 곳에 이르러 그들에게 이르시되 유혹에 빠지지 않게 기도하라 하시고 그들을 떠나 돌 던질 만큼 가서 무릎을 꿇고 기도하여 이르시되 아버지여 만일 아버지의 뜻이거든 이 잔을 내게서 옮기시옵소서 그러나 내 원대로 마시옵고 아버지의 원대로 되기를 원하나이다 하시니 천사가 하늘로부터 예수께 나타나 힘을 더하더라 예수께서 힘쓰고 애써 더욱 간절히 기도하시니 땀이 땅에 떨어지는 핏방울같이 되더라 기도 후에 일어나 제자들에게 가서 슬픔으로 인하여 잠든 것을 보시고 이르시되 어찌하여 자느냐 시험에 들지 않게 일어나 기도하라 사시니라 _ 눅 22:39-46

우리가 살아가는 세상의 환경을 보면, 많이 파괴되고 오염되어 있습니다. 사람들의 정서와 마음도 병들어 있다고 말합니다. 그러나 더 두려운 것은 우리의 신앙도 오염되어 있다는 것입니다. 좀 더 가지려고 하는 탐욕으로 가득 차 있고, 인간관계는 질투와 경쟁과 미움으로 병들어 있습니다. 이런 우리의 상태로 드리는 기도가 제대로 된 기도가 되겠습니까? 참으로 두렵습니다. 우리의 기도마저도 탐욕으로 가득 차 있고, 자기주장과 고집으로 가득 차 있지는 않습니까? 우리의 기도가 오직 자신만의 유익에 눈이 어두워 드리는 기복주의 번영 신학의 기도는 아닙니까? 이 주기도 설교를 통해 우리의 기도가 회복되는 은혜가 있기를 바랍니다.

기독교강요 제9장. 기도: 주기도문 해설

하늘에 계신 우리 아버지

먼저 여기 이 기도문의 서두에는 우리가 앞에서 말한 내용이 나타난다. 즉 우리의 모든 기도는 예수 그리스도의 이름으로—다른 이름으로는 어떤 기도도 받아들여지지 않기에—우리로부터 하나님을 향해 드려져야 한다는 것이다. 우리가 하나님을 우리 **"아버지"**라고 부른다는 점에서 우리는 예수 그리스도의 이름으로 하나님께 말하고 있는 것이다. 왜냐하면 우리가 예수 그리스도 안에서 하나님의 은혜로 그의 자녀가 되지 않았다면 하나님을 우리 아버지라고 부를 수 없을 뿐 아니라, 그것은 그의 자녀의 이름을 찬탈하는 경솔하고 건방진 일이 될 것이기 때문이다. 하나님의 참되고 본질적이며 고유한 아들인 예수 그리스도께서 우리에게 형제로 주어지신 것은 그가 본질상 자신의 것으로 갖고 있는 것이 선물과 입양으로 말미암아—우리가 이 큰 은혜를 확실한 믿음으로 받아들인다면—우리의 것이 되게 하기 위함이다. 일례로 요한은 이렇게 말한다. "하나님 아버지께서는 그의 독생자를 믿는 자들 모두에게 하나님의 자녀가 되는 이 큰 탁월함과 특권을 주셨다"(요 1:12).

이로 인해 하나님은 그 자신을 우리 아버지라 부르시고 또 우리도 그렇게 부르기를 원하시며, 이 이름에 포함된 커다란 온화함으로 모든 불신에서 우리를 건져 내신다. 왜냐하면 부성애 외에는 그런 사랑 감정이란 결코 있을 수 없기 때문이다. 따라서 그가 우리를 향한 그의 무한한 사랑을 논증으로 입증할 수 있기에는, 우리를 그의 자녀로 명명하기 원하셨다는 사실보다 더 확실한 것은 없었다(요일 3:1). 또한 그의 사랑은 지상의 아버지들이 그들의 자녀에 대해 갖는 사랑보다 더 크다. 왜냐하면 그는 모든 인자와 긍휼에 있어서 완벽한 모든 사람보다 더 완벽하시기 때문이다. 설령 땅에 있는 아버지들이 모두 부성적인 사랑과 감정을 상실하여 그들의 자녀를 저버리고 포기하는 일이 생길 수 있다 하더라도, 그는 그 자신을 부인하지 않는 한 결코 우리를 버리지 않으신다(딤후 2:13). 우리에게는 하나님이 그의 아들이신 우리의 구속자를 통해 주신 약속이 있다. "악한 너희도 너희 자녀에게 선을 베푸는 데 익숙할진대, 온통 선하신 너희 하늘 아버지께서는 얼마나 더

하시겠는가?"(마 7:11). 또한 선지자를 통해서도 말씀하신다. "어미가 그 자녀를 잊을 수 있겠느냐? 설령 어미가 자녀를 잊는다 할지라도, 나는 너희를 결코 잊지 않으리라"(사 49:15).

우리가 그의 자녀일진대, 어떤 아이도 그의 아버지가 거칠고 비정하거나 아니면 가난하고 쇠약한 경우가 아니라면 낯선 이의 보호로 데려가질 수 없듯이, 마찬가지로 우리가 우리 하늘 아버지 외에 다른 도움을 찾는 것은 그를 가난하고 무능하거나 거칠고 잔인한 분으로 여겨 수치를 줄 수 있을 뿐이다.

하나님은 선하고 친절하신 아버지이시지만 그럼에도 불구하고 우리의 범죄가 그를 화나게 하므로, 우리가 우리 죄로 인해 그에게 말을 건네는 것을 두려워해야 한다고 주장해서는 안 된다. 인간들 사이에서도 아들이 그가 잘못한 그의 아버지에게 겸손과 순종으로 자신의 중죄를 인정함으로써 자비를 구할 때 그 자신보다도 더 나은 변호인을 갖지 못할진대(그때 부성의 마음이란 자신이 그런 간청에 약해지고 감동되는 것을 속일 수 없는 법이므로), 이 긍휼의 아버지시며 모든 위로의 하나님은 어찌하시겠는가(고후 1:3)? 하나님은 (심지어 그의 자녀들로 기도하도록 초대하고 권면하시는 그분께서) 자녀들이 그들 자신을 위해 간구하는 그들의 눈물과 신음을 듣지 않으시겠는가? 다른 모든 이들이 그의 인자와 관용을 불신하고 의심하면서 오는 피난처에서, 그들을 위해 할 줄 아는 모든 간청을 들으시기보다는 말이다.

그는 이 위대한 부성적인 긍휼을 비유로 이해시키는바, 이 비유에서는 자신에게서 멀리 떠나 재산을 마구 낭비하고 매우 큰 죄를 범한 아들이 말로 용서를 구하기만을 기다리는 아버지가 우리에게 제시된다. 하지만 그는 이것을 예견하였고 아들이 돌아오는 것을 보고 멀리서 알아보았으며 그 앞으로 달려 나가 껴안고 위로하며 은혜로 받아들였다(눅 15:11-32). 그는 한 인간에게서 그토록 큰 관용과 온화함의 사례를 볼 것을 우리에게 제안하시면서, 우리가 그 자신에게서 얼마나 더 많은 은혜와 온화함과 인자함을 기다리고 소망해야 할지를 가르치고자 하셨다. 그는 단순히 아버지이실 뿐만 아니라, 비록 우리가 배은망덕하고 반역적이며 악한 자녀들이라 할지라도 그의 긍휼을 향해 나아갈 경우, 모든 아버지보다 매우 선하시고 매우 자비로우신 아버지가 되신다.

그는 우리가 그리스도인이라면 우리에게 그런 아버지가 되신다는 것을 보다 확실하게 해주기 위해, 우리가 단지 아버지라 부르기를 원하셨을 뿐 아니라 특별히 우리의 아버지라 부르기를 원하셨다. 마치 우리가 이렇게 말하는 셈이 된다. "당신의 자녀에게 매우 부드럽고 매우 선하시어 그들을 용서하시는 아버지, 당신의 자녀인 우리는 당신이 우리를 향해 오직 부성적인 감정과 의지만을 가지신 우리 아버지이심을 확신하기에, 비록 우리가 그런 아버지를 갖기에 부당하고 우리에게 어떤 악함이 있으며 우리 안에 어떤 결함이나 부족함이 있다 하더라도 당신께 간구합니다."

그런데 여기서 우리에게 주어진 가르침은 각자가 개별적으로 하나님을 자신의 아버지라고 부르라는 것이 아니라 그보다 모두 공동으로 그를 **"우리"** 아버지라 부르라는 것이다. 이 점에서 우리는 한 아버지의 공동의 자녀인 우리 서로 사이의 감정이 얼마나 형제적이어야 하는지를 훈계받는다. 우리의 아버지가 우리 모두에게 공동의 존재이시고 우리가 갖는 모든 복이 그에게서 비롯되는 것이기 때문에, 필요할 경우 선한 마음과 온전히 후덕한 마음으로 상호 소통할 준비가 되지 않을 만큼, 우리 사이에서 어떤 것을 분리한 채 별도로 소유해서는 안 된다. 그런데 우리가 우리의 의무처럼 서로를 돕고 도와줄 준비가 되어 있다면, 이 매우 선하신 아버지께 우리 형제들을 부탁하는 것보다 그들에게 더 유익할 수 있는 것은 아무것도 없다. 그가 우리에게 호의적이실 때 우리에게 아무 부족함이 없기 때문이다. 확실히 이것 역시도 우리는 우리 아버지께 빚을 지고 있다. 진정 진심으로 한 가장의 복과 영예를 사랑하고 바라는 자는 마찬가지로 온 집안의 복을 사랑하고 증진시키기 때문에, 이런 식으로 만일 우리가 하늘 아버지에게 선한 감정을 갖는다면, 그가 그의 독생자의 충만함이라 불러(엡 1:23) 존귀하게 한 그의 백성과 그의 집과 그의 유산을 향해 그 감정을 보이는 것이 마땅하다.

그러므로 그리스도인이라면 그의 기도는 그것이 공동의 것이 되도록 고려되고 정돈되어야 하며, 예수 그리스도 안에서 형제 된 자들 모두를 포함시켜야 한다. 그가 오늘날 그렇다고 보고 인정하는 사람들뿐만 아니라 땅 위에 사는 모든 사람들 말이다. 우리는 이들이 우리 주님이 그렇게 하시기로 결정하셨는지는 모르나, 다만 그들에게 모든 복이 있기를 바라고 그중 가장 좋은 것을 소망해야 한다. 물론 우리는 다른 모든 사람보다 믿음의 가정에게 특별한 권면과 애정을 가져야 하는

바, 바울은 매사에 특별히 그들을 우리에게 부탁하고 있다(갈 6:10). 요컨대, 우리의 모든 기도는 우리 주님이 그의 나라와 그의 집에 두신 공동체를 언제나 고려해야 할 정도로 공동의 것이어야 한다.

그럼에도 불구하고 이것은 우리가 개별적으로 우리와 타인을 위해서 기도하는 것을 막지 못하지만, 우리의 감정이 이 공동체의 증진과 보전에 관한 관심에서 벗어나 이탈해서는 안 되며 공동체와 온전히 관계해야 한다. 비록 그런 기도문이 본질상 개별적으로 만들어지겠지만, 그럼에도 불구하고 그 기도문은 이런 목적을 지향하는 이상 그래도 공동의 것이다. 이 모든 것은 한 가지 비유로 쉽게 이해될 수 있다. 가난한 자들의 궁핍을 도우라는 하나님의 명령은 일반적이다. 그렇지만 이런 목적에서 궁핍한 상황에 있음을 보고 아는 자들에게 긍휼을 베풀고 재산을 나눠 주는 자들[만]이 그 명령에 순종한다. 물론 그들은 조금도 도와줄 필요 없는 자들에게는 주지 않는다. 그들이 그들 모두를 알 수 없기 때문이건 아니면 모두를 충족시킬 수 없기 때문이건 간에 말이다. 이런 식으로 교회라는 공동 사회를 바라보고 생각하면서 그런 개별적인 기도를 사용하는 자들은 하나님의 뜻에 어긋나지 않는다. 그들은 이런 기도를 통해 개별적인 말로, 하지만 공적인 마음과 공동의 감정으로, 그들이나 타인들을 하나님께 부탁하며 그들의 궁핍을 보다 근접해서 알기를 원한다.

물론 기도나 구제에 있어서 모든 것이 같은 것은 아니다. 우리는 우리가 가난하다고 아는 사람들에게만 우리 재산으로 도울 수 있으나 우리가 모르는 사람들도, 아무리 거리상 우리에게서 멀리 떨어져 있다 하더라도, 기도로 도울 수 있고 도와야 한다. 이것은 기도의 일반성에 의해 이뤄지는 것인바, 이 안에는 하나님의 모든 자녀가 포함되며 그 수에 이 기도하는 자들도 들어 있는 것이다.

다음으로 **"하늘에 계신"**이라고 되어 있다. 우리는 이 말로 하나님이 하늘 주변에 갇혀 계시거나 내포되어 계신 것으로 이해하거나 생각해서는 안 된다. 솔로몬은 하늘이 그를 수용할 수 없다고 고백한다(왕상 8:27). 하나님은 그의 선지자를 통해서 하늘은 그의 보좌요 땅은 그의 발판이라고 말씀하신다(사 66:1; 행 7:49; 17:24). 이 말로 그는 자신이 도처에 있고 만물을 채우기 때문에 어떤 일정한 장소에 갇혀 있지 않다는 것을 선포하고 알려 주신다. 하지만 그렇지 않고서는 우리의 무지와 미련한 정신이 그의 영광과 권세와 숭고함과 고귀함을 이해하거나 품을 수 없기 때문에, 이것들을 하늘—우리가 응시할 수 있는 최고의 것이요 영광과 존엄으로 가득한 곳인—이란 말로 우리에게 알려주신다. 따라서 우리의 감각이 무언가를 파악한 곳은 어디든지 그것이 거기에 묶여 있는 듯이 여기는 습관이 있는 까닭에, 하나님은 모든 장소를 뛰어넘어 좌정하셔서 우리가 그를 찾고자 할 때 우리의 영혼과 육체의 모든 지각 너머로 높이 올라가게 하시는 것이다. 나아가, 이런 화법을 통해서 그는 모든 부패나 변화에서 제외되신다. 마지막으로, 그는 온 세상을 그의 능력으로 억제하고 절제시킨다는 사실을 알려주신다.

따라서 **"하늘에 계신다"**라는 말은 마치 그가 위대함과 무한한 고귀함으로, 이해할 수 없는 본질로, 말할 수 없는 능력으로, 영원한 불멸로 일컬어지듯이 말하는 것과 같다. 이런 이유에서 이 말은 우리를 부추겨서 우리가 하나님을 생각할 때면 우리의 마음과 정신을 들어 올리게 해야 한다. 이는 우리가 그를 육적 내지는 지상적인 어떤 존재로 상상하지도 않고, 그를 우리의 세상적인 이성에 따라 측정한다거나 우리의 감정에 굴복시키려 하지도 않기 위함이며, 도리어 그가 영원불변 하시어서 실패하지도, 자신의 선한 뜻을 바꾸지도, 자기 백성을 버리지도 않으신다는 것과 또한 만물의 통치자요 주인이시어서, 그의 능력과 권세와 존엄을 만물에 그리고 만물 위에 펼치시며, 우리에게 분배하시는 모든 재산의 주님이시며, 우리를 거스르는 악에서 우리를 지키시는 모든 악의 지배자이심을 인정하기 위함이다.

하늘에 계신 우리 아버지

> 영접하는 자 곧 그 이름을 믿는 자들에게는 하나님의 자녀가 되는 권세를 주셨으
> 니 _ 요 1:12

주기도 두 번째 시간입니다. 이제 우리가 살펴볼 내용은 '우리가 누구에게 기도할 것인가?', 즉 우리의 기도의 대상에 관한 것입니다.

하나님 아버지께

먼저 여기 이 기도문의 서두에는 우리가 앞에서 말한 내용이 나타난다. 즉 **우리의 모든 기도는 예수 그리스도의 이름으로**—다른 이름으로는 어떤 기도도 받아들여지지 않기에—**우리로부터 하나님을 향해 드려져야 한다는 것이다.** 우리가 하나님을 우리 "**아버지**"라고 부른다는 점에서 우리는 예수 그리스도의 이름으로 하나님께 말하고 있는 것이다. 왜냐하면 우리가 예수 그리스도 안에서 하나님의 은혜로 그의 자녀가 되지 않았다면 하나님을 우리 아버지라고 부를 수 없을 뿐 아니라, 그것은 그의 자녀의 이름을 찬탈하는 경솔하고 건방진 일이 될 것이기 때문이다.

기도는 예수 그리스도의 이름으로, 하나님께 드리는 것입니다. 그리고 하나님을 아버지라 부르게 된 것은 우리가 예수 그리스도를 믿음으로 그의 자

녀가 되었기 때문입니다.

> 1. 모든 기도는 예수 그리스도의 이름으로 드려야 한다.
> 2. 모든 기도는 하나님께 드려야 한다.
> 3. 왜냐하면 예수를 믿음으로 하나님의 자녀가 되었기 때문이다.

기도에 대한 가장 기본적인 원칙이 주어지고 있습니다. 왜 예수 그리스도의 이름으로 드려야 하느냐, 기도를 누구에게 드려야 하느냐의 문제를 다루고 있습니다. 이에 관한 설명이 이어지고 있습니다.

> 하나님의 참되고 본질적이며 고유한 아들인 예수 그리스도께서 우리에게 형제로 주어지신 것은 그가 본질상 자신의 것으로 갖고 있는 것이 선물과 입양으로 말미암아—우리가 이 큰 은혜를 확실한 믿음으로 받아들인다면—우리의 것이 되게 하기 위함이다. 일례로 요한은 이렇게 말한다. "하나님 아버지께서는 그의 독생자를 믿는 자들 모두에게 하나님의 자녀가 되는 이 큰 탁월함과 특권을 주셨다"(요 1:12).

우리가 읽었던 요한복음 1장 12절이 이 사실을 말해 주고 있습니다.

> 영접하는 자 곧 그 이름을 믿는 자들에게는 하나님의 자녀가 되는 권세를 주셨으니 _ 요 1:12

우리가 하나님께 기도할 수 있는 법적인 근거가 바로 여기에 있습니다. 그러므로 우리는 합법적으로 우리의 아버지께 보호와 공급과 죄 사함을 요청하며, 또한 하나님께 영광과 감사와 찬송을 올려드리는 것입니다. 이에 관한 설명이 계속 이어집니다.

> 이로 인해 하나님은 그 자신을 우리 아버지라 부르시고 또 우리도 그렇게 부르기

를 원하시며, 이 이름에 포함된 커다란 온화함으로 모든 불신에서 우리를 건져 내신다. 왜냐하면 부성애 외에는 그런 사랑 감정이란 결코 있을 수 없기 때문이다. 따라서 그가 우리를 향한 그의 무한한 사랑을 논증으로 입증할 수 있기에는, 우리를 그의 자녀로 명명하기 원하셨다는 사실보다 더 확실한 것은 없었다(요일 3:1).

우리가 기도할 때 하나님을 아버지라 부르는 것에서 놀라운 은혜를 발견할 수 있습니다. 이 이름, 즉 아버지라는 이름에 포함된 커다란 온화함이 우리의 기도를 특별하게 합니다. 요한일서 3장 1절의 말씀을 읽어 봅시다.

> 보라 아버지께서 어떠한 사랑을 우리에게 베푸사 하나님의 자녀라 일컬음을 받게 하셨는가 우리가 그러하도다 이러므로 세상이 우리를 알지 못함은 그를 알지 못함이라 _ 요일 3:1

그러므로 우리가 하나님을 아버지라 부르는 것과 예수 그리스도의 이름으로 기도하는 것에 대한 지식과 감격이 있어야 합니다. 이것이 없다면 신앙도 없는 것과 같습니다.

하나님 아버지의 사랑

이제 이어서 성부 하나님의 사랑이 얼마나 큰 사랑인가에 대해서 더 깊이 다루고 있습니다.

또한 그의 사랑은 지상의 아버지들이 그들의 자녀에 대해 갖는 사랑보다 더 크다. 왜냐하면 그는 모든 인자와 긍휼에 있어서 완벽한 모든 사람보다 더 완벽하시기 때문이다. 설령 땅에 있는 아버지들이 모두 부성적인 사랑과 감정을 상실하여 그들의 자녀를 저버리고 포기하는 일이 생길 수 있다 하더라도, 그는 그 자신을 부인하지 않는 한 결코 우리를 버리지 않으신다(딤후 2:13). 우리에게는 하나님이 그의 아들이신 우리의 구속자를 통해 주신 약속이 있다. "악한 너희도 너희 자녀에게 선을 베푸는 데 익숙할진대, 온통 선하신 너희 하늘 아버지께서는 얼마나 더 하시겠는가?"(마 7:11) 또한 선지자를 통해서도 말씀하신다. "어미가 그 자녀를 잊을 수 있겠느냐? 설령 어미가 자녀를 잊는다 할지라도, 나는 너희를 결코 잊지 않으리라"(사 49:15).

여러분은 하나님 아버지에 대해 어떤 마음가짐을 가지고 있습니까? 성부를 향한 사랑과 감정이 있습니까? 만일 성부를 무섭고 두려운 하나님으로 받아들여 기도할 엄두조차 못 낸다면 그것은 잘못된 것이라고 설명하고 있습니다.

우리가 그의 자녀일진대, 어떤 아이도 그의 아버지가 거칠고 비정하거나 아니면 가난하고 쇠약한 경우가 아니라면 낯선 이의 보호로 데려가질 수 없듯이, 마찬가지로 우리가 우리 하늘 아버지 외에 다른 도움을 찾는 것은 그를 가난하고 무능하거나 거칠고 잔인한 분으로 여겨 수치를 줄 수 있을 뿐이다. 하나님은 선하고 친절하신 아버지이시지만 그럼에도 불구하고 우리의 범죄가 그를 화나게 하므로, 우리가 우리 죄로 인해 그에게 말을 건네는 것을 두려워해야 한다고 주장해서는 안 된다. 인간들 사이에서도 아들이 그가 잘못한 그의 아버지에게 겸손과 순종으로 자신의 중죄를 인정함으로써 자비를 구할 때 그 자신보다도 더 나은 변호인을 갖지 못할진대 (그때 부성의 마음이란 자신이 그런 간청에 약해지고 감동되는 것을 속일 수 없는 법이므로), 이 긍휼의 아버지시며 모든 위로의 하나님은 어찌하시겠는가(고후 1:3)?

계속하여 성부의 깊은 사랑을 설명하면서 탕자의 비유를 도입하고 있습니다.

하나님은 (심지어 그의 자녀들로 기도하도록 초대하고 권면하시는 그분께서) 자녀들이 그들 자신을 위해 간구하는 그들의 눈물과 신음을 듣지 않으시겠는가? 다른 모든 이들이 그의 인자와 관용을 불신하고 의심하면서 오는 피난처에서, 그들을 위해 할 줄 아는 모든 간청을 들으시기보다는 말이다. 그는 이 위대한 부성적인 긍휼을 비유로 이해시키는바, 이 비유에서는 자신에게서 멀리 떠나 재산을 마구 낭비하고 매우 큰 죄를 범한 아들이 말로 용서를 구하기만을 기다리는 아버지가 우리에게 제시된다. 하지만 그는 이것을 예견하였고 아들이 돌아오는 것을 보고 멀리서 알아보았으며 그 앞으로 달려 나가 껴안고 위로하며 은혜로 받아들였다(눅 15:11-32). 그는 한 인간에게서 그토록 큰 관용과 온화함의 사례를 볼 것을 우리에게 제안하시면서, 우리가 그 자신에게서 얼마나 더 많은 은혜와 온화함과 인자함을 기다리고 소망해야 할지를 가르치고자 하셨다. 그는 단순히 아버지이실 뿐만 아니라, 비록 우리가 배은망덕하고 반역적이며 악한 자녀들이라 할지라도 그의 긍휼을 향해 나아갈 경우, 모든 아버지보다 매우 선하시고 매우 자비로우신 아버지가 되신다.

우리 아버지

이제 아버지를 우리 아버지라 부르는 것에 관하여 설명하고 있습니다. 우리는 사도신경에서도 그러했듯이 주기도에서도 공동체 안으로 부름을 받았다는 사실을 잊지 말아야 합니다.

그는 우리가 그리스도인이라면 우리에게 그런 아버지가 되신다는 것을 보다 확실하게 해주기 위해, 우리가 단지 아버지라 부르기를 원하셨을 뿐 아니라 특별히 **우리의 아버지**라 부르기를 원하셨다. 마치 우리가 이렇게 말하는 셈이 된다. "당신의 자녀에게 매우 부드럽고 매우 선하시어 그들을 용서하시는 아버지, 당신의 자녀인 우리는 당신이 우리를 향해 오직 부성적인 감정과 의지만을 가지신 우리 아버지이심을 확신하기에, 비록 우리가 그런 아버지를 갖기에 부당하고 우리에게 어떤 악함이 있으며 우리 안에 어떤 결함이나 부족함이 있다 하더라도 당신께 간구합니다."

그런데 여기서 우리에게 주어진 가르침은 **각자가 개별적으로 하나님을 자신의 아버지라고 부르라는 것이 아니라 그보다 모두 공동으로 그를 "우리" 아버지라 부르라는 것이다.** 이 점에서 우리는 한 아버지의 공동의 자녀인 우리 서로 사이의 감정이 얼마나 형제적이어야 하는지를 훈계받는다. 우리의 아버지가 우리 모두에게 공동의 존재이시고 우리가 갖는 모든 복이 그에게서 비롯되는 것이기 때문에, 필요할 경우 선한 마음과 온전히 후덕한 마음으로 상호 소통할 준비가 되지 않을 만큼, 우리 사이에서 어떤 것을 분리한 채 별도로 소유해서는 안 된다. 그런데 우리가 우리의 의무처럼 서로를 돕고 도와줄 준비가 되어 있다면, 이 매우 선하신 아버지께 우리 형제들을 부탁하는 것보다 그들에게 더 유익할 수 있는 것은 아무것도 없다. 그가 우리에게 호의적이실 때 우리에게 아무 부족함이 없기 때문이다. 확실히 이것 역시도 우리는 우리 아버지께 빚을 지고 있다. 진정 진심으로 한 가장의 복과 영예를 사랑하고 바라는 자는 마찬가지로 온 집안의 복을 사랑하고 증진시키기 때문에, 이런 식으로 만일 우리가 하늘 아버지에게 선한 감정을 갖는다면, 그가 그의 독생자의 충만함이라 불러(엡 1:23) 존귀하게 한 그의 백성과 그의 집과 그의 유산을 향해 그 감정을 보이는 것이 마땅하다.

하나님 아버지는 우리 모두의 아버지라는 것을 기억할 때 우리는 공동체적인 태도로 돌아올 수 있습니다. 이제 우리는 나 자신만을 위해 기도하는 기복주의적인 기도인지 아니면 공동체적인 기도인지를 돌아봐야 합니다.

그러므로 그리스도인이라면 그의 기도는 그것이 공동의 것이 되도록 고려되고 정돈되어야 하며, 예수 그리스도 안에서 형제 된 자들 모두를 포함시켜야 한다. 그가 오늘날 그렇다고 보고 인정하는 사람들뿐만 아니라 땅 위에 사는 모든 사람들 말이다. 우리는 이들이 우리 주님이 그렇게 하시기로 결정하셨는지는 모르나, 다만 그들에게 모든 복이 있기를 바라고 그중 가장 좋은 것을 소망해야 한다. 물론 우리는 다른 모든 사람보다 믿음의 가정에게 특별한 권면과 애정을 가져야 하는바, 바울은 매사에 특별히 그들을 우리에게 부탁하고 있다(갈 6:10). 요컨대, 우리의 모든 기도는 우리 주님이 그의 나라와 그의 집에 두신 공동체를 언제나 고려해야 할 정도로 공동의 것이어야 한다.

오늘날 얼마나 이기주의적인 태도가 만연해 있습니까? 심지어 신앙에서도 그렇습니다. 만일 기도마저도 이기적이라면, 그것은 참된 기도라 할 수 없을 것입니다. 주기도가 그것을 교훈하고 있습니다.

> 그러므로 우리는 기회 있는 대로 모든 이에게 착한 일을 하되 더욱 믿음의 가
> 정들에게 할지니라 _ 갈 6:10

이 부분은 아무리 강조해도 지나침이 없어 보입니다. 이미 우리의 기도는 주
님의 기도에서 말씀하시는 공동의 기도에서 너무도 멀어져 있기 때문입니다.

> 그럼에도 불구하고 이것은 우리가 개별적으로 우리와 타인을 위해서 기도하는 것
> 을 막지 못하지만, **우리의 감정이 이 공동체의 증진과 보전에 관한 관심에서 벗어**
> **나 이탈해서는 안 되며 공동체와 온전히 관계해야 한다.** 비록 그런 기도문이 본질
> 상 개별적으로 만들어지겠지만, 그럼에도 불구하고 그 기도문은 이런 목적을 지향
> 하는 이상 그래도 공동의 것이다. 이 모든 것은 한 가지 비유로 쉽게 이해될 수 있
> 다. 가난한 자들의 궁핍을 도우라는 하나님의 명령은 일반적이다. 그렇지만 이런 목
> 적에서 궁핍한 상황에 있음을 보고 아는 자들에게 긍휼을 베풀고 재산을 나눠 주는
> 자들[만]이 그 명령에 순종한다. 물론 그들은 조금도 도와줄 필요 없는 자들에게는
> 주지 않는다. 그들이 그들 모두를 알 수 없기 때문이건 아니면 모두를 충족시킬 수
> 없기 때문이건 간에 말이다. 이런 식으로 교회라는 공동 사회를 바라보고 생각하면
> 서 그런 개별적인 기도를 사용하는 자들은 하나님의 뜻에 어긋나지 않는다. 그들은
> 이런 기도를 통해 개별적인 말로, 하지만 공적인 마음과 공동의 감정으로, 그들이나
> 타인들을 하나님께 부탁하며 그들의 궁핍을 보다 근접해서 알기를 원한다.

주님께서 가르쳐주신 기도의 서식은 공동체의 증진과 보전, 공적인 마음
과 공동의 감정으로 이웃들을 하나님께 부탁하는 것입니다. 우리는 매일 기
도하지만 우리의 기도가 주님의 기도에서 혹 멀어지지 않았는지 세심하게 살
펴보아야 합니다.

물론 기도나 구제에 있어서 모든 것이 같은 것은 아니다. 우리는 우리가 가난하다고 아는 사람들에게만 우리 재산으로 도울 수 있으나 **우리가 모르는 사람들도, 아무리 거리상 우리에게서 멀리 떨어져 있다 하더라도, 기도로 도울 수 있고 도와야 한다.** 이것은 기도의 일반성에 의해 이뤄지는 것인바, 이 안에는 하나님의 모든 자녀가 포함되며 그 수에 이 기도하는 자들도 들어 있는 것이다.

심지어 이런 공동체적인 기도는 거리상 우리와 멀리 떨어져 우리의 재산으로 도울 수 없는 경우에도 기도로 도와야 합니다. 지금까지 다룬 내용을 정리하면 다음과 같습니다.

> 1. 기도는 공동체적이어야 한다.
> 2. 모르는 사람과 거리상 떨어져 있는 사람도 기도로 도와야 한다.

하늘에 계신

하나님이 아버지라는 것에서, 아버지가 우리 모두의 아버지라는 사실에서 공적인 기도를 어떻게 할 것인지에 관하여 길게 다루었습니다. 이제 '하늘에 계신'으로 이어집니다.

> **다음으로 "하늘에 계신"이라고 되어 있다.** 우리는 이 말로 하나님이 하늘 주변에 갇혀 계시거나 내포되어 계신 것으로 이해하거나 생각해서는 안 된다. 솔로몬은 하늘이 그를 수용할 수 없다고 고백한다(왕상 8:27). 하나님은 그의 선지자를 통해서 하늘은 그의 보좌요 땅은 그의 발판이라고 말씀하신다(사 66:1; 행 7:49; 17:24). 이 말로 그는 자신이 도처에 있고 만물을 채우기 때문에 어떤 일정한 장소에 갇혀 있지 않다는 것을 선포하고 알려 주신다. 하지만 그렇지 않고서는 우리의 무지와 미련한 정신이 그의 영광과 권세와 숭고함과 고귀함을 이해하거나 품을 수 없기 때문에, 이것들을 하늘—우리가 응시할 수 있는 최고의 것이요 영광과 존엄으로 가득한 곳인—이란 말로 우리에게 알려 주신다. 따라서 우리의 감각이 무언가를 파악한

곳은 어디든지 그것이 거기에 묶여 있는 듯이 여기는 습관이 있는 까닭에, **하나님은 모든 장소를 뛰어넘어 좌정하셔서 우리가 그를 찾고자 할 때 우리의 영혼과 육체의 모든 지각 너머로 높이 올라가게 하시는 것이다.** 나아가, 이런 화법을 통해서 그는 모든 부패나 변화에서 제외되신다. 마지막으로, 그는 온 세상을 그의 능력으로 억제하고 절제시킨다는 사실을 알려주신다.

하늘에 계신다는 것은 하늘에 갇혀 계시거나 우리와 상관이 없다는 식으로 이해되어서는 안 됩니다. 오히려 그분은 일정한 장소에 구속되지 않고 도처에 우리와 함께하시는 것입니다.

따라서 **"하늘에 계신다"**라는 말은 마치 그가 위대함과 무한한 고귀함으로, 이해할 수 없는 본질로, 말할 수 없는 능력으로, 영원한 불멸로 일컬어지듯이 말하는 것과 같다. 이런 이유에서 이 말은 우리를 부추겨서 우리가 하나님을 생각할 때면 우리의 마음과 정신을 들어 올리게 해야 한다. **이는 우리가 그를 육적 내지는 지상적인 어떤 존재로 상상하지도 않고, 그를 우리의 세상적인 이성에 따라 측정한다거나 우리의 감정에 굴복시키려 하지도 않기 위함이며,** 도리어 그가 영원불변 하시어서 실패하지도, 자신의 선한 뜻을 바꾸지도, 자기 백성을 버리지도 않으신다는 것과 또한 만물의 통치자요 주인이시어서, 그의 능력과 권세와 존엄을 만물에 그리고 만물 위에 펼치시며, 우리에게 분배하시는 모든 재산의 주님이시며, 우리를 거스르는 악에서 우리를 지키시는 모든 악의 지배자이심을 인정하기 위함이다.

이를 정리하면 다음과 같습니다.

1. "하늘에 계신"의 의미는 일정한 장소에 제한되지 않는다는 것이다.
2. **하늘에 계신 우리 아버지**

   초월성   친밀성

하늘에 계신다는 것은 일정한 장소에 제한되는 것으로 이해해서는 안 됩니다. 오히려 우리에게 마음과 정신을 부추겨서 들어 올리게 하는 것입니다. 또한 '우리 아버지'가 친밀성이라면 '하늘에 계신'은 초월성입니다. 그러므로 우리는 초월성과 친밀성을 염두에 두고 기도해야 합니다. 초월성이라는 것은 함부로 기도해서는 안 된다는 의미입니다. 친밀성이라는 것은 부성애적 사랑, 성부에 대한 신뢰 가운데서 기도해야 한다는 의미입니다. 이 모든 것보다 더 중요한 것은 기도하는 것입니다. 기도하지 않는 것이야말로 최고의 불신앙입니다.

기독교강요 제9장. 기도: 주기도문 해설

첫째 간구
당신의 이름을 거룩하게 하시며

여기서 하나님의 이름은 사람들 사이에서 칭송되듯이 쓰인다. 그런데 그의 이름은 그의 업적과 일치해야 하기 때문에, 우리는 이 말을 그의 모든 덕목들(vertus)이 받아 마땅한 명성이라고 이해해야 할 것이다. 그의 능력, 그의 지혜, 그의 의, 그의 긍휼, 그의 진리에서처럼 말이다. 이 영역에서 하나님은 당연히 위대하시고 놀라우시다. 왜냐하면 그는 의로우시고 지혜로우시며 자비로우시고 능하시며 진실하시기 때문이다. 그러므로 우리는 그의 모든 덕목들에서도 빛을 발하는 하나님의 존엄이 거룩하게 되기를 간구한다. 본질상 어떤 증가나 감소가 있을 수 없는 하나님 자신의 내부에서가 아니라 그의 존엄이 거룩하게 여겨지기까지, 다시 말해 정녕 그것이 있는 그대로 인정되고 그에 합당한 대로 칭송되기까지 거룩하게 되기를 간구한다는 말이다.

먼저, 그의 이름은 그의 행위에 따라야 하며, 그 위대함이 칭송되어 마땅한 어떤 행위도 사람들의 배은망덕이나 몰지각 때문에 감춰지거나 흐려져서는 안 된다.

나아가, 그가 행하는 것이 무엇이건 간에 그의 모든 행위는 영화롭게—그것이 진정 그러하듯이—나타나야 하는바, 이는 선지자의 다음과 같은 말이 명백히 이뤄지기 위함이다. 주님, 당신이 명성을 얻음에 따라서 당신에 대한 칭송이 온 땅에 드러난다(시 48:10). 그리하여 그가 벌을 내리시면 의로우시고, 그가 용서하시면 자비로우시며, 그가 약속을 지키시면 진실하시다 여겨진다. 간단히 말해서 그의 영광이 빛나지 않는 것은 없으며, 그의 찬송이 모든 마음에 새겨지고 모든 혀에서 울려야 한다는 것이다.

마지막으로, 이 거룩한 이름을 더럽히고 깎아내리는, 다시 말해 이 거룩함을 흐리게 하거나 약화시키는 모든 불경은 사멸하고 수치를 당하며, 그 수치 가운데서 하나님의 존엄은 점점 더 빛을 발해야 한다. 이와 같이 이 간구에는 감사가 담겨 있다. 우리가 하나님의 이름이 거룩히 여겨지게 해달라고 간구하는 만큼 우리는 모든 축복에 대한 찬송을 그에게 돌리며, 모든 것이 그의 것임을 고백하며, 우리를 향한 그의 은혜와 은덕—이로 인해 그가 거룩하게 여겨져 마땅한—을 인정하는 것이다.

당신의 이름을 거룩하게 하시며

> 하나님이여 주의 이름과 같이 찬송도 땅끝까지 미쳤으며 주의 오른손에는 정의가 충만하였나이다 _ 시 48:10

우리는 지금 주님께서 가르쳐 주신 기도를 배우고 있습니다. 앞서 배운 십계명, 사도신경의 열매랄까요. 모두가 열매 맺는 신앙생활 하시기를 바라며, 이제 기독교강요 주기도 해설에 대한 강독 세 번째 시간으로, 주기도의 첫 번째 간구를 살펴보겠습니다.

첫 번째 간구의 중요성

여기서 하나님의 이름은 사람들 사이에서 칭송되듯이 쓰인다. 그런데 그의 이름은 그의 업적과 일치해야하기 때문에, 우리는 이 말을 그의 모든 덕목들이 받아 마땅한 명성이라고 이해해야 할 것이다.

우리는 주기도의 제1청원, 즉 첫째 기도가 왜 "당신의 이름이 거룩히 여김을 받으시오며"인지에 대해서 그 이유를 먼저 명확하게 알 필요가 있습니다. 칼뱅은 제1청원을 설명하면서 이것은 너무도 당연한 것이라고 설명합니다. 하나님의 이름이 사람들 사이에서 칭송받는 것, 즉 하나님의 이름이 거룩하게 여기심을 받는 것은 너무도 마땅하다는 것입니다. 이 너무도 당연하고 마땅한 기도를 하지 않는다면 나머지 기도는 설 자리를 잃는 것입니다. 왜 우리 주님이 기도의 서식을 주시면서 첫 번째 기도로 이 기도를 하게 했는지 그 이유를 알아야 합니다. 이 기도가 첫 자리에 올 때 나머지 기도도 비로소 가장 아름다운 기도로서 지위를 가지는 것입니다.

앞에서 살펴본 것처럼 주기도는 3개의 '당신' 청원과 3개의 '우리' 청원으로 이루어져 있다고 살펴보았는데요, 이것은 마치 십계명의 구조와 비슷하다는 것을 알 수 있습니다.

	십계명	주기도
첫째 돌판 / 당신 청원	1. 나 외에는 다른 신들을 두지 말라 2. 너를 위하여 우상을 만들지 말고 3. 너는 네 하나님 여호와의 이름을 망령되게 부르지 말라 4. 안식일을 기억하여 거룩하게 지키라	1. 당신의 이름이 거룩하게 하옵시며 2. 당신의 나라가 오게 하시며 3. 당신의 뜻이 이루어지게 하소서
둘째 돌판 / 우리 청원	5. 네 부모를 공경하라 6. 살인하지 말라 7. 간음하지 말라 8. 도둑질하지 말라 9. 네 이웃에 대하여 거짓 증거하지 말라 10. 네 이웃의 집을 탐내지 말라	4. 오늘 우리에게 일용할 양식을 주시고 5. 우리의 빚을 사면해 주시고 6. 우리를 시험으로 이끌지 마시고 악에서 구하소서

십계명과 주기도는 모두 첫머리에 하나님을 두고 있습니다. 사도신경도 첫머리에 하나님을 위치시킵니다. 그러니까 십계명, 사도신경, 주기도는 우리의 시선이 하나님을 향하도록 인도하고 있습니다. 제가 십계명의 제1계명이 매우 중요하다고 말씀드렸습니다. 심하게 말하자면 제1계명이 없는 사람은 하나님도, 신앙도 없는 것과 마찬가지라고 말할 수 있습니다. 그 사람의 신앙에 대해서 알려고 하면 제1계명에 대한 그 사람의 고백을 들어 보면 됩니다. 마찬가지로 주님의 기도에서 제1청원도 그만큼 중요하다고 할 수 있습

니다. 이를 염두에 두고 다시 읽어 봅시다.

> 여기서 하나님의 이름은 사람들 사이에서 칭송되듯이 쓰인다. 그런데 그의 이름
> 은 그의 업적과 일치해야하기 때문에, 우리는 이 말을 그의 모든 덕목들이 받아 마
> 땅한 명성이라고 이해해야 할 것이다. 그의 능력, 그의 지혜, 그의 의, 그의 긍휼, 그
> 의 진리에서처럼 말이다. 이 영역에서 하나님은 당연히 위대하시고 놀라우시다. 왜
> 냐하면 그는 의로우시고 지혜로우시며 자비로우시고 능하시며 진실하시기 때문이
> 다. 그러므로 우리는 그의 모든 덕목들에서도 빛을 발하는 하나님의 존엄이 거룩하
> 게 되기를 간구한다.

태양이 떠올라 광선을 발하면 모든 곳이 그 빛을 받아 찬란하게 빛나듯이 하나님은 그분의 모든 것, 즉 행하신 일, 그분의 능력과 지혜와 의, 그리고 그분의 긍휼과 그분의 진리 중 어느 것 하나 칭송을 받아 마땅하지 않은 것이 없다는 것입니다. 그러므로 하나님이 어떤 분이신지를 알게 된다면 그분의 이름이 영광을 받아 마땅하다는 것을 알게 되고, 그분의 이름이 조금의 훼손도 없이 영광을 받기를 열망하고 그것을 간구하게 된다는 것입니다.

> 본질상 어떤 증가나 감소가 있을 수 없는 하나님 자신의 내부에서가 아니라 그의
> 존엄이 거룩하게 여겨지기까지, 다시 말해 정녕 그것이 있는 그대로 인정되고 그에
> 합당한 대로 칭송되기까지 거룩하게 되기를 간구한다는 말이다.

사람은 인기가 올라가거나 내려가거나 할 수 있지만 하나님의 칭송은 증가나 감소가 있을 수 없다는 것입니다. 그러므로 첫 번째 기도는 그분께 돌려져야 할 영예와 찬송이 온전하게 드려지기를 간구하는 것입니다. 그런데 현실은 그렇지 않습니다. 사람들은 그분에게 합당한 영광을 올리지 못하고 있습니다.

먼저, 그의 이름은 그의 행위에 따라야 하며, 그 위대함이 칭송되어 마땅한 어떤 행위도 **사람들의 배은망덕이나 몰지각 때문에 감춰지거나 흐려져서는 안 된다.** 나아가, 그가 행하는 것이 무엇이건 간에 그의 모든 행위는 영화롭게—그것이 진정 그러하듯이—나타나야 하는바, 이는 선지자의 다음과 같은 말이 명백히 이뤄지기 위함이다. "주님, 당신이 명성을 얻음에 따라서 당신에 대한 칭송이 온 땅에 드러납니다"(시 48:10). 그리하여 그가 벌을 내리시면 의로우시고, 그가 용서하시면 자비로우시며, 그가 약속을 지키시면 진실하시다 여겨진다. 간단히 말해서 그의 영광이 빛나지 않는 것은 없으며, 그의 찬송이 모든 마음에 새겨지고 모든 혀에서 울려야 한다는 것이다.

첫번째 간구의 이유

왜 주님은 이 기도를 첫 번째로 가르쳐주셨을까요? 그 이유는 우리의 마음이 교만하고 배은망덕하고 몰지각하여서 온전한 칭송을 하나님께 올리지 못하기 때문입니다. 그래서 우리는 많은 경우에 신성 모독적이고 육신적인 말과 행동으로, 최고의 경의를 표해야 할 하나님께 영광을 돌리는 데 실패합니다. 그래서 기독교강요 최종판에서는 이 첫 번째 기도의 원인이 우리의 수치에 있다고 말합니다.

> 첫째 기도는 "이름이 거룩히 여김을 받으시오며"라는 것이다. 이 기원의 필요성은 우리의 큰 수치와 관련이 있다. 우리의 배은망덕과 악의로 하나님의 영광을 흐리게 하며, 할 수 있는 한 우리의 참람함과 미친 듯한 불경으로 하나님의 영광을 가리는 것보다 더 부끄러운 일이 있는가?"

저는 이 부분을 우리가 주목해야 한다고 생각합니다. 우리의 마음은 하나님을 떠나 있습니다. 탕자가 아버지를 떠날 때 아버지에 대한 마음이 없다는 것을 알 수 있습니다. 자신의 몫만 챙겨서 비정하게 아버지를 떠난 것처럼 오늘날 우리도 아버지에게서 마음이 멀어져 있습니다. 아버지에 대한 관심이 없습니다. 온통 자신밖에 모릅니다. 이것이 우리의 문제입니다. 이것이 우리의 현주소입니다. 이것이 우리의 큰 수치입니다. 우리는 참으로 부끄럽습니다. 그런데 어떻습니까? 하나님 아버지는 마음이 온통 탕자에게 있습니다. 그 아들이 돌아오기만을 기다립니다. 그래서 예수님은 기도 중에라도 하나님에 대한 관심을 잊지 않게 되도록 이 기도를 첫머리에 가져다 놓으시는 것입니다. 우리는 여기서 지금 우리의 마음을 들여다보아야 합니다.

우리도 입만 열면 하나님께 영광이라고 말하지만, 실상은 하나님에게서 관심이 떠나 있습니다. 세상의 것에 마음을 빼앗깁니다. 그렇다고 불신자도 아니고, 불신앙도 아닙니다. 요한계시록 3장에서 예수님은 이런 우리의 모습을 처음 사랑을 잃어버린 것이라고 말씀하십니다. 하나님보다는 나 자신, 하늘보다는 땅, 영혼보다는 육체에 마음이 기울어져 있는 지금 우리의 모습을 주님은 알고 계시고, 또 안타까워하시는 것입니다. 그래서 주님은 기도의 첫 자리에서 우리의 관심을 하나님의 이름이 거룩하게 여김을 받는 일을 간구하는 것으로 이끌고 계시는 것입니다. 우리는 얼마나 첫 번째 간구를 올렸습니까? 우리가 이 질문에 정직해진다면 우리가 진정 회복해야 할 기도는 바로 주기도의 제1청원입니다. 이 기도가 자리를 되찾고, 이 기도를 우리가 간절하게 바라면서 올려드릴 때 우리는 비로소 제자리로 돌아오는 것입니다.

> 내 영혼이 하나님 곧 살아계시는 하나님을 갈망하나니 내가 어느 때에 나아가서 하나님의 얼굴을 뵈올까 사람들이 종일 내게 하는 말이 네 하나님이 어디 있느뇨 하오니 내 눈물이 주야로 내 음식이 되었도다 _ 시 42:2-3

> 그러하온즉 우리 하나님이여 지금 주의 종의 기도와 간구를 들으시고 주를 위하여 주의 얼굴 빛을 주의 황폐한 성소에 비추시옵소서 _ 단 9:17

고라 자손의 시편과 다니엘의 기도처럼 성경에서는 주님의 기도 제1청원을 곳곳에서 발견할 수 있습니다. 우리는 이런 장면에서 우리의 기도를 살펴보아야 합니다. 만일 우리의 기도에서 이런 종류의 기도를 발견하지 못했다면 우리는 지금까지 제1청원을 빼놓고 기도한 것입니다.

이렇게 이 첫 번째 기도는 이런 우리의 모습을 솔직하게 인정하고 안타까워하면서, 우리 자신과 다른 모든 사람들이 하나님의 이름이 거룩하게 여김을 받기를 바라는 청원을 기도의 첫 번째 자리에 가져다 놓으심으로, 적어도 기도 중에라도 관심을 가지라고 명령하시는 것입니다. 그래서 기독교강요 최종판에서는 이 부분을 이렇게 설명하고 있습니다.

> 우리 사이에 조금이라도 경건한 기풍이 있다면, 이 기원은 불필요했을 것이다. (기독교강요 3.40.41)

그러나 우리의 불경건과 배은망덕함에도 불구하고 하나님의 영광은 축소되지 않습니다. 앞서 우리가 읽었던 시편 48편 10절도 하나님의 거룩한 이름이 온전히 찬송받기를 원하고 있습니다.

> 하나님이여 주의 이름과 같이 찬송도 땅끝까지 미쳤으며 주의 오른손에는 정의가 충만하였나이다 _ 시 48:10

하나님은 돌들로도 아브라함의 자손을 만드시는 분입니다. 그러므로 예배하는 사람과 찬송하는 사람과 기도하며 복음을 전하는 사람은 복된 것입니다. 이것을 구원의 감격이라고 합니다. 그러나 종종 사람들은 이것을 잃어버립니다. 그러면 신앙생활이 힘들어집니다. 부르심의 감격, 구원의 감격이 빠져나가면 책임과 의무감만 남고, 봉사와 헌신은 물론 예배드리는 것까지 짐스러워집니다. 감사와 감격을 잃지 않으려면 제1청원을 회복해야 합니다. 우리가, 우리의 교회가, 우리의 자녀들이 다시 제1계명과 제1청원을 회복하도록 우리 주님께서 성령으로 은혜를 베푸시기를 바랍니다.

첫 번째 간구에 담긴 감사

> 마지막으로, 이 거룩한 이름을 더럽히고 깎아내리는, 다시 말해 이 거룩함을 흐리게
> 하거나 약화시키는 모든 불경은 사멸하고 수치를 당하며, 그 수치 가운데서 하나님
> 의 존엄은 점점 더 빛을 발해야 한다. **이와 같이 이 간구에는 감사가 담겨 있다.** 우리
> 가 하나님의 이름이 거룩히 여겨지게 해달라고 간구하는 만큼 우리는 모든 축복에
> 대한 찬송을 그에게 돌리며, 모든 것이 그의 것임을 고백하며, 우리를 향한 그의 은
> 혜와 은덕—이로 인해 그가 거룩하게 여겨져 마땅한—을 인정하는 것이다.

마지막으로 우리가 살펴야 할 부분은 제1청원이 감사와 관련이 있다는 설
명입니다. 우리는 앞에서 우리가 하나님에 대한 관심, 즉 처음 사랑을 잃어버
렸다고 했습니다. 만일 우리에게 처음 사랑이 있다면 늘 감사와 감격 속에서
살아갈 것입니다. 정말 산다는 것이 가슴 벅찰 것입니다. 늘 찬송이 끊어지지
않을 것입니다. 신앙생활과 봉사와 사역이 즐거울 것입니다.

제1청원을 진정으로 드린다는 것은 자격 없는 자에게 베풀어 주신 일방적
인 사랑에 감사하는 것입니다. 나에게 베풀어주신 과분한 은혜와, 나에게 허
락해주신 가족과 건강, 꿈과 사명이 모두 주님의 은혜라고 인정하는 것이 제
1청원 속에 담겨 있습니다. 사도 바울의 고백을 봅시다.

> 나에게 이르시기를 내 은혜가 네게 족하도다 이는 내 능력이 약한 데서 온전
> 하여짐이라 하신지라 그러므로 도리어 크게 기뻐함으로 나의 여러 약한 것들
> 에 대하여 자랑하리니 이는 그리스도의 능력이 내게 머물게 하려 함이라 _ 고
> 후 12:9

여러분! 감사와 감격과 감동을 잃어버린 시대입니다. 기쁨도 행복도 희락
도 사라진 시대입니다. 다시 제1계명과 제1청원으로 돌아갑시다. 나 같은 죄
인을 불러 주신 하나님, 나 같이 부족한 것을 사용하시는 하나님께 감사하면

자연스럽게 하나님의 거룩한 이름이 높임을 받으시기를 간구하게 되는 것입니다.

"하나님, 나의 가정에서 하나님이 이름이 높임을 받기 원합니다. 우리나라, 우리 사회가 하나님을 인정하며, 모든 불경스러운 문화가 쇠퇴하고, 하나님이 영광받으시기를 원합니다. 제 평생에 하나님만 높이고 경배하기를 원합니다. 우리 자녀들도 하나님의 거룩한 이름을 찬송하게 하옵소서. 우리 교회가 하나님을 예배하며 하나님의 영광을 위한 도구로 쓰임 받게 하옵소서."

우리의 기도에서 이러한 제1청원이 회복되는 은혜가 있기를 간절히 바랍니다.

기독교강요 제9장. 기도: 주기도문 해설

둘째 간구

당신의 나라가 오게 하시며

하나님의 나라는 두 부분으로 되어 있다. 그가 통치하신다는 것은, 먼저 그가 자기 백성을 이끄시고 다스리심으로써 그의 선하심과 그의 풍부한 긍휼을 모든 행위와 말로 드러내시기 때문이며, 다른 한편 그가 자신을 하나님과 주님으로 인정하지 않고 복종하려 하지도 않는 버림받은 자들을 파멸시키고 그들의 오만과 자만을 꺾으심으로써 자신의 권세를 대적할 수 있는 권세가 없음을 보여 주시기 때문이다. 이것들이 날마다 우리 눈앞에서 일어나기 때문에, 그리고 우리 주님이 마치 왕의 홀처럼 세우신 그의 말씀에 힘과 활력을 주시고, 그 말씀이 열매 맺게 하시며, 세상의 멸시와 치욕을 심지어 십자가 아래서도 지배하게 하시기 때문에(고전 1:27), 우리는 이 나라가 이 세상에서도 존재함을 볼 수 있다. 따라서 그리스도께서는 친히 하나님의 나라가 우리 안에 있다고 말씀하시고(눅 17:21) 때로는 교회—실로 이 안에서 지배하시는—를, 때로는 복음 설교—이를 통해 지배권을 세우시는—를 하늘나라라고 부르신다(마 13:24-47). 물론 그럼에도 불구하고 이 나라는 이 세상에 속하지 않는다(요 12:32; 18:36). 왜냐하면 먼저 이 나라가 영적이고 영적인 것으로 구성되어 있으며, 나아가 부패하지 않고 영원하기 때문이다.

그러므로 우리는 이 하나님의 나라가 임하기를 기도한다. 다시 말해 날마다 점점 더 우리 주님이 그의 신하들과 신자들의 수를 늘려 그들을 통해 모든 방식으로 영광을 얻으시며, 그가 이미 그의 나라로 부르신 자들에게 그의 은혜를 나누어 주시고 날마다 더욱 증대시켜서, 그 은혜를 통해 그들 안에서 그가 다스리시되 그들을 완전히 자신과 하나가 되게 하여 모든 것으로 채워주시기까지 다스려 달라고 말이다. 또한 그의 빛과 그의 진리를 점점 더 계시해 달라고 말이다. 이렇게 해서 마귀와 그의 심복들의 어둠과 거짓은 사라지고 추방되며 좌절되고 없어진다. 하나님의 나라가 이렇게 임하기를 기도하면서, 동시에 우리는 만물이 드러나는 심판의 날에 있을 그 나라가 마침내 성취되고 완성되기를 기도한다. 그날에 그분만이 칭송될 것이며, 그가 자기 백성을 영광중에 영접하고 마귀의 나라를 약화시키고 굴복시키며 온통 파멸시킨 후 만유 가운데서 만유로 계실 것이다(고전 15:28).

당신의 나라가 오게 하시며

> 바리새인들이 하나님의 나라가 어느 때에 임하나이까 묻거늘 예수께서 대답하여
> 이르시되 하나님의 나라는 볼 수 있게 임하는 것이 아니요 또 여기 있다 저기 있다
> 고도 못하리니 하나님의 나라는 너희 안에 있느니라 _ 눅 17:20-21

우리는 지금 주님께서 가르쳐 주신 기도를 배우고 있습니다. 이제 두 번째 간구를 살펴볼 차례입니다.

첫 번째 간구와 두 번째 간구

두 번째 간구의 내용을 살펴보기 전에 먼저 알아 두어야 할 것이 있습니다. 그것은 첫 번째 간구와 두 번째 간구가 매우 유사하다는 사실입니다.

> 당신 청원 1: "당신의 이름을 거룩하게 하시며"
> 당신 청원 2: "당신의 나라가 오게 하시며"

이 두 간구는 모두 하나님께 초점이 맞추어져 있습니다. 그리고 이 두 간구는 매우 유사합니다. 여기에 대해서 기독교강요 최종판에서는 흥미로운 설명을 하고 있습니다.

> 이 기원에는 새로운 점이 없지만, 첫째 기원과 분리시킨 데는 훌륭한 이유가 있다.

우리가 가장 중대한 일에 대해서 태만하고 무기력하다는 것을 생각한다면, 문제의 성질상 철저히 이해되어야 하지만 그렇지 못하기 때문에 그것에 대한 확실한 인식을 주기 위해서 논의를 연장하는 것이 마땅하다. 그러므로 우리는 하나님께서 그의 거룩한 이름을 더럽히는 것을 모두 사로잡아 마침내 완전히 격멸시키기를 기원한 다음에, 거의 꼭 같은 기원 하나를 더 첨가한다. "나라가 임하시오며"(마 6:10).

주기도의 두 번째 간구는 첫 번째 간구와 유사하며, 다음 주에 살펴볼 세 번째 간구는 두 번째 간구와 유사합니다. 연결된다는 말입니다.

> 당신청원 1: "**당신의 이름**을 거룩하게 하시며"
> 당신청원 2: "**당신의 나라**가 오게 하시며"
> 당신청원 3: "**당신의 뜻이** 이루어지이다"

하나님의 이름이 거룩히 여김을 받는 것이 곧 그분의 나라, 하나님의 나라가 임하는 것이 됩니다. 첫 번째 간구의 결과로서 두 번째 간구가 위치하는 것입니다. 그래서 첫 번째와 두 번째 간구가 유사하다는 것입니다. 마찬가지로 당신의 나라가 임하면 그 하나님의 나라에 하나님의 뜻도 이루어집니다. 그러므로 이 세 간구는 매우 아름답게 연결되어 있습니다.

이제 본격적으로 두 번째 간구에 관해 알아봅시다.

하나님 나라의 두 부분

하나님의 나라는 두 부분으로 되어 있다. ❶ 그가 통치하신다는 것은, 먼저 그가 자기 백성을 이끄시고 다스리심으로써 그의 선하심과 그의 풍부한 긍휼을 모든 행위와 말로 드러내시기 때문이며, ❷ 다른 한편 그가 자신을 하나님과 주님으로 인정하지 않고 복종하려 하지도 않는 버림받은 자들을 파멸시키고 그들의 오만과 자만을 꺾으심으로써 자신의 권세를 대적할 수 있는 권세가 없음을 보여 주시기 때문이다.

하나님의 나라는 두 부분으로 있다고 설명합니다.

> ❶ 하나님이 통치하신다(하나님이 자기 백성을 이끄시고 다스리심).
>
> ❷ 하나님이 불신앙을 꺾으신다(하나님을 인정하지 않는 자들의 오만을 꺾으심).

하나님은 만유의 주이십니다. 그러므로 모든 것이 그분의 소유입니다. 그분의 것이 아닌 것이 없습니다. 그분이 다스리는 나라를 하나님의 나라라고 합니다. 그 하나님의 나라에는 그분을 인정하는 사람도 있고, 그분을 인정하지 않는 자들도 있습니다. 하나님을 인정하고 하나님의 이름을 부르는 사람을 하나님은 자기 백성으로 삼으시고 그들을 인도하십니다. 그냥 인도하시는 것이 아니라 선함과 긍휼로 대하십니다. 하나님의 모든 행위와 말에서 선하심과 긍휼이 넘쳐난다는 것입니다. 그러나 하나님을 인정하지 않는 교만한 자들에게는 그 오만을 꺾으십니다. 그리고 이 세상의 어떤 권세도 하나님을 대적할 수 없다는 것을 보여 주십니다. 그래서 하나님은 이렇게 말씀하십니다.

> 너희는 가만히 있어 내가 하나님 됨을 알지어다 내가 뭇 나라 중에서 높임을 받으리라 내가 세계 중에서 높임을 받으리라 하시도다 _ 시 46:10

시편 46편 10절은 "너희는 가만히 있어 내가 하나님 됨을 알지어다 내가 뭇 나라 중에서 높임을 받으리라 내가 세계 중에서 높임을 받으리라 하시도다"라고 하십니다. 그런데 이것은 매일, 매 순간 일어나고 있습니다. 하나님은 자기 백성들에게 날마다 하나님의 하나님 되심을 드러내고 계십니다.

이것들이 날마다 우리 눈앞에서 일어나기 때문에, 그리고 우리 주님이 마치 왕의 홀처럼 세우신 그의 말씀에 힘과 활력을 주시고, 그 말씀이 열매 맺게 하시며, 세상의 멸시와 치욕을 심지어 십자가 아래서도 지배하게 하시기 때문에(고전 1:27), 우리는 이 나라가 이 세상에서도 존재함을 볼 수 있다.

과연 하나님은 살아계시며, 자신을 드러내시며, 다스리고 통치하십니다. 그런데 그분의 하나님 되심과 그분의 나라는 두 가지를 통해서 일어납니다. 하나는 ❶ 교회를 통해서, 다른 하나는 ❷ 말씀을 통해서 일어납니다.

> 따라서 그리스도께서는 친히 하나님의 나라가 우리 안에 있다고 말씀하시고(눅 17:21) 때로는 ❶ 교회—실로 이 안에서 지배하시는—를, 때로는 ❷ 복음 설교—이 를 통해 지배권을 세우시는—를 하늘나라라고 부르신다(마 13:24-50).

하나님 나라와 세상 나라

유대인들도 하나님의 나라에 관하여 궁금하게 생각했습니다. 앞서 우리가 읽은 본문입니다.

> 바리새인들이 하나님의 나라가 어느 때에 임하나이까? 묻거늘 예수께서 대답 하여 이르시되 하나님의 나라는 볼 수 있게 임하는 것이 아니요, 또 여기 있다 저기 있다고도 못하리니 하나님의 나라는 너희 안에 있느니라 _ 눅 17:20-21

예수님께서 하나님의 나라는 세상의 나라와 다른 영적인 나라임을 말씀하 십니다. 그 나라가 너희 안에 있다고 하신 것은 우리가 성령과 말씀을 가졌기 때문입니다. 하나님의 말씀을 받아들이고 그 성령과 동행하는 자에게는 하나 님의 나라가 임해 있는 것입니다.

> 예수께서 비유로 여러 가지를 그들에게 말씀하여 이르시되 씨를 뿌리는 자가 뿌리러 나가서 뿌릴새 더러는 길가에 떨어지매 새들이 와서 먹어 버렸고 더러 는 흙이 얕은 돌밭에 떨어지매 흙이 깊지 아니하므로 곧 싹이 나오나 해가 돋 은 후에 타서 뿌리가 없으므로 말랐고 더러는 가시떨기 위에 떨어지매 가시가 자라서 기운을 막았고 더러는 좋은 땅에 떨어지매 어떤 것은 백 배, 어떤 것은 육십 배, 어떤 것은 삼십 배의 결실을 하였느니라 _ 마 13:3-8

마태복음 13장에는 세 가지의 비유가 나옵니다. 씨 뿌리는 비유와 겨자씨 비유와 감추인 비유입니다. 이 비유들은 모두 하나님 나라의 비밀을 말하고 있습니다. 그 비밀은 바로 말씀입니다. 복음입니다. 씨 뿌리는 비유를 보면 하나님의 나라는 많은 영적인 시련을 겪습니다. 그러나 마침내는 100배의 결실을 얻습니다. 그러므로 하나님의 나라는 낙망하지 않고 지속적으로 씨를 뿌리는 충성됨을 요구합니다. 결과를 하나님께 맡기고 묵묵히 씨를 뿌려야 합니다. 이것은 우리의 인생과 자녀, 가족, 사명과 선교와 사업에 모두 적용되는 말씀입니다.

또한 겨자씨와 누룩의 비유를 보면, 하나님의 나라는 그렇게 매력적이거나 인간적으로 대단해 보이지 않을 수 있다는 것입니다. 좋은 평가와 대접을 받지 못할 수도 있다는 것입니다. 그러나 하나님의 나라는 살아 있습니다. 겨자씨와 누룩은 볼품은 없어도 살아 있고, 생명이 있습니다. 살아 있는 것은 반드시 결과를 가져옵니다. 하나님의 나라도 그렇습니다. 마침내는 승리할 것입니다.

또한 밭에 감추인 보화와 좋은 진주를 구하는 장사와 각종 물고기를 모으는 그물의 비유를 보면, 그 가치를 아는 사람만이 그것을 차지하게 됩니다. 그것을 차지하기 위해 어떻게 합니까? 모든 것을 아낌없이 투자합니다. 하나님의 나라가 그렇습니다. 그러나 세상 사람들은 하나님과 복음을 알지 못합니다. 그러나 하나님을 아버지라 부르고 복음을 아는 사람이, 하나님 없고 복음을 모르는 세상 사람들보다 못나게 살아서는 안 됩니다. 우리는 하나님의 찬송이 되어야 합니다. 이 하나님의 나라는 세상의 나라가 아닙니다.

> 물론 그럼에도 불구하고 이 나라는 이 세상에 속하지 않는다(요 12:32; 18:36). 왜냐하면 먼저 이 나라가 영적이고 영적인 것으로 구성되어 있으며, 나아가 부패하지 않고 영원하기 때문이다.

> 예수께서 대답하시되 내 나라는 이 세상에 속한 것이 아니니라 만일 내 나라

가 이 세상에 속한 것이었더라면 내 종들이 싸워 나로 유대인들에게 넘겨지지 않게 하였으리라 이제 내 나라는 여기에 속한 것이 아니니라 _ 요 18:36

요한복음 18장 36절에서 예수님은 빌라도에게 분명하게 말씀하십니다. 하나님의 나라는 세상의 나라와 다르다고 말씀하십니다.

> 그러므로 ❶ 우리는 이 하나님의 나라가 임하기를 기도한다. 다시 말해 날마다 점점 더 우리 주님이 그의 신하들과 신자들의 수를 늘려 그들을 통해 모든 방식으로 영광을 얻으시며, 그가 이미 그의 나라로 부르신 자들에게 그의 은혜를 나누어 주시고 날마다 더욱 증대시켜서, 그 은혜를 통해 그들 안에서 그가 다스리시되 그들을 완전히 자신과 하나가 되게 하여 모든 것으로 채워주시기까지 다스려 달라고 말이다. 또한 그의 빛과 그의 진리를 점점 더 계시해 달라고 말이다. 이렇게 해서 마귀와 그의 심복들의 어둠과 거짓은 사라지고 추방되며 좌절되고 없어진다. 하나님의 나라가 이렇게 임하기를 기도하면서, ❷ 동시에 우리는 만물이 드러나는 심판의 날에 있을 그 나라가 마침내 성취되고 완성되기를 기도한다. 그날에 그분만이 칭송될 것이며, 그가 자기 백성을 영광중에 영접하고 마귀의 나라를 약화시키고 굴복시키며 온통 파멸시킨 후 만유 가운데서 만유로 계실 것이다(고전 15:28).

두 번째 간구의 내용

그러므로 두 번째 주님의 기도는 다음의 내용을 기도하는 것입니다.

> ❶ 하나님의 나라가 임하기를 기도한다.
> ❷ 하나님의 나라가 성취되고 완성되기를 기도한다.

저와 여러분의 인생이 하나님께서 다스리고 통치하시는 인생이 되기를 기도합시다. 우리의 가정과 집안에 하나님의 나라가 임하게 해 달라고 기도합시다. 우리는 이 하나님의 나라가 교회와 말씀을 통해서 임하는 나라라고 배웠습니다. 이에 대해서 예수님은 "내 교회를 세우리라"라고 하시면서 자신이 교회의 머리라고 하셨습니다. 그리고 이를 "내 나라"라고 하셨습니다. 그러므로 우리는 주님이 머리 되셔서 다스리시는 교회를 사랑하고, 교회를 통해서 하나님의 나라가 확장되도록 헌신하고 봉사합시다.

하나님은 복음을 통해서 하나님의 나라가 오게 하십니다. 복음은 모든 믿는 자에게 구원을 주시는 하나님의 능력입니다. 복음이 없는 인생, 복음이 없는 민족은 불행합니다. 그러나 우리는 복음을 가졌습니다. 그렇다면 우리는 겨자씨처럼, 누룩처럼 부풀게 해야 합니다. 나를 통해서 하나님의 나라가 확장되도록 복음을 위한 수고를 다해야 합니다. 주기도의 두 번째 기도를 회복하면서 우리의 신앙도 회복되는 역사가 있기를 바랍니다.

기독교강요 제9장. 기도: 주기도문 해설

셋째 간구
당신의 뜻이 하늘에서와 같이 땅에서도 이루어지게 하소서.

이 간구를 통해 우리는 하늘에서 하나님의 명령 없이는 아무것도 일어나지 않듯이 마찬가지로 그가 땅을 그의 지배권에 굴복시키시어 모든 완고함과 반역을 제거해 달라고 요구한다. 그리고 이런 식으로 어디서나 무엇에서든지 그가 그의 뜻을 따라 만사를 다스리고 배치하며, 만물의 사건과 결말을 인도하시며, 그의 모든 피조물을 그의 기쁜 뜻에 따라 사용하시며, 그들의 모든 의지를 그분 자신에게 굴복시켜서 그들의 뜻이 그의 뜻을 따르게 해달라고 요구한다. 심지어 하나님께서 마귀의 그리고 하나님의 명령을 회피하고자 애쓰고 할 수 있는 한 그를 거부하는 버림받은 자들의 사악한 탐심에 법과 멍에를 강제 부과하시며, 그들이 하나님의 선한 뜻에 따라서 외에는 아무것도 수행할 수 없게 해달라고 요구한다.

이런 기도를 드림으로써 우리는 우리의 모든 탐심과 욕망을 거부하며, 우리가 갖고 있는 모든 애착을 하나님께 맡기고, 사태가 우리의 욕구에 따라서가 아니라 그에게 좋게 보이며 그를 기쁘게 하는 식으로 일어나게 해달라고 간구한다. 심지어 우리는 하나님을 반대하는 우리 탐심의 결과가 사라져 파괴될 뿐만 아니라, 하나님께서 우리 안에 새로운 마음과 의지를 창조하시어 우리 안에 그의 뜻과 하나가 되는 것 외에 다른 욕망이 없게 해주실 것을 갈망한다. 간단히 말해서, 우리는 우리 스스로 뭔가를 원하지 않고 다만 성령께서 우리 안에서 원하시고 우리로 그가 기뻐하시는 것을 사랑하고 그를 불쾌하게 하는 모든 것을 미워하고 두려워하게 해 주시기를 기도한다.

바로 이것이 이 기도문의 처음 세 가지 간구이다. 우리는 우리와 우리의 유익을 고려하지 않은 채 오직 하나님의 영광만을 바라보면서 이 간구를 드려야 한다. 물론 비록 우리의 유익이 우리를 이런 간구로 부추기는 원인과 목적은 아니지만 그럼에도 불구하고 그 유익이 생긴다. 비록 우리가 바라거나 구할 생각도 안 하는 이 모든 것이 그래도 적당한 때에 일어나고 성취되긴 하지만, 그럼에도 불구하고 우리는 그것을 바라고 구해야 한다. 이렇게 하는 것이 우리에게 매우 크게 필요한 바, 이는 하나님의 영광을 우리 주님과 성부의 영광으로 힘을 다해 바라고 추구함으로써 우리가 그의 종과 자녀임을 주장하고 선포하기 위함이다. 따라서 하나님의 영광을 증진시키려는 마음과 갈망을 갖지 않은 채 그의 이름이 거룩하게 되고 그의 나라가 임하며 그의 뜻이 이뤄지기를 기도하지 않는 자들은 하나님의 자녀와 종으로 여겨지지도 않으며, 여겨져서도 안 된다. 이 모든 것이 그들의 원함과 관계없이 일어나듯이, 마찬가지로 이것은 그들에게 심판이자 정죄이다.

당신의 뜻이 이루어지게 하소서

> 조금 나아가사 얼굴을 땅에 대시고 엎드려 기도하여 이르시되 내 아버지여 만일
> 할 만하시거든 이 잔을 내게서 지나가게 하옵소서 그러나 나의 원대로 마시옵고
> 아버지의 원대로 하옵소서 하시고 _ 마 26:39

그동안 우리는 "당신의 이름이 거룩히 여김을 받으시오며"와 "당신의 나라가 오게 하시며"를 살펴보았습니다. 이제 주님의 기도 중 세 번째 간구, "당신의 뜻이 이루어지게 하소서"를 살펴볼 차례입니다.

세 번째 간구의 필요성

기독교강요 최종판은 왜 세 번째 간구가 우리에게 필요한지를 이렇게 설명합니다.

> **이 기원은** 하나님의 나라에 의존하며 하나님 나라에서 분리될 수 없는 것이지만, "하나님이 우주를 통치하신다"는 뜻을 쉽게 이해하지 못하는 우리의 무지 때문에 따로 첨가된 것이다. 그러므로 만물이 하나님의 뜻에 복종할 때 하나님께서는 우주의 왕이 되신다고 하는 것을 이 기원에 대한 설명으로 보아도 불합리하지 않을 것이다. (최종판 3.20.43)

두 번째 기도인 하나님의 나라가 임하게 해달라는 기도는 하나님의 뜻이

이루어질 때 완성됩니다.

> 2. 당신의 나라가 오게 하시며
>
> 3. 당신의 뜻이 이루어지게 하옵소서 → 하나님의 나라의 완성

그러므로 통치자이신 분의 뜻, 즉 하나님의 뜻이 이루어지기를 기도하는 것이 두 번째 기도의 완성입니다.

이 간구를 통해 우리는 하늘에서 하나님의 명령 없이는 아무것도 일어나지 않듯이 마찬가지로 그가 땅을 그의 지배권에 굴복시키시어 모든 완고함과 반역을 제거해 달라고 요구한다.

세 번째 간구의 내용

세 번째 기도는 그분의 소유인 나라는 그분의 명령과 통치권이 작동되는 것이 마땅함을 보여 줍니다. 이것이 바로 주님의 뜻이 이루어지는 기도입니다. 이것은 신자들과 불신자들 모두에게서 작동되어야 합니다. 그래서 땅을 그의 통치권 안에 굴복시키십니다. 예를 들어, 애굽 왕 바로를 굴복시키시는 것입니다. 세상의 왕들과 인간의 완고함과 반역에도 불구하고 여전히 하나님께서 다스리고 통치하시는 것입니다. 그러므로 우리가 세 번째 주님의 뜻이 이루어지기를 기도할 때 그 범위는 굉장히 광범위합니다.

하늘에서 이루어진 하나님의 뜻이 왜 땅에서 이루어지지 않겠습니까? 그분의 행하심과 경륜과 섭리와 사역은 하늘과 땅에서 이루어져야 마땅합니다. 그래서 우리는 하나님을 만왕의 왕이요 만주의 주라고 고백하는 것입니다.

그리고 이런 식으로 어디서나 무엇에서든지 그가 ❶ **그의 뜻을 따라 만사를 다스리고** 배치하며, 만물의 사건과 결말을 인도하시며, ❷ **그의 모든 피조물을 그의 기쁜 뜻에 따라 사용하시며**, 그들의 모든 의지를 그분 자신에게 굴복시켜서 그들의

뜻이 그의 뜻을 따르게 해달라고 요구한다. 심지어 ❸ 하나님께서 마귀의 그리고 하나님의 명령을 회피하고자 애쓰고 할 수 있는 한 **그를 거부하는 버림받은 자들의 사악한 탐심에 법과 멍에를 강제 부과하시며,** 그들이 하나님의 선한 뜻에 따라서 외에는 아무것도 수행할 수 없게 해달라고 요구한다.

그러므로 세 번째 간구는 이런 내용을 포함하는 기도입니다.

> ❶ 하나님의 뜻에 따라 이 세상을 다스려 주옵소서
> ❷ 모든 피조물이 하나님의 뜻을 이루는 도구가 되게 하옵소서
> ❸ 악한 자들에게는 정의를 시행하소서

이 세 번째 기도를 드린다는 것은 기도의 지평이 남다르다는 것을 의미합니다. 자기밖에 모르는 기도라면 이 세 번째 기도와는 거리가 먼 것입니다. 세속적인 문제에만 관심이 있다면 이 세 번째 기도와는 거리가 먼 것입니다. 그러므로 평소에 세 번째 기도가 자기 기도의 중심에 있는 사람이라면 그 사람의 신앙생활은 차원이 다른 신앙생활이라고 할 수 있습니다.

이제 세 번째 기도를 자신에게 어떻게 적용할 것인가를 논하고 있습니다.

이런 기도를 드림으로써 ❶ 우리는 우리의 모든 탐심과 욕망을 거부하며, 우리가 갖고 있는 모든 애착을 하나님께 맡기고, 사태가 우리의 욕구에 따라서가 아니라 그에게 좋게 보이며 그를 기쁘게 하는 식으로 일어나게 해달라고 간구한다.

세 번째 기도를 자기 자신에게 적용한다는 것은 매우 어려운 일입니다. 심지어 자기중심적인 우리에게는 가혹하기까지 합니다. 여러분, 우리의 모든 탐심과 욕망을 거부한다는 것은 자신을 십자가에 못 박지 않고는 불가능한 일입니다. 게다가 우리의 모든 애착도 하나님께 맡긴다는 것입니다. 나를 좋게 보이게 하고, 나를 기쁘게 하는 것이 아니라 하나님께 좋게 보이고, 하나

님을 기쁘시게 하는 일이 일어나도록 기도하는 것입니다. 그러나 주님은 이 모범을 손수 보이셨습니다. 앞서 우리가 읽었던 본문입니다.

> 조금 나아가사 얼굴을 땅에 대시고 엎드려 기도하여 이르시되 내 아버지여 만일 할 만하시거든 이 잔을 내게서 지나가게 하옵소서 그러나 나의 원대로 마시옵고 아버지의 원대로 하옵소서 하시고 _ 마 26:39

주님께서는 겟세마네에서 기도하실 때 "나의 원대로 마시옵고 아버지의 원대로 하옵소서"라고 하시며 순종하셨습니다. 아버지의 뜻은 예수님이 죽는 것이었습니다. 죄가 없지만 죽어야 하는 것이었습니다. 이런 것을 생각한다면 정말 순종이라는 것은 결코 쉽게 말할 수 있는 것이 아닙니다.

> 심지어 우리는 하나님을 반대하는 우리 탐심의 결과가 사라져 파괴될 뿐만 아니라, ❷ **하나님께서 우리 안에 새로운 마음과 의지를 창조하시어** 우리 안에 그의 뜻과 하나가 되는 것 외에 다른 욕망이 없게 해주실 것을 갈망한다. 간단히 말해서, 우리는 우리 스스로 뭔가를 원하지 않고 다만 성령께서 우리 안에서 원하시고 우리로 그가 기뻐하시는 것을 사랑하고 그를 불쾌하게 하는 모든 것을 미워하고 두려워하게 해 주시기를 기도한다.

또한 세 번째 기도는 이 기도가 매우 어려운 것이므로 그냥 할 수 없다고 변명하기보다는 자신을 갱신하고 변화시켜 이 기도에 도달하도록 매우 적극적으로 기도할 것을 요청합니다. 그래서 다윗도 그렇게 기도했습니다.

> 하나님이여 내 속에 정한 마음을 창조하시고 내 안에 정직한 영을 새롭게 하소서 _ 시 51:10

다윗은 "하나님이여 내 속에 정한 마음을 창조하시고 내 안에 정직한 영을 새롭게 하소서"라고 기도합니다. 11절에서는 "성령을 거두지 마소서"라고 기도하고 12절에서는 구원의 즐거움과 자원하는 심령을 회복시켜달라고 기도합니다. 상심한 마음을 그냥 내버려 두는 것이 아니라, 마음을 회복시켜 하나님과 동행하고 예배하기를 열망하고 있는 것입니다. 마치 병을 가졌지만 재기하기 위해 병마와 싸우며 투병하는 것과 같은 것입니다.

첫 세 가지 간구의 정리

이제 기독교강요는 우리가 배운 주님의 기도 첫 세 가지 간구를 종합해서 정리하고 있습니다.

> **바로 이것이 이 기도문의 처음 세 가지 간구이다.** 우리는 우리와 우리의 유익을 고려하지 않은 채 오직 하나님의 영광만을 바라보면서 이 간구를 드려야 한다. 물론 비록 우리의 유익이 우리를 이런 간구로 부추기는 원인과 목적은 아니지만 그럼에도 불구하고 그 유익이 생긴다. 비록 우리가 바라거나 구할 생각도 안 하는 이 모든 것이 그래도 적당한 때에 일어나고 성취되긴 하지만, 그럼에도 불구하고 우리는 그것을 바라고 구해야 한다. 이렇게 하는 것이 우리에게 매우 크게 필요한바, 이는 하나님의 영광을 우리 주님과 성부의 영광으로 힘을 다해 바라고 추구함으로써 우리가 그의 종과 자녀임을 주장하고 선포하기 위함이다.

우리의 관심, 우리의 시선이 하나님께 맞추어져 있어야 합니다. 그러나 우리는 지금 너무 멀어져 있습니다. 우리는 하나님의 이름은 부르지만, 인생의 주인은 우리 자신들입니다. 우리는 자신을 위해서 살지 하나님의 영광을 위해 자신을 드리려고 하지 않습니다. 이것이 현실입니다. 이것이 우리의 솔직한 모습입니다. 결코 손해를 보려고 하지 않습니다. 희생하려고 하지도 않습니다. 우리는 나 자신이 손톱만큼도 손해를 보고 싶지 않은 것입니다. 그러므로 우리는 이 주님의 기도에서 얼마나 멀리 떠나와 있습니까?

따라서 **하나님의 영광을 증진시키려는 마음과 갈망을 갖지 않은 채** 그의 이름이 거룩하게 되고 그의 나라가 임하며 그의 뜻이 이뤄지기를 기도하지 않는 자들은 **하나님의 자녀와 종으로 여겨지지도 않으며, 여겨져서도 안 된다.** 이 모든 것이 그들의 원함과 관계없이 일어나듯이, 마찬가지로 이것은 그들에게 심판이자 정죄이다.

결론은 무엇입니까? 우리가 하나님의 영광을 증진시키려는 마음과 열망이 없다면 주님의 첫 세 기도는 없다는 것입니다. 그리고 그런 열망과 그런 주님의 기도가 없는 자들은 하나님의 자녀도 아니요, 하나님의 종도 아니라는 것입니다. 참으로 두려운 말씀입니다.

주님의 기도가 없는 사람은 주님의 사람이 아닙니다. 그러므로 이제 우리가 이 기도로 돌아가야 합니다. 주님의 기도를 회복해야 합니다. 이 은혜가 우리 모두에게 있기를 바랍니다.

기독교강요 제9장. 기도: 주기도문 해설

넷째 간구
오늘 우리에게 일용할 양식을 주시고

이것은 우리를 보존시켜 주고 필요에 도움이 되는 것들을 하나님께 구하는 다른 세 가지 간구 중 첫 번째이다. 이 간구를 통해 우리는 전반적으로 이 세상의 생활 환경에서 우리 몸의 사용에 필요한 모든 것을 하나님께 구한다. 우리는 우리가 먹고 입는 것뿐 아니라 하나님이 우리에게 좋고 유익하다고 알고 계신 모든 것을 구하는바, 이는 하나님이 평화와 평온 가운데서 주시는 축복들을 사용할 수 있기 위함이다. 요컨대, 이 기도로 우리는 그에게 마치 우리의 부양책임을 맡기며, 우리를 양육하고 유지하며 보존하시도록 그의 섭리에 우리를 맡기는 것이다. 매우 좋으신 아버지께서는 우리의 몸을 그의 보호와 감찰 가운데 두시기를 결코 싫어하시지 않으시며, 우리가 우리에게 필요한 것을, 빵 한 조각과 물 한 모금까지, 그에게서 기다리는 동안 이 천하고 하찮은 것들에서 우리의 믿음을 단련시키신다.

확실히 우리의 사악함이란 언제나 우리의 영혼보다 우리의 몸을 훨씬 더 염려하는 식이다. 따라서 자신의 영혼을 위해 감히 하나님을 신뢰하는 많은 이들이 그래도 자신의 몸을 걱정하고 무엇으로 살지 무엇을 입을지 염려하며, 그들의 손에 빵과 포도주와 다른 비축 식량이 풍부하지 못할 경우 부족할까 두려워 떤다. 우리가 말했듯이, 바로 이것이 우리가 우리의 부패한 삶의 이 그림자를 영원한 불멸보다 훨씬 더 소중히 여긴다는 의미이다. 한편 하나님을 확실히 신뢰함으로써 자신의 몸에 대한 모든 염려를 떨쳐 버린 사람들은 그에게서 더욱 위대한 것들—즉 구원과 영생—을 확신 가운데서 기대한다. 그러므로 우리를 염려하게 하고 고통스럽게 하기 쉬운 것들을 하나님에게서 소망하는 것이야말로 우리의 믿음을 위해 가벼운 실천이 아니며 덜 중요한 것이 아니다. 우리는 모든 인간들의 뼛속까지 뿌리박힌 이 불신에서 건짐을 받을 때 많은 유익을 얻는다.

어떤 이들은 이 말을 초물질적인 양식으로 돌리는데, 그것은 예수 그리스도의 말씀에 매우 부합하지 않는 것으로 보인다. 따라서 우리는 우리 아버지께 우리의 양식을 구한다.

우리가 **"오늘 일용할"** 또는 다른 복음서 기자가 쓰듯이(눅 11:3) **"날마다"**라고 말함으로써 입증하는 바는 우리가 이 세상적인 재물과 덧없는 것들에 대해 과도한 욕망을 가져서는 안 된다는 것이다. 우리는 그것들을 쾌락이나 과시나 무슨 다른 불필요한 용도로 사용함으로써 결국 남용하기 때문이다. 오히려 다만 우리의 필요를 충족시킬 수 있을 정도만큼 구해야 한다. 마치 하루살이인 듯이, 우리 아버지께서 오늘 우리를 먹이신다면 내일도 부족하게 하시지 않으리라는 확신을 가지고 말이다. 우리에게 무슨 재산의 풍족함이나 크게 비축된 식량과 축복이 있다 하더라도, 우리의 창고와 저장실이 가득 차 있다 하더라도, 우리는 언제나 우리의 일용할 양식을 구해야 하며, 우리 주님이 그의 축복을 널리 베풂으로써 풍요롭고 효과 있게 해 주시지 않으면 모든 물질은 아무것도 아니라는 사실과, 하나님이 기꺼이 그 사용권을 시간마다 우리에게 주시지 않는다면 우리 손에 있는 것도 우리의 것이 아니라는 사실을 명심해야 한다. 그래도 인간들의 교만은 이 사실을 쉽게 납득하지 못하기 때문에, 주님은 광야에서 만나로 그의 백성을 모두 먹이셨다는 명백한 사례를 주시어 사람이 빵으로만 사는 것이 아니라 오히려 그의 입에서 나오는 말씀으로 산다고 우리에게 경고하신다(신 8:3; 마 4:4). 그가 이 말씀을 통해 의미하는 바는 생명과 기력을 유지시키는 것은 오직 그의 능력뿐이라는 사실이다. 설령 그 능력이 육신적인 요소로 분배된다 하더라도 말이다. 이는 그가 정반대로 우리에게 보여 주시는 의미와 같다. 그는 먹는 자들이 굶주림으로 쇠약해질 정도로 양식의 힘을 깨뜨리시며, 마시는 자들이 갈증으로 말라 버릴 정도로 물에서 그 본질을 제거하신다(레 26:16; 겔 4:16; 14:13).

자신의 일용할 양식에 만족하지 않고 마음에 욕망과 욕구를 두고 무한을 갈망하는 자들이나, 자신의 풍요로움을 의지하고 자신의 부요함을 신뢰하면서도 이 간구를 사용하여 하나님께 드리는 자들은 하나님을 우롱할 뿐이다. 첫 번째 사람들은 그들이 얻고자 하지 않는 것과 그들이 혐오하는 것—즉 오직 일용할 양식만—을 구한다. 그들은, 참된 기도로 하나님께 온 마음을 드러내고 선언해야 할 곳에서, 할 수 있는 한 그들의 탐욕스럽고 욕망에 가득한 감정을 감추고 숨긴다. 두 번째 사람들은 그들이 기대하지도 않고 바라지도 않는 것을 구한다. 왜냐하면 그것이 그들에게 이미 있다고 여기기 때문이다.

우리가 **"우리의"** [일용할 양식]이라고 말하는 것에서 하나님의 은혜와 인자하심이 보다 풍부하게 알려지고 나타난다. 이것이 우리에게 전혀 합당하지 않은 것을 우리 것이 되게 하는 것이다. 물론 나는 이 말이 타인에게 손해를 끼치거나 사기 치지 않고 우리의 정당한 노동으로 얻는 빵을 의미한다고 생각하는 자들을 심하게 반대하지는 않는다. 부당하게 획득하는 모든 것은 결코 우리의 것이 아니라는 점에서 말이다.

"우리에게 주소서"라는 말은 우리에게 어떤 곳에서 어떤 식으로 주어지든 그것은 언제나 하나님의 전적이고 값없는 선물임을 알려주기 위함이다. 비록 그것이 우리 손의 노동이나 우리의 기술과 근면이나 또는 어떤 다른 형태로 발생한다 하더라도 말이다.

오늘 우리에게 일용할 양식을 주시고

> 그런즉 너희가 먹든지 마시든지 무엇을 하든지 다 하나님의 영광을 위하여 하
> 라 _ 고전 10:31

우리는 지금 주님께서 가르쳐 주신 기도를 배우고 있습니다. 지금까지 첫 번째 세 간구인 '당신 청원'을 살펴보았고, 이제 두 번째 세 간구인 '우리 청원'을 살펴볼 차례입니다. 이제 살펴볼 기도는 "오늘 우리에게 일용할 양식을 주시옵고"입니다. 지금 우리가 읽었던 고린도전서 10장 31절의 말씀과 같이 먹는 문제, 즉 양식을 얻고, 비축하고, 사용하는 것에서도 당신 청원이 작동되어야 합니다.

이것은 우리를 보존시켜 주고 필요에 도움이 되는 것들을 하나님께 구하는 다른 세 가지 간구 중 첫 번째이다. 이 간구를 통해 우리는 전반적으로 이 세상의 생활환경에서 ❶ **우리 몸의 사용에 필요한 모든 것**을 하나님께 구한다. 우리는 우리가 먹고 입는 것뿐 아니라 하나님이 ❷ **우리에게 좋고 유익하다고 알고 계신 모든 것**을 구하는바, 이는 하나님이 평화와 평온 가운데서 주시는 축복들을 사용할 수 있기 위함이다.

공동의 필요를 위한 기도

네 번째 간구는 우리 자신을 위해 구하는 것입니다. 그러나 이 간구는 우리 자신만을 위한 이기적인 기도가 아니라 하나님의 영광과 동질적이어야 합니다. 이미 앞에서 살펴본 것처럼 공동체적인 기도의 서식을 따라 이 양식은 나 자신만을 위한 양식이 아닌 공동체적인 양식입니다. 그러므로 이 빵은 우리 공동의 빵을 위한 기도입니다. 나와 나의 이웃이 살아가는 데 필요한 모든 것들, 우리를 보존시켜 주는 것들을 구하는 것입니다. 두 가지를 제시하고 있습니다.

❶ 우리 몸의 사용에 필요한 모든 것
❷ 우리에게 좋고 유익하다고 알고 계신 모든 것

그것은 우리 몸의 사용에 필요한 모든 것입니다. 하나님은 우리가 인생임을 알고 계시고, 우리의 현실적 필요에 대해서 매우 부성애적인 사랑을 베푸십니다. 저는 이 대목에서 탕자의 비유를 생각하기를 바랍니다. 마태복음의 산상보훈에서도 이렇게 말씀하십니다.

너희 하늘 아버지께서 이 모든 것이 너희에게 있어야 할 줄을 아시느니라 _ 마 6:32

하물며 하늘에 계신 너희 아버지께서 구하는 자에게 좋은 것으로 주시지 않겠느냐 _ 마 7:11

이어서 이 기도를 받으시는 분은 하나님 아버지라는 사실을 확인시키고 있습니다.

요컨대, 이 기도로 우리는 그에게 마치 우리의 부양책임을 맡기며, 우리를 양육하고 유지하며 보존하시도록 그의 섭리에 우리를 맡기는 것이다. **매우 좋으신 아버지께서는** 우리의 몸을 그의 보호와 감찰 가운데 두시기를 결코 싫어하시지 않으시며, 우리가 우리에게 필요한 것을, 빵 한 조각과 물 한 모금까지, 그에게서 기다리는 동안 이 천하고 하찮은 것들에서 우리의 믿음을 단련시키신다.

하나님은 우리 몸에 필요한 것을 그의 보호와 감찰을 통해서 부성애를 베푸십니다. 우리에게 필요한 빵 한 조각과 물 한 모금까지 채워주십니다. 때로 우리에게 결핍과 가난을 통해서 하나님께 매달리도록 훈련시키십니다. 그러나 우리는 탕자처럼 늘 자기중심적이고 세상적입니다.

확실히 우리의 사악함이란 언제나 우리의 영혼보다 우리의 몸을 훨씬 더 염려하는 식이다. **따라서 자신의 영혼을 위해 감히 하나님을 신뢰하는 많은 이들이 그래도 자신의 몸을 걱정하고 무엇으로 살지 무엇을 입을지 염려하며, 그들의 손에 빵과 포도주와 다른 비축 식량이 풍부하지 못할 경우 부족할까 두려워 떤다.** 우리가 말했듯이, 바로 이것이 우리가 우리의 부패한 삶의 이 그림자를 영원한 불멸보다 훨씬 더 소중히 여긴다는 의미다. 한편 하나님을 확실히 신뢰함으로써 자신의 몸에 대한 모든 염려를 떨쳐 버린 사람들은 그에게서 더욱 위대한 것들—즉 구원과 영생—을 확신 가운데서 기대한다. 그러므로 우리를 염려하게 하고 고통스럽게 하기 쉬운 것들을 하나님에게서 소망하는 것이야말로 우리의 믿음을 위해 가벼운 실천이 아니며 덜 중요한 것이 아니다. 우리는 모든 인간들의 뼛속까지 뿌리박힌 이 불신에서 건짐을 받을 때 많은 유익을 얻는다. 어떤 이들은 이 말을 초물질적인 양식으로 돌리는데, 그것은 예수 그리스도의 말씀에 매우 부합하지 않는 것으로 보인다. 따라서 우리는 우리 아버지께 우리의 양식을 구한다.

소위 신앙이 좋은 사람들마저도 자기 몸을 걱정하고 산다고 말합니다. 이것이 우리의 현주소입니다. 그리고 우리가 구하는 양식이란 어떤 영적인 양식이 아니라 우리 인생들에게 필요한 양식이라고 정리하고 있습니다.

네 번째 기도의 중요한 점

이제 네 번째 기도에서 중요한 점 세 가지 정도를 살펴봅시다.

> 우리가 오늘 일용할 또는 다른 복음서 기자가 쓰듯이(눅 11:3) **❶ 날마다라고 말함으로써 입증하는 바는 우리가 이 세상적인 재물과 덧없는 것들에 대해 과도한 욕망을 가져서는 안 된다는 것이다.** 우리는 그것들을 쾌락이나 과시나 무슨 다른 불필요한 용도로 사용함으로써 결국 남용하기 때문이다. 오히려 다만 우리의 필요를 충족시킬 수 있을 정도만큼 구해야 한다. **❷ 마치 하루살이인 듯이, 우리 아버지께서 오늘 우리를 먹이신다면 내일도 부족하게 하시지 않으리라는 확신을 가지고 말이다.** 우리에게 무슨 재산의 풍족함이나 크게 비축된 식량과 축복이 있다 하더라도, 우리의 창고와 저장실이 가득 차 있다 하더라도, 우리는 언제나 우리의 일용할 양식을 구해야 하며, 우리 주님이 그의 축복을 널리 베풂으로써 풍요롭고 효과 있게 해 주시지 않으면 모든 물질은 아무것도 아니라는 사실과 **❸ 하나님이 기꺼이 그 사용권을 시간마다 우리에게 주시지 않는다면 우리 손에 있는 것도 우리의 것이 아니라는 사실을 명심해야 한다.**

일용할 양식에 대한 세 가지 주의점의 첫 번째는 '과도한 욕망을 금지하는 것'입니다.

❶ 일용할 양식, 날마다 일용할 양식

→ 세상적인 재물과 과도한 욕망을 금함.

→ 남용을 우려.

→ 우리의 필요를 충족시킬 수 있을 정도만큼 구해야 한다.

주님의 기도는 분명히 일용할 양식을, 날마다 구해야 한다는 것입니다.

❷ 마치 하루살이인 듯이

→ 오늘 우리를 먹이신다면 내일도 부족하게 하시지 않으리라는 확신.

→ 재산의 풍족함이나 비축된 식량이 있을지라도.

→ 창고와 저장실이 가득 차 있더라도.

→ 주님께서 효과 있게 해주셔야 함.

또한 우리가 마치 하루살이인 듯이 설령 비축된 재산이 있을 경우에라도 일용할 양식을 구해야 합니다.

❸ 하나님이 기꺼이 그 사용권을 시간마다 우리에게 주신다.

→ 우리 손에 있는 것도 우리의 것이 아니다.

또한 우리의 손에 있는 것도 그분께서 시간마다 사용권을 주실 때 우리의 것이 됩니다.

그래도 인간들의 교만은 이 사실을 쉽게 납득하지 못하기 때문에, 주님은 광야에서 만나로 그의 백성을 모두 먹이셨다는 명백한 사례를 주시어 **사람이 빵으로만 사는 것이 아니라 오히려 그의 입에서 나오는 말씀으로 산다고 우리에게 경고하신다**(신 8:3; 마 4:4). 그가 이 말씀을 통해 의미하는 바는 생명과 기력을 유지시키는 것은 오직 그의 능력뿐이라는 사실이다. 설령 그 능력이 육신적인 요소로 분배된다 하더라도 말이다. 이는 그가 정반대로 우리에게 보여 주시는 의미와 같다. 그는 먹는 자들이 굶주림으로 쇠약해질 정도로 양식의 힘을 깨뜨리시며, 마시는 자들이 갈증으로 말라 버릴 정도로 물에서 그 본질을 제거하신다(레 26:16; 겔 4:16; 14:13).

여기서는 우리에게 육의 양식이 있어도 영의 양식 또한 있어야 함을 분명히 가르쳐 주셨습니다.

❶ 자신의 일용할 양식에 만족하지 않고 마음에 욕망과 욕구를 두고 무한을 갈망

하는 자들이나, ❷ 자신의 풍요로움을 의지하고 자신의 부요함을 신뢰하면서도 이 간구를 사용하여 하나님께 드리는 자들은 하나님을 우롱할 뿐이다. ❶ 첫 번째 사람들은 그들이 얻고자 하지 않는 것과 그들이 혐오하는 것—즉 오직 일용할 양식만—을 구한다. 그들은, 참된 기도로 하나님께 온 마음을 드러내고 선언해야 할 곳에서, 할 수 있는 한 그들의 탐욕스럽고 욕망에 가득한 감정을 감추고 숨긴다. ❷ 두 번째 사람들은 그들이 기대하지도 않고 바라지도 않는 것을 구한다. 왜냐하면 그것이 그들에게 이미 있다고 여기기 때문이다.

노동으로 얻은 빵도 하나님의 선물이다

우리 몸의 필요를 구하는 네 번째 기도에서 잘못된 예를 설명하고 있습니다.

우리가 우리의 [일용할 양식]이라고 말하는 것에서 하나님의 은혜와 인자하심이 보다 풍부하게 알려지고 나타난다. 이것이 우리에게 전혀 합당하지 않은 것을 우리의 것이 되게 하는 것이다. 물론 나는 이 말이 타인에게 손해를 끼치거나 사기 치지 않고 우리의 정당한 노동으로 얻는 빵을 의미한다고 생각하는 자들을 심하게 반대하지는 않는다. 부당하게 획득하는 모든 것은 결코 우리의 것이 아니라는 점에서 말이다. **"우리에게 주소서"라는 말**은 우리에게 어떤 곳에서 어떤 식으로 주어지든 그것은 언제나 하나님의 전적이고 값없는 선물임을 알려주기 위함이다. **비록 그것이 우리 손의 노동이나 우리의 기술과 근면이나 또는 어떤 다른 형태로 발생한다 하더라도 말이다.**

> 노동으로 얻은 빵 → 하나님의 전적이고 값없는 선물이다.

우리는 "우리 몸에 필요한 것을 주소서"라고 기도합니다. 우리가 정당하게 노동을 함에도 불구하고 이 기도는 내가 일해서 장만하겠습니다가 아니라, 우리가 분명히 노동을 하지만 "주소서"라고 기도하도록 가르치고 있습니다. 이것은 설령 우리의 노력을 통해 주어지는 경우에도 하나님의 선물이라는 것을 고백해야 한다는 것입니다.

우리는 주님의 기도를 통해서 기도의 기술, 혹은 기도 응답의 비결이 아닌, '기도의 원리'를 배우고 있습니다. 저는 할 수만 있다면 이것이 우리 자녀들에게 잘 가르쳐지기를 바랍니다. 어릴 때부터 이렇게 기도하기를 연습하고 노력한다면 우리의 기도는 너무나도 아름다운 기도가 될 것이며, 우리의 인생도 이 기도를 닮은 인생이 될 것입니다.

기독교강요 제9장. 기도: 주기도문 해설

다섯째 간구

우리가 우리에게 빚진 자들을 사면해 주듯이 우리의 빚을 사면해 주시고

여기서 우리는 죄의 용서가 우리에게 이뤄지기를 구한다. 이것은 하나도 예외 없이 모든 사람에게 필요하다. 우리는 죄를 빚이라 부르는바, 그 이유는 우리가 하나님의 공의에 따른 형벌을 갚아야 할 것으로 빚지고 있으며, 하나님의 긍휼의 값 없는 용서인 이 죄 사함으로 구원을 받지 않는 한 그 형벌을 충족시킬 수 없기 때문이다. 하나님은, 우리를 면제하여 풀어 줄 수 있는 무언가를 우리에게서 받지 않으시고, 도리어 그의 아들이신 우리 주 예수 그리스도—우리의 대속을 위해 아버지께 단번에 바쳐진—안에서 친히 그의 긍휼로 갚아 주심으로써 우리를 너그럽게 면제하시고 이 빚에서 구해 주신다. 따라서 자신의 행위와 공로, 또는 다른 어떤 것들로 하나님을 만족시키고, 이런 보속을 통해 자신의 죄의 용서를 받을 만하게 하며 획득하며 보상하며 갚겠다고 생각하는 자들은 이 값없는 죄 사함에 참여하지 못한다. 그들은 이런 형식으로 하나님께 기도하면서 스스로를 고소하고 그들 자신에 반대 증언을 할 뿐이다. 왜냐하면 그들에게 죄 사함이 이뤄지지 않을 경우 그들이 하나님께 죄인임을 인정하는 셈이기 때문이다. 그럼에도 불구하고 그들은 값없는 죄 사함을 수용하지 않고 거부하는바, 이는 하나님에게 그들의 공로와 보속을 제시하고 내세움으로써 그의 은혜와 긍휼을 구하지 않고 오히려 그의 공의에 호소하기 때문이다.

또한 우리는 우리가 우리에게 빚진 자들을 사해 주듯이, 다시 말해 우리가 우리에게 무슨 잘못이나 손해를 끼치고 행동이나 말로 우리를 공격한 자들을 용서해 주듯이, 이런 사면이 우리에게 이뤄지기를 구한다. 이 말은 우리가 죄과를 용서하고 사면한다는 것—이것은 오직 하나님께만 속한 것임—이 아니라, 우리가 해야 할 용서와 사면은 우리 마음에서 모든 분노, 미움, 보복심을 의지적으로 제거하고 우리가 당한 모든 손해와 공격을 망각하며 아무에게도 악의를 품지 않는 일이라는 것이다. 따라서 만일 우리가 우리를 공격했거나 하고 있는 모든 사람들을, 언급된 방식대로, 우리 쪽에서 용서하지 않는다면, 우리는 우리의 죄 용서를 하나님께 구해서는 안 된다. 만일 우리가 우리 마음에 얼마간의 증오를 품고 어떤 보복심을 간직하거나, 어떻게든 우리의 적 또는 악행을 하거나 악의를 품은 자들을 위해할 생각을 한다면, 심지어 우리의 온 힘을 다해 그들에게 은혜를 베풀고 그들과 화해 하며 그들과 평화와 사랑과 우애를 나누며 그들을 섬기고 기쁘게 하려고 애쓰지 않는다면, 우리는 이 기도를 통해 하나님께 우리의 죄를 용서해 주지 말아 달라 고 구하는 셈이다. 왜냐하면 우리는 우리가 다른 사람들에게 용서하듯이 우리에 게 용서해 달라고 간구하기 때문이다. 만일 우리가 용서를 행하지 않는다면 그것 은 그가 우리에게 용서하지 말기를 구하는 것이다. 그러므로 그런 사람들이 그들 의 기도로 더욱 무거운 정죄 외에 무엇을 얻겠는가?

마지막으로, 우리는 우리가 우리에게 빚진 자들을 사면하듯이 하나님이 우리를 사면하신다는 이 조건이 어째서 덧붙여 쓰였는지를 유념해야 한다. 그것은 우리 가 타인에게 행하는 용서로 말미암아 우리 주님이 우리를 용서하시기에 합당하게 되기 때문이 아니다. 다만 주님은 이 말로 우리 믿음의 연약함을 위안하고자 하셨 을 뿐이다. 사실 그는 이것을 하나의 징표로 덧붙이셨는데, 이는 우리가 이를 통 해 그의 죄 사함이 확실하게 이뤄진다는 것을 확신시키기 위함이다. 마치 우리가 우리 마음에서 모든 증오와 시기와 악의와 보복이 완전히 비워지고 정화될 때 타 인에 대한 우리의 사면이 이뤄졌음을 확실하게 알듯이 말이다. 나아가 그가 이 말 로 입증하고자 하신 것은, 보복의 성향을 갖고 용서하기를 어려워하여 고집스럽 게 적대감을 유지하는 자들과 이웃에 대해 악한 마음과 분노를 간직한 채 하나님 께는 그들을 향한 자신의 분노를 잊고 망각해 달라고 기도하는 자들을 그의 자녀 의 무리에서 내치시고 그들로 하여금 자신을 감히 그들의 아버지라고 부르지 못 하게 하신다는 것이다.

우리의 빚을 사면해 주시고

> 너희가 각각 마음으로부터 형제를 용서하지 아니하면 나의 하늘 아버지께서도 너
> 희에게 이와 같이 하시리라 _ 마 18:35

우리는 주님의 기도를 배우고 있습니다. 다섯 번째 간구는 우리의 죄를 사면해 주실 것을 간구하는 기도입니다.

영적 필요를 위한 기도

기독교강요 최종판은 다섯 번째와 여섯 번째 기도를 이렇게 정리했습니다.

1. 네 번째 기도: 일용할 양식을 주소서 → 지상 생활에 필요한 것
2. 다섯 번째 기도: 죄를 용서해 주소서 ┐
3. 여섯 번째 기도: 악에서 구하소서 ┘ → 천상 생활에 필요한 것

따라서 네 번째 기도는 육적인 필요, 다섯 번째와 여섯 번째 기도는 영적인 필요라고도 할 수 있습니다.

여기서 우리는 죄의 용서가 우리에게 이뤄지기를 구한다. ❶ 이것은 하나도 예외 없이 모든 사람에게 필요하다. ❷ 우리는 죄를 빚이라 부르는바, 그 이유는 우리가 하나님의 공의에 따른 형벌을 갚아야 할 것으로 빚지고 있으며, ❸ 하나님의 긍휼

의 값없는 용서인 이 죄 사함으로 구원을 받지 않는 한 그 형벌을 충족시킬 수 없기 때문이다.

구원과 관련된 기도

다섯 번째 기도에 관해서 기본적인 것을 설명하고 있습니다. 그것은 다음과 같습니다.

> ❶ 죄의 용서는 모든 사람에게 필요하다.
> ❷ 모든 인생은 죄의 빚을 지고 있다.
> ❸ 죄 용서를 받지 못하면 구원이 없다.

자신이 죄인임을 자각하며, 자신의 힘으로는 도무지 죄의 값을 지불할 수 없다는 것을 아는 사람은 이 기도를 드립니다. 왜냐하면 이 기도는 모든 사람에게 필요하기 때문입니다. 하나님의 긍휼로 죄 용서를 받지 못하면 구원도 없습니다. 그러므로 이 간구가 얼마나 중요하겠습니까?

하나님은, 우리를 면제하여 풀어 줄 수 있는 무언가를 ❹ **우리에게서 받지 않으시고**, 도리어 ❺ **그의 아들이신 우리 주 예수 그리스도**—우리의 대속을 위해 아버지께 단번에 바쳐진—**안에서 친히 그의 긍휼로 갚아 주심으로써** 우리를 너그럽게 면제하시고 이 빚에서 구해 주신다.

다섯 번째 기도의 원칙

구원과 직접 연관되는 이 다섯 번째 기도에 관한 원칙이 이어지고 있습니다.

> ❹ 죄 용서는 우리에게서 받지 않으신다.
> ❺ 주 예수 그리스도 안에서 하나님의 긍휼로 받는다.

우리가 이미 잘 아는 대로 죄 용서를 받을 수 있는 그 무언가를 우리에게서 받지 않으신다고 설명합니다. 즉, 죄의 용서는 우리에게서는 일어날 수 없다는 것입니다. 그리고 죄의 용서는 예수 그리스도 안에서 하나님의 긍휼로 대신 갚아 주시는 대속의 은혜입니다. 이어서 죄용서와 관련하여 잘못된 예를 들고 있습니다.

> 따라서 자신의 행위와 공로, 또는 다른 어떤 것들로 하나님을 만족시키고, 이런 보속을 통해 자신의 죄의 용서를 받을 만하게 하며 획득하며 보상하며 갚겠다고 생각하는 자들은 이 값없는 죄 사함에 참여하지 못한다. 그들은 이런 형식으로 하나님께 기도하면서 스스로를 고소하고 그들 자신에 반대 증언을 할 뿐이다. 왜냐하면 그들에게 죄 사함이 이뤄지지 않을 경우 그들이 하나님께 죄인임을 인정하는 셈이기 때문이다. 그럼에도 불구하고 그들은 값없는 죄 사함을 수용하지 않고 거부하는 바, 이는 하나님에게 그들의 공로와 보속을 제시하고 내세움으로써 그의 은혜와 긍휼을 구하지 않고 오히려 그의 공의에 호소하기 때문이다.

┃ 행위, 공로, 보속 → 죄 용서가 없다

인간의 행위와 공로, 보속은 하나님을 만족시킬 수 없고, 죄 사함이 성립되지 않습니다. 죄 사함은 오직 하나님의 은혜와 긍휼입니다.

용서와 사면
또 죄 용서와 관련하여 중요한 내용이 덧붙여지고 있습니다.

> 또한 우리는 우리가 우리에게 빚진 자들을 사해 주듯이, 다시 말해 우리가 우리에게 무슨 잘못이나 손해를 끼치고 행동이나 말로 우리를 공격한 자들을 용서해 주듯이, 이런 사면이 우리에게 이뤄지기를 구한다. 이 말은 우리가 죄과를 용서하고 사면한다는 것—이것은 오직 하나님께만 속한 것임—이 아니라, 우리가 해야 할 용

서와 사면은 우리 마음에서 모든 분노, 미움, 보복심을 의지적으로 제거하고 우리가 당한 모든 손해와 공격을 망각하며 아무에게도 악의를 품지 않는 일이라는 것이다.

> 우리가 해야 할 것 → 용서
> 우리가 받아야 할 것 → 사면

다섯 번째 간구는 "우리가 우리의 죄를 용서해 준 것과 같이 우리 죄를 용서해 주옵소서"라는 것입니다. 이 말은 우리가 해야 할 것은 용서이고, 우리가 받아야 할 것은 사면이라는 것입니다.

> 의지적 제거 → 모든 분노, 미움, 보복심
> 망각 → 우리가 당한 모든 손해와 공격
> 결과 → 아무에게도 악의를 품지 않는 일

그리고 이 용서는 우리 마음에서 모든 분노와 미움, 보복심을 의지적으로 제거하고 손해 본 것에 대해서는 잊어버리고, 또 악의를 품지 않는 것입니다. 이어지는 내용은 용서 없이 사면을 구하는 것이 무익한 기도임을 설명하고 있습니다.

따라서 만일 우리가 우리를 공격했거나 하고 있는 모든 사람들을, 언급된 방식대로, 우리 쪽에서 용서하지 않는다면, 우리는 우리의 죄 용서를 하나님께 구해서는 안 된다. 만일 우리가 우리 마음에 얼마간의 증오를 품고 어떤 보복심을 간직하거나, 어떻게든 우리의 적 또는 악행을 하거나 악의를 품은 자들을 위해할 생각한다면, 심지어 우리의 온 힘을 다해 그들에게 은혜를 베풀고 그들과 화해하며 그들과 평화와 사랑과 우애를 나누며 그들을 섬기고 기쁘게 하려고 애쓰지 않는다면, 우리는 이 기도를 통해 하나님께 우리의 죄를 용서해 주지 말아 달라고 구하는 셈이다.

왜냐하면 우리는 우리가 다른 사람들에게 용서하듯이 우리에게 용서해 달라고 간구하기 때문이다. 만일 우리가 용서를 행하지 않는다면 그것은 그가 우리에게 용서하지 말기를 구하는 것이다. 그러므로 그런 사람들이 그들의 기도로 더욱 무거운 정죄 외에 무엇을 얻겠는가?

이어서 이 기도가 왜 용서와 사면으로 이루어져 있는지에 관하여 추가적인 설명을 하고 있습니다.

마지막으로, 우리는 우리가 우리에게 빚진 자들을 사면하듯이 하나님이 우리를 사면하신다는 이 조건이 어째서 덧붙여 쓰였는지를 유념해야 한다. 그것은 우리가 타인에게 행하는 용서로 말미암아 우리 주님이 우리를 용서하시기에 합당하게 되기 때문이 아니다. 다만 주님은 이 말로 우리 믿음의 연약함을 위안하고자 하셨을 뿐이다. 사실 그는 이것을 하나의 징표로 덧붙이셨는데, 이는 우리가 이를 통해 그의 죄 사함이 확실하게 이뤄진다는 것을 확신시키기 위함이다. **마치 우리가 우리 마음에서 모든 증오와 시기와 악의와 보복이 완전히 비워지고 정화될 때 타인에 대한 우리의 사면이 이뤄졌음을 확실하게 알듯이 말이다.**

죄용서가 이루어져서 사면받지 못한 사람의 결과는 지옥인데, 이것이 사후에 지옥에 가는 것도 그러하겠지만 이 땅에서도 지옥입니다. 왜냐하면 앞에서도 읽은 것처럼 분노와 보복심, 미움이 심령에 남아 있기 때문에 심령이 지옥입니다. 그리고 자신이 당한 손해와 공격받은 것으로 인해 악의를 품고 있기 때문에 지옥입니다. 또한 우리가 용서를 하면 천국을 경험하게 됩니다. 심령을 괴롭히던 증오와 시기와 악의와 보복이 완전히 비워지고 정화되었기 때문입니다. 우리는 남을 용서하는 과정을 통해 먼저 자신의 심령에서 일어난 죄 용서를 경험함으로 죄 용서의 실재로서 위안을 받게 됩니다. 그리고 자신의 죄의 용서와 형벌의 면제를 간구할 때 성부로부터 선언될 사죄의 은총을 사모하며 신뢰하는 것입니다. 저는 이것이 다섯 번째 간구에서 매우 중요한 부분으로 생각됩니다.

이제 마지막 부분입니다.

> 나아가 그가 이 말로 입증하고자 하신 것은, 보복의 성향을 갖고 용서하기를 어려
> 워하여 고집스럽게 적대감을 유지하는 자들과 이웃에 대해 악한 마음과 분노를 간
> 직한 채 하나님께는 그들을 향한 자신의 분노를 잊고 망각해 달라고 기도하는 자
> 들을 그의 자녀의 무리에서 내치시고 그들로 하여금 자신을 감히 그들의 아버지라
> 고 부르지 못하게 하신다는 것이다.

여전히 용서 없는 사면을 기도하는 자들은 그의 자녀의 무리에서 내치신
다고 설명하고, 감히 그들의 아버지라고 부르지도 못하게 하신다고 설명합니
다. 남을 용서하지 않는 것은 자신과 남을 파괴하는 행위이며, 남을 용서하지
않는 사람은 가장 어리석은 사람입니다.

> 너희가 각각 마음으로부터 형제를 용서하지 아니하면 나의 하늘 아버지께서
> 도 너희에게 이와 같이 하시리라 _ 마 18:35

우리가 읽었던 마태복음 18장은 일만 달란트 빚진 자가 그 많은 빚을 탕감
받고도 정작 자기에게 백 데나리온 빚진 자를 용서하지 않는 것을 벌하시는
비유입니다. 예수님은 이 비유를 통해 형제가 잘못하면 일곱 번의 일흔 번까
지라도 용서하라고 하십니다. 이 말씀은 용서를 우리가 가진 기준이 아닌 하
나님의 기준으로 격상할 것을 교훈합니다. 우리 모두 이렇게 기도합시다. 이
렇게 용서합시다.

기독교강요 제9장. 기도: 주기도문 해설

여섯째 간구

우리를 시험으로 이끌지 마시고 악에서 구하소서.

여러 종류의 많은 시험이 있다. 우리의 탐욕이 부추기건 마귀가 충동질하건, 우리를 이끌어 율법을 어기게 하는 우리 정신의 악한 개념들은 모두 시험이다(약 1:14; 마 4:1; 살전 3:5). 그 자체로 악하지 않은 것들도 마귀의 술책에 의해 우리에게 시험이 된다. 그것들이 우리 눈앞에 놓이고 그 대상으로 인해 우리가 하나님에게서 멀어지고 이탈하게 될 때 말이다. 이런 시험들 중 어떤 것은 우편에, 또 어떤 것은 좌편에 있다. 우편에는 부, 권세, 명예와 같이 흔히 외양상 아름다움과 광채를 가진 것으로 나타나는 것들이 있어, 사람들의 눈을 현혹시키며 그 달콤함으로 사람들을 취하게 하여 하나님을 망각하게 만든다. 좌편에는 빈곤, 수치, 경멸, 고난과 같이 그 가혹함과 어려움으로 사람들을 좌절시키는 것들이 있어, 모든 용기를 잃게 하고 모든 신뢰와 소망을 버리게 하며 종국에는 하나님에게서 완전히 멀어지게 한다.

그런데 이 여섯째 간구를 통해 우리가 하나님 우리 아버지께 요청하는 것은, 우리가 우리와 싸우는 이런 유혹—우리 탐욕이 우리 안에서 만들어 내는 것이건 마귀가 우리에게 제안하는 것이건 간에—에 지지 않고, 오히려 그가 그의 손으로 우리를 붙드시고 강하게 하시어 그의 능력으로 우리가 악한 적—그가 무슨 생각을 우리 정신에 끌어오건 간에—의 모든 공격에 굳건히 맞서 버틸 수 있게 하시며, 여기저기서 우리에게 제시되는 모든 것을 선으로 돌리게 해 달라는 것이다. 다시 말해 어떤 번영으로 인해 교만해지지도 말고 어떤 역경으로 인해 좌절하거나 절망하지도 않게 해 달라고 요청한다는 말이다.

여기서 우리는 어떤 시험도 느끼지 않게 해 달라고 기도하지 않는다. 사실 시험은 우리에게 크게 필요한바, 그것을 통해 우리가 지나치게 게으르거나 잠들어 있지 않도록 각성하고 고무되며 자극받는 것이다(약 1:2-4, 12). 다윗이 우리 주님에게서 시험을 받기를 바란 데는 이유가 없지 않았다(시 26:2). 우리 주님이 그의 백성의 교육을 위해 수치와 빈곤과 시련과 다른 종류의 십자가로 그들을 처벌하시면서, 날마다 그들을 시험하시는 데는 이유가 없지 않다. 하지만 하나님의 시험과 마귀의 시험은 다르다. 마귀는 멸망과 정죄와 좌절과 파멸을 위해 시험하지만, 반대로 하나님은 그의 종들을 시험하심으로써 그들의 진정성을 확인하고, 그들의 영적 힘을 증진시키며, 이런 훈련을 통해 그들의 육신을 죽이고 정화하며 태워 버리신다. 사실 육신은 이런 식으로 억압되지 않을 경우, 정도 이상으로 자신을 공격하여 반역하는 법이다. 마귀는 계략을 써서 불시에 공격하여 생각도 하기 전에 제압한다. 하지만 하나님은 우리가 할 수 있는 것 이상으로 시험받게 하지 않으시고, 시험으로 선한 결과를 만드시며, 그가 우리에게 보내는 모든 것을 감당하고 견딜 수 있게 하신다(고전 10:13). 악이라는 말을 마귀나 또는 죄로 이해하는 것은 크게 상관이 없다. 왜냐하면 사탄은 우리의 파멸을 획책하는 적대자요, 죄는 사탄이 우리를 억압하고 죽이기 위해 착용하는 갑옷이기 때문이다.

그러므로 여기서 우리의 간구는 이렇다. "우리가 어떤 시험에 의해서도 패하거나 제압당하지 않게 하시고, 오히려 시험에 결코 지지 않으시는 우리 주님의 능력으로 모든 반대 세력에 맞서 강하고 굳세게 버팀으로써 그의 보살핌 가운데로 받아들여지고 그의 보호와 방어로 보장받아 죄와 죽음과 지옥문과 마귀의 통치와 싸워 승자가 되게 하소서."

이 간구에는 보이는 이상의 것이 포함되어 있다. 만일 하나님의 영이 사탄과 싸우기 위한 우리의 능력이 아니라면, 우리는 결코 승리를 얻어낼 수 없다. 왜냐하면 먼저 우리는 사탄의 힘으로 가득한 우리 육신의 연약함에서 해방될 수 없기 때문이다. 따라서 사탄과 죄에서 건져 달라고 구하면서, 우리는 하나님의 새로운 은혜가 지속적으로 증대하게 하시되, 우리가 온전함에 이르러 모든 악에서 승리하기까지 해 달라고 간구하는 셈이다. 또한 여기서 부지런히 유념해야 할 것은, 너무나 강하고 큰 전사인 마귀와 전투를 벌이는 것이나 그의 공격을 막고 그의 맹공에 저항하는 것이 우리의 능력에 속하지 않는다는 사실이다. 그렇지 않고 우리 자신이 가지고 있는 것을 하나님께 구한다는 것은 쓸데없는 짓이거나 우롱하는 행위다. 분명 자기 자신을 신뢰하고 마귀와 전투를 준비하는 자들은 그들이 상대하는 적이 누구이며, 그가 얼마나 전쟁에 강하고 교활한지, 그가 모든 부분에서 어떻게 무장하고 있는지를 잘 모른다. 이제 우리는, 마치 굶주려 미쳐 날뛰는 사자의 목구멍에서처럼(벧전 5:8) 마귀의 권세에서 건져 달라고 요구한다. 그는 만일 우리 주님이 얼마간 우리에게서 멀어져 계시면 즉시 그의 발톱과 이빨로 사지를 찢고 삼킬 준비가 되어 있는 것이다. 그렇지만 만일 주님이 그의 도움으로 함께하시고 우리를 위해 싸우신다면, 우리는 우리의 힘은 없으나 그의 능력으로 용기를 낼 것이다(시 60:12). 다른 어떤 이들의 경우 그들이 그들의 자유의지에 따라, 그들 자신이 갖고 있다고 생각하는 능력에 따라 원하는 대로 스스로를 신뢰하게 내버려 두라! 우리로서는 우리가 할 수 있는 모든 것을 오직 하나님의 능력으로만 버티고 해낼 수 있는 것으로 충분하다.

우리가 우리 자신과 또 우리와 관련된 모든 것을 하나님께 부탁하는 이 세 가지 간구는 우리가 앞에서 말한 것을 명백히 입증한다. 즉 그리스도인들의 기도는 공동의 것이어야 하고, 교회의 전반적인 유익과 건덕을 지향해야 하며, 신도들의 교제의 공적 진보를 지향해야 한다는 것이다. 왜냐하면 이 간구들을 통해서 누구도 개인적으로 자신에게 달라고 구하는 것이 아니라, 우리가 모두 공동으로 우리의 빵을 요청하고, 우리의 죄가 용서되기를 요청하며, 우리가 시험에 이끌리지 않고 악에서 건져지도록 요청하기 때문이다.

모든 간구 이후 그토록 담대하게 구하고 얻을 것으로 믿는 이유가 첨가된다. 이것은 라틴어 성경에는 표현되어 있지 않지만, 그럼에도 불구하고 생략되어서는 안 될 정도로 이곳에 너무나 어울린다.

우리를 시험으로 이끌지 마시고
악에서 구하소서

사람이 감당할 시험밖에는 너희가 당한 것이 없나니 오직 하나님은 미쁘사 너희가
감당하지 못할 시험 당함을 허락하지 아니하시고 시험당할 즈음에 또한 피할 길을
내사 너희로 능히 감당하게 하시느니라 _ 고전 10:13

우리는 주기도의 여섯 번째 간구에 도달했습니다. 주님의 여섯 번째 간구
는 "우리를 시험에서 건져 주시고, 악에서 구해 주소서"입니다.

여러 가지 시험

여러 종류의 많은 시험이 있다. 우리의 탐욕이 부추기건 마귀가 충동질하건, 우리
를 이끌어 율법을 어기게 하는 우리 정신의 악한 개념들은 모두 시험이다(약 1:14;
마 4:1; 살전 3:5). 그 자체로 악하지 않은 것들도 마귀의 술책에 의해 우리에게 시험
이 된다. 그것들이 우리 눈앞에 놓이고 그 대상으로 인해 우리가 하나님에게서 멀
어지고 이탈하게 될 때 말이다. 이런 시험들 중 어떤 것은 우편에, 또 어떤 것은 좌
편에 있다. ❶ 우편에는 부, 권세, 명예와 같이 흔히 외양상 아름다움과 광채를 가진
것으로 나타나는 것들이 있어, 사람들의 눈을 현혹시키며 그 달콤함으로 사람들을
취하게 하여 하나님을 망각하게 만든다. ❷ 좌편에는 빈곤, 수치, 경멸, 고난과 같이

그 가혹함과 어려움으로 사람들을 좌절시키는 것들이 있어, 모든 용기를 잃게 하고 모든 신뢰와 소망을 버리게 하며 종국에는 하나님에게서 완전히 멀어지게 한다.

먼저 여섯 번째 간구에 대한 기본적인 내용으로 시작하고 있습니다.

> ❶ 우편 - 부, 권세, 명예 ▶ 외양상의 아름다움과 광채 ▶ 하나님을 망각
> ❷ 좌편 - 빈곤, 수치, 경멸, 고난 ▶ 가혹함과 어려움 ▶ 좌절 → 하나님에게서 멀어지게 함

여기서 우편과 좌편은 편의상 설명을 위한 것입니다. 여러 가지 시험이 있다는 말입니다. 우편의 시험이 화려한 유혹이라면, 좌편의 시험은 가혹한 핍박이라고 할 수 있습니다. 이어지는 내용은 왜 여섯 번째 간구를 해야 하는가에 대한 것인데 세 가지로 요약될 수 있습니다.

> 그런데 이 여섯째 간구를 통해 우리가 하나님 우리 아버지께 요청하는 것은, 우리가 우리와 싸우는 이런 유혹—우리 탐욕이 우리 안에서 만들어 내는 것이건 마귀가 우리에게 제안하는 것이건 간에—에 ❶ 지지 않고, 오히려 그가 그의 손으로 우리를 붙드시고 강하게 하시어 그의 능력으로 우리가 악한 적—그가 무슨 생각을 우리 정신에 끌어오건 간에—의 ❷ 모든 공격에 굳건히 맞서 버틸 수 있게 하시며, 여기저기서 우리에게 제시되는 ❸ 모든 것을 선으로 돌리게 해 달라는 것이다. 다시 말해 어떤 번영으로 인해 교만해지지도 말고 어떤 역경으로 인해 좌절하거나 절망히지도 않게 해 달라고 요청한다는 말이다.

그것은 우리가 마귀의 유혹에서 지지 않고 굳건히 맞서 버티며, 결국 선으로 결론 나게 해 달라는 기도입니다.

하나님의 시험과 마귀의 시험

여섯 번째 간구는 결코 어떤 시험도 만나지 말게 해 달라는 기도가 아닙니다. 시험이 없는 인생, 시험이 없는 신앙생활은 없습니다. 이어서 하나님의 시험과 마귀의 시험을 비교하고 있습니다.

여기서 우리는 어떤 시험도 느끼지 않게 해 달라고 기도하지 않는다. 사실 시험은 우리에게 크게 필요한바, 그것을 통해 우리가 지나치게 게으르거나 잠들어 있지 않도록 각성하고 고무되며 자극받는 것이다. 다윗이 우리 주님에게서 시험을 받기를 바란 데는 이유가 없지 않았다(시 26:2). 우리 주님이 그의 백성의 교육을 위해 수치와 빈곤과 시련과 다른 종류의 십자가로 그들을 처벌하시면서, 날마다 그들을 시험하시는 데는 이유가 없지 않다. **하지만 하나님의 시험과 마귀의 시험은 다르다.** 마귀는 멸망과 정죄와 좌절과 파멸을 위해 시험하지만, 반대로 하나님은 그의 종들을 시험하심으로써 그들의 진정성을 확인하고, 그들의 영적 힘을 증진시키며, 이런 훈련을 통해 그들의 육신을 죽이고 정화하며 태워 버리신다. 사실 육신은 이런 식으로 억압되지 않을 경우, 정도 이상으로 자신을 공격하여 반역하는 법이다. 마귀는 계략을 써서 불시에 공격하여 생각도 하기 전에 제압한다. 하지만 하나님은 우리가 할 수 있는 것 이상으로 시험받게 하지 않으시고, 시험으로 선한 결과를 만드시며, 그가 우리에게 보내는 모든 것을 감당하고 견딜 수 있게 하신다(고전 10:13). 악이라는 말을 마귀나 또는 죄로 이해하는 것은 크게 상관이 없다. 왜냐하면 사탄은 우리의 파멸을 획책하는 적대자요, 죄는 사탄이 우리를 억압하고 죽이기 위해 착용하는 갑옷이기 때문이다.

하나님의 시험이라는 말을 오해해서는 안 됩니다. 야고보서 말씀과 같이 하나님은 친히 시험하지 않으시기 때문입니다. 여기서 시험이라는 것은 테스트, 혹은 연단으로 이해하셔야 합니다.

▎ 하나님의 시험 – 그들의 진성성을 확인하고 영적 힘을 증진시키며, 육신을 죽이고

하나님의 시험이 선을 이루기 위한 것이라면, 마귀의 시험은 죽이고 파멸
시킵니다. 그래서 마귀의 역사는 그 열매와 결과가 다르다는 것을 알 수 있습
니다. 우리는 분별의 지혜를 가져야 합니다. 왜냐하면 우리가 이런 시험을 종
종 만나기 때문입니다.

모든 악에서 승리하기까지

이제 여섯 번째 간구를 정리하고 있습니다.

> 그러므로 여기서 우리의 간구는 이렇다. "우리가 어떤 시험에 의해서도 패하거나
> 제압당하지 않게 하시고, 오히려 시험에 결코 지지 않으시는 우리 주님의 능력으로
> 모든 반대 세력에 맞서 강하고 굳세게 버팀으로써 그의 보살핌 가운데로 받아들여
> 지고 그의 보호와 방어로 보장받아 죄와 죽음과 지옥문과 마귀의 통치와 싸워 승
> 자가 되게 하소서."

이어서 여섯 번째 간구의 한 차원 높은 의미를 설명해 주고 있습니다.

> 이 간구에는 보이는 이상의 것이 포함되어 있다. 만일 하나님의 영이 사탄과 싸우
> 기 위한 우리의 능력이 아니라면, 우리는 결코 승리를 얻어낼 수 없다. 왜냐하면 먼
> 저 우리는 사탄의 힘으로 가득한 우리 육신의 연약함에서 해방될 수 없기 때문이
> 다. 따라서 사탄과 죄에서 건져 달라고 구하면서, 우리는 ❶ 하나님의 새로운 은혜
> 가 지속적으로 증대하게 하시되, 우리가 온전함에 이르러 ❷ 모든 악에서 승리하기
> 까지 해달라고 간구하는 셈이다. 또한 여기서 부지런히 유념해야 할 것은, 너무나
> 강하고 큰 전사인 마귀와 전투를 벌이는 것이나 그의 공격을 막고 그의 맹공에 저
> 항하는 것이 ❸ 우리의 능력에 속하지 않는다는 사실이다. 그렇지 않고 우리 자신

이 가지고 있는 것을 하나님께 구한다는 것은 쓸데없는 짓이거나 우롱하는 행위다.

그것은 우리가 사탄과 죄에서 건짐을 구하면서 동시에 우리에게는 하나님의 새로운 은혜가 지속적으로 필요하다는 것, 모든 악에서 이기도록 기도하는 것, 이 모든 것의 승리가 우리의 능력에 있지 않다는 것입니다. 이어서 여섯 번째 간구에서 오해하지 말아야 할 부분을 부연 설명하고 있습니다.

> 분명 자기 자신을 신뢰하고 마귀와 전투를 준비하는 자들은 그들이 상대하는 적이 누구이며, 그가 얼마나 전쟁에 강하고 교활한지, 그가 모든 부분에서 어떻게 무장하고 있는지를 잘 모른다. 이제 우리는, 마치 굶주려 미쳐 날뛰는 사자의 목구멍에서처럼(벧전 5:8) 마귀의 권세에서 건져 달라고 요구한다. 그는 만일 우리 주님이 얼마간 우리에게서 멀어져 계시면 즉시 그의 발톱과 이빨로 사지를 찢고 삼킬 준비가 되어 있는 것이다. 그렇지만 **만일 주님이 그의 도움으로 함께하시고 우리를 위해 싸우신다면, 우리는 우리의 힘은 없으나 그의 능력으로 용기를 낼 것이다**(시 60:12). 다른 어떤 이들의 경우 그들이 그들의 자유의지에 따라, 그들 자신이 갖고 있다고 생각하는 능력에 따라 원하는 대로 스스로를 신뢰하게 내버려 두라! 우리로서는 우리가 할 수 있는 모든 것을 오직 하나님의 능력으로만 버티고 해낼 수 있는 것으로 충분하다.

4, 5, 6번 간구의 3원칙
이제 '우리' 청원의 4, 5, 6번 간구를 종합 정리하고 있습니다. 세 가지의 원칙이 있다는 점을 기억해야 할 것입니다.

> 우리가 우리 자신과 또 우리와 관련된 모든 것을 하나님께 부탁하는 이 세 가지 간구는 우리가 앞에서 말한 것을 명백히 입증한다. 즉 ❶ 그리스도인들의 기도는 공동의 것이어야 하고, ❷ 교회의 전반적인 유익과 건덕을 지향해야 하며, ❸ 신도들의 교제의 공적 진보를 지향해야 한다는 것이다. 왜냐하면 이 간구들을 통해서 누

구도 개인적으로 자신에게 달라고 구하는 것이 아니라, 우리가 모두 공동으로 우리의 빵을 요청하고, 우리의 죄가 용서되기를 요청하며, 우리가 시험에 이끌리지 않고 악에서 건져지도록 요청하기 때문이다. 모든 간구 이후 그토록 담대하게 구하고 얻을 것으로 믿는 이유가 첨가된다. 이것은 라틴어 성서에는 표현되어 있지 않지만, 그럼에도 불구하고 생략되어서는 안 될 정도로 이곳에 너무나 어울린다.

정리하면 다음과 같습니다. '우리' 청원은 나 자신만을 위한 이기적인 기도가 아닌 공동의 것을 구하는 것이며, 나 자신에게만 유익한 것이 아니라 교회, 즉 공동체, 이웃에게도 유익하며 하나님의 영광과 건덕에 적합해야 한다는 것입니다.

❶ 공동의 기도
❷ 교회의 유익과 건덕의 기도
❸ 교제의 공적 진보를 지향하는 기도

우리는 주님의 기도를 배우면서 많은 것을 깨달았습니다. 기도할 때마다 기도의 서식을 꺼내 봅시다. 우리의 기도도 주님을 닮아야 합니다. 세상적이고, 정욕적인 기도를 버립시다. 즉시 주님의 기도로 돌아갑시다. 우리가 한 번씩 이 책을 꺼내서 주님의 기도에 대한 해설을 읽는다면 큰 유익을 얻게 될 것입니다.

기독교강요 제9장. 기도 : 주기도문 해설

나라와 권세와 영광이 영원히 당신에게 있습니다. 아멘.

이 안에 우리 믿음의 굳건하고 평온한 안식처가 있다. 만일 우리의 기도가 우리의 자격 때문에 하나님께 드려진다면, 그 앞에서 감히 입을 열 자 누구겠는가? 이제 비록 우리가 더할 나위 없이 비참하고 더할 나위 없이 부당하며, 하나님을 향해 소중히 여겨질 것이라곤 전혀 아무것도 없지만, 그럼에도 불구하고 우리에게는 언제나 기도하고 확신을 포기하지 않을 이유가 있는바, 이는 우리 아버지에게서 나라와 권세와 영광이 제거될 수 없기 때문이다.

마지막으로 기도를 마치기 위해 '아멘'이 언급된다. 이를 통해 우리가 하나님께 드린 모든 간구의 응답을 얻으려는 갈망의 열정이 표현되며, 또한 우리가 기도한 모든 것이 우리에게 응답되고 확실히 완성되리라는 소망이 확인된다. 왜냐하면 자신의 약속에 대해 거짓말을 할 수 없으신 하나님께서 우리에게 약속하시기 때문이다.

우리는 우리가 하나님께 구해야 하고 또 구할 수 있는 모든 것이 이 기도문 안에 묘사되고 담겨 있음을 본다. 아버지께서 우리에게 박사로 임명하시고 오직 그의 말을 듣고 순종하기 원하시는 우리의 좋은 스승이신 예수 그리스도에 의해 주어진 기도의 규범과 서식에 말이다(마 17:5). 그는 하나님의 자격으로 언제나 하나님의 영원한 지혜이셨으며, 인간의 자격으로는 사람들에게 주어진 대사요 사자이셨다(사 9:6). 이 기도문은 너무도 완벽해서 거기에 관계없는 무언가를 첨부한다면 그 모든 것은 하나님을 거스르는 것이며 결코 그에게 인정받지 못할 것이다. 왜냐하면 여기에서 그는 그를 기쁘게 하는 모든 것, 우리에게 필요한 모든 것, 우리에게 주기 원하시는 모든 것을 밝혀 주셨기 때문이다. 따라서 더 멀리 나가려는 자들과 이 기도문에 포함되어 있지 않은 다른 것을 뻔뻔스럽게도 하나님께 간청하는 자들은 첫째로 자신들의 지혜를 하나님의 지혜에 첨가하려는 자들이며(이것은 커다란 신성 모독임), 둘째로 이들은 하나님의 뜻에 만족하지 못하며 그 뜻에 따라 자제하지 못하는 자들이며, 셋째로 믿음으로 기도하지 않기 때문에 결코 응답받지 못하는 자들이다. 그런데 그들이 믿음으로 기도할 수 없다는 것은 매우 확실하다. 왜냐하면 그들에게는 하나님의 말씀이라고는 전혀 없기 때문인데, 사실 말씀 위에서 있지 않은 믿음은 아무것도 아닌 것이다. 그들은 하나님의 말씀을 갖고 있지 않을 뿐만 아니라 할 수 있는 한 그 말씀에 반대한다. 그러므로 테르툴리아누스는 매우 참되고 매우 적합하게 말했는바, 그는 주기도문을 적법한 기도라고 부르면서 다른 모든 기도들이 변칙적이고 부적법하다는 것을 은연중에 알린다.

그러나 우리는 이것을, 마치 우리가 한 소절을 바꾼다거나 기도 중 다른 말을 사용하는 것이 적법하지 않을 정도로 이 기도문과 기도 서식에 얽매여야 하는 듯이 해석하고 이해하려 하지 않는다. 왜냐하면 우리는 성경 도처에서 이 기도문과는 매우 다른 말로 된 기도들을 많이 만나며, 동일한 성령에 의해 작성된 그 기도들의 용도가 우리에게 크게 유익하기 때문이다. 많은 기도들이 동일한 성령에 의해 지속적으로 신자들에게 제시되며, 그것들은 표현의 유사성에서 결코 일치하지 않는다. 다만 우리가 지적하고 싶은 것은 전적으로 어느 누구도 이 기도문에 총체적으로 포함된 것 외에 다른 것을 추구하지도 기다리지도 요청하지도 않는다는 사실이다. 비록 성령이 매우 다른 말로 요구하게 하지만, 그럼에도 불구하고 그 요구가 의미상 결코 다르지 않다는 것이다. 왜냐하면 성경의 모든 다른 기도들과 신자들이 사용하는 기도들이 이 기도문과 관련되는 것이 확실하기 때문이다. 실로 이 기도문의 완전함보다 더 낮거나 동등하게 여길 수 있는 다른 기도는 발견될 수 없다. 여기에서는 하나님 찬양을 위해 생각할 수 있는 모든 것에 대해, 인간이 자신의 유익과 안락을 위해 바랄 수 있는 모든 것에 대해 남겨져 있지 않은 것은 아무것도 없다. 이 모든 것이 여기에 너무나 잘, 그리고 너무나 완벽하게 내포되어 있어서 더 나은 다른 기도문을 만들 수 있다는 소망을 모든 사람에게서 제거할 정도이다. 요컨대 이것이 하나님의 지혜의 가르침이라는 것을 기억하자. 하나님은 그의 지혜가 무엇을 원했는지를 가르치셨고, 필요한 것이 무엇인지를 의도로 보이신 것이다.

주기도 송영

> 말할 때에 홀연히 빛난 구름이 그들을 덮으며 구름 속에서 소리가 나서 이르시되 이는 내 사랑하는 아들이요 내 기뻐하는 자니 너희는 그의 말을 들으라 하시는지라 _ 마 17:5

우리는 쉽지 않은 내용을 가지고 매우 긴 시간을 달려왔습니다. 이제 주기도문의 마지막 부분인 주기도의 송영, "나라와 권세와 영광이 영원히 당신에게 있습니다. 아멘."을 살펴보겠습니다.

확신의 이유

이 안에 우리 믿음의 굳건하고 평온한 안식처가 있다. 만일 우리의 기도가 우리의 자격 때문에 하나님께 드려진다면, 그 앞에서 감히 입을 열 자 누구겠는가? 이제 비록 우리가 더할 나위 없이 비참하고 더할 나위 없이 부당하며, 하나님을 향해 소중히 여겨질 것이라곤 전혀 아무것도 없지만, 그럼에도 불구하고 우리에게는 언제나 기도하고 확신을 포기하지 않을 이유가 있는바, 이는 우리 아버지에게서 나라와 권세와 영광이 제거될 수 없기 때문이다.

우리가 기도할 때 우리가 무슨 자격이 있어 기도한다는 생각을 버려야 합니다. 우리는 심히 비천한 존재일 뿐입니다.

우리 자격으로 드리는 기도

▶ 더할 나위 없이 비참하고, 부당하며, 소중한 것이 전혀 없는 기도

우리가 읽을 부분에서는 우리 자신의 자격으로 기도하는 것이 얼마나 어리석고 가치 없는 메아리인가를 설명하고 있습니다. 만일 기도란 것이 우리 각자의 자격으로부터 하나님께 드려지는 것이라면 그것은 너무도 형편없는 기도가 될 것이라고 합니다. 그래서 우리는 주 예수 그리스도의 이름으로 기도하며, 그분이 우리에게 가르쳐주신 기도의 서식을 따라 기도해야 하는 것입니다. 칼뱅은 뒤이어 우리가 기도를 포기할 수 없는 이유를 밝힙니다.

우리가 기도를 포기할 수 없는 이유

▶ 우리 아버지에게 나라와 권세와 영광이 영원히 있기 때문

바로 지금 우리가 살피려고 하는 송영입니다. 우리는 모든 기도를 마친 다음에 이 기도에 대한 우리의 확신과 고백을 올려드리는데 그것은 지금 올려드린 모든 기도가 참으로 응답될 것이라는 확신의 고백입니다. 그것은 송영과 아멘입니다.

우리의 기도에 대한 확신과 고백

❶ 송영
❷ 아멘

아멘의 의미

이어지는 부분은 '아멘'에 대한 의미를 설명하고 있습니다.

마지막으로 기도를 마치기 위해 '아멘'이 언급된다. 이를 통해 우리가 하나님께 드린 모든 간구의 응답을 얻으려는 갈망의 열정이 표현되며, 또한 우리가 기도한 모

든 것이 우리에게 응답되고 확실히 완성되리라는 소망이 확인된다. 왜냐하면 자신의 약속에 대해 거짓말을 할 수 없으신 하나님께서 우리에게 약속하시기 때문이다.

아멘은 기도 응답의 확신을 함축적으로 표현하고 있는 것입니다.

> **아멘**
>
> 1. 이 기도는 이미 실현되었고,
> 2. 하나님의 약속이므로 반드시 모두 실현될 것을 믿습니다.

아멘이라는 것은 그대로 될 줄을 믿는다는 뜻입니다. 아멘은 단순한 고백이 아닙니다. 이 기도는 이미 주신 줄로 알고 감사를 드리는 것입니다. 아직 응답이 오지 않았지만 이미 온 것으로, 실현된 것으로 믿고 감사를 드리는 것입니다. 그것은 자기 자녀에게 최상의 것을 주시는 하나님에 대한 신뢰에서만 나오는 것입니다. 하나님을 믿지 못하는 사람들의 기도에서는 이런 아멘이 나올 수 없습니다. 이것은 종교적인 기도가 아닌 믿음의 기도입니다. 예를 들어 한나의 기도가 그렇습니다.

> 이르되 당신의 여종이 당신께 은혜 입기를 원하나이다 하고 가서 먹고 얼굴에 다시는 근심 빛이 없더라 _ 삼상 1:18

특히 18절을 보면 "얼굴에 다시는 근심이 없더라"라고 합니다. 그것은 한나가 자신의 간구를 이미 하나님께서 들어주셨다고 믿었다는 것입니다. 이것이 한나의 믿음입니다.

우리는 자신의 영적 빈곤에 대해서 탄식해야 합니다. 우리는 전능하신 아버지를 두고서 마치 고아처럼 행세합니다. 아버지가 없는 버림받은 자식처럼 방황합니다. 또한 우리는 가난한 채무자처럼 행동합니다. 모든 것을 가지신 아버지, 하늘과 땅의 모든 권세를 가지신 아버지, 나라와 권세와 영광이 영원하신 아버지가 계심에도 불구하고 우리는 그에게 손을 내밀지도, 그분의 이름을 부르지도, 그분에게 요구하지도 않습니다. 이것이 우리의 영적 빈곤과 비참입니다.

그러나 기도하는 사람은 아름답습니다. 그의 마음 중심과 눈과 심장은 오직 전능하신 하나님을 향하고 있기 때문입니다. 기도하는 사람은 희망이 있습니다. 어머니의 기도, 아버지의 기도, 아이들의 기도, 청소년의 기도, 청년의 기도, 노년의 기도 모두가 아름답습니다. 그들에게는 희망이 있습니다.

완벽한 기도의 서식

> 우리는 우리가 하나님께 구해야 하고 또 구할 수 있는 모든 것이 이 기도문 안에 묘사되고 담겨 있음을 본다. 아버지께서 우리에게 박사로 임명하시고 오직 그의 말을 듣고 순종하기 원하시는 우리의 좋은 스승이신 예수 그리스도에 의해 주어진 기도의 규범과 서식에 말이다(마17:5). 그는 하나님의 자격으로 언제나 하나님의 영원한 지혜이셨으며, 인간의 자격으로는 사람들에게 주어진 대사요 사자이셨다(사 9:6). 이 기도문은 너무도 완벽해서 거기에 관계없는 무언가를 첨부한다면 그 모든 것은 하나님을 거스르는 것이며 결코 그에게 인정받지 못할 것이다. 왜냐하면 여기에서 그는 그를 기쁘게 하는 모든 것, 우리에게 필요한 모든 것, 우리에게 주기 원하시는 모든 것을 밝혀 주셨기 때문이다.

다시 한번 주기도의 중요성을 언급하고 있습니다.

❘   주기도 – 완벽한 기도의 서식

그 이유로서 예수님의 삼중직에 대한 구절을 가져오고 있습니다. 앞서 우리가 읽은 본문입니다.

왕직	제사장직	선지자직

그러므로 우리는 주님께서 가르쳐 주신 대로 기도해야 합니다. 이 주님의 기도를 벗어나 자신의 주장대로 기도한다면 이것은 잘못된 기도가 됩니다.

> 따라서 더 멀리 나가려는 자들과 이 기도문에 포함되어 있지 않는 다른 것을 뻔뻔스럽게도 하나님께 간청하는 자들은 ❶ 첫째로 자신들의 지혜를 하나님의 지혜에 첨가하려는 자들이며(이것은 커다란 신성 모독임), ❷ 둘째로 이들은 하나님의 뜻에 만족하지 못하며 그 뜻에 따라 자제하지 못하는 자들이며, ❸ 셋째로 믿음으로 기도하지 않기 때문에 결코 응답받지 못하는 자들이다. 그런데 그들이 믿음으로 기도할 수 없다는 것은 매우 확실하다. **왜냐하면 그들에게는 하나님의 말씀이라고는 전혀 없기 때문인데, 사실 말씀 위에 서 있지 않은 믿음은 아무것도 아닌 것이다.** 그들은 하나님의 말씀을 갖고 있지 않을 뿐만 아니라 할 수 있는 한 그 말씀에 반대한다. 그러므로 테르툴리아누스는 매우 참되고 매우 적합하게 말했는바, 그는 주기도문을 적법한 기도라고 부르면서 다른 모든 기도들이 변칙적이고 부적법하다는 것을 은연중에 알린다.

> ❶ 인간의 지혜로 하는 기도
> ❷ 탐욕적인 기도
> ❸ 불신앙의 기도

주님의 기도를 벗어난 기도는 기도는커녕 신성 모독적인 기도가 됩니다. 왜 그렇습니까? 그 이유는 그들의 기도는 하나님의 말씀이 없는 기도이기 때문입니다.

원리와 정신을 배워서 기도하라

> 너희가 내 안에 거하고 내 말이 너희 안에 거하면 무엇이든지 원하는 대로 구
> 하라 그리하면 이루리라 _ 요 15:7

예수님은 포도나무의 비유를 말씀하셨는데, 주 안에 거한다는 것의 핵심은 바로 말씀 안에 거한다는 것입니다. 그러므로 우리의 기도 역시 그분의 말씀 안에서, 말씀의 기초 위에서 기도해야 합니다. 그렇다면 우리는 주기도문을 그대로 암송해서 기계적으로 기도해야 합니까? 이에 관하여 설명하고 있는 부분입니다.

> 그러나 우리는 이것을, 마치 우리가 한 소절을 바꾼다거나 기도 중 다른 말을 사용하는 것이 적법하지 않을 정도로 이 기도문과 기도 서식에 얽매여야 하는 듯이 해석하고 이해하려 하지 않는다. 왜냐하면 **우리는 성경 도처에서 이 기도문과는 매우 다른 말로 된 기도들을 많이 만나며, 동일한 성령에 의해 작성된 그 기도들의 용도가 우리에게 크게 유익하기 때문이다.** 많은 기도들이 동일한 성령에 의해 지속적으로 신자들에게 제시되며, 그것들은 표현의 유사성에서 결코 일치하지 않는다. 다만 우리가 지적하고 싶은 것은 전적으로 어느 누구도 이 기도문에 총체적으로 포함된 것 외에 다른 것을 추구하지도 기다리지도 요청하지도 않는다는 사실이다. 비록 성령이 매우 다른 말로 요구하게 하지만, 그럼에도 불구하고 그 요구가 의미상 결코 다르지 않다는 것이다. 왜냐하면 성경의 모든 다른 기도들과 신자들이 사용하는 기도들이 이 기도문과 관련되는 것이 확실하기 때문이다. 실로 이 기도문의 완전함보다 더 낫거나 동등하게 여길 수 있는 다른 기도는 발견될 수 없다.

1. 염불하는 것처럼 기도하는 것이 아니다.
2. 동일한 성령에 의해 작성된 기도.

마치 기계처럼 염불하듯이 기도하라는 것이 아닙니다. 기도의 서식에 매이는 것이 아니라 주님의 기도의 원리와 정신을 배워서 기도하라는 것입니다. 우리의 기도에 성령께서 무슨 말을 할 것을 주시기 때문입니다. 그러므로 우리는 성경에서 좋은 기도의 모범들을 참고하고 배울 필요가 있습니다.

> 여기에서는 하나님 찬양을 위해 생각할 수 있는 모든 것에 대해, 인간이 자신의 유익과 안락을 위해 바랄 수 있는 모든 것에 대해 남겨져 있지 않은 것은 아무것도 없다. 이 모든 것이 여기에 너무나 잘, 그리고 너무나 완벽하게 내포되어 있어서 더 나은 다른 기도문을 만들 수 있다는 소망을 모든 사람에게서 제거할 정도이다. 요컨대 이것이 하나님의 지혜의 가르침이라는 것을 기억하자. 하나님은 그의 지혜가 무엇을 원했는지를 가르치셨고, 필요한 것이 무엇인지를 의도로 보이신 것이다.

마지막 결론은 주님에게서 배우려는 순수한 마음을 가지라는 것입니다. 자꾸 다른 것을 만들거나 다른 데서 배우려고 하지 말고 주님의 것을 사용하라는 것입니다. 우리는 주님의 영적 질서 안에서 생활해야 합니다. 마땅히 품을 그 이상의 생각을 품지 말아야 합니다.

> 그들이 사도의 가르침을 받아 서로 교제하고 떡을 떼면 오로지 기도하기를 힘쓰니라 _ 행 2:42

계시된 성경 말씀의 경계선을 넘어가지 마시기 바랍니다. 주님이 세우신 신성한 교회의 질서를 인정하시기 바랍니다. 기꺼이 허리를 숙여 배우고, 함께 교제하고, 성찬의 떡을 받으시기 바랍니다. 이 은혜가 모든 분들에게 함께 하시기를 바랍니다.

기독교강요 제9장. 기도: 주기도문 해설

결론

앞에서 언급했듯이 비록 우리가 우리 마음을 하나님께 들어 올려서 항상 바라고 끊임없이 기도해야 하지만, 그럼에도 불구하고 우리의 연약함은 많은 도움을 필요로 할 정도이며 우리의 게으름은 각성될 필요가 크게 있기 때문에, 각자가 기도의 보다 큰 훈련을 위해 개별적으로 기도 없이 지나가지 않는 일정한 시간을 세우고 그 시간에 마음의 모든 감정을 전적으로 쏟아붓는 것이 좋다. 예를 들어, 우리가 아침에 일어나 우리의 일을, 해야 할 하루의 일과를 시작하기 전이나, 하나님의 축복으로 음식을 먹을 때와 먹고 나서, 또는 모든 일과를 끝내고 휴식을 취할 때 말이다. 이것이 미신적인 시간 준수가 되어서는 안 되고, 또한 마치 이 시간에 하나님을 향한 우리의 의무를 이행한 듯이 남은 시간을 위한 보속을 행했다고 생각해서도 안 되며, 오히려 이것은 우리의 나약함에 대한 훈련과 교육을 위한 것으로 이런 방식에 의해 나약함은 종종 자극받고 [각성의] 연단을 받는 것이다. 특히 우리는 우리가 어떤 난처함 내지 우발적 사고로 고통을 당하거나, 또는 다른 사람이 그러는 것을 볼 때마다 즉시 마음으로 하나님에게 달려가 그의 도움을 간청할 만큼 큰 관심을 가져야 한다. 또한 우리에게 찾아오거나 타인에게 찾아오는 번영을 조금도 간과해서는 안 되며 찬양과 감사로 하나님의 능력과 선하심을 인정한다고 선포해야 한다.

마지막으로, 모든 기도에서 우리는 우리가 하나님을 어떤 상황에 굴복시키거나 묶어 두려 하지나 않는지, 시간이나 장소나 또는 우리의 간구를 성취하는 행동 방식을 한정시키거나 제한시키려 하지나 않는지를 부지런히 살펴야 한다. 우리가 이 기도문에서 하나님을 어떤 법으로 묶거나 그에게 어떤 조건을 강요하지 않고, 오히려 모든 것을 그의 선한 뜻에 맡기고 넘겨서 그의 행동이 그가 보기 좋은 방식과 시간과 장소에서 이뤄지게 하도록 배웠듯이 말이다. 나아가 우리와 우리의 필요를 위해 무슨 기도를 드리기 전에, 우리는 먼저 그의 뜻이 이뤄지기를 구해야 한다. 이로써 우리는 이미 우리의 뜻을 그에게 굴복시키는바, 이는 마치 당겨지고 조여진 고삐를 통해 우리가 하나님을 우리의 뜻 아래에 두겠다고 과신하지 않고 오히려 그를 그의 모든 감정의 주인이요 통솔자로 세우게 하기 위함이다.

만일 우리가 이런 복종으로 빚어진 마음을 갖고 하나님의 섭리의 법칙에 의해 다스려지도록 허용한다면, 우리는 기도로 인내하고 인내로 주님을 기다리는 법을 쉽게 배울 것이다. 비록 그가 우리에게 나타나시지 않을지라도 항상 임재하여 계심을 확신하고, 또한 설령 사람들이 보기에 하나님께 버림받고 멸시받은 것이 될지 몰라도 그의 때가 되면 자신이 우리 기도에 결코 막힌 귀를 가지지 않았다고 밝히실 것을 확신하면서 말이다. 이것은 우리에게 잘 준비된 위로가 될 것인바, 이는 설령 이따금 하나님이 우리의 처음 소원을 충족시켜 주시지 않는다 하더라도 가슴 아파하거나 절망하지 않도록 하기 위함이다. 일례로 맹렬한 열정에 휩싸여 하나님께 기도하다가 그가 단번에 들어주지 않고 당장 도움을 주시지 않을 경우 즉시 그가 자신들에게 화가 났고 분을 품으셨다고 상상하며, 응답의 모든 소망을 잃고는 기도하기를 그치는 사람들은 습관적으로 그렇게 한다. 하지만 오히려 우리는 올바른 절제로 우리의 소망을 뒤로 미루면서 성경이 그토록 우리를 권면하는 이 인내를 따라야 한다.

나아가 이것은 우리가 하나님을 시험하지 않도록, 그리고 우리의 참을성 없음과 조바심으로 인해 그를 자극하여 화나게 하지 않도록 조심하기 위한 훌륭한 처방이 될 것이다. 마치 어떤 계약과 조건에 의해 거래함으로써만 그와 동조하려는 자들, 그리고 마치 하나님이 노예여서 그들의 탐심에 복종하기라도 하듯이 그를 그들의 요구의 법칙으로 끌어들이면서, 만일 그가 즉시 응하지 않을 경우 화를 내고 으르렁거리며 비방하고 불평하며 고함을 지르는 자들이 그러하듯이 말이다. 매우 종종 하나님은, 그가 긍휼과 호의를 갖고 있는 다른 이들에게 주지 않고 거부하는 것을, 그가 노와 분을 품은 이런 사람들에게 주신다. 우리는 이런 사례를 이스라엘의 자녀들에게서 얻는바, 그들에게는 하나님이 진노 가운데서 그들에게 주신 고기를 갖기보다 차라리 그의 응답을 받지 않는 편이 훨씬 더 나았다(민 11:18, 33).

설령 긴 기다림 후에도 끝까지 우리의 감각이 우리가 기도로 이득을 얻었음을 파악하지 못하고 어떤 유익도 느끼지 못한다 하더라도, 우리의 믿음은 우리의 감각이 자각하지 못하는 것을 확인시켜 줄 것이다. 즉 우리가 하나님에게서 선한 모든 것으로 얻으리라는 것이다. 왜냐하면 우리 주님께서, 우리가 우리를 압박하는 우리의 상처를 한 번 그에게 내어 놓고 나면 그 상처에 관심을 가지시겠다고 약속하시고, 우리로 하여금 빈곤 가운데서도 온갖 풍성함을, 환난 가운데서 온갖 위로를 소유하게 하시기 때문이다. 비록 우리에게 모든 것이 결핍되어 있을지라도 주 하나님은 우리를 결코 저버리지 않는바, 이는 그가 그의 백성의 기다림과 인내를 좌절시킬 수 없기 때문이다. 우리에게는 만 가지보다 그분만으로 충분하다. 왜냐하면 그가 그 자신 안에 모든 복을 가지고 계시며, 훗날 그가 그의 나라를 충만히 드러내시는 그의 심판의 날에 그것을 우리에게 보여 주실 것이기 때문이다.

신자들이 이런 인내로 스스로를 견뎌 내는 것이 너무도 필요하고 요긴하나, 그들이 인내에 의지하지 않고서는 결코 그것을 지속하지 못할 것이다. 주님은 그의 백성을 연단하기 위해서 결코 가벼운 시련을 사용하시지 않는다. 그는 그들을 충분히 거칠게 단련시키실 뿐만 아니라 자주 아주 극단적인 궁핍으로 몰아가시며, 그의 온화하심의 맛과 향을 주시기 전까지 매우 오랫동안 내버려 두기도 하신다. 한나가 말하듯이 그는 살리기 전에 죽이시고, 즐거움에 놓아두기 전에 지옥에 던지신다(삼상 2:6). 이렇게 고통당하고 슬퍼하며 이미 반쯤 죽은 자들인 그들이 "하나님께서 보고 계시며 그들이 지금 당하고 견디는 모든 것에 대해 좋은 결말을 주시리라"라는 생각으로 붙들리지 않는다면, 모든 용기를 잃고 절망에 빠지는 것 외에 무엇을 할 수 있을까? 아무튼 비록 그들이 이런 확신을 의지한다 하더라도 그래도 그들은 기도하는데, 이는 우리의 기도 가운데 인내하는 꿋꿋함이 없다면 우리 기도는 아무런 유익이 없을 것이기 때문이다.

주기도 결론

> 이때에 예수께서 기도하시러 산으로 가사 밤이 새도록 하나님께 기도하시고 _ 눅 6:12

이제 기독교강요 주기도 해설의 마지막 결론을 읽게 되었습니다. 이번 내용은 우리 모두의 마음을 따듯하게 위로해 주는 내용입니다. 끝이 참 좋습니다.

마음을 하나님을 향해 들어올리는 기도

앞에서 언급했듯이 비록 우리가 ❶ 우리 마음을 하나님께 들어 올려서 ❷ 항상 바라고 끊임없이 기도해야 하지만, 그럼에도 불구하고 우리의 연약함은 많은 도움을 필요로 할 정도이며 우리의 게으름은 각성될 필요가 크게 있기 때문에, 각자가 기도의 보다 큰 훈련을 위해 개별적으로 기도 없이 지나가지 않는 일정한 시간을 세우고 그 시간에 ❸ 마음의 모든 감정을 전적으로 쏟아붓는 것이 좋다.

기도와 관련해서는 이미 성경에 많은 교훈이 있습니다. 특이한 것은, 기도를 마음을 하나님을 향해 들어 올리는 것이라고 표현하고 있는데, 이를 '수르숨 코르다'(*Sursum corda*)라고 합니다. 이것은 기독교 예배의 오랜 표현입니다. 지금도 로마 가톨릭은 그대로 이 명칭을 사용하고 있습니다. 우리가 드리는 것은 위에 계신 하나님을 향합니다. 기도, 예배, 예물이 그렇습니다. 그래서 마음을 하나님을 향해 들어 올리는 것이 기도에도 적용되는 것입니다.

기도의 시간

❶ 우리의 마음을 하나님을 향해 들어 올리는 것
❷ 항상, 끊임없이, 그리고 시간을 정해서
❸ 마음의 모든 감정을 전적으로 쏟아붓는 것

그리고 데살로니가전서 5장 17절과 같이 쉬지 말고 기도해야 하고, 또 다니엘처럼 시간을 정해 놓고 기도하라고 합니다. 또한 한나처럼 모든 감정을 전적으로 쏟아부어 기도하라고 합니다. 저와 여러분의 메말라 버린 기도를 돌아봅시다. 우리가 읽었던 누가복음 6장 12절에도 예수님께서 기도하시러 산에 가셨고, 밤이 새도록 기도하셨다고 나옵니다.

또 주님은 습관을 좇아 기도하셨습니다. 주님의 기도를 배우면서 주님의 기도의 모범도 배우기를 바랍니다.

> 예를 들어, 우리가 아침에 일어나 우리의 일을, 해야 할 하루의 일과를 시작하기 전이나, 하나님의 축복으로 음식을 먹을 때와 먹고 나서, 또는 모든 일과를 끝내고 휴식을 취할 때 말이다. 이것이 미신적인 시간 준수가 되어서는 안 되고, 또한 마치 이 시간에 하나님을 향한 우리의 의무를 이행한 듯이 남은 시간을 위한 보속을 행했다고 생각해서도 안 되며, 오히려 이것은 우리의 나약함에 대한 훈련과 교육을 위한 것으로 이런 방식에 의해 나약함은 종종 자극받고 [각성의] 연단을 받는 것이다.

우리가 흔히 기도를 영혼의 호흡이라고 하는 것처럼 매 일상의 처음과 끝은 기도로 시작하고, 기도로 마무리 되어야 합니다.

1. 아침이 일어났을 때

2. 일과를 시작하기 전과 마친 후

3. 음식을 먹으려 할 때와 먹고 난 뒤

4. 밤에 자려고 할 때

이렇게 깨었을 때와 잠들 때, 식물을 주셔서 먹을 때와 먹고 난 뒤에, 일을 시작할 때와 마칠 때 우리는 기도해야 합니다. 저는 이 장면에서 우리가 도대체 지금까지 무엇을 배웠는지, 어떤 기준에서 신앙생활 했는지 두렵기만 합니다. 우리들의 기도를 이 가르침에 적용하게 되기를 바랍니다.

1. 기도는 공로가 아니다(기도를 자기 의로 삼지 마라).

2. 기도는 훈련이 필요하다(경건에 이르는 연습).

또한 기도는 결코 공덕이나 보속이나 공로가 아닙니다. 또 기도는 우리 신앙의 유익을 위해 훈련되어야 하는 것입니다.

특히 우리는 우리가 어떤 난처함 내지 우발적 사고로 고통을 당하거나, 또는 다른 사람이 그러는 것을 볼 때마다 즉시 마음으로 하나님에게 달려가 그의 도움을 간청할 만큼 큰 관심을 가져야 한다. 또한 우리에게 찾아오거나 타인에게 찾아오는 번영을 조금도 간과해서는 안 되며 찬양과 감사로 하나님의 능력과 선하심을 인정한다고 선포해야 한다.

또한 우리는 어떤 고난을 만나거나 사고를 당할 때, 혹은 이웃이 그러할 때 즉시 기도해야 합니다. 그리고 나 자신과 혹은 이웃에게 좋은 일이 있을 때도 찬양과 감사를 드리고 하나님의 능력을 선포해야 합니다. 즉 기쁠 때나 슬플 때나 기도하라는 것입니다. 또한 나 자신에게 이런 일이 있을 때만이 아니라 다른 사람에게 이런 일이 있을 때도 내 일처럼 기도하라는 것입니다.

하나님을 굴복시키려 하지 말라

이어지는 부분은 기도에서 주의할 점을 말하고 있습니다.

> 마지막으로, 모든 기도에서 우리는 ❶ 우리가 하나님을 어떤 상황에 굴복시키거나 묶어 두려 하지나 않는지, 시간이나 장소나 또는 ❷ 우리의 간구를 성취하는 행동 방식을 한정시키거나 제한시키려 하지나 않는지를 부지런히 살펴야 한다. 우리가 이 기도문에서 ❸ 하나님을 어떤 법으로 묶거나 그에게 어떤 조건을 강요하지 않고, 오히려 모든 것을 그의 선한 뜻에 맡기고 넘겨서 그의 행동이 그가 보기 좋은 방식과 시간과 장소에서 이뤄지게 하도록 배웠듯이 말이다. 나아가 우리와 우리의 필요를 위해 무슨 기도를 드리기 전에, ❹ 우리는 먼저 그의 뜻이 이뤄지기를 구해야 한다. 이로써 우리는 이미 우리의 뜻을 그에게 굴복시키는바, 이는 마치 당겨지고 조여진 고삐를 통해 우리가 하나님을 우리의 뜻 아래에 두겠다고 과신하지 않고 오히려 그를 그의 모든 감정의 주인이요 통솔자로 세우게 하기 위함이다.

1. 하나님을 굴복시키려고 하지 말라.
2. 기도 응답을 우리가 원하는 방식으로 제한시키지 말라.
3. 기도에 조건을 달지 말고 그분의 선한 뜻에 맡겨라.
4. 우리의 뜻이 아닌, 그분의 뜻이 이루어지기를 기도해라.

기도에도 신앙이 나타나야 합니다. 하나님을 도구로 생각하는 것은 잘못입니다. 우리는 하나님께 기도하는 것이지 협상하는 것이 아닙니다. 그분을 우리 마음대로 요리할 수 있다고 생각해서는 안 됩니다. 그분께 맡겨야 합니다. 나의 유익을 구하기보다 그분의 뜻을 구해야 합니다. 신앙생활도 똑같습니다. 나의 유익이 아닌, 남의 유익을 구하라고 바울도 편지에서 가르쳤습니다.

복종과 인내로 기도하라

이제 기도에 대한 권면이 이어지고 있습니다.

만일 우리가 이런 ❶ **복종으로 빚어진 마음**을 갖고 하나님의 섭리의 법칙에 의해 다스려지도록 허용한다면, 우리는 ❷ **기도로 인내하고 인내로 주님을 기다리는 법**을 쉽게 배울 것이다. 비록 그가 우리에게 나타나시지 않을지라도 항상 임재하여 계심을 확신하고, 또한 설령 사람들이 보기에 하나님께 버림받고 멸시받은 것이 될지 몰라도 그의 때가 되면 자신이 우리 기도에 결코 막힌 귀를 가지지 않았다고 밝히실 것을 확신하면서 말이다. 이것은 우리에게 잘 준비된 위로가 될 것인바, 이는 설령 이따금 하나님이 우리의 처음 소원을 충족시켜 주시지 않는다 하더라도 가슴 아파하거나 절망하지 않도록 하기 위함이다. 일례로 맹렬한 열정에 휩싸여 하나님께 기도하다가 그가 단번에 들어주지 않고 당장 도움을 주시지 않을 경우 즉시 그가 자신들에게 화가 났고 분을 품으셨다고 상상하며, 응답의 모든 소망을 잃고는 기도하기를 그치는 사람들은 습관적으로 그렇게 한다. 하지만 오히려 우리는 올바른 절제로 ❸ **우리의 소망을 뒤로 미루면서** 성경이 그토록 우리를 권면하는 이 인내를 따라야 한다.

❶ 기도의 마음밭 - 복종으로 빚어진 마음.
❷ 기도는 인내로 기다리는 것이다.
❸ 단번에 들어주지 않을 때 - 기도의 응답도 전적으로 주님께 맡겨라.

그러므로 우리 주님께서 겟세마네에서 기도하실 때 "내 뜻대로 마시고 아버지의 뜻대로 하옵소서"라고 하신 모범과 같이 우리의 기도는 주님의 기도, 복음으로 빚어진 마음을 가져야 합니다. 마리아도 성령으로 잉태된 것이 나타났고, 천사가 말할 때에 "주의 여종이오니 주의 말씀대로 이루어지이다"라고 순종했습니다. 또한 기도는 인내로 기다리는 것입니다. 여기에는 믿음이 필요합니다. 그리고 설령 기도를 단번에 들어주지 않아도 주님께 맡기고, 우리의 소망을 뒤로 미루면서 여전히 주님을 신뢰하고 순종해야 합니다.

기독교강요는 이어서 앞의 내용에 관한 설명을 덧붙이고 있습니다.

나아가 이것은 우리가 하나님을 시험하지 않도록, 그리고 우리의 참을성 없음과 조바심으로 인해 그를 자극하여 화나게 하지 않도록 조심하기 위한 훌륭한 처방이 될 것이다. **마치 어떤 계약과 조건에 의해 거래함으로써만 그와 동조하려는 자들, 그리고 마치 하나님이 노예여서 그들의 탐심에 복종하기라도 하듯이 그를 그들의 요구의 법칙으로 끌어들이면서, 만일 그가 즉시 응하지 않을 경우 화를 내고 으르렁거리며 비방하고 불평하며 고함을 지르는 자들이 그러하듯이 말이다.** 매우 종종 하나님은, 그가 긍휼과 호의를 갖고 있는 다른 이들에게 주지 않고 거부하는 것을, 그가 노와 분을 품은 이런 사람들에게 주신다. 우리는 이런 사례를 이스라엘의 자녀들에게서 얻는바, 그들에게는 하나님이 진노 가운데서 그들에게 주신 고기를 갖기보다 차라리 그의 응답을 받지 않는 편이 훨씬 더 나았다(민 11:18, 33).

인간적인 기도의 잘못과 위험에 대해서 한번 더 교훈하고 있습니다. 기도는 협상도, 계약도, 거래도 아닙니다. 기도가 응답되지 않는다고 화를 내는 것은 바로 불신앙의 대표적인 모습입니다. 기도는 더디 응답되거나 그렇게 기도했는데 빈손일 수도 있습니다.

설령 긴 기다림 후에도 끝까지 우리의 감각이 우리가 기도로 이득을 얻었음을 파악하지 못하고 어떤 유익도 느끼지 못한다 하더라도, 우리의 믿음은 우리의 감각이 자각하지 못하는 것을 확인시켜 줄 것이다. **즉 우리가 하나님에게서 선한 모든 것으로 얻으리라는 것이다.** 왜냐하면 우리 주님께서, 우리가 우리를 압박하는 우리의 상처를 한 번 그에게 내어놓고 나면 그 상처에 관심을 가지시겠다고 약속하시고, 우리로 하여금 빈곤 가운데서도 온갖 풍성함을, 환난 가운데서 온갖 위로를 소유하게 하시기 때문이다. 비록 우리에게 모든 것이 결핍되어 있을지라도 주 하나님은 우리를 결코 저버리지 않는바, 이는 그가 그의 백성의 기다림과 인내를 좌절시킬 수 없기 때문이다. **우리에게는 만 가지보다 그분만으로 충분하다.** 왜냐하면 그가 그 자신 안에 모든 복을 가지고 계시며, 훗날 그가 그의 나라를 충만히 드러내시는 그의 심판의 날에 그것을 우리에게 보여 주실 것이기 때문이다.

그러나 우리는 여전히 하나님을 신뢰해야 합니다. 그것이 믿음입니다.

> 신자들이 이런 인내로 스스로를 견뎌 내는 것이 너무도 필요하고 요긴하나, 그들이 인내에 의지하지 않고서는 결코 그것을 지속하지 못할 것이다. **주님은 그의 백성을 연단하기 위해서 결코 가벼운 시련을 사용하시지 않는다. 그는 그들을 충분히 거칠게 단련시키실 뿐만 아니라 자주 아주 극단적인 궁핍으로 몰아가시며, 그의 온화하심의 맛과 향을 주시기 전까지 매우 오랫동안 내버려 두기도 하신다. 한 나가 말하듯이 그는 "살리기 전에 죽이시고, 즐거움에 놓아두기 전에 지옥에 던지신다"**(삼상 2:6). 이렇게 고통당하고 슬퍼하며 이미 반쯤 죽은 자들인 그들이, "하나님께서 보고 계시며 그들이 지금 당하고 견디는 모든 것에 대해 좋은 결말을 주시리라"라는 생각으로 붙들리지 않는다면, 모든 용기를 잃고 절망에 빠지는 것 외에 무엇을 할 수 있을까? 아무튼 비록 그들이 이런 확신을 의지한다 하더라도 그래도 그들은 기도하는데, 이는 우리의 기도 가운데 인내하는 꿋꿋함이 없다면 우리 기도는 아무런 유익이 없을 것이기 때문이다.

우리가 주기도의 결론 부분에서 가장 많이 만나는 단어가 바로 '인내'입니다. 주님은 단번에 응답하시기도 하지만 때로는 거칠게 단련시키십니다. 아주 궁핍한 상황으로 몰아가시고, 심지어 내버려 두기도 하십니다. 그래서 참 믿음을 가지지 못한 사람들은 화를 내고 기도를 중단해 버리고, 떨어져 나가는 것입니다. 그러므로 기도부터가 전쟁입니다. 기도부터가 싸움입니다. 기도의 승자는 인내의 사람입니다. 기도했으면 그분께 맡겨야 합니다. 그리고 하나님 한 분으로 만족하며, 심지어 그리 아니하실지라도 변함없이 하나님을 신뢰해야 합니다.

Institutio Christianae Religionis

Lord's Prayer

Ten Commandments

Apostles' Creed

색인

| 주제·인명·성구 |

주제 색인

인명 색인

성구 색인

13:1 | 29
14:2 | 62, 70
17:19 | 192
20:5 | 114

20:18 | 159
21:23 | 353, 361, 363
26:17 | 62, 70
30:3-4 | 441

여호수아

7:19 | 130

룻기

3:13 | 133

사무엘상

1:18 | 566
2:6 | 300
2:6-8 | 300

14:39 | 130
15:23 | 456
24:15 | 133

사무엘하

3:9 | 130

11:4-15 | 441

열왕기상

8:27 | 497, 506
8:46-50 | 441

18:10 | 133

역대하

19:6 | 193

느헤미야

9:14 | 143

욥기

19:25-26 | 469

시편

2편 | 314, 321
26:2 | 553, 558
42:2-3 | 515
45:7 | 240, 249, 313, 320,
46:6 | 404, 413
46:10 | 522
48:10 | 509, 511, 514, 516
51:10 | 532,
60:12 | 555, 560,
68:19 | 241
69:4 | 352, 361
89:3-4 | 403, 411
89:30-33 | 442

90:4 | 472
91:11 | 181
97:1 | 242
97:7 | 242
102:13 | 242
102:26 | 242
104:27-30 | 294, 299
107:16 | 356,
110:1 | 379
110:3 | 239,
119:90 | 285, 292
132:11 | 335
132:13-14 | 403

147:9 | 295, 300

잠언

8:22 | 226
18:10 | 245

20:7 | 116

이사야

1:13 | 147
2:3 | 401, 409
6:1 | 242
6:9 | 256, 260
7:14 | 325, 327, 329
8:14 | 241
8:17 | 472, 477
9:6 | 240, 246, 250, 562, 567
11:2 | 313, 320,
11:10 | 244
19:18 | 129
28:16 | 244
30:33 | 460
33:14-33 | 438, 448
35:8 | 402, 411
39:6 | 115
40:18 | 109
41:5 | 109
41:10 | 286
42:1 | 338, 348
42:8 | 86, 240,
43:11 | 86

43:21 | 86,
43:25 | 243
44:3 | 391, 396
45:16 | 109
45:23 | 241
46:5 | 109
49:15 | 495, 502
53:5 | 357, 366
53:6 | 353, 362
53:8 | 239
53:10 | 353, 362
53:12 | 352, 360
55:1 | 391, 396
56:2 | 143
58:13 | 145, 147
61:1 | 313, 320
63:4 | 460
63:10 | 256, 260
65:16 | 129
66:1 | 497, 506,
66:14 | 460
66:24 | 460

예레미야

3장 | 114
3:1 | 441
3:12 | 441
5:7 | 129
9:24 | 245
12:16 | 129
17:21 | 143

23:6 | 240
31:33 | 62, 69
31:35-36 | 403, 411
32:18 | 115
33:8 | 438
33:16 | 241

에스겔

4:16 | 536, 542
13:9 | 401, 409
14:13 | 536, 542
16:20-21 | 426
18:2 | 116
18:4 | 28
18:20 | 115

18:23 | 441
20:12 | 143
36:25 | 391, 397
37:6 | 469
48:35 | 241

20:23 | 421   20:28 | 243

골로새서

1:6 | 239	**2:17** | 145
1:15 | 338, 347	**3:3** | 354, 365
1:17 | 338, 347	**3:5** | 369, 375
2:3 | 314, 321	**3:10** | 375,
2:9 | 245	**3:20** | 159
2:10 | 325, 329	**3:21** | 192
2:16 | 146	

데살로니가전서

1:3 | 480	**4:16-17** | 379, 382, 386

데살로니가후서

1:9 | 461	**3:6-15** | 442
1:10 | 459	**3:14** | 422
2:4 | 427	**3:15** | 424

디모데전서

1:13 | 446, 454	**3:15** | 404, 413, 426
1:17 | 242	**3:16** | 242,
2:5 | 334, 341, 342	**5:17** | 158, 164
3:2 | 192	

디모데후서

1:9 | 442	**3:15** | 58
2:13 | 494, 501	**4:1** | 380
2:19 | 415, 429	

디도서

2:11 | 442	**3:4** | 442

히브리서

1:3 | 243, 270	**6:16** | 131
1:6 | 242	**7:25** | 378, 385
1:8 | 378	**9:11** | 378, 385
1:10 | 242	**9:22** | 246
2:9 | 339, 354, 363	**9:27** | 373, 379
2:11 | 336, 346	**9:27-28** | 387
2:14 | 336, 346	**10:26** | 444, 446, 455,
2:16 | 336, 346	**11:1** | 474
2:17 | 336, 346, 380, 388	**11:3** | 265, 274, 294, 297,
3:11 | 143, 144, 152	298
4:9 | 143, 144, 152	**12:1** | 388
4:15 | 334, 336, 342, 346	**12:16** | 447, 455
6:4 | 446, 454	**13:4** | 182
6:4-6 | 444	**13:8** | 239,
6:13 | 131	

야고보서

1:2-4 | 553	**1:14** | 553, 556
1:12 | 553	**1:15** | 372

베드로전서

1:3 | 369, 371, 372	**5:1** | 192
1:5 | 472, 478	**5:5** | 192
1:10-11 | 225	**5:8** | 555, 560
3:19 | 356	

베드로후서

1:4 | 459	**3:4** | 472
1:21 | 266, 275	**3:8** | 472

요한일서

1:1 | 316	**3:15** | 170, 175
1:7 | 340, 350	**3:16** | 223, 338, 348
2:20 | 391, 397	**4:7-12** | 219
3:1 | 315, 322, 494, 501	**5:20** | 242, 251

요한계시록

2:5 | 15